CBAC

Astudiaethau Crefyddol U2

Islam

Idris Morar

Golygwyd gan Richard Gray

Illuminate Publishing

CBAC Astudiaethau Crefyddol U2: Islam

Addasiad Cymraeg o *WJEC/Eduqas Religious Studies for A Level Year 2 & A2: Islam* a gyhoeddwyd yn 2017 gan Illuminate Publishing Ltd, P.O. Box 1160, Cheltenham, Swydd Gaerloyw GL50 9RW.

Archebion: Ewch i www.illuminatepublishing.com neu anfonwch e-bost at sales@illuminatepublishing.com

Ariennir yn Rhannol gan **Lywodraeth Cymru**
Part Funded by **Welsh Government**

Cyhoeddwyd dan nawdd Cynllun Adnoddau Addysgu a Dysgu CBAC

© Idris Morar (Yr argraffiad Saesneg)

Mae'r awdur wedi datgan ei hawliau moesol i gael ei gydnabod yn awdur y gyfrol hon.

© CBAC 2018 (Yr argraffiad Cymraeg hwn)

Cedwir pob hawl. Ni cheir ailargraffu, atgynhyrchu na defnyddio unrhyw ran o'r llyfr hwn ar unrhyw ffurf nac mewn unrhyw fodd electronig, mecanyddol neu arall, sy'n hysbys heddiw neu a ddyfeisir wedi hyn, gan gynnwys llungopïo a recordio, nac mewn unrhyw system storio ac adalw gwybodaeth, heb ganiatâd ysgrifenedig gan y cyhoeddwyr.

Data Catalogio Cyhoeddiadau y Llyfrgell Brydeinig

Mae cofnod catalog ar gyfer y llyfr hwn ar gael gan y Llyfrgell Brydeinig.

ISBN 978-1-911208-79-2

Argraffwyd gan: Severn, Caerloyw

11.18

Polisi'r cyhoeddwr yw defnyddio papurau sy'n gynhyrchion naturiol, adnewyddadwy ac ailgylchadwy o goed a dyfwyd mewn coedwigoedd cynaliadwy. Disgwylir i'r prosesau torri coed a gweithgynhyrchu gydymffurfio â rheoliadau amgylcheddol y wlad y mae'r cynnyrch yn tarddu ohoni.

Gwnaed pob ymdrech i gysylltu â deiliaid hawlfraint y deunydd a atgynhyrchwyd yn y llyfr hwn. Os cânt eu hysbysu, bydd y cyhoeddwyr yn falch o gywiro unrhyw wallau neu hepgoriadau ar y cyfle cyntaf.

Mae'r deunydd hwn wedi'i gymeradwyo gan CBAC, ac mae'n cynnig cefnogaeth o ansawdd uchel ar gyfer cymwysterau CBAC. Er bod y deunydd wedi bod trwy broses sicrhau ansawdd CBAC, mae'r cyhoeddwr yn dal yn llwyr gyfrifol am y cynnwys.

Atgynhyrchir cwestiynau arholiad CBAC drwy ganiatâd CBAC.

Gosodiad y llyfr Cymraeg: John Dickinson
Dyluniad a gosodiad gwreiddiol: EMC Design Ltd, Bedford

Cydnabyddiaethau

Delwedd y Clawr: © weerasak saeku / Shutterstock

Cydnabyddiaeth delweddau:

t. 1 © weersak saeku / Shutterstock; **t. 7** Brent Hofacker; **t. 9** Yulia B; **t. 10** Alexander Snahovskyy; **t. 11** Jasminko Ibrakovic; **t. 12** NAPI WAN ALI; **t. 13** ESB Professional; **t. 15** Creative commons; **t. 16** Kolliadzynska Iryna; **t. 22** ZouZou; **t. 23** Leonid Andronov; **t. 24** Ar gael i'r cyhoedd; **t. 25** Simon Veit-Wilson, Creative commons; **t. 27** VFXArabia; **t. 29** Paul Fearn / Alamy Stock Photo; **t. 30** Jeff Morgan 16 / Alamy Stock Photo; **t. 39** Paul Fearn / Alamy Stock Photo; **t. 40** (brig) ZouZou; **t. 40** (gwaelod) FS Stock; **t. 41** Paul Fearn / Alamy Stock Photo; **t. 42** Illustrator; **t. 44** (brig) ServingIslam / Creative commons; **t. 44** (gwaelod) Frankie Fouganthin / Creative commons; **t. 45** Ar gael i'r cyhoedd; **t. 48** Leonid Andronov; **t. 50** Orlok / Shutterstock. com; **t. 54** hikrcn; **t. 55** Ar gael i'r cyhoedd; **t. 56** (brig) muhammad afzan bin awing; **t. 56** (gwaelod) Ar gael i'r cyhoedd; **t. 57** Quick Shot; **t. 58** Creative commons; **t. 60** (brig) dpa picture archive / Alamy Stock Photo; **t. 60** (gwaelod) Jyrl Engestrom; **t. 61** Kzenon; **t. 69** (brig) Ar gael i'r cyhoedd; **t. 69** (gwaelod) Koca Vehbi; **t. 70** Dudarev Mikhail; **t. 71** kossarev56; **t. 72** (brig) Anton Jankovoy; **t. 72** (gwaelod) Orren Jack Turner, Ar gael i'r cyhoedd; **t. 72** emc; **t. 73** Creative commons; **t. 74** Aisylu Ahmadieva; **t. 75** Ar gael i'r cyhoedd; **t. 82** Sonia Halliday Photo Library / Alamy Stock Photo; **t. 81** Belish / Shutterstock.com; **t. 85** Anthony Ricci / Shutterstock.com; **t. 86** Y Weinyddiaeth Gyfiawnder, Trwydded agored y Llywodraeth; **t. 87** (brig) JStone / Shutterstock. com; **t. 87** (gwaelod) ZoneCreative; **t. 89** lev radin / Shutterstock.com; **t. 90** GraphicsRF; **t. 91** Robert Fowler; **t. 95** Rena Schild / Shutterstock. com; **t. 99** Drwy garedigrwydd yr Imam; **t. 103** (brig) Lmspencer; **t. 103** (gwaelod) Creative commons; **t. 108** Creative commons; **t. 118** michaeljung; **t. 119** (brig) a katz / Shutterstock.com; **t. 119** (gwaelod) AHMAD FAIZAL YAHYA; **t. 120** Zurijeta; **t. 122** manzrussali; **t. 124** Photos RM / Alamy Stock Photo; **t. 129** oneinchpunch; **t. 131** Gage Skidmore / Creative commons; **t. 133** (brig) Ar gael i'r cyhoedd; **t. 133** (gwaelod) BasPhoto; **t. 137** ChameleonsEye / Shutterstock.com; **t. 138** Zurijeta; **t. 139** Tupungato; **t. 141** Yusnizam Yusof / Shutterstock.com; **t. 143** Brian Minkoff / Shutterstock.com; **t. 145** Ayoub Khiari – Kayor; **t. 146** veroxdale / Shutterstock.com; **t. 150** Zurijeta; **t. 151** thomas koch / Shutterstock.com; **t. 154** imeduard / Shutterstock.com; **t. 155** thomas koch / Shutterstock. com; **t. 156** Prometheus72 / Shutterstock.com; **t. 158** BalkansCat / Shutterstock.com; **t. 162** Fotokon; **t. 164** Leonid Andronov; **t. 167** klenger; **t. 168** (brig) Martchan / Shutterstock.com; **t. 168** (gwaelod) mdsharma / Shutterstock.com; **t. 169** Martchan / Shutterstock.com; **t. 171** hikrcn; **t. 172** (brig) Lenar Musin; **t. 172** (gwaelod) Kevin Eaves; **t. 173** Martchan / Shutterstock.com; **t. 174** evantravels / Shutterstock.com; **t. 176** Saida Shigapova; **t. 179** Turkey Photo / Shutterstock.com; **t. 181** thomas koch / Shutterstock.com; **t. 182** (brig) Tannison Pachtanom; **t. 182** (gwaelod) Ar gael i'r cyhoedd; **t. 184** Lipik; **t. 185** Joshua Sherurcij; **t. 186** CRSS PHOTO / Shutterstock.com; **t. 190** Klemen Misic / Shutterstock.com; **t. 192** meunierd / Shutterstock.com

Cynnwys

Ynglŷn â'r llyfr hwn

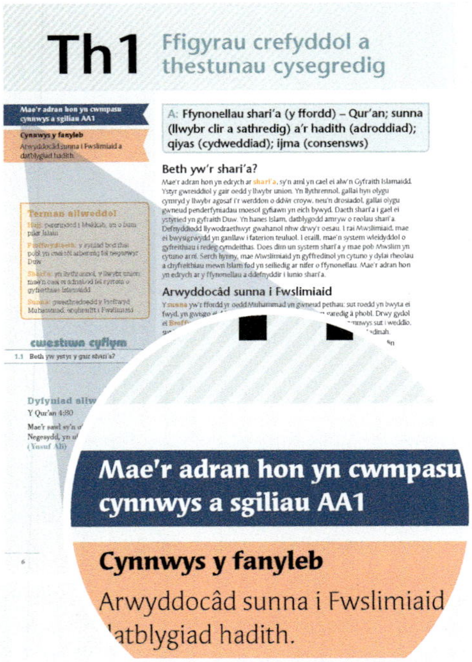

Yn y Safon Uwch newydd mewn Astudiaethau Crefyddol, mae llawer o waith i'w drafod a'i wneud i baratoi ar gyfer yr arholiadau ar ddiwedd y Safon Uwch. Nod y llyfrau hyn yw rhoi cefnogaeth i chi a fydd yn arwain at lwyddiant, gan adeiladu ar lwyddiant y gyfres UG.

Unwaith eto, mae'r gyfres lyfrau U2 yn canolbwyntio ar sgiliau wrth ddysgu. Mae hyn yn golygu mai'r bwriad yw parhau i drafod cynnwys y fanyleb a pharatoi ar gyfer yr arholiadau. Mewn geiriau eraill, y nod yw eich helpu i weithio drwy ail ran y cwrs, gan ddatblygu rhai sgiliau uwch pwysig sydd eu hangen ar gyfer yr arholiadau ar yr un pryd.

Er mwyn eich helpu i astudio, mae adrannau sydd wedi'u diffinio'n glir ar gyfer meysydd AA1 ac AA2 y fanyleb. Mae'r rhain wedi eu trefnu yn ôl themâu'r fanyleb ac maen nhw'n defnyddio penawdau'r fanyleb, pan fydd hynny'n bosibl, er mwyn eich helpu i weld bod y cynnwys wedi'i drafod ar gyfer Safon Uwch.

Mae'r cynnwys AA1 yn fanwl iawn ac yn benodol, gan roi cyfeiriadau defnyddiol at weithiau crefyddol/athronyddol a barn ysgolheigion. Mae'r cynnwys AA2 yn ymateb i'r materion sy'n cael eu codi yn y fanyleb ac yn cynnig syniadau i chi ar gyfer trafodaeth bellach, i'ch helpu i ddatblygu eich sgiliau dadansoddi beirniadol a gwerthuso eich hun.

Sut i ddefnyddio'r llyfr hwn

Wrth ystyried ffyrdd gwahanol o addysgu a dysgu, penderfynwyd bod angen hyblygrwydd yn y llyfrau er mwyn eu haddasu at bwrpasau gwahanol. O ganlyniad, mae'n bosibl eu defnyddio ar gyfer dysgu yn yr ystafell ddosbarth, gwaith annibynnol unigol, gwaith cartref, a 'dysgu fflip' hyd yn oed (os yw eich ysgol neu eich coleg yn defnyddio'r dull hwn).

Fel y byddwch yn gwybod, mae amser dysgu yn werthfawr iawn adeg Safon Uwch. Rydyn ni wedi ystyried hyn drwy greu nodweddion a gweithgareddau hyblyg, er mwyn arbed amser ymchwilio a pharatoi manwl i athrawon a dysgwyr fel ei gilydd.

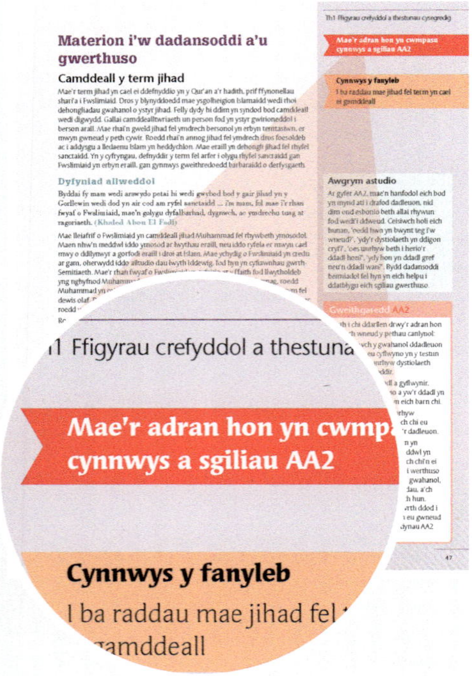

Nodweddion y llyfrau

Mae pob un o'r llyfrau'n cynnwys y nodweddion canlynol sy'n ymddangos ar ymyl y tudalennau, neu sydd wedi'u hamlygu yn y prif destun, er mwyn cefnogi'r dysgu a'r addysgu.

Termau allweddol – yn esbonio geiriau neu ymadroddion technegol, crefyddol ac athronyddol

Termau allweddol

Hajj: pererindod i Makkah, un o bum piler Islam

Cwestiynau cyflym – cwestiynau syml, uniongyrchol i helpu i gadarnhau ffeithiau allweddol am yr hyn sy'n cael ei ystyried wrth ddarllen drwy'r wybodaeth

cwestiwn cyflym

1.1 Beth yw ystyr y gair shari'a?

Dyfyniadau allweddol – dyfyniadau o weithiau crefyddol ac athronyddol a/neu weithiau ysgolheigion

Dyfyniad allweddol

Fydd fy ummah byth yn cytuno ar wall. **(Hadith y Proffwyd Muhammad)**

Awgrymiadau astudio – cyngor ar sut i astudio, paratoi ar gyfer yr arholiad ac ateb cwestiynau

Awgrym astudio

Ar gyfer AA2, mae'n hanfodol eich bod yn mynd ati i drafod dadleuon, nid dim ond esbonio beth allai rhywun fod wedi'i ddweud. Ceisiwch holi eich hunan, 'oedd hwn yn bwynt teg i'w wneud?', 'ydy'r dystiolaeth yn ddigon cryf?', 'oes unrhyw beth i herio'r ddadl hon?', 'ydy hon yn ddadl gref neu'n ddadl wan?' Bydd dadansoddi beirniadol fel hyn yn eich helpu i ddatblygu eich sgiliau gwerthuso.

Gweithgareddau AA1 – pwrpas y rhain yw canolbwyntio ar adnabod, cyflwyno ac esbonio, a datblygu'r wybodaeth a'r ddealltwriaeth sydd eu hangen ar gyfer yr arholiad

Gweithgaredd AA1

Ar ôl darllen yr adrannau uchod ar beth yw shari'a ac arwyddocâd y sunna i Fwslimiaid, rhowch ddiffiniadau o sunna a shari'a. Beth sy'n debyg a beth sy'n wahanol amdanynt? Ceisiwch feddwl am dri pheth sy'n debyg a thri pheth sy'n wahanol.

Gweithgareddau AA2 – pwrpas y rhain yw canolbwyntio ar gasgliadau, fel sail ar gyfer meddwl am y materion, gan ddatblygu'r sgiliau gwerthuso sydd eu hangen ar gyfer yr arholiad

Gweithgaredd AA2

Wrth i chi ddarllen drwy'r adran hon ceisiwch wneud y pethau canlynol:

1. Dewiswch y gwahanol ddadleuon sy'n cael eu cyflwyno yn y testun a nodwch unrhyw dystiolaeth gefnogol a roddir.

Geirfa o'r holl dermau allweddol er mwyn cyfeirio atyn nhw'n gyflym.

Nodwedd benodol: Datblygu sgiliau

Mae'r adran hon yn canolbwyntio'n fawr ar 'beth i'w wneud' â'r cynnwys a'r materion sy'n cael eu codi. Maen nhw i'w gweld ar ddiwedd pob adran, gan roi 12 gweithgaredd AA1 a 12 gweithgaredd AA2 gyda'r nod o ddatblygu sgiliau penodol sydd eu hangen ar gyfer astudiaeth uwch ar lefel U2.

Mae'r adrannau Datblygu sgiliau ar gyfer U2 wedi'u trefnu fel bod pob Thema yn canolbwyntio ar elfen benodol a fydd yn cael ei datblygu a'i pherffeithio'n raddol drwy gydol y Thema honno.

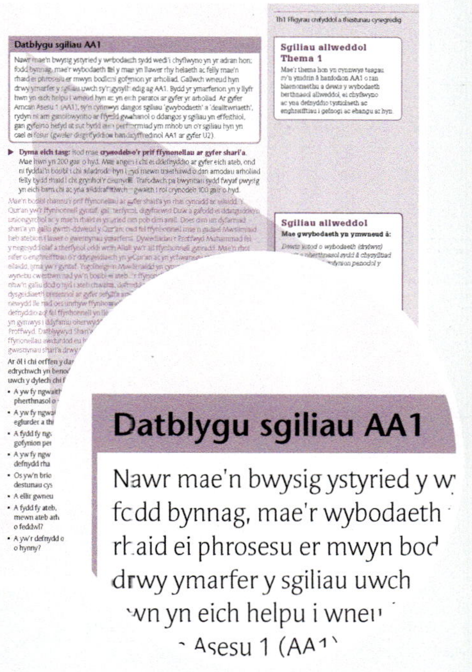

Atebion a sylwadau AA1 ac AA2

Yn yr adran olaf mae detholiad o atebion a sylwadau yn fframwaith ar gyfer barnu beth yw ymateb effeithiol ac aneffeithiol. Mae'r sylwadau yn tynnu sylw at rai camgymeriadau cyffredin a hefyd at enghreifftiau o arfer da fel bod pawb sy'n ymwneud ag addysgu a dysgu yn gallu ystyried sut mae mynd i'r afael ag atebion arholiad.

Richard Gray
Golygydd y Gyfres
2017

Th1 Ffigyrau crefyddol a thestunau cysegredig

Mae'r adran hon yn cwmpasu cynnwys a sgiliau AA1

Cynnwys y fanyleb

Arwyddocâd sunna i Fwslimiaid a datblygiad hadith.

A: Ffynonellau shari'a (y ffordd) – Qur'an; sunna (llwybr clir a sathredig) a'r hadith (adroddiad); qiyas (cydweddiad); ijma (consensws)

Beth yw'r shari'a?

Mae'r adran hon yn edrych ar **shari'a**, sy'n aml yn cael ei alw'n Gyfraith Islamaidd. Ystyr gwreiddiol y gair oedd y llwybr union. Yn llythrennol, gallai hyn olygu cymryd y llwybr agosaf i'r werddon o ddŵr croyw, neu'n drosiadol, gallai olygu gwneud penderfyniadau moesol gyfiawn yn eich bywyd. Daeth shari'a i gael ei ystyried yn gyfraith Duw. Yn hanes Islam, datblygodd amryw o reolau shari'a. Defnyddiodd llywodraethwyr gwahanol nhw drwy'r oesau. I rai Mwslimiaid, mae ei bwysigrwydd yn ganllaw i faterion teuluol. I eraill, mae'n system wleidyddol o gyfreithiau i redeg cymdeithas. Does dim un system shari'a y mae pob Mwslim yn cytuno arni. Serch hynny, mae Mwslimiaid yn gyffredinol yn cytuno y dylai rheolau a chyfreithiau mewn Islam fod yn seiliedig ar nifer o ffynonellau. Mae'r adran hon yn edrych ar y ffynonellau a ddefnyddir i lunio shari'a.

Arwyddocâd sunna i Fwslimiaid

Y **sunna** yw'r ffordd yr oedd Muhammad yn gwneud pethau: sut roedd yn bwyta ei fwyd, yn gwisgo ei ddillad ac yn siarad yn gwrtais ac yn garedig â phobl. Drwy gydol ei **Broffwydiaeth**, rhoddodd lawer o enghreifftiau eraill gan gynnwys sut i weddïo, sut i fynd ar bererindod yr **Hajj**, a sut i sefydlu cymuned drefnus yn Madinah.

Dydy Muhammad ddim yn cael ei weld yn ffigwr dwyfol, eto nid dyn cyffredin oedd e. Ef oedd y negesydd olaf a therfynol oddi wrth Allah, felly roedd wedi cael bendith Allah. Mae'n cael ei ystyried yn berson perffaith, yn rhoi enghraifft berffaith i Fwslimiaid ei dilyn. Nid ei neges yn unig sy'n enghraifft i'w chopïo, ond ei ddywediadau a'i weithredoedd hefyd.

Gair uniongyrchol Duw yw'r Qur'an. Fodd bynnag, dydy'r Qur'an ddim yn cynnwys unrhyw rai o'r manylion y mae Mwslimiaid yn eu defnyddio i ddilyn eu harferion beunyddiol. Enghreifftiau Muhammad sy'n esbonio sut i weddïo, ymprydio a delio â pherthnasoedd teuluol, priodas ac ysgaru. Mae'r Qur'an ei hunan yn dweud wrth Fwslimiaid am ufuddhau i Muhammad, y negesydd. Trwy hynny, mae'n cyfiawnhau sunna.

Yn ôl ysgolheigion Mwslimaidd, gair diamheuol Duw yw'r Qur'an. Mae'n bwysig er mwyn dod o hyd i'r atebion i bopeth. Mae Abdel Haleem, un o'r cyfieithwyr, yn ei gyflwyniad i'r Qur'an, yn disgrifio ei bwysigrwydd fel un 'sylfaenol ac o'r pwys mwyaf'.

Dyfyniad allweddol

Y Qur'an yw'r awdurdod goruchaf mewn Islam. Dyma brif ffynhonnell sylfaenol credoau, defodau, moesau, a chyfreithiau'r grefydd Islamaidd. Dyma'r bachyn sy'n 'gwahaniaethu' rhwng yr hyn sy'n gywir ac yn anghywir. Felly heddiw, pan fydd y byd Mwslimaidd yn delio â materion cyffredinol fel globaleiddio, yr amgylchedd, ymladd yn erbyn terfysgaeth a chyffuriau, materion sy'n ymwneud â moeseg feddygol a ffeministiaeth, mae'n chwilio am dystiolaeth yn y Qur'an i gefnogi'r dadleuon amrywiol. Mae'r statws goruchaf hwn yn tarddu o'r gred mai gair Duw

Termau allweddol

Hajj: pererindod i Makkah, un o bum piler Islam

Proffwydiaeth: y syniad bod rhai pobl yn cael rôl arbennig fel negeswyr Duw

Shari'a: yn llythrennol, y llwybr union; mae'n cael ei adnabod fel system o gyfreithiau Islamaidd

Sunna: gweithredoedd y Proffwyd Muhammad, enghraifft i Fwslimiaid

cwestiwn cyflym

1.1 Beth yw ystyr y gair shari'a?

Dyfyniad allweddol

Y Qur'an 4:80

Mae'r sawl sy'n ufuddhau i'r Negesydd, yn ufuddhau i Allah. (Yusuf Ali)

yw'r Qur'an, a ddatgelwyd i'r Proffwyd Muhammad drwy'r archangel Gabriel, ac sydd wedi'i fwriadu ar gyfer pob adeg a phob lle. **(Haleem)**

Mae rhai ysgolheigion wedi cwestiynu tarddiad y Qur'an, y ffordd o'i adrodd, a'r fersiynau eraill a oedd yn bodoli yn ystod dyddiau cynnar Islam o dan Califf Uthman. Awgryma Alfred Guillaume fod angen i Fwslimiaid wynebu'r problemau sy'n gysylltiedig â deall tarddiad y Qur'an, yn union fel gwnaeth Cristnogaeth y Gorllewin gyda'r Beibl adeg y Diwygiad.

Mae mwyafrif helaeth y Mwslimiaid yn derbyn y Qur'an yn ddiamod ac yn dibynnu arno fel ffynhonnell eithaf gwybodaeth. Mae'r dehongliadau o destunau eraill sy'n dilyn yn seiliedig ar y dybiaeth hon.

Gweithgaredd AA1

Ar ôl darllen yr adrannau uchod ar beth yw shari'a ac arwyddocâd y sunna i Fwslimiaid, rhowch ddiffiniadau o sunna a shari'a. Beth sy'n debyg a beth sy'n wahanol amdanynt? Ceisiwch feddwl am dri pheth sy'n debyg a thri pheth sy'n wahanol.

Datblygiad yr hadith

Dyfyniad allweddol

Un diwrnod fe wnes i gyfarfod ag Imam Bukhari a gofyn iddo: 'Ai chi yw'r person sydd wedi dysgu saith deg mil hadith ar y cof?' Atebodd Imam Bukhari: 'Rwyf wedi dysgu mwy na hyn ar y cof! Rwyf hyd yn oed yn gwybod man geni, marw a byw'r rhan fwyaf o'r cymdeithion hynny sydd wedi adrodd yr hadith.' **(Sulayman ibn Mujahid)**

Mae Mwslimiaid yn bwyta datys er mwyn cychwyn ar eu hympryd Ramadan

Geiriau a gorchmynion Duw i'r Proffwyd yw'r Qur'an ei hunan, ond dydy e ddim yn dweud llawer wrthon ni am y Proffwyd ei hun. I gael y wybodaeth honno, mae angen i Fwslimiaid droi at ffynhonnell arall, yr **hadith**. Yn wahanol i'r Qur'an, nid llyfr sanctaidd ac nid gair Allah yw'r hadith.

Yn ystod oes Muhammad, roedd y bobl nesaf ato'n cael eu galw'n **sahaba** iddo, y cymdeithion. Ar ôl iddo farw, roedden nhw'n aml yn adrodd storïau am y Proffwyd ac yn sôn am ei ddywediadau. Dros amser trosglwyddwyd y rhain ar lafar i eraill. Credir efallai fod rhai dywediadau wedi dechrau cael eu hysgrifennu o dan Califf Uthman, trydydd Califf neu lywodraethwr y Mwslimiaid ar ôl Muhammad. Does dim copïau ysgrifenedig o'r cyfnod hwn wedi goroesi heddiw.

Ddwy ganrif ar ôl i Muhammad farw, dechreuodd dadlau am ddywediadau'r Proffwyd. Trafodwyd miloedd o hadith. Roedd ofn fod rhai hadith wedi'u ffugio neu'n anghywir, yn seiliedig ar farn rhywun ac nid ar yr hyn roedd y Proffwyd wedi'i ddweud. Er mwyn datrys y dryswch, aeth nifer o ysgolheigion ati i lunio'r hadith dilys neu wirioneddol yn eu barn nhw.

Dyfyniad allweddol

Hyd heddiw, golygiad Uthman yw gair awdurdodol Duw i Fwslimiaid. Serch hynny, hyd yn oed nawr mae Mwslimiaid yn cydnabod bod darlleniadau gwahanol, sy'n cynnwys nid yn unig darlleniadau gwahanol o'r llafariaid ond hefyd ambell destun cytseiniol gwahanol, sydd yr un mor awdurdodol â'i gilydd. Doedd yr hen lawysgrifen Kufic y cafodd y Qur'an ei hysgrifennu ynddi'n wreiddiol ddim yn dangos y llafariaid, ac felly byddai hi'n bosibl i gytseiniaid berfau gael eu darllen fel rhai gweithredol neu oddefol. Yn waeth byth, doedd hi ddim yn bosibl gwahaniaethu rhwng llawer o'r cytseiniaid eu hunain heb y dotiau diacritig a ychwanegwyd wedyn, wyddon ni ddim pryd a gan bwy. ... Yn wreiddiol roedd cryn dipyn o ryddid, tan i genhedlaeth ddiweddarach fynnu cael unffurfiaeth ond heb lwyddo i'w chael yn llwyr byth ... Dydy'r byd Mwslimaidd ddim wedi mynd i'r afael eto â'r broblem a wynebodd Ewrop Gristnogol ar ôl y Dadeni. **(Guillaume)**

Termau allweddol

Hadith: dywediad gan y Proffwyd Muhammad

Sahaba: y rhai a oedd yn byw ac yn bod gyda Muhammad ac a oedd yn dystion i'w weithredoedd

Casgliadau o hadith

Imam **Bukari** oedd un o'r casglwyr hadith mwyaf enwog. Ganwyd Bukhari yn Uzbekistan. Roedd ei dad wedi bod yn ysgolhaig a astudiodd ddywediadau Muhammad, ond buodd farw pan oedd Bukhari yn dal i fod yn ifanc. Er gwaethaf hyn, trefnodd ei fam bererindod yr Hajj pan oedd Bukhari yn 16 oed. Roedd gan Bukhari gariad at ysgolheictod ac ar ôl yr Hajj aeth i deithio o gwmpas y Dwyrain Canol i chwilio am yr hadith. Aeth i Makkah, Madinah, Baghdad, Jerwsalem, Damascus a'r Aifft. Cymerodd ei daith 16 mlynedd iddo. Daeth â'r hyn a gafodd yn ôl i Samarkand lle lluniodd ei gasgliad o'r hadith.

Daeth Muslim ibn al-Hajjaj yn fyfyriwr i Imam Bukhari. Cynhyrchodd ei gasgliad ei hunan o'r hadith, gan dynnu ar waith ei feistr. Gwnaeth eraill ragor o gasgliadau. Abu Dawood wnaeth un o'r casgliadau hyn. Treuliodd 20 mlynedd yn teithio'r Dwyrain Canol yn casglu nifer helaeth o'r hadith. Yna tociodd nhw i'r rhai mwyaf dibynadwy yn ei farn e. Mae Mwslimiaid Sunni yn ystyried chwe phrif gasgliad o'r hadith fel y rhai mwyaf dibynadwy.

Mae gan Fwslimiaid Shi'a gasgliadau gwahanol o'r hadith, er bod y cynnwys yn debyg. Dydy casgliadau Mwslimiaid Shi'a ddim yn cynnwys yr hadith sydd wedi'u trosglwyddo gan y rhai a oedd yn gwrthwynebu Califf Ali. Mae Shi'a yn ystyried mai Califf Ali oedd y llywodraethwr cyfreithlon cyntaf ar ôl Muhammad, a'i ddisgynyddion wedi hynny. Doedd hi ddim yn bosibl derbyn unrhyw hadith wedi'u hadrodd gan elynion plaid Ali, y Shi'a.

Ystyr hyn i gyd yw, yn wahanol i'r Qur'an, nad oes un fersiwn o'r hadith y mae pob Mwslim yn cytuno arno. Oherwydd hyn mae rhai Mwslimiaid yn dilyn **Qur'aniaeth**. Dydy Qur'aniaid ddim yn derbyn unrhyw hadith o gwbl. Mae Mwslimiaid Qur'anaidd yn honni mai'r Qur'an yn unig, gair Duw, ddylai gael ei ddefnyddio'n arweiniad. Mae Khaled Abou el Fadl, yr ysgolhaig Mwslimaidd Sunni yn gwrthod syniadau Rashad Khalifa y Qur'anydd, drwy ddweud bod yr hadith yn hanfodol er mwyn deall cyd-destun datguddiad y Qur'an.

cwestiwn cyflym

1.2 I ble teithiodd Bukhari?

Termau allweddol

Bukhari: casgliad o hadith wedi'i enwi ar ôl y casglwr mwyaf adnabyddus, Bukari o Uzbekistan, a oedd yn byw o 810 i 870

Qur'aniaeth: dilyn dysgeidiaethau'r Qur'an ond gwrthod yr hadith fel ffynhonnell awdurdod

Dyfyniadau allweddol

Mae crefydd Islam (Ymostwng i Dduw yn unig) wedi'i llygru'n ddifrifol. Dros 200 mlynedd ar ôl marwolaeth y Proffwyd Muhammad, dechreuodd pobl ddatblygu athrawiaethau a chelwyddau wedi'u llunio gan ddyn a'u priodoli ar gam i'r Proffwyd ac i'r grefydd fawr hon. Dros y blynyddoedd, mae'r datblygiadau newydd hyn (yr Hadith a Sunna) wedi dod yn ffynhonnell swyddogol cyfreithiau a Shari'a heblaw am y Qur'an yn y rhan fwyaf o'r gwledydd Islamaidd honedig. Cyhoeddwyd nad yw'r Qur'an ei hunan yn ddigon fel ffynhonnell y gyfraith. **(Khalifa)**

Rhan o'r hadith a sunna yw llawer o'r naratifau sy'n gosod datguddiad y Qur'an yn ei gyd-destun ac sy'n nodi'r profiadau hanesyddol cyffredinol yn Makkah a Madinah ac sy'n cofnodi tystiolaeth am sut roedd y cenedlaethau cyntaf o Fwslimiaid yn deall ac yn ymarfer eu ffydd. Mae'r Qur'anyddion eisiau torri a dileu'r rhain. Ond ychydig iawn, os unrhyw beth, gaiff ei ddatrys wrth wneud hynny, oherwydd bydd yn gadael testun y Qur'an ar ei ben ei hunan heb ei hanes, yr amgylchiadau a'i hysgogodd, a'r heriau a'i hysbrydolodd. Bydd hi'n llawer mwy anodd datrys cwestiynau sy'n ymwneud â'i ddiben, ei fwriad a'i amcan. **(Abou el Fadl)**

Gan fod yr hadith mor eang, mae'n bosibl i Fwslimiaid ddilyn yr hadith ond cyfeirio at ddetholiadau hollol wahanol a gwneud dehongliadau gwahanol o ganlyniad. Yma, byddwn ni'n canolbwyntio ar brif gategorïau'r hadith a sut penderfynodd prif ffrwd corff barn Mwslimaidd eu bod yn ddibynadwy yn y nawfed a'r ddegfed ganrif, y cyfnod pan luniwyd y prif gasgliadau.

Categorïau gwahanol hadith

Dyfyniad allweddol

Mae fy ngwas yn ymnesáu ataf hyd nes y byddaf yn ei garu. A phan fyddaf yn ei garu, fi yw ei glyw er mwyn iddo glywed a'i olwg er mwyn iddo weld.
(Hadith qudsi y Proffwyd Muhammad)

Mae ffyrdd gwahanol o gategoreiddio'r hadith. Petaech chi'n codi copi o gasgliad o'r hadith, efallai byddech chi'n gweld ei fod wedi'i rannu'n benodau amrywiol yn seiliedig ar themâu neu destunau: gweddi, moesau da, priodas ac ati. Mae hyn yn helpu'r defnyddiwr i chwilio am destunau, ond nid dyma sut mae'r hadith wedi'u categoreiddio mewn gwirionedd. Ers canrifoedd, rhannwyd yr hadith yn ôl pa mor ddibynadwy ydyn nhw ym marn ysgolheigion Mwslimaidd.

Hadith **sahih** yw'r enw ar yr hadith mwyaf dibynadwy. Mae ysgolheigion wedi cadarnhau mai Muhammad ddywedodd y rhain a'u bod wedi'u hailadrodd yn gywir ar lafar o un person i'r llall tan iddyn nhw gael eu hysgrifennu. Hadith da yw hadith **hasan** sy'n ddibynadwy ar y cyfan heblaw am ambell farc cwestiwn bach yma ac acw. Hadith gwan yw hadith **daif**, yr oedd gan ysgolheigion amheuon amdanyn nhw. Mae hadith eraill y mae pobl yn credu iddyn nhw gael eu creu.

Mae gan rai o'r hadith a adroddodd Muhammad statws arbennig oherwydd ei fod wedi'i ysbrydoli'n uniongyrchol gan Allah ar y pryd. **Hadith qudsi** yw'r enw ar y rhain. Dywedir mai geiriau Muhammad sydd wedi'u hysbrydoli'n uniongyrchol gan Allah yw'r rhain, ond nid gair Duw sy'n llunio'r Qur'an. Defnyddir y gair **wahy** mewn Arabeg am ddatguddiad ac am ysbrydoliaeth. Gwelir mai'r Qur'an yw gair Allah wedi'i ddatguddio'n uniongyrchol. Hefyd gall Allah roi syniadau da, neu ysbrydoliaeth i negeswyr, o ran beth i'w ddweud. Maen nhw'n rhoi'r syniadau yn eu geiriau eu hunain, ond tarddodd y syniadau neu'r ysbrydoliaeth oddi wrth Dduw.

Mae rhai traddodiadau o ddywediadau gan Broffwydi eraill, gan gynnwys casgliad bach o hadith y Proffwyd **Isa**, Iesu. Mae traddodiadau eraill ar gael gan gymdeithion Muhammad. Nhw oedd y bobl nesaf ato, felly gadawon nhw storïau gwerthfawr am eu bywydau a'u hymwneud â'r Proffwyd. Does dim un o'r rhain yn rhan o'r llenyddiaeth sy'n llunio'r shari'a. Yr hyn sy'n bwysig yw pa mor ddibynadwy yw dywediadau Muhammad. Pennir hyn drwy edrych ar gynnwys y testun a pha mor ddibynadwy oedd y bobl a glywodd ac a drosglwyddodd bob neges.

Dibynadwyedd cyffredinol testun

Wrth ddarllen unrhyw lyfr, sut byddech chi'n gwybod ei fod yn wir? Gallech chi ymchwilio i'r pwnc a dod o hyd i ffynonellau eraill, a'u croesgyfeirio nhw. Gallech chi edrych am gywirdeb ffeithiol, er mwyn gweld a oes unrhyw fanylion yn anghywir. Gallech chi weld a oes unrhyw fanylion allan o'u lle, yn perthyn i gyfnod gwahanol, neu gallai fod ganddyn nhw **duedd**. Yn y byd modern, mae ymchwil academaidd wedi datblygu dulliau **beirniadol hanesyddol** o ddadansoddi testun. Dydy'r rhain ddim yr un fath â'r dulliau a gymhwysodd y Mwslimiaid i'r hadith. Roedd ysgolheigion Islamaidd tua 1100 mlynedd yn ôl yn byw mewn cyfnod gwahanol iawn. Cymhwyson nhw ddulliau gorau eu cyfnod i bennu pa mor gywir oedd testunau'r hadith. **Matn** oedd yr enw ar destun yr hadith, ac roedd dulliau penodol yn cael eu defnyddio i wirio ei ddibynadwyedd.

Roedd ysgolheigion yn ystyried mai'r Qur'an, heb amheuaeth, oedd y pwynt cyfeirio mwyaf dibynadwy. Yn gyntaf oll, roedd manylion unrhyw hadith yn cael eu cymharu â'r ddysgeidiaeth yn y Qur'an. Doedd hi ddim yn bosibl caniatáu unrhyw hadith oedd yn gwrth-ddweud y Qur'an, gan y byddai hynny'n mynd yn groes i air Duw.

Cynnwys y fanyleb

Categorïau gwahanol hadith mewn perthynas â dibynadwyedd cyffredinol testunau a'r gadwyn drosglwyddo.

Cofeb i Bukhari, Samarkand, Uzbekistan

Termau allweddol

Beirniadol hanesyddol: dulliau modern o ddeall ffynonellau drwy ddadansoddi cyd-destun, tuedd a chroesgyfeirio

Daif: hadith gwan, mae'n cael ei ystyried yn annibynadwy oherwydd bod cwestiynau am gadwyn y trosglwyddo

Hadith qudsi: dywediadau Muhammad y credir i Allah eu hysbrydoli'n uniongyrchol

Hasan: hadith sydd wedi cael eu casglu ac sy'n cael eu hystyried yn rhai da, ac eithrio un neu ddau o fân gwestiynau ynghylch eu dilysrwydd

Isa: y gair Arabeg am Iesu, sy'n cael ei ystyried yn Broffwyd mewn Islam

Matn: corff testun mewn hadith

Sahih: yr hadith gorau a mwyaf dibynadwy, sydd wedi cael eu casglu â chadwyn drosglwyddo ddibynadwy

Tuedd: y syniad y gallai person fod yn annheg neu'n unochrog, ac yn adlewyrchu hyn yn yr hyn maen nhw'n ei ddweud

Wahy: datguddiad, hefyd ysbrydoliaeth i Broffwydi

cwestiwn cyflym

1.3 Pam gallai cynnwys hadith gael ei wrthod?

Dibynadwyedd testun yr hadith

Wrth i gasgliadau o'r hadith ffurfio a oedd wedi'u cadarnhau fel rhai dibynadwy, doedd dim hawl derbyn yr hadith a oedd newydd gael eu darganfod os oedden nhw'n gwrth-ddweud yr hadith oedd wedi'u cadarnhau. Gwrthodwyd yr hadith os oedden nhw fel petaen nhw'n cefnogi llwyth neu deulu penodol, gan fod ganddyn nhw duedd. Hefyd gwrthodwyd yr hadith a oedd fel petaen nhw'n cyfeirio at ddigwyddiadau diweddarach neu a oedd yn fwy eithafol na'r Qur'an mewn unrhyw fater.

Roedd y bobl a oedd yn byw yn Arabia yng nghyfnod Muhammad a'r Mwslimiaid cynnar yn byw mewn llwythau'n bennaf. Roedd disgwyl iddyn nhw ddilyn dyn, fel pennaeth y llwyth; credu yng nghrefydd ac arferion y llwyth; a bod yn ffyddlon iddo. Roedd disgwyl iddyn nhw hyrwyddo'r llwyth a chuddio unrhyw gamymddwyn gan unrhyw un yn eich llwyth. Felly roedd hi'n fwy anodd i gasglwyr yr hadith ddod o hyd i'r gwirionedd. Ond roedd hi'n fwy rhyfeddol byth eu bod wedi gwneud eu gorau glas i ddatgysylltu sylwadau Muhammad oddi wrth y llygru gan ufudd-dod llwythol.

Roedd casglwyr yr hadith yn meddwl yn rhesymegol yn ystod Oes Aur Islam, pan oedd Mwslimiaid yn cyfieithu testunau o'r hen fyd. Fodd bynnag, doedd hyn ddim yn hollol resymegol. Ymddangosodd dywediadau'r Proffwyd dros 23 mlynedd er mwyn ymateb i amrywiaeth o gyfnodau ac amgylchiadau gwahanol. Mewn casgliadau helaeth o'r hadith, dydy llawer ddim fel petaen nhw'n cyd-fynd ag eraill, er i'r casglwyr wneud eu gorau glas. Cynhyrchwyd esboniadau er mwyn helpu pobl i ddeall cyd-destun yr hadith a gwneud synnwyr o'r casgliadau.

Casgliad o lyfrau Arabeg

Cadwyn y trosglwyddo

Mae'r sawl a drosglwyddodd yr hadith, yr adroddwr, yr un mor bwysig â thestun unrhyw hadith. Gan fod dros ddwy ganrif rhwng y dywediadau cyntaf a chasgliadau'r hadith, roedd hyn yn golygu bod llawer o bobl wedi ei drosglwyddo. Mae'r bobl hyn yn creu cadwyn o adroddwyr neu **isnad**. Roedd cadarnhau cadwyn yr adroddwyr yr un mor bwysig â chadarnhau dilysrwydd yr hadith fel testun.

Er mwyn cael ei gadarnhau, dylai pob hadith fod wedi ei glywed gan un o gymdeithion y Proffwyd, person dibynadwy a oedd yn byw gydag ef ac yn gwybod yn union beth a ddywedodd. Dylai fod rhestr ddi-dor o enwau'r rhai a adroddodd y dywediad. Os oedd bwlch, yna byddai'r hadith yn cael ei wrthod. At hynny, dylai pob person yn y gadwyn fod yn cael ei ystyried yn berson onest. Gwrthodwyd unrhyw un yr oedd pobl yn gwybod ei fod yn dweud celwydd neu'n lledaenu straeon. Mwslimiaid duwiol ac onest oedd yn cael eu hystyried fel y rhai mwyaf dibynadwy. Doedd neb yn ymddiried mewn pobl anghofus, hyd yn oed os oedden nhw'n onest.

Mae'n bosibl i'r un dywediad gan y Proffwyd gael ei adrodd mewn nifer o hadith gwahanol. Roedd llawer o gymdeithion o gwmpas Muhammad. Adroddodd y rhain eu storïau i'w dilynwyr eu hunain, gan eu trosglwyddo drwy bobl wahanol. Felly byddai hi'n fwy tebygol fod yr hadith yn ddibynadwy.

Term allweddol

Isnad: cadwyn o drosglwyddwyr, pwy drosglwyddodd yr hadith i bwy, yr holl ffordd i lawr o'r un cyntaf i glywed Muhammad tan i'r hadith gael ei ysgrifennu

cwestiwn cyflym

1.4 Rhowch ddau reswm pam gallai adroddwyr hadith gael eu derbyn a dau reswm pam gallen nhw gael eu gwrthod.

Gweithgaredd AA1

Lluniwch siart llif i ddangos sut cyrhaeddodd dywediadau Muhammad y casgliadau o hadith. Cofiwch gynnwys yn y siart yr holl gamau gwirio y gallai'r casglydd hadith eu gwneud.

O safbwynt modern, byddai hi'n bosibl amau pa mor ddibynadwy gallai cadwyn o adroddwyr fod dros gyfnod mor hir o amser. Serch hynny, roedd casglwyr yr hadith yn cymryd eu gwaith o ddifrif. Pan deithiodd Bukhari i Baghdad, ymgasglodd tyrfa o'i gwmpas a phenderfynu rhoi prawf arno. Cymysgon nhw'r hadith ac adroddwyr yr hadith er mwyn gweld a allen nhw faglu Bukhari. Sylwodd Bukhari ar bob gwall. Roedd sôn fod ganddo gof ffotograffig ac roedd yn byw mewn cyfnod o draddodiad llafar lle roedd hi'n gyffredin i bobl ddysgu dywediadau ar y cof.

Dyma enghraifft o gadwyn o adroddwyr, o'r enw isnad, o hadith cyntaf Bukhari:

Rydyn ni wedi clywed gan Al-Humaydi Abdallah ibn al-Zubayr a ddywedodd iddo glywed gan Sufyan, a ddywedodd iddo glywed gan Yahya ibn Sa'eed al-Ansari a ddywedodd i Muhammad ibn Ibrahim al-Taymi ddweud wrtho iddo glywed 'Alqama ibn Waqqas al-Laythi yn dweud iddo glywed 'Umar ibn al-Khattab ddweud ar bulpud y bregeth i'r Proffwyd Muhammad ddweud: 'Drwy fwriad yn unig y daw gweithredoedd…'

Yr hadith am Umm Warraqh

Gellir gweld enghraifft o ddadl ynghylch yr hadith a'u dilysrwydd o'r hadith canlynol. Roedd **Umm Warraqh** yn fenyw a benodwyd i arwain y gweddïo dros ei **ahl dariha**. Ystyr hyn efallai oedd ei chymdogaeth o gannoedd o ddynion a menywod, neu efallai ei chartref o ddynion a menywod, neu fenywod yn unig, efallai. Gallai hyn wrth-ddweud yr hadith eraill sy'n awgrymu mai dynion yn unig ddylai arwain y gweddïo. Eto, roedd cael dynion yn arwain yn rhan o'r gymdeithas lwythol a oedd wedi'i dominyddu gan ddynion ar y pryd. Felly byddai'n bosibl dadlau y gall yr hadith fod yn ddilys oherwydd nad yw'n gallu cael ei gymryd o unrhyw god llwythol cymdeithas. Mae rhai'n ei ystyried yn hasan neu'n hadith da oherwydd bod cadwyn o adroddwyr gydag un ymholiad bach yn unig. Mae eraill yn dweud bod yr adroddwr Abdur Rahman yn anhysbys, felly gallai fod yn annibynadwy.

Unigolyn allweddol

Umm Warraqh: menyw a benodwyd gan Muhammad i arwain y gweddïo yn Madinah ar ran ei chartref neu ei chymuned, yn cynnwys dynion a menywod o bosibl.

Term allweddol

Ahl dariha: cartref, neu dŷ, neu gymuned

Enghraifft o hadith dadleuol: hadith Abu Dawud rhif 592

Al-Walid bin Jumaih wedi'i adrodd gan Abdur Rahman bin Khallad, wedi'i adrodd gan Umm Waraqah:

Roedd Negesydd Allah yn arfer ymweld ag Umm Warraqh yn ei chartref. Penododd muzzein i alw adhan ar ei rhan; a'i gorchymyn hi i arwain ahl dariha wrth weddïo.

Mwslim yn syrthio ar yr wyneb mewn gweddi

Un enghraifft ddadleuol yw'r hadith hwn. Wrth gwrs, byddai'n bosibl dadlau bob amser nad oes angen i ffydd ac arferion heddiw ddilyn arferion 1400 o flynyddoedd yn ôl yn llythrennol. Gallai dulliau beirniadol hanesyddol ddehongli'r traddodiad hwn yn wahanol. Fodd bynnag, i lawer o Fwslimiaid, mae enghraifft y Proffwyd mor werthfawr fel eu bod yn treulio llawer iawn o amser ac egni'n ceisio cadarnhau dilysrwydd yr hadith, fel eu bod yn gallu dilyn gystal ag y gallan nhw yr enghraifft berffaith a therfynol: Muhammad.

Mewn egwyddor, mae manylion allweddol ffydd ac arferion Islamaidd yn tarddu o'r Qur'an, a'u manylion o'r hadith, fel mae'r tabl yn ei ddangos.

Dysgeidiaeth Islamaidd	Y Qur'an	Yr Hadith
Gweddïau Dyddiol	Mae'n dweud wrth Fwslimiaid am ufuddhau i Allah a dilyn y Proffwyd. Sefwch yn ddefosiynol gerbron Allah ar ddechrau ac ar ddiwedd y dydd.	Anogwch Fwslimiaid i weddïo bum gwaith y dydd yn y drefn benodol o sefyll, ymgrymu a sefyll, yn yr un ffordd ag roedd y Proffwyd Muhammad yn gweddïo.
Ymprydio a Ramadan	Mae'n dweud y cewch eich cynghori i ymprydio er mwyn i chi gael ymdeimlad o Allah a chofio Noson Nerth, datguddiad cyntaf y Qur'an.	Mae Mwslimiaid yn dysgu ymprydio o doriad gwawr tan fachlud haul drwy beidio â bwyta, yfed, dweud celwyddau neu dwyllo. Does dim angen i bobl sâl ymprydio.
Bwyd a bwyta	Mae'n dweud wrth Fwslimiaid am fwyta cig sydd wedi'i ladd mewn ffordd halal, gan roi manylion sy'n sôn am enw Allah a defnyddio llafn miniog.	Mae'n ychwanegu manylion am sut roedd y Proffwyd yn bwyta â'i law dde, gan ddechrau prydau drwy ddweud Bismillah a bwyta'n dawel ac yn barchus, heb orfwyta.

Er gwaetha'r casgliadau helaeth o'r hadith, does dim ateb i bob mater sy'n wynebu Mwslimiaid heddiw. Dros gyfnod o amser, datblygodd ysgolheigion Mwslimaidd ddau ddull arall i gadarnhau beth dylai Mwslimiaid ei wneud mewn sefyllfaoedd penodol yr oedd angen rhoi sylw iddyn nhw. Dulliau ijma a qiyas oedd y rhain.

Cynnwys y fanyleb

Datblygiad qiyas ac ijma.

Termau allweddol

Fatwa: barn ysgolhaig Islamaidd ar fater, sydd ddim ond yn eu rhwymo nhw eu hunain a'r rhai sy'n tyngu teyrngarwch

Ijma: consensws ysgolheigion neu'r gymuned gyfan hyd yn oed yn cytuno ar ddysgeidiaeth

Qiyas: cymharu â sefyllfa debyg er mwyn dod at ddysgeidiaeth

Ulema: ysgolheigion Islamaidd

Dyfyniad allweddol

Fydd fy ummah byth yn cytuno ar wall. **(Hadith y Proffwyd Muhammad)**

cwestiwn cyflym

1.5 Sut cafodd olynydd Muhammad ei benodi?

Unigolyn allweddol

Abu Bakr: un o gymdeithion Muhammad a'r Califf neu arweinydd cyntaf y Mwslimiaid ar ôl Muhammad, yn ôl Mwslimiaid Sunni.

Datblygiad ijma

Mae'r Qur'an a'r hadith yn seiliedig ar ddatguddiadau Allah a dywediadau Muhammad rhwng y blynyddoedd 610 a 633. Felly sut aeth Mwslimiaid i'r afael â'r materion a gododd wedyn, neu â materion nad oedd y ffynonellau uchod fel petaen nhw'n eu hateb yn eglur? Pan fu farw'r Proffwyd, doedd neb wedi cytuno ar ei olynydd, felly cafodd cymdeithion Muhammad gyfarfod. Yn y pen draw cytunon nhw rhyngddyn nhw eu hunain pwy ddylai olynu. Yn ôl Mwslimiaid Sunni, dewison nhw **Abu Bakr**. **Ijma** yw enw'r broses hon o ddod ynghyd a chytuno ar ateb i broblem.

Mae'r cysyniad o bleidleisio dros gynrychiolwyr neu hyd yn oed yn uniongyrchol i benderfynu ar fater, mewn refferendwm, yn rhywbeth yr ydyn ni'n gyfarwydd ag ef y dyddiau hyn. Dydy ijma ddim yr un fath â democratiaeth, er bod rhai Mwslimiaid yn ystyried bod ijma yn gyfiawnhad dros holi am farn y gymuned Fwslimiaid i gyd ynghylch mater. Fodd bynnag, dydy Mwslimiaid ddim yn hollol rydd i benderfynu ar yr ateb. Rhaid iddyn nhw ddewis yn ôl yr hyn sy'n cael ei ganiatáu o fewn cyfyngiadau'r Qur'an a sunna.

Y Qur'an a'r hadith yw ffynonellau cynradd shari'a, a fydd ffynonellau eilaidd ijma a **qiyas** byth yn gallu eu dirymu nhw. Mae hyn oherwydd bod y ddwy ffynhonnell gyntaf yn deillio o Allah a'i negesydd Ef. Mae bodau dynol yn gallu gwneud camgymeriadau a dydyn nhw ddim mewn cysylltiad uniongyrchol ag Allah, felly dydyn nhw ddim yn gallu dirymu'r hyn sydd wedi cael ei ddatgelu.

Safbwyntiau gwahanol am ijma

Mae rhai Mwslimiaid yn ystyried mai i'r ychydig genedlaethau cyntaf o Fwslimiaid ac i gymdeithion y Proffwyd yn unig y mae ijma yn ddilys. Mae hyn oherwydd eu bod nhw naill ai'n adnabod Muhammad yn bersonol neu'n adnabod pobl a oedd yn agos ato. Felly roedd hi'n bosibl ymddiried ynddyn nhw i benderfynu ar faterion yn unol â'i ddysgeidiaeth e. Roedd angen diffinio materion amrywiol yn gysylltiedig ag arferion crefyddol. Roedd y Proffwyd eisoes wedi pennu'r holl brif fanylion ynghylch sut i weddïo'r pum prif weddi ddyddiol. Ond ijma y cymdeithion oedd yn diffinio'r union fanylion am weddïau Ramadan Taraweeh a'r Alwad i Weddïo cyn gweddïau dydd Gwener.

Mae Mwslimiaid eraill yn ystyried bod ijma yn ymwneud nid yn unig â materion sy'n gysylltiedig ag arferion crefyddol ond â materion cymdeithasol hefyd. Gofynnwyd cwestiynau ynghylch pwy roedd ganddyn nhw hawl ei briodi. Roedd hi'n amlwg o'r Qur'an nad oedd gan ddyn Mwslimaidd hawl i briodi ei ferched, ei fam na'i chwiorydd, ond beth am y genhedlaeth nesaf? Penderfynwyd drwy ijma fod priodi neiniau ac wyresau wedi'i wahardd hefyd.

Yn aml, ystyr ijma yw cytuno gan ysgolheigion. Yn y cyfnod modern mae ysgolheigion Islamaidd, o'r enw **Ulema**, yn cwrdd â'i gilydd weithiau ac yn cyhoeddi rheoliadau o'r enw **fatwas**. Fodd bynnag, mae dadlau ynghylch a yw ijma yn gallu bod yn berthnasol yn y byd modern ac os felly, a oes angen i bob ysgolhaig neu i bob Mwslim yn yr holl fyd gytuno â'i gilydd. Mae rhai Mwslimiaid o'r farn fod yr hyn y mae ysgolheigion modern yn cytuno arno ynghylch materion heddiw, fel erthyliad ac ewthanasia, yn haeddu statws ijma. Mae eraill o'r farn mai safbwyntiau personol yn unig ydyn nhw, heb statws ac eithrio gyda'r person a'u gwnaeth nhw.

Mae Mwslimiaid Shi'a yn rhoi statws arbennig i berson yr Imam, sy'n dilyn yn nhraddodiad teulu'r Proffwyd. Maen nhw'n ystyried bod ganddo statws i esbonio ystyr y Qur'an yn gywir. I'r Shi'a, arweinwyr yn y traddodiad hwn ddylai fod yn dehongli.

Cyfarfod Imamiaid yn Malaysia

Datblygiad qiyas

Mae hadith yng nghasgliad Imam Tirmidhi yn rhoi arweiniad i Fwslimiaid ynghylch sut mae dod o hyd i'r ateb i gwestiynau. Siaradodd y Proffwyd â'i gydymaith Mu'adh ibn Jabal i'w baratoi at ei waith fel llywodraethwr talaith. Roedd angen iddo wybod y byddai Mu'adah yn gallu penderfynu ar faterion yn synhwyrol pan na fyddai'r Proffwyd o gwmpas iddo ei holi am help, gan fod y dalaith ymhell i ffwrdd. Gofynnodd y Proffwyd i Mu'adh sut byddai'n llunio barn am faterion.

> Meddai Mu'adh: 'Byddaf yn barnu materion yn ôl yr hyn sydd yn Llyfr Allah, y Qur'an.'
>
> Gofynnodd y Proffwyd: 'Ond beth os na chei di'r ateb yn Llyfr Allah?'
>
> Meddai Mu'adh: 'Yna byddaf yn barnu yn ôl enghraifft negesydd Allah, y sunna.'
>
> Atebodd y Proffwyd: 'Ond beth os na chei di ateb yn y Qur'an na'r sunna?'
>
> Meddai Mu'adh: 'Yna byddaf yn penderfynu yn ôl fy marn.'
>
> Roedd y Proffwyd wrth ei fodd a diolchodd i Allah am roi Mu'adah iddo, ac yntau'n llywodraethwr mor dda.

Myfyrwyr Mwslimaidd

Nid barn yn seiliedig ar feddwl yw qiyas, ond mae wedi'i gymryd o ddysgeidiaeth wreiddiol yn y Qur'an neu'r hadith a'i gymhwyso i sefyllfa newydd. Daeth menyw o'r enw Al-Khath 'amiyyah at Muhammad ar ôl i'w thad farw. Doedd e ddim wedi cael cyfle i fynd ar bererindod yr Hajj. Gofynnodd Al-Khath i Muhammad a fyddai o fudd iddo petai hi'n gwneud yr Hajj ar ei ran. Atebodd y Proffwyd drwy ddweud y byddai o fudd iddo petai hi'n talu ei ddyledion arian. O'i gymharu, mae'r Hajj fel dyled defosiwn i Dduw, felly byddai o fudd iddo. Felly, mae qiyas yn ymwneud â chymharu a rhesymu er mwyn cymhwyso dysgeidiaeth i sefyllfa newydd.

Gallai qiyas gael ei ddefnyddio i lunio eich barn eich hun. Mae'n well gan Fwslimiaid Shi'a ddefnyddio consensws rhesymegol y rhai sydd yn llinach teuluol Muhammad y maen nhw'n ymddiried ynddyn nhw i lunio'r farn orau wedi'i rhesymu. Dydy pawb ddim yn cael dehongli. Mae Shi'a yn dilyn arweiniad yr Imamiaid sydd wedi'u penodi ganddyn nhw. Maen nhw'n mynd â qiyas un gam ymhellach gyda rhesymu rhesymegol.

Gweithgaredd AA1

Gwnewch grynodeb o ddehongliadau gwahanol o ijma a qiyas.

Cyfeiriwch at y canlynol:

(1) consensws
(2) cymdeithion
(3) ysgolheigion diweddarach
(4) Mwslimiaid i gyd
(5) cymariaethau
(6) rhesymu.

Beth yw fiqh?

Os mai Cyfraith Islamaidd yw shari'a, yna **fiqh** yw'r ffordd mae'r gyfraith hon yn cael ei dehongli. Cyfraith Duw yw shari'a, nad yw Mwslimiaid yn ei deall yn llawn. Ffordd o'i deall yn fanwl iawn yw fiqh. Dyma'r agosaf y gall bodau dynol ddod at ddeall cyfreithiau Duw. Mae llawer o lyfrau wedi'u cyhoeddi sydd â fiqh Islamaidd yn y teitl. Dehongliad pobl wahanol o Gyfraith Islamaidd ydyn nhw. Maen nhw'n defnyddio'r Qur'an, sunna a barn ysgolheigion. Ar ôl i'r Proffwyd farw aeth y cymunedau cynnar o Fwslimiaid ati i sefydlu ac i ehangu eu cymunedau. Penderfynodd cymdeithion Muhammad beth oedd ystyr y ddysgeidiaeth allweddol wrth ei chymhwyso bob dydd. Yn nes ymlaen yn unig y datblygodd fiqh mewn gwirionedd.

Cynnwys y fanyleb

Gwaith Al-Shafi o ran dyfeisio methodoleg ar gyfer fiqh (dealltwriaeth ddofn) o shari'a.

Term allweddol

Fiqh: dehongliad neu ddealltwriaeth ddyfnach o Gyfraith Islamaidd

Tua 150 mlynedd ar ôl i Muhammad farw, sefydlogodd yr ymerodraeth Islamaidd ar ôl cyfnod o ehangu. Roedd gan ysgolheigion fwy o amser i feddwl am ddyfarniadau a'u gweithio allan. Daeth y dyfarniadau hyn i gael eu hadnabod fel llyfrau fiqh. Er bod rhai gwahaniaethau rhwng barn yr ysgolheigion, mae llawer o nodweddion tebyg hefyd. Roedd eu dysgeidiaeth a'u dulliau o ddefnyddio'r Qur'an a sunna yn bwysig. Hefyd, y ffaith a oedden nhw'n cymryd safbwynt Mwslimaidd Shi'a neu Sunni.

Mae pedair prif ysgol o feddwl mewn Islam Sunni wedi'u henwi ar ôl y pedwar dyn a'u datblygodd nhw. Y rhain oedd Abu Hanifa, Al-Shafi, Malik ibn Anas ac Ahmad ibn Hanbal. Mae'r ysgolion fiqh sydd wedi'u henwi ar eu hôl nhw'n cael eu galw'n **madhabau Hanifi**, **Shafi'i**, **Maliki** a **Hanbali**. Mae ysgolion fiqh gwahanol mewn Islam Shi'a. Mae'r prif ganghennau'n cynnwys y **Jafari**, y **Zaidiyyah**, a'r **Ismaeli**. Mae ysgol o feddwl arall o'r enw'r **Ibadi** sy'n wahanol i'r rhai Shi'a a'r rhai Sunni.

Cyfraniad Al-Shafi i fethodoleg fiqh

Dyfyniad allweddol

Nid yr hyn sy'n cael ei ddysgu ar y cof yw gwybodaeth wirioneddol, ond yr hyn sydd o fudd. (Al-Shafi)

Al-Shafi oedd enw un o'r ysgolheigion Mwslimaidd Sunni mwyaf dylanwadol, a ddatblygodd ei ysgol fiqh ei hun. Roedd Al-Shafi yn byw o 767 i 820. Ganwyd Al-Shafi yn Gaza i fam o Yemen. Bu farw ei dad pan oedd yn ddwy flwydd oed, felly symudodd ei fam i Makkah er mwyn bod yn nes at aelodau eraill ei theulu. Roedd yn perthyn i deulu llywodraethwyr yr **Abbasid** ar y pryd, felly roedd ganddo gysylltiadau da, ond er gwaethaf hyn, magwyd ef mewn tlodi. Roedd Al-Shafi yn fyfyriwr gwych ac roedd sôn iddo ddysgu'r Qur'an i gyd ar ei gof erbyn ei fod yn saith oed. Daeth yn fyfyriwr i Imam Malik, un o bedwar prif ysgolhaig fiqh Sunni. Astudiodd Al-Shafi am flynyddoedd o dan Imam Malik yn Madinah. Roedd sôn fod gan Al-Shafi gof ffotograffig. Roedd yn saethwr da ac yn feistr medrus wrth chwarae gwyddbwyll.

Yna teithiodd i Baghdad lle bu'n trafod ag ysgolheigion yr ysgol o feddwl Hanifi yn yr hyn a oedd yn cyfateb i siopau coffi prifddinas brysur yn yr oesoedd canol. Pan aeth y dadleuon yn drech nag ef, dychwelodd Shafi i Makkah lle rhoddodd sgyrsiau am Islam yn y mosg mawr o amgylch y Ka'aba. Gwrandawodd yr ysgolhaig Ahmad ibn Hanbal arno yno. Wrth deithio ac wrth drafod â sylfaenwyr yr ysgolion Sunni eraill o feddwl, dylanwadodd Al-Shafi yn fawr ar ddatblygiad fiqh.

Gweithgaredd AA1

Dychmygwch eich bod mewn siop goffi (neu rywle tebyg) yn Baghdad yn yr Oesoedd Canol, yn gwrando ar un o ddadleuon Al-Shafi. Ysgrifennwch adroddiad am y ddadl rhwng Al-Shafi ac ysgolhaig arall. Efallai bydd angen i chi ddarllen i lawr i'r dudalen nesaf er mwyn deall safbwynt yr ysgolhaig arall rydych chi'n ei ddewis.

Diffiniodd Al-Shafi y ffynonellau awdurdod i'w defnyddio mewn fiqh yn ôl trefn blaenoriaeth. Dywedodd fod rhaid i'r Qur'an, gair Duw, ddod yn gyntaf bob amser. Yn ail, sunna Muhammad. Fel negesydd Allah ac enghraifft derfynol a pherffaith i Fwslimiaid ei dilyn, roedd pob gair a gweithred ganddo yn cael eu hystyried yn ffynhonnell awdurdod a oedd yn ail i eiriau Allah yn unig. Yn drydydd, derbyniodd Al-Shafi'r ijma neu'r cytuno gan gymdeithion Muhammad fel awdurdod ar faterion. Hefyd derbyniodd farn cymdeithion Muhammad, gan mai nhw a wyddai orau beth oedd dysgeidiaeth y Proffwyd. Dderbyniodd e ddim o unrhyw draddodiadau nac arferion y cymdeithion; rhai Muhammad yn unig a ddefnyddiwyd. Gwrthododd arferion a thraddodiadau lleol gan y gallen nhw ddenu Mwslim oddi wrth arferion

cwestiwn cyflym

1.6 Enwch bedair prif ysgol fiqh Islam Sunni.

Termau allweddol

Abbasid: teulu a oedd yn rheoli'r Ymerodraeth Islamaidd yn ystod yr wythfed a'r nawfed ganrif pan gafodd yr ysgolion o feddwl eu sefydlu

Hanbali: ysgol o feddwl Islam Sunni sy'n tarddu o'r ysgolhaig Ahmad ibn Hanbal, 780–855

Hanifi: ysgol o feddwl Islam Sunni sy'n tarddu o'r ysgolhaig Abu Hanifa, 702–772

Ibadi: ysgol o feddwl Islamaidd nad yw'n Shi'a na chwaith yn Sunni ond sydd ag elfennau'r ddau fath o Islam

Ismaeli: ysgol o feddwl Islam Shi'a sy'n tarddu o'r ysgolhaig Al-Qadi al-Nu'man m. 974

Jafari: ysgol o feddwl Islam Shi'a sy'n tarddu o'r Imam Jafar al-Sadiq, tua 700–765

Madhab: yr enw ar ysgol Cyfraith Islamaidd

Maliki: ysgol o feddwl Islam Sunni sy'n tarddu o'r ysgolhaig Malik ibn Anas, 711–795

Shafi'i: ysgol o feddwl Islam Sunni sy'n tarddu o'r ysgolhaig Al-Shafi, 767–820

Zaidiyyah: ysgol o feddwl Islam Shi'a sy'n deillio o Zayd ibn Ali, 695–740

cwestiwn cyflym

1.7 Ym mha ffyrdd y dylanwadodd Al-Shafi ar ddatblygiad fiqh?

Muhammad. Yn olaf, diffiniodd Al-Shafi mai qiyas, cymhariaeth resymegol, oedd y ffynhonnell nesaf i'w defnyddio.

Beddrod Imam Al-Shafi yn Cairo, yr Aifft

Roedd Al-Shafi yn byw mewn cyfnod pan oedd yr Abbasidiaid yn rheoli'r byd Islamaidd. Roedd gan bobl ddiddordeb mewn gwyddoniaeth a dysgu. Darparodd ffordd gam wrth gam o wneud synnwyr o ddysgeidiaeth Islam a allai gael ei llunio'n fiqh neu'n ddealltwriaeth fanylach. Roedd hyn yn gam enfawr ymlaen a safonodd shari'a, nad oedd mor ddatblygedig cyn ei gyfnod ef. Roedd llawer o feysydd lle na adawodd Al-Shafi unrhyw arweiniad. Lwyddodd e ddim i ddatrys y darnau gwahanol o ddysgeidiaeth ynghylch sut i gynnal deialog rhwng crefyddau. Wnaeth e ddim defnyddio trafodaeth resymegol. Doedd neb yn cael trafod yn agored ag ef a yw Duw'n bodoli ai peidio, neu ai gair Duw oedd y Qur'an mewn gwirionedd, oherwydd ei fod yn byw mewn oes grefyddol lle nad oedd hawl amau'r pethau hyn. Felly, roedd ei ddylanwad ar ddatblygiad shari'a ar y pryd yn fwy na phawb arall. Ar ei ôl, gadawodd fiqh y gellid ei ddefnyddio mewn ffordd drefnus fel system o gyfreithiau.

Prif ysgolion y gyfraith yn cymhwyso fiqh o fewn Islam

Cynnwys y fanyleb

Sefydlu prif ysgolion y gyfraith er mwyn cymhwyso fiqh mewn Islam.

Mae'r Qur'an wedi'i seilio ar ddatguddiad, nid ar resymu. Mae Mwslimiaid yn ei dderbyn pa un a ydyn nhw'n meddwl ei fod yn gwneud synnwyr ai peidio. Hefyd mae rhai ysgolheigion Islamaidd yn derbyn ffurf ar resymu i weithio pethau allan. Dydy rhesymu ddim yn cyd-fynd yn hawdd â datguddiad bob amser. Er hyn, roedd rhai'n dadlau, os oes un gwirionedd, yna bydd hi'n bosibl dod o hyd iddo drwy resymu a datguddiad, a bydd yr ateb yr un fath. Mae defnyddio rhesymu a dadl resymegol wedi bod yn bwnc llosg rhwng meddylwyr Islamaidd gwahanol drwy'r oesoedd. Yn ystod Oes Aur Islam o dan yr Abbasidiaid, roedd Mwslimiaid yn gweld gwerth mewn rhesymu. Byddai ysgolheigion yn cyfarfod yn nhai te Baghdad i drafod ac i weithio allan yr atebion i gwestiynau diwinyddol. Syniadau'r **Mutazilah** oedd rhai poblogaidd y cyfnod. Roedden nhw'n credu y gallai popeth gael ei weithio allan drwy resymeg. Er iddyn nhw fynd yn amhoblogaidd yn y pen draw, roedd rhesymu'n dal yn gyffredin ymysg y meddylwyr Mwslimaidd yn Sbaen yn y ddeuddegfed ganrif. Beirniadodd Al-Ghazali hyn yn ei lyfr, *The Incoherence of the Philosophers.* Cafodd Al-Ghazali argyfwng ffydd oherwydd iddo ymwneud â nhw. Wedi hyn, taflodd lawer iawn o'r llyfrau yn ei gasgliad a chyflwyno oes newydd lle nad oedd Islam Sunni yn cymeradwyo rhesymu.

Efallai i chi glywed am yr ymchwiliad yn yr Eglwys Gristnogol, ond buodd ymchwiliad yn y byd Islamaidd hefyd o dan Califf Al-Mamun yn y nawfed ganrif. Ceisiodd orchymyn i bawb gytuno â'r gred mai bodau dynol, nid Duw, a ysgrifennodd y Qur'an. Anfonodd bawb a oedd yn anghytuno ag ef i sefyll eu prawf. Heddiw, yn y byd Gorllewinol, mae rhyddid cred, felly caiff pobl benderfynu ar eu safbwynt crefyddol eu hunain. Ond nid felly roedd hi am gyfnod maith yn hanes Islam. Yn ystod yr ymchwiliad Islamaidd, o'r enw'r **Mihna**, gofynnodd rhai ysgolheigion fel Ahmad ibn Hanbal am y rhyddid i gredu mewn Islam draddodiadol. Eto heddiw, dydy dilynwyr ysgol o feddwl Hanbali mewn gwledydd fel Saudi Arabia ddim yn aml yn cael eu cysylltu â rhyddid crefyddol.

Roedd Abu Hanifa yn byw yn Iraq a threuliodd ei amser yn trafod Islam â disgynyddion y cymdeithion a symudodd yno. Yn debyg i Al-Shafi, diffiniodd y Qur'an fel ffynhonnell fwyaf pwysig shari'a gan mai dyma air Allah. Wedyn roedd yr hadith, a ijma a qiyas yn ei ddilyn. Yn wahanol i Al-Shafi, roedd Abu Hanifa yn meddwl ei bod hi'n rhesymol caniatáu gwahaniaethau mewn shari'a er mwyn ystyried traddodiadau ac arferion lleol. Hefyd caniataodd i reolau'r ysgolheigion amrywio yn ôl fel roedden nhw'n gweld yn dda.

Termau allweddol

Mihna: yr ymchwiliad Islamaidd pan benderfynodd y Califf neu'r llywodraethwr ddweud wrth y Mwslimiaid yr hyn y dylen nhw ei gredu a phan sefydlodd achosion llys a chosbau i'r rhai a oedd yn gwrthod cytuno ag ef

Mutazilah: cred Islamaidd fod Duw yn hollol ar wahân i'r greadigaeth, felly ei fod heb wneud y Qur'an

cwestiwn cyflym

1.8 Beth roedd y Mutazilah yn ei gredu?

Termau allweddol

Allawi: sect Islam Shi'a yn Syria ac yn Nhwrci yn bennaf

Aql: rhesymu sy'n cael ei ddefnyddio'n arbennig gan ysgolheigion Shi'a wrth weithio dysgeidiaeth Islamaidd allan lle mae'r Qur'an a'r hadith yn aneglur

cwestiwn cyflym

1.9 Beth yw'r gwahaniaeth rhwng qiyas ac aql?

Dyfyniadau allweddol

Naill ai mae ef o blith yr Ahl-ul-Hadeeth [Mwslimiaid Salafi], neu'r Hanafi, neu'r Shafi'i, neu'r Maliki, neu'r Hanbali [Mwslimiaid Sunni]. Mae'r sawl sy'n priodoli i'r pedwar Madhab yn priodoli i bobl nad ydyn nhw'n anffaeledig, yn ddiamau.

O ran yr un sy'n priodoli i Salaf as-Salih [Mwslimiaid Salafi], yna mae'n priodoli i'r hyn sy'n anffaeledig ar y cyfan. Yn wir, soniodd y Proffwyd, o'r arwyddion o'r sect a achubwyd y maen nhw'n ei dilyn yr oedd Negesydd Allah arnyn nhw ac roedd y Cymdeithion arnyn nhw, felly mae pwy bynnag a'i dilynodd yn sicr yn cael ei arwain gan ei Arglwydd. **(Muhammad al-Albaani)**

Mae perygl go iawn y bydd unigolion llai cymwys yn camddeall y ffynonellau ac felly'n niweidio'r shari'a, fel y dangosodd yr anghytgord a'r gwrthdaro a effeithiodd ar rai Mwslimiaid cynnar, a hyd yn oed rhai o'r Cymdeithion eu hunain, yn y cyfnod cyn i'r Ysgolion Uniongred gael eu sefydlu.

Mewn diwylliant byd-eang o dan ddylanwad y Gorllewin lle mae pobl yn cael eu hannog o'u plentyndod cynnar i feddwl drostyn nhw eu hunain ac i herio awdurdod sydd wedi'i sefydlu, mae hi weithiau'n gallu bod yn anodd bod yn ddigon gostyngedig i gydnabod eich cyfyngiadau eich hunan. **(Abdul Hakim Murad)**

Fel Mwslim Sunni, roedd Malik ibn Anas yn byw yn Madinah ac ef oedd athro Al-Shafi. Roedd yn rhoi pwys ar draddodiadau pobl Madinah gan ei fod yn teimlo bod y traddodiadau hyn wedi'u trosglwyddo'n uniongyrchol oddi wrth y Proffwyd ac yn debygol o fod agosaf at ei arferion, y sunna. Hefyd caniataodd Malik i ysgolheigion ddefnyddio rhesymu a doethineb yn eu dysgeidiaethau.

Yn ôl Mwslimiaid Sunni, ysgol Ahamad ibn Hanbal yw pedwaredd brif ysgol y gyfraith. Yn ystod ei oes, digwyddodd y Mihna. Rhoddodd y Califf, llywodraethwr y Mwslimiaid, orchymyn i bobl dderbyn safbwynt Mutazilah, mai bodau dynol oedd wedi creu'r Qur'an. Gwrthododd llawer o Imamiaid a dweud y dylai pobl fod yn rhydd i gredu pethau gwahanol, gan gynnwys mai gair Duw oedd y Qur'an. Cafodd Ahmad ibn Hanbal ei garcharu, ond yn ddiweddarach ildiodd y Califf a chaniatáu rhyddid cred. Oherwydd ei brofiadau, roedd gan Ahmad ibn Hanbal ymagwedd draddodiadol iawn ac roedd yn erbyn gadael i unigolion ddehongli'r shari'a eu hunain. Dywedodd mai ysgolheigion ddylai ddehongli'r shari'a o dan feini prawf caeth a chyfyngedig.

Ysgolion cyfraith Shi'a

Datblygodd llawer o ysgolion o feddwl Shi'a hefyd. Rhaid i bob ysgolhaig Shi'a ddod o ddisgynyddion teulu'r Proffwyd. O fewn Islam Shi'a, ystyrir bod gan Imamiaid bwerau i ddehongli'r Qur'an. Daeth Jafar al Sadiq yn adnabyddus fel sylfaenydd ysgol o feddwl. Addysgodd Jafar al Sadiq filoedd o fyfyrwyr yn Madinah yn yr wythfed ganrif, gan gynnwys Abu Hanifa a Malik ibn Anas, sylfaenwyr yr ysgolion o feddwl Sunni. Mae'r Imam addysgedig yn dehongli'r Qur'an gan ddefnyddio rhesymu i ystyried amgylchiadau'r oes. Tra oedd y Mwslimiaid Sunni yn ystyried qiyas, sef defnyddio cymariaethau i lunio dysgeidiaeth, roedd yr ysgol Jafari yn defnyddio **aql** neu resymu rhesymegol. Roedden nhw'n mynd ymhellach na'r Mwslimiaid Sunni yn hyn o beth.

Datblygodd ysgolion o feddwl eraill. Roedd Shi'a Zaydi yn cytuno â dysgeidiaeth debyg i'r Hanafi ond roedden nhw'n derbyn Imamiaid Shi'a fel dehonglwyr. Datblygodd ysgol Ibadi, yn annibynnol ar ysgolion Shi'a a Sunni. Os oedd llywodraethwr penodol yn dod i reoli, yna gallai un ysgol o feddwl neu'i gilydd gael ei ffafrio, neu gallai un arall ddatblygu: aeth pethau hyd yn oed yn fwy cymhleth wrth i amser fynd rhagddo.

Wrth i Islam ymledu dros y byd, felly hefyd yr ysgolion o feddwl. Daeth Ysgol Hanifi yn brif ysgol o feddwl yn y rhan fwyaf o ganolbarth Asia, Pakistan, Uzbekistan ac Afghanistan. Ymledodd ysgol Shafi i Malaysia, Indonesia a Dwyrain Affrica. Mae ysgol o feddwl Maliki yn dominyddu gogledd Affrica o Morocco draw i'r Aifft. Yn Saudi Arabia a'r Emiradau Arabaidd Unedig mae Mwslimiaid Hanbali i'w cael yn bennaf. Mae Mwslimiaid Shi'a ysgol Jafri i'w cael ar draws Iran ac mewn rhannau o ogledd Pakistan, canolbarth Afghanistan a dwyrain Iraq. Mae Mwslimiaid Ismaeli yn lleiafrifoedd mewn nifer o wledydd; mae niferoedd mwy'n byw yng ngogledd Kashmir yn Pakistan ac India. Mae Mwslimiaid Ibadi i'w cael yn Oman. Mae Twrci'n gymysgedd o Hanafi Sunni a sect **Allawi** Shi'a.

Silff lyfrau mewn Mosg

Er gwaethaf dros fil o flynyddoedd o hanes, petaech chi'n ymweld â mosg heddiw, byddech chi'n gweld gweddïo'n digwydd bron heb ei newid o arferion y Proffwyd, fel cawson nhw eu dehongli gan sylfaenwyr prif ysgolion fiqh. Ar y silff lyfrau gallech chi weld llyfrau fiqh yr ysgol shari'a Islamaidd y mae'r mosg yn ei dilyn ac yr hyfforddwyd yr Imam ynddi. Mae sectau a grwpiau diweddarach wedi ymddangos, ond mae fiqh y Mwslimiaid cynnar yn dal i fod yn bwysig.

Dydy pawb ddim yn derbyn ysgolion y gyfraith sydd wedi'u sefydlu. Mae Mwslimiaid Salafi fel shaykh Muhammad al-Albaani yn credu nad yw ysgolheigion yn berffaith, felly dylai Mwslimiaid heddiw ddefnyddio'r ffynonellau gwreiddiol i lunio eu dehongliadau eu hunain. Mae Abdul Hakim Murad, yr ysgolhaig Sunni traddodiadol, yn gwrthod hyn. Mae'n honni mai ysgolheigion y Madhabau yn unig sydd â'r wybodaeth a'r sgiliau angenrheidiol i ddehongli shari'a heddiw.

Datblygu sgiliau AA1

Nawr mae'n bwysig ystyried y wybodaeth sydd wedi'i chyflwyno yn yr adran hon; fodd bynnag, mae'r wybodaeth fel y mae yn llawer rhy helaeth ac felly mae'n rhaid ei phrosesu er mwyn bodloni gofynion yr arholiad. Gallwch wneud hyn drwy ymarfer y sgiliau uwch sy'n gysylltiedig ag AA1. Bydd yr ymarferion yn y llyfr hwn yn eich helpu i wneud hyn ac yn eich paratoi ar gyfer yr arholiad. Ar gyfer Amcan Asesu 1 (AA1), sy'n cynnwys dangos sgiliau 'gwybodaeth' a 'dealltwriaeth', rydyn ni am ganolbwyntio ar ffyrdd gwahanol o ddangos y sgiliau yn effeithiol. gan gyfeirio hefyd at sut bydd eich perfformiad ym mhob un o'r sgiliau hyn yn cael ei fesur (gweler disgrifyddion band cyffredinol AA1 ar gyfer U2).

▶ **Dyma eich tasg:** Isod mae **crynodeb o'r prif ffynonellau ar gyfer shari'a**. Mae hwn yn 200 gair o hyd. Mae angen i chi ei ddefnyddio ar gyfer eich ateb, ond ni fyddai'n bosibl i chi ailadrodd hyn i gyd mewn traethawd o dan amodau arholiad felly bydd rhaid i chi grynhoi'r deunydd. Trafodwch pa bwyntiau sydd fwyaf pwysig yn eich barn chi ac yna ailddrafftiwch y gwaith i roi crynodeb 100 gair o hyd.

Mae'n bosibl rhannu'r prif ffynonellau ar gyfer shari'a yn rhai cynradd ac eilaidd. Y Qur'an yw'r ffynhonnell gyntaf, gair terfynol, digyfnewid Duw a gafodd ei ddatguddio'n uniongyrchol ac y mae'n rhaid ei ystyried cyn pob dim arall. Does dim un dyfarniad shari'a yn gallu gwrth-ddweud y Qur'an; ond fel ffynhonnell mae'n gadael Mwslimiaid heb atebion i lawer o gwestiynau ymarferol. Dywediadau'r Proffwyd Muhammad fel y negesydd olaf a therfynol oddi wrth Allah yw'r ail ffynhonnell gynradd. Mae'n rhoi nifer o enghreifftiau o'r ddysgeidiaeth yn y Qur'an ac yn ychwanegu ati. O'r ffynonellau eilaidd, ijma yw'r gyntaf. Ysgolheigion Mwslimaidd yn cytuno yw hyn pan maen nhw'n wynebu cwestiwn nad yw'n bosibl ei ateb â'r ffynonellau cynradd yn unig. Lle nad ydyn nhw'n gallu dod o hyd i ateb chwaith, defnyddir qiyas. Mae hyn yn golygu defnyddio dysgeidiaeth bresennol ar gyfer sefyllfa arall, yn enghraifft i'w dilyn mewn sefyllfa newydd lle nad oes unrhyw ffynhonnell. I Imamiaid ac ysgolheigion Shi'a, mae'n bosibl defnyddio aql fel ffynhonnell yn lle qiyas. Rhesymu rhesymegol yw aql. Mae Imamiaid yn gymwys i ddyfarnu oherwydd eu statws mewn Islam Shi'a yn llinach teulu'r Proffwyd. Datblygwyd Shari'a drwy fiqh ysgolheigion penodol, sy'n cael eu hystyried yn ffynonellau awdurdod eu hunain gan eu bod wedi gweithio allan yr atebion i lawer o gwestiynau shari'a drwy astudio'n fanwl.

Ar ôl i chi orffen y dasg, cyfeiriwch at y disgrifyddion band ar gyfer U2 ac edrychwch yn benodol ar y gofynion sydd wedi'u disgrifio yn y disgrifyddion band uwch y dylech chi fod yn anelu atyn nhw. Gofynnwch i chi'ch hun:

- A yw fy ngwaith yn dangos gwybodaeth a dealltwriaeth drylwyr, gywir a pherthnasol o grefydd a chred?
- A yw fy ngwaith yn dangos cydlyniad (cysondeb neu synnwyr rhesymegol), eglurder a threfn o safon ragorol?
- A fydd fy ngwaith, ar ôl ei ddatblygu, yn ateb helaeth a pherthnasol sy'n bodloni gofynion penodol y dasg?
- A yw fy ngwaith yn dangos dyfnder a/neu ehangder sylweddol ac yn gwneud defnydd rhagorol o dystiolaeth ac enghreifftiau?
- Os yw'n briodol i'r dasg, a yw fy ateb yn cynnwys cyfeiriadau trylwyr a chywir at destunau cysegredig a ffynonellau doethineb?
- A ellir gwneud unrhyw gysylltiadau treiddgar ag elfennau eraill o fy nghwrs?
- A fydd fy ateb, ar ôl ei ddatblygu a'i ehangu i gyfateb i'r hyn sy'n ddisgwyliedig mewn ateb arholiad, yn cynnwys ystod eang o safbwyntiau ysgolheigion/ysgolion o feddwl?
- A yw'r defnydd o iaith a geirfa arbenigol yn drylwyr a chywir, pan geir enghreifftiau o hynny?

Sgiliau allweddol Thema 1

Mae'r thema hon yn cynnwys tasgau sy'n ymdrin â hanfodion AA1 o ran blaenoriaethu a dewis y wybodaeth berthnasol allweddol, ei chyflwyno ac yna defnyddio tystiolaeth ac enghreifftiau i gefnogi ac ehangu ar hyn.

Sgiliau allweddol

Mae gwybodaeth yn ymwneud â:

Dewis ystod o wybodaeth (drylwyr) gywir a pherthnasol sydd â chysylltiad uniongyrchol â gofynion penodol y cwestiwn.

Mae hyn yn golygu:

- Dewis deunydd perthnasol i'r cwestiwn a osodwyd
- Canolbwyntio ar esbonio ac archwilio'r deunydd a ddewiswyd.

Mae dealltwriaeth yn ymwneud ag:

Esboniad helaeth, gan ddangos dyfnder a/neu ehangder gyda defnydd rhagorol o dystiolaeth ac enghreifftiau gan gynnwys (lle y bo'n briodol) defnydd trylwyr a chywir o destunau cysegredig, ffynonellau doethineb a geirfa arbenigol.

Mae hyn yn golygu:

- Defnydd effeithiol o enghreifftiau a thystiolaeth gefnogol i sefydlu ansawdd eich dealltwriaeth
- Perchenogaeth o'ch esboniad sy'n mynegi gwybodaeth a dealltwriaeth bersonol, NID eich bod yn ailadrodd darn o destun o lyfr rydych wedi ei baratoi a'i gofio.

Wrth i chi weithio drwy bob adran yn y llyfr, bydd y pwyslais ar amrywiaeth o agweddau gwahanol sy'n gysylltiedig ag AA1 er mwyn i chi berffeithio'r sgiliau cyffredinol sy'n gysylltiedig ag AA1.

Mae'r adran hon yn cwmpasu cynnwys a sgiliau AA2

Cynnwys y fanyleb

I ba raddau mae'r shari'a wedi'i gwneud gan Dduw.

Materion i'w dadansoddi a'u gwerthuso

I ba raddau mae'r shari'a wedi'i gwneud gan Dduw

Y shari'a yw'r ffordd union a chafodd ei alw'n Gyfraith Islamaidd. Mae Mwslimiaid yn credu ei fod yn set o ddysgeidiaethau i Fwslimiaid ei dilyn er mwyn byw eu bywydau fel roedd Duw ei eisiau. Dydy hyn ddim yn golygu o angenrheidrwydd mai Duw a 'wnaeth' shari'a. Rhoddodd ysgolheigion Islamaidd lyfrau fiqh at ei gilydd, sy'n ffurfio fersiynau o shari'a, dros gyfnod, gan ddefnyddio ffynonellau gwahanol. Y cwestiwn yw i ba raddau mae hyn yn golygu mai Duw oedd yn rheoli'r broses hon.

Allah a greodd y byd, yn ôl Mwslimiaid, a phopeth ynddo. Creodd y Qur'an fel y llyfr sanctaidd terfynol fel neges i arwain bodau dynol. Mae Mwslimiaid yn ystyried mai'r Qur'an yw gair uniongyrchol Duw, felly i'r graddau mae'r shari'a yn seiliedig ar y Qur'an, Duw yn wir sydd wedi'i wneud. Y Qur'an sy'n cael ei ddefnyddio'n bennaf oll yn y shari'a. Roedd pob ysgolhaig shari'a yn dibynnu ar y Qur'an fel prif ffynhonnell gwybodaeth a doedd dim hawl penderfynu dim a oedd yn gwrth-ddweud gair Duw. Mae hynny'n golygu mai Duw wnaeth y ddysgeidiaeth ganolog yn y shari'a; fodd bynnag, nid y Qur'an yw'r unig ffynhonnell. Dydy e ddim yn rhoi manylion manwl ynghylch sut i weddïo neu ynghylch cyfreithiau priodas a moesoldeb. Roedd rhaid i ysgolheigion chwilio ymhellach am atebion.

Awgrym astudio

Ystyriwch yn eich ateb sut mae Duw yn gweithio yn y byd. Efallai nad yw hyn yn eglur, oherwydd na all pobl weld Duw. Mae Mwslimiaid yn credu bod Duw yn gallu gweithio drwy ddatguddiad, ar ffurf llyfrau sanctaidd, a thrwy Broffwydi ysbrydoledig fel Muhammad. Mae llawer o Fwslimiaid yn credu mewn tynged, fod Duw yn penderfynu ar bob gweithred, felly mae'n bosibl fod Duw wedi gweithio mewn gwirionedd drwy fywydau'r ysgolheigion a luniodd shari'a, yn anuniongyrchol. Gorau po fwyaf y gallwch chi astudio am beth mae'n ei olygu i Dduw fod yn gweithio wrth lunio shari'a.

Nesaf, trodd ysgolheigion at yr hadith. Dywedodd Muhammad, y Proffwyd olaf mewn Islam, iddo adael y Qur'an a'i esiampl i Fwslimiaid yn ganllaw. Mae dywediadau'r Proffwyd yn cofnodi'r hyn wnaeth e: gan mai ef oedd negesydd Duw ac yn enghraifft berffaith; mae dilyn yr hyn a wnaeth yn cael ei ystyried yn ewyllys Duw. Fodd bynnag, nid geiriau Duw yw ei eiriau; roedd wedi'i ysbrydoli gan Dduw, gam ymhellach oddi wrtho. Mae Mwslimiaid yn ymddiried bod casgliadau hadith yn cofnodi ei eiriau'n gywir. Fodd bynnag, bodau dynol a ysgrifennodd y ffynonellau am ddywediadau a gweithredoedd Muhammad, ddwy ganrif yn ddiweddarach. Aeth casglwyr yr hadith i drafferth i wirio bod y dywediadau'n cyd-fynd â'r Qur'an a'u bod wedi'u trosglwyddo'n ddibynadwy. Ond mae'n bosibl o hyd fod gwallau dynol. Mae'n bosibl dweud bod Mwslimiaid yn credu i sunna Muhammad gael ei ysbrydoli gan Dduw. Felly, drwy adroddiadau cywir rhwng popeth, roedd Duw wedi ysbrydoli shari'a.

Lluniodd casglwyr yr hadith farn ynghylch pa draddodiadau yr oedden nhw'n eu derbyn a pha rai yr oedden nhw'n eu gwrthod. Aeth casglwyr yr hadith i drafferth i ddewis dywediadau a oedd yn cyd-fynd â'r Qur'an ac a oedd wedi'u trosglwyddo gan bobl yr oedden nhw'n ymddiried ynddyn nhw. Roedden nhw'n ceisio dod o hyd i'r ddysgeidiaeth a oedd yn dod o Dduw mewn gwirionedd, ac nid wedi'i gwneud gan bobl. Fodd bynnag, roedd gwallau dynol yn bosibl o hyd.

Dydy'r Qur'an a sunna ddim yn ateb pob cwestiwn. Dydy'r ddysgeidiaeth ynghylch sut mae trefnu gweddïau dydd Gwener, neu pwy gaiff rhywun ei briodi, ddim

Gweithgaredd AA2

Wrth i chi ddarllen drwy'r adran hon ceisiwch wneud y pethau canlynol:

1. Dewiswch y gwahanol ddadleuon sy'n cael eu cyflwyno yn y testun a nodwch unrhyw dystiolaeth gefnogol a roddir.
2. Ar gyfer pob dadl a gyflwynir, ceisiwch werthuso a yw'r ddadl yn un gryf neu wan yn eich barn chi.
3. Meddyliwch am unrhyw gwestiynau yr hoffech chi eu gofyn wrth ymateb i'r dadleuon.

Bydd y gweithgaredd hwn yn eich helpu i ddechrau meddwl yn feirniadol am yr hyn rydych chi'n ei ddarllen ac yn eich helpu i werthuso effeithiolrwydd dadleuon gwahanol, gan ddatblygu eich sylwadau, a'ch barn a'ch safbwyntiau eich hun. Bydd hyn yn eich helpu wrth ddod i gasgliadau y byddwch yn eu gwneud yn eich atebion i'r cwestiynau AA2 sy'n codi.

wedi'i hateb yn llawn yn y Qur'an. Roedd y Mwslimiaid cynnar yn teimlo bod angen atebion arnyn nhw i'r cwestiynau hyn. Felly cwrddon nhw i benderfynu drwy ijma, consensws. Roedden nhw'n teimlo bod traddodiadau Muhammad yn cyfiawnhau hyn. Felly roedd yn unol â bwriad Allah, er mai penderfyniad dynol oedd e.

Wrth i ysgolheigion Shi'a ddefnyddio qiyas, neu gymhariaeth, a rhagor o resymu datblygodd rôl pobl wrth gymhwyso'r shari'a, er eu bod nhw'n blaenoriaethu'r Qur'an a'r hadith bob amser, gan ddilyn egwyddorion Al-Shafi. Dylanwadodd Al-Shafi ar lawer o ysgolheigion wrth greu fersiwn trefnus o'r shari'a ar ôl bron i 200 mlynedd o draddodiad llafar. Roedd yn cymryd ei waith yn wirioneddol o ddifrif a bob amser yn gwirio'r ddysgeidiaeth â'r Qur'an a sunna. Gwrthododd unrhyw beth y gallai pobl leol fod wedi'i greu. Roedd yn ceisio sicrhau bod shari'a wedi'i wreiddio yn nysgeidiaeth Duw. Ond gwnaeth hynny ar ôl i hanes dynol symud ymlaen o gyfnod y Proffwyd.

Datblygodd rhaniadau dros amser, wrth i ysgolion gwahanol fiqh ymddangos. Mae'n bosibl gweld dylanwad Duw yn y ffaith fod pob ysgol yn edrych yn ôl at air Allah, yn bennaf oll, wrth wneud shari'a. Hefyd mae'n bosibl gweld dylanwad pobl yn nodweddion nodedig y llu o ddehongliadau gwahanol. Roedd rhaniad rhwng yr ysgolion o feddwl o ran a ddylen nhw ystyried traddodiadau lleol neu roi rhywfaint o ryddid i ysgolheigion wneud eu dehongliadau addas eu hunain.

Al-Shafi oedd un o'r ysgolheigion a luniodd ei fiqh fesul cam. Dywedodd mai'r Qur'an a sunna yw'r ffynonellau cynradd oherwydd mai gair Duw ac enghraifft Proffwyd Duw ydyn nhw, felly rhaid iddyn nhw ddod yn gyntaf bob amser. Nesaf roedd yn caniatáu'r ijma neu gonsensws y cymdeithion a oedd yn adnabod Muhammad; eu dyfarniadau; a qiyas neu gymhariaeth â sefyllfaoedd tebyg eraill lle roedd yr ateb i ddysgeidiaeth yn anhysbys. Ffynonellau eilaidd oedd ijma a qiyas. Roedd hyn yn golygu bod rôl Duw yn ganolog, a bod dehongliad dynol wedi'i gyfyngu i'r hyn yr oedd Duw wedi'i ddiffinio. Fodd bynnag, roedd hyn yn caniatáu i ddysgeidiaeth gael ei chreu nad oedd wedi'i datguddio'n uniongyrchol oddi wrth Dduw.

Aeth ysgolheigion Islamaidd eraill ymhellach. Roedd Abu Hanifa yn caniatáu dealltwriaeth o draddodiadau lleol. Roedd ysgolheigion Shi'a yn defnyddio aql, rhesymu, i benderfynu ar ddysgeidiaeth lle roedd yr atebion yn anhysbys. Ym mhob achos, roedd yr ysgolheigion yn cadw Duw mewn cof. Roedden nhw'n ceisio diffinio'r hyn yr oedd Duw eisiau, yn eu barn nhw. Mae Mwslimiaid yn credu bod Duw yn gallu dylanwadu ar bopeth y maen nhw'n ei wneud, neu hyd yn oed ei ddiffinio. Felly, yn y ffordd anuniongyrchol hon, roedd gan Dduw ran yn y broses o hyd. Ar yr un pryd, does dim un bod dynol heblaw am y Proffwydi yn berffaith. Roedd siawns fod tuedd gan fodau dynol, neu nad oedden nhw'n gwybod, neu eu bod yn gwyro o'r hyn yr oedd Duw wedi'i olygu.

Doedd rhai Mwslimiaid ddim yn derbyn mai geiriau Duw oedd y Qur'an. Roedd y Mutazilah yn meddwl bod Duw y tu hwnt i iaith ddynol ac na allai fod wedi ysgrifennu'r Qur'an. Mae eraill, o'r enw'r Qur'aniaid, yn derbyn y Qur'an fel geiriau Duw ond maen nhw'n gwrthod yr hadith fel geiriau dyn. Ond i fwyafrif helaeth y Mwslimiaid heddiw, mae'r Qur'an a'r hadith yn ganolog i'w bywydau. Mae ganddyn nhw ffydd ynddyn nhw fel neges Duw ac maen nhw'n dilyn yr hyn y maen nhw'n ei ddweud wrth weddïo. Maen nhw'n mynychu mosgiau sydd, ar y cyfan, yn dilyn fersiwn o shari'a, sef sut mae Duw eisiau iddyn nhw fyw, yn eu barn nhw.

Mae rhai Mwslimiaid yn dadlau'n frwd mai heresi yw ystyried bod y shari'a yn unrhyw beth heblaw am rywbeth a wnaeth Duw. Maen nhw'n credu bod Islam yn system gyflawn, yn ffordd gyflawn o fyw; dydy Duw ddim yn gallu cael ei ddatgysylltu oddi wrth unrhyw ran ohoni. Mae neges Duw yn oesol, felly dylai moesau a safonau lles dynol fod yn berthnasol am byth. Iddyn nhw, mae credu mewn shari'a yn weithred o ffydd sy'n cysylltu'n anorfod â chredu yn y Qur'an. Mae goblygiadau i hyn o ran eu safbwynt: os yw shari'a wedi'i wneud gan Dduw, yna maen nhw'n teimlo bod rhaid iddyn nhw gymryd camau i'w weithredu,

Dyfyniadau allweddol

Mae'r rhai sy'n gwneud polisïau yn y Gorllewin, llywodraethau 'Islamaidd', ac yn wir nifer mawr o Fwslimiaid unigol wedi camddehongli cyfraith Islamaidd yn llwyr. Nid 'cyfraith Duw' gaeth a digyfnewid yw shari'a, yn seiliedig ar destunau sefydlog a ysgrifennwyd yn yr Oesoedd Canol. O'i deall a'i chymhwyso'n gywir, mae shari'a yn gyfreitheg hynod hyblyg, ddeinamig sy'n hollol gydnaws â'r fframwaith hawliau dynol modern. **(Elbayar)**

Drwy ddweud ei fod yn addas i'r cyfnod, mae perygl i chi arwain Mwslimiaid ifainc hawdd dylanwadu arnyn nhw, sy'n aml wedi'u difreinio, i holi: pam nad yw'n addas i'n cyfnod ni? Mae moesoldeb, fel lles dynol, yn oesol. **(Azzam)**

Awgrym astudio

Ar gyfer AA2, mae'n hanfodol eich bod yn mynd ati i drafod dadleuon, nid dim ond esbonio beth allai rhywun fod wedi'i ddweud. Ceisiwch holi eich hunan, 'oedd hwn yn bwynt teg i'w wneud?', 'ydy'r dystiolaeth yn ddigon cryf?', 'oes unrhyw beth i herio'r ddadl hon?', 'ydy hon yn ddadl gref neu'n ddadl wan?' Bydd dadansoddi beirniadol fel hyn yn eich helpu i ddatblygu eich sgiliau gwerthuso.

creu llysoedd shari'a lle nad oes rhai ac annog Mwslimiaid i'w defnyddio nhw, oherwydd mai dyna gynllun Duw.

Mae gan eraill safbwynt ychydig yn wahanol. Mae Kareem Elbayar yn dadlau bod llawer yn anghywir yn y ffordd y mae pobl wedi dehongli shari'a, ond bod y rhan fwyaf o Fwslimiaid yn dal i weld ei fod yn bwysig fel cyfraith ddwyfol. Nid dileu shari'a yw'r ffordd ymlaen. Mae Elbayar yn dadlau mai Duw sy'n creu egwyddorion cyfiawnder a thegwch, hawliau dynol a gwyleidd-dra, ond mai bodau dynol sy'n eu cymhwyso. Cafodd y cymhwyso hwn ei wneud yn wael iawn yn y gorffennol, ond os yw shari'a yn cael ei ddeall yn iawn, yna mae'n bosibl gwneud fersiynau mwy hyblyg, sy'n cyd-fynd yn well â bwriad gwreiddiol Duw.

Dyfyniad allweddol

Dylai'r gyfraith shari'a ddeilliadol (neu'r Gyfreitheg Islamaidd) gael ei rhoi o'r neilltu fel y system gyfreithiol ym mhob gwlad Fwslimaidd. Roedd yn gorff o gyfreithiau a oedd yn deillio o ddynion a'i roi at ei gilydd ganddyn nhw (heb i fenywod gyfranogi), ganrifoedd lawer yn ôl. Roedd agendâu'r llywodraethwyr ar y radar bob amser. Yn wreiddiol, efallai gallai cyfraith shari'a fod wedi bod yn ddefnyddiol am ei bod hi'n gynhwysol ac yn oddefgar, ond heddiw mae clerigwyr Mwslimaidd a llywodraethwyr awtocratig yn defnyddio cyfraith shari'a fel ffordd o reoli sy'n lledaenu anghyfiawnder ac amddifadedd. **(Askari)**

Mae Hossein Askari yn dadlau o blaid diwygiad llwyr mewn sawl maes o Islam, gan gynnwys dileu shari'a. Mae'n dadlau nad Duw sydd wedi'i wneud o gwbl. Brenhinoedd a Chaliffiaid gwrywaidd a greodd y system gyfreithiol er mwyn cadarnhau eu pŵer. Roedd hyn yn annheg i fenywod, lleiafrifoedd a'r tlawd. Yn wahanol i'r Qur'an a sunna, mae hi'n bosibl cael gwared ar shari'a. Mae Mwslimiaid diwygiadol eraill yn dadlau ar y cyfan fod shari'a fel rydyn ni yn ei adnabod wedi'i greu gan gyfundrefnau gormesol y gorffennol ac os rhywbeth, ei fod yn groes i'r ysbryd tosturiol a thrugarog yr oedd Duw eisiau i Fwslimiaid ei feithrin.

Cwestiynau allweddol

Beth mae'n ei olygu bod Duw yn gwneud rhywbeth? Ym mha ffyrdd y gall Duw wneud i rywbeth ddigwydd, os mai dyna yw Ei ewyllys Ef?

Ydy'r cyfraniadau dynol i gasgliadau hadith, ijma a qiyas neu aql, yn tynnu oddi ar rôl duw neu'n helpu i esbonio cyfraith ddwyfol Duw?

Ydy'r feirniadaeth ar shari'a heddiw yn dystiolaeth nad o Dduw y daeth shari'a?

Gweithgaredd AA2

Rhestrwch rai casgliadau y byddai'n bosibl dod iddynt ar sail y rhesymeg AA2 yn y testun uchod; ceisiwch gyflwyno o leiaf dri chasgliad gwahanol posibl. Ystyriwch bob un o'r casgliadau a chasglwch dystiolaeth gryno i gefnogi pob casgliad o'r deunydd AA1 ac AA2 ar gyfer y testun hwn. Dewiswch y casgliad sy'n argyhoeddi fwyaf yn eich barn chi ac esboniwch pam mae hyn yn wir. Ceisiwch gyferbynnu hyn â'r casgliad gwannaf ar y rhestr, gan gyfiawnhau eich dadl gyda rhesymu clir a thystiolaeth.

Datblygu sgiliau AA2

Nawr mae'n bwysig ystyried y wybodaeth sydd wedi'i chyflwyno yn yr adran hon; fodd bynnag, mae'r wybodaeth fel y mae yn llawer rhy helaeth ac felly mae'n rhaid ei phrosesu er mwyn bodloni gofynion yr arholiad. Gallwch wneud hyn drwy ymarfer y sgiliau uwch sy'n gysylltiedig ag AA2. Bydd yr ymarferion yn y llyfr hwn yn eich helpu i wneud hyn ac yn eich paratoi ar gyfer yr arholiad. Ar gyfer Amcan Asesu 2 (AA2), sy'n cynnwys dangos sgiliau 'dadansoddi beirniadol' a 'gwerthuso', rydyn ni am ganolbwyntio ar ffyrdd gwahanol o ddangos y sgiliau yn effeithiol, gan gyfeirio hefyd at sut bydd eich perfformiad ym mhob un o'r sgiliau hyn yn cael ei fesur (gweler disgrifyddion band cyffredinol AA2 ar gyfer U2)

▶ **Dyma eich tasg:** Isod mae **crynodeb o ddau safbwynt gwahanol sy'n trafod a yw'r prif ffynonellau a ddefnyddir ar gyfer shari'a yn ddibynadwy**. Mae hwn yn 150 gair o hyd. Rydych chi eisiau defnyddio'r ddau safbwynt a'r dadleuon hyn ar gyfer gwerthusiad; fodd bynnag, nid yw eu rhestru yn unig yn gyfystyr â'u gwerthuso. Cyflwynwch y ddau safbwynt hyn mewn arddull gwerthusol gan grynhoi pob dadl yn gyntaf; yna, rhowch sylwadau yn nodi pa mor effeithiol yw pob un (mae gwan neu gryf yn dermau da i ddechrau arni). Dylech ysgrifennu cyfanswm o tua 200 gair.

Mae'n amhosibl ystyried bod y Qur'an yn annibynadwy, oherwydd mai dyma air digyfnewid Duw a gafodd ei ddatguddio'n uniongyrchol. Cafodd yr hadith eu casglu'n ofalus gan Bukhari ac eraill a aeth i drafferth i sicrhau bod y testun a chadwyn yr adroddwyr yn ddibynadwy. Lluniodd yr ysgolheigion farn wrth wneud ijma, qiyas neu aql, a hynny'n ddifrifol iawn yn seiliedig ar flynyddoedd o hyfforddiant. Trafododd sylfaenwyr ysgolion fiqh, y madhabau, yn hir gan ystyried traddodiadau lleol ac arferion pobl Madinah er mwyn cofnodi'n gywir yr hyn yr ydyn ni yn ei adnabod fel y shari'a.

Y Qur'an a ddatguddiodd Duw, nid y shari'a. Dehonglodd pobl y Qur'an, gyda help yr hadith a drosglwyddwyd dros flynyddoedd lawer. Felly aeth y ffynonellau'n fwy annibynadwy. Petai shari'a yn ddibynadwy, un fersiwn fyddai: mae'r ffaith fod cymaint o ysgolion wedi datblygu'n awgrymu nad oedd y ffynonellau'n ddigon dibynadwy i gytuno arnyn nhw. Yn anaml iawn mae ysgolheigion Islamaidd yn cyrraedd ijma, a gall qiyas fod yn annibynadwy oherwydd bod cymaint o sefyllfaoedd newydd nad oedden nhw'n bodoli yn nyddiau Muhammad. Felly dydy hi ddim yn bosibl gwneud cymhariaeth ystyrlon.

Ar ôl i chi orffen y dasg, cyfeiriwch at y disgrifyddion band ar gyfer U2 ac edrychwch yn benodol ar y gofynion sydd wedi'u disgrifio yn y disgrifyddion band uwch y dylech chi fod yn anelu atyn nhw. Gofynnwch i chi'ch hun:

- A yw fy ateb yn ddadansoddiad beirniadol hyderus a gwerthusiad craff o'r mater?
- A yw fy ateb yn nodi'r materion a godwyd gan y cwestiwn yn llwyddiannus ac yn mynd i'r afael â nhw'n drylwyr?
- A yw fy ngwaith yn dangos cydlyniad, eglurder a threfn o safon ragorol?
- A fydd fy ngwaith, ar ôl ei ddatblygu, yn cynnwys safbwyntiau trylwyr, cyson a chlir wedi'u cefnogi gan resymeg a/neu dystiolaeth helaeth, fanwl?
- A yw safbwyntiau ysgolheigion/ysgolion o feddwl yn cael eu defnyddio'n helaeth a phriodol, ac yn eu cyd-destun?
- A yw fy ateb yn cyfleu dadansoddiad hyderus a chraff o natur unrhyw gysylltiadau posibl ag elfennau eraill o'm cwrs?
- A yw'r defnydd o iaith a geirfa arbenigol yn drylwyr a chywir, pan geir enghreifftiau o hynny?

Sgiliau allweddol Thema 1

Mae'r thema hon yn cynnwys tasgau sy'n ymdrin â hanfodion AA2 o ran datblygu arddull gwerthusol, adeiladu dadleuon a chodi cwestiynau beirniadol.

Sgiliau allweddol

Mae dadansoddi'n ymwneud â:

Nodi materion sy'n cael eu codi gan y deunyddiau yn adran AA1, ynghyd â'r rhai a nodwyd yn adran AA2, ac mae'n cyflwyno safbwyntiau cyson a chlir, naill ai gan ysgolheigion neu safbwyntiau personol, yn barod i'w gwerthuso.

Mae hyn yn golygu:

- Bod eich atebion yn gallu nodi meysydd trafod allweddol mewn perthynas â mater penodol
- Eich bod yn gallu nodi'r gwahanol ddadleuon a gyflwynir gan eraill, a rhoi sylwadau arnyn nhw
- Bod eich ateb yn rhoi sylwadau ar effeithiolrwydd cyffredinol pob un o'r meysydd neu ddadleuon hyn.

Mae gwerthuso'n ymwneud ag:

Ystyried goblygiadau amrywiol y materion sy'n cael eu codi, yn seiliedig ar y dystiolaeth a gafwyd wrth ddadansoddi ac mae'n rhoi dadl fanwl eang gyda chasgliad clir.

Mae hyn yn golygu:

- Bod eich ateb yn pwyso a mesur canlyniadau derbyn neu wrthod y dadleuon amrywiol a gwahanol a gafodd eu dadansoddi
- Bod eich ateb yn dod i gasgliad drwy broses rhesymu clir.

Wrth i chi weithio drwy bob adran yn y llyfr, bydd y pwyslais ar amrywiaeth o agweddau gwahanol sy'n gysylltiedig ag AA2 er mwyn i chi berffeithio'r sgiliau cyffredinol sy'n gysylltiedig ag AA2.

Mae'r adran hon yn cwmpasu cynnwys a sgiliau AA1

Cynnwys y fanyleb

Dealltwriaeth amrywiol o'r term shari'a: shari'a fel cyfraith sifil; shari'a fel cyfraith grefyddol a shari'a fel canllaw moesol.

Termau allweddol

Mahr: taliad gan y priodfab i'r briodferch i selio'r cytundeb priodas

Nikkah: cytundeb priodas Islamaidd

Seciwlar: heb fod yn grefyddol, heb gyfeiriad at grefydd neu at Dduw

Sifil: yn ymwneud â bywyd teuluol neu'r gymdeithas; materion personol yn hytrach na rhai troseddol

Priodas Islamaidd

B: Swyddogaeth shari'a a'i bwysigrwydd i Fwslimiaid

Ffyrdd gwahanol o ddeall y term shari'a

Fel cod crefyddol, a ddylai shari'a ymwneud â chyfreithiau crefyddol, ac nid â materion sy'n ymwneud â'r teulu neu fywyd cymdeithasol? Neu a ddylai shari'a fod yn ganllaw i briodas, ysgariad a materion teuluol? I ba raddau dylai shari'a fod yn gyfraith foesol ac a ddylai llywodraethau Islamaidd ei gymhwyso? Mae safbwyntiau amrywiol iawn ar shari'a ac mae wedi cael ei ddehongli'n wahanol iawn ar adegau gwahanol ac mewn rhannau gwahanol o'r byd.

Shari'a fel cyfraith sifil

Yn y DU, mae cyfraith trosedd a chyfraith **sifil**. Petaech chi'n llofruddio rhywun, gall yr heddlu eich arestio a'ch cyhuddo mewn llys troseddol. Enghraifft o gyfraith trosedd yw hyn. Enghraifft o achos cyfraith sifil yw petai rhywun yn ysgrifennu sylwadau gwael amdanoch chi ac yn eu cyhoeddi nhw mewn papur newydd. Gallech chi ddadlau bod y sylwadau wedi eich ypsetio a'ch niweidio chi, ac rydych chi'n mynd â'r person i'r llys i ofyn am iawndal. Enghraifft o gyfraith sifil yw hyn. Yn y rhan fwyaf o wledydd, materion cyfraith sifil yw priodas ac ysgariad. Mae shari'a yn ystyried achosion troseddol fel llofruddiaeth yn fater y dylai teulu'r dioddefwr ei ddilyn, fel achos sifil.

Gall busnesau sefydlu contractau â busnesau eraill am eu telerau masnachu. Enghraifft arall o gyfraith sifil yw hon. Y dyddiau hyn, llywodraethau cenedlaethol sy'n rheoleiddio'r rhain, er bod teuluoedd cyffredin a busnesau'n arfer dibynnu ar grefydd i reoleiddio materion sifil yn y gorffennol. Yn y Dwyrain Canol roedd hynny'n golygu Islam. Datblygodd rheolau shari'a yn ymwneud â phriodas a bywyd teuluol. Roedd priodas yn cael ei diffinio gan gontract mewn seremoni **Nikkah**. Roedd priodas Nikkah yn rhoi hawliau i'r ddau barti. Roedd rhaid i'r dyn a'r fenyw ddweud eu bod yn cytuno a doedden nhw ddim i fod i gael eu gorfodi i briodi. Mae'r dyn yn talu **Mahr** neu waddol i'r fenyw er mwyn selio'r contract.

Dyfyniad allweddol

Priodas yw sail bendithion ac mae plant yn gyforiog o drugaredd. **(Hadith y Proffwyd Muhammad)**

Roedd cyfraith priodas mewn Islam yn mynd ymhellach na thraddodiad y llwythau ar y pryd. Yn y Mahr, roedd gan fenywod hawl i fod yn berchen ar eiddo. Hefyd gallai menywod a merched etifeddu. Fodd bynnag, doedd shari'a ddim yn sicrhau cydraddoldeb i fenywod fel mae codau cyfreithiau **seciwlar** yn ei wneud heddiw. Fel arfer, roedd menywod yn cael hanner yn unig o'r rhan o'r eiddo yr oedd yr etifeddion gwrywaidd yn ei chael. Er gwaethaf hyn, mae priodasau shari'a yn dal i fod yn boblogaidd iawn ymysg Mwslimiaid ledled y byd. Mae llawer yn gweld priodas fel contract emosiynol ac ysbrydol ac maen nhw'n dewis priodi drwy ddilyn traddodiadau Islam, sydd hefyd yn agos iawn at eu calonnau.

Llysoedd shari'a

Mae llawer o wledydd yn caniatáu i Fwslimiaid ddefnyddio shari'a ar gyfer materion teuluol. Yn India, lle mae mwyafrif yn dilyn crefydd Hindŵ, gall Mwslimiaid ddilyn shari'a ar gyfer materion personol a chyfeirio unrhyw anghydfod i lysoedd shari'a. Ym Mhrydain, mae nifer o lysoedd shari'a preifat. Mae'r rhain ar gyfer aelodau o'r gymuned Fwslimaidd sy'n dewis eu mynychu'n wirfoddol. Dydyn nhw ddim yn rhan o system swyddogol cyfraith y DU. Yn 2008, ysgrifennodd Archesgob Caergaint y gallai llysoedd cyfraith sifil Mwslimaidd ac Iddewig fod yn ddefnyddiol yn y DU.

Serch hynny, mae'r llysoedd hyn yn ddadleuol. Mae rhai pobl yn amau a yw menywod, yn enwedig, yn cytuno mewn gwirionedd i fynd i'r llysoedd neu a ydyn nhw'n wynebu pwysau teuluol gan ddynion i'w mynychu. Mae beirniaid yn dweud y byddai menywod yn cael eu trin yn fwy cyfartal mewn llys barn seciwlar. Mae llawer o ysgolheigion Mwslimaidd yn dehongli bod shari'a yn gwahardd cyfunrywiolceb ac maen nhw'n rhoi dyfarniadau eraill sy'n annerbyniol i lawer o bobl.

Mae systemau bancio modern yn gweithio drwy fenthyg arian i rywun. Rhaid i'r person hwnnw ad-dalu'r arian ac arian ychwanegol fel taliad llog, o'r enw **riba**. Mae'r banc sy'n rhoi benthyg yr arian yn ystyried bod hyn yn deg: maen nhw'n cymryd risg ac mae costau i'w talu. Ar y llaw arall, mae risg y bydd y dyledwr yn ei chael hi'n anodd gwneud ad-daliadau os bydd y gyfradd llog yn codi. Yn draddodiadol, mae shari'a yn gwahardd llog. Yn hytrach, gallai tŷ gael ei brynu drwy drefniant rhannu perchnogaeth. Mae'r benthyciwr yn prynu'r tŷ ac mae'r dyledwr yn talu swm y cytunwyd arno, gan gynnwys taliad ychwanegol am y drafferth, er mwyn prynu'r eiddo.

Mwslimiaid yn y DU oedd y cyntaf i gyflwyno morgeisi a oedd yn cydymffurfio â shari'a, y wlad Orllewinol gyntaf i wneud hynny. Roedd rhai Mwslimiaid yn gweld bod cael benthyciad gyda llog yn dderbyniol oherwydd bod rhaid, os nad oedd ffordd ymarferol arall o gael llety. Gweithiodd eraill gyda banciau i greu cynnyrch newydd, morgeisi a oedd yn cydymffurfio â shari'a. Roedd y rhain yn gweithio mewn ffordd debyg i fenthyciadau eraill heblaw am y ffaith fod y banc, yn lle codi llog, yn gwneud trefniant gwahanol gyda'r perchnogion tŷ, fel bod y taliadau'n rhandaliadau neu'n rhyw drefniant arall sy'n arwain at berchnogaeth.

Shari'a fel cyfraith grefyddol

Yn wreiddiol roedd pobl yn credu mai ystyr shari'a oedd y llwybr union, neu'r ffordd orau i Fwslimiaid fyw. Y Qur'an, fel gair Allah, yw ffynhonnell gyntaf shari'a. Eto mae'r Qur'an ei hun yn awgrymu y dylai crefydd fod yn fater o ddewis. Does dim hawl gorfodi pobl i gredu rhywbeth. Yn gynnar yn hanes Islam, ceisiodd Califf Al-Mamun orfodi Mwslimiaid i gredu mai pobl a greodd y Qur'an. Yn y pen draw, cafodd yr Imamiaid ryddid i gadw at gredoau traddodiadol. Eto yn ystod yr ychydig ganrifoedd nesaf, aeth llawer o Imamiaid ati i ddiffinio credoau a mynd â'r rhyddid yr oedden nhw wedi ymladd drosto.

Categorïau gweithredu

Mae rhai credinwyr crefyddol yn pwysleisio pwysigrwydd gwneud gweithredoedd da. Mae eraill yn pwysleisio cred. Efallai nad ydych chi mewn sefyllfa i wneud gweithredoedd da, neu gallech chi wneud camsyniadau, ond credu'r peth cywir sy'n bwysig. Mae bwriadau'n ffurf ar gredu. Mae rhai hadith yn dweud bod gwobrwyo a chosbi'n digwydd ar Ddydd y Farn yn ôl y bwriadau yn hytrach na'r gweithredoedd eu hunain. Dydy shari'a ddim yn gallu barnu bwriadau. Serch hynny, mae'n gallu gwneud dyfarniadau er mwyn annog pobl i wneud y pethau cywir ym marn ysgolheigion. I'w gwneud hi'n haws i bobl ddeall hynny, mae categorïau gweithredu gwahanol wedi'u diffinio.

Mae gweithred **wajib** yn orfodol, fel gweddïo, bum gwaith y dydd. Mae gweithredoedd **mustahab** yn cael eu hargymell, fel adrodd y Qur'an a gofalu am ffrindiau a chymdogion. Mae'r gweithredoedd hyn yn dod â bendithion gan Dduw. Mae gweithredoedd **mubah** yn cael eu caniatáu (defnyddir y term halal hefyd); tasgau bob dydd yw'r rhain fel arfer, fel gyrru car neu ddewis beth i'w wisgo neu beth i'w brynu. Dydy'r gweithredoedd hyn ddim yn cael eu gwobrwyo na'u cosbi gan nad ydyn nhw wedi'u cynnwys yng nghyfyngiadau shari'a. Dydy gweithredoedd **makruh** ddim yn cael eu cymeradwyo, ond dydyn nhw ddim yn waharddedig. Dydy defnyddio llawer o ddŵr wrth ymolchi i baratoi i weddïo, ddim yn cael ei gymeradwyo. Mae gweithredoedd **haram** yn waharddedig a dylai Mwslimiaid osgoi gweithredoedd fel hyn, sy'n dod â chosb Duw, neu gosb drwy shari'a. Mae'n haram i Fwslimiaid fwyta cig moch neu yfed alcohol.

Mae'r categorïau gweithredu'n gwneud i shari'a swnio'n ddiamwys. Fodd bynnag, mae amgylchiadau'n gallu newid dyfarniadau shari'a. Mae bwyta cig moch yn waharddedig, ond petai Mwslim yn llwgu a bod ganddo ddim arall i'w fwyta, yna byddai'n cael ei

Banc Mwslimaidd yn Morocco

Dyfyniadau allweddol

Y Qur'an 30:39

Dydy'r hyn a daloch chi'n llog, er mwyn iddo gynyddu cyfoeth pobl eraill, ddim yn cynyddu gyda Duw. (Yusuf Ali)

Y Qur'an 2:256

Ni ddylai unrhyw orfodaeth fod mewn crefydd. (Yusuf Ali)

Termau allweddol

Haram: gweithred wedi'i gwahardd

Makruh: gweithred nad yw'n cael ei chymeradwyo ond sydd, serch hynny, yn cael ei chaniatáu

Mubah: gweithred bob dydd nad yw'n cael ei chynnwys yn y gyfraith shari'a, felly dydy hi ddim yn cael ei chymeradwyo na'i hanghymeradwyo (hefyd cyfeirir at hyn fel halal)

Mustahab: gweithred wedi'i hargymell

Riba: llog ariannol sy'n cael ei dalu'n ychwanegol at ad-dalu benthyciad

Wajib: gweithred orfodol mewn shari'a

cwestiwn cyflym

1.10 Beth ddigwyddodd yn y Mihna?

ganiatáu. Petai Mwslim yn cael ei niweidio neu'n marw hyd yn oed, byddai osgoi hyn drwy fwyta'r cig moch yn dod yn orfodol. Mae gwobrau'n ystyried bwriad, felly, os oedd bwriad person yn dda, ond iddo wneud camsyniad a thorri dyfarniad shari'a, yna gallai gael gwobr o hyd gan Dduw mewn bywyd ar ôl marwolaeth.

Mae rhai gwledydd, fel Pakistan a Saudi Arabia, wedi cyflwyno cyfreithiau cabledd er mwyn gwahardd pobl rhag dweud dim yn erbyn Duw neu ei Broffwyd. Mae pobl wedi cael eu cyhuddo o ddifrïo Muhammad, neu o ddifrodi copïau o'r Qur'an. Mewn rhai achosion lladdwyd y rhai a gyhuddwyd. Er gwaetha dysgeidiaeth y Qur'an na ddylai crefydd gynnwys gorfodaeth, mae Mwslimiaid sy'n penderfynu troi at grefyddau eraill yn gallu wynebu'r gosb eithaf am gosb o'r enw **apostasi**. Mae'r Mwslimiaid sy'n gorfodi'r gosb hon yn credu mai Duw sydd wedi'i gorchymyn hi.

Nodwyd yn gynharach fod llawer o ysgolion gwahanol o feddwl mewn shari'a. Mae Mwslimiaid Prydeinig dros Ddemocratiaeth Seciwlar yn grŵp sy'n dadlau o blaid hawliau dynol. Maen nhw'n ystyried bod cefnogi hawliau dynol cyffredinol yn fwy cyson â'r ysbryd o dosturi sydd mewn Islam na dyfarniadau gan shari'a traddodiadol. Ddylai pobl ddim wynebu unrhyw bwysau i ddilyn un ffydd neu gred benodol ac os ydyn nhw'n dewis newid crefyddau, dylen nhw fod yn rhydd i wneud hynny. Mae hyn wedi'i ddiogelu gan y Cenhedloedd Unedig yn y Datganiad Cyffredinol o Hawliau Dynol. Mae llawer o wledydd Mwslimaidd wedi llofnodi'r Datganiad, gan gredu ei fod yn gydnaws ag Islam.

Dyfyniad allweddol

Mae gweithredoedd person yn cael eu gwobrwyo yn ôl eu bwriadau. **(Hadith y Proffwyd Muhammad)**

cwestiwn cyflym

1.11 Pa fathau o achosion mae llysoedd shari'a yn ymdrin â nhw?

Shari'a fel canllaw moesol

Gallai Mwslim benderfynu ei bod hi'n foesol gywir i beidio â dweud celwydd, difrïo rywun neu hel straeon, gan ddilyn arweiniad sunna Muhammad drwy'r shari'a. Dewis i unigolyn fyddai hyn. Yn hanesyddol, mewn rhai gwledydd Mwslimaidd, sefydlodd ysgolheigion Islamaidd lysoedd shari'a a oedd yn delio ag achosion moesol gan gynnwys godineb, treisio a throseddau eraill. Gall shari'a gael ei ddefnyddio fel canllaw moesol personol ac fel system o gyfreithiau i orfodi cod moesoldeb.

Qazi (barnwr) Islamaidd o'r Oesoedd Canol

Yn nyddiau cynnar Islam, roedd llawer o bobl yn ofni am eu bywydau oherwydd ymosodiadau, rhyfela llwythol, llofruddiaethau neu gamdriniaeth. Rhoddodd shari'a Islamaidd set o reolau syml yn eu lle a oedd yn mynnu bod Mwslimiaid yn trin eraill yn deg. Doedden nhw ddim yn cael twyllo wrth fasnachu. Ddylai Mwslimiaid ddim lladd neu niweidio eraill yn eu bywydau bob dydd. Dechreuon nhw gael eu parchu am eu honestrwydd ac am eu cymorth yn rhoi elusen i bobl dlawd ac anghenus.

Roedd llysoedd shari'a yn rhoi'r pwys mwyaf ar dystiolaeth gwrywod Mwslimaidd, ac yn rhoi llai o ffydd mewn menywod a rhai nad oedden nhw'n Fwslimiaid. Roedd **Qazi** neu farnwr yn llywydd y llys ac yn gwneud y dyfarniad ei hunan. Roedd sawl dewis ar gael iddo. Mewn rhai achosion, gallai teulu dioddefwr faddau i'r person euog, neu adael iddo fynd yn rhydd ar ôl iddo dalu iawndal. Mewn achosion eraill gallai barnwr fod yn rhydd i benderfynu a fyddai'n rhoi cosb ai peidio. Mewn rhai achosion, lle roedd y Qur'an fel petai'n galw am gosb benodol am drosedd, roedd rhaid rhoi'r gosb hon.

Termau allweddol

Apostasi: gadael ffydd, mae rhai'n meddwl bod hyn yn drosedd

Imaan: yr ystyr llythrennol mewn Islam yw ffydd; grŵp sy'n cefnogi Mwslimiaid hoyw, lesbiaidd, deurywiol a thrawsrywiol

Otomaniaid: llywodraethwyr Twrci, Saudi Arabia a'r rhan fwyaf o'r Dwyrain Canol o'r unfed ganrif ar bymtheg i'r bedwaredd ganrif ar bymtheg

Qazi: barnwr Islamaidd (weithiau mae'n cael ei sillafu Qadi)

Doedd llysoedd shari'a yn yr Oesoedd Canol ddim yn defnyddio'r un safonau cyfiawnder ag sydd gennym ni heddiw. Ond yn aml doedden nhw ddim mor llym ag y byddech chi'n meddwl. Yn achos godineb, roedd rhaid bod pedwar oedolyn gwrywaidd Mwslimaidd dibynadwy yn gweld person mewn gweithred rywiol gyda pherson arall. Petai tri'n unig yn gwneud hyn, fyddai safon y prawf ddim wedi cael ei bodloni.

Mae rhai Mwslimiaid wedi beirniadu shari'a canoloesol. Yn ôl Abu Hanifa, roedd cyfunrywioldeb yn drosedd, er mai barnwr oedd yn cael penderfynu a ddylai roi cosb ai peidio. Roedd eraill yn dweud mai marwolaeth oedd y gosb. I'r gwrthwyneb, roedd Califfiaid **Otoman** yn Nhwrci yn arwain Islam yn y nawfed ganrif pan gafodd cyfunrywioldeb ei wneud yn gyfreithlon. Sefydlodd rhai Mwslimiaid modern grŵp o'r enw **Imaan** sy'n dadlau nad oes dim o'i le ar fod ar fod yn hoyw ac yn Fwslim yn ôl y Qur'an. Mae amrywiaeth y dehongliadau gwahanol o shari'a yn ei gwneud hi'n anodd cytuno ar un cod moesol.

cwestiwn cyflym

1.12 Rhestrwch yr opsiynau sydd ar gael fel canlyniad i achos mewn llys shari'a.

Gweithgaredd AA1

Gwnewch restr o'r feirniadaeth ar gyfraith shari'a sy'n cael ei chyflwyno yn y bennod hon ar ffurf pwyntiau bwled. Sut gallai Mwslimiaid gwahanol ymateb i'r feirniadaeth hon? Ceisiwch ysgrifennu dau ymateb i bob beirniadaeth rydych chi wedi'i rhestru. Cofiwch y gall yr ymatebion gytuno, anghytuno neu gymryd trydydd safbwynt, yn y canol.

Ffyrdd gwahanol mae shari'a yn cael ei ddeall ledled y byd

Yn y DU ac mewn gwledydd Gorllewinol eraill, mae Mwslimiaid yn grŵp lleiafrifol mewn gwladwriaethau seciwlar. Rhaid iddyn nhw ddilyn cyfreithiau'r DU, yr un fath â pawb arall. Mae hyn yn fanteisiol iddyn nhw: mae cyfreithiau yn erbyn gwahaniaethu sydd o fudd i Fwslimiaid gan eu bod yn eu helpu i gael eu trin yn gyfartal wrth ymgeisio am swydd. Lle caiff rhyddid crefydd ei ganiatáu, mae'n ddyletswydd ar Fwslimiaid i ddilyn holl gyfreithiau'r wladwriaeth nad yw'n Fwslimaidd. Mae rhai ysgolheigion yn dadlau nad yw'r rheidrwydd sydd ar Fwslimiaid, fel mynychu gweddïau Jummah, yn orfodol i Fwslimiaid nad ydyn nhw'n byw mewn gwlad Fwslimaidd. Mae eraill yn dadlau nad oes gwahaniaeth lle mae Mwslim yn byw, mae'r rheidrwydd yr un fath. Mae llawer o Fwslimiaid yn cefnogi elusennau a mentrau cymunedol lleol i helpu eu cymdogion, pwy bynnag ydyn nhw, yn eu cymunedau lleol.

Sefydlwyd Cyngor Cyfraith Fwslimaidd y DU i drefnu shari'a ar gyfer cyfraith teulu a phersonol yn y DU. Mae'n darparu gwasanaethau ac yn gwneud dyfarniadau i gefnogi dynion a menywod Mwslimaidd ynghylch priodas a materion teuluol. Mae rhai pobl yn gweld nad yw shari'a yn gydnaws â delfrydau gwladwriaeth seciwlar. Mae Yasmin Alibhai-Brown yn golofnydd papur newydd ac yn Fwslim amlwg sy'n credu y dylai Mwslimiaid gefnogi democratiaeth seciwlar. Mae hi'n dadlau bod shari'a yn gallu cael ei ddefnyddio i ormesu hawliau menywod.

Iran a Saudi Arabia

Yn y Dwyrain Canol, mae Gweriniaeth Islamaidd Iran yn cael ei hystyried yn wladwriaeth grefyddol. Cyfraith shari'a fel mae Imamiaid Shi'a yn ei dehongli yw cod cyfraith y wlad. Mae system o etholiadau yn Iran, senedd o'r enw **Majlis**, ac etholir dynion a menywod i wasanaethu ynddi. Mae hyn yn wahanol i ddemocratiaeth Orllewinol, oherwydd bod rhaid i Imamiad gymeradwyo bod cyfreithiau'r senedd a'i chynrychiolwyr yn gydnaws â'r Qur'an a'r shari'a. Rhaid i fenywod wisgo gorchudd am eu pennau a gorchuddio popeth heblaw am eu dwylo a'u hwynebau. Mae heddlu crefyddol yn gorfodi shari'a. Serch hynny, mae shari'a yn dod â hawliau penodol yn Iran, gan gynnwys yr hawl i fenywod gael addysg. Erbyn hyn, menywod yw bron i hanner y myfyrwyr sydd yn y brifysgol yn Iran, ar gyrsiau BA a PhD.

Mewn cyferbyniad, mae Saudi Arabia o dan reolaeth teulu pwerus o'r enw Tŷ Saud. Mae'r teulu hwn yn ffafrio math penodol o Islam o'r enw Salafi, weithiau caiff ei alw'n Wahhabi ar ôl ei sylfaenydd, **Al-Wahhab**. Daeth yr ysgol hon o feddwl yn hynod ddylanwadol wrth i'r refeniw o olew dalu am sefydlu pregethwyr a mosgiau Salafi mewn gwledydd eraill. Mae **Salafiaeth** yn fersiwn caeth o Islam. Mae menywod yn cael eu gorchuddio'n llym a dynion sy'n rheoli bron pob un o swyddi'r llywodraeth. Mae Salafiaeth yn gwrthod ysgolion traddodiadol shari'a. Yn hytrach, mae'n hyrwyddo dehongliad uniongyrchol cymdeithion Muhammad fel y rhai nesaf at y Proffwyd a'r rhai mwyaf tebygol o wybod beth ddywedodd e. Fel arfer mae Mwslimiaid Salafi yn gwrthod rôl y **mufti** i ddehongli dysgeidiaeth shari'a, ac yn gwrthod llawer o arferion diwylliannol fel ymweld â beddrodau a myfyrdodau **Sufi**. Er eu bod yn ymddangos yn llym, mae Mwslimiaid Salafi yn agored i ddehongliadau newydd o shari'a, fel y gwelwn ni yn yr adran ar ijtihad.

cwestiwn cyflym

1.13 Nodwch un o fanteision cyfreithiau seciwlar i Fwslimiaid.

Cynnwys y fanyleb

Dealltwriaeth amrywiol o'r term shari'a a r ffyrdd gwahanol o'i gymhwyso gan Fwslimiaid ledled y byd heddiw.

Yasmin Alibhai-Brown

Termau allweddol

Majlis: senedd yn Iran neu Fwslimiaid wedi ymgasglu

Mufti: athro Islamaidd sy'n gallu gwneud dehongliadau o shari'a

Sufi: rhywun sy'n dilyn fersiwn mewnol, ysbrydol o Islam

Salafiaeth: cred y dylai Mwslimiaid fynd yn ôl i arferion llythrennol cymdeithion Muhammad yn annibynnol ar ysgolion o feddwl a dehongliadau eu hysgolheigion

Dyfyniad allweddol

Pwy fyddai eisiau bod yn ferch o dan Gyfraith Islamaidd? **(Yasmin Alibhai-Brown)**

cwestiwn cyflym

1.14 Beth yw Majlis?

Unigolyn allweddol

Al-Wahhab: Mwslim a oedd yn byw o 1703 i 1792. Galwodd ar Fwslimiaid i ddychwelyd at fersiwn pur o Islam gynnar, a chael gwared ar y pethau roedd e'n eu gweld yn arferion a dysgeidiaethau diweddarach. Dylanwadol yn Saudi Arabia.

Pakistan a Thwrci

Roedd Pakistan yn un o drefedigaethau Prydain sydd wedi cadw cyfraith Prydain fel ei phrif system o gyfreithiau. Ochr yn ochr â hyn, mae llysoedd barn shari'a wedi'u sefydlu i ddyfarnu ar faterion crefyddol a theuluol. Weithiau mae dryswch rhyngddyn nhw. Gall achos gael ei benderfynu mewn llys shari'a ond bydd apêl yn cael ei wneud wedyn i lys seciwlar uwch. Oherwydd hyn, mae rhai wedi galw am wneud llysoedd shari'a yn uwch na rhai seciwlar. Mae India yn wladwriaeth sy'n dilyn cyfraith seciwlar ond sy'n caniatáu i shari'a ddyfarnu ar gyfraith bersonol a chyfraith teulu i Fwslimiaid.

Roedd Twrci'n arfer bod o dan reolaeth yr Otomaniaid, a arweiniodd y ffordd at wlad fodern, seciwlar. Mewn polisi cymdeithasol, cyfreithlonwyd cyfunrywioldeb, flynyddoedd lawer cyn y DU. Yn ystod yr ugeinfed ganrif, daeth Ataturk yn arweinydd Twrci a'i throi'n wlad seciwlar. Yn ystod y blynyddoedd diweddar, mae rhai Mwslimiaid yn Nhwrci wedi galw am ddychwelyd at gyfraith shari'a a gwladwriaeth fwy crefyddol.

Gweithgaredd AA1

Darn nodwedd Newyddion Teledu'r Byd ar shari'a. Dychmygwch eich bod yn yr ystafell newyddion a'ch bod yn troi at ohebwyr mewn pum gwlad wahanol, fesul un. Ysgrifennwch sgript y cwestiynau y byddech chi'n eu gofyn iddyn nhw am Islam ac am shari'a ym mhob gwlad, a sut gallen nhw ymateb.

Cynnwys y fanyleb

Swyddogaeth y mujtahid (arbenigwr cyfreithiol) a taqlid (efelychu).

Rôl y mujtahid (arbenigwr cyfreithiol)

Ysgolhaig Islamaidd yw **mujtahid** sy'n wybodus am Islam. Yn draddodiadol, dyn oedd hwn ond mae menywod sydd wedi bod â'r rôl hon, yn enwedig Mwslimiaid Shi'a. Rhaid bod y mujtahid yn gallu darllen Arabeg y Qur'an yn rhugl ac yn gallu dehongli'r Qur'an a'r hadith. Dylai wybod beth yw damcaniaeth gyfreithiol fiqh. Y Fonesig Amin, a fuodd yn byw o 1886 i 1983, oedd arbenigwr cyfreithiol benywaidd enwocaf Iran. Ysgrifennodd bymtheg llyfr o ddehongliadau.

Mae mujtahidiaid yn llunio barn o'r enw fatwas. Weithiau mae'r rhain yn cael eu hystyried yn rheolau, ond gallan nhw hefyd gael eu gweld fel barn yn unig. Roedd barnwyr mewn llysoedd shari'a yn defnyddio fatwas. Ynghyd ag arbenigwyr cyfreithiol ac athrawon, roedd mujtahidiaid yn debyg i athrawon prifysgol ac roedden nhw'n rhydd i lunio eu barn academaidd eu hunain.

Am y ddwy ganrif gyntaf ar ôl marwolaeth Muhammad, roedd Mwslimiaid Sunni'n rhydd i lunio eu barn eu hunain yn seiliedig ar y Qur'an a dywediadau Muhammad. Wrth i amser fynd rhagddo, y teimlad oedd mai mujtahid profiadol yn unig oedd yn ddigon cymwys i lunio safbwyntiau. Gyda'i gilydd, cytunodd y mujtahidiaid hyn ar ddysgeidiaeth drwy ijma a llunio'r ysgolion o feddwl fel rydyn ni'n eu hadnabod nhw: Shafi, Maliki, Hanbali a Hanafi. Dylai'r mujtahid Sunni ddeall egwyddorion Islam, bod yn berson duwiol a dibynadwy, a gallu deall dadleuon da.

Aeth mujtahidiaid Shi'a i ysgolion arbennig o'r enw **Hawza**. Ar y cwricwlwm roedd astudiaethau manwl yn y Qur'an a'r hadith; Arabeg; egwyddorion y gyfraith a chyfiawnder; adroddwyr yr hadith; astudiaethau mewn rhesymu a rhesymeg; sut i ddod i gonsensws a sut i ddyfarnu'n deg gydag awdurdod. Daethon nhw i gael eu parchu am eu gwybodaeth a'u dysg ledled y byd Mwslimaidd.

Termau allweddol

Hawza: ysgolion arbennig y mae mujtahidiaid Shi'a yn eu mynychu

Mujtahid: ysgolhaig Islamaidd a oedd yn cael ei ystyried yn gymwys i wneud dysgeidiaethau awdurdodol

Taqlid: efelychiad, dilyn safbwyntiau athro Mwslimaidd arall

Dyfyniad allweddol

Os nad ydych chi'n siŵr beth i'w wneud, ymholwch. **(Hadith y Proffwyd Muhammad)**

Taqlid (efelychu)

Wrth i amser fynd rhagddo, ychydig iawn o ysgolheigion, os o gwbl, oedd yn ddigon cymwys i ymgymryd â rôl mujtahid. Yn hytrach, penderfynodd ysgolheigion ddilyn neu efelychu barn mujtahidiaid cynharach.

Ystyr **taqlid** yw efelychu neu gopïo. Penderfynodd ysgolion y gyfraith Sunni fod shari'a wedi cael ei benderfynu gan y cymdeithion a'r mujtahidiaid cynnar, felly roedd hi'n well efelychu eu gwybodaeth uwch na dadlau o'r newydd. Hefyd, dirywiodd cyfnod sy'n cael ei adnabod fel 'oes aur' Islam, pan oedd Mwslimiaid wedi bod yn flaenllaw'n cyfieithu gweithiau'n ymwneud â gwyddoniaeth a gwybodaeth. Roedd llai o drafod, rhesymu a thrafod deallusol. Weithiau cyfeirir at hyn fel cau clwydi **ijtihad**.

I Fwslimiaid Shi'a, mae'n hanfodol dilyn dysgeidiaeth ysgolhaig gwybodus yn llinach teulu'r Proffwyd. Os nad yw hi'n bosibl dod o hyd i rywun yn y cnawd, yna gallan nhw ddilyn taqlid. Yn wahanol i Fwslimiaid Sunni, daliodd Shi'a ati i ddehongli'r Qur'an a'r hadith, ac i ddod i gonsensws drwy'r Imamiaid. Roedd Shi'a yn credu bod ganddyn nhw'r wybodaeth i ddehongli'r testunau'n gywir. Mae'r rhan fwyaf o Shi'a'n credu bod eu prif Imam, y deuddegfed Imam yn llinach yr Imamiaid, wedi cael ei guddio. Mae'r ysgolhaig sydd wedi'i addysgu i lunio dysgeidiaeth yn siarad i bob pwrpas yn lle'r deuddegfed Imam nad yw'n gallu cysylltu ag ef ar hyn o bryd, ond y credir y bydd yn dychwelyd yn y dyfodol.

Term allweddol

Ijtihad: dod i farn bersonol

cwestiwn cyflym

1.15 Beth oedd yn arbennig am yr 'oes aur'?

Ijtihad (ymdrech ddeallusol)

Dyfyniad allweddol

Pan fydd barnwr yn defnyddio ijtihad i roi dyfarniad ac mae'r barnwr yn gywir, yna bydd yn cael dwy wobr. Os yw'r barnwr yn rhoi dyfarniad ac yn gwneud camsyniad, yna bydd yn cael un wobr. **(Hadith y Proffwyd Muhammad)**

Cynnwys y fanyleb

Cyfeiriadau penodol at y dadleuon yn ymwneud â ijtihad (ymdrech ddeallusol) a safbwyntiau cyferbyniol o Islam Sunni a Shi'a ar ijtihad.

Ystyr llythrennol ijtihad yw llunio barn bersonol. Dydy Mwslimiaid ddim yn derbyn unrhyw farn sy'n gwrth-ddweud ffynonellau cynradd shari'a. Fodd bynnag, mewn llawer o sefyllfaoedd dydy'r ffynonellau gwreiddiol ddim yn rhoi arweiniad eglur. Arweiniodd hyn at ijtihad. Pan ehangodd Califf Umar yr Ymerodraeth Fwslimaidd, roedd yn rhaid iddo benderfynu beth i'w wneud â'r tir ffermio a oedd newydd gael ei gymryd. Roedd rhai o filwyr Umar yn disgwyl cyfran o'r tir yr oedden nhw wedi ymladd i'w ennill, ond roedd Umar yn ofni y byddai hynny'n rhoi ffermwyr lleol allan o waith. Felly lluniodd Umar y farn ijtihad y dylai ffermwyr lleol gadw eu tir a thalu treth iddo ef yn lle hynny. Roedd Umar heb ymgynghori â'r Qur'an wrth ddyfarnu a chafodd ei feirniadu am beidio â gwneud hynny. Yna daeth o hyd i adnod yn y Qur'an 59.10 (Yusuf Ali): 'Mae'r genhedlaeth nesaf yn dweud: "Ein Harglwydd! Maddau i ni, a'n brodyr a ddaeth o'n blaenau ni i mewn i'r Ffydd, a phaid â gadael, yn ein calonnau, unrhyw ddicter yn erbyn y rheini sydd wedi credu."' Rhesymodd Umar fod hyn yn golygu y dylai'r tir aros gyda'r ffermwyr gan y gallai eu plant ddod yn Fwslimiaid. Petaen nhw'n cael eu taflu oddi ar y tir, gallen nhw ddal dig yn y dyfodol. Hefyd rhesymodd Umar fod y Qur'an yn awgrymu y dylai tir y mae'r Mwslimiaid yn ei ennill gael ei ddefnyddio i helpu'r tlawd, nid cael ei roi i'r cyfoethog, gan y byddai hyn yn creu rhaniadau.

Porth mosg yn Damascus

Dyfyniad allweddol

Y Qur'an 59:7

Mae'r hyn y mae Allah wedi'i roi I'w Negesydd ac wedi'i gymryd oddi ar bobl y trefi, yn eiddo i Allah, I'w Negesydd ac i berthnasau a phlant amddifad, yr anghenus a'r fforddolion; fel na fydd yn creu rhaniad â'r cyfoethog. **(Yusuf Ali)**

Gwelodd Califf Uthman fod llwythau Arabaidd gwahanol yn darllen fersiynau gwahanol o'r Qur'an, a bod hyn yn achosi dryswch. Penderfynodd y dylai Zayd bin Thabit lunio un fersiwn awdurdodedig. Cyfeiriodd yr ysgolhaig Mwslimaidd diweddarach **Al-Ghazali** at y broses hon fel enghraifft o ijtihad. Mae Mwslimiaid yn ystyried mai'r Qur'an yw'r awdurdod pennaf un o fewn shari'a, ond petai Uthman heb benderfynu ar y weithred ijthad hon, efallai na fyddai'n bodoli ar y ffurf sydd gennym heddiw.

Unigolyn allweddol

Al-Ghazali: ysgolhaig Mwslimaidd Sunni traddodiadol a oedd yn byw yn y Dwyrain Canol rhwng 1058 a 1111, nad oedd yn annog arfer ijtihad ar y pryd hwn.

Mae rhai Mwslimiaid yn credu mai cymdeithion cynnar y Proffwyd yn unig a allai arfer ijtihad, oherwydd eu bod yn gwybod beth ddywedodd a beth wnaeth Muhammad. Mae Mwslimiaid eraill yn credu y dylem arfer ijtihad eto fel ei bod hi'n bosibl llunio barn newydd er mwyn helpu i ateb sefyllfaoedd cyfoes. Mae llawer o Fwslimiaid traddodiadol yn credu bod sylfaenwyr eu hysgolion o gyfraith shari'a yn ddigon addysgedig a gwybodus i lunio barn, ond cyn pen ychydig ganrifoedd, roedd y rhan fwyaf o'r cwestiynau wedi cael eu hateb a doedd ijtihad ddim yn cael ei arfer bellach.

Roedd Al-Ghazali yn Fwslim Sunni dylanwadol a oedd yn byw yn yr unfed ganrif ar ddeg. Roedd bywyd Al-Ghazali ben i waered. Bu'n dadlau'n frwd ag athronwyr ond aeth drwy argyfwng ffydd a chymryd amser i ffwrdd, cyn bwrw ati i ddadlau eto. Roedd Al-Ghazali yn dadlau bod shari'a yno er budd y cyhoedd, ac y dylai dysgeidiaeth shari'a ystyried anghenion dynol. Hefyd awgrymodd y dylai fod diben i'r rheoliadau er budd y gymdeithas. Dehonglodd rhai fod hyn yn golygu y dylai shari'a fod er budd hawliau dynol a chydraddoldeb i fenywod. Fodd bynnag, yn ystod ei oes roedd Al-Ghazali yn aml yn dadlau yn erbyn llunio barn resymegol ac o blaid arferion crefyddol traddodiadol. Ysgrifennodd lyfr o'r enw *The Incoherence of the Philosophers* ac roedd yn ddylanwadol wrth gau clwydi ijtihad am ganrifoedd lawer.

cwestiwn cyflym

1.16 Pa broses y cyfeiriodd Al-Ghazali ati fel enghraifft o ijtihad?

Barn wahanol ar ijtihad o safbwyntiau Shi'a a Sunni

Mae aql yn debyg i qiyas, mae'n ddechrau gyda chymhariaeth â dysgeidiaeth debyg yn y Qur'an neu'r hadith, ond gall Imamiaid Shi'a ddatblygu'r rhesymu ymhellach na Mwslimiaid Sunni. Doedd y Shi'a ddim yn defnyddio'r term ijtihad bob amser, ond roedden nhw'n ei arfer drwy'r Imamiaid mwyaf addysgedig drwy gydol yr adegau pan gaeodd y Mwslimiaid Sunni glwydi ijtihad. Datblygodd ysgolheigion Shi'a ddyfarniadau mewn pedwar categori: **Qat**, barn yr oedd yr Imamiaid yn sicr amdani; **Zann**, safbwyntiau yr oedden nhw'n meddwl eu bod yn wir gyda rhesymu; **Shakk**, dysgeidiaeth yr oedd gan yr Imamiaid amheuon amdani; a **Wahm,** rhesymu oedd â gwallau ynddo. Rhoddodd y rhain fframwaith i mujtahidiaid Shi'a ddatblygu eu dyfarniadau.

Termau allweddol

Qat: barn yr oedd yr Imamiaid yn sicr amdani

Shakk: dysgeidiaeth yr oedd gan yr Imamiaid amheuon amdani

Wahm: rhesymu oedd â gwallau ynddo

Zann: safbwyntiau sy'n cael eu hystyried yn wir drwy resymu

Yn Iran fodern, gwlad lle mae Mwslimiaid Shi'a yn y mwyafrif, cafodd ijtihad ei annog. Ar ôl y chwyldro Islamaidd yn 1979, cafodd y wlad ei harwain gan Ayatollah, arbenigwr cyfreithiol Mwslimaidd a oedd yn gymwys i roi dyfarniadau a dehongliadau er budd y wlad. Mae enghreifftiau eraill o ijtihad Shi'a cyfoes. Rhoddodd yr Imam Shi'a Sayid Hassan Al-Qazwini ijtihad y gall Mwslimiaid gymryd morgais gyda llog os oes angen tŷ arnyn nhw. Fel arfer mae Mwslimiaid yn claddu'r meirw'n fuan iawn ar ôl iddyn nhw farw, ond rhoddodd Imam Al-Qazwini ijtihad fod hawl gwneud awtopsi ar gorff marw, gan fod gwyddoniaeth fodern wedi gwneud i hyn fod yn drefn ddiogel a defnyddiol i bennu achos marwolaeth.

Safbwyntiau Sunni a Salafi

Yn y byd modern, ailagorodd Mwslimiaid modernaidd a Salafi glwydi ijtihad a llunio barn newydd am faterion yr oedd arnyn nhw angen ateb iddyn nhw. Weithiau cafodd hyn ei wneud gan ganolbwyntio ar ddychwelyd at ddealltwriaeth wreiddiol cymdeithion Muhammad, ac weithiau er mwyn ceisio dilyn ymagwedd lawer mwy modern. Aeth y diwygiwr modernaidd Dr Muqtedar Kahn yn llawer pellach a sefydlu gwefan o'r enw ijtihad, lle mae'n awgrymu y dylai Mwslimiaid ymgysylltu mwy â'r byd Gorllewinol, derbyn priodas hoyw a bod mathau eraill o ffydd yn ddilys.

Mae Ziauddin Sardar, yr ysgolhaig rhyddfrydol, diwygiadol, yn dadlau y dylai Mwslimiaid gefnogi ijtihad yn frwd heddiw, ond nad ydyn nhw'n gwneud hynny.

cwestiwn cyflym

1.17 Rhowch ddwy farn ijtihad gan yr Imam Al-Qazwini.

Dyfyniad allweddol

Mae'n hen bryd i ailfeddwl o ddifrif ddigwydd o fewn Islam. Mae Mwslimiaid wedi bod yn dibynnu'n gyfforddus ar ddehongliadau hynafol, neu'n hytrach yn troi'n ôl atyn nhw, am ormod o amser o lawer. Dyma pam rydyn ni'n teimlo mor boenus yn y byd cyfoes, mor anghyfforddus gyda moderniaeth. Eto, mae'n rhyfedd mai ijtihad yw'r un peth y mae cymdeithasau Mwslimaidd wedi methu ymgymryd ag ef. (Sardar)

Yr ysgolhaig Salafi Rashid Rida

Ganwyd **Rashid Rida** yn Libanus yn 1865. Sunni oedd e, ond mabwysiadodd Salafiaeth yn raddol. Cyhoeddodd gylchgrawn dylanwadol. Dywedodd Rida y dylai Mwslimiaid ddarllen y Qur'an a'r hadith, a'r adroddiadau gan y sahaba, y cymdeithion oedd wedi byw wrth ochr Muhammad, a llunio eu barn eu hunain am ddysgeidiaeth Islamaidd. Doedd e ddim yn gweld pam dylai Mwslimiaid ddilyn yr hyn yr oedd ysgolheigion traddodiadol yn ei ddweud yn ddigwestiwn. Gwrthododd taqlid ac roedd yn meddwl y dylid ailagor clwydi ijtihad er mwyn gwneud dehongliadau newydd.

Y creu ac esblygiad

Y creu yw'r syniad mai Duw, pŵer dwyfol y tu hwnt i amser, oedd yr achos cyntaf a oedd yn bresennol ac ar waith yn creu'r byd a phopeth ynddo. Esblygiad yw'r ddamcaniaeth wyddonol fod planhigion, anifeiliaid a bodau dynol wedi esblygu'n araf o un rhywogaeth i'r nesaf dros gyfnod, a hynny wedi'i achosi gan ffactorau naturiol fel yr amgylchedd yr oedden nhw'n byw ynddo.

Fel Cristnogion ac Iddewon, mae Mwslimiaid yn credu yn namcaniaeth y creu mai Duw oedd yr achos cyntaf dros y byd a chreu bodau dynol. Fodd bynnag, mae dehongliadau gwahanol o hyn. Roedd **Charles Darwin** yn dadlau bod y rhywogaethau gwahanol wedi esblygu, y naill o'r llall. Gwrthododd llawer o Gristnogion a Mwslimiaid crefyddol ddamcaniaeth esblygiad Darwin ar y pryd, oherwydd eu bod yn credu ei bod hi'n tynnu oddi ar y syniad o Dduw fel creawdwr. Roedd Rashid Rida yn meddwl nad oedd rhaid i Fwslimiaid gredu yn stori'r creu yn yr un ffordd ag ysgolheigion Mwslimaidd. Gallai fod yn stori ag ystyr cudd, yn hytrach na hanes llythrennol.

Yn eironig, nid Rashid oedd y Mwslim cyntaf i awgrymu y gallai'r creu fod wedi esblygu'n raddol. Roedd Ibn Khaldun yn byw o 1332 i 1406 yng Ngogledd Affrica a Sbaen ar adeg pan oedden nhw o dan reolaeth Mwslimiaid. Ysgrifennodd fod y creu wedi symud yn raddol o blanhigion i anifeiliaid; i fwncïod ac yn y pen draw i'r ddynoliaeth.

Roedd Ibn Khaldun yn byw ar yr adeg pan nad oedd Mwslimiaid yn ymwneud ag ijtihad. Roedd yn un o'r ysgolheigion Mwslimaidd traddodiadol, fel eraill yr oedd Rashid yn eu beirniadu.

Mae'r drafodaeth ynghylch esblygiad yn parhau heddiw. Mae rhai Mwslimiaid yn gwrthod y ddamcaniaeth yn llwyr. Roedd **Dr Usama Hasan** yn Imam ac yn wyddonydd yn Llundain. Gwnaeth sylwadau a oedd yn derbyn damcaniaeth esblygiad yn 2008; fodd bynnag, gwrthododd ei gynulleidfa o ddilynwyr yn y mosg y sylwadau hynny, fel bod rhaid i'r Imam ymddiswyddo. Dangosodd y digwyddiad nad yw ijtihad yn gam y mae rhai Mwslimiaid heddiw yn barod i'w dderbyn.

Islam wleidyddol

Roedd Rida yn beirniadu arweinwyr gwleidyddol gwledydd Mwslimaidd a oedd wedi dod i rym o dan reolaeth drefedigaethol Prydain a Ffrainc. Roedd o'r farn fod y Prydeinwyr yn fwy datblygedig ac roedd yn well ganddo'r llywodraethwyr Prydeinig, a oedd yn Gristnogion, na'r Califfiaid Mwslimaidd Otoman. Roedd Rida yn meddwl y byddai'n well i Fwslimiaid fyw o dan wladwriaeth Islamaidd, gyda chyfreithiau wedi'u diffinio gan ijtihad. Cafodd ei feirniadu gan lawer o Fwslimiaid Sunni traddodiadol.

Roedd Rashid Rida yn meddwl ei fod yn annog Mwslimiaid i ddychwelyd at eu gwreiddiau ac i ddilyn fersiwn mwy dilys o Islam. Daeth yn boblogaidd ymysg llawer o Fwslimiaid iau. Mae eraill yn ei feirniadu am iddo symud oddi wrth Islam draddodiadol. Defnyddiwyd rhai o syniadau Rida gan Fwslimiaid sydd eisiau datblygu ffurf wleidyddol ar Islam a chreu gwledydd sy'n seiliedig ar fersiynau eithafol o'r ffydd. Doedd ei ijtihad ddim yn rhyddfrydol: roedd yn ddehongliad caeth a llythrennol o'r Islam yr oedd cymdeithion Muhammad yn ei cilyn.

Cynnwys y fanyleb

Cymhariaeth o safbwyntiau'r ysgolhaig Salafi Rashid Rida a'r ysgolhaig Islamaidd cyfoes Tariq Ramadan.

Unigolion allweddol

Charles Darwin: y gwyddonydd a gyflwynodd ddamcaniaeth gydlynol ar gyfer proses esblygiad am y tro cyntaf.

Dr Usama Hasan: gwyddonydd ac Imam yn Nwyrain Llundain, a oedd yn cefnogi damcaniaeth esblygiad fel un a oedd yn gydnaws â'r gred yn y creu.

Rashid Rida: ysgolhaig Salafi enwog.

Rashid Rida

Dyfyniadau allweddol

Edrychwch ar fyd y creu. Dechreuodd gyda mwynau ac yn raddol datblygodd blanhigion, anifeiliaid a llawer o rywogaethau eraill eto. Wedyn daeth y mwncïod ac oddi wrthyn nhw daeth bodau dynol, gyda'r deallusrwydd mwyaf. **(Ibn Khaldun)**

Does gan lawer sy'n credu yn Nuw ddim problem gydag ateb amlwg [i stori'r creu]: fod Duw wedi creu dyn drwy esblygiad. **(Hasan)**

Tariq Ramadan

Dyfyniadau allweddol

Rydyn ni'n cytuno i integreiddio i'r gymdeithas sy'n lletya ... rwy'n derbyn y cyfreithiau, os nad ydyn nhw'n fy ngorfodi i wneud rhywbeth sy'n groes i'm crefydd. Os oes rhaid i chi fod yn Fwslim gwael er mwyn bod yn Ffrancwr da, rydyn ni'n dweud na ... Rhaid i ni wrthod [y math o] integreiddio sy'n dweud wrthon ni: 'Byddwch yn Fwslim, ond newidiwch eich gwisg.' **(Ramadan)**

Rhaid i Fwslimiaid godi llais ac esbonio pwy ydyn nhw, beth maen nhw'n credu ynddo, beth maen nhw'n sefyll drosto, beth yw ystyr eu bywyd. Rhaid iddyn nhw fod yn ddigon dewr i feirniadu'r hyn y mae rhai Mwslimiaid yn ei ddweud a'i wneud yn enw eu crefydd. **(Ramadan)**

Mae Ramadan yn condemnio'r rhai sy'n gwrthwynebu'r ffordd unigryw o wisgo sy'n gwahaniaethu Mwslimiaid oddi wrth eraill (fel y gorchudd), ac mae'n eu disgrifio fel bradwyr sydd wedi ildio i syniadau Gorllewinol. Hefyd mae'n condemnio'r rhai sy'n meddwl nad yw'r Qur'an a'r sunna yn gallu bod yn ffynhonnell awdurdod i ymddygiad personol a diwylliannol cyfoes, ac mae'n darlunio Mwslimiaid rhyddfrydol sy'n deall rhyddfrydiaeth yn yr ystyr Orllewinol, [h.y. fel agwedd] sy'n annog rhesymoliaeth ac unigoliaeth bersonol, fel 'Mwslimiaid heb Islam'. **(Guindy)**

Tariq Ramadan, yr ysgolhaig Islamaidd modernaidd

Mwslim o'r Swistir yw Tariq Ramadan sy'n addysgu Diwinyddiaeth ym Mhrifysgol Rhydychen. Weithiau mae wedi galw'i hunan yn ddiwygiwr modern Islam. Sylwodd Tariq Ramadan fod llawer o Fwslimiaid yn ymateb yn erbyn y gymdeithas fodern, oherwydd eu bod yn anhapus fod pwerau trefedigaethol wedi bod yn eu rheoli. Roedd rhai'n meddwl bod unrhyw beth Gorllewinol yn groes i Islam. Roedd Tariq Ramadan yn meddwl mai'r ffordd orau o berswadio Mwslimiaid i ddiwygio eu syniadau oedd eu perswadio'n raddol.

Dywedodd Tariq Ramadan na ddylai'r gosb eithaf gael ei rhoi am gyfnod er mwyn trafod. Roedd yn meddwl mai trafod fyddai'r ffordd orau i berswadio Mwslimiaid i newid. Mae cosbau corfforol, fel fflangellu, yn dal i ddigwydd mewn rhai gwledydd Mwslimaidd ond maen nhw'n cael eu hystyried yn annynol ac mae Datganiad Cyffredinol o Hawliau Dynol y Cenhedloedd Unedig yn eu gwahardd. Mae rhai sydd o blaid hawliau dynol wedi beirniadu Tariq Ramadan oherwydd eu bod yn teimlo y dylai ddweud yn fwy plaen fod cosbau corfforol a'r gosb eithaf yn anghywir, ac na ddylai ymddiheuro ar ran cyfundrefnau Mwslimaidd sy'n dal i'w rhoi. Fodd bynnag, ei ddadl e yw y byddai safbwynt fel hyn yn gelyniaethu'r cyfundrefnau hynny ac y bydden nhw wedyn yn gwrthod gwrando ar y dadleuon.

Mae Tariq Ramadan wedi condemnio terfysgaeth. Hefyd mae wedi dweud na ddylai pobl gael ei gorfodi i ddilyn Islam ac na ddylai menywod orfod gwisgo gorchudd. Ar y llaw arall, dydy e ddim yn derbyn bod cyfunrywioldeb yn ddilys o fewn Islam. Mae'n ymddangos bod Tariq Ramadan yn troedio llwybr rhwng traddodiadaeth a'r byd modern. Mae eisiau i Fwslimiaid ymgysylltu â dysgeidiaeth draddodiadol a'i thrafod, ond y dylen nhw wneud hynny drwy drafod â'r gymdeithas fodern, yn hytrach na gwahanu oddi wrthi.

Gweithgaredd AA1

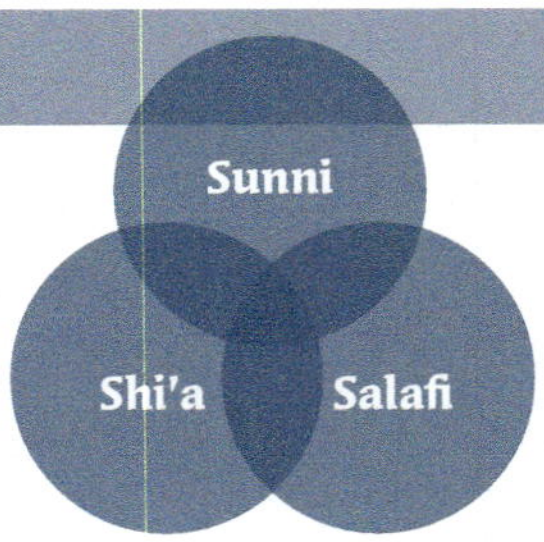

Diagram Venn. Tynnwch dri chylch sy'n gorgyffwrdd, fel bod pob cylch yn gorgyffwrdd yn y canol.

Labelwch y cylchoedd: Sunni, Shi'a, Salafi.

Rhowch y canlynol yn y diagram, gan ddewis a ydych chi'n eu rhoi nhw yn y darnau sy'n gorgyffwrdd (ac felly, yn berthnasol i ddau gylch neu i bob un o'r cylchoedd), neu mewn un cylch yn unig.

Ceisiwch ychwanegu pwyntiau ychwanegol at eich diagram, fel enghreifftiau ar gyfer pob un.

Beth fyddai safbwyntiau Mwslim seciwlar, yn eich barn chi? Ble byddech chi'n eu hychwanegu nhw at y diagram?

- Y Qur'an fel prif ffynhonnell
- Yr Hadith, dywediadau Muhammad
- Defnyddio aql, rhesymu
- Defnyddio qiyas, cymariaethau
- Rhaid i ijtihad gael ei wneud gan ysgolhaig hyfforddedig
- Dylai Mwslimiaid ddarllen a dod i'w barn eu hunain
- Defnyddio ijma, consensws
- Ystyried bod dysgeidiaethau'r cymdeithion yn bwysig
- Efelychu dysgeidiaeth gynharach
- Dim safbwyntiau newydd, am y rhan fwyaf o'r Oesoedd Canol
- Yn annog ijtihad yn y byd modern
- Gall ddefnyddio shari'a ynghyd â chyfraith y wladwriaeth

Beirniadwyd Tariq Ramadan am siarad â chynulleidfaoedd gwahanol gyda negeseuon gwahanol. Mae'n dweud ei fod yn derbyn damcaniaeth esblygiad, ond hefyd mae'n dadlau mai Duw a greodd y byd. Er iddo ddadlau o blaid integreiddio, mae'n gwrthod cymathu diwylliant. Awgryma y dylai Mwslimiaid fod yn falch o'u hunaniaeth. Gallai hyn olygu creu hunaniaethau Ewropeaidd, newydd i Fwslimiaid ifanc, sy'n meddwl bod diwylliant eu rhieni'n amherthnasol mwyach. Wrth greu'r hunaniaeth hon gydag Islam yn y canol, mae rhai'n cyhuddo Tariq Ramadan o geisio Islameiddio'r ifanc. Ond mae e'n dweud ei fod yn sôn am integreiddio graddol, mwy effeithiol, sy'n gwrthod cysyniadau am oruchafiaeth ddiwylliannol Orllewinol.

▶ **Dyma eich tasg nesaf:** Isod mae **crynodeb o gwmpas cyfraith shari'a**. Rydych chi eisiau esbonio hyn mewn traethawd ond nodiadau eich athro sydd yma ac felly petaech chi'n eu hysgrifennu nhw eto, copïo'n unig y byddech chi heb ddangos unrhyw ddealltwriaeth. Ailysgrifennwch nodiadau eich athro ond mae angen i chi ddisodli'r geiriau a ddefnyddiwyd (heblaw am y derminoleg grefyddol neu athronyddol allweddol) fel eich bod yn dangos eich bod yn deall yr hyn sy'n cael ei ysgrifennu a bod gennych eich fersiwn unigryw eich hun.

Mae cwmpas yn golygu'r ystod; y cyfyngiadau mae shari'a yn eu gosod. Yn bennaf oll fel cyfraith Duw, mae shari'a yn rhoi gwybod i Fwslimiaid am eu rheolau crefyddol. Mae Shari'a yn darparu cyfreithiau ynghylch pryd mae'n rhaid gweddïo, sut mae'n rhaid lladd anifeiliaid i gael bwyd a sut mae talu zakat. Yn ail, mae shari'a yn god sifil a theuluol. Shari'a yw'r sail ar gyfer contract priodasol Nikkah ac mae'n rhoi'r fframwaith i ysgariad. Yn drydydd, mae shari'a yn ganllaw moesol. Mae shari'a yn diffinio unrhyw beth, o wahardd cymryd llog a llofruddiaeth. Mae'n bosibl diffinio hyn ar lefel bersonol, lefel y teulu, neu'r wladwriaeth. Mae ysgolheigion crefyddol sy'n diffinio shari'a yn cyhoeddi dyfarniadau fatwa sy'n berthnasol iddyn nhw eu hunain ac i'w dilynwyr sy'n cytuno'n wirfoddol i'w dilyn nhw. Mae rhai Mwslimiaid yn dadlau, gan fod gweithredoedd yn cael eu barnu gan fwriadau, mai Duw'n unig sy'n gallu gwybod hyn. Felly arweiniad yn unig i unigolion yw shari'a ac ni ddylai gael ei ddefnyddio i farnu Mwslimiaid. Mae eraill yn ei ddefnyddio ar gyfer cyfraith teulu ac yn sefydlu llysoedd shari'a i ddelio â'r achosion hynny. Mae rhai gwledydd wedi diffinio cwmpas shari'a i gynnwys cyfraith trosedd ac wedi rhoi cosbau llym, gan gynnwys cosbau corfforol a'r gosb eithaf. Mae Mwslimiaid diwygiadol yn dweud ei bod hi'n bryd diweddaru cwmpas shari'a a'i gyfyngu, a gwahanu'r wladwriaeth seciwlar oddi wrth faterion crefyddol.

Ar ôl i chi orffen y dasg, cyfeiriwch at y disgrifyddion band ar gyfer U2 ac edrychwch yn benodol ar y gofynion sydd wedi'u disgrifio yn y disgrifyddion band uwch y dylech chi fod yn anelu atyn nhw. Gofynnwch i chi'ch hun:

- A yw fy ngwaith yn dangos gwybodaeth a dealltwriaeth drylwyr, gywir a pherthnasol o grefydd a chred?
- A yw fy ngwaith yn dangos cydlyniad (cysondeb neu synnwyr rhesymegol), eglurder a threfn o safon ragorol?
- A fydd fy ngwaith, ar ôl ei ddatblygu, yn ateb helaeth a pherthnasol sy'n bodloni gofynion penodol y dasg?
- A yw fy ngwaith yn dangos dyfnder a/neu ehangder sylweddol ac yn gwneud defnydd rhagorol o dystiolaeth ac enghreifftiau?
- Os yw'n briodol i'r dasg, a yw fy ateb yn cynnwys cyfeiriadau trylwyr a chywir at destunau cysegredig a ffynonellau doethineb?
- A ellir gwneud unrhyw gysylltiadau treiddgar ag elfennau eraill o fy nghwrs?
- A fydd fy ateb, ar ôl ei ddatblygu a'i ehangu i gyfateb i'r hyn sy'n ddisgwyliedig mewn ateb arholiad, yn cynnwys ystod eang o safbwyntiau ysgolheigion/ysgolion o feddwl?
- A yw'r defnydd o iaith a geirfa arbenigol yn drylwyr a chywir, pan geir enghreifftiau o hynny?

Datblygu sgiliau AA1

Nawr mae'n bwysig ystyried y wybodaeth sydd wedi'i chyflwyno yn yr adran hon; fodd bynnag, mae'r wybodaeth fel y mae yn llawer rhy helaeth ac felly mae'n rhaid ei phrosesu er mwyn bodloni gofynion yr arholiad. Gallwch wneud hyn drwy ymarfer y sgiliau uwch sy'n gysylltiedig ag AA1. Ar gyfer Amcan Asesu 1 (AA1), sy'n cynnwys dangos sgiliau 'gwybodaeth' a 'dealltwriaeth', rydyn ni am ganolbwyntio ar ffyrdd gwahanol o ddangos y sgiliau yn effeithiol, gan gyfeirio hefyd at sut bydd eich perfformiad ym mhob un o'r sgiliau hyn yn cael ei fesur (gweler disgrifyddion band cyffredinol AA1 ar gyfer U2).

Sgiliau allweddol

Mae gwybodaeth yn ymwneud â:

Dewis ystod o wybodaeth (drylwyr) gywir a pherthnasol sydd â chysylltiad uniongyrchol â gofynion penodol y cwestiwn.

Mae hyn yn golygu:

- Dewis deunydd perthnasol i'r cwestiwn a osodwyd
- Canolbwyntio ar esbonio ac archwilio'r deunydd a ddewiswyd.

Mae dealltwriaeth yn ymwneud ag:

Esboniad helaeth, gan ddangos dyfnder a/neu ehangder gyda defnydd rhagorol o dystiolaeth ac enghreifftiau gan gynnwys (lle y bo'n briodol) defnydd trylwyr a chywir o destunau cysegredig, ffynonellau doethineb a geirfa arbenigol.

Mae hyn yn golygu:

- Defnydd effeithiol o enghreifftiau a thystiolaeth gefnogol i sefydlu ansawdd eich dealltwriaeth
- Perchenogaeth o'ch esboniad sy'n mynegi gwybodaeth a dealltwriaeth bersonol, NID eich bod yn ailadrodd darn o destun o lyfr rydych wedi ei baratoi a'i gofio.

Mae'r adran hon yn cwmpasu cynnwys a sgiliau AA2

Cynnwys y fanyleb

I ba raddau y gall dehongliad bodau dynol amharu ar ddealltwriaeth o shari'a.

Materion i'w dadansoddi a'u gwerthuso

I ba raddau y gall dehongliad bodau dynol amharu ar ddealltwriaeth o shari'a

Mae Mwslimiaid yn ystyried mai cyfraith wedi'i gwneud gan Dduw yw shari'a. Anfonodd Allah y Qur'an fel ffynhonnell gyntaf shari'a. Fyddai dim byd y gallai bodau dynol ei ddweud cystal â gair Duw, ond mae'r Qur'an yn aml yn cynnig arweiniad amwys mewn mannau, fel bod angen dehongliad gan fodau dynol.

Y Proffwyd Muhammad oedd y bod dynol cyntaf i ddehongli shari'a. Roedd Mwslimiaid yn ystyried mai ef oedd yr enghraifft a'r dehonglydd perffaith i'w helpu i ddeall shari'a. Roedd ei gymdeithion a'r cenedlaethau cynnar o Fwslimiaid yn adnabod y Proffwyd yn dda, felly eu dehongliadau nhw sy'n cael eu hystyried nesaf. Mae Mwslimiaid yn dod o hyd i ddehongliadau Muhammad o'r hadith, ond cafodd y rhain eu casglu tua 200 mlynedd yn ddiweddarach. Defnyddiodd pobl fel Bukhari a fu'n casglu'r hadith eu dehongliadau eu hunain wrth benderfynu pa rai i'w derbyn yn rhai dibynadwy.

Yn ystod ychydig ganrifoedd cyntaf Islam, datblygodd ysgolion fiqh. Daeth dehongliadau dynol o hyd i atebion i gwestiynau allweddol a gododd ynghylch pob mater, o ddefodau gweddïo i gyfreithiau bwyd i gosb droseddol. Defnyddion nhw'r Qur'an a'r hadith fel ffynonellau cynradd na allai unrhyw orchymyn mewn fiqh eu gwrth-ddweud. Mae Mwslimiaid traddodiadol yn ystyried mai nhw yw'r arbenigwyr ar ddehongli shari'a na allwn ni ragori arnyn nhw. Roedd ganddyn nhw well mynediad at bobl y cyfnod a oedd yn deall yr hyn yr oedd y Proffwyd wedi'i drosglwyddo.

Dyfyniad allweddol

Mae cyfraith shari'a yn ymadrodd llaw fer am gorff heb strwythur a ffurf o reoliadau, dyfarniadau a barn gyfreithiol sydd wedi'u casglu dros ganrifoedd lawer. Ar unrhyw un pwynt cyfreithiol, bydd rhywun yn dod o hyd i sawl barn wahanol ynghylch yr hyn y mae cyfraith Duw yn ei ofyn neu'n ei orchymyn. **(Abou El Fadl)**

Mae Mwslimiaid eraill yn cwestiynu a wnaethon nhw ddatrys pethau mewn gwirionedd. Pa ysgol y gyfraith y dylai Mwslim ei dilyn, neu a ydyn nhw'n cael dewis a dethol? Mae gan Fwslimiaid Shi'a ddehongliadau dynol pellach drwy'r Imamiaid. Mae ganddyn nhw awdurdod oherwydd eu bod yn llinach teulu'r Proffwyd, felly all eu dehongliadau nhw ddim bod yn groes i ddymuniad Duw.

Gallai unrhyw Fwslim unigol lunio ei farn ei hunan ar shari'a. Mae llawer o Fwslimiaid Salafi a Mwslimiaid diwygiadol modern yn credu bod hyn yn beth da. Gall Mwslimiaid sy'n darllen y Qur'an drostyn nhw eu hunain benderfynu ar y peth gorau i'w wneud. Mae Mwslimiaid Sunni a Shi'a yn anghytuno. Mae Mwslimiaid Shi'a yn credu mai Imamiaid ac ysgolheigion mujtahid yn enwedig a ddylai wneud y dehongliadau i bobl eu dilyn. Maen nhw'n addysgedig iawn mewn dehongli fiqh, Arabeg a rhesymeg, felly maen nhw'n gwneud dehongliadau gwell.

Mae Mwslimiaid Sunni yn anghytuno hefyd. Mae'r rhan fwyaf o Fwslimiaid Sunni yn credu y dylai Mwslimiaid ddilyn ysgolion y gyfraith a ddatblygwyd yn nyddiau cynnar Islam, ac efelychu dehongliadau ysgolheigion fel Al-Shafi, a sylfaenodd un o'r ysgolion hynny. Mae Mwslimaid Sunni yn credu mai nhw wnaeth y dehongliadau gorau o shari'a ac y gallai barn ddiweddarach amharu ar ddealltwriaeth ddynol, oherwydd does gan bobl ddim cystal gwybodaeth â'r ysgolheigion cynnar hyn.

Mae Mwslimiaid diwygiadol yn dweud bod dehongliad dynol yn dda a'i fod mewn gwirionedd yn gymorth i ddeall shari'a. Gall bodau dynol ailddehongli shari'a i'r

Gweithgaredd AA2

Wrth i chi ddarllen drwy'r adran hon ceisiwch wneud y pethau canlynol:

1. Dewiswch y gwahanol ddadleuon sy'n cael eu cyflwyno yn y testun a nodwch unrhyw dystiolaeth gefnogol a roddir.
2. Ar gyfer pob dadl a gyflwynir, ceisiwch werthuso a yw'r ddadl yn un gryf neu wan yn eich barn chi.
3. Meddyliwch am unrhyw gwestiynau yr hoffech chi eu gofyn wrth ymateb i'r dadleuon.

Bydd y gweithgaredd hwn yn eich helpu i ddechrau meddwl yn feirniadol am yr hyn rydych chi'n ei ddarllen ac yn eich helpu i werthuso effeithiolrwydd dadleuon gwahanol, gan ddatblygu eich sylwadau, a'ch barn a'ch safbwyntiau eich hun. Bydd hyn yn eich helpu wrth ddod i gasgliadau y byddwch yn eu gwneud yn eich atebion i'r cwestiynau AA2 sy'n codi.

cyfnod modern a gwneud i Islam gyd-fynd yn well â chysyniadau modern, fel y Datganiad Cyffredinol o Hawliau Dynol. Heb ddehongliad, mae rhai rhannau o'r shari'a sy'n annerbyniol, fel trin menywod yn dystion llai dibynadwy na dynion. Efallai fod Mwslimiaid eraill yn gweld ei bod hi'n anghywir newid cyfraith sydd yn eu barn nhw'n sefydlog, wedi'i rhoi gan Dduw, ac y dylai aros yr un fath am byth.

Roedd Sayyid Qutb yn feddyliwr blaenllaw yn y Frawdoliaeth Fwslimaidd yn yr 1950au. Dadleuodd fod y byd Mwslimaidd wedi ymadael â gwir ddysgeidiaeth Islam ac wedi troi'n ôl at gyflwr **Jahiliyyah** cyn-Islamaidd. Dadleuodd fod ufuddhau i shari'a yn ffurf hanfodol ar addoli i Fwslimiaid. Dylai Mwslimiaid ufuddhau i'r Qur'an yn hytrach na'i ddefnyddio i drafod. Rhaid i Fwslimiaid ymdrechu i orfodi'r shari'a ym mhob maes ac i chwilio am wahaniaethau rhyngddyn nhw eu hunain a'r gymdeithas Orllewinol. Roedd yn teimlo, gan mai cyfraith Duw yw hi, y dylai hi fod yn gymwys i bob maes o fywyd. Roedd Qutb yn meddwl fod sosialaeth a chenedlaetholdeb wedi methu fel ideolegau ac y dylai Islamiaeth eu disodli. Dylanwadodd ar lawer o Fwslimiaid radical a fyddai'n dilyn ei syniadau am Islam wleidyddol. Beirniadodd Mwslimiaid eraill ef am greu lluniadau gwleidyddol newydd. Diffiniodd Islam mewn ffordd debyg iawn i Farcswyr a chenedlaetholwyr, er mwyn ymateb i'r hyn nad oedd yn ei hoffi amdanyn nhw

Dyfyniad allweddol

Mae pobl heddiw sydd o'r farn fod cydnabod mawredd llwyr Duw yn lleihau gwerth a phwysigrwydd bodau dynol yn y greadigaeth, fel petai Duw a'r ddynoliaeth yn cystadlu am fawredd a phŵer. Yn y cyfamser, teimlaf, bryd bynnag mae ein canfyddiad o fawredd Duw yn cynyddu, ein bod ninnau'n dod yn fwy gydag ef, oherwydd mai creadigaeth Duw mawr ydyn ni. **(Qutb)**

Awgrym astudio

Ar gyfer AA2, mae'n hanfodol eich bod yn mynd ati i drafod dadleuon, nid dim ond egluro beth allai rhywun fod wedi'i ddweud. Ceisiwch holi eich hunan, 'oedd hwn yn bwynt teg i'w wneud?', 'ydy'r dystiolaeth yn ddigon cryf?', 'oes unrhyw beth i herio'r ddadl hon?', 'ydy hon yn ddadl gref neu'n ddadl wan?'. Bydd dadansoddi beirniadol fel hyn yn eich helpu i ddatblygu eich sgiliau gwerthuso.

Mae deallusion ac ysgolheigion Mwslimaidd wedi beirniadu Qutb am gyflwyno dealltwriaeth ddiffygiol o shari'a. Maen nhw'n teimlo bod yr oes y mae Mwslimiaid yn byw ynddi yn effeithio arnyn nhw a'u bod yn newid eu safbwynt ar shari'a o ganlyniad. Mae'n boblogaidd iddyn nhw fynegi eu hunaniaeth grefyddol, trafod fatwas a diffinio rheolau ynghylch pa fwydydd y dylai Mwslimiaid eu bwyta neu pa ddillad y dylai Mwslimiaid eu gwisgo yn eu bywydau bob dydd yn y coleg a'r brifysgol. Weithiau mae sgyrsiau o'r fath yn tarddu o awdurdodau amheus nad ydyn nhw'n hyddysg mewn traddodiad crefyddol o gwbl.

Mae Khaled Abou El Fadl yn dadlau bod gan shari'a le arbennig yng nghalonnau Mwslimiaid fel rhywbeth sy'n foesol bur a'r tu hwnt i lygredd dynol. Serch hynny, mae'n gwahaniaethu rhwng Cyfraith Islamaidd a chyfraith Fwslimaidd. Mae'n dadlau mai cyfraith Fwslimaidd yw'r hyn sydd gennym, wedi'i gwneud gan fodau dynol amherffaith. Mae llawer o Fwslimiaid heddiw yn rhoi dehongliadau camarweiniol o shari'a sydd wedi creu argyfwng awdurdod. Serch hynny, dydy hyn ddim yn rhwystr i angerdd a diddordeb gan Fwslimiaid sydd eisiau chwilio am wirionedd sy'n gweithio iddyn nhw yn y byd modern.

Term allweddol

Jahiliyyah: cyflwr o anwybodaeth yn ôl Mwslimiaid a ddaeth cyn dyfodiad y Proffwyd Muhammad

Cwestiynau allweddol

Beth yw'r shari'a? Ai cyfraith ddwyfol yw hi neu ddehongliad dynol ohoni?

Pwy oedd dehonglwyr dynol y shari'a yn ystod ychydig ganrifoedd cyntaf Islam a beth oedd eu cyfraniad i'r ddealltwriaeth o shari'a?

Sut gallai amodau'r cyfnod ddylanwadu ar rai pobl i roi barn ddynol wallus am shari'a?

Dyfyniadau allweddol

Dechreuodd pobl arbennig seilio eu fatwas yn ormodol ar eu hamgylchiadau gwleidyddol uniongyrchol neu eu cyflwr seicolegol a rhoi'r gorau i ystyried consensws canrifoedd o ysgolheigion gofalus. **(Murad)**

Dydy'r argyfwng awdurdod sy'n blino cyfraith Islamaidd heddiw ddim yn effeithio ar ei pherthnasedd na'i phwysigrwydd. Ond mae'n golygu nad oes gan gyfraith Islamaidd resymolrwydd y penderfyniadau a gynhyrchwyd ar ei rhan neu a briodolwyd iddi. Yn yr oes gyfoes, mae llawer o leisiau'n siarad yn enw cyfraith Islamaidd, a'r broblem yw bod rhai o'r lleisiau hyn yn hollol afresymol. **(Abou El Fadl)**

Gweithgaredd AA2

Rhestrwch rai casgliadau y byddai'n bosibl dod iddynt ar sail y rhesymeg AA2 yn y testun uchod; ceisiwch gyflwyno o leiaf dri chasgliad gwahanol posibl. Ystyriwch bob un o'r casgliadau a chasglwch dystiolaeth gryno i gefnogi pob casgliad o'r deunydd AA1 ac AA2 ar gyfer y testun hwn. Dewiswch y casgliad sy'n argyhoeddi fwyaf yn eich barn chi ac esboniwch pam mae hyn yn wir. Ceisiwch gyferbynnu hyn â'r casgliad gwannaf ar y rhestr, gan gyfiawnhau eich dadl gyda rhesymu clir a thystiolaeth.

Cynnwys y fanyleb

I ba raddau y mae disgrifiad o gyfraith shari'a yn gamarweiniol.

I ba raddau mae disgrifiad o gyfraith shari'a yn gamarweiniol

Gellir disgrifio shari'a fel llwybr union. Mewn rhai ffyrdd, mae shari'a fel cyfraith, oherwydd yn yr Oesoedd Canol datblygodd system o lysoedd gyda barnwyr, a oedd yn penderfynu ar ddyfarniadau a wnaeth arbenigwyr cyfraith mujtahid. Roedd hon yn system drefnus fel cyfraith, er nad oedd yn cyrraedd yr un safonau â llysoedd barn modern.

Mae shari'a yn cynnig arweiniad i arferion crefyddol. Mae'n rhoi manylion i Fwslimiaid ynghylch sut i weddïo ac mae'n categoreiddio gweithredoedd yn rhai gorfodol, gwaharddedig ac eraill yn y canol. Fodd bynnag, mae'r Qur'an yn dweud bod 'dim gorfodaeth' mewn crefydd. Gall arweiniad shari'a mewn materion crefyddol helpu Mwslim i fyw bywyd yn ôl ewyllys Duw er mwyn cyrraedd y nefoedd. Dydy hyn ddim yr un fath â'r gyfraith rydyn ni'n gwybod amdani. Mewn gwirionedd, mae cyfreithiau hawliau dynol mewn llawer o wledydd yn ei gwneud hi'n anghyfreithlon i orfodi pobl i fod â chrefydd neu gred benodol.

Yn bennaf mae shari'a yn cwmpasu materion crefyddol, sifil a moesol. Mewn llawer o achosion mae'r rhain yn ymwneud â materion personol am gred nad oes rhaid i neb eu dilyn. Mae'n bosibl dadlau nad cyfraith yw shari'a felly, er bod rhai Mwslimiaid yn mynd i lysoedd shari'a i ddatrys materion priodasol, gan roi statws i shari'a mewn cyfraith teulu. Mae shari'a yn darparu rheolau am gontractau priodas a materion dinesig eraill fel masnachu. Mae llysoedd shari'a mewn llawer o wledydd, gan gynnwys y DU, yn gallu helpu Mwslimiaid i ddelio â'r materion hyn a rhoi dyfarniadau, fel llysoedd barn.

Mae moesau'n ymwneud yn rhannol ag ymddwyn yn dda ac yn rhannol â chyfreithiau fel peidiwch â llofruddio. Mae Shari'a yn cynnig arweiniad ar y ddau beth. Mae gan y rhan fwyaf o wledydd eu llysoedd barn eu hunain i ymdrin ag achosion troseddol. Ar rai adegau mewn hanes, ac mewn rhai mannau fel Iran a Saudi Arabia, mae cyfraith shari'a yn darparu sail ar gyfer cyfraith trosedd. I ryw raddau roedd Islam yn darparu barnwyr, rheolau a threfniadaeth ar adeg pan nad oedd llawer wedi bod. Ar yr adeg hon doedd shari'a ddim yn gweithredu yn yr un ffordd â llysoedd modern: doedd dim rheithgorau a doedd gan dystion benywaidd ddim o'r un awdurdod â dynion.

Dyfyniadau allweddol

Y gymdeithas Islamaidd yw un sy'n dilyn Islam o ran credu a ffyrdd addoli, o ran y gyfraith a threfniadaeth, o ran moesau ac ymddygiad da. **(Qutb)**

Mae'r ddynoliaeth heddiw ar ymyl dibyn. Nid difodiant niwclear yn unig sy'n bygwth y ddynoliaeth ond diffyg gwerthoedd hefyd. Mae'r Gorllewin wedi colli ei fywiogrwydd ac mae Marcsaeth wedi methu. Yn yr amgylchiadau tyngedfennol a dryslyd hyn, mae tro Islam a'r gymuned Fwslimaidd wedi dod. **(Qutb)**

Sefydlwyd ysgolion y gyfraith mewn Islam Sunni a Shi'a gan unigolion a oedd yn cymryd eu gwaith yn hynod o ddifrif. Gosododd Al-Shafi egwyddorion eglur ar gyfer dehongli dysgeidiaeth Islamaidd yn ôl trefn blaenoriaeth: dechrau gyda'r Qur'an a'r hadith, yna defnyddio ijma y cymdeithion ac yn olaf cymharu â dysgeidiaeth debyg lle nad oes unrhyw ddysgeidiaeth uniongyrchol ar gael. Mae'r broses resymegol hon sy'n seiliedig ar destun yn debyg i broses gyfreithiol, a sefydlwyd system o ysgolheigion mujtahid a barnwyr qazi er mwyn trefnu shari'a fel system gyfreithiol.

Mae'r gyfraith yn berthnasol yn yr un ffordd i bob unigolyn yn gyfartal; fodd bynnag, gall unigolion gwahanol fod â dehongliadau gwahanol o shari'a. Mae Mwslimiaid gwahanol yn anghytuno am hyn. Mae Mwslimiaid Shi'a yn credu y

Gweithgaredd AA2

Wrth i chi ddarllen drwy'r adran hon ceisiwch wneud y pethau canlynol:

1. Dewiswch y gwahanol ddadleuon sy'n cael eu cyflwyno yn y testun a nodwch unrhyw dystiolaeth gefnogol a roddir.
2. Ar gyfer pob dadl a gyflwynir, ceisiwch werthuso a yw'r ddadl yn un gryf neu wan yn eich barn chi.
3. Meddyliwch am unrhyw gwestiynau yr hoffech chi eu gofyn wrth ymateb i'r dadleuon.

Bydd y gweithgaredd hwn yn eich helpu i ddechrau meddwl yn feirniadol am yr hyn rydych chi'n ei ddarllen ac yn eich helpu i werthuso effeithiolrwydd dadleuon gwahanol, gan ddatblygu eich sylwadau, a'ch barn a'ch safbwyntiau eich hun. Bydd hyn yn eich helpu wrth ddod i gasgliadau y byddwch yn eu gwneud yn eich atebion i'r cwestiynau AA2 sy'n codi.

dylen nhw ddilyn dysgeidiaeth arbenigwr cyfreithiol. Mae rhai Mwslimiaid Salafi yn credu y gallan nhw ddarllen y Qur'an, yr hadith a dehongliadau cymdeithion Muhammad a llunio eu barn eu hunain. Rhaid i gyfraith fod yn berthnasol i bawb a dydy hi ddim yn gallu bod yn wahanol i bobl wahanol. Mae Mwslimiaid diwygiadol yn cefnogi gwladwriaethau seciwlar a chyfreithiau seciwlar. Maen nhw'n credu ei bod hi'n well diwygio shari'a i'w wneud yn berthnasol i'r cyfnod modern. Drwy dderbyn cyfraith seciwlar, maen nhw'n trin shari'a nid fel cyfraith ond fel canllaw personol i fywyd.

Roedd Sayyid Qutb yn dadlau bod shari'a yn gyfraith sy'n cwmpasu popeth ac yn bwysig i Fwslimiaid. Roedd yn credu bod rhai Mwslimiaid wedi ceisio esbonio'r hyn yr oedd Islam yn ei ddysgu neu ymddiheuro amdano hyd yn oed, a'i newid er mwyn cyd-fynd â gwerthoedd Gorllewinol modern. Roedd ef a Mwslimiaid Islamaidd eraill yn credu y dylai shari'a ddod yn gyfraith sy'n cwmpasu popeth i Fwslimiaid, yn rhan o'r system gyfreithiol ar gyfer popeth o gyfraith teulu i gyfraith trosedd i gyfreithiau'r wladwriaeth. Roedd yn beirniadu cyfreithiau Gorllewinol ac yn meddwl nad oedden nhw'n bodloni'r angen am gael Duw yng nghanol pob agwedd ar fywyd.

Awgrym astudio

Ar gyfer AA2, mae'n hanfodol eich bod yn mynd ati i drafod dadleuon, nid dim ond egluro beth gallai rhywun fod wedi'i ddweud. Ceisiwch holi eich hunan, 'oedd hwn yn bwynt teg i'w wneud?', 'ydy'r dystiolaeth yn ddigon cryf?', 'oes unrhyw beth i herio'r ddadl hon?', 'ydy hon yn ddadl gref neu'n ddadl wan?'. Bydd dadansoddi beirniadol fel hyn yn eich helpu i ddatblygu eich sgiliau gwerthuso.

Roedd neges syml Qutb yn ddeniadol i lawer ond roedd yn seiliedig ar ddehongliad diffygiol o shari'a yn ôl eraill. Mae Khalied Abou El Fadl yn diffinio shari'a fel ymgais gan ddyn i wneud synnwyr o gyfraith Duw, wedi'i hadeiladu ar hap dros ganrifoedd. Mae'n cynnwys pob mathau o farn, dyfarniadau a darnau bach eraill o ddogfennaeth mewn dogfennau hanesyddol. Dydy hyn ddim yn ei gwneud hi'n system gyfundrefnol eglur. Mae disgrifio shari'a fel petai'n god o gyfreithiau mewn un llyfr, fel y Qur'an, yn gamarweiniol, oherwydd mae'n wahanol iawn. Efallai mai nod y dehongliadau dynol a gafodd eu gwneud dros y canrifoedd oedd helpu Mwslimiaid. Ond maen nhw i gyd wedi'u gwneud gan bobl sydd yn anochel â gwendidau dynol, yn union fel pawb arall, oherwydd does dim Mwslimiaid perffaith heblaw am y Proffwydi.

Mae shari'a wedi cael ei ddehongli mewn cymaint o ffyrdd gwahanol fel bod ei alw'n gyfraith yn gamarweiniol. Gall fod yn rhan o system gyfreithiol Islamaidd, neu gall fod yn god ar gyfer bywyd dinesig, crefyddol neu foesol. Mae'n boblogaidd fel syniad gan lawer o Fwslimiaid, eto mae llawer o Fwslimiaid yn llunio eu barn wahanol eu hunain nad ydyn nhw'n gallu gweithio os oes un system o gyfreithiau i fod. Mae gan Fwslimiaid Salafi a Mwslimiaid diwygiadol safbwyntiau sydd mor wahanol fel y byddai'n anodd dychmygu un shari'a. Os oes llawer o fersiynau o shari'a yna bydd yn anodd ei gymhwyso. At hynny, mae diwygwyr yn ystyried ei bod hi'n well dilyn cyfraith seciwlar, a defnyddio shari'a fel cod moesol personol, yn hytrach na chyfraith. Mae'n gamarweiniol meddwl bod shari'a yn cyfateb i gyfreithiau gwlad. Er gwaethaf hyn, i lawer o Fwslimiaid, mae'n dal i fod yn bwysig fel yr hyn y maen nhw'n ei weld yn gyfraith fendigaid Duw.

Dyfyniad allweddol

Mae cyfraith Islamaidd yn cyfeirio at y corff cyfan o ddyfarniadau cyfreithiol a system syniadau cyfreithegol nifer o gymunedau dehongli ac ysgolion o feddwl, y mae pob un ohonyn nhw'n chwilio'r ewyllys dwyfol a'i pherthynas â lles cyhoeddus. Amcan penodol cyfraith Islamaidd yw cyflawni lles dynol. Felly, mae cyfraith Islamaidd yn ymgais ffaeledig ac amherffaith gan Fwslimiaid dros ganrifoedd i ddeall ac i weithredu'r normau dwyfol, i archwilio'r hyn sy'n gywir ac yn anghywir, ac i gyflawni lles dynol. **(Abou El Fadl)**

Cwestiynau allweddol

Beth sy'n gwneud cyfraith a system gyfreithiol?

Ydy cyfraith Duw a'r cyfreithiau a'r traddodiadau y mae Mwslimiaid yn eu defnyddio'r un peth?

Ar gyfer pa feysydd y mae Mwslimiaid yn defnyddio shari'a gan fwyaf? Ydy'r rhain yr un pethau ag y byddech chi'n disgwyl i system gyfreithiol eu cynnwys?

Pam rydych chi'n meddwl bod rhai pobl yn cytuno â safbwyntiau Qutb, ac eraill yn eu gwrthwynebu?

Gweithgaredd AA2

Rhestrwch rai casgliadau y byddai'n bosibl dod iddynt ar sail y rhesymeg AA2 yn y testun uchod; ceisiwch gyflwyno o leiaf dri chasgliad gwahanol posibl. Ystyriwch bob un o'r casgliadau a chasglwch dystiolaeth gryno i gefnogi pob casgliad o'r deunydd AA1 ac AA2 ar gyfer y testun hwn. Dewiswch y casgliad sy'n argyhoeddi fwyaf yn eich barn chi ac esboniwch pam mae hyn yn wir. Ceisiwch gyferbynnu hyn â'r casgliad gwannaf ar y rhestr, gan gyfiawnhau eich dadl gyda rhesymu clir a thystiolaeth.

Cynnwys y fanyleb

A yw'r drysau i ijtihad ar gau.

A yw'r drysau i ijtihad ar gau

Ystyr ijtihad yw barn bersonol. Roedd yn cael ei ddefnyddio i ddehongli'r shari'a mewn sefyllfaoedd lle roedd dysgeidiaeth draddodiadol yn aneglur. Mae pob Mwslim yn derbyn bod Muhammad wedi helpu i ddehongli'r Qur'an ac yn derbyn ei ddysgeidiaeth. Maen nhw hefyd yn derbyn bod cymdeithion Muhammad, a'r gymuned gynnar o Fwslimiaid, yn ei adnabod yn dda ac felly mae eu ijtihad yn debygol o fod yn gywir. Roedd y byd Islamaidd cynnar lle roedd ijtihad yn cael ei arfer yn rhydd, yn gyfnod a oedd yn gymharol agored, cynhwysol a llwyddiannus. Disgrifiodd Harold Rhode y cyfnewid gwybodaeth a wnaeth i'r byd Mwslimaidd arwain yn ei gyfnod yn ystod dyddiau cynnar y Galiffiaeth.

Dyfyniad allweddol

Yn ystod pedair canrif gyntaf Islam, mae'n ymddangos bod ysgolheigion Mwslimaidd wedi arfer barn annibynnol yn rhydd, ac wedi trafod yn drylwyr materion newydd a gododd. Astudiodd ysgolheigion Mwslimaidd gyfieithiadau Arabeg o destunau Groeg hynafol a allai, yn eu barn nhw, eu helpu i ddeall natur y ddynoliaeth yn ogystal ag agweddau eraill ar fywyd. Er nad oedd y testunau hyn yn rhai Islamaidd, rhoddon nhw fewnwelediad defnyddiol i ysgolheigion serch hynny. Hefyd roedd cyfnewid deallusol ag ysgolheigion Iddewig, yn arbennig ym meysydd gwyddoniaeth, meddygaeth, iaith, a daearyddiaeth. **(Rhode)**

Mae'r rhan fwyaf o Fwslimiaid Sunni yn credu bod clwydi ijtihad wedi cau'n fuan ar ôl i bedair ysgol y gyfraith Sunni gael eu sylfaenu. Aeth Al-Shafi ac eraill ati'n fanwl iawn i ddehongli'r Qur'an, sunna, ijma neu gonsensws ysgolheigion ac i ddefnyddio cymariaethau â sefyllfaoedd eraill i ateb pob cwestiwn yr oedd yn teimlo bod angen ei ateb. Mae Mwslimiaid Sunni yn credu, yn fuan wedyn, nad oedd gan ysgolheigion ddigon o wybodaeth i ailddehongli Islam. Felly caeodd clwydi ijtihad ac yn lle hynny dilynodd ysgolheigion taqlid, sef efelychu ysgolheigion cynharach a'u barn. Weithiau credir mai'r ysgolhaig Mwslimaidd Al-Ghazali a gaeodd y clwydi. Roedd yn dadlau ag athronwyr Islamaidd y cyfnod, gan ddweud bod eu hymagwedd yn gymysglyd ac nad oedd yn gwneud synnwyr. Ar ôl mynd drwy argyfwng ffydd ei hun, ysgrifennodd Al-Ghazali am bwysigrwydd ymagweddu'n draddodiadol at Islam, heb fod angen ijtihad arall.

Mae gan Fwslimiaid Shi'a eu hysgolion cyfraith ac Imamiaid eu hunain, sydd wedi cael llawer o hyfforddiant i ddehongli shari'a. Wnaethon nhw ddim cau clwydi ijtihad, ond cyfyngon nhw'r rhai a oedd yn cael ei ddehongli i'r Imamiaid mwyaf dysgedig yn llinach teulu'r Proffwyd. Roedd yr Imamiaid hyn yn mynychu ysgolion Hawza arbennig lle roedden nhw'n cael eu hyfforddi'n benodol i wneud dyfarniadau. Cafodd Mwslimiaid cyffredin eu haddysgu i ddilyn yr arbenigwyr cyfreithiol a'u gwahardd rhag llunio eu barn eu hunain. Yn wahanol i Fwslimiaid Sunni, roedd Imamiaid Shi'a yn defnyddio aql, rhesymu i gymhwyso dyfarniadau shari'a a dalion nhw ati i wneud hynny dros y canrifoedd. Iddyn nhw, chaeodd clwydi ijtihad ddim byth. Noda Harold Rhode sut mae gwleidyddiaeth fodern wedi effeithio ar ymagwedd Imamiaid Shi'a gwahanol at ijtihad. Yn Iran fodern, mae llawer llai o ddefnydd ohono, tra mae Imamiaid Shi'a yn hanesyddol wedi defnyddio ailddehongli'n llawer mwy aml.

Dyfyniad allweddol

I Fwslimiaid Shi'a, dydy Clwydi ijtihad ddim wedi'u cau erioed. Hefyd mae gan ffigyrau crefyddol Shïaidd y teitl mutjahid, neu 'un sy'n ymwneud ag arfer barn annibynnol a meddwl beirniadol i geisio datrys problemau cyfoes'. ... Yn anaml iawn mae'r rhan fwyaf o mullahs Iranaidd yn defnyddio ijthad. Mae Shïaid Iraq a Libanus yn fwy tebygol o ymwneud â dyfarniadau annibynnol na Shïaid Iran. **(Rhode)**

Gweithgaredd AA2

Wrth i chi ddarllen drwy'r adran hon ceisiwch wneud y pethau canlynol:

1. Dewiswch y gwahanol ddadleuon sy'n cael eu cyflwyno yn y testun a nodwch unrhyw dystiolaeth gefnogol a roddir.
2. Ar gyfer pob dadl a gyflwynir, ceisiwch werthuso a yw'r ddadl yn un gryf neu wan yn eich barn chi.
3. Meddyliwch am unrhyw gwestiynau yr hoffech chi eu gofyn wrth ymateb i'r dadleuon.

Bydd y gweithgaredd hwn yn eich helpu i ddechrau meddwl yn feirniadol am yr hyn rydych chi'n ei ddarllen ac yn eich helpu i werthuso effeithiolrwydd dadleuon gwahanol, gan ddatblygu eich sylwadau, a'ch barn a'ch safbwyntiau eich hun. Bydd hyn yn eich helpu wrth ddod i gasgliadau y byddwch yn eu gwneud yn eich atebion i'r cwestiynau AA2 sy'n codi.

Mae Mwslimiaid Salafi yn credu y dylai'r clwydi fod yn agored. Maen nhw'n seilio eu dehongliadau ar y Qur'an, sunna a dysgeidiaeth y sahaba (cymdeithion). Dylanwadodd Rashid Rida ar Fwslimiaid Salafi i gredu y gallai unrhyw un ddarllen y ffynonellau drosto'i hun a llunio ei farn ijtihad ei hun. Mae talqlid, ffurf ar efelychu dehongliadau cynharach gan ysgolheigion, wedi cael ei arfer dros y canrifoedd ers i glwydi ijtihad gau. Dydy hyn ddim yn union yr un fath â llunio barn unigol o'r newydd, oherwydd mae'n copïo safbwynt ysgolhaig cynharach. Mae taqlid a'r ysgolheigion a wnaeth ddyfarniadau taqlid wedi cael eu beirniadu'n helaeth. Y ddadl yw bod taqlid ar sail ysgolheigion sy'n copïo ysgolheigion yn bell iawn o ddehongliadau gwreiddiol Muhammad a'r cymdeithion. Mae'n well i Fwslimiaid fynd yn ôl at y ffynonellau cynradd eu hunain a gwneud dehongliadau gwreiddiol. Yn groes i'r safbwynt hwn, mae eraill yn dadlau mai'r ysgolheigion oedd yr arbenigwyr. Does dim gobaith gan Fwslimiaid ifanc heddiw, sydd wedi cael peth addysg mewn gwyddoniaeth neu beirianneg, gystadlu ag arbenigedd sydd yn ganrifoedd oed gan arbenigwyr Islamaidd. Mae dehongliadau newydd yn methu cydnabod yr arbenigedd hwn.

Awgrym astudio

Mae astudio ijtihad yn codi cwestiynau i'r byd Mwslimaidd heddiw. I ba raddau dylai Mwslimiaid newid eu dehongliadau? Bydd dadansoddiad da ar Fand 5 yn cydnabod y materion sydd ynghlwm wrth hyn a'u harwyddocâd i'r grefydd a'i dilynwyr. Cyfeiriwch at safbwyntiau ysgolheigion amrywiol a rhowch ddadansoddiad hyderus a chraff.

Mae Khaled Abou El Fadl yn credu bod agor clwydi ijtihad wedi arwain at anhrefn. Mae pobl sy'n angerddol am Islam ond heb wybodaeth wedi gwneud pob math o ddyfarniadau rhyfedd sydd wedi arwain at argyfwng awdurdod mewn Islam. Mae'n dadlau na chaeodd clwydi ijtihad byth mewn gwirionedd yn y byd Islamaidd dros y canrifoedd, ni sydd ddim wedi ymchwilio i'r nifer helaeth o ffynonellau amrywiol er mwyn dod o hyd i'r dehongliadau niferus ac amrywiol a oedd yn dal i gael eu gwneud. Mae'n argymell gwreiddio ijtihad mewn ysgolheictod traddodiadol yn hytrach na chymryd safbwyntiau annibynnol.

Mae Mwslimiaid diwygiadol hefyd yn credu y dylai clwydi ijtihad fod yn agored, ac yn dehongli ijtihad mewn ffyrdd gwahanol. Maen nhw'n teimlo y dylai Mwslimiaid dderbyn cyfraith seciwlar a moderneiddio shari'a i dderbyn cydraddoldeb pawb gan gynnwys crefyddau eraill, Mwslimiaid hoyw a lleiafrifoedd. Mae rhai Mwslimiaid traddodiadol yn anghytuno ac yn meddwl bod hynny'n ormod o newid. Maen nhw'n ofni y bydd diwygwyr yn dehongli union sail credoau Islamaidd fel mai set o draddodiadau annelwig yn unig fydd ar ôl, nad ydyn nhw'n wahanol iawn i'r rhai sydd gan grefyddau eraill. Mae Khaled Abou El Fadl yn beirniadu'r dehongliadau ijtihad a wnaeth amaturiaid o'r ymagwedd Salafi a diwygiadol oherwydd nad ydyn nhw wedi'u gwreiddio mewn ysgolheictod Islamaidd.

Gall Mwslimiaid gwahanol roi atebion gwahanol i'r cwestiwn hwn, yn dibynnu ar eu traddodiad. I rai, roedd ijtihad wedi cau o gyfnod yr ysgolheigion cynnar ymlaen. I eraill, mae led y pen ar agor i'w ailddehongli yn y byd modern. Mae Mwslimiaid yn rhydd i wneud eu dewis eu hunain ynghylch a ydyn nhw eisiau defnyddio eu barn bersonol, neu ddilyn dysgeidiaeth o'r gorffennol.

Awgrym astudio

Ar gyfer AA2, mae'n hanfodol eich bod yn mynd ati i drafod dadleuon, nid dim ond egluro beth allai rhywun fod wedi'i ddweud. Ceisiwch holi eich hunan, 'oedd hwn yn bwynt teg i'w wneud?', 'ydy'r dystiolaeth yn ddigon cryf?', 'oes unrhyw beth i herio'r ddadl hon?', 'ydy hon yn ddadl gref neu'n ddadl wan?'. Bydd dadansoddi beirniadol fel hyn yn eich helpu i ddatblygu eich sgiliau gwerthuso.

Dyfyniad allweddol

Daeth ailagor y drysau diarhebol yn ffordd o ganiatáu cyflwr o anrhefn lle roedd llu o gyfranogwyr o dan faner arfer ijtihad yn honni eu bod yn arbenigwyr awdurdodol ar gyfraith Islamaidd. Felly, er enghraifft, roedd llawer o arweinwyr mudiadau Islamaidd wedi'u hyfforddi i fod yn beirianwyr neu'n gyfrifiadurwyr, a chafodd llawer o leisiau poblogaidd a dylanwadol y diwygiad erioed hyfforddiant yn y gyfraith, heb sôn am gyfraith Islamaidd. **(Abou El Fadl)**

Cwestiynau allweddol

Beth yw ijtihad a pham gallai fod yn rhywbeth dadleuol ymysg Mwslimiaid?

Yn eich barn chi, pam mae rhai Mwslimiaid yn ystyried mai yn ystod dyddiau cynnar Islam yn unig roedd ijtihad yn ddilys?

Beth allai barn Mwslim Salafi; Mwslim Shi'a; a Mwslim Sunni diwygiadol a thraddodiadol fod am ijtihad o'u safbwyntiau gwahanol nhw?

Gweithgaredd AA2

Rhestrwch rai casgliadau y byddai'n bosibl dod iddynt ar sail y rhesymeg AA2 yn y testun uchod; ceisiwch gyflwyno o leiaf dri chasgliad gwahanol posibl. Ystyriwch bob un o'r casgliadau a chasglwch dystiolaeth gryno i gefnogi pob casgliad o'r deunydd AA1 ac AA2 ar gyfer y testun hwn. Dewiswch y casgliad sy'n argyhoeddi fwyaf yn eich barn chi ac esboniwch pam mae hyn yn wir. Ceisiwch gyferbynnu hyn â'r casgliad gwannaf ar y rhestr, gan gyfiawnhau eich dadl gyda rhesymu clir a thystiolaeth.

Sgiliau allweddol

Mae dadansoddi'n ymwneud â:

Nodi materion sy'n cael eu codi gan y deunyddiau yn adran AA1, ynghyd â'r rhai a nodwyd yn adran AA2, ac mae'n cyflwyno safbwyntiau cyson a chlir, naill ai gan ysgolheigion neu safbwyntiau personol, yn barod i'w gwerthuso.

Mae hyn yn golygu:

- Bod eich atebion yn gallu nodi meysydd trafod allweddol mewn perthynas â mater penodol
- Eich bod yn gallu nodi'r gwahanol ddadleuon a gyflwynir gan eraill, a rhoi sylwadau arnyn nhw
- Bod eich ateb yn rhoi sylwadau ar effeithiolrwydd cyffredinol pob un o'r meysydd neu ddadleuon hyn.

Mae gwerthuso'n ymwneud ag:

Ystyried goblygiadau amrywiol y materion sy'n cael eu codi, yn seiliedig ar y dystiolaeth a gafwyd wrth ddadansoddi ac mae'n rhoi dadl fanwl eang gyda chasgliad clir.

Mae hyn yn golygu:

- Bod eich ateb yn pwyso a mesur canlyniadau derbyn neu wrthod y dadleuon amrywiol a gwahanol a gafodd eu dadansoddi
- Bod eich ateb yn dod i gasgliad drwy broses rhesymu clir.

Datblygu sgiliau AA2

Nawr mae'n bwysig ystyried y wybodaeth sydd wedi'i chyflwyno yn yr adran hon; fodd bynnag, mae'r wybodaeth fel y mae yn llawer rhy helaeth ac felly mae'n rhaid ei phrosesu er mwyn bodloni gofynion yr arholiad. Gallwch wneud hyn drwy ymarfer y sgiliau uwch sy'n gysylltiedig ag AA2. Ar gyfer Amcan Asesu 2 (AA2), sy'n cynnwys dangos sgiliau 'dadansoddi beirniadol' a 'gwerthuso', rydyn ni am ganolbwyntio ar ffyrdd gwahanol o ddangos y sgiliau yn effeithiol, gan gyfeirio hefyd at sut bydd eich perfformiad ym mhob un o'r sgiliau hyn yn cael ei fesur (gweler disgrifyddion band cyffredinol AA2 ar gyfer U2).

▶ **Dyma eich tasg nesaf:** Isod mae **crynodeb o ddau safbwynt gwahanol sy'n ymwneud â maint y tebygrwydd a'r gwahaniaethau rhwng Rashid Rida a Tariq Ramadan.** Rydych chi eisiau defnyddio'r ddau safbwynt a'r dadleuon hyn ar gyfer gwerthusiad; fodd bynnag, mae angen mwy o resymau a thystiolaeth gefnogol i ddatblygu'r ddadl yn llawn. Ailgyflwynwch y ddau safbwynt hyn mewn arddull gwerthusol llawn gan ychwanegu rhesymau a thystiolaeth ychwanegol sy'n cysylltu â'u dadleuon. Ceisiwch ysgrifennu 100 gair ychwanegol.

Mae safbwynt Tariq Ramadan yn hollol wahanol i un Rashid Rida. Mae Tariq yn ysgolhaig Mwslimaidd modern, sydd wedi hawlio ei fod yn ddiwygiwr ar brydiau, tra oedd Rashid yn Salafi radical a oedd yn cefnogi newid gwleidyddol yn erbyn llywodraethwyr trefedigaethol. Roedd o'r farn y byddai'n well byw mewn gwladwriaeth grefyddol. Mae Ramadan eisiau i Fwslimiaid ymfalchïo yn eu treftadaeth ysgolheigaidd a dod o hyd i gydbwysedd rhyngddi a'r byd modern yn y wladwriaeth seciwlar.

Mae llawer o elfennau sy'n gyffredin rhwng ymagweddau Rashid Rida a Tariq Ramadan. Roedd y ddau'n gweld bod Mwslimiaid yn ymateb yn erbyn trefedigaethedd a'i etifeddiaeth ac roedd y ddau eisiau arwain Mwslimiaid i ddiwygio eu traddodiadau eu hunain er mwyn ymdopi â hyn. Ymataliodd y ddau rhag beirniadu Islam a rhai achosion o dorri hawliau dynol oherwydd eu bod yn gweld bod angen cydnabod pwysigrwydd emosiynol Cyfraith Islamaidd er mwyn cael y Mwslimiaid o'u plaid nhw. Nod y ddau oedd ailddehongli shari'a ar gyfer heddiw ac roedden nhw'n ystyried ei bod hi'n bwysig ei gynnwys mewn rhyw ffordd mewn gweinyddiaethau Mwslimaidd yn y dyfodol.

Ar ôl i chi orffen y dasg, cyfeiriwch at y disgrifyddion band ar gyfer U2 ac edrychwch yn benodol ar y gofynion sydd wedi'u disgrifio yn y disgrifyddion band uwch y dylech chi fod yn anelu atyn nhw. Gofynnwch i chi'ch hun:

- A yw fy ateb yn ddadansoddiad beirniadol hyderus a gwerthusiad craff o'r mater?
- A yw fy ateb yn nodi'r materion a godwyd gan y cwestiwn yn llwyddiannus ac yn mynd i'r afael â nhw'n drylwyr?
- A yw fy ngwaith yn dangos cydlyniad, eglurder a threfn o safon ragorol?
- A fydd fy ngwaith, ar ôl ei ddatblygu, yn cynnwys safbwyntiau trylwyr, cyson a chlir wedi'u cefnogi gan resymeg a/neu dystiolaeth helaeth, fanwl?
- A yw safbwyntiau ysgolheigion/ysgolion o feddwl yn cael eu defnyddio'n helaeth a phriodol, ac yn eu cyd-destun?
- A yw fy ateb yn cyfleu dadansoddiad hyderus a chraff o natur unrhyw gysylltiadau posibl ag elfennau eraill o'm cwrs?
- A yw'r defnydd o iaith a geirfa arbenigol yn drylwyr a chywir, pan geir enghreifftiau o hynny?

C: Dealltwriaeth Fwslimaidd o jihad

Mae'r adran hon yn cwmpasu cynnwys a sgiliau AA1

Cynnwys y fanyleb

Ystyr gwahanol jihad (ymdrech) – mwyaf a lleiaf.

Ystyron gwahanol jihad (ymdrech)

Yn ystod yr ychydig flynyddoedd diweddaraf mae **jihad** wedi bod yn y newyddion yn eithaf aml. Buodd delweddau o dywallt gwaed o fannau fel Afghanistan a Syria, gydag ymladdwyr Mwslimaidd o'r enw **mujahedeen** yn cyhoeddi mai jihad oedd hyn. Maen nhw fel petaen nhw'n credu mai yn achos crefydd y mae'r pethau y maen nhw'n eu gwneud. Mae Mwslimiaid eraill yn condemnio gweithredoedd o'r fath ac yn honni nad oes gan hyn ddim i'w wneud â jihad. Felly beth yw ystyr y term hwn, a sut mae Mwslimiaid gwahanol yn ei ddeall?

Mae'r Qur'an yn cyfeirio'n llythrennol at jihad fel ymdrechu. Mae'n rhywbeth y mae Mwslimiaid yn ymlafnio i'w wneud, pan fydd yn gallu bod yn anodd ar brydiau. Y diben yw gwneud y peth iawn i Allah. Dywedodd **Averroes**, ysgolhaig Mwslimaidd Sunni o Sbaen yn yr oesoedd canol, fod pedwar math gwahanol o jihad:

- Y jihad mwyaf, jihad y galon i ymdrechu yn erbyn temtasiynau'r diafol.
- Jihad y gair, ymdrechu i adrodd y gwirionedd a dweud wrth eraill am Islam.
- Jihad y llaw, drwy ddewis gwneud y pethau cywir ac atal drygioni.
- Jihad y cleddyf, rhyfel sanctaidd.

Gallai ymdrechu yn llwybr Duw gynnwys pob math o weithgareddau. Gallai Mwslim beidio â phrynu ffôn symudol a rhoi'r arian hwnnw yn hytrach i helpu'r tlawd a'r anghenus. Gallai myfyriwr roi'r gorau i sôn am y clecs diweddaraf yn y ffreutur, a threulio ychydig funudau'n dweud pethau da wrth ei ffrindiau am ei gred mewn Islam. Gyda'r nos, gallai Mwslim golli ei hoff raglen deledu er mwyn mynd i glywed sgwrs am Islam yn ei fosg lleol, i ddysgu rhagor am ei ffydd. Ym mhob un o'r rhain, efallai y byddai'n well gan Fwslim wneud rhywbeth arall, ond yn lle hynny mae'n dewis y peth anoddach ac yn gwneud rhywbeth er lles ei grefydd. Gall pob un o'r rhain gael eu dosbarthu'n fathau o jihad.

Pa bynnag safbwynt sydd gan Fwslimiaid am ystyr jihad, maen nhw'n cytuno ei fod yn bwysig. Yn aml mae ysgolheigion Mwslimaidd yn symleiddio'r mathau gwahanol o jihad yn ddau fath: y jihad mwyaf, sy'n cynnwys ymdrech bersonol, a'r jihad lleiaf, sy'n gallu cynnwys gweithredu treisgar a di-drais.

Dyfyniad allweddol

Gofynnodd rhywun, 'O Muhammad, pwy yw'r gorau ymysg y bobl?' Atebodd Muhammad: 'Crediniwr sy'n ymdrechu â'i fywyd a'i eiddo dros yr hyn y mae Allah ei eisiau.' Yna gofynnodd y person: 'Pwy sydd nesaf?' Meddai Muhammad: 'Crediniwr sy'n encilio i'r mynyddoedd ac yn treulio amser yn gweddïo, ymhell oddi wrth bobl segur.' **(Hadith y Proffwyd Muhammad)**

Y jihad mwyaf

Heddwch yw ystyr bôn y gair 'Islam', ac mae llawer iawn yn y Qur'an a thraddodiadau'r Proffwyd i hyrwyddo heddwch yn hytrach na rhyfel. Yn y Qur'an 5:48, caiff Mwslimiaid eu hannog i gydnabod bod Allah wedi gwneud i bobl fod yn wahanol. Ddylen nhw ddim ymladd yn erbyn ei gilydd, ond cystadlu i gael y cymeriad gorau a gwneud gweithredoedd rhinweddol. '**Y jihad mwyaf**' yw'r enw ar yr ymdrech ddyddiol hon i Fwslim.

Dyfyniad allweddol

Y Qur'an 2:256

Fydd dim gorfodaeth mewn crefydd. **(Yusuf Ali)**

Termau allweddol

Y jihad mwyaf: ymdrech bersonol fewnol Mwslim i fyw'r bywyd Islamaidd

Jihad: ymdrech dros ffordd Allah yn ôl Mwslimiaid, mae llawer o fathau gwahanol amrywiol

Mujahedeen: lluosog Mujahid, Mwslimiaid sy'n cymryd rhan mewn jihad

Unigolyn allweddol

Averroes: ei enw Arabeg oedd **Ibn Rushd**, roedd Averroes yn un o brif ddeallusion Mwslimaidd ei gyfnod. Roedd yn byw o 1126 i 1198 yn Cordoba, Sbaen. Ysgrifennodd am Islam, mathemateg, meddygaeth a dysg.

Averroes (Ibn Rushd)

cwestiwn cyflym

1.18 Beth oedd y pedair ffurf ar jihad a ddiffiniodd Averroes?

Dyfyniad allweddol

Y Qur'an 5:48

Petai Allah wedi ewyllysio hynny, byddai Ef wedi eich gwneud chi'n un bobl, ond Ei gynllun yw eich profi yn yr hyn y mae Ef wedi'i roi i chi: ymdrechu fel petaech mewn ras ym mhob rhinwedd. Allah yw nod pob un ohonoch chi. Ef fydd yn dangos i chi wirionedd y materion yr ydych yn dadlau yn eu cylch. **(Yusuf Ali)**

Yr ymdrech (jihad) fwyaf ei hun yw'r ddisgyblaeth sy'n rhan o fyw bob dydd yn ôl egwyddorion Mwslimaidd.

Ysgrifennodd Al-Ghazali, yr ysgolhaig Islamaidd o'r oesoedd canol, lyfr o'r enw *The Revival of the Religious Sciences*. Roedd hwn yn ddylanwadol iawn ymysg Mwslimiaid Sunni. Ynddo, mae'n dyfynnu bod y Proffwyd Muhammad wedi dweud: 'Yr ymladdwr yn erbyn anghrediniaeth yw'r un sy'n ymladd yn erbyn ei ego wrth ufuddhau i Dduw'. Aeth Al-Ghazali ati i ddisgrifio rhai o'r arfau y gallai milwyr y math yma o jihad eu defnyddio. Roedd y rhain yn cynnwys arfau gwybodaeth, doethineb a myfyrdod.

Gall arferion Islam fod yn feichus iawn i Fwslimiaid. Mae gweddïo bum gwaith y dydd yn gofyn am amser ac ymdrech. Mae'n golygu bod rhaid codi cyn iddi wawrio ar gyfer gweddi fajr. Yn yr haf gall hyn olygu codi cyn 5 y bore yn y DU. Mae ymprydio yn ystod Ramadan yn gallu cynnwys llawer o sefyllfaoedd sy'n temtio Mwslim. Mewn gwledydd heb fod yn Fwslimaidd, mae Mwslimiaid i fod i ddilyn eu trefn ddyddiol fel arfer, gan basio caffis a chanolfannau siopa wrth iddyn nhw fynd i'r gwaith, a gwylio pobl eraill yn bwyta. Gall Mwslim feddwl fel hyn: fydd neb yn fy ngweld i, neu fydd dim gwahaniaeth os caf ychydig bach. Yn erbyn y meddyliau mewnol hyn y mae Mwslimiaid yn ymdrechu yn y jihad mwyaf. Maen nhw'n ceisio rhoi Islam yn gyntaf ac osgoi cael eu temtio i dorri eu hympryd. Gallai Mwslim fynd allan gyda'i ffrindiau a chael ei demtio i ymuno yn yr hel straeon am fyfyrwyr eraill yn y dosbarth. Gall jihad fod yn ymdrech i beidio â difrïo pobl eraill neu ddweud pethau anghywir amdanyn nhw, p'un a ydych chi'n eu hoffi ai peidio.

Roedd Al-Ghazali ac ysgolheigion Sunni eraill yn gweld mai'r jihad mewnol oedd yr ymdrech fwyaf a mwyaf pwysig. Hefyd mae ysgolheigion Shi'a wedi cyfeirio at y jihad mwyaf fel ymdrech bersonol i wneud y peth cywir ac i osgoi pechod. Mae rhai Mwslimiaid yn gweld bod y jihad mwyaf yn fwy na chadw at egwyddorion sylfaenol Islam. Mae Mwslimiaid Sufi yn datblygu eu henaid mewnol, y **nafs**, er mwyn datblygu perthynas ddyfnach ag Allah. Maen nhw'n arfer **zikr**, cofio Allah, i fynd â nhw oddi wrth ddymuniadau bydol yn eu hymdrech i deimlo'n nes at eu creawdwr.

Dydy pob Mwslim ddim yn derbyn syniad jihad mewnol. Mae rhai'n dadlau bod jihad yn cael ei ddefnyddio i olygu rhyfel yn nyddiau cynnar Islam, ac wrth i'r Ymerodraeth Islamaidd ehangu. Yna, wrth i'r ehangu ddod i ben, newidiodd yr ystyr i olygu ymdrech fewnol. Mae'r hanesydd Bernard Lewis yn dadlau bod y rhan fwyaf o ysgolheigion Mwslimaidd cynnar yn gweld jihad fel rhyfel sanctaidd, ond newidiodd hyn dros amser.

Termau allweddol

Y jihad lleiaf: ymdrech allanol dros fywyd Islamaidd y mae'n bosibl ei gwneud heb drais neu drwy ryfel

Nafs: yr enaid neu'r hunan mewnol; mae'r enaid yn ein meddyliau dyfnaf ac yn byw y tu hwnt i farwolaeth

Zikr: addoli drwy gofio enwau Allah mewn Sufiaeth

Y jihad lleiaf

Y jihad lleiaf yw'r jihad y cyfeirir ato'n aml yn y newyddion fel rhyfel sanctaidd. Mewn gwirionedd mae dau fath o jihad lleiaf. Mae'r ddau'n ymwneud ag ymdrech allanol i wella pethau i Fwslimiaid. Ond mae'n bosibl gwneud yr un cyntaf heb drais, drwy bregethu, negodi ac ymwneud â phrosiectau cymunedol, elusennau ac ati.

Mewn rhai mannau, mae'r Qur'an yn cyfeirio at ryfel a thrais; mewn mannau eraill, mae'n cyfeirio at heddwch. Rhaid cymryd gofal i ddeall hyn a'i ddehongli yng nghyd-destun y cyfnod. Buodd Muhammad yn ymladd ac yn ysbeilio yn erbyn llwythau eraill ar y pryd. Dylai hyn gael ei ddeall yng nghyd-destun cyfundrefn lwythol Arabia yn y seithfed ganrif. Cyflwynodd rai safonau nad oedd y llwythau eraill wedi'u dilyn cyn hynny. Gorchmynnodd na ddylai menywod a phlant, coed a chnydau, gael eu niweidio neu eu difrodi. Datblygodd Abu Bakr reolau rhyfela ymhellach fel rhai amddiffynnol ac nid fel rhai i ecsbloetio eraill i ddwyn oddi arnyn nhw.

Gallai'r jihad lleiaf olygu trefnu protest i fynnu hawliau cyfartal i Fwslimiaid sy'n byw mewn gwlad lle maen nhw'n cael eu gormesu. Gallai olygu ymdrechu i gael hawliau a thriniaeth deg i Fwslimiaid tlawd mewn gwlad lle maen nhw'n cael eu trin yn annheg. Mae'r Imam **Fazlur Rehman** o Bakistan yn dadlau mai ymdrech i gael cyfiawnder i'r tlawd yn y gymdeithas yw jihad. Roedd **Farid Esack**, yr ymchwilydd o Dde Affrica, yn gweld jihad fel ffurf ar weithredu cymdeithasol. Pan ddaeth sefyllfa apartheid i ben yn Ne Affrica, daeth yn gomisiynydd dros gydraddoldeb rhywedd, gan fynd i'r afael â rhagfarn yn erbyn menywod.

Mae Mwslimiaid Shi'a yn addysgu mai Imam o linach teulu'r Proffwyd yn unig sy'n gallu galw jihad lleiaf. Bydd yr Imam Cudd yn dychwelyd i'r byd i ddod â chyfiawnder ac i ryddhau pobl o ormes yn y dyfodol. Mae unrhyw Imam sy'n galw jihad yn y byd hwn yn gweithredu yn lle'r Imam Cudd.

Unigolion allweddol

Farid Esack: darlithydd o Dde Affrica a arweiniodd y Comisiwn dros Gydraddoldeb Rhywedd ar ôl i apartheid ddod i ben.

Fazlur Rehman: gwleidydd crefyddol o Pakistan sy'n dadlau bod jihad yn cynnwys ymdrechu yn erbyn anghydraddoldeb yn y gymdeithas.

Gweithgaredd AA1

Lluniwch gawod syniadau o'r holl fathau gwahanol o jihad, gydag enghreifftiau, rydych chi wedi dod ar eu traws yn y bennod hon hyd yma.

Pwysigrwydd ac arwyddocâd y jihad mwyaf fel ymdrech ysbrydol bersonol i bob Mwslim

Cynnwys y fanyleb

Pwysigrwydd ac arwyddocâd y jihad mwyaf fel ymdrech ysbrydol bersonol i bob Mwslim.

Dyfyniadau allweddol

Y **mujahid** yw'r person sy'n gwneud jihad yn erbyn ei hunan er mwyn Allah. **(Hadith y Proffwyd Muhammad)**

'A ddywedaf i wrthoch chi beth sy'n well i chi na gwario aur ac arian, ac yn well nag ymladd â'ch gelyn?' Medden nhw: 'Wrth gwrs.' Meddai, 'Cofio am Allah'. **(Hadith y Proffwyd Muhammad)**

Term allweddol

Mujahid: Mwslim sy'n cymryd rhan mewn jihad

Mae Mwslimiaid Sufi wedi rhoi pwyslais arbennig ar bwysigrwydd ymladd y jihad yn erbyn hunanoldeb. Roedd pobl sanctaidd Sufi yn ymdrechu yn erbyn eu hawydd i fod yn berchen ar bethau moethus ac roedd hi'n well ganddyn nhw fyw bywyd syml yn gweddïo. Gadawodd rhai eu cartrefi hyd yn oed a threulio cyfnodau o amser yn y diffeithdir, mewn ogofâu ac yn y mynyddoedd. Roedden nhw'n ystyried y byd ac yn meddwl y gallen nhw ddod yn nes at Allah drwy fod ar eu pennau eu hunain.

Unigolyn allweddol

Rabia o Basra: cyfrinydd Sufi a oedd yn byw yn Basra, sydd yn Iraq heddiw, tua 715–801. Ysgrifennodd hi farddoniaeth am gilio o'r byd er mwyn dangos cariad at Allah.

Menyw Sufi oedd **Rabia o Basra** a oedd yn byw yn y Dwyrain Canol. Ysgrifennodd hi lawer o gerddi am gariad tuag at Allah. Treuliodd ei bywyd yn ymladd yn erbyn meddyliau hunanol. Roedd hi'n well ganddi ddatblygu cariad anhunanol at Allah. Gwelodd pobl Basra hi'n rhedeg drwy'r strydoedd gyda bwced o ddŵr a ffagl yn llosgi. Gofynnon nhw i Rabia beth yn y byd roedd hi'n ei wneud. Atebodd Rabia ei bod hi'n ymladd yn erbyn tanau uffern â'r bwced o ddŵr. Roedd hi'n cario'r ffagl er mwyn llosgi gwobrau'r Nefoedd. Ystyr hyn oedd na ddylai pobl feddwl am gyrraedd Paradwys mewn ffordd hunanol, er mwyn byw yn rhywle braf, fel tasen nhw'n berchen tŷ braf. Dywedodd hi nad oedd unrhyw eiddo gan wir Fwslemiaid heblaw am gariad at Allah.

Rabia o Basra

Jihad y nafs

Mae rhai Mwslimiaid Sufi yn galw eu taith drwy fywyd yn jihad y nafs. Maen nhw'n ymdrechu yn erbyn eu hunain er mwyn datblygu perthynas ddyfnach ag Allah. Weithiau diffinnir hyn fel saith cam yr hunan. Wrth i'r Mwslim Sufi godi drwy'r camau, mae hi'n cyrraedd camau uwch o hunanymwybyddiaeth, ac yn ymbellhau oddi wrth y byd o'i chwmpas. Mae'r Mwslim Sufi yn ymladd yn erbyn ei ego er mwyn dod o hyd i wyleidd-dra, tosturi, a thrwy hyn, rhyddid. Mae'n ymladd yn erbyn hunanoldeb, rhagrith a hunandosturi. Mae rhai gorchmynion Sufi wedi diffinio camau ymladd yn erbyn yr hunan er mwyn dod yn nes at Allah.

Nafs

Yr Hunan

Ymdrechu yn erbyn	Nafs al-Kamila **Pur**	Ymdrechu dros **Ryddid**
Diffyg cydbwysedd	Nafs al-Mardiyyah **Balch**	**Ymwybyddiaeth o Dduw**
Hunandosturi	Nafs ar-Radiyyah **Bodlon**	**Dygnwch**
Uchelgais	Nafs al-Mutmainnah **Wedi ymlacio**	**Tosturi**
Gwendid	Nafs al-Mulhimah **Disgybledig**	**Gwyleidd-dra**
Rhagrith	Nafs al-Lawwamah **Beirniadol**	**Hunanymwybyddiaeth**
Hunanoldeb	An-Nafs al-Ammara **Drwg**	**Trefn**

Fersiwn wedi'i symleiddio o ymdrech fewnol ysbrydol Mwslimiaid Sufi â'r nafs

Ymdrech Mwslimiaid Sufi yn erbyn y nafs

Term allweddol

Bid'ah: rhywbeth arloesol neu newydd a gyflwynwyd i'r grefydd ar ôl cyfnod y Proffwyd. Mae rhai Mwslimiaid yn gwrthod arferion diweddarach, er enghraifft Sufiaeth, fel bidah

cwestiwn cyflym

1.19 Beth yw mujahid?

Gweithgaredd AA1

Rhowch enghreifftiau o bethau bob dydd y gallai Mwslim ymdrechu yn eu herbyn, ac o bethau eraill y gallai ymdrechu drostyn nhw, yn y jihad mwyaf. Ceisiwch feddwl am un enghraifft ar bob cam ar y diagram nafs. Er enghraifft, i ddechrau gallai Mwslim ymdrechu i godi'n gynnar i weddïo, yn rhan o'i ymdrech i ddilyn trefn y pum gweddi ddyddiol.

Mae rhai Mwslimiaid yn gwrthod arferion Sufi. Maen nhw'n eu gweld nhw fel datblygiadau newydd sy'n tynnu oddi ar Islam. Mae Mwslimiaid Sufi yn dweud bod Muhammad wedi mynd i'r diffeithdir ac wedi myfyrio yn Ogof Hira am ddyddiau, a bod hyn yn rhoi enghraifft i Fwslimiaid Sufi ei dilyn. Mae eraill yn dweud mai **bid'ah** diweddarach, rhywbeth arloesol, heb ei awdurdodi yng ngair Allah, oedd trefniant cyfnodau nafs a gorchmynion y Sufi.

Mae pob Mwslim yn mynd drwy gyfnodau pan all hi fod yn ymdrech iddyn nhw arfer Islam. Gall rhai fynd drwy gyfnodau o amheuaeth am eu ffydd. Mae Mwslimiaid ifanc yn enwedig, sy'n byw mewn gwledydd Gorllewinol fel y DU yn gallu ei chael hi'n anodd deall ac arfer eu ffydd. Gall Mwslimiaid traddodiadol wrthod perthnasoedd cyn priodas, gan eu bod yn teimlo mai priodasau wedi'u trefnu ddylai priodasau fod. Eto i gyd, gall temtasiwn effeithio ar lawer o Fwslimiaid ifanc wrth iddyn nhw gymysgu'n rhydd gyda myfyrwyr eraill yn y coleg a'r brifysgol. Mae pwysau cymdeithasol i fod fel pawb arall, mynd i barti, yfed alcohol ac anwybyddu adegau gweddïo, yn gallu creu ymdrech ym meddyliau llawer o Fwslimiaid wrth iddyn nhw geisio cydbwyso bywyd modern â gofynion eu ffydd.

Mae traddodiadau Islamaidd yn cynnwys dewis y ffrindiau cywir, fel nad yw Mwslim yn cael ei arwain ar gyfeiliorn o'i ffydd. Gall hyn fod yn anodd ei wneud. Mae parchu rhieni bob amser yn draddodiad arall. Dydy jihad ddim yn golygu y dylai Mwslimiaid gadw draw oddi wrth eraill, er mwyn iddyn nhw allu cynnal eu ffydd. Mewn gwirionedd, mae'n golygu'r gwrthwyneb, yn yr ystyr y dylai Mwslimiaid ryngweithio a dweud wrth eraill am eu crefydd a dod yn ffrindiau â phobl o gefndiroedd crefyddol gwahanol. Mae hyn yn gofyn am hyder a gall rhai Mwslimiaid deimlo'n nerfus am wneud hyn. Gall gael ei ystyried yn ymdrech. Mae hynny yn ei hunan yn fath o jihad di-drais.

Cyd-destun hanesyddol ac amodau penodol y jihad lleiaf

Mae llawer o lyfrau sanctaidd yn cynnwys darnau am ryfel a thrais. Mae hyn mor wir am yr Hen Destament yn y Beibl ag y mae am y Qur'an a'r hadith. Mae rhai adnodau sydd fel petaen nhw'n cyfeirio at ryfel, ac mae angen eu dehongli'n ofalus er mwyn eu deall. Mae'r Qur'an wedi'i ysgrifennu mewn ffurf ar Arabeg. Cafodd ei ddatguddio yng nghyd-destun Arabia lwythol yn nechrau'r seithfed ganrif. Gall cyfieithiad llythrennol o'r Qur'an, allan o'i gyd-destun, roi ystyr gwahanol iawn i'r hyn allai fod wedi bod yn fwriad gwreiddiol.

Mae rhai adnodau yn y Qur'an fel petaen nhw'n cefnogi jihad fel rhyfel. Mae'r Qur'an 2:190–193 yn enghraifft. Mae llawer o elfennau i'r adran hon. Caiff Mwslimiaid eu galw i ymladd rhyfel, ond tra bydd eraill yn ymladd yn eu herbyn yn unig. Mae'n alwad am ryfel amddiffynnol yn erbyn gormes.

Roedd Muhammad yn wynebu gelynion llwythol lleol, fel roedd eraill yn ei wneud, yn Arabia yn y seithfed ganrif. Roedd ymosodiadau'n gyffredin ar fasnachwyr a'u cyfoeth a oedd wedi'i gario gan garafanau o gamelod o werddon i ganolfan fasnachu dros y diffeithdir. Ym **Mrwydr Badr** yn 624, ymosododd Muhammad a'r Mwslimiaid ar garafán fasnachu eu gelynion ac er bod llai ohonyn nhw, nhw fuodd yn llwyddiannus. Gwelwyd mai rhodd gan Dduw oedd y fuddugoliaeth hon.

Llwythau Iddewig Madinah

Mewn mannau, mae'r Qur'an yn cyfeirio at lwythau Iddewig yn negyddol. Rhoddodd Muhammad amnest i lwythau Iddewig **Banu Qaynuqa** a **Banu Nadir**, ond pan dorron nhw'r amodau a helpu gelynion Muhammad, gorfododd y llwythau Iddewig i adael y rhanbarth. Mae'n bosibl dehongli cyfeiriadau o'r fath mewn gwahanol ffyrdd. Os yw'r adnodau'n cael eu deall yng nghyd-destun cystadlu, bradychu a chynghreirio llwythol ar y pryd, yna gallai gorchmynion i alltudio ac ymosod olygu mai'r cyfan yr oedd y Mwslimiaid yn ei wneud oedd ymddwyn yn yr un ffordd ag y byddai llwythau eraill yn disgwyl iddyn nhw ei wneud. Roedd cyfnod Arabia gynnar yn dreisgar ac yn greulon ac roedd ysbeilio rhwng llwythau gwahanol yn gyffredin, yn union fel roedd rhwng y Sacsoniaid a'r Llychlynwyr yn Lloegr ar y pryd. Petai adnodau fel hyn yn cael eu cymryd allan o'u cyd-destun, gallen nhw gael eu dehongli mewn ffordd wrth-Semitig, i olygu bod Iddewon yn cael eu herlid. Mae rhai Mwslimiaid wedi cydnabod bod problem gyda **gwrth-Semitiaeth** ymysg rhai Mwslimiaid, yn rhannol oherwydd bod yr adnodau hyn yn cael eu camddehongli.

Yn ôl Mwslimiaid Sunni, Abu Bakr oedd cydymaith Muhammad a'r Califf cyntaf. Barnodd na ddylai menywod, plant na'r henoed gael eu niweidio ar faes y gad. Ddylai coed, cnydau na da byw ddim cael eu dinistrio. Ddylai Mwslimiaid ddim twyllo eraill a dylen nhw fod yn gadarn yn y ffydd. Ddylai pobl grefyddol, fel mynachod, ddim cael eu niweidio. Ychwanegodd barn Abu Bakr at arweiniad Muhammad y dylai rhyfel fod yn amddiffynnol. Ddylai rhyfel ddim cael ei ddefnyddio i droi eraill at Islam neu i ennill eiddo neu gyfoeth i'r hunan.

Ehangodd y Califfiaid Mwslimaidd cynnar yr Ymerodraeth Fwslimaidd yn fawr. Cyn pen ychydig dros ganrif roedd hi'n ymestyn o Baghdad i Ogledd Affrica. Roedd William Montgomery Watt yr hanesydd yn dadlau ei bod hi'n debygol fod hwn yn gyfnod o ryfela cyffredinol er mwyn ennill cyfoeth ac ysbail, yn hytrach na rhyfela crefyddol er mwyn jihad.

Cynnwys y fanyleb

Cyd-destun hanesyddol ac amodau penodol y jihad lleiaf.

Dyfyniadau allweddol

Y Qur'an 2:190–193

Ymladdwch yn achos Allah â'r rhai sy'n ymladd â chi, ond peidiwch â chroesi terfynau; oherwydd dydy Allah ddim yn caru'r sawl sy'n gwneud hynny. A lladdwch nhw lle bynnag y daliwch chi nhw, a'u troi allan o'r man lle maen nhw wedi eich troi chi allan; oherwydd mae cynnwrf a gormes yn waeth na lladd; ond peidiwch ag ymladd â nhw yn y Mosg Sanctaidd, oni bai eu bod nhw'n ymladd â chi yno (yn gyntaf); ond os ydyn nhw'n ymladd â chi, lladdwch nhw. Dyna wobr y rhai sy'n gormesu ffydd. Ond os ydyn nhw'n peidio, mae Allah yn Aml ei Faddeuant, y Mwyaf Trugarog. A daliwch i ymladd â nhw hyd nes nad oes rhagor o gynnwrf neu ormes, ac mae cyfiawnder a ffydd yn Allah yn drech yno. Ond os ydyn nhw'n peidio, na fydded unrhyw elyniaeth heblaw am tuag at y rhai sy'n gormesu. **(Yusuf Ali)**

cwestiwn cyflym

1.20 Disgrifiwch nodwedd ar y cyd-destun llwythol yr oedd Muhammad yn byw ynddo.

cwestiwn cyflym

1.21 Rhestrwch reolau Abu Bakr ar gyfer jihad.

Termau allweddol

Banu Nadir: llwyth Iddewig a alltudiodd Muhammad ar ôl torri amodau amnest

Banu Qaynuqa: llwyth Iddewig a alltudiodd Muhammad ar ôl torri amodau amnest

Brwydr Badr: cyrch ar garafán fasnachu gan Muhammad a'r Mwslimiaid yn 624

Gwrth-Semitiaeth: rhagfarn yn erbyn pobl y ffydd Iddewig

Cynnwys y fanyleb

Y problemau wrth gymhwyso'r jihad lleiaf heddiw gan gyfeirio'n benodol at ryfela modern.

Y problemau wrth gymhwyso'r jihad lleiaf heddiw gan gyfeirio'n benodol at ryfela modern

Yn y byd modern, ymatebodd rhai Mwslimiaid yn erbyn rheolaeth drefedigaethol ac awgrymu y byddai hi'n bosibl ymladd jihad fel ymdrech arfog. Galwodd **Hasan al-Banna**, a oedd yn arwain y **Frawdoliaeth Fwslimaidd** yn yr Aifft, ar Fwslimiaid i ymladd yn erbyn rheolaeth Brydeinig yn y wlad honno. Yn yr 1980au, roedd yr Undeb Sofietaidd yn rheoli dros wlad Fwslimaidd Afghanistan â grym milwrol. Cyhoeddodd Abdullah Azzam, pregethwr y Frawdoliaeth Fwslimaidd fatwah yn galw ar Fwslimiaid i ymladd jihad yn erbyn y Sofietiaid. Ymunodd rhai Mwslimiaid gan gynnwys Osama bin Laden â'r jihad hwn. Ymledodd syniadau milwriaethus oddi yno i rannau eraill o'r byd, a jihadwyr Mwslimaidd oedd yn gyfrifol am yr ymosodiadau ar y Twin Towers yn Efrog Newydd yn 2001. Yn yr ymosodiadau hyn, cyflawnodd jihadwyr Mwslimaidd hunanladdiad wrth hedfan awyrennau i mewn i Ganolfan Fasnach y Byd. Wrth wneud hynny, lladdon nhw filoedd o bobl ddiniwed.

Term allweddol

Y Frawdoliaeth Fwslimaidd: grŵp a ffurfiwyd yn yr Aifft yn y bedwaredd ganrif ar bymtheg i wrthwynebu rheolaeth drefedigaethol Brydeinig

Mae Mwslimiaid sydd wedi ymuno â'r mudiad jihad modern yn aml yn dweud eu bod yn gwneud hynny er mwyn crefydd, a'u bod yn gallu dod o hyd i adnodau o'r Qur'an sy'n cyfiawnhau eu gweithredoedd yn eu barn nhw. Mae Mwslimiaid eraill yn condemnio eu gweithredoedd fel rhai an-Islamaidd. Mae'r jihadwyr modern yn tueddu i weld y byd fel brwydr rhwng Mwslimiaid a'r rhai nad ydyn nhw'n Fwslimiaid. Hefyd maen nhw'n gwrthwynebu Mwslimiaid eraill, fel Mwslimiaid Shi'a a Sufi, sy'n anghytuno â nhw. Mae Mwslimiaid prif ffrwd yn dweud bod y Qur'an yn condemnio lladd pobl ddiniwed ac yn ei ystyried yn drosedd ddifrifol. Hefyd maen nhw'n dweud nad yw'n cyfiawnhau hunanladdiad, fel mewn hunanladdiad drwy fomio neu unrhyw fath arall o hunanladdiad. Mae defnyddio hunanladdiad mewn jihad yn bid'ah. Mewn geiriau eraill, mae'r jihadwyr wedi crwydro oddi wrth wir ddysgeidiaeth Islam. Un o'r problemau yn y byd modern lle mae'r Rhyngrwyd yn hygyrch a llawer o wybodaeth ar gael, yw bod pobl yn gallu mynd ar y Rhyngrwyd a gweld pob math o wefannau Islamaidd gwahanol. Mae rhai ohonyn nhw wedi'u hysgrifennu gan Fwslimiaid nad ydyn nhw'n ysgolheigion ac sydd â safbwynt eithafol. Gall fod yn anodd ac yn ddryslyd i Fwslimiaid ifanc ddeall beth yw jihad, ac mae niferoedd bach wedi ymwneud â therfysgaeth. Mae mwyafrif helaeth y Mwslimiaid yn condemnio gweithredoedd fel hyn.

Yr ysgolhaig Mwslimaidd Sunni Muhammad Tahir-ul-Qadri

Siavosh Derakhti, Mwslim o Sweden

Mae hunanladdiad fel tacteg mewn jihad lleiaf i'w weld mewn hanes diweddar. Hedfanodd peilotiaid kamikaze o Japan gyrchoedd hunanladdiad yn erbyn canolfannau llynges America tua diwedd yr Ail Ryfel Byd, ond doedd dim traddodiad o hunanladdiad mewn Islam ar y pryd. Oherwydd bod bomiau modern wedi'u creu, mae hunanladdiad drwy fomio'n bosibl drwy dynnu cortyn. Mae'n rhy hawdd i rywun o dan orfodaeth gyflawni hyn mewn eiliad fyrbwyll. Mae'r Qur'an yn dysgu bod bywyd dynol yn sanctaidd a'i fod wedi'i greu gan Allah; mae lladd eich hunan yn golygu eich bod yn mynd ag eiliad eich marwolaeth oddi wrth Allah, sydd â'r hawl i'w dewis mewn gwirionedd. Felly mae hunanladdiad drwy fomio wedi'i wahardd. Mae'r Qur'an yn dweud bod colli un bywyd diniwed yn gyfwerth â cholli'r ddynoliaeth i gyd: trosedd ddifrifol. Mae rhai Mwslimiaid wedi condemnio hunanladdiad drwy fomio ond maen nhw wedi methu ei ddiystyru'n llwyr mewn rhai ardaloedd o'r byd fel Israel, lle maen nhw'n teimlo bod Mwslimiaid yn cael eu herlid yn y gwrthdaro rhwng Israel a Phalestina. Mae eraill, gan gynnwys yr ysgolhaig **Muhammad Tahir-ul-Qadri**, wedi ei ddiystyru ym mhobman mewn egwyddor, gan ddweud nad yw anghyfiawnder yn cyfiawnhau ymateb gan ddefnyddio tactegau wedi'u gwahardd.

Unigolion allweddol

Hasan al-Banna: sylfaenydd y Frawdoliaeth Fwslimaidd radical yn yr Aifft.

Muhammad Tahir-ul-Qadri: ysgolhaig Sunni o Pakistan a gynhyrchodd fatwa manwl yn erbyn terfysgaeth ac ymosodiadau hunanladdiad.

Ddylai jihad ddim cael ei gysylltu ag unrhyw un grŵp neu sect benodol. Weithiau rhoddir yr argraff mai o Saudi Arabia y tarddodd jihad treisgar. Roedd rhai o gefnogwyr jihad yn dod o'r ysgol Salafi o feddwl o Saudi Arabia; daeth eraill o ganolfan y Frawdoliaeth Fwslimaidd yn yr Aifft. Fodd bynnag, mae rhai o wrthwynebwyr cryfaf jihad wedi bod yn Fwslimiaid Salafi hefyd. Mae gan Saudi Arabia raglen ddadradicaleiddio sy'n ceisio ailaddysgu Mwslimiaid sydd wedi bod yn ymwneud â jihad treisgar, neu sy'n cydymdeimlo ag e, drwy addysgu credoau Islamaidd ceidwadol iddyn nhw. Mae mudiadau jihad ymysg Mwslimiaid Sufi Kashmir a milisia Shi'a Iraq, yn ogystal â Mwslimiaid Salafi sy'n gweithredu mewn rhannau o Syria ac Yemen.

Dechreuodd Siavosh Derakhti, Mwslim ifanc o Sweden, ymgyrchu yn erbyn rhagfarn tra oedd yn yr ysgol. Ysgogodd ddiddordeb ei gyd-ddisgyblion drwy fynd i ymweld ag olion gwersyll crynhoi Auschwitz, lle llofruddiwyd dros filiwn o Iddewon gan y Natsïaid yn ystod yr Ail Ryfel Byd. Ysbrydolodd hyn ef i fynd i'r afael â rhagfarn. Sefydlodd y mudiad Pobl Ifanc yn erbyn Gwrth-Semitiaeth a **Senoffobia**. Mae ei ymgyrch heddychlon yn erbyn rhagfarn yn fersiwn arall o'r jihad lleiaf.

Dyfyniadau allweddol

Y Qur'an 5:32
Pwy bynnag sy'n lladd person yn anghyfiawn... mae fel petai wedi lladd y ddynoliaeth i gyd. A phwy bynnag sy'n achub bywyd, mae fel petai wedi achub y ddynoliaeth i gyd. **(Yusuf Ali)**

Dydyn nhw [terfysgwyr] ddim yn gallu honni bod eu hunanladdiadau drwy fomio'n gyrchoedd merthyrdod a'u bod yn dod yn arwyr yr ummah Mwslimaidd. Nac ydyn, maen nhw'n dod yn arwyr tân uffern, ac maen nhw'n arwain tuag at dân uffern. **(Muhammad Tahir-ul-Qadri)**

Y Qur'an 5:28
Os wyt ti'n estyn dy law tuag ataf, i'm lladd, nid fy lle i yw estyn fy llaw yn dy erbyn i'th ladd di: oherwydd rwy'n ofni Allah, sy'n anwylo'r bydoedd. **(Yusuf Ali)**

Mae **Amina Wadud**, athro mewn Islam mewn prifysgol yn America ac Imam dros ddynion a menywod mewn mosgiau blaengar, wedi galw am jihad rhywedd dros hawliau menywod. Dyma ffordd newydd o edrych ar jihad. Mae hi'n ystyried bod dynion Mwslimaidd wedi gormesu menywod yn draddodiadol, a nawr bod angen i fenywod sefyll ar eu traed a mynnu cael eu trin yn gyfartal. Fel rhan o'i jihad rhywedd, mae Amina wedi arwain gweddïo Jummah ac wedi pregethu ar ddyddiau Gwener mewn mosgiau lle mae dynion a menywod yn gweddïo gyda'i gilydd. Mae ei safbwynt blaengar ar Islam yn sicr yn ymdrech yn erbyn arferion y rhan fwyaf o fosgiau, sy'n cael eu harwain gan Imamiaid gwrywaidd a lle mae dynion a menywod fel arfer yn gweddïo rywfaint ar wahân.

Heddychiaeth

Does dim traddodiad o **heddychiaeth** o fewn ysgolion y gyfraith Islamaidd. Fodd bynnag, mae'r Qur'an yn adrodd stori Cain ac Abel, dau frawd sy'n ffraeo, stori sydd hefyd yn Hen Destament y Beibl. Dydy Abel ddim yn ymladd yn ôl yn erbyn Cain. Mae hyn yn cyfiawnhau troi'r foch arall yn hytrach nag ymladd yn ôl yn dreisgar. Mae'n bosibl dadlau bod hyn yn cyfiawnhau dull di-drais pan fydd rhywun yn wynebu ymosodedd.

Mae ychydig o enghreifftiau o Fwslimiaid a ddaeth yn heddychwyr. Roedd Abdul Ghaffar Khan, y Mwslim Pathan, o ardal y ffin rhwng Pakistan ac Afghanistan, yn ffrind da i Mahatma Gandhi, yr Hindŵ. Roedd y ddau'n credu mewn ymdrech heddychlon yn erbyn rheolaeth Prydain ar India yn hanner cyntaf yr ugeinfed ganrif.

Gweithgaredd AA1

Gohebydd radio ydych chi sy'n cyfweld ag ysgolhaig Mwslimaidd ynghylch pam mae'n gwrthwynebu'r mudiad jihadaidd modern. Ysgrifennwch beth ddywedodd yn y cyfweliad ar ffurf cwestiwn ac ateb. Rhowch resymau eglur pam mae'n gwrthwynebu jihad modern, treisgar.

Yn niwedd yr ugeinfed ganrif, datblygodd Pakistan ac India arfau niwclear mewn ras arfau yn erbyn ei gilydd. Roedd y ddwy wlad eisiau rheoli Kashmir, tiriogaeth

Unigolyn allweddol

Amina Wadud: Athro prifysgol ffeministaidd Islam o UDA sy'n dadlau o blaid jihad rhywedd dros hawliau menywod. Mae hi wedi arwain gweddïau dydd Gwener ar ran dynion a menywod.

cwestiwn cyflym

1.22 Enwch ddau Fwslim sydd wedi dylanwadu ar y mudiad jihad modern.

cwestiwn cyflym

1.23 Beth yw barn Muhammad Tahir-ul-Qadri am ymosodiadau hunanladdiad?

Termau allweddol

Heddychiaeth: y syniad na ddylai trais byth gael ei ddefnyddio, hyd yn oed er mwyn hunanamddiffyn. Mae'n bosibl defnyddio protestio a dulliau di-drais eraill

Senoffobia: rhagfarn eithafol yn erbyn rhywun arall sy'n cael ei ystyried yn wahanol

Abdul Ghaffar Khan, yr heddychwr Mwslimaidd gyda Mahatma Gandhi

Dyfyniad allweddol

Rwyf yn mynd i roi i chi y fath arf na fydd yr heddlu na'r fyddin yn gallu sefyll yn ei erbyn. Arf y Proffwyd ydyw, ond nid ydych chi'n ymwybodol ohono. Yr arf hwnnw yw amynedd a chyfiawnder. Ni all unrhyw bŵer ar y ddaear sefyll yn ei erbyn. **(Abdul Ghaffar Khan)**

yr oedden nhw'n dadlau drosti. Roedd rhai Mwslimiaid yn dadlau bod arfau niwclear yn dod â bri a phŵer i Pakistan ac yn atal India rhag goresgyn y wlad. Dadl eraill oedd na ddylid caniatáu arfau niwclear, oherwydd byddai'r bomiau'n lladd llawer o bobl ddiniwed, ac mae'r Qur'an yn gwahardd lladd bywyd diniwed. Mae'r Ymgyrch Ddiarfogi Niwclear (CND) yn ymgyrch ryngwladol gan bobl o bob ffydd a phobl heb ffydd i gael gwared ar bob arf niwclear ac mae ganddi rai aelodau sy'n Fwslimiaid.

Sgiliau allweddol

Mae gwybodaeth yn ymwneud â:

Dewis ystod o wybodaeth (drylwyr) gywir a pherthnasol sydd â chysylltiad uniongyrchol â gofynion penodol y cwestiwn.

Mae hyn yn golygu:

- Dewis deunydd perthnasol i'r cwestiwn a osodwyd
- Canolbwyntio ar esbonio ac archwilio'r deunydd a ddewiswyd.

Mae dealltwriaeth yn ymwneud ag:

Esboniad helaeth, gan ddangos dyfnder a/neu ehangder gyda defnydd rhagorol o dystiolaeth ac enghreifftiau gan gynnwys (lle y bo'n briodol) defnydd trylwyr a chywir o destunau cysegredig, ffynonellau doethineb a geirfa arbenigol.

Mae hyn yn golygu:

- Defnydd effeithiol o enghreifftiau a thystiolaeth gefnogol i sefydlu ansawdd eich dealltwriaeth
- Perchenogaeth o'ch esboniad sy'n mynegi gwybodaeth a dealltwriaeth bersonol, NID eich bod yn ailadrodd darn o destun o lyfr rydych wedi ei baratoi a'i gofio.

Datblygu sgiliau AA1

Nawr mae'n bwysig ystyried y wybodaeth sydd wedi'i chyflwyno yn yr adran hon; fodd bynnag, mae'r wybodaeth fel y mae yn llawer rhy helaeth ac felly mae'n rhaid ei phrosesu er mwyn bodloni gofynion yr arholiad. Gallwch wneud hyn drwy ymarfer y sgiliau uwch sy'n gysylltiedig ag AA1. Ar gyfer Amcan Asesu 1 (AA1), sy'n cynnwys dangos sgiliau 'gwybodaeth' a 'dealltwriaeth', rydyn ni am ganolbwyntio ar ffyrdd gwahanol o ddangos y sgiliau yn effeithiol, gan gyfeirio hefyd at sut bydd eich perfformiad ym mhob un o'r sgiliau hyn yn cael ei fesur (gweler disgrifyddion band cyffredinol AA1 ar gyfer U2).

▶ **Dyma eich tasg nesaf:** Isod mae **crynodeb byr o arwyddocâd y jihad mwyaf fel ymdrech bersonol i bob Mwslim**. Rydych chi eisiau esbonio hyn mewn traethawd ond mae'n rhy fyr fel mae ar hyn o bryd. Er mwyn i chi ddangos dealltwriaeth fwy manwl, datblygwch y crynodeb hwn drwy roi enghreifftiau a fydd yn eich helpu i'w esbonio ymhellach. Ceisiwch ysgrifennu cyfanswm o 200 gair.

Mae pob Mwslim yn ymdrechu yn erbyn temtasiwn. Mae'n anodd cadw'r pum gweddi ddyddiol yn brydlon, neu roi arian i elusen pan fydd pethau moethus ar gael i'w prynu. Mae'r jihad mwyaf yn helpu Mwslimiaid i ymdrechu yn erbyn eu nafs eu hunain. Mae hyn yn eu helpu i gryfhau eu ffydd ac i feddwl am yr hyn sydd fwyaf pwysig mewn bywyd. Mae rhai Mwslimiaid yn cael eu calonogi gan yr hyn a ysgrifennodd Rabia o Basra a Mwslimiaid Sufi eraill i'w helpu i ddatblygu cryfder mewnol, ysbrydol. Mae eraill yn dilyn jihad y nafs dyfnach drwy nifer o gamau i buro'r meddwl a gweithredoedd. Mae hyn yn rhoi cyfle i grediniwr ganolbwyntio ar ddim byd ond realiti Allah.

Ar ôl i chi orffen y dasg, cyfeiriwch at y disgrifyddion band ar gyfer U2 ac edrychwch yn benodol ar y gofynion sydd wedi'u disgrifio yn y disgrifyddion band uwch y dylech chi fod yn anelu atyn nhw. Gofynnwch i chi'ch hun:

- A yw fy ngwaith yn dangos gwybodaeth a dealltwriaeth drylwyr, gywir a pherthnasol o grefydd a chred?
- A yw fy ngwaith yn dangos cydlyniad (cysondeb neu synnwyr rhesymegol), eglurder a threfn o safon ragorol?
- A fydd fy ngwaith, ar ôl ei ddatblygu, yn ateb helaeth a pherthnasol sy'n bodloni gofynion penodol y dasg?
- A yw fy ngwaith yn dangos dyfnder a/neu ehangder sylweddol ac yn gwneud defnydd rhagorol o dystiolaeth ac enghreifftiau?
- Os yw'n briodol i'r dasg, a yw fy ateb yn cynnwys cyfeiriadau trylwyr a chywir at destunau cysegredig a ffynonellau doethineb?
- A ellir gwneud unrhyw gysylltiadau treiddgar ag elfennau eraill o fy nghwrs?
- A fydd fy ateb, ar ôl ei ddatblygu a'i ehangu i gyfateb i'r hyn sy'n ddisgwyliedig mewn ateb arholiad, yn cynnwys ystod eang o safbwyntiau ysgolheigion/ysgolion o feddwl?
- A yw'r defnydd o iaith a geirfa arbenigol yn drylwyr a chywir, pan geir enghreifftiau o hynny?

Materion i'w dadansoddi a'u gwerthuso

Camddeall y term jihad

Mae'r term jihad yn cael ei ddefnyddio yn y Qur'an a'r hadith, prif ffynonellau shari'a i Fwslimiaid. Dros y blynyddoedd mae ysgolheigion Islamaidd wedi rhoi dehongliadau gwahanol o ystyr jihad. Felly dydy hi ddim yn syndod bod camddeall wedi digwydd. Gallai camddealltwriaeth un person fod yn ystyr gwirioneddol i berson arall. Mae rhai'n gweld jihad fel ymdrech bersonol yn erbyn temtasiwn, er mwyn gwneud y peth cywir. Roedd rhai'n annog jihad fel ymdrech dros foesoldeb ac i addysgu a lledaenu Islam yn heddychlon. Mae eraill yn dehongli jihad fel rhyfel sanctaidd. Yn y cyfryngau, defnyddir y term fel arfer i olygu rhyfel sanctaidd gan Fwslimiaid yn erbyn eraill, gan gynnwys gweithredoedd barbaraidd o derfysgaeth.

Dyfyniad allweddol

Byddai fy mam wedi arswydo petai hi wedi gwybod bod y gair jihad yn y Gorllewin wedi dod yn air cod am ryfel sanctaidd ... i'm mam, fel mae i'r rhan fwyaf o Fwslimiaid, mae'n golygu dyfalbarhad, dygnwch, ac ymdrechu tuag at ragoriaeth. (Khaled Abou El Fadl)

Mae lleiafrif o Fwslimiaid yn camddeall jihad Muhammad fel rhywbeth ymosodol. Maen nhw'n meddwl iddo ymosod ar lwythau eraill, neu iddo ryfela er mwyn cael mwy o ddilynwyr a gorfodi eraill i droi at Islam. Mae ychydig o Fwslimiaid yn credu ar gam, oherwydd iddo alltudio dau lwyth Iddewig, fod hyn yn cyfiawnhau gwrth-Semitiaeth. Mae'r rhan fwyaf o Fwslimiaid yn cyfeirio at y ffaith fod llwytholdeb yng nghyfnod Muhammad yn cynnwys yr holl bethau hyn. Fodd bynnag, roedd Muhammad yn ceisio bod yn fwy heddychlon nag eraill wrth ddefnyddio grym fel dewis olaf. Roedd y Qur'an yn dweud y dylai fod 'dim gorfodaeth' mewn crefydd ac roedd yn hybu deialog ag Iddewon a Christnogion fel cyd-gredinwyr.

Roedd Mwslimiaid Sunni yn yr oesoedd canol fel Al-Ghazali yn addysgu bod jihad mwyaf, yr ymdrech i ddilyn Islam yn erbyn temtasiwn oddi mewn eich hun, a jihad lleiaf, a oedd yn ymdrech allanol. Roedd rhai pobl yn meddwl mai camddealltwriaeth oedd ei ddehongliad; roedd eraill yn meddwl ei fod yn dilys i draddodiadau yn y Qur'an a'r hadith sy'n cyfeirio at ymdrech fewnol. Hefyd mae ysgolheigion Shi'a wedi cydnabod yr ystyron jihad hyn ac wedi annog eu dilynwyr i ddilyn yr ymdrech fewnol yn bennaf oll. Maen nhw'n rhoi cyfyngiadau ar y jihad lleiaf. Imamiaid addysgedig yn unig a all alw amdano mewn amgylchiadau cyfyngedig lle mae angen hunanamddiffyn.

Gall Mwslimiaid Sufi ddilyn ymdrech fewnol i ddatblygu eu nafs ac i gyrraedd cyflwr uwch o ymwybyddiaeth o Dduw. Mae rhai Mwslimiaid yn dweud bod hyn yn camddeall jihad ac Islam gan fod yr arferion hyn yn mynd ymhellach nag arferion Cymdeithion Muhammad ac mai datblygiadau diweddarach o'r enw bid'ah ydyn nhw. Mae Mwslimiaid Sufi yn dadlau mai datblygu'r nafs ydy'r ymdrech fwyaf anodd a mwyaf pwysig y gallan nhw ei gwneud oherwydd ei bod yn dod â nhw'n nes at Allah. Er y byddai'r rhan fwyaf o Fwslimiaid yn cytuno mai ymdrech fewnol yw'r jihad mwyaf, ychydig sy'n mynd ati i addoli zikr i'r un graddau â Mwslimiaid Sufi.

Mae rhai pobl yn cysylltu'r term jihad â rhyfeloedd sanctaidd modern a therfysgaeth. Mae grwpiau fel y Frawdoliaeth Fwslimaidd a Mwslimiaid fel Abdullah Azzam wedi hybu'r safbwynt hwn ac weithiau gellir gweld Mwslimiaid yn y newyddion yn ymwneud â therfysgaeth. Fodd bynnag, mae Mwslimiaid eraill yn condemnio'r gweithredoedd hyn ac yn protestio: 'Nid yn fy enw i!'. Maen nhw'n condemnio eithafiaeth fel ystumiad ac yn dweud na ddylai bywydau diniwed fyth gael eu cymryd. Mae'r syniad o hunanladdiad mewn jihad modern yn ymddangos

Mae'r adran hon yn cwmpasu cynnwys a sgiliau AA2

Cynnwys y fanyleb

I ba raddau mae jihad fel term yn cael ei gamddeall

Awgrym astudio

Ar gyfer AA2, mae'n hanfodol eich bod yn mynd ati i drafod dadleuon, nid dim ond esbonio beth allai rhywun fod wedi'i ddweud. Ceisiwch holi eich hunan, 'oedd hwn yn bwynt teg i'w wneud?', 'ydy'r dystiolaeth yn ddigon cryf?', 'oes unrhyw beth i herio'r ddadl hon?', 'ydy hon yn ddadl gref neu'n ddadl wan?'. Bydd dadansoddi beirniadol fel hyn yn eich helpu i ddatblygu eich sgiliau gwerthuso.

Gweithgaredd AA2

Wrth i chi ddarllen drwy'r adran hon ceisiwch wneud y pethau canlynol:

1. Dewiswch y gwahanol ddadleuon sy'n cael eu cyflwyno yn y testun a nodwch unrhyw dystiolaeth gefnogol a roddir.
2. Ar gyfer pob dadl a gyflwynir, ceisiwch werthuso a yw'r ddadl yn un gryf neu wan yn eich barn chi.
3. Meddyliwch am unrhyw gwestiynau yr hoffech chi eu gofyn wrth ymateb i'r dadleuon.

Bydd y gweithgaredd hwn yn eich helpu i ddechrau meddwl yn feirniadol am yr hyn rydych chi'n ei ddarllen ac yn eich helpu i werthuso effeithiolrwydd dadleuon gwahanol, gan ddatblygu eich sylwadau, a'ch barn a'ch safbwyntiau eich hun. Bydd hyn yn eich helpu wrth ddod i gasgliadau y byddwch yn eu gwneud yn eich atebion i'r cwestiynau AA2 sy'n codi.

Dyfyniad allweddol

Dydy'r terfysgwyr ddim yn gallu honni bod eu hunanladdiadau drwy fomio'n gyrchoedd merthyrdod a'u bod yn dod yn arwyr yr ummah Mwslimaidd. Nac ydyn, maen nhw'n dod yn arwyr tân uffern, ac maen nhw'n arwain tuag at dân uffern. **(Muhammad Tahir-ul-Qadri)**

yn newydd iawn. Dydy e ddim yn cael ei gefnogi gan y Qur'an, yr hadith neu ysgolheigion traddodiadol. Gan mai creadigaethau Allah yw bodau dynol, mae Islam yn addysgu nad oes ganddyn nhw hawl i'w niweidio eu hunain. Allah yn unig sy'n creu bywyd ac Allah yn unig sy'n mynd ag ef ymaith. Mae'r rhai sy'n cyflawni hunanladdiad yn eu niweidio eu hunain ac yn penderfynu ar eiliad eu marwolaeth: rhywbeth sydd wedi'i wahardd mewn Islam. Serch hynny, bu terfysgwyr yn y cyfryngau newyddion yn honni iddyn nhw gyflawni gweithredoedd yn enw Islam. Mae ysgolheigion Islamaidd fel Tahir-ul-Qadri wedi condemnio eu gweithredoedd, gan ddangos bod eu dehongliad o jihad yn un ffug.

Roedd Skaykh bin Baz yn arbenigwr cyfreithiol Salafi yn Saudi Arabia o 1993 i 1999. Cyhoeddodd Bin Baz fatwa a oedd yn cefnogi jihad yn erbyn rhai nad oedden nhw'n Fwslimiaid os oedden nhw'n gwrthod neges Islam neu'n gwrthod talu treth Jizya sy'n cael ei chodi ar rai nad ydyn nhw'n Fwslimiaid mewn gwladwriaeth Islamaidd. Cyhoeddodd Prifysgol Al-Azhar yn Cairo ddatganiad yn gwrthbrofi hyn. Roedd yn derbyn y gallai jihad gael ei ddehongli fel ymdrech i alw eraill i ddilyn Islam, ond dywedodd y dylid gwneud hyn yn heddychlon. Mewn llyfr o'r enw *The Response*, heriodd Al-Azhar lawer o'r fatwas a gyhoeddodd Imamiaid Salafi a chefnogi dehongliad Sunni traddodiadol o Islam. Nid barn un sect yn unig oedd y gwahaniaeth: mae Mwslimiaid ym mhob sect sydd â safbwynt gwahanol. Mae'r gwahaniaeth yn dangos amrywiaeth y gred am jihad. Os yw ysgolheigion yn anghytuno, mae'n hawdd i Fwslimiaid cyffredin ddrysu.

Mae'r cyfryngau newyddion yn aml yn rhoi'r argraff mai ystyr jihad yw ymdrech dreisgar yn erbyn y gwareiddiad Gorllewinol. Maen nhw'n dangos delweddau o Fwslimiaid sy'n ymladd yr hyn y maen nhw'n ei alw'n jihad, weithiau yng ngwledydd y Dwyrain Canol er mwyn cefnogi Islam fel mudiad gwleidyddol; ac weithiau yn y Gorllewin er mwyn cefnogi mudiadau Islamaidd gwleidyddol ac erchyllterau gan derfysgwyr. Mae'r rhan fwyaf o Fwslimiaid yn anghytuno â hyn, gan ddweud nad oes gan weithredoedd o derfysgaeth ddim i'w wneud ag Islam. Hefyd maen nhw'n dyfynnu'r traddodiad fod lladd un bywyd diniwed fel lladd y ddynoliaeth, y cyfeiriwyd ato'n gynharach yn y bennod hon. Y tu ôl i'r safbwyntiau hyn, mae gan rai Mwslimiaid gydymdeimlad â'r syniad fod Islam yn ymwneud â gwleidyddiaeth, ond maen nhw'n anghytuno â'r dacteg jihad sy'n cael ei defnyddio er mwyn cyflawni hyn. Mae eraill yn anghytuno â'r dull a'r ddelfryd.

Mae diwygwyr cymdeithasol yn dweud mai jihad modern yw ymdrechu dros gydraddoldeb i fenywod a gwrthsefyll senoffobia, gwrth-Semitiaeth a rhagfarnau eraill. Mae'n bosibl gweld hyn fel math di-drais o'r jihad lleiaf sy'n gallu diwygio Islam a'i wneud yn berthnasol i heddiw. Gallai Mwslimiaid traddodiadol ddadlau bod hyn yn camddeall Islam oherwydd mae'n ddull newydd sy'n codi o anghenion heddiw, yn hytrach nag o'r ddealltwriaeth o jihad yn y Qur'an a'r hadith. Yn eu barn nhw, y testunau gwreiddiol a ddylai ddod yn gyntaf.

Cwestiynau allweddol

Sawl ystyr gwahanol sydd i'r term jihad?

Pam byddai rhai Mwslimiaid yn ystyried bod dehongliadau Mwslimiaid Sufi o jihad yn gamddealltwriaeth?

Sut mae'r cyfryngau'n portreadu jihad? Ydy hyn yn adlewyrchu dealltwriaeth gywir?

Beth yw'r gwahaniaethau rhwng ysgolheigion gwahanol ar y mater?

Gweithgaredd AA2

Rhestrwch rai casgliadau y byddai'n bosibl dod iddynt ar sail y rhesymeg AA2 yn y testun uchod; ceisiwch gyflwyno o leiaf dri chasgliad gwahanol posibl. Ystyriwch bob un o'r casgliadau a chasglwch dystiolaeth gryno i gefnogi pob casgliad o'r deunydd AA1 ac AA2 ar gyfer y testun hwn. Dewiswch y casgliad sy'n argyhoeddi fwyaf yn eich barn chi ac esboniwch pam mae hyn yn wir. Ceisiwch gyferbynnu hyn â'r casgliad gwannaf ar y rhestr, gan gyfiawnhau eich dadl gyda rhesymu clir a thystiolaeth.

Al-Azhar yn Cairo

Perthnasedd dysgeidiaeth am y jihad lleiaf heddiw

Gellir diffinio jihad fel y jihad mwyaf, ymdrech fewnol i wneud y penderfyniadau cywir ac i ddilyn Islam yn llwyr, a'r jihad lleiaf, yr ymdrech allanol dros Islam. Gall hyn fod yn nhermau rhoi dawah, pregethu Islam yn heddychlon i eraill fel eu bod nhw'n dilyn Islam. Gall fod ar ffurf ymuno ag eraill i weithredu'n gymdeithasol, er mwyn gwella lles pobl yn y gymuned drwy helpu elusennau. Hefyd gall y jihad lleiaf fod ar ffurf rhyfel sanctaidd.

Mae rhyfel sanctaidd yn creu delweddau o fyddinoedd awchus am waed yn defnyddio cleddyfau a gwaywffyn; rhywbeth sydd wedi cael ei adael ganrifoedd yn ôl. Yn nyddiau rheolaeth drefedigaethol hyd at yr Ail Ryfel Byd, prin iawn oedd unrhyw gyfeiriad at y jihad lleiaf fel rhyfel sanctaidd. Ond ers yr 1970au mae cynnydd wedi bod yn y jihad lleiaf yn y byd Mwslimaidd.

Mae'r Qur'an yn dweud wrth Fwslimiaid y gallen nhw ymladd i'w hamddiffyn eu hunain yn erbyn rheolwr gormesol. Gallan nhw ymosod ar garafanau o gamelod. Adroddodd Abu Bakr ddeg rheol yn dweud wrth Fwslimiaid sut mae rhyfela, yn seiliedig ar yr egwyddorion a osododd Muhammad wrth gipio Makkah, rhywbeth a gafodd ei wneud yn heddychlon ar y cyfan. Dylai popeth posibl gael ei wneud i ddatrys pethau cyn bod gwrthdaro arfog. Dylai rhyfel fod yn amddiffynnol: er mwyn gwarchod y gymuned Fwslimaidd, eu bywydau a'u bywoliaeth. Nid ennill cyfoeth, na gorfodi eraill i droi at Islam ddylai fod yn nod. Dylai Mwslimiaid roi'r gorau i ymladd os yw'r ochr arall yn peidio ag ymladd, nid dal ati. Ddylen nhw ddim dinistrio coed neu gnydau a ddylen nhw ddim niweidio menywod neu blant.

Dyfyniadau allweddol

Lle bynnag y mae cymuned Islamaidd yn bodoli sy'n enghraifft ddiriaethol o system bywyd wedi'i hordeinio'n ddwyfol, mae ganddi hawl wedi'i rhoi gan Dduw i gamu ymlaen a chymryd rheolaeth o'r awdurdod gwleidyddol fel y gall sefydlu'r system ddwyfol ar y ddaear. Pan ataliodd Duw y Mwslimiaid rhag jihad am gyfnod penodol, mater o strategaeth oedd hyn, nid egwyddor. **(Sayyid Qutb)**

Beth dylai pobl sydd â ffydd grefyddol neu argyhoeddiad moesol ei wneud pan fydd llawer o bobl yn y byd wedi dechrau nesáu fwyfwy at drais? Heblaw am sefyllfaoedd lle mae bygythiad uniongyrchol o ymosodiad pan nad oes amser neu gyfle i feddwl, ystyried, rhyngweithio a deall, mae unrhyw benderfyniad i ddefnyddio trais heb gyflawni dyletswydd moesol adnabod empathetig yn gyntaf yn anfoesol o angenrheidrwydd. **(Khaled Abou El Fadl)**

Ymladdodd rhai Mwslimiaid cynnar jihad i ennill tiriogaeth a chyfoeth. Aethon nhw ati naill ai i orfodi'r bobl a goncron nhw i droi at Islam neu i roi pwysau arnyn nhw i wneud hynny. Fodd bynnag, mae'r achosion hyn yn bod er gwaethaf dysgeidiaeth Islam. Hefyd mae llawer o achosion lle na cheisiodd Mwslimiaid droi eraill at Islam a lle buon nhw'n byw gyda'i gilydd yn heddychlon.

Mae jihad di-drais ar ffurf dawah wedi cael ei ddilyn fwyfwy gan grwpiau sydd wedi tyfu oherwydd newidiadau yn y gymdeithas, twf y cyfryngau cymdeithasol, a'r Rhyngrwyd. Mae grwpiau fel Tablighi Jamaat wedi cael miliynau o ddilynwyr er mwyn hyrwyddo'r genhadaeth i annog Mwslimiaid i ddilyn arferion crefyddol mwy ceidwadol. Efallai y gwelwch chi yng nghanol dinasoedd y DU bregethwyr sy'n Fwslimiaid yn siarad am y Qur'an wrth y siopwyr sy'n mynd heibio. Dylid nodi pwysigrwydd y rhyddid i gredu yn y jihad lleiaf yma. Mae hyrwyddo Islam yn ddyletswydd ar Fwslimiaid. Dydy rhoi pwysau ar eraill a gwadu eu hawl i ryddid cred ddim yn dderbyniol. Doedd Muhammad ddim eisiau tröedigaeth wedi'i gorfodi neu grediniwr wedi'i ormesu nad yw'n gallu gweithredu yn ôl ewyllys rydd. Mae Mwslimiaid yn credu bod Allah wedi cynllunio'r holl weithredoedd yn y byd. Mae gorfodi cyflymder y tröedigaethau yn golygu ceisio newid cynllun

Cynnwys y fanyleb

Perthnasedd dysgeidiaeth am y jihad lleiaf heddiw.

Dyfyniad allweddol

Does dim lle na chyfiawnhad mewn Islam i eithafiaeth, ffanatigiaeth na therfysgaeth. Haram yw ymosodiadau hunanladdiad, a laddodd ac a anafodd bobl ddiniwed yn Llundain – maen nhw wedi'u gwahardd yn chwyrn mewn Islam, a throseddwyr nid merthyron yw'r rhai a gyflawnodd y gweithredoedd barbaraidd hyn yn Llundain. Mae gweithredoedd o'r fath, fel y rhai a wnaed yn Llundain, yn droseddau yn erbyn y ddynoliaeth gyfan ac yn groes i ddysgeidiaeth Islam. **(Fatwa Imamiaid Prydain)**

Gweithgaredd AA2

Wrth i chi ddarllen drwy'r adran hon ceisiwch wneud y pethau canlynol:

1. Dewiswch y gwahanol ddadleuon sy'n cael eu cyflwyno yn y testun a nodwch unrhyw dystiolaeth gefnogol a roddir.
2. Ar gyfer pob dadl a gyflwynir, ceisiwch werthuso a yw'r ddadl yn un gryf neu wan yn eich barn chi.
3. Meddyliwch am unrhyw gwestiynau yr hoffech chi eu gofyn wrth ymateb i'r dadleuon.

Bydd y gweithgaredd hwn yn eich helpu i ddechrau meddwl yn feirniadol am yr hyn rydych chi'n ei ddarllen ac yn eich helpu i werthuso effeithiolrwydd dadleuon gwahanol, gan ddatblygu eich sylwadau, a'ch barn a'ch safbwyntiau eich hun. Bydd hyn yn eich helpu wrth ddod i gasgliadau y byddwch yn eu gwneud yn eich atebion i'r cwestiynau AA2 sy'n codi.

Dyfyniad allweddol

Rydyn ni'n sefyll dros heddwch, cariad a thosturi i bawb. Rydyn ni'n gwrthod jihad treisgar. Credwn fod rhaid i ni dargedu ideoleg eithafiaeth Islamaidd dreisgar er mwyn rhyddhau unigolion o bla gormes a therfysgaeth mewn cymdeithasau lle mae Mwslimiaid yn y mwyafrif ac yn y Gorllewin. **(Mudiad Diwygio Mwslimaidd)**

Cwestiynau allweddol

Beth yw ystyron gwahanol y jihad lleiaf?

Sut gallai dysgeidiaethau am y jihad lleiaf wahaniaethu mewn amgylchiadau gwahanol?

Beth yw'r gwahaniaethau rhwng safbwyntiau Sayyid Qutb, Khaled Abou El Fadl a'r Mudiad Diwygio Mwslimaidd?

Pam mae rhai Mwslimiaid yn meddwl bod rhaid mynd ati ar frys heddiw i herio'r gamddealltwriaeth am y jihad lleiaf?

Mae jihad treisgar yn gwneud i sifiliaid golli eu bywydau a chael eu niweidio.

Gweithgaredd AA2

Rhestrwch rai casgliadau y byddai'n bosibl dod iddynt ar sail y rhesymeg AA2 yn y testun uchod; ceisiwch gyflwyno o leiaf dri chasgliad gwahanol posibl. Ystyriwch bob un o'r casgliadau a chasglwch dystiolaeth gryno i gefnogi pob casgliad o'r deunydd AA1 ac AA2 ar gyfer y testun hwn. Dewiswch y casgliad sy'n argyhoeddi fwyaf yn eich barn chi ac esboniwch pam mae hyn yn wir. Ceisiwch gyferbynnu hyn â'r casgliad gwannaf ar y rhestr, gan gyfiawnhau eich dadl gyda rhesymu clir a thystiolaeth.

Allah: Ef yn unig sy'n penderfynu'r eiliad pan fydd person yn troi at Islam neu'n newid ei arferion. Mae'r ddysgeidiaeth hon yn bwysig heddiw oherwydd weithiau, yn eu sêl a'u hangerdd dros ffydd, mae achosion lle mae grwpiau cenhadu neu gymdeithasau Islamaidd mewn prifysgolion wedi rhoi pwysau gormodol ar Fwslimiaid i gymryd safbwynt mwy ceidwadol ar ffydd. Fel mae'r Qur'an yn ei ddweud, dylai 'dim gorfodaeth' fod mewn crefydd.

Dywedodd arweinwyr y Frawdoliaeth Fwslimaidd wrth eu dilynwyr am ryfela yn erbyn pwerau tramor fel math o hunanamddiffyn. Hyrwyddodd Hasan al-Banna ac Abdullah Azzam jihad yn erbyn pwerau trefedigaethol; ysbrydolodd Sayyid Qutb Fwslimiaid i ymfalchïo mewn jihad a'i weld yn ddyletswydd. Roedd rhai shaykhs yn gorchymyn bod Mwslimiaid yn cymryd rhan yn y gwrthdaro rhwng y ddau bŵer mawr, UDA a'r Undeb Sofietaidd yn Afghanistan. Ysgrifennodd Muhammad Tahir-ul-Qadri, ysgolhaig Mwslimaidd Sunni o Bakistan, un o'r gwrthbrofion mwyaf cynhwysfawr am y camddefnydd o'r jihad lleiaf treisgar. Mae'n condemnio terfysgaeth ac ymosodiadau hunanladdiad. Yn ôl y Qur'an, mae cymryd un bywyd diniwed fel lladd y ddynoliaeth gyfan.

Mae llawer o ysgolheigion Mwslimaidd yn dadlau ei bod hi'n hanfodol bod Mwslimiaid a'r rhai nad ydyn nhw'n Fwslimiaid yn deall nad yw Islam yn cymeradwyo gweithredoedd terfysgaeth. Heddiw, mae rhai Mwslimiaid yn credu ar gam mai eu dyletswydd yw ymwneud â grwpiau sy'n cefnogi gweithredoedd eithafol. Mae rhai hyd yn oed wedi teithio i wledydd i ymuno â gwrthdaro treisgar, gan adael teuluoedd Mwslimaidd mewn trallod gartref, yn methu newid eu meddyliau. Un ddysgeidiaeth gan y Proffwyd oedd mai jihad mwyaf yw gofalu am rieni a bod hyn yn ddyletswydd cyn mynd ar unrhyw ymgyrch jihad. Felly mae gadael rhieni i fynd ar jihad heb ddweud wrthyn nhw neu heb gael eu caniatâd, wedi'i wahardd.

Yn ei lyfr ar shari'a, mae Khaled Abou El Fadl yn pwysleisio mai'r dewis olaf ddylai'r jihad mwyaf fod bob amser. Dylid rhoi blaenoriaeth i heddychiaeth cyn belled ag sy'n bosibl, er ei fod yn derbyn bod rhai sefyllfaoedd, fel ymosodiad sydyn, pan fydd angen i Fwslimiaid eu hamddiffyn eu hunain â grym. Dylai gwrthdaro gael ei ddatrys drwy gyd-ddealltwriaeth a thrafod heddychlon. Mae sylwebyddion eraill wedi hyrwyddo'r syniad o wrthdaro diwylliannau rhwng y Gorllewin ac Islam. Maen nhw'n dadlau eu bod yn adlewyrchu realiti; mae eraill yn amau eu bod yn pryfocio, ac maen nhw'n galw ar Fwslimiaid i adennill eu treftadaeth draddodiadol, heddychlon fel gallan nhw amddiffyn Islam yn well yn erbyn beirniadaeth.

Mae'r Mudiad Diwygio Mwslimaidd yn un o nifer o grwpiau diwygiadol nad ydyn nhw'n gweld bod unrhyw le o gwbl i jihad treisgar. Dylai'r flaenoriaeth fod i ymdrech yn erbyn hiliaeth, gwrth-Semitiaeth, gormesu menywod a cham-drin arall sy'n dal i ddigwydd ymysg rhai Mwslimiaid. Mae ymgyrch Siavosh Derakhti yn erbyn gwrth-Semitiaeth yn Sweden, a gwaith Amina Wadud dros gydraddoldeb i fenywod fel Imam a phregethwr, yn berthnasol yma. Os yw'r jihad lleiaf yn golygu galw pobl at wir werthoedd Islamaidd, yna mae addysgu am hawliau dynol yn ddehongliad arall cyfreithiol ohono.

Mae cymaint o ddysgeidiaethau gwahanol am y jihad lleiaf, does dim rhyfedd bod Mwslimiaid ifanc yn drysu ac mae llawer o bobl nad ydyn nhw'n

Awgrym astudio

Ar gyfer AA2 mae'n bwysig eich bod chi'n cynnwys safbwyntiau ysgolheigion a/neu ysgolion o feddwl wrth lunio eich ymateb i ddadl neilltuol. Dylai unrhyw drafodaeth am jihad gyfeirio at farn ysgolheigion, athrawon a thraddodiadau gwahanol a dylai gynnwys rhywfaint o werthuso'r farn wahanol a roddir er mwyn cefnogi eich ateb. Fodd bynnag, gwnewch yn siŵr fod y safbwyntiau rydych chi'n eu defnyddio yn berthnasol i'r pwynt rydych chi'n ei wneud. Byddai gallu defnyddio safbwyntiau fel hyn yn briodol mewn ateb arholiad yn gwahaniaethu rhwng ateb lefel uchel ac un sydd ddim ond yn ateb cyffredinol.

Fwslimiaid yn gofidio, oherwydd yr hyn y maen nhw'n ei weld yn y cyfryngau. Felly mae herio camdybiaethau am y jihad lleiaf yn hanfodol bwysig. P'un a ydyn nhw'n rhyddfrydol neu'n draddodiadol, mae llawer o Fwslimiaid yn casáu trais. Maen nhw eisiau hyrwyddo delwedd o Islam sy'n oddefgar ac yn heddychlon, a sicrhau nad yw rhai Mwslimiaid yn cael eu camarwain gan ddehongliadau cyfeiliornus.

Datblygu sgiliau AA2

Nawr mae'n bwysig ystyried y wybodaeth sydd wedi'i chyflwyno yn yr adran hon; fodd bynnag, mae'r wybodaeth fel y mae yn llawer rhy helaeth ac felly mae'n rhaid ei phrosesu er mwyn bodloni gofynion yr arholiad. Gallwch wneud hyn drwy ymarfer y sgiliau uwch sy'n gysylltiedig ag AA2. Ar gyfer Amcan Asesu 2 (AA2), sy'n cynnwys dangos sgiliau 'dadansoddi beirniadol' a 'gwerthuso', rydyn ni am ganolbwyntio ar ffyrdd gwahanol o ddangos y sgiliau yn effeithiol, gan gyfeirio hefyd at sut bydd eich perfformiad ym mhob un o'r sgiliau hyn yn cael ei fesur (gweler disgrifyddion band cyffredinol AA2 ar gyfer U2).

▶ **Dyma eich tasg nesaf:** Isod mae **dadl sy'n ymwneud â Mwslimiaid a defnyddio trais drwy jihad.** Mae angen i chi ymateb i'r ddadl hon drwy feddwl am dri chwestiwn allweddol y gallech chi eu gofyn i'r awdur a fyddai'n herio ei safbwynt a'i orfodi i amddiffyn ei ddadl.

Mae hanes Islam yn awgrymu na all Mwslimiaid fod yn heddychwyr. Roedd Muhammad yn byw mewn oes lwythol pan ymladdodd yn erbyn y Quraysh ym Mrwydr Badr. P'un a oedd yn dosturiol ai peidio, doedd Muhammad ddim yn osgoi trais er mwyn hunanamddiffyn. Roedd hi'n ddyletswydd i ymdrechu dros Islam yn heddychlon, ond hefyd, pan oedd angen, â'r cleddyf; a gorchmynnodd Allah hyn yn y Qur'an. Aeth Abu Bakr, cydymaith Muhammad a'r Califf cyntaf ati i gadarnhau hyn gyda'r rheolau ymladd. Fyddai Islam ddim wedi gallu lledaenu yn nyddiau'r Galiffaeth Gynnar heb Fwslimiaid ymroddedig a oedd yn barod i ymladd dros eu ffydd. Heddiw, mae Mwslimiaid sy'n heddychwyr, fel Abdul Ghaffar Khan, yn brin iawn. Mae hunanamddiffyn yn cael ei ganiatáu. Os nad yw Mwslimiaid yn sefyll dros eu hawliau, yna dydyn nhw ddim yn sefyll dros yr hyn y mae Duw wedi'i orchymyn. Yn Bosnia yn yr 1990au, roedd rhaid i Fwslimiaid ymladd yn erbyn y Serbiaid a oedd yn lladd eu pobl oherwydd casineb crefyddol. Dydy hyn ddim yn cefnogi terfysgaeth, y mae mwyafrif helaeth y Mwslimiaid yn ei chondemnio. Mae niweidio pobl ddiniwed, menywod, plant, cnydau neu eiddo mewn gweithredoedd treisgar neu drwy arfau dinistrio torfol yn groes i'r traddodiad Islamaidd.

Ar ôl i chi orffen y dasg, cyfeiriwch at y disgrifyddion band ar gyfer U2 ac edrychwch yn benodol ar y gofynion sydd wedi'u disgrifio yn y disgrifyddion band uwch y dylech chi fod yn anelu atyn nhw. Gofynnwch i chi'ch hun:

- A yw fy ateb yn ddadansoddiad beirniadol hyderus a gwerthusiad craff o'r mater?
- A yw fy ateb yn nodi'r materion a godwyd gan y cwestiwn yn llwyddiannus ac yn mynd i'r afael â nhw'n drylwyr?
- A yw fy ngwaith yn dangos cydlyniad, eglurder a threfn o safon ragorol?
- A fydd fy ngwaith, ar ôl ei ddatblygu, yn cynnwys safbwyntiau trylwyr, cyson a chlir wedi'u cefnogi gan resymeg a/neu dystiolaeth helaeth, fanwl?
- A yw safbwyntiau ysgolheigion/ysgolion o feddwl yn cael eu defnyddio'n helaeth a phriodol, ac yn eu cyd-destun?
- A yw fy ateb yn cyfleu dadansoddiad hyderus a chraff o natur unrhyw gysylltiadau posibl ag elfennau eraill o'm cwrs?
- A yw'r defnydd o iaith a geirfa arbenigol yn drylwyr a chywir, pan geir enghreifftiau o hynny?

Sgiliau allweddol

Mae dadansoddi'n ymwneud â:

Nodi materion sy'n cael eu codi gan y deunyddiau yn adran AA1, ynghyd â'r rhai a nodwyd yn adran AA2, ac mae'n cyflwyno safbwyntiau cyson a chlir, naill ai gan ysgolheigion neu safbwyntiau personol, yn barod i'w gwerthuso.

Mae hyn yn golygu:

- Bod eich atebion yn gallu nodi meysydd trafod allweddol mewn perthynas â mater penodol
- Eich bod yn gallu nodi'r gwahanol ddadleuon a gyflwynir gan eraill, a rhoi sylwadau arnyn nhw
- Bod eich ateb yn rhoi sylwadau ar effeithiolrwydd cyffredinol pob un o'r meysydd neu ddadleuon hyn.

Mae gwerthuso'n ymwneud ag:

Ystyried goblygiadau amrywiol y materion sy'n cael eu codi, yn seiliedig ar y dystiolaeth a gafwyd wrth ddadansoddi ac mae'n rhoi dadl fanwl eang gyda chasgliad clir.

Mae hyn yn golygu:

- Bod eich ateb yn pwyso a mesur canlyniadau derbyn neu wrthod y dadleuon amrywiol a gwahanol a gafodd eu dadansoddi
- Bod eich ateb yn dod i gasgliad drwy broses rhesymu clir.

Th2 Datblygiadau hanesyddol arwyddocaol mewn meddylfryd crefyddol

Mae'r adran hon yn cwmpasu cynnwys a sgiliau AA1

Cynnwys y fanyleb

Strwythur crefyddol, cymdeithasol, moesol a gwleidyddol Madinah.

A: Y cysyniad o wladwriaeth wedi'i llywodraethu yn ôl egwyddorion Islamaidd, a dylanwad gwleidyddol a chymdeithasol sefydliadau crefyddol fel her i seciwlareiddio

Strwythur crefyddol, cymdeithasol, moesol a gwleidyddol Madinah

Cafodd Madinah, dinas y Proffwyd, ei threfnu a'i datblygu gan Muhammad dros ddeng mlynedd. Symudodd Muhammad i Madinah yn yr **hijrah** yn 622 i ffoi rhag erledigaeth yn Makkah. Roedd wedi datblygu enw da'n barod fel cymeriad eithriadol a pherson dibynadwy. Cynhyrchodd ei effaith ar Madinah ddinas ddelfrydol a ffordd ddelfrydol o drefnu'r gymdeithas ym meddyliau Mwslimiaid.

Gwleidyddol

Roedd gan Muhammad enw da fel trafodwr a chymodwr medrus. Fel dyn busnes yn Makkah, digwyddodd glywed dadl rhwng arweinwyr ynghylch pa lwyth ddylai osod y garreg ddu wrth y **Ka'aba**. Dywedodd Muhammad wrth yr arweinwyr i gyd am gario lliain gyda'r garreg arno.

Doedd hi ddim yn bosibl datrys dadl rhwng llwythau yn Madinah, felly daeth dirprwyaeth i Makkah i wahodd Muhammad draw i drafod. Roedd llwythau **Banu Aus** a **Banu Khazraj** wedi bod yn dadlau ers tro. Roedd llawer o Iddewon yn byw yn Madinah mewn llwythau gwahanol a ymunodd ag ochrau gwahanol. Roedd llwyth Banu Nadir a'r **Banu Qurayza** wedi'u cynghreirio â'r Aus, tra oedd y Banu Qaynuqa yn ochri gyda'r Khazraj.

Trafododd Muhammad gytundeb neu gytundebau a gafodd eu galw gyda'i gilydd yn Siarter neu Gyfansoddiad Madinah. Dyma'r llwythau Iddewig a phaganaidd lleol, y Mwslimiaid o Makkah a oedd wedi mudo i Madinah, a phobl leol a oedd wedi cael tröedigaeth, y cyfan gyda'i gilydd yn cael eu galw'n **Ansar**, yn cytuno i gyd i ffurfio un gymuned ac i fyw gyda'i gilydd o dan arweinyddiaeth Muhammad.

Roedd teyrngarwch llwythol yn fater o fywyd a marwolaeth. Roedd person yn cael ei adnabod yn bennaf yn ôl pa lwyth yr oedd yn dod ohono, yn hytrach nag yn ôl ei nodweddion unigol. Roedd yr Arabiaid yn ymladd dros enw da eu tylwyth. Roedd anrhydedd lwythol yn diogelu cynghreiriau. Roedd cymuned Madinah yn croesi llinellau llwythol. Roedd gofyn i bobl ofalu am ei gilydd a chefnogi ei gilydd pan oedd gwrthdaro.

Newidiodd teyrngarwch llwythol, ac effeithiodd hyn ar y wleidyddiaeth yr oedd Muhammad yn ei dilyn. Yn gyntaf, ymosododd Muhammad a'r Mwslimiaid ar garafán fasnachu'r **Quraysh**, llwyth o Makkah, wrth werddon Badr. Yna, dialodd y Quraysh ym Mrwydr Uhud. Ceisiodd y Quraysh ymosod ar Madinah, ond cawson nhw eu dal yn ôl gan ffosydd wedi'u hadeiladu gan y Mwslimiaid mewn brwydr a gafodd ei galw'n Frwydr y Ffos.

Aeth aelod o lwyth Banu Nadir i Madinah gyda cherddi i godi cywilydd arnyn nhw am eu methiant yn Badr. Pryfociodd hyn y Quraysh i ddial. Daeth Muhammad i'r farn fod y llwyth yn anffyddlon ac fe'u halltudiodd o Madinah. Yn ystod Brwydr y Ffos, roedd llwyth Banu Qurayza yn cael ei amau o frad. Ar ôl y frwydr, ymladdodd y Mwslimiaid â'r Banu Qurayza a lladd llawer ohonynt, gan eu halltudio o Madinah.

Termau allweddol

Ansar: pobl a ddaeth yn Fwslimiaid yn Madinah

Banu Aus: llwyth o Madinah

Banu Khazraj: llwyth gwrthwynebus o Madinah

Banu Qurayza: trydydd llwyth Iddewig, a gafodd ei alltudio hefyd yn y pen draw

Hijrah: y daith o Makkah i Madinah gan Muhammad a'r Mwslimiaid yn y flwyddyn 622. Mae'r calendr Mwslimaidd yn cael ei alw'n galendr hijri oherwydd ei fod yn dechrau o'r dyddiad hwn.

Ka'aba: y ciwb du yn Makkah, canolbwynt yr Hajj a gweddïo

Quraysh: arweinwyr llwythol yn Makkah; am flynyddoedd roedden nhw'n gwrthwynebu Muhammad

Llwythau Iddewig oedd Banu Qurayza a Banu Nadir. O safbwynt modern, mae'n ymddangos yn ofnadwy fod grŵp o bobl o un grefydd wedi'i alltudio. Ar y pryd, dyma sut roedd gwleidyddiaeth lwythol. Yn y byd hwnnw roedd Muhammad yn byw a rheolodd yr amgylchiadau yr oedd yn eu hwynebu'n llwyddiannus i gael heddwch cymharol.

Doedd Muhammad ddim yn dweud wrth bobl beth i'w wneud. Ym Mrwydr Badr, gwrandawodd ar farn pobl i ddechrau. Roedd rhai'n credu y dylen nhw symud ymlaen ac ymosod yn annisgwyl ar y Quraysh wrth ffynhonnau Badr. Ond dywedodd eraill y dylen nhw ddychwelyd i Madinah i amddiffyn eu tai o'r tocon. Ar ôl trafod, penderfynodd Muhammad fynd ymlaen i Badr. Doedd ymgynghoriadau Muhammad byth yn gallu dirymu unrhyw ddatguddiad wedi'i anfon gan Dduw. Doedd hyn ddim yn cynnwys etholiadau neu ddemocratiaeth. Fodd bynnag roedd e yn gwrando. Daeth y **shura** hwn yn bwysig i Fwslimiaid yn y blynyddoedd i ddod.

Roedd gan sgiliau gwleidyddol Muhammad ran i'w chwarae yng Nghytundeb **Hudaybiyyah**. Yn ystod y trafodaethau, daeth si fod un o'r Mwslimiaid wedi cael ei ladd. Yn lle ymateb yn ddig, perswadiodd Muhammad y Mwslimiaid i addo y bydden nhw'n derbyn ei benderfyniad o ran beth i'w wneud nesaf. Cytunodd y Mwslimiaid. Daliodd Muhammad ati i drafod a daeth y newyddion fod y si'n anghywir. Yna cytunwyd ar gytundeb heddwch deng mlynedd.

Doedd dim glasbrint ar gyfer strwythur gwladwriaeth, oherwydd nid gwladwriaeth oedd Madinah. Nid cyfnod gwladwriaethau a gwledydd oedd hwn. Cyfnod o lwythau oedd, pan oedd llawer o weithredoedd annymunol a barbaraidd yn digwydd, nid gan elynion yn unig ond gan Fwslimiaid hefyd. Roedd Muhammad yn ceisio cael heddwch rhwng llwythau, yn ymgynghori a bob amser yn rhoi gorchymyn Duw yn gyntaf. Mae Mwslimiaid yn meddwl am ei enghraifft wrth reoli materion gwleidyddol hyd yn oed heddiw.

Cymdeithasol

Rhoddodd Madinah ddechrau newydd i Fwslimiaid, ymhell o'r erledigaeth yn Makkah. Ffoaduriaid oedd y Mwslimiaid a ddaeth o Makkah, yn ceisio lloches yn Madinah. Gadawon nhw lawer o'u heiddo ar ôl yn Makkah. Wrth gyrraedd Madinah, anogodd Muhammad y mudwyr, o'r enw'r **muhajirun**, i drefnu eu hunain yn barau gyda phobl Madinah. Yn enwedig, roedd yr ansar, Mwslimiaid a oedd yn byw yn Madinah neu a gafodd dröedigaeth yno, yn chwarae rhan bwysig wrth rannu'r hyn a oedd ganddyn nhw â'r mudwyr. Gellir gweld hyn yn enghraifft sy'n berthnasol i integreiddio a chroesawu ceiswyr lloches heddiw.

Roedd agweddau hiliol yn gynhenid i bobl Makkah. Cafodd Bilal, caethwas du, ei drin yn wael pan gafodd dröedigaeth i Islam. Yn Madinah gwnaeth Muhammad enghraifft drwy benodi Bilal fel y **muezzin** cyntaf i roi'r alwad i weddïo o'r mosg cyntaf. Roedd hyn yn dangos i bawb ei fod yn gwerthfawrogi pobl pwy byr nag oedden nhw, pa liw bynnag oedd eu croen.

Roedd Muhammad yn annog Mwslimiaid i drin menywod yn dda. Mae traddodiadau ei fod yn annerch menywod mewn gweddïau Id. Roedd Muhammad yn gwahardd menywod rhag gorchuddio eu hwynebau wrth fynd i mewn i'r mannau sanctaidd (fel y Ka'aba yn Makkah) a dywedodd yn ei bregeth ffarwelio y dylai menywod gael eu parchu. Roedd y rhan fwyaf o fenywod yn dal i gadw at normau gorchuddio llwythol y tu allan i'w cartrefi, ac yn dal i fyw bywyd yn wasaidd i ddynion. Petai Mwslimiaid eisiau dilyn bywyd yn Madinah yn llythrennol heddiw, gallen nhw

Termau allweddol

Hudaybiyyah: cytundeb a lofnododd Muhammad a'r Quraysh gan sicrhau cyfnod o heddwch

Muezzin: Mwslim sy'n rhoi'r alwad i weddïo

Muhajirun: gair Arabeg am ymfudwyr

Shura: ymgynghoriad â'r bobl

Dyfyniad allweddol

Cofiwch mai Un yw eich Duw. Mae'r ddynoliaeth i gyd yn dod o Adda ac Efa. Dydy Arab ddim yn rhagori ar un nad yw'n Arab a dydy un nad yw'n Arab ddim yn rhagori ar Arab. Hefyd, dydy person gwyn ddim yn rhagori ar berson du, a dydy person du ddim yn rhagori ar berson gwyn, ac eithrio drwy dduwioldeb a gweithredu'n dda. Yn wir, yr un sydd â'r cymeriad gorau yw'r gorau yn eich mysg. **(Hadith y Proffwyd Muhammad)**

Dyfyniad allweddol

Mae gennych chi rai hawliau dros fenywod, ond mae ganddyn nhw hawliau drosoch chi hefyd. Rhaid i chi drin menywod yn dda a bod yn garedig wrthyn nhw gan mai nhw yw eich partneriaid a'ch cynorthwywyr. **(Hadith y Proffwyd Muhammad)**

cwestiwn cyflym

2.1 Pa rôl oedd gan Bilal yn Madinah?

Termau allweddol

Rhyddfrydol: safbwyntiau meddwl agored

Zakat: un o bum Piler Islam; treth o 2.5% ar elw a symiau amrywiol eraill o gyfoeth wedi'u cyfrifo i'w rhoi i'r rhai sydd mewn angen

cwestiwn cyflym

2.2 Pwy oedd y muhajirun a'r ansar?

ddewis rôl draddodiadol iawn i fenywod. Petaen nhw'n dewis dehongli dysgeidiaeth Muhammad yn berthnasol i gymdeithas y cyfnod hwnnw, gallen nhw ystyried bod model Madinah yn **rhyddfrydol** ac yn cefnogi menywod.

Yn y diwylliant llwythol, roedd dwylo lladron yn cael eu torri i ffwrdd. Roedd pobl a oedd yn godinebu'n cael eu lladd. Parhaodd Muhammad â'r arferion hyn. Mynnodd fod pawb yn cael eu trin yn gyfartal. Roedd Fatimah yn ferch i'r Proffwyd a Khadijah. Aeth hi drwy erledigaethau gyda Muhammad a helpu i glirio'r sbwriel a gafodd ei daflu arno. Anfonodd Muhammad mohoni i gael ei magu gan nani ond magodd hi ar ei ben ei hun. Felly pan ddywedodd Muhammad y byddai hi'n cael yr un gosb â phawb arall petai hi'n cael ei dal yn dwyn, roedd yn dangos sut byddai'n trin pawb yn gyfartal, hyd yn oed ei deulu agosaf.

Un diwrnod, doedd Aisha, gwraig Muhammad, ddim yn gallu dod o hyd i'w chadwen ac aeth allan i chwilio amdani. Gadawodd carafán Muhammad heb sylweddoli nad oedd Aisha yno. Daeth dyn o hyd iddi a'i dychwelyd y bore wedyn. Lledodd sïon am odineb ond cafodd Muhammad ddatguddiad y dylai ofyn am brawf gan bedwar llygad-dyst. Doedd hi ddim yn bosibl dod o hyd i bedwar tyst. Wedi hynny, roedd hi'n ofynnol fod pedwar tyst yn tystio er mwyn cael person yn euog. Derbyniwyd y traddodiadau hyn mewn shari'a, oherwydd mai arferion Muhammad yn Madinah oedden nhw.

Economaidd a moesol

Mae **zakat** yn un o bum piler Islam ac roedd wedi cael ei arfer i ryw raddau yn Makkah. Fodd bynnag, yn ystod ail flwyddyn yr hijrah yn Madinah aeth Muhammad ati i roi mwy o drefn ar hyn. Anfonodd weithwyr zakat allan i gasglu zakat ac i'w ddosbarthu i'r anghenus. Roedd yn cael ei gasglu ar elw o fasnachu, cyfoeth a chnydau. Ychydig o gofnodion sydd heddiw, ond ar y pryd mae'n ymddangos bod zakat yn eithaf trefnus gyda nodiadau am gyfoeth, eiddo i'w drethu, pwysau aur ac arian a maint cnydau. Dyma ddechrau system dreth i ailddosbarthu cyfoeth o'r bobl gyfoethog i'r rhai anghenus.

Gofynnodd Muhammad i Fwslimiaid fod yn deg ac i beidio â thwyllo wrth fesur. Roedd ganddo enw da fel masnachwr onest. Buodd yr enw da hwn yn help i Madinah dyfu. Wrth ddod i gytundebau gwleidyddol â llwythau, daeth heddwch, a hynny'n hyrwyddo masnachu. Po fwyaf agored a hyblyg roedd Madinah, y mwyaf o bobl ddaeth o'r llwybrau masnachu pellach, gan gymryd busnes o Makkah. Yn ei bregeth ffarwelio, gwaharddodd Muhammad y Mwslimiaid rhag codi riba, cyfraddau llog uchel iawn ar fenthyciadau. Roedd Madinah yn fodel ar gyfer masnachu rhydd, ond nid ecsbloetio. Roedd moesoldeb yn gwneud i'r buddsoddi fod yn fwy cymedrol.

Mosg Muhammad yn Madinah

Roedd Madinah yn ardal ffrwythlon lle roedd palmwydd datys blasus yn tyfu. Datblygodd y Mwslimiaid y cynaeafau datys a daeth datys Madinah yn enwog am fod yn flasus drwy'r byd Mwslimaidd i gyd. Hefyd roedd y dyfroedd o'r werddon yn cael eu defnyddio i dyfu llysiau ac i fwydo'r gymuned. Roedd Muhammad a'r gymuned Fwslimaidd yn Madinah yn meddwl yn gadarnhaol ac yn rhoi eu hegni i ddatblygu'r gymuned. Roedd datblygiad economaidd, heddychlon yn ffordd arall o hyrwyddo neges foesol anhunanoldeb, undod a 'brawdoliaeth' o fewn Islam.

Dyfyniad allweddol

Mae Madinah yn seintwar. Ddylai ei choed ddim cael eu torri a ddylai dim heresi gael ei greu na phechod gael ei gyflawni. **(Hadith y Proffwyd Muhammad)**

Crefyddol

Sefydlodd Muhammad fosg yn Madinah. Mae stori i Muhammad benderfynu codi'r mosg lle byddai ei gamel yn eistedd, er mwyn osgoi unrhyw anghydfod rhwng arweinwyr llwythol. Diffiniodd Muhammad yr ardal o gwmpas y mosg fel canolfan ar gyfer heddwch a chymodi. Doedd dim hawl dod ag arfau i'r ardal hon ac roedd rhaid i bob aelod o'r gymuned, o ba ffydd neu lwyth bynnag, ei hamddiffyn.

Mae'r grefft o gael heddwch rhwng llwythau, pobloedd a gwledydd yn gallu bod yn anodd. Wrth wneud noddfa heddychlon yn Madinah, dangosodd Muhammad ei fod yn deall fod angen mwy na chytundeb arno i gael heddwch a'i hyrwyddo ymysg pobl.

Yn Madinah, fel gwelwn ni yn yr adran ar Gyfansoddiad Madinah, roedd pobl o grefyddau gwahanol yn byw gyda'i gilydd fel un gymuned. Doedd dim gwahaniaeth a oeddech chi'n Fwslim o Madinah, yn rhywun wedi cael tröedigaeth, yn Iddew, yn bagan neu'n Gristion, roedd disgwyl i chi fod yn ffyddlon i Madinah.

Datblygodd y datguddiadau yn Madinah dros gyfnod o amser. Roedd Muhammad wedi dweud wrth ei ddilynwyr yn Makkah i adael eu ffrindiau o grefyddau eraill gan eu bod ar fin gadael y ddinas. Yn Madinah, cafodd cyfeillgarwch newydd ei wneud ac roedd y Cristnogion a'r Iddewon yn cael eu hystyried yn 'Bobl y Llyfr' a oedd yn gyd-gredinwyr gyda'r Mwslimiaid. Weithiau byddai'r Proffwyd yn trafod â'r Cristnogion a'r Iddewon mewn ffordd hynaws. Dywedodd y byddai Allah yn dyfarnu lle roedd eu barn yn gwahaniaethu. Roedd gwahaniaethau gyda rhai llwythau Cristnogol ac Iddewig. Mae'r rhain wedi cael eu dehongli mewn ffyrdd gwahanol. Mae rhai wedi'u defnyddio i ddweud y dylai Mwslimiaid fod ar wahân i gymunedau eraill. Mae eraill yn dweud nad yw gwahaniaethau llwythol yn golygu hynny o gwbl, dylen nhw gael eu hesbonio yng nghyd-destun y cyfnod.

cwestiwn cyflym

2.3 Ym mha ffordd roedd Madinah yn seintwar?

Roedd Muhammad a'r Mwslimiaid eisiau dychwelyd i Makkah i wneud pererindod Hajj, ond gwrthododd y Quraysh, eu gelynion. Gwnaethon nhw gytundeb heddwch yn Hudaybiyyah ond torrwyd hwn ar ôl dwy flynedd. Aeth Muhammad i mewn i Makkah gyda llu enfawr a chlirio'r delwau o'r Ka'aba. Roedd y goncwest yn un heddychlon ar y cyfan.

Roedd Rose Wilder Lane, 1886–1968, yn awdur o UDA a oedd yn cefnogi cysyniad rhyddid. Dadleuodd y dylai pobl fod yn rhydd i ddewis eu crefydd eu hunain, i wneud eu masnachu eu hunain, i symud i leoedd a gwledydd gwahanol ac yn y blaen. Ysgrifennodd hi lyfr o'r enw *The Discovery of Freedom*. Mae llawer o gyfeiriadau yn y llyfr at Muhammad fel person a ryddhaodd ei gymuned a rhoi ei rhyddid iddi. Mae'n rhyfeddol fod dylanwad Muhammad yn Madinah wedi mynd ledled y byd, a'i fod yn hysbys i Fwslimiaid ac i rai nad oedden nhw'n Fwslimiaid hefyd, fil o flynyddoedd ar ôl iddo farw. Roedd Rose Wilder Lane yn ystyried bod Muhammad yn enghraifft wych o rywun a ryddhaodd ei bobl o lwytholdeb.

Rose Wilder Lane

Cynnwys y fanyleb

Madinah fel y model neu'r ddelfryd ar gyfer unrhyw wladwriaeth wedi'i llywodraethu yn ôl egwyddorion Islamaidd.

Beddrod Muhammad yn Madinah

Madinah fel y model neu'r ddelfryd i unrhyw wladwriaeth sy'n cael ei llywodraethu yn ôl egwyddorion Islamaidd

Lluniwyd prif arferion Islam fel rydyn ni'n eu hadnabod heddiw, drwy enghraifft Muhammad, pan oedd yn byw yn Madinah. Newidiwyd cyfeiriad y gweddïo o Jerwsalem i Makkah. Sefydlwyd y pum piler fel arferion ffurfiol. Roedd Mwslimiaid yn rhydd i arfer eu ffydd. Roedd Malik ibn Anas, sylfaenydd ysgol y Gyfraith Islamaidd o'r enw Maliki fiqh, yn rhoi pwys hynod arbennig ar arferion pobl Madinah. Byddai'n rhaid i'r Proffwyd fod wedi cymeradwyo beth bynnag roedden nhw'n ei wneud.

Yn hanes Islam, o farwolaeth y Proffwyd hyd heddiw, buodd sawl ffurf wahanol ar lywodraeth. I ddechrau roedd y byd Mwslimaidd yn unedig o dan Galiff. Yna rhannodd yn ddwy **Galiffiaeth** a chawson nhw eu rhannu wedyn yn deyrnasoedd. Yn y bedwaredd ganrif ar bymtheg, roedd llawer o wledydd Mwslimaidd o dan reolaeth pwerau trefedigaethol Ewropeaidd. Yn ystod rhai cyfnodau, roedd Mwslimiaid yn teimlo dan ormes eu brenhinoedd eu hunain. Ar adegau eraill, roedden nhw'n teimlo y gallen nhw wneud yn well gyda'u system lywodraethu eu hunain, yn hytrach na chael eu rheoli gan rywun arall. Wrth ystyried eu llywodraeth eu hunain, roedd Madinah Muhammad yn cael ei weld fel y model mwyaf pwysig i'w ddilyn i unrhyw wladwriaeth sy'n cael ei llywodraethu yn ôl egwyddorion Islamaidd.

Termau allweddol

Califfiaeth: yr Ymerodraeth Islamaidd o dan reolaeth Califf

Sira: hanes bywyd Proffwyd

Gweithgaredd AA1

10 uchaf yr 20au! Madinah yn y 20au – nid y 2020au, y 620au!

Gwnewch siart 10 uchaf o'r hyn a ddigwyddodd yn y 620au yn Madinah. Er enghraifft, cyrhaeddodd y Proffwyd; cafodd y mosg cyntaf ei adeiladu. Cynhwyswch ddau gyfweliad â thrigolion Madinah yn edrych yn ôl dros y degawd a gofynnwch iddyn nhw sut newidiodd eu bywydau.

cwestiwn cyflym

2.4 Beth oedd yn arbennig o bwysig i Maliki fiqh?

Cynnwys y fanyleb

Effaith Cyfansoddiad Madinah.

Effaith Cyfansoddiad Madinah

Mae'r geiriau gwladwriaeth a gwlad yn aml yn cael eu defnyddio gyda'i gilydd. Datblygodd y wladwriaeth fodern o tua 1500 hyd heddiw. Petaech chi'n gofyn i rywun yn Arabia yn y seithfed ganrif o ba wlad roedden nhw, fyddai ganddyn nhw ddim syniad am beth roeddech chi'n sôn. Doedd gwladwriaethau a llywodraethau, wedi'u trefnu yn ôl cyfansoddiadau manwl a chodau cyfreithiol, ddim yn bodoli. Llwythau a chytundebau oedd y drefn arferol. Gadawodd Muhammad gytundebau ac egwyddorion yn ei enghraifft yn rheoli llwythau a phobl Madinah. Byddai hi'n bosibl copïo'r egwyddorion hyn. Roedd heb adael cyfrwng llywodraethu manwl ar ei ôl ar gyfer gwladwriaeth fodern.

Daeth Cytundeb Madinah, neu Siarter Madinah, i fodolaeth yn ystod blynyddoedd cynnar cyfnod Muhammad yn y ddinas. Efallai i hyn ddechrau pan aeth y Proffwyd i mewn i'r ddinas, a datblygodd drwy nifer o gytundebau llai a gafodd eu rhoi at ei gilydd. Mae cyfeiriad at y Cytundeb mewn llyfr o'r enw **Sira** y Proffwyd gan **Ibn Ishaq**, a ysgrifennodd am fywyd Muhammad. Dyma un o'r fersiynau cynharaf o ffurf ar gyfansoddiad yn y byd. Lle roedd tiroedd Mwslimaidd yn cael eu rheoli gan bwerau trefedigaethol neu swyddogion lleol llygredig, roedd Mwslimiaid a oedd eisiau rhyddid yn dibynnu ar Gytundeb Madinah fel ffordd o lunio ffurf ar lywodraeth a oedd yn foesol bur.

Unigolyn allweddol

Ibn Ishaq: roedd yn byw o 701 i tua 767 yn Madinah. Ysgrifennodd Sira y Proffwyd Muhammad. Yn ddiweddarach, copïodd awdur arall, Ibn Hisham, y Sira, ac oddi wrtho fe mae'r testun yn dod i lawr i ni heddiw.

Rheolau i'w defnyddio i reoli gwlad yw cyfansoddiad. Yn y DU, cyfeirir yn aml at y ffordd y mae'r llywodraeth yn rhedeg y wlad fel cyfansoddiad anysgrifenedig. Datblygodd yn araf dros gyfnod, yn hytrach na bod yn un ddogfen a oedd yn dweud sut dylai pethau gael eu gwneud. Cafodd cytundebau eu gwneud ar ôl yr Ail Ryfel Byd a helpodd yr Almaen i lunio cyfansoddiad modern. Mae'r rheolau hyn yn gallu datblygu a newid dros gyfnod o amser.

Darlun o'r hen Madinah

Mae rhai Mwslimiaid yn dehongli'r Cytundeb mewn ffordd newydd. Maen nhw eisiau creu gwlad Islamaidd newydd i bob Mwslim yn y byd fyw ynddi, gyda Chaliff yn bennaeth arni. Maen nhw'n edrych yn ôl tuag at Gytundeb Madinah i gael ysbrydoliaeth. Mae grwpiau Islamaidd gwleidyddol yn cynnwys Hizb ut-Tahrir, sy'n dweud eu bod eisiau creu'r Galiffiaeth newydd hon. Maen nhw'n hysbysebu eu cefnogaeth dros gael eu rheoli gan **Khalifah**. Mae'r rhan fwyaf o Fwslimiaid yn gwrthod eu dehongliadau. Buodd Zeyno Baran, Muslim o Dwrci, yn ymchwilio i Hizb ut-Tahrir a gwelodd fod yr iaith a'r cysyniadau yr oedden nhw'n eu defnyddio'n llawer mwy tebyg i'r Bolsiefigiaid yn Rwsia yn nechrau'r ugeinfed ganrif. Roedd eu syniad o Khalifah yn gysyniad newydd, yn wahanol iawn i ddyddiau Islam gynnar.

O safbwynt darllenydd yn yr unfed ganrif ar hugain, mae'r Cytundeb yn darllen fel petai'n ymwneud â llwythau a chynhennau. Ond y cyfan yw'r cyfeiriadau at lwythau yw'r hyn y byddai'r bobl a oedd yn byw yn Madinah wedi'i ddisgwyl. Mae'r cytundeb yn derbyn hunaniaeth lwythol ond mae'n dod â llwythau i fyw'n heddychlon o fewn telerau'r cytundeb hwn.

Cysyniad ummah

Mae Cytundeb Madinah yn adnabod pobl fel aelodau o gymuned, sef **ummah** Madinah. Roedd Iddewon a Mwslimiaid gyda'i gilydd yn gredinwyr. Bydden nhw wedi cael eu llywodraethu yn yr un ffordd. Gallech chi eu galw nhw'n ddinasyddion. Os oedden nhw'n wynebu rhyfel yn erbyn llwyth gelyniaethus, bydden nhw'n cefnogi ei gilydd heb ystyried ffydd. Roedd rhaid i bobloedd y llyfr: Iddewon, Cristnogion a Mwslimiaid; a phobl o lwythau eraill, ddilyn yr un rheolau. Roedd pawb yn rhydd i addoli yn ôl eu crefydd eu hunain. Y peth pwysig oedd nad oedden nhw'n torri'r cyfreithiau llwythol.

Heddiw mae Mwslimiaid yn defnyddio'r gair ummah i olygu teulu byd-eang y Mwslimiaid. Mae rhai Mwslimiaid wedi dadlau y dylen nhw sefydlu eu llywodraeth eu hunain i Fwslimiaid. Mae lleoedd lle mae'r rhai nad ydyn nhw'n Fwslimiaid wedi cael eu herlid a'u gyrru allan o diroedd Mwslimiaid. Mae Cyfansoddiad gwreiddiol Madinah yn dangos nad dyna'r ffordd roedd Muhammad yn llywodraethu. Os rhywbeth, sefydlodd Muhammad gymuned a oedd yn nes at lywodraethau seciwlar modern na gwladwriaeth grefyddol.

Roedd y term **kuffar** yn cael ei ddefnyddio yng nghyfnod Muhammad i olygu pobl a oedd yn ymosod ar y credinwyr. Doedd dim gwahaniaeth a oedd person yn Fwslim ai peidio. Flynyddoedd lawer ar ôl marwolaeth y Proffwyd, arweiniodd Califfiaid Ymerodraeth Fwslimaidd fawr. Daeth Arabeg fel iaith ac Islam fel crefydd i ddominyddu mwy. Mae'n bosibl fod mwy o wahaniaethau'n seiliedig ar grefydd wedi datblygu rhwng pobl dros gyfnod o amser.

Llawysgrif hynafol y Qur'an

Term allweddol

Khalifah: y mudiad Islamaidd sy'n cael ei ddilyn gan leiafrif o Fwslimiaid sydd eisiau ail-greu'r Ymerodraeth Islamaidd o dan Galiff yn y byd modern

Kuffar: weithiau mae'n cael ei ddehongli fel anghredinwyr neu bobl a oedd wedi gwrthod cred

Ummah: yn wreiddiol, cymuned y Mwslimiaid ac eraill yn Madinah; mae'r term hwn wedi esblygu i olygu brawdoliaeth y Mwslimiaid ledled y byd

Dyfyniad allweddol

Roedd rhaid i Fwslimiaid amddiffyn yr Iddewon rhag eu gelynion. Felly hefyd, roedd rhaid i Iddewon ddiogelu Mwslimiaid. Dangosodd y Proffwyd Muhammad natur drugarog unwaith eto, a chynnig amddiffyniad i ymladdwyr ac i rai nad oedden nhw'n ymladdwyr, os nad oedden nhw wedi troseddu neu gyflawni erchyllterau. **(Dr John Andrew Morrow)**

cwestiwn cyflym

2.5 Beth oedd ystyr gwreiddiol y term ummah?

Cynnwys y fanyleb

Swyddogaeth cyfraith shari'a mewn gwladwriaeth wedi'i llywodraethu yn ôl egwyddorion Islamaidd.

Majilis Iran

Swyddogaeth cyfraith shari'a mewn gwladwriaeth wedi'i llywodraethu yn ôl egwyddorion Islamaidd

Mewn egwyddor, mae Mwslimiaid yn credu nad oes unrhyw ran o fywyd heb ddylanwad Duw arni, felly mae gan arweiniad Duw rôl i'w chwarae mewn gwledydd Islamaidd. Os mai credu yn Nuw yw'r peth mwyaf pwysig yn eich bywyd, yna dylai byw yn ôl y moesau a'r rheolau y mae Duw wedi'u rhoi yn y Qur'an a thrwy enghraifft yr hadith fod yn bwysig mewn llywodraeth. Dylai arweinwyr fod yn unigolion moesol gyfiawn a duwiol fel y gall credinwyr eu parchu nhw. Yng Ngweriniaeth Islamaidd Iran, mae hynny'n golygu y dylai pob cynrychiolydd ddod o linach teulu'r Proffwyd a dylai Cyngor o arweinwyr crefyddol archwilio cefndir pawb cyn iddyn nhw sefyll etholiad. Mae cyfreithiau newydd yn cael eu harchwilio i wneud yn siŵr eu bod yn cyd-fynd â dysgeidiaeth y Qur'an a sunna. Fydd unrhyw gyfreithiau nad ydyn nhw'n cyd-fynd â hyn ddim yn cael eu sefydlu. Mae system o ymgynghori shura ar waith: mae pobl yn ethol cynrychiolwyr i senedd Majlis, ond rhaid i'r senedd ddilyn rheolau crefyddol. Oherwydd hyn, mae Iran yn aml yn cael ei galw'n theocratiaeth, gan mai diwinyddiaeth a chrefydd yw'r ffactor mwyaf pwysig yn y llywodraeth.

Gwahaniaethau wrth weithredu shari'a rhwng Saudi Arabia, Twrci a Malaysia

Yn Saudi Arabia, mae'r llywodraeth yn dymuno dilyn dehongliadau cymdeithion y Proffwydi. Maen nhw'n dilyn fersiwn llythrennol o Hanbali Fiqh wrth gymhwyso cyfraith shari'a. Yr anhawster yw nad yw hyn yn diffinio llawer o faterion a'i fod wedi'i wreiddio yng nghyd-destun yr wythfed ganrif. Mae hyn wedi achosi problemau o ran penderfynu beth i'w wneud mewn llawer o achosion. Mae Saudi Arabia yn adnabyddus am ddedfrydau shari'a llym, gan gynnwys cosbau corfforol a'r gosb eithaf. Mae beirniaid yn dweud bod y rhain yn farbaraidd; fodd bynnag, mae llawer o ddinasyddion Saudi Arabia yn eu cefnogi oherwydd eu bod yn teimlo mai dyma'n llythrennol y mae Duw ei eisiau. Maen nhw'n teimlo y dylai smyglwyr cyffuriau a therfysgwyr gael eu dienyddio, ac y bydd gosod yr enghraifft honno'n atal eraill rhag troseddu fel hyn.

Yn y bedwaredd ganrif ar bymtheg, roedd gan yr Ymerodraeth Otoman yn Nhwrci Galiff ar gyfer materion crefyddol. Roedd fersiwn o shari'a yn cael ei ddefnyddio. Dehonglodd diwygiadau **Tanzimat** shari'a yng ngoleuni diwygiadau modern. Diddymodd diwygiadau Tanzimat y gosb eithaf am apostasi. Cafodd cyfunrywioldeb ei wneud yn gyfreithiol yn 1858, dros ganrif cyn iddo gael ei gyfreithloni yn y DU.

Yn Malaysia, mae system ddeuol. Mae cyfreithiau cyffredin, seciwlar yn berthnasol i bawb ac mae cyfreithiau shari'a yn berthnasol i Fwslimiaid. Mae peth trafod wedi bod am gynyddu pwysigrwydd llysoedd barn shari'a, o ddelio â materion teuluol i gynnwys rhai materion troseddol eraill. Mae symudiad tebyg yn digwydd yn Pakistan. Mae rhai Mwslimiaid yn teimlo y bydd system shari'a yn well oherwydd ei bod yn seiliedig ar gyfreithiau Duw, sy'n dderbyniol yn foesol iddyn nhw.

Mewn llysoedd shari'a, rhaid i dystion fod yn Fwslimiaid dibynadwy sy'n credu yn Nuw ac yn gweddïo. Os oes gan dystion ymdeimlad o ymwybyddiaeth o Dduw, o'r enw **taqwa** mewn Arabeg, yna byddan nhw'n ofni barn Duw ac yn dweud y gwir yn y llys. Os nad yw tystion yn credu bod Duw yn cosbi mewn bywyd ar ôl marwolaeth, yna gallen nhw ddweud celwydd. Felly, mae rhai Mwslimiaid yn ymddiried mwy yn egwyddorion shari'a nag mewn llysoedd anghrefyddol, er bod llysoedd shari'a yn rhoi mwy o bwys ar dystiolaeth gwrywod Mwslimaidd na thystiolaeth benywod neu'r rhai nad ydyn nhw'n Fwslimiaid. I rai mae hyn yn ymddangos yn annheg iawn.

Termau allweddol

Tanzimat: diwygiadau'r Ymerodraeth Otoman yn y bedwaredd ganrif ar bymtheg

Taqwa: ymwybyddiaeth o Dduw; credir ei bod hi'n hanfodol bod Duw ym meddyliau pobl er mwyn gallu cymhwyso shari'a

Ymdrin â lleiafrifoedd

Heddiw, rydyn ni'n meddwl bod pawb yn gyfartal gerbron y gyfraith. Beth bynnag yw eich crefydd, gallwch ymgeisio am unrhyw swydd, pleidleisio mewn etholiadau neu fod yn ymgeisydd seneddol hyd yn oed. Yn yr Oesoedd Canol, gyrrwyd Iddewon o Loegr drwy orchymyn y Brenin Edward I. Gyrrwyd Mwslimiaid o Sbaen yn yr unfed ganrif ar bymtheg. Erlidiwyd Cristnogion Armenia er mwyn ceisio eu gorfodi i adael Twrci yn nechrau'r ugeinfed ganrif. Roedd cyfreithiau crefyddol yn ffynhonnell gwrthdaro; fodd bynnag, yn Madinah roedd credinwyr o grefyddau gwahanol yn aml yn cyd-dynnu'n dda. Roedd **Dhimmis** yn aelodau o grefyddau gwahanol a oedd yn byw o dan reolaeth Fwslimaidd. Roedd ganddyn nhw ryddid crefydd ac roedd rhaid iddyn nhw dalu trethi ychwanegol i'r llywodraethwyr Mwslimaidd yn gyfnewid am hyn.

Roedd Datganiad Cyffredinol o Hawliau Dynol y Cenhedloedd Unedig yn gytundeb a sefydlwyd yn 1948. Addawodd y gwledydd a'i llofnododd i amddiffyn hawl pobl i ryddid i ymgysylltu, meddwl, cydwybod, a chrefydd. Cytunodd Twrci, Pakistan ac Iran i'w lofnodi ond ymatal wnaeth Saudi Arabia, gan honni ei fod yn groes i shari'a. Yn y flwyddyn 2000 cytunodd corff o wledydd Islamaidd ar ddogfen debyg ond gyda chyfeiriad at shari'a. Roedd datganiad Cairo yn dweud y dylai fod gan unigolion hawl i: 'ryddid a hawl i fywyd urddasol yn unol â shari'a Islamaidd, a ddylen nhw ddim cael eu trin yn wahanol o achos 'hil, lliw, iaith, rhyw, cred grefyddol, cysylltiadau gwleidyddol, statws cymdeithasol neu ystyriaethau eraill'.

Yn Pakistan, cyflwynwyd cyfreithiau cabledd newydd fel bod perygl i Gristnogion gael eu cyhuddo. Er enghraifft, petai grŵp o bedwar dyn Mwslimaidd yn dod at ei gilydd ac yn honni iddynt dystio bod Cristion wedi camddefnyddio'r Qur'an, gallen nhw fynnu'r gosb eithaf. Mae achosion eraill wedi bod mewn gwledydd Mwslimaidd gwahanol. Gwnaed Datganiad Marrakesh ym mis Ionawr 2016. Cwrddodd ysgolheigion Mwslimaidd o dros 120 o wledydd oherwydd eu bod yn poeni ynghylch sut roedd Mwslimiaid yn trin lleiafrifoedd crefyddol yn wael. Cyhoeddon nhw ddatganiad a oedd, medden nhw, yn cynnal egwyddorion Siarter Madinah. Nodon nhw fod Datganiad Cyffredinol o Hawliau Dynol y Cenhedloedd Unedig yn cynnal egwyddorion Siarter Madinah. Anogon nhw bob Mwslim i amddiffyn goddefgarwch a pharch o'r ddwy ochr gerbron y gyfraith. Galwon nhw ar Fwslimiaid i ddatblygu syniadau cynhwysol am ddinasyddiaeth, ac i annog addysg fel bod hawliau lleiafrifoedd yn gallu cael eu diogelu.

Her cyfraith shari'a mewn gwladwriaeth seciwlar nad yw'n Islamaidd

Yn y DU, y **Brenin neu'r Frenhines** yw pennaeth y wladwriaeth yn ogystal â bod yn bennaeth Eglwys Loegr. Yr Eglwys yw'r grefydd wladol. Yn ymarferol, mae cyfreithiau'n gweithio yn ôl egwyddorion seciwlar. Os ydych chi'n mynd i lys barn fel tyst, bydd gofyn i chi dyngu llw i ddangos eich bod yn addo dweud y gwir. Gallwch wneud hynny drwy dyngu gyda'ch llaw dde ar eich llyfr sanctaidd, neu drwy wneud datganiad anghrefyddol. Chi sy'n cael dewis pa lyfr sanctaidd i'w ddefnyddio, neu beidio â defnyddio un. Mae aelodau seneddol yn cynrychioli holl aelodau eu hetholaeth, beth bynnag yw eu crefydd, ac yn addo ffyddlondeb i'r Brenin neu'r Frenhines. Gall eu crefydd ddylanwadu ar eu profiad a'u safbwynt ar fywyd, ond rhaid i werthoedd Prydeinig gael blaenoriaeth. Mae llawer yn gyfforddus wrth ddod o hyd i gydbwysedd rhwng sefydliadau Islam a Phrydeinig. Mae rhai'n teimlo mai **seciwlariaeth** yw'r ffordd orau i bob Mwslim drefnu llywodraeth.

Mewn gwladwriaeth seciwlar fel Ffrainc, cynrychiolwyr y bobl sy'n gwneud cyfreithiau, heb gyfeirio at destunau crefyddol. Dydy addoliad, symbolau ac arferion crefyddol ddim yn rhan o fywyd cyhoeddus (er enghraifft yn y llywodraeth, mewn ysbytai, ysgolion a sefydliadau wedi'u rhedeg gan y wladwriaeth). Mae rhyddid cred gan bobl ond does dim hawl i gael unrhyw grefydd neu symbolau crefyddol yn unrhyw un o adeiladau'r llywodraeth.

Mae'r llywodraeth yn diffinio gwerthoedd Prydeinig fel credu mewn democratiaeth, rheolaeth y gyfraith, rhyddid yr unigolyn, parch y naill tuag at y llall a goddefgarwch tuag at ffydd a chredoau eraill. Gallai'r gwerthoedd hyn gynnwys pobl o grefyddau gwahanol neu rai heb grefydd. Mae llawer o Fwslimiaid yn gyfforddus wrth ddilyn eu ffydd eu hunain a gwerthoedd Prydeinig. Maen nhw'n

cwestiwn cyflym

2.6 Beth oedd diwygiadau Tanzimat?

Gweithgaredd AA1

Lluniwch dabl sydd â phedair colofn: Saudi Arabia, Iran, Malaysia, Twrci'r Otomaniaid.

Ychwanegwch res oddi tano ac ysgrifennwch sut mae'r rhain i gyd wedi dehongli shari'a wrth reoli. Ychwanegwch res arall ac ysgrifennwch i ba raddau mae pob un yn dilyn Cyfansoddiad Madinah, yn eich barn chi.

Cynnwys y fanyleb

Her cyfraith shari'a mewn gwladwriaeth seciwlar nad yw'n Islamaidd.

Termau allweddol

Brenin neu Frenhines: pennaeth y wladwriaeth

Dhimmi: credinwir nad yw'n Fwslim sy'n byw mewn gwledydd Mwslimaidd

Seciwlariaeth: y dylai'r gymdeithas gael ei threfnu a'i rhedeg gan y llywodraeth heb gyfeiriad at grefydd

cwestiwn cyflym

2.7 Beth oedd barn Ali Abd'al Raziq am wladwriaethau seciwlar?

Unigolion allweddol

Ali Abd'al Raziq: barnwr shari'a o'r Aifft a ysgrifennodd fod llywodraeth seciwlar yn hollol dderbyniol i Fwslimiaid ac mewn llawer o achosion yn well na chael eu rheoli gan lywodraethwyr Mwslimaidd nad oedden nhw bob amser yn gofalu am eu pobl.

Akbar Ganji: protestiwr o Iran a newidiodd ei feddwl o fod yn cefnogi llywodraeth grefyddol i gefnogi llywodraeth seciwlar.

Dyfyniadau allweddol

Dydy Islam ddim yn dadlau dros ffurf benodol o lywodraeth. Mae Islam yn rhoi rhyddid llwyr i ni drefnu'r llywodraeth yn ôl syniadau, ac amodau cymdeithasol ac economaidd y cyfnod. **(Ali Abd'al Raziq)**

Mae llywodraeth grefyddol yn gysyniad abswrd, ac os caiff llywodraeth ei ffurfio o dan faner Islamaidd, grŵp arbennig o'r bobl yn unig fydd yn elwa, nid y gymdeithas Islamaidd gyfan. Felly, os yw Mwslimiaid yn ffurfio llywodraeth, un seciwlar fydd hi, nid un grefyddol. **(Akbar Ganji)**

Ystafell weddïo aml-ffydd ym Maes Awyr Heathrow

cael budd ohonyn nhw gan eu bod yn cael gwisgo'r bensgarff yn agored os ydyn nhw'n dewis. Mae llawer o sefydliadau sy'n cael eu rhedeg gan y wladwriaeth, fel ysgolion ac ysbytai, yn oddefgar tuag at ddymuniadau Mwslimiaid fel cael lle tawel i weddïo. Mae lleiafrif bach o Fwslimiaid eisiau pwysleisio gwahaniaeth ac maen nhw'n anghytuno â democratiaeth. Byddai'n well ganddyn nhw gael llywodraethwr Mwslimaidd a system shari'a yn lle democratiaeth. Mae'r rhan fwyaf o Fwslimiaid yn cefnogi etholiadau ac mae rhai wedi cael eu hethol i'r senedd ac i swyddi pwysig eraill, er enghraifft Sadiq Khan yn Faer Llundain.

Ali Abd'al Raziq ac Akbar Ganji

Ysgrifennodd **Ali Abd'al Raziq**, barnwr shari'a Sunni o'r Aifft, lyfr o'r enw *Islam and the Foundations of Governance* yn 1925. Ysgrifennodd nad oedd y Qur'an a'r hadith yn dweud wrth Fwslimiaid pa ffurf ar lywodraeth i'w dilyn, felly doedd dim rhaid iddyn nhw ddilyn Califfiaid. Doedd dim testun a oedd yn gofyn i Fwslimiaid greu un llywodraeth Fwslimaidd. At hynny, roedd rhai llywodraethwyr Mwslimaidd wedi trin eu pobl yn wael. Byddai seciwlariaeth yn caniatáu i bobl feirniadu a newid eu llywodraethau drwy bleidleisio. Gallai hyn olygu bod rhai llywodraethwyr yn cael eu taflu allan. Teimlai Raziq fod hyn yn esgus yr oedd rhai yn y byd Mwslimaidd yn ei ddefnyddio i atal seciwlareiddio.

Akbar Ganji

Cefnogodd **Akbar Ganji** y chwyldro yn Iran yn 1979 fel protestiwr o fyfyriwr. Yn dilyn y chwyldro, daeth llywodraeth Islamaidd gyda ffurf ar gyfraith shari'a. Newidiodd Akbar ei feddwl a phrotestio yn ei herbyn. Penderfynodd fod democratiaeth seciwlar yn dda i Fwslimiaid. Yn nyddiau Muhammad, doedd y fath beth â gwladwriaeth ddim yn bodoli. Roedd grwpiau o lwythau ond doedd dim byd fel gwlad fodern. Bu farw Muhammad heb adael olynydd neu ddweud wrth Fwslimiaid beth i'w wneud. Felly, doedd dim gwladwriaeth ragnodedig i'w dilyn. Penodwyd y Califfiaid cynnar gyda chytundeb gan y bobl. Does dim angen i grefyddau crefyddol gael eu cymysgu â chyfreithiau am redeg y wlad. Roedd y Proffwyd yn hapus i dderbyn llawer o draddodiadau ei gyfnod lle roedden nhw'n helpu i reoli ei ddinas. Newidiodd e ddim bopeth a'i labelu'n Islam.

Yn ystod y rhan fwyaf o hanes, roedd llywodraethwyr Mwslimaidd yn gweithredu ar wahân i'r Imamiaid. Roedd yr Imamiaid yn delio â materion crefyddol a theuluol shari'a ac roedd y llywodraethwyr yn rheoli'r llywodraeth, y fyddin ac yn darparu gwasanaethau i'r bobl.

Rhaid i Fwslimiaid ufuddhau i gyfraith y wlad y maen nhw'n byw ynddi. Os ydyn nhw'n cael rhyddid addoli, dylen nhw ddilyn yr holl gyfreithiau eraill. Mae rhai'n dadlau, y tu allan i wledydd Mwslimaidd, na all Mwslimiaid ystyried bod shari'a yn eu rhwymo. Mae eraill yn dweud bod materion crefydd yn cynnwys pum piler Islam, a gweddïo bum gwaith y dydd, a ddylai fod yn berthnasol yn unrhyw le. Mae rhai'n dweud, os yw Mwslimiaid yn byw dros dro mewn gwlad heb fod yn Fwslimaidd, yna gallan nhw fyw fel teithwyr, hyd yn oed os yw'r cyfnod dros dro hwnnw'n para blynyddoedd.

Gall fod yn anodd cadw'r pum gweddi ddyddiol mewn gwlad seciwlar. Beth os yw Mwslim yn yr ysgol neu yn y gwaith adeg y weddi ganol dydd, ac yn methu cael amser rhydd? Ar y llaw arall, i rai Mwslimiaid, mae byw mewn gwlad seciwlar yn gwneud i fywyd fod yn haws. Mae Mwslimiaid Shi'a sy'n byw yn Saudi Arabia yn cwyno weithiau eu bod yn cael eu trin yn wael. Mewn gwlad seciwlar, does dim gwahaniaeth pa sect yr ydych chi'n perthyn iddi. Yn y DU, mae llawer o gyfleusterau wedi'u rhoi yn eu lle fel ystafelloedd gweddïo aml-ffydd mewn meysydd awyr ac ysbytai i roi sylw i anghenion Mwslimiaid.

Mae Ffrainc yn enghraifft o wlad seciwlar. Does dim hawl dangos symbolau crefyddol unrhyw grefydd, gan gynnwys Cristnogaeth, mewn ysgolion. Dydy disgyblion Ffrainc ddim yn cael gwisgo pensgarffiau na chroesau. Manteision hyn yw bod pawb yn gyfartal, beth bynnag yw eu cefndir. Serch hynny, mae rhai Mwslimiaid yn cwyno nad ydyn nhw'n cael gwisgo penwisg, neu gael bwyd **halal** mewn ffreuturau ysgol. Yn ddiweddar buodd y wisg nofio i fenywod Mwslimaidd o'r enw **burkini** yn bwnc llosg. Mae burkini yn gorchuddio'r rhan fwyaf o'r corff, fel siwt wlyb gyda rhan ychwanegol i orchuddio'r gwallt. Cyhoeddodd maer un dref orchymyn i'w wahardd. Dywedodd rhai menywod Mwslimaidd na fydden nhw'n nofio oherwydd y gwaharddiad. Roedd hynny'n golygu na fyddai un rhan o'r gymuned yn mynd allan mor aml, ac na fydden nhw'n mwynhau'r traeth.

Mae rhai Mwslimiaid yn gweld bod gorchuddio wyneb menywod yn rhan o'u traddodiad. Maen nhw'n teimlo bod cadw dynion a menywod ar wahân yn rhan o'u shari'a personol. Maen nhw'n dilyn fersiwn traddodiadol o shari'a. Mae llysoedd shari'a yn gweithredu yn y DU i rai Mwslimiaid sy'n penderfynu mynd yno'n wirfoddol i ddatrys materion teuluol. Mae'n well gan rai Mwslimiaid fynd i'r llysoedd hyn gan eu bod yn teimlo bod ei bod hi'n well defnyddio gwerthoedd Islamaidd er mwyn penderfynu ar faterion teuluol. Mae eraill yn ofni bod y llysoedd hyn yn tanseilio cyfraith seciwlar ac efallai nad ydyn nhw'n deg i fenywod.

Os yw Mwslimiaid yn credu mewn dehongliad caeth, llythrennol o shari'a, lle mae apostasi yn cael ei wahardd, mae gan fenywod werth gwahanol yn y llys a rhaid i grefydd fod wrth graidd bywyd i gyd, gan gynnwys y llywodraeth. Felly bydd y Mwslimiaid hyn yn gweld eu bod yn mynd benben â chyfraith seciwlar. Os yw Mwslimiaid yn gyfforddus gyda seciwlariaeth, efallai y byddan nhw'n gweld eu bod yn gallu arfer eu crefydd yn rhydd ac yn gyfforddus heb fod angen llywodraeth grefyddol. Mae llawer o Fwslimiaid yn dod o hyd i gydbwysedd rhwng eu crefydd a seciwlariaeth. Does dim dau Fwslim yr un fath a does dim fersiwn o'r shari'a y mae pawb wedi cytuno arno a'i dderbyn. Mae'n bwysig cydnabod yr amrywiaeth hon er mwyn deall safbwynt Mwslimiaid mewn gwladwriaethau seciwlar heddiw.

Termau allweddol

Burkini: gwisg nofio menyw sy'n gorchuddio'r rhan fwyaf o'r corff a'r gwallt

Halal: gweithred wedi'i chymeradwyo yn Islam, hefyd Halal, cig wedi'i gymeradwyo i Fwslimiaid oherwydd ei fod wedi'i fendithio ag enw Allah

Mwslim yn gwisgo burkini

Sgiliau allweddol Thema 2: ABC

Mae'r thema hon yn cynnwys tasgau sy'n canolbwyntio ar agwedd benodol ar AA1 o ran defnyddio dyfyniadau o ffynonellau awdurdod a'r defnydd o gyfeiriadau.

Datblygu sgiliau AA1

Nawr mae'n bwysig ystyried y wybodaeth sydd wedi'i chyflwyno yn yr adran hon; fodd bynnag, mae'r wybodaeth fel y mae yn llawer rhy helaeth ac felly mae'n rhaid ei phrosesu er mwyn bodloni gofynion yr arholiad. Gallwch wneud hyn drwy ymarfer y sgiliau uwch sy'n gysylltiedig ag AA1. Bydd yr ymarferion yn y llyfr hwn yn eich helpu i wneud hyn ac yn eich paratoi ar gyfer yr arholiad. Ar gyfer Amcan Asesu 1 (AA1), sy'n cynnwys dangos sgiliau 'gwybodaeth' a 'dealltwriaeth', rydyn ni am ganolbwyntio ar ffyrdd gwahanol o ddangos y sgiliau yn effeithiol, gan gyfeirio hefyd at sut bydd eich perfformiad ym mhob un o'r sgiliau hyn yn cael ei fesur (gweler disgrifyddion band cyffredinol AA1 ar gyfer U2).

▶ **Dyma eich tasg nesaf:** Isod mae **amlinelliad o gyflwr cymuned Madinah o dan Muhammad a Siarter Madinah**. Ar hyn o bryd nid yw'n cynnwys unrhyw ddyfyniadau i gefnogi'r pwyntiau sy'n cael eu nodi. O dan yr amlinelliad mae dau ddyfyniad y byddai'n bosibl eu defnyddio er mwyn ei wella. Eich tasg yw ailysgrifennu'r amlinelliad gan ddefnyddio'r dyfyniadau. Efallai bydd ymadroddion fel 'yn ôl ...', 'mae'r ysgolhaig ... yn dadlau', neu, 'mae ... wedi awgrymu' o gymorth i chi.

Aeth Muhammad i mewn i Madinah ar ôl yr Hijrah gyda Mwslimiaid a oedd wedi gadael eu heiddo yn Makkah. Trefnodd Muhammad nhw'n barau gyda'r ansar, rhai oedd wedi cael tröedigaeth Fwslimaidd yn Madinah, a mynd ati i ddatblygu'r ddinas. Roedd Siarter Madinah, sydd hefyd yn cael ei alw'n Gyfansoddiad, yn diogelu hawliau penodol i leiafrifoedd fel Cristnogion ac Iddewon. Fel credinwyr, roedden nhw'n cael eu hystyried yn rhan o'r un ummah, ac roedd ganddyn nhw hawliau amddiffyniad o fewn y ddinas. Weithiau byddai Muhammad yn gwrthdaro â llwythau Iddewig. Yn y pen draw gyrrwyd y trigolion hynny o'r ddinas oherwydd iddyn nhw dorri cyngheiriau llwythol. Fodd bynnag, yn gyffredinol, cafodd pobl a oedd yn wahanol ryddid i fyw gyda'i gilydd yn heddychlon. Rhoddodd Muhammad ddyrchafiad i gyn-gaethwas du a oedd wedi cael tröedigaeth i Islam i ddod yn Muezzin cyntaf i roi'r alwad i weddïo yn y mosg yn Madinah. Sefydlwyd yr ardal o gwmpas y mosg yn lle ar gyfer heddwch a chymodi a dyma lle ymgartrefodd Muhammad.

Ar ôl i chi orffen y dasg, ceisiwch ddod o hyd i ddyfyniad arall y gallech ei ddefnyddio ac ymestyn eich ateb ymhellach.

Dyfyniadau allweddol

Roedd rhaid i Fwslimiaid amddiffyn yr Iddewon rhag eu gelynion. Felly hefyd, roedd rhaid i Iddewon ddiogelu Mwslimiaid. Dangosodd y Proffwyd Muhammad natur drugarog unwaith eto, a chynnig amddiffyniad i ymladdwyr ac i rai nad oedden nhw'n ymladdwyr, os nad oedden nhw wedi troseddu neu gyflawni erchyllterau. **(Dr John Andrew Morrow)**

Cofiwch mai Un yw eich Duw. Mae'r ddynoliaeth i gyd yn dod o Adda ac Efa. Dydy Arab ddim yn rhagori ar un nad yw'n Arab a dydy un nad yw'n Arab ddim yn rhagori ar Arab. Hefyd, dydy person gwyn ddim yn rhagori ar berson du, a dydy person du ddim yn rhagori ar berson gwyn, ac eithrio drwy dduwioldeb a gweithredu'n dda. Yn wir, yr un sydd â'r cymeriad gorau yw'r gorau yn eich mysg. **(Hadith y Proffwyd Muhammad)**

Sgiliau allweddol

Mae gwybodaeth yn ymwneud â:

Dewis ystod o wybodaeth (drylwyr) gywir a pherthnasol sydd â chysylltiad uniongyrchol â gofynion penodol y cwestiwn.

Mae hyn yn golygu:

- Dewis deunydd perthnasol i'r cwestiwn a osodwyd
- Canolbwyntio ar esbonio ac archwilio'r deunydd a ddewiswyd.

Mae dealltwriaeth yn ymwneud ag:

Esboniad helaeth, gan ddangos dyfnder a/neu ehangder gyda defnydd rhagorol o dystiolaeth ac enghreifftiau gan gynnwys (lle y bo'n briodol) defnydd trylwyr a chywir o destunau cysegredig, ffynonellau doethineb a geirfa arbenigol.

Mae hyn yn golygu:

- Defnydd effeithiol o enghreifftiau a thystiolaeth gefnogol i sefydlu ansawdd eich dealltwriaeth
- Perchenogaeth o'ch esboniad sy'n mynegi gwybodaeth a dealltwriaeth bersonol, NID eich bod yn ailadrodd darn o destun o lyfr rydych wedi ei baratoi a'i gofio.

Materion i'w dadansoddi a'u gwerthuso

Sut mae Islam yn cydweddu â democratiaeth

Ffurf ar lywodraeth yw democratiaeth lle mae arweinwyr yn cael eu hethol. Mae'n tarddu o draddodiadau hen wlad Groeg a dyma sut mae arweinwyr yn cael eu hethol yn y byd Gorllewinol fel arfer. Mae democratiaeth yn cael ei hystyried yn dda oherwydd ei bod yn rhoi llais i bawb yn eu llywodraeth. Mae'n cyd-fynd â rhyddid i lefaru a hawliau dynol. Drwy'r rhan fwyaf o hanes, mae pobl wedi brwydro yn erbyn llywodraethwyr nad oedden nhw'n ystyried eu hanghenion. Mae dynion a menywod wedi protestio i gael y bleidlais a dydyn nhw ddim wedi'i chael hi o hyd mewn rhai gwledydd.

Mewn Islam, does dim un system o lywodraeth wedi cael ei diffinio fel y ffordd y mae angen gwneud pethau, ond mae traddodiadau'n bod. Mae'r Qur'an a hadith Muhammad yn rhoi anogaeth i Fwslimiaid wneud popeth gyda meddylfryd credu yn Nuw. Sefydlodd Muhammad gymuned Madinah ac oherwydd mai ef oedd negesydd olaf Duw, mae Mwslimiaid yn dilyn popeth a wnaeth. Ond mae'n anodd dehong i beth a wnaeth oherwydd roedd e'n byw mewn cyfnod gwahanol iawn i heddiw. Doedd gan neb etholiadau democrataidd yn Arabia yn y seithfed ganrif, oherwydd mai cyfnod o lwythau, nid gwladwriaethau modern oedd hwn. Sefydlodd Muhammad Madinah gyda mosg yn y canol a gyda rheolau wedi'u gosod gan Dduw. Byddai'n bosibl dadlau bod hyn yn golygu y dylai Mwslimiaid ddilyn y datguddiadau hyn ac nid gwneud beth bynnag maen nhw'n ei feddwl yn unig mewn etholiadau. Fodd bynnag, sut maen nhw'n gwybod beth yw ystyr y datguddiadau yng nghyd-destun yr oes?

Pan oedd Muhammad yn paratoi at frwydrau, roedd yn dod â'i ddilynwyr at ei gilydd ac yn gwrando ar y safbwyntiau gwahanol. Byddai'n bosibl dweud bod hyn yn gyfiawnhad dros gynnal cynghorau, dros wrando ar y bobl, dros greu senedd. Ar ôl Muhammad, etholwyd y Califfiaid yn rhannol drwy gytundeb y cymdeithion a fyddai'n ymgynghori â'r shari'a. Mae Mwslimiaid yn dal i ddefnyddio'r gair shura ac mae creu Majlis, ffurf ar lywodraeth, yn cael ei arfer mewn rhai gwledydd Islamaidd. Mae hyn yn awgrymu bod etholiadau'n hollol gydnaws ag Islam.

Awgrym astudio

Ar gyfer AA2, mae'n hanfodol eich bod yn mynd ati i drafod dadleuon, nid dim ond esbonio beth allai rhywun fod wedi'i ddweud. Ceisiwch holi eich hunan, 'oedd hwn yn bwynt teg i'w wneud?', 'ydy'r dystiolaeth yn ddigon cryf?', 'oes unrhyw beth i herio'r ddadl hon?', 'ydy hon yn ddadl gref neu'n ddadl wan?'. Bydd dadansoddi beirniadol fel hyn yn eich helpu i ddatblygu eich sgiliau gwerthuso.

Mewn llawer o wledydd Gorllewinol modern, mae Mwslimiaid wedi ymgysylltu â democratiaeth. Yn y DU, mae Aelodau Seneddol Mwslimaidd. Mae'r senedd yn darparu ystafell weddïo iddyn nhw, hyd yn oed. Dydy Mwslimiaid ddim yn gweld bod anhawster wrth ddod yn gynghorwyr ac wrth bleidleisio mewn etholiadau yn eu hardaloedd lleol. Drwy helpu pawb yn eu cymunedau, maen nhw'n cyflwyno delwedd dda o Fwslimiaid ac yn helpu Mwslimiaid i gyd-dynnu'n dda ag eraill. Mae gwledydd democrataidd wedi cefnogi hawliau dynol gan gynnwys rhyddid crefyddol. Felly mae Mwslimiaid wedi cael budd o gael rhyddid i allu addoli a chredu mewn beth bynnag y mynnan nhw. I rai Mwslimiaid, mae hyn yn rhywbeth nad ydyn nhw wedi gallu ei wneud mewn gwledydd Mwslimiaid lle maen nhw wedi dioddef oherwydd eu bod yn rhan o sect leiafrifol neu am ryw reswm arall. Felly, mae rhai wedi gweld bod democratiaeth yn well nag unrhyw ffurf arall ar lywodraeth.

Efallai ei bod hi'n well gan Fwslimiaid ddilyn eu trefniadau eu hunain ar gyfer cyfraith teulu a phersonol ond dilyn llywodraeth ddemocrataidd i benderfynu ar gyfraith trosedd. Mae'n bosibl cymysgu llwytholdeb Arabia yn y cyfnod cynnar ag Islam: mae llawer o Fwslimiaid yn anghytuno â rhai cosbau shari'a fel cosbau

Mae'r adran hon yn cwmpasu cynnwys a sgiliau AA2

Cynnwys y fanyleb

Sut mae Islam yn cydweddu â democratiaeth.

Dyfyniadau allweddol

Allwn ni ddim dweud bod democratiaeth yn cyfateb i Gristnogaeth oherwydd India yw'r ddemocratiaeth fwyaf ar y ddaear, a gwlad Hindŵaidd yw hi'n bennaf. Indonesia yw'r drydedd ddemocratiaeth fwyaf, a gwlad Islamaidd yw hi. Dydy democratiaeth a rhyddid ddim yn dibynnu ar gredoau Cristnogol. **(Jimmy Carter)**

Hi oedd y grefydd gyntaf a oedd yn pregethu ac yn arfer democratiaeth; oherwydd, yn y mosg, pan fydd yr alwad i weddïo'n cael ei seinio ac mae'r addolwyr wedi ymgasglu, mae democratiaeth Islam yn cael ei ymgorffori bum gwaith y dydd pan fydd y gwerinwr a'r brenin yn penlinio wrth ochr ei gilydd ac yn cyhoeddi: 'Duw'n Unig sy'n Fawr'. **(Sarojini Naidu)**

Gweithgaredd AA2

Wrth i chi ddarllen drwy'r adran hon ceisiwch wneud y pethau canlynol:

1. Dewiswch y gwahanol ddadleuon sy'n cael eu cyflwyno yn y testun a nodwch unrhyw dystiolaeth gefnogol a roddir.
2. Ar gyfer pob dadl a gyflwynir, ceisiwch werthuso a yw'r ddadl yn un gryf neu wan yn eich barn chi.
3. Meddyliwch am unrhyw gwestiynau yr hoffech chi eu gofyn wrth ymateb i'r dadleuon.

Bydd y gweithgaredd hwn yn eich helpu i ddechrau meddwl yn feirniadol am yr hyn rydych chi'n ei ddarllen ac yn eich helpu i werthuso effeithiolrwydd dadleuon gwahanol, gan ddatblygu eich sylwadau, a'ch barn a'ch safbwyntiau eich hun. Bydd hyn yn eich helpu wrth ddod i gasgliadau y byddwch yn eu gwneud yn eich atebion i'r cwestiynau AA2 sy'n codi.

Dyfyniadau allweddol

Allah ac nid dyn sy'n rheoli. Allah yw ffynhonnell pob awdurdod, gan gynnwys awdurdod gwleidyddol cyfreithlon. Rhinwedd, nid rhyddid, yw'r gwerth mwyaf. Felly, cyfraith Allah ddylai reoli'r gymdeithas; nid cyfraith dyn. **(Sayyid Qutb)**

Mae pob ymerodraeth yn ei disgwrs swyddogol wedi dweud nad yw hi fel y lleill i gyd, bod ei hamgylchiadau'n arbennig, bod ganddi genhadaeth i oleuo, i ddiwyllio, i ddod â threfn a democratiaeth, ac mai fel dewis olaf yn unig y mae'n defnyddio grym. **(Edward Said)**

Mae ymdrech seciwlariaeth ddemocrataidd, goddefgarwch crefyddol, rhyddid unigol a ffeministiaeth yn erbyn crefydd, diwylliant a moesoldeb patriarchaidd awdurdodol yn digwydd dros y byd i gyd – gan gynnwys y byd Islamaidd, lle mae gwrthwynebwyr yn gyson yn cael eu carcharu, eu lladd, eu halltudio neu eu dychryn a'u tawelu'n unig. **(Ellen Willis)**

Cwestiynau allweddol

Sut roedd ymgynghori'n digwydd yn nyddiau cynnar Islam? Ydy hyn yn golygu bod Islam yn cefnogi democratiaeth?

Pam mae rhai Mwslimiaid naill ai eisiau gwrthwynebu democratiaeth neu eisiau cyfyngu arni?

Pam mae Edward Said ac Elen Willis yn anghytuno, yn eich barn chi? Pa ymagwedd sydd orau?

Gweithgaredd AA2

Rhestrwch rai casgliadau y byddai'n bosibl dod iddynt ar sail y rhesymeg AA2 yn y testun uchod; ceisiwch gyflwyno o leiaf dri chasgliad gwahanol posibl. Ystyriwch bob un o'r casgliadau a chasglwch dystiolaeth gryno i gefnogi pob casgliad o'r deunydd AA1 ac AA2 ar gyfer y testun hwn. Dewiswch y casgliad sy'n argyhoeddi fwyaf yn eich barn chi ac esboniwch pam mae hyn yn wir. Ceisiwch gyferbynnu hyn â'r casgliad gwannaf ar y rhestr, gan gyfiawnhau eich dadl gyda rhesymu clir a thystiolaeth.

corfforol a'r gosb eithaf ac maen nhw'n hapus mai gwleidyddion modern sydd wedi'u hethol sy'n gwneud cyfreithiau troseddol. Mae rhai Mwslimiaid o'r farn y dylen nhw ddychwelyd at fersiwn llythrennol o'r Qur'an a sunna fel roedd yn cael ei ddehongli yn nyddiau cynnar Islam. Dydy rhai o'r Mwslimiaid hyn ddim yn cytuno â democratiaeth. Maen nhw'n teimlo ei bod hi'n cael ei harwain gan bobl sy'n newid eu meddwl yn ôl y cyfnod y maen nhw'n byw ynddo, tra na ddylai cyfraith Duw newid. Mae'r safbwyntiau hyn wedi cael eu cysylltu â mudiadau sy'n anelu at greu Califfiaeth newydd yn ôl arddull Arabia yn y cyfnod cynnar. Mae llawer o ysgolheigion Mwslimaidd yn gwrthwynebu'r dehongliadau hyn. Maen nhw'n ofni eu bod yn meithrin eithafiaeth.

Mae Sayyid Qutb yn gwahaniaethu'n syml rhwng yr hyn yr oedd yn ei weld fel cyfraith ddynol a chyfraith Duw. Roedd yn gosod datguddiad cyfraith Duw uwchlaw democratiaeth. Gall fod gwendidau mewn democratiaeth a dydy hi ddim yn system berffaith: os yw poblogaeth yn mynd yn ddig neu'n wynebu sefyllfa lawn straen, mae'n bosibl y gallen nhw bleidleisio am ddemocratiaid gormesol. Mae Mwslimiaid yn credu mai Duw sy'n gosod safonau moesol a bod pethau fel ewthanasia'n anghywir ac na ddylai ewyllys y bobl eu newid nhw, oherwydd mai ewyllys Duw sy'n rheoli bywyd i gyd.

Y broblem gyda dadl Sayyid Qutb yw nad yw cyfreithiau Duw yn syml: cynnyrch dehongliad dynol ydyn nhw. Os yw democratiaeth yn cael ei gwrthod, yna mae grŵp bach o ddynion Mwslimaidd, neu un unigolyn efallai, yn gwneud dehongliadau ar ei ben ei hun ac yn eu gorfodi ar bobl eraill. Mae'r rhan fwyaf o Fwslimiaid yn credu eu bod nhw i gyd yn gyfartal felly dylai fod ganddyn nhw i gyd lais mewn penderfyniadau. Does dim un bod dynol yn gallu honni iddo gael datguddiad gan Dduw ers y Proffwyd Olaf, felly does neb yn gymwys i ddyfarnu ar awdurdod Duw. Mae nifer bach o Fwslimiaid wedi protestio yn erbyn democratiaeth yn y DU gan honni bod pleidleisio yn groes i gyfraith shari'a, oherwydd ddylai cyfraith Duw ddim dibynnu ar bobl. Fodd bynnag, mae'r rhan fwyaf o Fwslimiaid yn ddiolchgar am gael cyfle i ddewis. Maen nhw'n ymwybodol fod llawer o bobl o hyd mewn gwledydd Mwslimaidd nad ydyn nhw'n cael y rhyddid hwn, fel dangoswyd yn glir yn ystod y Gwanwyn Arabaidd.

Mae'r sefyllfa ychydig yn wahanol mewn Islam Shi'a lle mae gan Imamiaid awdurdod i arwain y bobl, ond mae Ayatollahs Shi'a yn anghytuno ynghylch i ba raddau y dylai crefydd ymwneud â gwleidyddiaeth. Yn Iran o dan reolaeth Mwslimiaid Shi'a, mae cefndir ymgeiswyr yn cael ei archwilio, yn ogystal â'r cyfreithiau y maen nhw'n eu pasio, er mwyn sicrhau eu bod yn cydymffurfio â'r Qur'an a sunna. Mae gan grefydd feto dros ddemocratiaeth. Mewn cyferbyniad â hyn, yn Iraq mae'r arweinyddiaeth Shi'a yn cefnogi gwahanu'r wladwriaeth a chrefydd.

Mae rhai Mwslimiaid wedi beirniadu'r pwerau Gorllewinol am bregethu i wledydd Mwslimaidd a gorfodi cyflymder y newid. Beirniadodd Edward Said, yr academydd o UDA, bolisi ei lywodraeth tuag at y Dwyrain Canol. Doedd e ddim yn gwadu bod Islam yn cyd-fynd â democratiaeth ond roedd yn teimlo nad oedd siarad yn nawddoglyd â gwledydd eraill yn iawn. Roedd Ellen Wills, mewn cyferbyniad, yn teimlo bod gan ddemocratiaeth ran i'w chwarae fel grym rhyddhaol i hyrwyddo Mwslimiaid unigol, gan gynnwys menywod a gwrthwynebwyr, sy'n cael eu gormesu'n rheolaidd mewn cyfundrefnau o dan reolaeth dynion Mwslimaidd.

Mae gan Fwslimiaid gwahanol amrywiaeth o safbwyntiau gwahanol am ddemocratiaeth. Mae'n bosibl oherwydd na chafodd ei diffinio gan Muhammad, fod Mwslimiaid yn rhydd i ddewis yr hyn sy'n gweithio orau iddyn nhw yn yr amgylchedd a'r cyfnod y maen nhw'n byw ynddyn nhw. Mae Mwslimiaid diwygiadol yn credu mewn democratiaeth seciwlar ac mewn ailddehongli Islam. Maen nhw o'r farn fod angen rhoi sylw i'r hyn y maen nhw'n ei weld fel angen am hyrwyddo hawliau menywod a hawliau lleiafrifoedd, nad yw shari'a, efallai, wedi bod o gymorth iddyn nhw mewn rhai mannau yn y gorffennol. Mae Mwslimiaid eraill yn gweld bod hyn yn mynd yn rhy bell ac maen nhw eisiau dychwelyd at reolau'r Mwslimiaid cynnar y maen nhw'n teimlo na chaiff neb bleidleisio i'w newid nhw.

I ba raddau y mae shari'a yn ganllaw digonol ar gyfer pob agwedd ar gymdeithas

Mae Mwslimiaid yn gweld mai cyfraith Duw wedi'i gwneud yn y nefoedd yw shari'a, sy'n ffordd o fyw ddelfrydol iddyn nhw. Fodd bynnag, mae anawsterau weithiau wrth ddod o hyd i feysydd shari'a nad yw ffynonellau'r Qur'an a sunna Muhammad yn eu trafod yn eglur. Mae cymdeithas yn ymwneud â'r ffordd yr ydyn ni'n byw: sut mae pobl o gefndiroedd gwahanol yn byw gyda'i gilydd, dynion a menywod, y cyfoethog a'r tlawd, du a gwyn, hoyw a strêt, hen ac ifanc, crefyddol ac atheist ac amrywiaeth fawr o amrywiadau gwahanol ar y categorïau hyn. Mae dadlau ynghylch sut mae'r gymdeithas yn cael ei rheoli gan reolau a chyfreithiau, cosbau troseddol, rheolau masnach, gwleidyddiaeth ac etholiadau.

Roedd y Mwslimiaid cynnar yn byw mewn cyfnod pan oedd pawb yn grefyddol mewn rhyw ffordd neu'i gilydd. Roedden nhw'n meddwl am bethau crefyddol drwy'r amser; felly roedd hi'n naturiol y gallai cyfreithiau crefyddol ddylanwadu ar bob agwedd ar y gymdeithas. Roedd shari'a yn gam ymlaen o ran bod hawliau etifeddiaeth wedi'u rhoi i fenywod, a bod gan bobl gyffredin ryw ffordd o gael math o gyfiawnder, na fydden nhw wedi gallu ei gael o'r blaen, efallai. Serch hynny, gadawodd shari'a lawer o gwestiynau heb eu hateb. Ceisiodd ysgolheigion ddehongli'r rhain drwy'r oesoedd. Wrth i'r gymdeithas newid, cododd mwy o gwestiynau, felly roedd y shari'a yn llai o ganllaw. Roedd llywodraethwyr Mwslimaidd yn aml yn rheoli'r gymdeithas ac yn gadael i farnwyr cyfraith shari'a reoli materion teuluol.

Mae David Waines yn esbonio sut mae shari'a yn bersonol ac yn gymunedol. Rhaid i bob crediniwr Mwslimaidd ymrwymo'n bersonol i'w ffydd yn y **shahadah**. Yn ei fywyd bob dydd, rhaid iddo wneud penderfyniadau moesol yn seiliedig ar yr hyn sy'n gywir ac yn anghywir yn ei farn ef. Mae Mwslimiaid yn ymrwymo i wneud y penderfyniadau hynny'n seiliedig ar shari'a oherwydd maen nhw'n credu bod Duw yn eu gwylio nhw ac y bydd yn eu barnu nhw mewn bywyd ar ôl marwolaeth yn ôl y penderfyniadau y maen nhw'n eu gwneud. Wrth ystyried materion moesol, mae'n anochel fod angen i Fwslimiaid ystyried y cyfreithiau gorau er mwyn sefydlu trefn dda yn y gymuned gyfan.

Mae bywyd teuluol yn bwysig i Fwslimiaid. Maen nhw'n priodi yn ôl traddodiad Islamaidd gyda chontract Nikkah. Weithiau mae'r seremoni hon yn cael ei chydnabod mewn cyfraith shari'a ac yn cael ei diogelu gan lysoedd teuluol shari'a. Os oes problemau'n codi yn y briodas, gall y gŵr a'r wraig Fwslimaidd ddewis fynd â'u gwahaniaethau i lys shari'a a fydd yn dehongli'r contract Nikkah ac yn ceisio cytuno ar ffordd i'w datrys, neu'n awdurdodi ysgariad. Oherwydd natur bersonol a theuluol materion fel hyn, mae'n well gan rai Mwslimiaid ddefnyddio llysoedd shari'a ac mae'r rhain ar gael mewn gwledydd fel Pakistan a Malaysia. Mae rhai Mwslimiaid yn anghytuno ac yn teimlo nad yw shari'a o gymorth yn y sefyllfaoedd hyn, oherwydd efallai na fydd yn rhoi gwrandawiad cyfartal i fenywod oherwydd pwysau crefydd.

Mae H. G. Wells yn dangos parch at Islam wrth ddisgrifio gwerthoedd cymdeithasol rhyddhaol cymuned Muhammad. Rhoddon nhw hwb i'r bobl a oedd wedi dioddef blynyddoedd o ormes, yn ôl Wells. Awgryma fod gan y gwerthoedd dynol cyffredin hyn enw da. Awgryma hyn eu bod yn ganllaw digonol i'r gymdeithas. Fodd bynnag, mae'n anodd addysgu moesoldeb i'r gymdeithas i gyd drwy gred grefyddol un grefydd. Os nad ydych chi'n credu yn y grefydd honno, neu'r sect honno, neu hyd yn oed mewn Duw o gwbl, yna fyddwch chi ddim yn ymddiried llawer yn y gwerthoedd sy'n cael eu haddysgu. Mae gwledydd fel Ffrainc yn hollol seciwlar ac yn hyrwyddo cydraddoldeb pawb heb y rhaniad sy'n dod gyda chrefydd. Ond i rai Mwslimiaid, ffordd Allah sy'n gywir, felly maen nhw'n credu y dylen nhw ddefnyddio eu moesau a'u hymddygiad da i lunio cyfreithiau gwladwriaethol.

Cynnwys y fanyleb

I ba raddau y mae shari'a yn ganllaw digonol ar gyfer pob agwedd ar gymdeithas.

Dyfyniadau allweddol

Mae pob unigolyn sy'n dewis yn bersonol i'w ufuddhau ef yn wynebu'n uniongyrchol yr ewyllys ddwyfol sy'n cael ei mynegi yn y shari'a ac yn ymdrechu i fyw yn ôl y gorchymyn hwnnw. Mae hyn heb gymorth unrhyw gyfryngwr neu ryw fath o gydgyfrifoldeb. Hanfod y rhwymedigaeth i Allah yw gweithredu fel ei raglaw ar y ddaear, gan orchymyn pethau da a gwahardd pethau drwg. Mewn geiriau eraill, mae derbyn cyfrifoldeb dros sefydlu trefn gyhoeddus briodol yn ddyletswydd. Felly mae'r gyfraith, fel mynegiant diriaethol o ewyllys ac arweiniad Allah, yn greiddiol i'r hunaniaeth Fwslimaidd o ran unigolion a grwpiau. **(David Waines)**

Term allweddol

Shahadah: datganiad ffydd i Fwslimiaid

Gweithgaredd AA2

Wrth i chi ddarllen drwy'r adran hon ceisiwch wneud y pethau canlynol:

1. Dewiswch y gwahanol ddadleuon sy'n cael eu cyflwyno yn y testun a nodwch unrhyw dystiolaeth gefnogol a roddir.
2. Ar gyfer pob dadl a gyflwynir, ceisiwch werthuso a yw'r ddadl yn un gryf neu wan yn eich barn chi.
3. Meddyliwch am unrhyw gwestiynau yr hoffech chi eu gofyn wrth ymateb i'r dadleuon.

Bydd y gweithgaredd hwn yn eich helpu i ddechrau meddwl yn feirniadol am yr hyn rydych chi'n ei ddarllen ac yn eich helpu i werthuso effeithiolrwydd dadleuon gwahanol, gan ddatblygu eich sylwadau, a'ch barn a'ch safbwyntiau eich hun. Bydd hyn yn eich helpu wrth ddod i gasgliadau y byddwch yn eu gwneud yn eich atebion i'r cwestiynau AA2 sy'n codi.

Dyfyniad allweddol

Mae dysgeidiaethau Islamaidd wedi gadael traddodiadau gwych ar gyfer ymwneud ac ymddygiad teg ac addfwyn, ac maen nhw'n ysbrydoli pobl i fod yn anrhydeddus ac yn oddefgar. Dyma ddysgeidiaethau dynol o'r radd flaenaf ac ar yr un pryd maen nhw'n ymarferol. Lluniodd y dysgeidiaethau hyn gymdeithas lle prin roedd calongaledwch a gormes torfol ac anghyfiawnder o'i gymharu â phob cymdeithas o'i blaen hi ... mae Islam yn llawn addfwynder, cwrteisi, a brawdgarwch. **(H. G. Wells)**

Term allweddol

Plwraliaeth: syniadau a chymunedau gwahanol yn byw ochr yn ochr â'i gilydd

Cwestiynau allweddol

Beth yw'r agweddau gwahanol sy'n llunio'r gymdeithas?

Pam gallai rhai pobl wrthod shari'a mewn amgylchedd aml-ffydd?

Pam gallai rhai Mwslimiaid feirniadu safbwynt Tariq Ramadan ar shari'a yn y gymdeithas?

Gweithgaredd AA2

Rhestrwch rai casgliadau y byddai'n bosibl dod iddynt ar sail y rhesymeg AA2 yn y testun uchod; ceisiwch gyflwyno o leiaf dri chasgliad gwahanol posibl. Ystyriwch bob un o'r casgliadau a chasglwch dystiolaeth gryno i gefnogi pob casgliad o'r deunydd AA1 ac AA2 ar gyfer y testun hwn. Dewiswch y casgliad sy'n argyhoeddi fwyaf yn eich barn chi ac esboniwch pam mae hyn yn wir. Ceisiwch gyferbynnu hyn â'r casgliad gwannaf ar y rhestr, gan gyfiawnhau eich dadl gyda rhesymu clir a thystiolaeth.

Mae mân reolau fatwas rhai Imamiaid yn achosi llawer o drafod ymysg Mwslimiaid ifanc. Ydy gwisgo thobe neu shalwar kameez (i ddynion) neu orchudd dros y gwallt neu hyd yn oed yr wyneb i fenywod, yn Islamaidd? Mudodd llawer o deuluoedd Mwslimaidd o ardaloedd fel De Asia i'r DU gan ddod â threftadaeth ddiwylliannol leol gyda nhw i'r DU. Ddylai neb drysu rhwng hyn â shari'a Islamaidd. Mae Tariq Ramadan yn credu ei bod hi'n bosibl cymhwyso egwyddor gyffredinol gwyleidd-dra at wisg leol, Brydeinig, felly hefyd at agweddau eraill ar ddiwylliant Prydain. Does dim angen i shari'a ymyrryd ag arferion lleol yn y gymdeithas.

Dyfyniad allweddol

Dangosir cyffredinolrwydd Islam yn y ffordd y gallwch chi integreiddio i'r diwylliant lleol. Mae angen dweud wrth ein pobl ifanc, gallwch chi wisgo dillad Ewropeaidd – ond i chi barchu egwyddor gwyleidd-dra. Dydy democratiaeth a **phlwraliaeth** ddim yn erbyn eich egwyddorion Islamaidd. Mae'n bosibl derbyn ac integreiddio unrhyw beth yn y diwylliant Gorllewinol nad yw'n gwrth-ddweud neges Islam ... Mae arnon ni angen ffydd ddofn, ond meddwl beirniadol. Dydy bod yn Brydeinig o ran diwylliant a Mwslimaidd o ran crefydd ddim yn anghyson. Mae angen i ni ddod allan o getos deallusol a chymdeithasol, a chael ein rhyddhau o'n dealltwriaeth gul. Dydy gwneud hynny ddim yn hawdd. Mynd yn eithafwr yw'r ffordd hawdd. **(Tariq Ramadan)**

Awgrym astudio

Ar gyfer AA2 mae'n bwysig eich bod chi'n cynnwys safbwyntiau ysgolheigion a/neu ysgolion o feddwl wrth lunio eich ymateb i ddadl neilltuol. Byddai unrhyw drafodaeth am shari'a yn elwa o gyflwyno safbwyntiau diwygwyr yn ogystal â rhai ysgolheigion traddodiadol ac Islamaidd. Fodd bynnag, gwnewch yn siŵr fod y safbwyntiau rydych chi'n eu defnyddio yn berthnasol i'r pwynt rydych chi'n ei wneud. Byddai gallu defnyddio safbwyntiau fel hyn yn briodol mewn ateb arholiad yn gwahaniaethu rhwng ateb lefel uchel ac un sydd ddim ond yn ateb cyffredinol.

Yn y byd modern, mae llawer o faterion sydd weithiau'n ymddangos fel petaen nhw'n gwrthdaro â shari'a. Mae'r hawl i ryddid neu i gredu'n gwrthdaro â chosb shari'a am apostasi. Mae'n ymddangos bod cydraddoldeb i fenywod a hawl perthnasoedd hoyw ac amgen i gael eu trin a'u hystyried yn gyfartal yn gwrth-ddweud fersiynau traddodiadol shari'a, sy'n rhoi llai o bwys ar air menyw mewn llys, ac yn rhoi cosb am gyfunrywioldeb. Felly dydy dehongliad llythrennol o rai o'r rheolau traddodiadol hyn o shari'a ddim yn ganllaw digonol i bob un. Fodd bynnag, mae'n dibynnu ar y safbwynt sydd gan rywun ar shari'a. Mae'n bosibl dadlau na ddylai shari'a gael ei ailddehongli ar gyfer y byd modern a bod peth o'r ddysgeidiaeth gynnar yn llwythol ac nid yn grefyddol. Mae'n bosibl fod apostasi yn ymwneud â bradychu llwyth, lawn cymaint â chrefydd. Yn Nhwrci yng nghyfnod yr Otomaniaid, ceisiwyd moderneiddio cyfreithiau fel eu bod nhw'n fwy priodol i'r cyfnod modern. Cafodd cyfunrywioldeb ei gyfreithloni a chafodd y gosb eithaf am apostasi ei diddymu.

Mae rhai Mwslimiaid eisiau dychwelyd at sefyllfa lle defnyddir eu syniad nhw o shari'a yn ganllaw i bob agwedd ar fywyd. Maen nhw'n gweld dyddiau cynnar Islam fel model ac maen nhw eisiau rhoi Allah yn greiddiol i'r holl gyfreithiau a'r arweiniad y maen nhw'n eu defnyddio yn eu bywydau: o faterion teuluol i gyfreithiau gwladwriaethol. Mae eraill yn gweld model Madinah fel symudiad tuag at seciwlariaeth, lle roedd Mwslimiaid a rhai nad oedden nhw'n Fwslimiaid yn byw gyda'i gilydd yn gyfartal mewn un gymuned. Doedd dim gwahaniaeth mewn gwirionedd a oedd rhywun yn Fwslim ai peidio; nac a oedd rhywun yn dilyn shari'a nawr, felly, ond bod pobl yn byw'n heddychlon ac mewn cytgord gan ddilyn enghraifft Muhammad.

Datblygu sgiliau AA2

Nawr mae'n bwysig ystyried y wybodaeth sydd wedi'i chyflwyno yn yr adran hon; fodd bynnag, mae'r wybodaeth fel y mae yn llawer rhy helaeth ac felly mae'n rhaid ei phrosesu er mwyn bodloni gofynion yr arholiad. Gallwch wneud hyn drwy ymarfer y sgiliau uwch sy'n gysylltiedig ag AA2. Bydd yr ymarferion yn y llyfr hwn yn eich helpu i wneud hyn ac yn eich paratoi ar gyfer yr arholiad. Ar gyfer Amcan Asesu 2 (AA2), sy'n cynnwys dangos sgiliau 'dadansoddi beirniadol' a 'gwerthuso', rydyn ni am ganolbwyntio ar ffyrdd gwahanol o ddangos y sgiliau yn effeithiol, gan gyfeirio hefyd at sut bydd eich perfformiad ym mhob un o'r sgiliau hyn yn cael ei fesur (gweler disgrifyddion band cyffredinol AA2 ar gyfer U2).

▶ **Dyma eich tasg nesaf:** Isod mae **gwerthusiad ynghylch a ddylai shari'a fod yn rhan o gyfraith wladwriaethol**. Ar hyn o bryd nid yw'n cynnwys unrhyw ddyfyniadau i gefnogi'r ddadl sy'n cael ei chyflwyno. O dan y gwerthusiad mae dau ddyfyniad y byddai'n bosibl eu defnyddio er mwyn ei wella. Eich tasg yw ailysgrifennu'r amlinelliad gan ddefnyddio'r dyfyniadau. Efallai bydd ymadroddion fel 'yn ôl ...', 'mae'r ysgolhaig ... yn dadlau', neu, 'mae ... wedi awgrymu' o gymorth i chi.

A ddylai shari'a fod yn rhan o gyfraith wladwriaethol? Mae llawer yn credu mai'r hyn y mae Duw wedi'i orchymyn i Fwslimiaid ei roi yn ei le yn y byd yw corff y traddodiad sy'n llunio shari'a. Sylfaenodd Muhammad Siarter Madinah a oedd yn ganllaw i bobl yn y ddinas honno ac yn rhoi hawliau iddyn nhw: ffurf ar lywodraeth foesol ac Islamaidd. Mae Mwslimiaid yn copïo ei enghraifft fel y dylen nhw geisio efelychu'r hyn wnaeth e a gwaith ei gymdeithion a ffurfiodd y Galiffiaeth Islamaidd gynnar. Gallai'r ffurf ar shari'a fod yn wahanol mewn gwladwriaethau gwahanol, ond mae gan Fwslimiaid ddyhead emosiynol i fod â rhywbeth sy'n apelio atyn nhw, yn rhydd o lygredd trefedigaethedd a gormeswyr ôl-drefedigaethol, ac sy'n ddilys oherwydd ei fod yn tarddu o Dduw.

Mae Mwslimiaid eraill yr un mor angerddol ynghylch gwahaniaethu rhwng cyfraith wladwriaethol a gorchymyn crefyddol. Cymuned a sefydlodd Muhammad nid gwladwriaeth. Roedd teyrnasoedd yr oesoedd canol yn aml yn cadw achosion teulu a sifil ar wahân i gyfraith trosedd. Dydy shari'a ddim yn cynnig sail deg i fenywod a lleiafrifoedd, gan fod eu tystiolaeth yn cael ei hystyried yn israddol i ddynion. Byddai'n bosibl defnyddio shari'a mewn llysoedd teulu fel sy'n digwydd mewn rhai gwledydd, ond bod y rhain yn wirfoddol ac yn hollol ar wahân i'r llysoedd sydd wedi'u sefydlu gan y llywodraeth. Drwy wahanu shari'a oddi wrth y wladwriaeth yn unig y gall pob dinesydd gael ei drin yn gyfartal beth bynnag yw ei grefydd.

Dyfyniadau allweddol

Dydy corff o gyfreithiau'n unig ddim yn ddigonol i gymdeithas gael ei diwygio. Er mwyn i'r gyfraith sicrhau diwygiad a hapusrwydd dyn, rhaid bod pŵer gweithredol a gweithredwr. Oherwydd hyn, mae'r Hollalluog Dduw, yn ogystal â datguddio corff o gyfraith shari'a, wedi sefydlu ffurf benodol ar lywodraeth ynghyd â sefydliadau gweithredol a gweinyddol. **(Ayatollah al-Khomeini)**

Mae llywodraeth grefyddol yn gysyniad abswrd, ac os caiff llywodraeth ei ffurfio o dan faner Islamaidd, grŵp arbennig o'r bobl yn unig fydd yn elwa, nid y gymdeithas Islamaidd gyfan. Felly, os yw Mwslimiaid yn ffurfio llywodraeth, un seciwlar fydd hi, nid un grefyddol. **(Akbar Ganji)**

Sgiliau allweddol Thema 2: ABC

Mae'r thema hon yn cynnwys tasgau sy'n canolbwyntio ar agwedd benodol ar AA2 o ran defnyddio dyfyniadau o ffynonellau awdurdod a'r defnydd o gyfeiriadau i gefnogi dadleuon a gwerthusiadau.

Sgiliau allweddol

Mae dadansoddi'n ymwneud â:

Nodi materion sy'n cael eu codi gan y deunyddiau yn adran AA1, ynghyd â'r rhai a nodwyd yn adran AA2, ac mae'n cyflwyno safbwyntiau cyson a chlir, naill ai gan ysgolheigion neu safbwyntiau personol, yn barod i'w gwerthuso.

Mae hyn yn golygu:

- Bod eich atebion yn gallu nodi meysydd trafod allweddol mewn perthynas â mater penodol
- Eich bod yn gallu nodi'r gwahanol ddadleuon a gyflwynir gan eraill, a rhoi sylwadau arnyn nhw
- Bod eich ateb yn rhoi sylwadau ar effeithiolrwydd cyffredinol pob un o'r meysydd neu ddadleuon hyn.

Mae gwerthuso'n ymwneud ag:

Ystyried goblygiadau amrywiol y materion sy'n cael eu codi, yn seiliedig ar y dystiolaeth a gafwyd wrth ddadansoddi ac mae'n rhoi dadl fanwl eang gyda chasgliad clir.

Mae hyn yn golygu:

- Bod eich ateb yn pwyso a mesur canlyniadau derbyn neu wrthod y dadleuon amrywiol a gwahanol a gafodd eu dadansoddi
- Bod eich ateb yn dod i gasgliad drwy broses resymu clir.

Mae'r adran hon yn cwmpasu cynnwys a sgiliau AA1

Cynnwys y fanyleb

Her safbwyntiau gwyddonol ynghylch dechreuad y bydysawd i Islam.

B: Her safbwyntiau gwyddonol ynghylch dechreuad y bydysawd i Islam

Islam a gwyddoniaeth

Mae Islam yn ymwneud â chredu yn Nuw, yr anweledig – drwy ddarllen Ei ddatguddiad y mae Mwslimiaid yn ei dderbyn yn ddigwestiwn. Mae gwyddoniaeth yn ymwneud ag esbonio'r byd drwy ganfod cyfreithiau naturiol wrth arsylwi. Mae'n ymddangos bod byd o wahaniaeth rhwng crefydd a gwyddoniaeth, ond byddai hynny'n rhy syml. Ar un adeg roedd cysylltiad agos iawn rhwng gwyddoniaeth ac Islam, cymaint felly fel bod cyfraniad Islam i wyddoniaeth yn fawr dros y canrifoedd. Yn yr hen fyd, datblygodd y Groegwyr lyfrau mathemateg a meddygaeth, ac roedd y Rhufeiniaid yn adnabyddus am eu campau peirianyddol. Ar ôl i Rufain gwympo, collodd y byd Gorllewinol lawer o wybodaeth.

Oes Aur Islam

Califfiaeth yr Abbasidiaid oedd yn arwain y byd Islamaidd yn y rhan fwyaf o'r Dwyrain Canol o 750 i 1258. Galwyd dwy ganrif gyntaf eu rheolaeth yn Oes Aur Islam. Y pryd hwnnw, Baghdad oedd canolfan y byd, y ddinas fwyaf a mwyaf cyfoethog yn y byd, a chanolfan dysg. Roedd sôn bod gan Dŷ Doethineb, llyfrgell yn Baghdad, gasgliad o dros un filiwn o lyfrau. Roedd llawer o'r llyfrau'n gyfieithiadau o rannau gwahanol o'r byd. Roedd Mwslimiaid eisiau cael gwybodaeth, felly casglon nhw weithiau gwahanol wedi'u hysgrifennu gan athronwyr a gwyddonwyr hen wlad Groeg a'u cyfieithu i'r Arabeg. Roedd **Vizier** Yahya Ibn Khalid, Prif Weinidog y **Califf**, yn dod o linach o offeiriaid Bwdhaidd ym Mynachlog **Vihara** Newydd yn Balkh ym mynyddoedd canolbarth Asia. Talodd i lyfrau meddygol Hindŵaidd ac Indiaidd gael eu cyfieithu i'r Arabeg, gan ychwanegu at Dŷ Doethineb. Anogodd y Califf Harun al-Rashid ddatblygiad dysg yn Baghdad a oedd yn ganolfan agored a chosmopolitan. Parhaodd ei fab, Califf Al-Amin, â'r traddodiad hwn. Mae'n ymddangos yn bell iawn o'r ddelwedd a gewch chi weithiau o ganolfan lwythol gyntefig a threisgar yng nghanol yr Oesoedd Tywyll.

Ymagwedd wyddonol

Ym myd gwyddoniaeth, roedd Mwslimiaid nid yn unig yn ymddiddori mewn darllen llyfrau, ond mewn datblygu dealltwriaeth. Roedd y gwyddonydd **Ibn al-Haytham** yn gwneud mwy na darllen llyfrau clasurol yn unig. Yn ôl Jim al-Khalili, darlithydd ym Mhrifysgol Surrey, datblygodd yr hyn a gafodd ei alw'n ddull gwyddonol. Roedd yn cwestiynu popeth, a doedd e ddim yn ei dderbyn tan iddo gael prawf. Roedd meddylwyr crefyddol eraill ar y pryd yn cwestiynu ai Duw oedd wedi ysgrifennu'r Qur'an o gwbl. Mutazilah oedd yr enw arnyn nhw. Nhw oedd yr athrawon crefyddol yr oedd y Califf yn eu ffafrio am flynyddoedd lawr. Roedd caffis Baghdad yn fannau lle roedd ysgolheigion dysgedig yn dod a lle gallen nhw drafod ag eraill am grefydd a gwyddoniaeth.

Dydy pawb ddim yn cytuno â'r crynodeb uchod. Mae rhai haneswyr yn dadlau na chyfrannodd Mwslimiaid lawer i wyddoniaeth ac mai yn Ewrop gyda'r Dadeni y daeth y datblygiadau gwirioneddol. Byddai Mwslimiaid yn arswydo rhag y ddelwedd hon o'r gymdeithas sy'n hollol wahanol i'w gweledigaeth am Galiffiaeth grefyddol geidwadol lle roedd pawb yn dod yn Fwslimiaid duwiol. Heddiw, efallai fod rhai pobl o'r farn fod cred mewn crefydd yn groes i ddeall dulliau gwyddonol. Fodd bynnag, doedd Mwslimiaid yng nghyfnod yr Abbasidiaid ddim yn credu hynny.

Mae un gwahaniaeth enfawr rhwng Mwslimiaid a llawer o wyddonwyr modern. Cred mewn Duw yw hwnnw. Meddyliwch am wyddonwyr modern enwog a phwy sy'n dod i'r meddwl? Richard Dawkins neu Stephen Hawking efallai? Mae llawer o

Termau allweddol

Califf: rheolwr yr Ymerodraeth Islamaidd, sy'n cael ei weld yn arweinydd ysbrydol a gwleidyddol

Vihara: teml Fwdhaidd

Vizier: Prif Weinidog i'r Califf

Unigolyn allweddol

Ibn al-Haytham: Gwyddonydd Mwslimaidd a oedd yn byw o 965 i 1040 yn Baghdad. Awgrymodd fod rhaid gwneud pob ymdrech i ymholi, cwestiynu a bod yn amheus; nid derbyn yr hyn sy'n amlwg yn unig. Cyfeirir at hyn fel dull gwyddonol.

Dyfyniad allweddol

Hon, i mi, yw'r eiliad y mae Gwyddoniaeth yn cael ei galw i fodolaeth ac yn dod yn ddisgyblaeth o'i rhan ei hun. (Jim al-Khalili)

wyddonwyr modern o'r farn nad yw Duw yn bodoli. Mae gwyddoniaeth yn seiliedig ar arsylwi'r hyn sydd i'w weld ac ar wneud synnwyr ohono drwy resymu. Enghraifft yw bod anifeiliaid gwahanol fel petaen nhw'n debyg i anifeiliaid eraill. Edrychodd Charles Darwin ar hyn yn ofalus a lluniodd ddamcaniaeth esblygiad: fod un rhywogaeth wedi esblygu i'r un nesaf. Cymerwch y creu. Mae gwyddoniaeth yn ceisio deall deddfau naturiol yn y bydysawd: sut mae disgyrchiant yn gweithio; sut mae atomau'n dod at ei gilydd i wneud pethau; creu mater. Does dim rheswm pam dylai fod gan greawdwr anweledig o'r enw Duw unrhyw ran yn hyn. Wedi'r cyfan, allwch chi ddim gweld Duw. Pam yn y byd byddech chi eisiau credu yn rhywbeth na allwch chi ei weld?

Llyfrgell yn Baghdad yn ystod Oes Aur Islam

Mae Mwslimiaid yn credu yn y Qur'an fel gair Allah sydd heb wall. Os yw'n dweud rhywbeth, ddylai e ddim cael ei amau. Eto fel rydyn ni wedi gweld uchod, roedd rhai pobl yn ei gwestiynu. Roedd rhai Mwslimiaid yn yr Oesoedd Canol yn gweld bod deddfau natur yr un fath â deddfau Duw yn y Qur'an. Enw'r llyfr sanctaidd ysgrifenedig oedd y **Qur'an al-Tadwini** ac enw cyfreithiau naturiol y bydysawd sydd i'w weld yn y byd oedd y **Qur'an al-Takwini**. Roedd archwilio gwyddoniaeth yn ffordd o gael gwybod am greadigaeth Allah, rhywbeth yr oedd gan Fwslimiaid yn yr Oes Aur ddiddordeb mawr ynddo. Datblygodd damcaniaeth y Ddeddf Naturiol yn y Gorllewin. Mae'n dweud bod rhai pethau sy'n gywir yn naturiol ac nad ydyn nhw'n newid yn ôl cyfnod o amser. Gall y rhain fod yn foesau ymddygiad dynol. Hefyd mae deddfau naturiol yn bethau ym myd natur y mae'n bosibl eu harsylwi fel patrymau sy'n ailadrodd. Mewn sawl ffordd, mae damcaniaeth y Ddeddf Naturiol a chredoau Islamaidd yn debyg. Y gwahaniaeth yw safle hollalluog Allah mewn Islam, sy'n gallu anwybyddu'r ddeddf naturiol os yw Ef yn dymuno hynny.

Mae Mwslimiaid ar adegau eraill ac mewn mannau eraill wedi gwrthod yr ymagwedd wyddonol weithiau, neu wedi bod yn llawer mwy gofalus. Mae rhai wedi gweld gwyddoniaeth fel bygythiad. Gallai gormod o resymu rhesymegol olygu bod person yn gwrthod ffydd yn Allah. Aeth Al-Ghazali yr ysgolhaig Mwslimaidd yn rhwystredig iawn wrth sôn am athroniaeth ac aeth drwy argyfwng ffydd. Wedyn ysgrifennodd lyfr yn erbyn rhesymu ac o blaid crefydd draddodiadol. Wrth ddysgu am greu'r bydysawd, mae llawer o gredinwyr crefyddol yn teimlo eu bod yn cael eu herio i ddod i delerau â sut mae credu yn Allah yn gallu cyd-fynd â gwyddoniaeth. Mae rhai'n gyfforddus gyda'u ffydd a'u dysg wyddonol. I eraill, mae hon yn broblem anodd ei datrys. Byddwn ni'n edrych ar ddamcaniaethau Islamaidd a gwyddonol y creu nesaf, ac yn gweld sut mae Mwslimiaid gwahanol wedi ymateb iddyn nhw.

Yr Athro Stephen Hawking

Dyfyniad allweddol

Mae pob un ohonon ni'n rhydd i gredu'r hyn rydyn ni eisiau a'm barn i yw mai'r esboniad symlaf yw nad oes Duw. Chreodd neb y bydysawd a does neb yn rheoli ein ffawd. Mae hyn yn fy arwain i sylweddoli rhywbeth dwfn. Mae'n debygol nad oes nefoedd, a dim bywyd ar ôl marwolaeth chwaith. Yr un bywyd hwn sydd gennym i werthfawrogi cynllun mawr y bydysawd, ac am hynny, rwy'n hynod ddiolchgar. **(Stephen Hawking)**

Termau allweddol

Qur'an al-Tadwini: y Qur'an a ddatguddiwyd, y llyfr

Qur'an al-Takwini: y Qur'an fel mae i'w weld yn y byd naturiol

Dyfyniad allweddol

Yn Islam mae'r cysylltiad anwahanadwy rhwng dyn a natur, a hefyd rhwng gwyddorau natur a chrefydd, i'w ganfod yn y Qur'an ei hun, y Llyfr Dwyfol sydd yn Logos neu'n Air Duw. Dyma'r Qur'an sydd wedi'i gofnodi a Qur'an y creu. **(Seyyed Hossain Nasr)**

cwestiwn cyflym

2.8 Beth ddatblygodd Ibn al-Haytham?

cwestiwn cyflym

2.9 Beth yw'r ddau fath gwahanol o Qur'an?

Cynnwys y fanyleb

Dysgeidiaeth Islamaidd am y greadigaeth.

Dysgeidiaeth Islamaidd ynglŷn â'r creu

Mae Mwslimiaid yn dibynnu ar y Qur'an a'r hadith i gael gwybodaeth am sut cafodd y byd ei greu. Mae nifer o gyfeiriadau yn y Qur'an sy'n debyg i stori'r creu yn yr Hen Destament yn y Beibl. Mae Allah, yr Un, y tu hwnt i amser a'r tu hwnt i ffurf. Nid rhywbeth wedi'i greu yw Allah a dydy hi ddim yn bosibl ei weld. Mae hanfod y Qur'an, heb ffurf ysgrifenedig, gydag Allah fel ffynhonnell gwybodaeth. Mae'r bydysawd yn cael ei weld fel y cafodd ei greu gan Allah. Does dim byd yn digwydd heblaw am ewyllys Allah; mae Allah yn dweud bydded iddi fod ac felly y mae. Felly, Allah yw achos cyntaf y creu. Petai Allah heb benderfynu dechrau creu'r bydysawd, yna fyddai e ddim wedi dod i fodolaeth.

Mae'r Qur'an yn dweud bod y nefoedd a'r ddaear gyda'i gilydd fel un, pan gawson nhw eu rhannu. Yna cymeron nhw eu ffurf bresennol. Cafodd y ddaear ei chreu fesul cam: mynyddoedd, y nefoedd, y sêr. Digwyddodd hyn mewn cyfnodau o amser sy'n gallu cael eu cyfieithu fel oesoedd, diwrnodau neu gyfnodau hir amhenodol. Dydy'r Qur'an o angenrheidrwydd ddim yn rhoi'r digwyddiadau mewn trefn y bydden ni'n ei hadnabod, ond mae'n dweud bod Allah wedi creu popeth byw a oedd yn gallu cerdded, nofio yn y môr, cropian ar y tir a hedfan yn yr awyr a bod y rhain wedi dod o'r dŵr. Gwnaeth Allah fodau o'r enw angylion a jin, cyn Iddo wneud bodau dynol. Gwnaeth yr haul, y lleuad a'r sêr, y glaw, y llysiau a'r cnydau a'r coed ffrwythau a'r gwair.

Dyfyniad allweddol

Ar y dechrau'n deg, doedd dim byd ond Allah, ac yna creodd Ef Ei Orsedd. Roedd Ei Orsedd dros y dŵr, ac ysgrifennodd Ef bopeth yn y Llyfr yn y Nefoedd a chreu'r Nefoedd a'r Ddaear. **(Hadith y Proffwyd Muhammad)**

Adam a Hawa

Mae hanes creu'r bodau dynol cyntaf mewn Islam yn cael ei ddisgrifio yn y Qur'an. Dyma hanes Adam a Hawa, neu Adda ac Efa fel maen nhw'n cael eu galw yn Gymraeg. Casglodd Allah ychydig o glai a'i fowldio i siâp y dyn cyntaf, Adda. Anadlodd fywyd i'r clai. Daeth y Proffwyd Adda'n fyw. Cafodd Hawa ei gwneud o asen Adda, yn ôl traddodiad Sunni. Roedd Adda ac Efa'n byw mewn gardd baradwys. Gorchmynnodd Allah i'r angylion i gyd ymgrymu i Adda. Gwnaethon nhw i gyd hynny. Ond roedd Iblis, y mae rhai'n ei alw'n angel neu jin, yn rhy drahaus i ymgrymu, gan ei fod yn meddwl ei fod yn well.

Roedd Adda ac Efa'n byw yng ngardd paradwys a chafodd Adda wybodaeth am bopeth, enwau'r holl greaduriaid. Cawson nhw fwynhau'r ffrwythau a'r blodau heblaw am un ffrwyth y goeden waharddedig. Ond daeth Iblis a themtio Adda ac Efa i fwyta'r ffrwyth gwaharddedig. Bwytodd y ddau'r ffrwyth gwaharddedig ac wrth wneud hynny anufuddhau i Allah. Dyma nhw'n sylweddoli eu bod nhw wedi anufuddhau a cholli eu hymdeimlad o heddwch. Gorchuddion nhw eu hunain mewn cywilydd. Fel cosb, anfonodd Allah nhw i fyw yn y byd. Maddeuodd Allah i Adda ac Efa a buon nhw'n byw ar y ddaear a deilliodd pob bod dynol oddi wrthyn nhw. Buodd eu teulu'n byw ar y ddaear, bob amser mewn perygl o gael eu temtio gan Iblis, y shaytan (Satan).

cwestiwn cyflym

2.10 Sut daeth Hayy ibn Yaqzan i wybod am y creu?

Mae traddodiad Islamaidd yn sôn am Adda fel cawr. Ar Gopa Adda yn Sri Lanka, mae ôl troed enfawr, bron i ddau fetr o hyd, ar gopa'r mynydd. Mae Mwslimiaid yn Sri Lanka yn ymweld â'r mynydd i weld yr ôl troed. Maen nhw'n credu mai Adda wnaeth e pan gafodd ei daflu o baradwys i lawr i'r ddaear. Mae'r safle'n arbennig i Hindŵiaid, i Fwdhyddion ac i Gristnogion hefyd.

Sri Pada (Copa Adda), Sri Lanka

Mae'r stori Hayy ibn Yaqzan gan Ibn Tufayl, yr athronydd Mwslimaidd, yn cynnig esboniad arall am y creu. Roedd Ibn Tufayl yn byw yn Sbaen a Morocco pan oedd yr ardal o dan reolaeth Fwslimaidd. Yn y stori, mae bachgen o'r enw Hayy yn cael ei adael ar ynys bellennig lle nad oes unrhyw fodau dynol. Mae gasél yn ei fagu. Mae Hayy yn meddwl llawer am fyd natur o'i gwmpas. Mae Hayy yn sylwi ar enedigaeth a marwolaeth, egni newydd a chwymp y dail. Mae'n dechrau meddwl am ystyr bywyd ac o ble daeth y cyfan. Mae'n penderfynu rhaid bod achos cyntaf i'r bydysawd nad yw'n gallu ei weld, rhywbeth nad yw'n wrthrych. Rhaid bod gan y bydysawd ddechrau a diwedd. Mae Hayy yn edrych ar y sêr ac yn sylwi eu bod nhw'n symud mewn cylchoedd. Gweithiodd allan brif gredoau'r creu heb iddo erioed ddarllen y Qur'an, testun wedi'i ddatguddio. Gwnaeth hyn drwy edrych ar y byd o'i gwmpas a meddwl yn rhesymegol am fyd natur. Yn y pen draw caiff Hayy ei achub ac mae'n mynd yn ôl i wareiddiad. Er i Hayy gwrdd â phobl sydd â gwybodaeth am grefydd drwy ddysg a thestunau wedi'u datguddio gan Allah, mae'n gweld eu bod nhw'n faterol a bod eu cyfoeth yn tynnu eu sylw oddi ar wir wybodaeth.

Mae hi'n bosibl dehongli stori'r ffrwyth gwaharddedig fel dameg. Geiriau da, diymhongar yw'r hyn sy'n ofynnol gan Allah; temtasiynau gan y diafol yw temtasiynau drygionus a meddyliau trahaus.

Y rhan bwysicaf o stori'r creu Islamaidd yw mai Allah yw'r achos cyntaf. Weithiau dehonglir creu Hawa, Efa, o asen Adda i olygu bod menywod wedi dod o ran o ddyn ac felly eu bod nhw'n israddol. Fodd bynnag, dydy pob Mwslim ddim yn cytuno ar hyn. Yn wahanol i stori'r creu Gristnogol, roedd Adam a Hawa yn euog o fwyta'r ffrwyth gwaharddedig pan demtiodd Iblis nhw. Nid Hawa oedd yn gyfrifol am demtio Adam. Mae'r Qur'an yn cyfeirio dro ar ôl tro at y bydysawd fel man lle mae arwyddion i bobl sy'n credu ac sy'n myfyrio arnyn nhw. Byddai hyn fel petai'n cefnogi'r syniad o Qur'an sydd wedi'i ddatgelu drwy fyd natur; o gredoau sydd wedi'u gweithio allan drwy edrych ar y byd o gwmpas, fel gwnaeth Hayy ibn Yaqzan.

Yr Alhambra yn Granada, Sbaen

Dyfyniad allweddol

Y Qur'an 22:18

Onid wyt ti'n gweld bod popeth yn ymgrymu i Allah ag sydd yn y nefoedd ac ar y ddaear, yr haul, y lleuad, y sêr; y bryniau, y coed, yr anifeiliaid; a nifer mawr ymysg y ddynoliaeth? Ond mae nifer mawr (hefyd) yn rhai sy'n addas i gael Cosb: ac yn rhai y bydd Allah yn eu cywilyddio. All neb gael ei godi i anrhydedd: oherwydd mae Allah yn cyflawni popeth y mae Ef yn ei ewyllysio. **(Yusuf Ali)**

Dyfyniad allweddol

Y Qur'an 14:24–26

Onid wyt ti'n gweld sut mae Allah yn cyflwyno dameg? – Gair da fel coeden dda, y mae ei gwreiddiau'n gadarn, a'i changhennau'n (ymestyn) tua'r nefoedd, – o'r Arglwydd. Felly mae Allah yn cyflwyno damhegion i ddynion, fel eu bod nhw'n cael rhybudd. Mae'n dod â ffrwythau bob amser, gyda chaniatâd yr Arglwydd. Felly mae Allah yn cyflwyno damhegion i ddynion, fel eu bod nhw'n cael rhybudd. Ac mae dameg Gair drwg yn ddameg coeden ddrwg: Caiff ei rhwygo o'r gwraidd o wyneb y ddaear: dydy hi ddim yn sefydlog. **(Yusuf Ali)**

Gweithgaredd AA1

Trefnwch y rhestr ganlynol yn ddau gategori: rheswm a datguddiad. Efallai bydd angen i chi chwilio am ystyr y termau a rhoi diffiniad o bob un yn gyntaf. Oes unrhyw eitemau o'r rhestr yr oedd yn anodd i chi eu rhoi mewn un categori neu'r llall? Esboniwch eich ateb.

- Gweithio pethau allan gam wrth gam
- Geiriau Allah yn y Qur'an
- Y ffordd y mae Mwslimiaid yn dod o hyd i wybodaeth
- Ymagwedd wyddonol
- Ymagwedd Hayy ibn Yaqzan
- Stori Adda ac Efa
- Safbwyntiau Stephen Hawking
- Yr ymagwedd y mae'r Abbasidiaid yn ei dilyn
- Dysgeidiaethau Al-Ghazali
- Qur'an al-Takwini

Damcaniaeth y Glec Fawr

Cynnwys y fanyleb

Damcaniaethau gwyddonol cyfoes: damcaniaeth y Glec Fawr.

Os gofynnwch chi i wyddonwyr sut cafodd y bydysawd ei wneud, byddai'r rhan fwyaf yn dweud o Glec Fawr. Doedd neb o gwmpas pan gafodd y byd ei wneud, ond mae llawer o ddamcaniaethau gwyddonol yn awgrymu iddo ddechrau gyda ffrwydrad. Mae gwyddonwyr wedi mesur y bydysawd ac wedi gwneud cyfrifiadau am ei symudiad. O hynny mae'n bosibl ei olrhain i un pwynt, tua 13 800 000 000 o flynyddoedd yn ôl. Ffrwydrodd màs dwys, poeth iawn, gan wasgaru'r bydysawd dros bob man. Wrth i'r gwres oeri'n raddol, ffurfiodd gronynnau, yna daethon nhw at ei gilydd i ffurfio atomau, cymylau a sêr. Rhagdybiodd damcaniaeth y Glec Fawr y byddai pelydriad cefndir yn bresennol yn y bydysawd o'r Glec Fawr. Wrth i archwilio a mesur y gofod ddigwydd yn yr ugeinfed ganrif, codwyd pelydriad cefndir ac mae hyn wedi'i ddefnyddio i gefnogi'r ddamcaniaeth.

Fodd bynnag, damcaniaeth yw hi. Mae rhai pobl yn amheus oherwydd bod damcaniaethau eraill ynghylch sut cafodd y bydysawd ei greu. Mae dadl ynghylch beth oedd achos cyntaf y Glec Fawr. Pam ffurfiodd y màs dwys, poeth yn y lle

Y Bydysawd

cyntaf? Beth greodd hyn? Ar ôl iddo gael ei greu, mae màs yn gallu bod mor ddwys fel bod grymoedd naturiol yn ei achosi i ffrwydro a lledaenu tuag allan. Mae'n bosibl dadlau bod y màs wedi'i greu'n ddigymell. Ond o beth a pham? Mae'n bosibl i gredinwyr crefyddol dderbyn fersiwn wedi'i addasu o ddamcaniaeth y Glec Fawr sy'n cynnwys diwinyddiaeth. Y gwahaniaeth mwyaf pwysig yw bod credinwyr yn ystyried mai Allah yw'r achos cyntaf. Ar ôl i'r bydysawd gael ei greu, mae'n bosibl i Allah weithio drwy rymoedd naturiol. Yn union fel nad yw Mwslimiaid yn gallu gweld Allah, dydy gwyddonwyr ddim yn gallu mynd yn ôl mewn amser chwaith i brofi bod y Glec Fawr wedi digwydd go iawn.

cwestiwn cyflym

2.11 Beth yw achos cyntaf?

Cynnwys y fanyleb

Damcaniaethau gwyddonol cyfoes: damcaniaeth Cyflwr Sefydlog.

Damcaniaeth Cyflwr Sefydlog

Mae damcaniaeth Cyflwr Sefydlog yn awgrymu na tharddodd y bydysawd o Glec Fawr, ond ei fod yno erioed ac yn debyg iawn erioed. Mae gronynnau newydd neu fater newydd yn dal i gael eu gwneud rywle yn y bydysawd drwy'r amser: ddechreuodd hyn ddim ar un adeg mewn un ffrwydrad. Mae damcaniaeth Cyflwr Sefydlog yn awgrymu y bydd y bydysawd yn parhau am byth. Roedd y ddamcaniaeth hon yn boblogaidd gyda rhai gwyddonwyr yng nghanol yr ugeinfed ganrif.

Cyn hynny cyflwynodd **Albert Einstein** ei Ddamcaniaeth Perthnasedd. Doedd gofod ac amser ddim yn sefydlog, roedden nhw'n rhan o'r bydysawd a gallen nhw newid wrth i'r bydysawd newid. Doedd Einstein ddim yn cytuno bod y bydysawd mewn cyflwr sefydlog, ond roedd yn meddwl, wrth i'r bydysawd newid, fod gofod ac amser yn newid, felly doedd dim pwynt chwilio am amser pan ddechreuodd y bydysawd.

I Fwslimiaid, rhaid bod achos cyntaf, ac Allah yw hwnnw. Mae Allah yn bodoli y tu hwnt i'r bydysawd. Mae awgrymu bod y bydysawd yno erioed yn ei osod yn gyfartal â Duw. Mewn geiriau eraill, mae'r creu'n gyfartal â'r creawdwr. I gredinwyr dydy hynny ddim yn gwneud synnwyr. Rhaid i'r creawdwr ddod yn gyntaf. Fodd bynnag, mae cylchoedd o fewn y creu'n gydnaws â'r gred y gall Allah weithio drwy ffyrdd amrywiol.

Albert Einstein

Unigolion allweddol

Albert Einstein: gwyddonydd o ddechrau'r ugeinfed ganrif a feddyliodd am ddamcaniaeth perthynoledd cyffredinol: nad yw amser a lle yn absoliwt ond yn berthynol, h.y. yn newid.

Al-Biruni: meddyliwr, daearyddwr ac ysgrifennwr Mwslimaidd a weithiodd allan beth oedd maint y ddaear drwy arsylwi'n ofalus. Roedd yn meddwl rhaid bod y bydysawd wedi cael ei greu mewn cyfnod o amser gan greawdwr allanol. Hefyd teithiodd Biruni i India lle cafodd ei ysgogi wrth ddysgu gan Hindŵaeth ac wrth astudio crefydd gymharol.

Avicenna: ei enw Arabeg oedd **Ibn Sina**, ysgolhaig Mwslimaidd a ysgrifennodd lawer o lyfrau gan gynnwys Canon Meddygaeth. Roedd yn meddwl rhaid bod y bydysawd wedi cael ei greu gan achos cyntaf ac felly roedd rhaid bod pŵer – Duw – yno y tu allan i amser i'w greu.

Treuliodd **Al-Biruni**, meddyliwr Mwslimaidd yn yr Oesoedd Canol, lawer o amser yn astudio ac yn trafod y bydysawd o'i gwmpas. Daeth i'r casgliad fod amser yn gymharol, i ryw raddau fel Einstein. Roedd gan amser nodweddion a chylchredau gwahanol: doedd e ddim yn ffitio patrwm llinol. Ysgrifennodd Al-Biruni lythyrau at **Avicenna**, meddyliwr arall Mwslimaidd ei gyfnod, i drafod agweddau ar greu'r bydysawd, y planedau, y sêr a'u symudiadau.

Gweithiodd Al-Biruni allan drwy arsylwi manwl fod y planedau'n symud mewn patrwm tebyg i sffêr. Hefyd daeth i'r casgliad fod y ddaear yn grwn. Drwy gyfrifo pa mor bell y gallai weld i'r gorwel o gopa bryn, gweithiodd Al Biruni radiws y byd allan 99.7% yn gywir. Roedd hyn yn anhygoel am oes cyn lloerenni a thechnoleg mesur fodern. Gwnaeth Al-Biruni ei fesuriad ar fryn nesaf at ddyffryn yr afon gerllaw pyllau halen Alexander

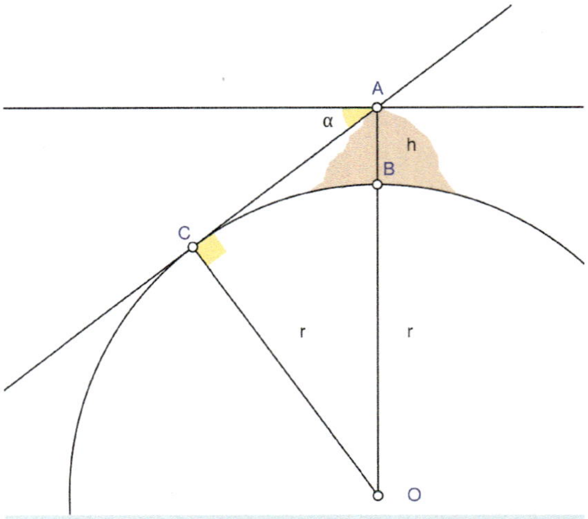

Cyfrifiad Al-Biruni o radiws y ddaear

Fawr yn y wlad sy'n Pakistan heddiw. Roedd ar ei ffordd i India i astudio r grefydd Hindŵaidd. Roedd ganddo ddiddordeb mawr ynddi gan ei fod yn teimlo bod gan Fwslimiaid lawer i'w ddysgu o arsylwi ar bopeth posibl gan bawb.

Damcaniaethau Bydysawd Ehangol/Osgiliadol

Mae'r damcaniaethau Bydysawd Ehangol/Osgiliadol yn awgrymu bod gan y bydysawd gyfres o gylchredau. Mae un yn arwain at y nesaf, sy'n helpu'r bydysawd i barhau am byth. Gallai Cleciau Mawr fod yn rhan o hyn, ond yn hytrach na bod un Glec Fawr wedi creu'r bydysawd cyfan, byddai Clec Fawr yn dechrau cyfnod newydd yn y bydysawd ac yn cael ei dilyn gan Glec Fawr arall yn y gylchred. Byddai'r bydysawd yn ehangu am gyfnod, yna'n cyfangu ac yn cwympo, ac yna'n ehangu eto.

Yn wahanol i'r damcaniaethau eraill, does dim achos cyntaf. Dydy Mwslimiaid ddim yn credu bod y bydysawd yn dechrau o'i ran ei hun a'i fod yn ei gynnal ei hun: Duw yn unig sy'n gallu cynnal bydoedd. Duw yn unig sy'n gallu rhoi rheswm neu ddiben dros y creu. Gall Duw weithio drwy gylchredau yn y greadigaeth, fel achos cefndirol sydd â rheolaeth eithaf dros bopeth.

Cosmoleg yw'r term am symudiadau'r planedau yn y bydysawd a'r ystyr y tu ôl iddo. Mae'n bosibl ei hastudio o safbwynt gwyddoniaeth fodern. Roedd meddylwyr Islamaidd yn yr Oesoedd Canol yn ymddiddori ynddi hefyd. Ysgrifennodd Al-Biruni gyfres o lythyrau at Avicenna, un o'r deallusion Mwslimaidd mwyaf enwog o Uzbekistan, mewn dadl hir am gosmoleg.

Avicenna, ei enw Arabeg oedd Ibn Sina

Roedd Avicenna yn dadlau rhaid bod Duw yn bodoli oherwydd rhaid bod rhywbeth yn bodoli i achosi popeth yn y lle cyntaf. Roedd yr undod yn y bydysawd yn awgrymu mai Duw oedd y peth a oedd yn bodoli. Duw oedd y 'presennol angenrheidiol', y peth yr oedd yn rhaid iddo fod yno. Roedd un achos yn arwain at y nesaf, at y nesaf ac yn y blaen mewn cadwyn a oedd yn parhau, ond roedd popeth yn dibynnu ar yr achos cyntaf hwnnw. Dywedodd Avicenna y gallai'r byd barhau i gael ei greu am byth.

Defnyddiodd Al-Biruni resymu gwahanol i esbonio sut daeth y byd i fod. Teimlai fod gan y byd ymdeimlad o newydd-deb ac undod. Rhaid mai bod oedd wedi'i greu, a'r bod hwnnw'n unedig. Roedd y bydysawd yn arwydd o bŵer a chreu Duw. Roedd newydd-deb y bydysawd yn golygu rhaid mai Duw oedd wedi ei greu ar ryw adeg, doedd e ddim yn gallu bod y tu hwnt i amser neu wedi bod yn bodoli erioed. Gallai fod yn rhan o gadwyn ddiddiwedd o ddigwyddiadau a oedd yn parhau am byth.

Roedd gan Ibn Arabi, y meistr Sufi o Sbaen, safbwynt gwahanol. Dywedodd fod y bydysawd yn adlewyrchiad o rinweddau Allah, yn arwyddion i bobl sy'n credu. Felly, os yw Allah yn dragwyddol, yna dydy Ei adlewyrchiad, y Creu, ddim yn yr un dimensiwn ag amser. Gall fynd drwy gylchoedd genedigaeth, marwolaeth ac ailenedigaeth, creu di-dor. Roedd Allah yn bresenoldeb angenrheidiol i'r byd a oedd wedi'i greu ymddangos, nid yn achos iddo ymddangos. Gallai safbwynt Ibn Arabi gael ei gymryd i gefnogi'r damcaniaethau ehangu/osgiliadu.

cwestiwn cyflym

2.12 Pa resymau a roddodd Al-Biruni dros gredu bod y bydysawd wedi cael ei greu?

Cynnwys y fanyleb

Damcaniaethau gwyddonol cyfoes: damcaniaethau'r Bydysawd sy'n Ehangu/Osgiliadu.

Dyfyniad allweddol

Roedd cosmoleg Avicenna yn gosod Duw yn y canol fel Creawdwr – yr Achos Cyntaf, y Bod angenrheidiol y daeth y 10 deallusrwydd ohono ac yr oedd ei hanfod a'i fodolaeth ddigyfnewid yn teyrnasu dros y deallusrwydd hwnnw. Disgynnodd y Deallusrwydd cyntaf i lawr ar y Deallusrwydd Gweithredol, a oedd yn cyfathrebu â bodau dynol drwy ei olau dwyfol, priodoledd symbolaidd a oedd yn cael ei awdurdod o'r Qur'an. **(Michael Flannery)**

Gweithgaredd AA1

DSS: Damcaniaeth – Safbwynt – Sylw

Ar gyfer pob damcaniaeth wyddonol, ysgrifennwch grynodeb yn eich geiriau eich hun mewn dwy frawddeg neu lai. Esboniwch pam gallai Mwslim gytuno â'r crynodeb, neu pam na fyddai'n gallu cytuno ag ef. Edrychwch i weld a allwch chi ddod o hyd i ddyfyniad yn y bennod hon, o unrhyw le, sy'n cefnogi'r ddamcaniaeth honno; ysgrifennwch hi ac esboniwch pam mae'r dyfyniad hwnnw'n gefnogol yn eich barn chi.

Nesaf, dychmygwch eich bod yn cynnal trafodaeth ar y Rhyngrwyd ynghylch sut cafodd y byd ei wneud. Rhowch gyfres o sylwadau am hyn, gan gynnwys eich safbwynt chi. Gwnewch yn siŵr eich bod yn cynnwys safbwyntiau eraill yn y drafodaeth. Dylai pob sylw fod yn fyr ac i'r pwynt a dylai ymwneud â phwnc y creu.

Cynnwys y fanyleb

Cyfeiriadau at Sura 3:26–27, Sura 23:12–14 a Sura 51:47.

Dyfyniadau allweddol

Y Qur'an 3:26–27

Dywedwch: 'O Allah. Arglwydd Grym (a Rheolaeth), rwyt Ti'n rhoi grym i rai fel mynnot Ti, ac rwyt Ti'n tynnu grym oddi ar rai fel mynnot Ti: Rwyt Ti'n rhoi anrhydedd i rai fel mynnot Ti, ac rwyt Ti'n darostwng rhai fel mynnot Ti: Yn Dy law mae popeth yn dda. Yn wir, Ti sydd â grym dros bob peth. 'Rwyt ti'n gwneud i'r nos drechu'r dydd, ac rwyt Ti'n gwneud i'r dydd drechu'r nos; Rwyt ti'n dod â'r Byw allan o'r marw, ac rwyt Ti'n dod â'r marw allan o'r Byw; ac rwyt Ti'n rhoi cynhaliaeth i rai fel y mynnot ti, yn ddifesur.' **(Yusuf Ali)**

Y Qur'an 24:45

Mae Allah wedi creu pob anifail o ddŵr: o'r rhain mae rhai sy'n ymlusgo ar eu boliau; rhai sy'n cerdded ar ddwy goes; a rhai sy'n cerdded ar bedair. Mae Allah yn creu'r hyn y mae Ef yn ei ewyllysio oherwydd yn wir mae gan Allah rym dros bob peth. **(Yusuf Ali)**

Term allweddol

Qadr: tynged. Y syniad mewn Islam mai Allah sy'n rheoli pob gweithred ac sy'n penderfynu taith person drwy fywyd. Weithiau mae Mwslimiaid yn cyfeirio at beth bynnag sydd wedi'i ysgrifennu ar eu cyfer nhw, ystyr hyn yw beth bynnag mae Duw wedi'i benderfynu ar gyfer eu bywyd

Sura 3:26–27

Mwslim yn darllen y Qur'an

I Fwslimiaid, mae gan Allah y pŵer i wneud unrhyw beth. O ran y creu, mae gan Dduw bŵer dros nos a dydd. Duw a'u gwnaeth nhw yn y lle cyntaf. Mae Duw nid yn unig yn achos cyntaf yn y bydysawd, ond mae wrthi o hyd mewn digwyddiadau o ddydd i ddydd. Mae Mwslimiaid yn credu pethau gwahanol o ran i ba raddau mae Allah yn rheoli pob gweithred. **Qadr** yw'r gred mewn tynged neu ragordeiniad: fod Allah wedi penderfynu ar ffawd person yn barod, cyn iddo gael ei eni, ac nad oes dim byd yn digwydd nad yw yng nghynllun Duw. Ar y llaw arall, prawf yw bywyd ac mae bodau dynol yn rhydd i ddewis beth i'w wneud. Mae ganddyn nhw ddeallusrwydd i ddeall yr hyn sy'n gywir ac yn anghywir ac maen nhw'n cael eu profi gan Dduw i wneud y pethau cywir ac i ufuddhau i'w orchmynion. Mae Mwslimiaid Sunni yn rhoi mwy o bwyslais ar Qadr tra gall Mwslimiaid Shi'a roi mwy o bwyslais ar ddyletswydd person i ddewis beth i'w wneud. I'r ddau grŵp, mae Allah yn dal i fod wrthi'n creu. Nid drwy siawns neu rymoedd naturiol y mae pethau'n digwydd.

Yn y Qur'an Sura 24, caiff pwyslais ei roi ar Dduw fel creawdwr popeth, ond mae'n cael ei roi mewn ffordd eithaf diddorol. Mae'r awgrym fod popeth wedi'i wneud o ddŵr yn swnio ychydig fel cyfres o greaduriaid, yn yr un ffordd ag y mae damcaniaeth esblygiad yn awgrymu mai pysgod ddaeth yn gyntaf, yna'n raddol, datblygodd creaduriaid a allai gerdded ar y tir. Doedd damcaniaeth esblygiad ddim yn bodoli ar yr adeg y cafodd y Qur'an ei ddatgelu. Mae perygl darllen gormod i gyfieithiad o eiriau wedi'u rhoi mewn cyd-destun gwahanol. Serch hynny, mae gweld y tebygrwydd yn ddiddorol.

Sura 23:12–14

Dyfyniadau allweddol

Y Qur'an 23:12–14

Creon Ni Ddyn o anian (o glai); Yna gosodon Ni ef fel (diferyn o) sberm mewn man llonydd, wedi'i osod yn sefydlog; yna gwnaethon Ni'r sberm yn dolchen o waed wedi ceulo; yna o'r dolchen honno gwnaethon Ni lwmp (ffoetws); yna o'r lwmp hwnnw gwnaethon Ni esgyrn a dilladu'r esgyrn â chnawd; yna datblygon Ni greadur arall allan ohono. Felly bendigedig fyddo Allah, y gorau i greu! **(Yusuf Ali)**

Y Qur'an 15:26

Creon ni ddyn o glai sych, o fwd wedi'i fowldio yn siâp. **(Yusuf Ali)**

Y Qur'an 22:5

O'r ddynoliaeth! Os oes gennych chi amheuaeth am yr Atgyfodiad, (ystyriwch) ein bod Ni wedi eich creu o lwch, yna o sberm, yna o dolchen fel gelen, yna o ddarn o gnawd, yn rhannol wedi'i ffurfio ac yn rhannol heb ei ffurfio, fel y gallwn Ni ddangos (ein pŵer) i chi; a byddwn Ni'n achosi pwy bynnag yr ydyn Ni'n dymuno iddo orffwys yn y crothau am gyfnod penodol, yna rydyn Ni'n dod â chi allan fel babanod, yna (yn eich maethu) fel y gallwch chi gyrraedd oedran eich cryfder llawn; ac mae rhai ohonoch chi'n cael eich galw i farw, ac mae rhai'n cael eu hanfon yn ôl i'r henaint gwannaf, fel nad ydyn nhw'n gwybod dim ar ôl gwybod (llawer), ac (ymhellach), rwyt ti'n gweld y ddaear yn ddiffrwyth ac yn ddifywyd, ond pan fyddwn Ni'n arllwys glaw arni, caiff ei chyffroi (yn fyw), mae'n chwyddo, ac mae'n tyfu pob math o dyfiant hardd (mewn parau). **(Yusuf Ali)**

Mae'r adnodau uchod o'r Qur'an yn awgrymu bod bywyd dynol wedi dod allan o glai. Hefyd maen nhw'n manylu ar broses atgenhedlu dynol, o'r sberm i'r wy i'r ffoetws. Mae 'tolchen' yn un cyfieithiad o'r gair Arabeg **alaq**, a allai olygu ffoetws.

Dydy bywyd ddim yn digwydd drwy ddulliau corfforol yn unig, ond gyda chaniatâd Duw. Mae'n bosibl gwahaniaethu rhwng creu embryo corfforol, ac embryo sydd ag enaid. Weithiau mae Sura 23 **ayat** 14 yn cael ei ddehongli i olygu bod y 'creadur arall' yn cyfeirio at y baban a bod yr enaid yn mynd i mewn i'r ffoetws yn ystod beichiogrwydd pan mae bywyd yn cael ei anadlu i mewn i'r bod corfforol. Mewn gwyddoniaeth, mae embryo'n cael ei greu yng nghyfnodau cynnar beichiogrwydd yn y groth ar ôl i wy gael ei ffrwythloni gan sberm ac mae'n dechrau tyfu. Yn nes ymlaen yn y beichiogrwydd, mae'r embryo'n datblygu'n ffoetws, sydd yn edrych yn fwy dynol.

I Fwslimiaid, nid cnawd a gwaed yn unig yw bodau dynol, fel mae gwyddoniaeth yn ei ddisgrifio. Creadigaethau Duw ydyn nhw ac mae ganddyn nhw enaid. Gall deall atgenhedlu yn wyddonol helpu Mwslimiaid i drafod a dehongli eu testunau. I'r crediniwr ymroddedig, testun y Qur'an a'r hadith fydd yn dod gyntaf bob amser. Mae gwyddoniaeth fodern yn gallu helpu Mwslimiaid i'w deall nhw.

Termau allweddol

Alaq: gair Arabeg yn y Qur'an sy'n golygu tolchen o waed; mae'n bosibl ei gyfieithu fel embryo hefyd

Ayat: adnod yn y Qur'an

Dyfyniad allweddol

Yn wir, mae pob un ohonoch chi'n cael ei greu yng nghroth ei fam am ddeugain niwrnod ar ffurf nutfah (diferyn o sberm), yna mae'n dod yn alaqah (embryo) am gyfnod tebyg, yna'n mudgaha (cnawd dynol) am gyfnod dynol, yna anfonir angel sy'n chwythu ei enaid i mewn iddo. **(Hadith y Proffwyd Muhammad)**

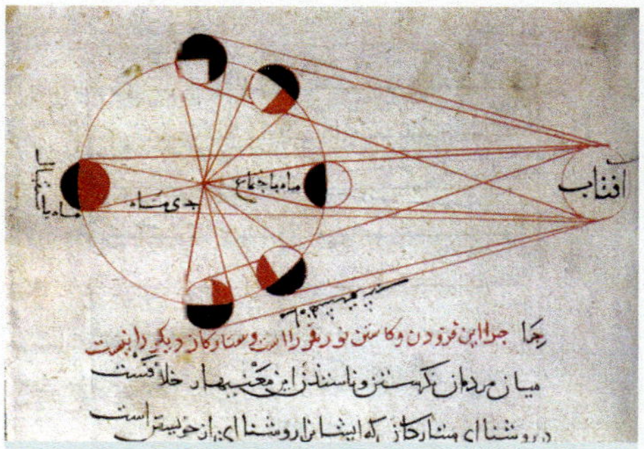
Darlun o symudiad y lleuad gan Biruni

Sura 51:47

Dyfyniad allweddol

Y Qur'an 51:47

Gyda nerth a medr y llunion ni'r Ffurfafen: oherwydd Ni sy'n creu helaethrwydd y gofod. Ac rydyn Ni wedi lledaenu'r ddaear (eang): Mor rhagorol rydyn Ni'n lledaenu! Ac o bopeth rydyn Ni wedi creu parau: Fel y cewch chi gyfarwyddyd. **(Yusuf Ali)**

Gan fod Mwslimiaid yn gweld mai gair Duw yw'r Qur'an, Duw yw'r 'Ni' a luniodd y bydysawd. Mae nerth a medr yn cyfeirio at y gred bod y bydysawd wedi'i wneud yn fwriadol, yn ôl cynllun Duw, nid drwy ddamwain. Mae'r bydysawd wedi'i wneud ac yna wedi'i ledaenu. Mae cyfieithiad ac ystyr hyn yn ddadleuol. Ar y pryd, fyddai'r gwrandawyr ddim yn deall gwyddoniaeth fodern a damcaniaeth y Glec Fawr. Mae rhai Mwslimiaid yn dweud bod Duw'n gwybod popeth a phob damcaniaeth, felly gallai fod wedi cyfeirio at broses y Glec Fawr yn yr adnodau hyn. Dydy lledaeniad y bydysawd ddim yn annhebyg i broses y Glec Fawr.

Dyfyniad allweddol

Y Qur'an 21:30

Onid yw'r Anghredinwyr yn gweld bod y nefoedd a'r ddaear wedi'u huno (yn un uned o greadigaeth), cyn i ni eu hollti oddi wrth ei gilydd? Gwnaethon ni bopeth byw o ddŵr. Oni wnân nhw gredu wedyn? **(Yusuf Ali)**

Mae adnodau eraill o'r Qur'an yn cyfeirio at y bydysawd yn dechrau fel un uned, yna'n tyfu ac yn ehangu, mewn ffordd debyg i'r Glec Fawr. Mae Sura 21 ayat 30 yn cyfeirio hefyd at y ffaith fod popeth byw wedi'i wneud o ddŵr. Yn namcaniaeth esblygiad, mae bywyd yn y dŵr yn dod cyn bywyd ar y tir. Yn araf, datblygodd creaduriaid yn y môr goesau bach a'r gallu i gerdded ar y tir. Mae'n destun dadl a yw'r adnod hon yn cyfeirio at y cam esblygiad hwn ai peidio.

Dyfyniad allweddol

Y Qur'an 71:14–17

A welwch mai Ef a'ch creodd chi mewn camau amrywiol? Oni welwch chi sut mae Allah wedi creu'r saith nefoedd, y naill ar ben y llall, ac wedi gwneud i'r lleuad fod yn olau yn eu canol, ac wedi gwneud yr haul fel lamp odidog? Ac mae Allah wedi eich cynhyrchu chi o'r ddaear gan dyfu'n raddol. **(Yusuf Ali)**

Dyfyniad allweddol

Y Qur'an 21:104

Y Diwrnod rydyn Ni'n rholio'r nefoedd fel sgrôl wedi'i rolio ar gyfer llyfrau (wedi'i gwblhau), – hyd yn oed wrth i Ni gynhyrchu'r greadigaeth gyntaf, felly hefyd byddwn Ni'n cynhyrchu un newydd: addewid rydyn Ni wedi'i wneud: yn wir byddwn Ni yn ei gyflawni. (Yusuf Ali)

Mae'r Qur'an, Sura 71, ayat 14 i 17 yn cyfeirio at natur raddol y creu. Mae ayat arall o'r Qur'an yn cyfeirio at ddydd yn para hanner can mil o flynyddoedd. Mae'n debygol mai cyfnod o amser heb ei ddiffinio oedd ystyr dydd yng nghyd-destun stori'r creu. Gallai gyfeirio at gyfnodau hir y mae gwyddoniaeth yn awgrymu y mae eu hangen ym mhroses y creu.

Mae'r Qur'an 21.104 yn awgrymu bod y greadigaeth fel sgrôl sy'n gallu cael ei rolio a'i ddadrolio, gydag un newydd yn ei ddilyn. Mae hyn yn debyg i'r syniad am fydysawd sefydlog sy'n parhau gyda chamau o ehangu ond nad yw byth yn dod i ben, fel y ddamcaniaeth Cyflwr Sefydlog wyddonol. Hefyd gallai gyd-fynd â damcaniaeth creadigaeth sy'n ehangu ac yn osgiliadu. Fodd bynnag, dydy hynny ddim yn cyd-fynd â'r gred Islamaidd eglur fod Allah y tu hwnt i amser ac iddo greu'r bydysawd. Felly os oedd y bydysawd wedi'i greu mewn cyfnod o amser, allai e ddim fod wedi bodoli am byth.

Mae'n hawdd gweld ystyr nad yw'n bodoli yn yr adnodau hyn o'r Qur'an. Dydyn ni ddim yn gwybod beth oedd ym meddwl gwrandawyr Arabia gynnar wrth glywed y Proffwyd yn adrodd yr adnodau hyn. Yn sicr doedd ganddyn nhw mo'r ddealltwriaeth wyddonol sydd gennym yn y byd modern. Serch hynny, mae rhai Mwslimiaid yn ystyried ei bod hi'n wyrth fod gan y Qur'an y fath ddealltwriaeth o natur y bydysawd, 1400 o flynyddoedd yn ôl.

Cynnwys y fanyleb

Dysgeidiaeth Islamaidd am y greadigaeth a sut mae'n gydnaws â damcaniaethau gwyddonol cyfoes.

Cydnawsedd â damcaniaethau gwyddonol modern

Mae Mwslimiaid yn credu bod Allah wedi creu'r bydysawd yn rhan o'i gynllun mawr dwyfol. Dyna'r gwahaniaeth allweddol rhwng Islam a gwyddoniaeth. Mae damcaniaethau gwyddonol am greu'r bydysawd yn awgrymu damcaniaethau ynghylch sut gallai mater ddod ynghyd a hollti heb fod angen cyfeirio at achos cyntaf. P'un a yw hi'n ddamcaniaeth y Glec Fawr neu'n un o'r damcaniaethau eraill, mae Mwslimiaid yn credu bod Duw ar waith yn y cread. Mae'n bosibl mai Duw sy'n creu'r grymoedd i reoli'r bydysawd, ac felly mae'n bosibl derbyn y digwyddiadau y mae gwyddonwyr modern yn eu disgrifio yn eu fersiwn o'r creu. Mae'r Qur'an fel petai'n cytuno i newid ddigwydd yn raddol; i'r planedau symud oddi wrth ei gilydd; yna daeth bywyd i fodolaeth. Y gwahaniaeth yw bod pŵer y tu ôl i'r cyfan y mae Mwslimiaid yn ei alw'n Allah.

cwestiwn cyflym

2.13 Enwch dri Mwslim a allai fod yn cytuno â chysyniad esblygiad.

Mae Mwslimiaid a gwyddonwyr yn gallu arsylwi byd natur a'r harddwch yn y byd i edrych am dystiolaeth o'r hyn ddigwyddodd adeg y creu. Roedd meddylwyr Mwslimaidd fel Al-Biruni yn gweld newydd-deb yn y byd. Yn ei farn ef, roedd hyn yn cyfeirio at Dduw fel creawdwr, fel achos cyntaf, a bod y bydysawd wedi'i greu mewn cyfnod o amser. Ceisiodd syniadau athronwyr yr Oesoedd Canol wneud synnwyr o'r creu wrth yr hyn yr oedden nhw'n ei weld a'r hyn y gallen nhw ei weithio allan drwy resymu, yn debyg iawn i'r ffordd y gallai gwyddonydd wneud heddiw. Mae'n bosibl defnyddio'r dull gwyddonol hwn i ddangos bod prydferthwch ac ystyr yn y bydysawd a grym y tu ôl i'r cyfan.

Dyfyniad allweddol

Dechreuodd o'r mwynau a symud ymlaen, yn ddyfeisgar ac yn raddol, at blanhigion ac anifeiliaid. Mae cam olaf y mwynau'n gysylltiedig â cham cyntaf y planhigion, fel perlysiau a phlanhigion heb hadau. Mae cam olaf y planhigion, fel palmwydd a gwinwydd, yn gysylltiedig â cham cyntaf yr anifeiliaid, fel malwod a chregyn môr. (Ibn Khaldun)

Damcaniaeth esblygiad yw un o'r damcaniaethau gwyddonol mwyaf dadleuol i Fwslimiaid. Mae llawer o Fwslimiaid yn gwrthod y ddamcaniaeth hon. Maen nhw'n credu, os yw Allah yn dweud y bydd rhywbeth yn digwydd, ei bod hi'n bosibl iddo gael ei wneud yn y fan a'r lle. Mae'r Qur'an yn dweud bod Allah wedi creu bodau dynol o lwch, felly wnaethon ni ddim esblygu o rywogaethau eraill. Mae rhai Mwslimiaid yn dweud bod Duw yn gallu gweithio drwy esblygiad. Mae un rhywogaeth yn esblygu'n un arall, yn rhan o gynllun mawr Duw.

Meddyliwr Islamaidd oedd Ibn Khaldun a oedd yn byw yn Granada, Sbaen, ac yng Ngogledd Affrica, yn yr Oesoedd Canol. Mae ei syniadau'n ymddangos yn hynod o debyg i ddamcaniaeth esblygiad. Ysgrifennodd Ibn Khaldun lyfr am broses raddol y creu. Awgrymodd fod anifeiliaid wedi newid yn raddol o un rhywogaeth i'r llall. Yn olaf, mae'r ddynoliaeth yn dod o gam mwncïod. Mae bodau dynol uwchlaw'r lleill i gyd oherwydd eu gallu i feddwl ac i ystyried.

Mae damcaniaeth esblygiad wedi mynd yn fwy amhoblogaidd ymhlith Mwslimiaid yn ddiweddar. Mae rhai gwyddonwyr Mwslimaidd wedi nodi bod hyn yn peri pryder. Dywedodd Nidhal Guessoum, y darlithydd gwyddoniaeth Mwslimaidd sy'n dysgu yn yr Emiradau Arabaidd Unedig, ei fod yn teimlo mai ei ddyletswydd oedd addysgu Mwslimiaid am y creu ac esblygiad fel eu bod yn dod i ddeall gwyddoniaeth yn well.

Dyfyniad allweddol

Byddai peidio ag addysgu esblygiad fel mynd at fy myfyrwyr a dweud wrthyn nhw nad yw'r planedau'n gysylltiedig â'r sêr, nad oes perthynas rhyngddyn nhw â thynfa disgyrchiant neu ymbelydredd, a'u bod i gyd wedi'u creu ar un diwrnod. Fydden ni ddim yn breuddwydio disgrifio'r cosmos mewn ffordd mor hurt ... Allwn ni ddim gadael i bobl fynd i mewn i'r 21ain ganrif heb ddeall gwyddoniaeth. (Nidhal Guessoum)

Cododd Dr Usama Hasan, Imam a gwyddonydd Mwslimaidd yn nwyrain Llundain, nyth cacwn pan awgrymodd i bobl yn ei fosg lleol nad oedd esblygiad yn mynd yn groes i gredu yng nghread Duw. Safbwynt deallusol oedd hwn, ond doedd llawer yn ei gynulleidfa ddim yn hapus a gofynnon nhw iddo ymddiswyddo fel arweinydd y gweddïo. Roedden nhw'n teimlo ei fod yn ymosod ar eu credoau. Mae hyn yn dangos pa mor gryf mae rhai Mwslimiaid yn teimlo am esblygiad.

Dydy gwyddonwyr modern ddim yn gallu derbyn rhai agweddau ar stori'r creu Islamaidd. Mae'r Qur'an yn cyfeirio at wyrthiau, at fodau o oleuni o'r enw angylion sy'n gallu ymddangos a rhoi negeseuon i Broffwydi, ac at fodau goruwchnaturiol anhysbys o'r enw jin. I lawer o Fwslimiaid, mater o ffydd yw derbyn y pethau hyn. Ceisiodd Ghulam Ahmed Pervez, yr awdur Pacistanaidd, wneud synnwyr ohonyn nhw drwy eu deall fel trosiadau'n hytrach na fel bodau corfforol go iawn. I Fwslimiaid eraill, gair llythrennol Duw yw'r Qur'an a ddylai gael ei gymryd heb ddehongliad i wanhau ei neges.

Mae gan hanes Islam dreftadaeth falch o astudio gwyddoniaeth a chyfieithu gweithiau poblogaidd. Yn rhannol, gwaith Mwslimiaid a greodd y dull arsylwi gwyddonol, sydd wedi galluogi gwyddoniaeth fodern i ddarganfod damcaniaethau'r Glec Fawr ac esblygiad. Er gwaethaf hyn i gyd, mae rhai sy'n gwrthod yr ymagwedd wyddonol heddiw. Weithiau mae credinwyr sydd â ffydd gref yn Allah yn teimlo bod ymddiried mewn gwyddoniaeth yn tynnu eu sylw oddi ar ffynonellau gwybodaeth mwy sydd yn nhestun y Qur'an a ddatguddiwyd. Iddyn nhw, gair llythrennol Duw fydd yn dod yn gyntaf bob amser.

Gweithgaredd AA1

Dychmygwch eich bod yn athro prifysgol mewn gwyddoniaeth a'ch bod wedi cael llythyr cwyno. Myfyriwr gwyddoniaeth Mwslimaidd sy'n cwyno. Mae'n cwyno bod eich coleg wedi bod yn dysgu esblygiad ond mae'r person sy'n cwyno'n credu bod hyn yn groes i Islam. Ysgrifennwch lythyr yn ymateb. Yn eich llythyr, dangoswch eich bod wedi deall safbwyntiau'r myfyriwr ac atebwch gan ddefnyddio gwybodaeth o ffynonellau Mwslimaidd yn y bennod hon.

Sgiliau allweddol

Mae gwybodaeth yn ymwneud â:

Dewis ystod o wybodaeth (drylwyr) gywir a pherthnasol sydd â chysylltiad uniongyrchol â gofynion penodol y cwestiwn.

Mae hyn yn golygu:

- Dewis deunydd perthnasol i'r cwestiwn a osodwyd
- Canolbwyntio ar esbonio ac archwilio'r deunydd a ddewiswyd.

Mae dealltwriaeth yn ymwneud ag:

Esboniad helaeth, gan ddangos dyfnder a/neu ehangder gyda defnydd rhagorol o dystiolaeth ac enghreifftiau gan gynnwys (lle y bo'n briodol) defnydd trylwyr a chywir o destunau cysegredig, ffynonellau doethineb a geirfa arbenigol.

Mae hyn yn golygu:

- Defnydd effeithiol o enghreifftiau a thystiolaeth gefnogol i sefydlu ansawdd eich dealltwriaeth
- Perchenogaeth o'ch esboniad sy'n mynegi gwybodaeth a dealltwriaeth bersonol, NID eich bod yn ailadrodd darn o destun o lyfr rydych wedi ei baratoi a'i gofio.

Dyfyniad allweddol

Y Qur'an 51:47

Gyda nerth a medr y llunion ni'r Ffurfafen: oherwydd Ni sy'n creu helaethrwydd y gofod. Ac rydyn Ni wedi lledaenu'r ddaear (eang): Mor rhagorol rydyn Ni'n lledaenu! Ac o bopeth rydyn Ni wedi creu parau: Fel y cewch chi gyfarwyddyd. **(Yusuf Ali)**

Datblygu sgiliau AA1

Nawr mae'n bwysig ystyried y wybodaeth sydd wedi'i chyflwyno yn yr adran hon; fodd bynnag, mae'r wybodaeth fel y mae yn llawer rhy helaeth ac felly mae'n rhaid ei phrosesu er mwyn bodloni gofynion yr arholiad. Gallwch wneud hyn drwy ymarfer y sgiliau uwch sy'n gysylltiedig ag AA1. Ar gyfer Amcan Asesu 1 (AA1), sy'n cynnwys dangos sgiliau 'gwybodaeth' a 'dealltwriaeth', rydyn ni am ganolbwyntio ar ffyrdd gwahanol o ddangos y sgiliau yn effeithiol, gan gyfeirio hefyd at sut bydd eich perfformiad ym mhob un o'r sgiliau hyn yn cael ei fesur (gweler disgrifyddion band cyffredinol AA1 ar gyfer U2).

▶ **Dyma eich tasg nesaf:** Isod mae **crynodeb o safbwyntiau Mwslimaidd ar greu'r byd**. Ar hyn o bryd nid yw'n cynnwys unrhyw gyfeiriadau i gefnogi'r pwyntiau. O dan y crynodeb mae dau gyfeiriad at weithiau ysgolheigion, a/neu destunau crefyddol, y byddai'n bosibl eu defnyddio yn yr amlinelliad er mwyn gwella'r crynodeb. Eich tasg yw ailysgrifennu'r crynodeb gan ddefnyddio'r cyfeiriadau. Efallai bydd ymadroddion fel 'yn ôl ...', 'mae'r ysgolhaig ... yn dadlau', neu, 'mae ... wedi awgrymu' o gymorth i chi. Fel arfer byddai cyfeiriad yn cynnwys troednodyn, ond mewn ateb ar gyfer traethawd Safon Uwch o dan amodau arholiad nid yw hyn yn ddisgwyliedig. Eto i gyd, mae gwybod am y llyfr y mae eich tystiolaeth yn cyfeirio ato yn ddefnyddiol (er nad yw bob amser yn angenrheidiol).

Cafodd y byd ei wneud mewn 7 diwrnod neu gam, yn ystod y rhain gwnaeth Duw y dydd a'r nos, y dyfroedd a'r tir, a'r holl greaduriaid byw. Mae Allah yn dal i greu'r holl weithredoedd yn y byd oherwydd mai ef sy'n rheoli tynged pob un. Daeth y bydysawd at ei gilydd, yna rhannodd mewn proses wedi'i rheoli gan Allah ar ddechrau'r creu. Pan ddywedodd Allah bydded, daeth i fod! Mae rhai Mwslimiaid yn credu mai ystyr hyn yw na ddigwyddodd proses wyddonol fel y Glec Fawr. Mae geiriau llythrennol Allah sydd yn y Qur'an yn esbonio'r creu. Mae eraill yn credu bod y Qur'an fel petai'n cytuno â ffrwydrad y bydysawd ar ddechrau pob dim, a bod Duw yn gweithio drwy ddamcaniaethau gwyddonol fel yr achos cyntaf. Mae'r harddwch yn y byd sydd wedi'i greu yn dangos iddo gael ei wneud gan greawdwr yn y lle cyntaf, a rhaid mai Un oedd y creawdwr hwnnw. Mae'n bosibl esbonio'r creu drwy arsylwi bywyd a thynnu casgliadau rhesymegol, gan fod y Qur'an yn gallu cael ei weld ym myd natur.

Dyfyniad allweddol

Wrth weld y bydysawd cyfan fel un bod mawr mewn gwirionedd, ac wrth uno ei holl rannau yn ei feddwl gan ddefnyddio'r un math o resymeg a oedd wedi'i arwain at weld undod pob corff yn y byd o gynhyrchu a dadfeilio, meddyliodd Hayy a oedd hyn i gyd wedi dod i fodolaeth o ddim byd, neu nad oedd wedi ymddangos o ddim byd o gwbl ond wedi bodoli erioed ... Roedd Hayy wedi dysgu mai'r unig ffordd y gallai fod yn hapus yn y pen draw a threchu trallod oedd petai'n gallu gwneud i'w ymwybyddiaeth o'r Presenoldeb Angenrheidiol fod mor barhaus fel na fyddai dim yn gallu tynnu ei sylw oddi wrtho am eiliad ... cyrraedd y profiad gwynfydedig pur, ymsuddo, canolbwyntio arno Ef yn unig y mae ei brofiad yn angenrheidiol. Yn y profiad hwn mae'r hunan yn diflannu; mae'n cael ei ddiffodd, ei ddileu – felly hefyd bopeth goddrychol. **(Ibn Tufayl)**

Ar ôl i chi orffen y dasg, ceisiwch ddod o hyd i gyfeiriad arall y gallech ei ddefnyddio ac ymestyn eich ateb ymhellach.

Materion i'w dadansoddi a'u gwerthuso

Effeithiolrwydd ymatebion Islamaidd i heriau safbwyntiau gwyddonol ynghylch dechreuad y bydysawd

Mae hwn yn destun cymhleth y mae angen ei ddiffinio er mwyn ei ddeall. Fel arfer credir bod safbwyntiau gwyddonol am darddiad y bydysawd yn cyfeirio at ddamcaniaeth y Glec Fawr. Mae'r Glec Fawr yn awgrymu bod y bydysawd wedi dechrau gyda ffrwydrad o fàs dwys, ac wrth i'r bydysawd ehangu, ffurfiodd gronynnau ac yna dod ynghyd i wneud planedau. Arafodd yr ehangu i greu'r bydysawd fel rydyn ni'n ei adnabod heddiw. Mae'r Glec Fawr yn ddamcaniaeth sy'n cael ei hawgrymu drwy fesur yn wyddonol symudiadau'r planedau, ymbelydredd cefndir a damcaniaethau eraill.

Mae damcaniaethau gwyddonol eraill am darddiad y bydysawd. Mae'r ddamcaniaeth Cyflwr Sefydlog yn awgrymu nad oedd yn tarddu o ddim oherwydd ei fod yno erioed, fwy neu lai yn yr un cyflwr ag y mae nawr. Mae'r damcaniaethau Ehangu ac Osgiliadu yn awgrymu bod y bydysawd wedi dilyn cylchredau, cyfres o Gleciau Mawr efallai. Ar hyn o bryd, mae'r rhan fwyaf o wyddonwyr yn derbyn damcaniaeth y Glec Fawr, ond pobl eraill sydd wedi awgrymu'r damcaniaethau eraill hyn.

Mae Mwslimiaid yn aml yn dweud mai damcaniaethau yw'r rhain a'u bod heb gael eu profi. Gan fod llawer o ddamcaniaethau, mae hynny'n golygu nad yw gwyddonwyr yn gallu bod yn siŵr. Gallai'r ddamcaniaeth mai Duw wnaeth y byd fod yr un mor wir hefyd. Mae rhai adnodau yn y Qur'an a allai gyd-fynd â'r damcaniaethau hyn, fel y Qur'an 21:30: 'Onid yw'r Anghredinwyr yn gweld bod y nefoedd a'r ddaear wedi'u huno (yn un uned o greadigaeth), cyn i ni eu hollti oddi wrth ei gilydd? Gwnaethon ni bopeth byw o ddŵr. Oni fyddan nhw'n credu wedyn?' Gallai'r uno a'r rhannu gefnogi damcaniaeth y Glec Fawr neu'r ddamcaniaeth Ehangu ac Osgiliadu. Ar yr adeg y datguddiwyd y Qur'an, efallai na fyddai gan y gwrandawyr unrhyw gysyniad o wyddoniaeth fodern, ond mae esboniadau gan wyddonwyr Mwslimaidd modern yn helpu credinwyr i gysoni'r damcaniaethau hyn â'u ffydd. Mae Harun Yahaya, y Mwslim rhethregol sy'n rhoi **dawah** am Islam, yn honni bod y Qur'an wedi rhagfynegi'r 'Glec Fawr' erioed.

Dyfyniad allweddol

A allai unrhyw un yn Arabia yn y 7fed ganrif fod wedi gwybod bod ein hatmosffer yn cynnwys saith haen? A allai unrhyw un yn Arabia yn y 7fed ganrif fod wedi gwybod yn fanwl y camau datblygiad amrywiol y mae'r embryo'n mynd drwyddyn nhw i dyfu'n faban ac yna i ddod i'r byd o'r tu mewn i'w fam? A allai unrhyw un yn Arabia yn y 7fed ganrif fod wedi gwybod bod y bydysawd yn 'ehangu'n raddol', fel y dywed y Qur'an, pan mai yn ystod y degawdau diweddar yn unig mae gwyddonwyr modern wedi cyflwyno syniad y 'Glec Fawr'? **(Harun Yahya)**

Mae un gwahaniaeth mawr. Mae Mwslimiaid yn mynnu rhaid mai Duw y creawdwr a ddechreuodd y broses. Hefyd maen nhw'n credu bod Allah ar waith yn y byd heddiw drwy reoli'r hyn sydd yn digwydd: mae popeth yn rhan o'i gynllun. Yn ystod yr Oesoedd Canol, mae meddylwyr Mwslimaidd wedi ceisio gwneud synnwyr o darddiad y bydysawd. Roedd Avicenna yn meddwl rhaid bod 'presenoldeb angenrheidiol' neu achos cyntaf i ddechrau'r creu. Roedd Al-Biruni yn meddwl bod tystiolaeth newydd-deb y creu yn dangos rhaid bod y byd wedi'i wneud, ac nad oedd yn bodoli erioed. Roedd ei harddwch yn dystiolaeth iddo gael ei wneud gan un undod, ac uniaethodd Al-Biruni hwn ag Allah.

Mae'r adran hon yn cwmpasu cynnwys a sgiliau AA2

Cynnwys y fanyleb

Effeithiolrwydd ymatebion Islamaidd i heriau safbwyntiau gwyddonol ynghylch dechreuad y bydysawd.

Term allweddol

Dawah: cenhadaeth Islamaidd i wahodd eraill i Islam neu i roi enghraifft dda i greu argraff dda o Islam

Gweithgaredd AA2

Wrth i chi ddarllen drwy'r adran hon ceisiwch wneud y pethau canlynol:

1. Dewiswch y gwahanol ddadleuon sy'n cael eu cyflwyno yn y testun a nodwch unrhyw dystiolaeth gefnogol a roddir.
2. Ar gyfer pob dadl a gyflwynir, ceisiwch werthuso a yw'r ddadl yn un gryf neu wan yn eich barn chi.
3. Meddyliwch am unrhyw gwestiynau yr hoffech chi eu gofyn wrth ymateb i'r dadleuon.

Bydd y gweithgaredd hwn yn eich helpu i ddechrau meddwl yn feirniadol am yr hyn rydych chi'n ei ddarllen ac yn eich helpu i werthuso effeithiolrwydd dadleuon gwahanol, gan ddatblygu eich sylwadau, a'ch barn a'ch safbwyntiau eich hun. Bydd hyn yn eich helpu wrth ddod i gasgliadau y byddwch yn eu gwneud yn eich atebion i'r cwestiynau AA2 sy'n codi.

Awgrym astudio

Ar gyfer AA2, mae'n hanfodol eich bod yn mynd ati i drafod dadleuon, nid dim ond esbonio beth allai rhywun fod wedi'i ddweud. Ceisiwch holi eich hunan, 'oedd hwn yn bwynt teg i'w wneud?', 'ydy'r dystiolaeth yn ddigon cryf?', 'oes unrhyw beth i herio'r ddadl hon?', 'ydy hon yn ddadl gref neu'n ddadl wan?' Bydd dadansoddi beirniadol fel hyn yn eich helpu i ddatblygu eich sgiliau gwerthuso.

Roedd Avicenna ac Al-Biruni yn defnyddio rhesymu i esbonio eu credoau, ac yn rhyngweithio â'i gilydd wrth drafod. Mae gwyddonwyr heddiw yn trafod y damcaniaethau gan ddefnyddio rhesymu hefyd. Er nad oedd damcaniaethau modern creu'r bydysawd i'w cael yng nghyfnod Avicenna, mae ei waith yn dal i ysbrydoli Mwslimiaid i feddwl am y cosmos o'u cwmpas nhw. Gadawodd waith deallusol y mae Mwslimiaid yn gallu ei ddefnyddio i ymateb i wyddoniaeth.

Mae rhai Mwslimiaid wedi ymateb i her gwyddoniaeth drwy ei gwrthod. Maen nhw'n credu y dylen nhw gymryd y Qur'an yn llythrennol fel y mae ac maen nhw ganddyn nhw fwy o barch at ei eiriau nag at unrhyw lyfr arall bob amser. Maen nhw'n gweld gwyddonwyr nad ydyn nhw'n derbyn Duw yn fygythiad oherwydd nad ydyn nhw'n derbyn gair Duw. Gall Mwslimiaid fagu nerth drwy ddarllen eu llyfr sanctaidd a rhoi unrhyw waith gwyddonol sy'n cwestiynu eu credoau o'r neilltu. Ond ydy hyn yn effeithiol wrth herio damcaniaeth wyddonol? Mae rhai Mwslimiaid yn cadw eu safbwyntiau traddodiadol ond maen nhw'n dadlau wrth drafod creu'r cosmos a bodolaeth yr achos cyntaf, Allah. Mae trafodaethau fel hyn yn gallu bod yn boblogaidd ac yn ddiddorol i Fwslimiaid ifanc. Heddiw, rydyn ni'n byw mewn byd o wybodaeth, lle mae pobl eisiau gweithio pethau allan drostyn nhw eu hunain. Po fwyaf y mae Mwslimiaid yn dadlau, y mwyaf effeithiol fydd eu hymateb i ddamcaniaethau gwyddonol y creu.

Term allweddol

Tafsir: dehongliad o'r Qur'an ac arweiniad iddo

Cwestiynau allweddol

Beth sydd gan Islam yn gyffredin â damcaniaeth y Glec Fawr, a ble mae'n wahanol iddi?

Beth yw ymatebion gwahanol Mwslimiaid i ddamcaniaethau gwyddonol am darddiad y bydysawd?

A ddylai Mwslimiaid ddiweddaru eu dehongliadau am darddiad y bydysawd o ganlyniad i ddamcaniaeth wyddonol?

Dyfyniad allweddol

Mae ein hastudiaeth yn dangos bod canfyddiadau gwyddonol modern yn wir yn dylanwadu ar y ffordd y mae Mwslimiaid modern yn deall termau, cysyniadau a naratifau cosmolegol y Qur'an drwy addasu'r ffynonellau **Tafsir** hŷn, gwyro oddi wrthyn nhw'n llwyr hyd yn oed a chynnig syniadau newydd. **(Haslin Hasan a Hafiz Mat Tuah)**

Mae rhai Mwslimiaid wedi ailddiffinio'r Qur'an yng ngoleuni gwyddoniaeth fodern. Maen nhw'n credu ei fod wedi cyfeirio at darddiad y ddaear cyn y damcaniaethau gwyddonol modern. Ar y cyfan, maen nhw'n derbyn gwyddoniaeth fodern ac wedi'i defnyddio i ddehongli'r Qur'an o'r newydd. I ryw raddau, mae eu gwaith yn adlewyrchu'r gred ei bod hi'n bosibl gweld y Qur'an ym myd natur, a bod modd defnyddio arsylwi gyda thynnu casgliadau rhesymegol i weithio allan damcaniaeth wyddonol. Mae'n bosibl gweld hyn yng ngwaith Ibn Taufayl a'i stori am Hayy ibn Yaqzan, a weithiodd allan ddamcaniaeth am darddiad y bydysawd wrth arsylwi pethau o'i gwmpas, heb help unrhyw ddatguddiad dwyfol. Mae Mwslimiaid eraill wedi bod yn fwy gwyliadwrus, yn arbennig ynghylch esblygiad a rhai agweddau ar wyddoniaeth feddygol.

Gweithgaredd AA2

Rhestrwch rai casgliadau y byddai'n bosibl dod iddynt ar sail y rhesymeg AA2 yn y testun uchod; ceisiwch gyflwyno o leiaf dri chasgliad gwahanol posibl. Ystyriwch bob un o'r casgliadau a chasglwch dystiolaeth gryno i gefnogi pob casgliad o'r deunydd AA1 ac AA2 ar gyfer y testun hwn. Dewiswch y casgliad sy'n argyhoeddi fwyaf yn eich barn chi ac esboniwch pam mae hyn yn wir. Ceisiwch gyferbynnu hyn â'r casgliad gwannaf ar y rhestr, gan gyfiawnhau eich dadl gyda rhesymu clir a thystiolaeth.

Os mai Duw a greodd y bydysawd, yna mae gofalu amdano yn ymateb Islamaidd. Mae gwyddoniaeth yn cydnabod fwyfwy fod cynhesu byd-eang a gorboblogi'n peryglu'r blaned. Fodd bynnag, mae'r ymagwedd yn wahanol. Mewn gwyddoniaeth, mae meddwl rhesymegol yn drech na phopeth arall: dyletswydd y ddynoliaeth yw gweithredu, fel arall bydd y canlyniadau yn ôl grymoedd naturiol. Mae Mwslimiaid yn cytuno bod rhaid iddyn nhw weithredu er lles y blaned fel stiwardiaid wedi'u penodi'n rhaglawiaid gan Dduw. Ond dydyn nhw ddim yn credu bod popeth yn digwydd yn ôl rhesymu rhesymegol. Gall Allah ymyrryd â gwyrthiau neu gall fod yn rhan o'i gynllun Ef i ddod â'r byd i ben ar adeg benodol. Mae'r gwahaniaethau hyn yn mynd at wraidd ymagweddau gwahanol gwyddoniaeth a chrefydd: meddwl rhesymegol yn erbyn ffydd yn yr anweledig. Mae parchedig ofn a rhyfeddu at darddiad y bydysawd yn ysgogiad i'r ddau.

A yw Islam yn cydweddu â gwyddoniaeth

Er mwyn ateb y cwestiwn hwn, mae angen inni benderfynu beth yw ystyr gwyddoniaeth a beth yw ystyr cydweddu. Gwyddoniaeth yw astudio byd natur i ddod o hyd i batrymau, deddfau a phrosesau y mae'n bosibl eu profi drwy arbrofi, rhesymu a thynnu casgliadau. Does dim datguddiad fel y cyfryw. Mae'r prosesau'n cael eu gweithio allan drwy ymholi. Os nad yw hi'n bosibl profi rhywbeth drwy resymu, tystiolaeth a damcaniaeth, yna dydy e ddim yn cael ei dderbyn.

Ystyr cydweddu yw eu bod nhw'n gallu cyd-fynd â'i gilydd. Dydy hyn ddim yn golygu bod rhaid iddyn nhw fod yn union yr un fath; fodd bynnag, gallan nhw fyw gyda'i gilydd, ategu a helpu ei gilydd i ddeall y byd a sut mae'n gweithio. Mae Islam a gwyddoniaeth yn ymwneud nid yn unig â damcaniaeth ond hefyd â phobl go iawn sydd eisiau deall pethau a gwneud synnwyr o'u bywydau, gan ddefnyddio'r adnoddau sydd ar gael iddyn nhw.

Mae'n bosibl edrych ar sut cafodd y byd ei wneud yn wahanol, oherwydd bod gwyddoniaeth yn awgrymu Clec Fawr neu ddamcaniaeth debyg, ond mewn Islam, mae'n ofynnol credu mewn Allah fel yr achos cyntaf. Mae'n bosibl fod Duw ar waith yn y byd yn ystod Clec Fawr, a'i fod yn bodoli cyn hynny. Mae Mwslimiaid eraill yn cymryd stori'r creu o'r Qur'an yn llythrennol; dydy hyn ddim yn cydweddu â gwyddoniaeth. Mae pobl eraill yn ceisio esbonio bod y ddau yn cydweddu, gyda mân wahaniaethau'n unig. Mae rhai Mwslimiaid wedi gweithio allan y creu drwy arsylwi byd natur, fel Hayy ibn Yaqzan. Mae hyn yn debyg i ymagwedd wyddonol.

Mae llawer o Fwslimiaid yn gwrthod esblygiad gan eu bod yn credu bod Adda wedi'i wneud o glai ar orchymyn Duw. Mae Harun Yahya, y pregethwr Mwslimaidd, yn gwrthod esblygiad yn llwyr. Awgrymodd Charles Darwin y gwyddonydd fod rhywogaethau'n esblygu yn eu hamgylcheddau naturiol yn rhywogaethau eraill, dros filiynau o flynyddoedd. Mae rhai Mwslimiaid, fel Dr Usama Hasan y gwyddonydd, yn credu y gallai Duw fod wedi gweithio drwy esblygiad. Mae Mwslimiaid gwahanol yn anghytuno am hyn. Mae eraill yn dehongli adnodau yn y Qur'an yn llythrennol: dywedodd Allah 'bydded' a chafodd Adda ei eni o glai, nid ei esblygu o deyrnas yr anifeiliaid.

Dyfyniadau allweddol

Mae esblygwyr wedi bod yn cloddio strata ffosiliau am tua 140 mlynedd yn chwilio am y ffurfiau damcaniaethol hyn. Maen nhw wedi dod o hyd i filiynau o ffosiliau infertebratau a miliynau o ffosiliau pysgod; eto does neb erioed wedi dod o hyd i un ffosil sydd hanner ffordd rhyngddyn nhw. **(Harun Yahya)**

Mae pob darn o wybodaeth sydd yn y Qur'an yn datgelu gwyrthiau cyfrinachol y llyfr dwyfol hwn. Mae'r bod dynol i fod i gydio'n dynn wrth y Llyfr Dwyfol hwn a ddatgelwyd gan Allah ac i'w dderbyn gyda chalon agored fel ei unig ganllaw mewn bywyd. Mae Islam yn grefydd wedi'i seilio ar gred mewn un Duw, Allah, a ddatguddiodd ffynhonnell arweiniad yn y Qur'an, llyfr sanctaidd Islam. Datguddiad yw ffynhonnell eithaf gwybodaeth, sy'n rhoi dealltwriaeth i Fwslimiaid o'r byd creedig o'u cwmpas a sut mae byw ynddo. **(Harun Yahya)**

Mae Harun Yahya yn mynd ymhellach ac yn dweud bod yr ymagwedd wyddonol yn israddol i ddarllen y Qur'an. Mae'n gweld atebion syml am bopeth yn y Qur'an a lle mae gwyddoniaeth yn ychwanegu darganfyddiad, mae naill ai wedi'i ragfynegi neu'n dilyn y testun sydd wedi'i ddatguddio. Mae agweddau tebyg yn y gorffennol wedi rhwystro cynnydd. Lle gallai gwyddonwyr Mwslimaidd fod wedi ymholi ymhellach, wnaethon nhw ddim, oherwydd bod y canlyniadau'n ymddangos yn groes i syniadau'r Hen Roeg yr oedden nhw wedi'u cyfieithu. Daeth y methu ymholi hwn ar ôl rhai canrifoedd o gynnydd. Mae Rodney Stark yn dadlau bod hyn wedi'i gyfyngu i ddarnau penodol o wybodaeth, a bod y methiant i symud ymlaen yn bod oherwydd nad oedd Mwslimiaid yn agored i ddatblygu damcaniaeth wyddonol. Mae'n dadlau bod angen gwahanu gwyddoniaeth a chrefydd rywfaint

Cynnwys y fanyleb

A yw Islam yn cydweddu â gwyddoniaeth.

Jim al-Khalili, y gwyddonydd Mwslimaidd

Gweithgaredd AA2

Wrth i chi ddarllen drwy'r adran hon ceisiwch wneud y pethau canlynol:

1. Dewiswch y gwahanol ddadleuon sy'n cael eu cyflwyno yn y testun a nodwch unrhyw dystiolaeth gefnogol a roddir.
2. Ar gyfer pob dadl a gyflwynir, ceisiwch werthuso a yw'r ddadl yn un gryf neu wan yn eich barn chi.
3. Meddyliwch am unrhyw gwestiynau yr hoffech chi eu gofyn wrth ymateb i'r dadleuon.

Bydd y gweithgaredd hwn yn eich helpu i ddechrau meddwl yn feirniadol am yr hyn rydych chi'n ei ddarllen ac yn eich helpu i werthuso effeithiolrwydd dadleuon gwahanol, gan ddatblygu eich sylwadau, a'ch barn a'ch safbwyntiau eich hun. Bydd hyn yn eich helpu wrth ddod i gasgliadau y byddwch yn eu gwneud yn eich atebion i'r cwestiynau AA2 sy'n codi.

i wneud hynny, fel bod gwyddonwyr yn gallu ymholi a gwneud eu harbrofion heb i bwysau crefyddol gyfyngu ar yr hyn yr oedden nhw'n gallu ei ddweud. Yn Ewrop yn ystod y Dadeni a'r Oleuedigaeth yn unig roedd gwyddonwyr yn agored ac yn rhydd i wneud hyn, o'r unfed ganrif ar bymtheg ymlaen.

Awgrym astudio

Ar gyfer AA2 mae'n bwysig eich bod chi'n cynnwys safbwyntiau ysgolheigion a/neu ysgolion o feddwl wrth lunio eich ymateb i ddadl neilltuol. Byddai unrhyw drafodaeth am Islam a gwyddoniaeth yn elwa o gyflwyno barn ysgolheigion o'r Oesoedd Canol yn ogystal â rhai modern. Fodd bynnag, gwnewch yn siŵr fod y safbwyntiau rydych chi'n eu defnyddio yn berthnasol i'r pwynt rydych chi'n ei wneud. Byddai gallu defnyddio'r termau yn gywir mewn ateb arholiad yn gwahaniaethu rhwng ateb lefel uchel ac un sydd ddim ond yn ateb cyffredinol.

Mae rhai Mwslimiaid yn anghytuno ac yn dweud bod Islam nid yn unig wedi cyfieithu llawysgrifau Hen Roeg a Sansgrit, ond hefyd wedi datblygu syniadau gwyddonol ymhellach yn ystod Oes Aur Islam. Roedd Ibn al-Haytham yn annog pobl i gwestiynu, i arsylwi ac i fod yn feirniadol. Mae rhai pobl yn meddwl mai ef oedd tad y dull gwyddonol. Cododd Mwslimiaid ysbytai i'r bobl ac roedd ganddyn nhw lawfeddygon a ddatblygodd lawdriniaethau ar gataract llygaid. Hyrwyddodd gwybodaeth feddygol Avicenna feddygaeth lysieuol. Mae ymchwil yn digwydd i ychydig ohoni heddiw i weld a yw hi'n gallu cynnig meddyginiaethau newydd i helpu pobl i wella o ganser ac afiechydon eraill. Hyd yn oed yn yr unfed ganrif ar bymtheg, sefydlodd Taqi al Din, o Dwrci Otomanaidd, labordy i arbrofi gyda dyfeisiadau newydd a chreu injan stêm syml i droi oen cyfan yn rhostio ar ben tân. Mae Mwslimiaid yn dadlau bod eu treftadaeth yn cynnwys cymaint o wyddoniaeth fel bod y ffydd a chynnydd gwyddonol yn cydweddu'n naturiol.

Labordy Taqi al Din yn Istanbul tua 1575

Mae safle gwyrthiau mewn crefydd yn gallu bod yn broblem mewn gwyddoniaeth, sy'n gwrthod gwyrthiau ac yn ffafrio esbonio rhesymegol. Mae rhai Mwslimiaid yn dweud mai gwyrthiau yw'r eithriad, y gall Allah ymyrryd ar ffurf gwyrthiau ond mai'r gwir wyrth oedd datguddio'r Qur'an a harddwch creadigaeth Duw. Dydy dirymu deddfau naturiol y greadigaeth a wnaeth Duw ddim yn gwneud synnwyr. Mae deall y deddfau naturiol hynny a roddodd Duw yn ein helpu i ddeall byd Duw yn well. Mae Mwslimiaid eraill yn anghytuno ac yn credu mewn ofergoeledd a gwyrthiau. Mae rhai'n gweld gwyrthiau ar ffurf llythrennau Arabeg mewn ffrwythau neu ffurfiau cymylau, yn arwydd fod Allah ar waith yn y byd. Weithiau mae'r canfyddiad o wyrth yn dibynnu ar ein safbwynt: gall fod esboniad hollol resymegol i'r hyn y mae un person yn ei weld fel gwyrth.

Mae Mwslimiaid yn gallu cyd-dynnu â gwyddoniaeth, hyd yn oed os yw eu man cychwyn yn wahanol. Mae rhai gwyddonwyr modern yn dechrau gyda'r safbwynt nad oes Duw, ac mae hynny'n amlwg yn wahanol. Serch hynny, maen nhw'n gallu cyd-dynnu â Mwslimiaid o ran eu hymagwedd at holi a dysgu. Mae'n dibynnu ar eich safbwynt ar grefydd, does dim un safbwynt sy'n cynrychioli pob Mwslim. Mae rhai'n croesawu gwyddoniaeth ac yn falch o gyfraniad Mwslimiaid i wyddoniaeth. Mae eraill yn teimlo bod gwyddoniaeth wedi mynd yn groes i ddatguddiadau'r Qur'an, ac felly y dylai Mwslimiaid dynnu'n ôl a pheidio ag ymwneud cymaint â hi.

Dyfyniad allweddol

Daeth Averroes a'i ddilynwyr yn gefnogwyr anhyblyg a dysgeidiaethol Aristotle – gan gyhoeddi bod ei ffiseg yn gyflawn ac yn anffaeledig, ac os oedd sylw'n anghyson ag un o safbwyntiau Aristotle, roedd hi'n amlwg bod y sylw'n anghywir neu'n rhith. O ganlyniad i hyn i gyd, gwnaeth ysgolheigion Islamaidd gynnydd sylweddol o ran gwybodaeth benodol yn unig, fel rhai agweddau ar seryddiaeth a meddygaeth, nad oedd angen sail ddamcaniaethol gyffredinol arnyn nhw. Ac wrth i amser fynd rhagddo, peidiodd y math hwn o gynnydd hyd yn oed. **(Rodney Stark)**

Cwestiynau allweddol

Ydy derbyn y datguddiad yn cyfyngu ar ymwneud ag ymholi rhesymegol ym maes gwyddoniaeth?

Ydy credu mewn gwyrthiau'n golygu bod Mwslimiaid yn gwrthod gwyddoniaeth?

Ydy hi'n bosibl cyfiawnhau'r farn bod Islam wrth wraidd gwyddoniaeth yn y gorffennol?

Gweithgaredd AA2

Rhestrwch rai casgliadau y byddai'n bosibl dod iddynt ar sail y rhesymeg AA2 yn y testun uchod; ceisiwch gyflwyno o leiaf dri chasgliad gwahanol posibl. Ystyriwch bob un o'r casgliadau a chasglwch dystiolaeth gryno i gefnogi pob casgliad o'r deunydd AA1 ac AA2 ar gyfer y testun hwn. Dewiswch y casgliad sy'n argyhoeddi fwyaf yn eich barn chi ac esboniwch pam mae hyn yn wir. Ceisiwch gyferbynnu hyn â'r casgliad gwannaf ar y rhestr, gan gyfiawnhau eich dadl gyda rhesymu clir a thystiolaeth.

Dyfyniad allweddol

Pregethodd Al-Afghani thema gyffredin i'r diwygwyr i gyd, sef y gallai Mwslimiaid adfer bywiogrwydd eu cymdeithasau drwy adennill y gwyddorau rhesymegol, gan gynnwys athroniaeth, oddi wrth y Gorllewin. Roedd y Gorllewin wedi benthyg y rhain i raddau helaeth gan y diwylliant Mwslimaidd tra oedd yn dal i annog ysbryd o ymholi. Felly, wrth ddysgu gwyddoniaeth a thechnoleg o'r newydd o'r Gorllewin, byddai Mwslimiaid yn adennill y pethau a gyflawnon nhw eu hunain yn y gorffennol ac yn cyflawni gorchmynion y Qur'an i archwilio pob math o wybodaeth yng nghreadigaeth Allah. **(David Waines)**

Datblygu sgiliau AA2

Nawr mae'n bwysig ystyried y wybodaeth sydd wedi'i chyflwyno yn yr adran hon; fodd bynnag, mae'r wybodaeth fel y mae yn llawer rhy helaeth ac felly mae'n rhaid ei phrosesu er mwyn bodloni gofynion yr arholiad. Gallwch wneud hyn drwy ymarfer y sgiliau uwch sy'n gysylltiedig ag AA2. Ar gyfer Amcan Asesu 2 (AA2), sy'n cynnwys dangos sgiliau 'dadansoddi beirniadol' a 'gwerthuso', rydyn ni am ganolbwyntio ar ffyrdd gwahanol o ddangos y sgiliau yn effeithiol, gan gyfeirio hefyd at sut bydd eich perfformiad ym mhob un o'r sgiliau hyn yn cael ei fesur (gweler disgrifyddion band cyffredinol AA2 ar gyfer U2).

▶ **Dyma eich tasg nesaf**: Isod mae **gwerthusiad ynghylch a yw Islam yn cefnogi damcaniaethau gwyddonol am darddiad y bydysawd**. Ar hyn o bryd nid yw'n cynnwys unrhyw gyfeiriadau i gefnogi'r dadleuon sy'n cael eu cyflwyno. O dan y gwerthusiad mae dau gyfeiriad at weithiau ysgolheigion, a/neu destunau crefyddol, y byddai'n bosibl eu defnyddio yn y gwerthusiad er mwyn ei wella. Eich tasg yw ailysgrifennu'r gwerthusiad gan ddefnyddio'r cyfeiriadau. Mae'n bosibl y bydd ymadroddion fel hyn yn eich helpu: 'yn ei lyfr/llyfr, mae (ysgolhaig) yn dadlau bod ...', ' mae ... (ysgolhaig) yn cyflwyno dadl ddiddorol i gefnogi hyn drwy awgrymu bod ...', neu 'mae gwaith (ysgolhaig) wedi gwneud cyfraniad mawr at y ddadl drwy nodi ...'. Fel arfer byddai cyfeiriad yn cynnwys troednodyn, ond mewn ateb ar gyfer traethawd Safon Uwch o dan amodau arholiad nid yw hyn yn ddisgwyliedig. Eto i gyd, mae gwybod am y llyfr y mae eich tystiolaeth yn cyfeirio ato yn ddefnyddiol (er nad yw bob amser yn angenrheidiol).

Mae Mwslimiaid eraill yn credu bod stori'r creu yn un o lawer o adrannau alegorïaidd, ac nid llythrennol, y Qur'an. Mae Allah ei hun yn dweud bod rhai adnodau yn y Qur'an yn llythrennol ac eraill yn alegorïaidd. Hefyd mae'n dweud bod y byd wedi'i wneud fesul cam, ac y gallai'r syniad o ddyddiau'r creu gael ei gyfieithu'r un mor gywir fel biliynau o flynyddoedd. Mae ysgolheigion Islamaidd yn y gorffennol wedi arsylwi nodweddion tebyg rhwng rhywogaethau ac wedi dyfalu bod un wedi arwain at y llall. Heddiw, mae llawer o Fwslimiaid yn gweld Duw ar waith drwy esblygiad, felly maen nhw'n cysoni hyn â chred grefyddol yn y creu.

Ydy Islam yn cefnogi damcaniaeth esblygiad? Mae rhai Mwslimiaid yn bendant nad yw hi'n gwneud hyn. Maen nhw'n credu mai Duw wnaeth y byd a phopeth ynddo mewn saith diwrnod yn llythrennol. Hefyd maen nhw'n credu bod y ddynoliaeth yn rhagori ar yr holl rywogaethau eraill ac ar wahân iddyn nhw, ar ôl cael yr hawl gan Dduw i reoli dros y ddaear fel stiward creadigaeth Duw. Mae awgrymu bod bodau dynol yn ganlyniad esblygiad graddol o un rhywogaeth i'r llall yn lleihau pwysigrwydd bodau dynol ac yn gwadu'r stori mai Allah a anadlodd fywyd i Adda.

Dyfyniadau allweddol

Dechreuodd o'r mwynau a symud ymlaen, yn ddyfeisgar ac yn raddol, i blanhigion ac anifeiliaid. Mae cam olaf y mwynau'n gysylltiedig â cham cyntaf y planhigion, fel perlysiau a phlanhigion heb hadau. Mae cam olaf y planhigion, fel palmwydd a gwinwydd, yn gysylltiedig â cham cyntaf yr anifeiliaid, fel malwod a chregyn môr. **(Ibn Khaldun)**

Yn y Gorllewin ymddangosodd yr hyn sy'n cael ei alw'n 'ddamcaniaeth esblygiad' a luniodd y Sais Charles Darwin. Roedd yn gwadu mai Allah a greodd y ddynoliaeth, gan ddweud bod popeth byw a bodau dynol yn dod o'r un tarddiad. Does dim angen i ni ddilyn damcaniaeth o'r fath oherwydd, yn Llyfr Allah, mae gennym y gair terfynol ynghylch tarddiad bywyd, mai creadigaeth Allah yw popeth byw. **(Gwerslyfr ysgol yn Saudi Arabia)**

Ar ôl i chi orffen y dasg, ceisiwch ddod o hyd i gyfeiriad arall y gallech ei ddefnyddio ac ymestyn eich gwerthusiad ymhellach.

Sgiliau allweddol

Mae dadansoddi'n ymwneud â:

Nodi materion sy'n cael eu codi gan y deunyddiau yn adran AA1, ynghyd â'r rhai a nodwyd yn adran AA2, ac mae'n cyflwyno safbwyntiau cyson a chlir, naill ai gan ysgolheigion neu safbwyntiau personol, yn barod i'w gwerthuso.

Mae hyn yn golygu:

- Bod eich atebion yn gallu nodi meysydd trafod allweddol mewn perthynas â mater penodol
- Eich bod yn gallu nodi'r gwahanol ddadleuon a gyflwynir gan eraill, a rhoi sylwadau arnyn nhw
- Bod eich ateb yn rhoi sylwadau ar effeithiolrwydd cyffredinol pob un o'r meysydd neu ddadleuon hyn.

Mae gwerthuso'n ymwneud ag:

Ystyried goblygiadau amrywiol y materion sy'n cael eu codi, yn seiliedig ar y dystiolaeth a gafwyd wrth ddadansoddi ac mae'n rhoi dadl fanwl eang gyda chasgliad clir.

Mae hyn yn golygu:

- Bod eich ateb yn pwyso a mesur canlyniadau derbyn neu wrthod y dadleuon amrywiol a gwahanol a gafodd eu dadansoddi
- Bod eich ateb yn dod i gasgliad drwy broses rhesymu clir.

Mae'r adran hon yn cwmpasu cynnwys a sgiliau AA1

Cynnwys y fanyleb

Materion rhagfarn a chamddehongli drwy'r holl fyd Gorllewinol gyda ffocws penodol ar Brydain.

C: Canfyddiadau Gorllewinol o Islam

Materion tuedd a chamliwio

Mae Mwslimiaid wedi cwyno ers tro am duedd yn y cyfryngau. Mae fel petai mwy o storïau negyddol. Ymchwiliodd John Richardson i bapurau newydd Prydeinig a gwelodd fod 85% o'r erthyglau'n cyfeirio at Fwslimiaid fel petaen nhw'n un gymuned, nid yn gymysgedd amrywiol, ac roedden nhw'n aml yn eu portreadu nhw fel bygythiad.

Ers i'r Twin Towers yn Efrog Newydd gael eu dinistrio yn 9/11 gan Fwslimiaid eithafol yn defnyddio awyrennau wedi'u herwgipio, mae'r ffordd y mae'r cyfryngau yn trin Mwslimiaid wedi bod yn ddadleuol. Mae Mwslimiaid yn cwyno bod portread negyddol yn y cyfryngau yn ennyn **Islamoffobia**. Er mwyn gwrthwynebu argraffiadau negyddol, aeth Cymdeithas Islamaidd Prydain ati i sefydlu Wythnos Ymwybyddiaeth Islamaidd bob blwyddyn, ond prin y rhoddodd y cyfryngau unrhyw sylw i hyn.

Term allweddol

Islamoffobia: ofn Islam a Mwslimiaid, weithiau mae hyn yn cael ei ddangos drwy sylwadau negyddol neu hyd yn oed ymosodiad geiriol neu gorfforol

Dyfyniadau allweddol

Mae Islamoffobia yn aml yn cael ei gyflwyno fel y cymhelliant y tu ôl i weithredoedd o fandaleiddio mosgiau, troseddau casineb yn erbyn unigolion sy'n ymddangos yn Fwslimaidd, sylw cynhyrfus yn y wasg am 'y bygythiad Mwslimaidd', plismona a gwylio rhai yn y cymunedau Mwslimaidd, a thaflu baw yn ystod etholiadau lle mae ymgeisydd yn cael ei gysylltu ag eithafwyr Mwslimaidd. **(Shryock)**

Mae'r sylw yn y cyfryngau i Fwslimiaid ac Islam yn debygol o lunio safbwyntiau'r rhai sydd ag ychydig o gysylltiad neu sydd heb gysylltiad â'r grefydd hon a'i phobl. Felly mae'n bwysig dadansoddi'r cysylltiad posibl rhwng y portreadau yma yn y cyfryngau ac agweddau pobl tuag at Islam yn gyffredinol ac at Fwslimiaid yn benodol. **(Ogan)**

Mae Christine Ogan yn nodi y dylai sylw'r cyfryngau gael ei ystyried yn ofalus oherwydd y gall ddylanwadu ar bobl sydd heb lawer o gysylltiad â Mwslimiaid. Mae tuedd a chamliwio yn y cyfryngau yn dylanwadu ar feddyliau miliynau o bobl, gan effeithio ar y ffordd y maen nhw'n trin Mwslimiaid yn eu bywydau bob dydd.

Dyfyniad allweddol

Rydyn ni'n gwrthod y 'berthynolaeth ddiwylliannol' sy'n awgrymu derbyn bod dynion a menywod o ddiwylliant Mwslimaidd heb fod yn cael hawl i gydraddoldeb, rhyddid a seciwlariaeth yn enw parch at rai diwylliannau a thraddodiadau. Rydyn ni'n gwrthod troi cefn ar ein hysbryd beirniadol oherwydd ofn cael ein cyhuddo o 'Islamoffobia', cysyniad truenus sy'n cymysgu beirniadaeth o Islam fel crefydd a stigmateiddio'r rhai sy'n credu ynddi. **(Together facing a new totalitarianism)**

Llofnododd grŵp o bobl gan gynnwys cyn-Fwslimiaid ac eraill y datganiad: Together facing a new totalitarianism. Roedden nhw'n teimlo y dylai'r cyfryngau fod yn fwy beirniadol o Islam, nid yn llai beirniadol, ac na ddylen nhw ofni beirniadu Mwslimiaid oherwydd ofn cael eu labelu fel rhai sy'n Islamoffobaidd. Maen nhw'n teimlo bod problemau difrifol gyda'r ffordd y mae Islam yn cael ei dehongli i ormesu menywod a lleiafrifoedd a gwrthod rhyddid barn, felly dylai fod hawl gan bobl i dynnu sylw at y pwyntiau hyn yn rhydd.

Mae **Medhi Hasan** yn beirniadu'r cyfryngau Gorllewinol am adrodd am ddigwyddiadau terfysgol ond am fethu adrodd am ymosodiadau eraill, sydd yr un mor dreisgar, gan rai nad ydyn nhw'n Fwslimiaid. Mae llawer iawn o Fwslimiaid ifanc yn gwylio ei sesiynau trafod ar y teledu ag eraill sydd â safbwyntiau gwahanol iawn. Felly mae hyn yn sicrhau bod ei neges sy'n herio Islamoffobia yn cael ei chyflwyno.

Unigolyn allweddol

Medhi Hasan: Mwslim Shi'a a addysgwyd ym Mhrifysgol Rhydychen ac arbenigwr ar wleidyddiaeth. Daeth Medhi Hasan yn adnabyddus drwy ddadlau yn Undeb Rhydychen, sy'n sefydliad enwog. Ar ei raglenni teledu Al-Jazeera, mae Medhi yn herio agweddau Islamoffobaidd. Mae rhai'n ei feirniadu am ganolbwyntio ar wleidyddiaeth ac am y ffaith nad yw'n arbenigo ar grefydd.

cwestiwn cyflym

2.14 Pwy yw Mehdi Hasan?

Anghywirdeb ac Islamoffobia drwy'r byd Gorllewinol i gyd

Cynnwys y fanyleb

Materion anghywirdeb ac Islamoffobia drwy'r holl fyd Gorllewinol gyda ffocws penodol ar Brydain.

Ffurfiwyd yr *English Defence League* (*EDL*) i wrthwynebu Islamiaeth, shari'a ac eithafiaeth Islamaidd. Mae llawer yn ei weld yn fudiad Islamoffobaidd sy'n targedu ardalcedd lle mae llawer o Fwslimiaid yn byw, gan annog casineb. Mae rhai yn gwrthwynebu tactegau'r *EDL* ond yn cydymdeimlo â'i safbwyntiau. Mae arolygon o agweddau cymdeithaso yn gweld bod pobl yn derbyn eu cymdogion Mwslimaidd ond eu bod yn amau Islam.

Diffiniadau o Islamoffobia

Term newydd yw Islamoffobia a ddaeth i'r amlwg yn adroddiad Ymddiriedolaeth Runnymede 'Islamophobia: A Challenge for us all' yn 1997. Mae Runnymede yn ei ddiffinio fel 'safbwynt neu fyd-olwg lle mae pobl yn ofni ac yn casáu Mwslimiaid heb fod sail i hynny. Canlyniad hyn yw arferion all-gau a gwahaniaethu'.

Mae rhai academyddion yn diffinio bod Islamoffobia yn debyg i wrth-Semitiaeth, hiliaeth neu ragfarn. Mae eraill yn dweud bod y term yn ddiystyr. Efallai fod ei ddiffinio fel gelyniaeth at Fwslimiaid yn well, gan fod rhai pobl yn casáu pob crefydd a gallen nhw gael eu disgrifio fel pobl Islamoffobaidd ond maen nhw'n dangos yr un teimlad at grefyddau eraill.

Efallai fod y cynnydd mewn Islamoffobia y mae pobl yn rhoi gwybod amdano yn ymateb i ymosodiadau fel 9/11. Bob tro mae terfysgwr yn hawlio ei fod yn gweithredu yn enw Islam, mae mwy o bobl yn ofni'r grefydd y mae'r terfysgwr yn honni y mae'n gweithredu drosti. Mae llawer o Fwslimiaid yn condemnio'r ymosodiadau hyn ac yn dweud nad yw hyn yn digwydd yn eu henw nhw, ond mae delweddau yn y cyfryngau'n bwerus.

Mae eraill yn honni mai mudo yw ffynhonnell Islamoffobia. Ar ôl i Fwslimiaid ddod i fyw i'r Gorllewin, mae'r ffaith eu bod nhw'n methu cymathu mewn rhai ardalcedd yn ysgogi ymateb gan y cymunedau sydd yno'n barod. Mae Sayyid a Vakil yn dadlau nad yw hyn yn ymwneud â'r ardaloedd lle mae pobl yn byw, ond yn ffenomen gyffredinol.

Protest yn erbyn Islamoffobia

cwestiwn cyflym

2.15 Beth yw Islamoffobia?

Awgrym astudio

Pan fydd gofyn i chi esbonio neu roi enghreifftiau o ffenomenon fel Islamoffobia, mae'n werth rhoi eich diffiniad eich hun o'r term a dangos i'r arholwr eich bod yn ymwybodol bod diffiniadau eraill. Os oes anghytuno am derm, peth da yw cydnabod hynny. Mae hyn yn gallu dangos gwybodaeth drylwyr a chywir ac ehangder ymateb yn eich atebion.

Dyfyniad allweddol

Os yw Islamoffobia ar ffurf mathau bob dydd o hiliaeth a gwahaniaethu neu fathau mwy treisgar, mae'n groes i hawliau dynol ac yn fygythiad i gydlyniad cymdeithasol. **(Ramberg)**

Adroddiad Ymddiriedolaeth Runnymede

Mae Runnymede yn cyferbynnu'r hyn y mae'n ei ddiffinio fel safbwyntiau agored a chaeedig am Islam. Mae gan safbwyntiau agored feddwl agored ac maen nhw'n gallu beirniadu Islam o safbwynt parch, lle mae safbwyntiau caeedig yn Islamoffobaidd, neu'n tueddu i arwain at Islamoffobia. Gofynnir wyth cwestiwn er mwyn penderfynu a yw safbwyntiau'n agored neu'n gaeedig:

1. A yw Islam yn cael ei gweld yn fonolithig ac yn statig, neu'n amrywiol ac yn ddynamig?
2. A yw Islam yn cael ei gweld fel rhywbeth gwahanol ac ar wahân, neu fel rhywbeth tebyg a rhyngddibynnol?
3. A yw Islam yn cael ei gweld fel crefydd israddol, neu fel crefydd wahanol ond cyfartal?
4. A yw Islam yn cael ei gweld fel gelyn ymosodol neu fel partner cydweithredol?
5. A yw Mwslimiaid yn cael eu gweld fel pobl ystrywgar neu bobl ddidwyll?
6. A yw beirniadaeth Fwslimaidd ar 'y Gorllewin' yn cael ei gwrthod neu ei thrafod?
7. A yw ymddygiad gwahaniaethol yn erbyn Mwslimiaid yn cael ei amddiffyn neu ei wrthwynebu?
8. A yw disgwrs gwrth-Fwslimaidd yn cael ei gweld fel rhywbeth naturiol neu fel problem?

Casgliad adroddiad Runnymede yw bod angen i'r arweinwyr barn roi sylw brys i'r ymdeimlad o Islamoffobia difäol.

Dyfyniad allweddol

Allwn ni ddim cael y fath gasineb yn crynhoi yn ein cymunedau ac yn ein cymdeithasau. Gydag adroddiadau am gynnydd o 326% mewn casineb gwrth-Fwslimaidd yn 2015, mae'n rhaid i ni fynd i'r afael â'r mater hwn ... Nawr yw'r amser i ymdrechu'n galetach i fynd i'r afael â'r fath gasineb gan bob grŵp eithafol. **(Mughal)**

Shahid Malik

cwestiwn cyflym

2.16 Rhowch ddwy enghraifft o sut gallai Mwslim gael profiad o Islamoffobia.

Dyfyniad allweddol

Mae'r ystadegau'n rhoi darlun hynod o dywyll o sut mae casineb gwrth-Fwslimaidd wedi ffrwydro ar-lein ac ar ein strydoedd, gyda rhai pobl lwfr sy'n corddi casineb yn targedu menywod Mwslimaidd gweladwy mewn ffordd anghyfartal. Mae'r twf cyflym hwn yn dyst i'r ffaith ein bod ni fel cymdeithas, er gwaethaf ymdrechion mawr i ymladd casineb gwrth-Fwslimaidd, yn dal i wneud cam â llawer gormod o'n dinasyddion. Gyda chefndir pleidlais Brexit a'r twf mewn digwyddiadau hiliol sydd fel petaen nhw'n ymddangos, ddylai'r llywodraeth ddim twyllo ei hun, gallai pethau fynd yn annymunol yn gyflym iawn i leiafrifoedd Prydain. **(Malik)**

Rhoi gwybod am Islamoffobia

Mae Cyngor Mwslimaidd Prydain (*MCB: Muslim Council of Britain*) yn dweud ar ei wefan mai'r ffordd orau o fynd i'r afael ag Islamoffobia yw drwy greu cysylltiadau cryfach rhwng cymunedau. Ei nod yw codi proffil Islamoffobia a gweithio gydag eraill i ymladd yn ei erbyn. Mae'r *MCB* yn diffinio wyth categori o ddigwyddiad y gall pobl roi gwybod amdanyn nhw drwy lenwi ffurflen ar-lein, sef:

- **Difrïo ar-lein**, e.e. ar y cyfryngau cymdeithasol fel Facebook neu Twitter
- **Ystumiau bygythiol**
- **Difrïo geiriol** neu fygythiadau geiriol
- **Post casineb** / difrïo neu fygythiadau ysgrifenedig, e.e. e-byst, llythyrau drwy'r post
- **Ymosodiad ar eiddo**, e.e. graffiti, sticeri ar fosgiau, pennau moch yn cael eu taflu
- **Gwahaniaethu**, e.e. gwahaniaethu mewn gwaith
- **Llenyddiaeth wrth-Fwslimaidd**, e.e. posteri, sticeri sydd i'w gweld mewn archfarchnadoedd
- **Ymosod**, e.e. gwrthrychau'n cael eu taflu at rywun
- **Ymosod treisgar**

Mudiad yw Tell Mama a sefydlwyd i helpu Mwslimiaid sydd wedi dioddef achosion o Islamoffobia. Mae Shahid Malik, y cadeirydd, yn dweud bod cynnydd mewn achosion. Mae'r rhan fwyaf o'r ymosodiadau'n cael eu gwneud gan arddegwyr ar fenywod o dan orchudd, yn enwedig menywod sy'n gwisgo'r gorchudd wyneb. Mae Shahid Malik yn dweud bod tua 11% o'r ymosodiadau'n digwydd mewn ysgolion a cholegau ac mae'n teimlo bod angen gwell hyfforddiant i athrawon er mwyn mynd i'r afael â'r broblem.

Er bod y sefyllfa'n dywyll, mae Runnymede yn gweld dyfodol disglair pan fydd Islamoffobia yn cael ei oresgyn. Mae'n gweld y bydd Mwslimiaid Prydeinig yn ymwneud yn llawn ym mhob agwedd ar y gymdeithas mewn gweledigaeth wyth bwynt:

1. Bydd siarad Islamoffobaidd yn cael ei gydnabod fel rhywbeth annerbyniol a fydd e ddim yn cael ei oddef yn gyhoeddus. Lle bynnag y mae'n digwydd, bydd y rhai sydd mewn swyddi arwain a dylanwadol yn codi llais ac yn ei gondemnio.
2. Bydd sancsiynau cyfreithiol yn erbyn gwahaniaethu ar sail crefydd, trais ac annog casineb ar y llyfr statud.
3. Bydd Mwslimiaid Prydeinig yn cymryd rhan yn llawn ac yn hyderus ar bob lefel ym mywyd gwleidyddol, diwylliannol, cymdeithasol ac economaidd y wlad.
4. Bydd lleisiau Mwslimiaid Prydeinig i'w clywed yn llawn a bydd yr un parch tuag atyn nhw â lleisiau cymunedau a grwpiau eraill. Bydd eu cyfraniadau unigol ac ar y cyd i'r gymdeithas ehangach yn cael eu cydnabod a'u dathlu.
5. Bydd system addysg y wladwriaeth yn cynnwys nifer o ysgolion Mwslimaidd, a bydd pob ysgol brif ffrwd y wladwriaeth yn darparu'n effeithiol ar gyfer anghenion bugeiliol, crefyddol a diwylliannol eu disgyblion Mwslimaidd. Bydd cyrhaeddiad academaidd disgyblion Mwslimaidd yn gyfartal â chyrhaeddiad disgyblion eraill.
6. Bydd y ffaith fod angen i Fwslimiaid Prydeinig ifanc ddatblygu eu hunaniaeth grefyddol a diwylliannol mewn cyd-destun Prydeinig yn cael ei dderbyn a'i gefnogi.
7. Bydd mesurau i fynd i'r afael ag amddifadedd cymdeithasol ac economaidd, diweithdra a dirywiad trefol o fudd i Fwslimiaid ac i bob cymuned arall.
8. Bydd cyflogwyr a darparwyr gwasanaethau i gyd yn sicrhau, yn ogystal â'u bod nhw'n cydymffurfio â gofynion cyfreithiol ar beidio â gwahaniaethu, eu bod yn gwerthfawrogi amrywiaeth grefyddol, ddiwylliannol ac ethnig.

(Ymddiriedolaeth Runnymede)

Gweithgaredd AA1

Gwnewch ddiagram coeden gyda changhennau'n ymledu. Yn y canol, ysgrifennwch y teitl Islamoffobia. Ar y prif ganghennau, ysgrifennwch ddiffiniad gwahanol o Islamoffobia neu fath gwahanol ohono ar bob un. Yna, wrth i'r canghennau ymledu, llenwch enghreifftiau o Islamoffobia fel dail sy'n hongian ar y canghennau.

Safbwyntiau gwleidyddol

Mae Mwslimiaid ym Mhrydain wedi ymuno â phleidiau gwleidyddol, a dod yn gynghorwyr, yn ASau, yn ACau ac yn Arglwydd Feiri. Mae Sadiq Khan fel Maer Llundain yn un o'r Mwslimiaid mwyaf llwyddiannus ym maes gwleidyddiaeth. Yng Nghymru, mae gan y Cynulliad Cenedlaethol raglen allgymorth i wrando ar safbwyntiau Mwslimiaid. Trefnwyd cyfres o weithdai i gynrychiolwyr cymunedau lleol gwrdd â'r Gweinidog Gwasanaethau Cyhoeddus ar y pryd, Leighton Andrews, yn adeiladau'r Cynulliad Cenedlaethol yng Nghaerdydd.

Dyfyniad allweddol

Sefydlwyd gweithdai i glywed gan gynrychiolaeth eang o arweinwyr crefyddol a gweithredwyr cymunedol, gan gynnwys rhai sydd wedi bod yn amlwg yn gyhoeddus wrth fynegi barn am eithafiaeth ac Islamoffobia. Nod y drafodaeth yw datblygu perthnasoedd agosach rhwng Llywodraeth Cymru a chymunedau Mwslimaidd yng Nghymru. Rydyn ni'n gweithredu i herio pob ffurf ar eithafiaeth a throseddau casineb ond does dim un ohonon ni'n medru mynd i'r afael â'r materion hyn ar ein pennau ein hunain. Felly, y gweithdai hyn yw'r cam cyntaf mewn rhaglen barhaus i feithrin ymddiriedaeth a gwydnwch mewn cymunedau. **(Llefarydd Llywodraeth Cymru)**

Mae Cyngor Mwslimaidd Cymru yn cynrychioli barn Mwslimiaid Cymru fel aelod o Gyngor Mwslimaidd Prydain. Maen nhw wedi codi llais wrth sefyll dros hawliau Mwslimiaid. Yn 2017, aeth trip ysgol o Gymru ar fwrdd awyren yng Ngwlad yr Iâ, ar y ffordd i'r Unol Daleithiau. Daeth swyddogion diogelwch UDA i dywys Juhel Miah, un o'r athrawon, a dinesydd Prydeinig, oddi ar yr awyren heb roi esboniad. Y sôn oedd bod hyn yn rhan o rywbeth a alwyd yn waharddiad ar Fwslimiaid gan yr Arlywydd Donald Trump. Protestiodd Cyngor Mwslimaidd Cymru a'r awdurdod lleol a oedd yn cyflogi Juhel Miah am y ffordd y cafodd ei drin.

Llywodraeth San Steffan

Dros y tri deg mlynedd diwethaf mae mwy o Fwslimiaid wedi dod yn aelodau seneddol. Mae gan aelodau seneddol eu hystafell weddïo eu hunain. Mae ASau sy'n digwydd bod yn Fwslimiaid wedi cael eu hethol i seddi mewn ardaloedd gwledig lle mae prin unrhyw bleidleiswyr Mwslimaidd o gwbl. Mae hyn yn arwydd cadarnhaol bod pobl yn pleidleisio dros y materion ac nad oes gwahaniaeth ganddyn nhw beth yw ffydd grefyddol bersonol rhywun.

Mae Prif Weinidog Prydain yn recordio neges arbennig i Fwslimiaid ar gyfer eu gŵyl Id (Eid) bob blwyddyn, ac mae hi ar gael ar y cyfryngau cymdeithasol. Mae ASau yn aml yn gwneud pwynt o gynnwys Mwslimiaid, grwpiau cymunedol a mosgiau yn eu hetholaeth wrth drafod ac ymgynghori, er mwyn sicrhau bod y gymuned Fwslimaidd yn cael ei chynrychioli'n dda.

Dyfyniad allweddol

Dangosodd memo i bwyllgor y cabinet a gafodd ei ddatgelu i'r wasg yn 2010 fod cyngor i weinidogion y glymblaid a oedd yn dod i mewn i'r llywodraeth yn dweud ei bod hi'n anghywir 'ystyried radicaleiddio yn y wlad hon fel "belt cludo" a oedd yn symud o gwyno, drwy radicaleiddio, i drais ... Mae'r ddamcaniaeth hon fel petai'n camddarllen y broses radicaleiddio ac yn rhoi gormod o bwyslais ar ffactorau ideolegol'. **(Travis)**

Pan oedd David Cameron yn Brif Weinidog, cyflwynodd ei nod o integreiddio Mwslimiaid yn well ac o symud y wlad oddi wrth y polisi blaenorol, sef amlddiwylliannaeth. Dywedodd fod hyn wedi methu oherwydd bod y cymunedau wedi ymbellhau oddi wrth ei gilydd. Yn hytrach, roedd rhaid meithrin gwerthoedd Prydeinig cyffredin.

Cynnwys y fanyleb

Gellir gweld enghreifftiau mewn: safbwyntiau gwleidyddol; safbwyntiau o ffynonellau'r cyfryngau (teledu, radio neu bapurau newydd) a/neu'r cyfryngau ar-lein.

Sadiq Khan

cwestiwn cyflym

2.17 Beth ddigwyddodd i Juhel Miah?

Dyfyniad allweddol

Rydyn ni yng Nghyngor Mwslimaidd Cymru yn poeni'n fawr o glywed yr adroddiadau bod athro Mwslimaidd o Gymru, Mr Juhel Miah o Ysgol Gyfun Llangatwg yn Aberdulais, wedi cael ei wahardd rhag cael mynediad i UDA. Gwahaniaethu Islamoffobaidd llwyr yw gwahardd athro ysgol sy'n ddinesydd Prydeinig ac sy'n teithio gyda chriw o'r ysgol rhag cael mynediad i UDA. **(Cyngor Mwslimaidd Cymru)**

Y Senedd, San Steffan

Dyfyniadau allweddol

Mae'r Gorllewin yn wynebu her i'w werthoedd, i'w ddiwylliant ac i'w ryddid; her sydd mor ddwfn yn ei ffordd â'r bygythiad a oedd gan ffasgaeth a chomiwnyddiaeth. Ond yn rhy aml o lawer, mae'r ymateb i'r her honno gan lawer yn y Gorllewin yn ddryslyd, yn oediog, yn wan ac yn gyfaddawdol. **(Gove)**

Rhybudd Gove ei hun dros gyfnod, dro ar ôl tro, fel newyddiadurwr ac fel gwleidydd, oedd bod angen ymateb llawer mwy cadarn i atal yr hyn y mae e'n ei gredu sy'n 'felt cludo', sy'n cysylltu ceidwadaeth grefyddol a therfysgaeth. Dyma beth ychwanegodd fin at ymateb deifiol Theresa May i'w gyhuddiad bod y Swyddfa Gartref yn esgeulus. **(Travis)**

Felly rydyn ni mewn sefyllfa lle mae Mwslimiaid sy'n ymgysylltu â gwleidyddiaeth neu ag unrhyw sefydliad Prydeinig arall yn mynd i gael eu hystyried yn amheus, a lle mae Mwslimiaid nad ydyn nhw'n ymgysylltu ac sy'n cadw ar wahân i bawb arall yn cael eu trin fel pobl amheus am fod ar wahân ac wedi ymddieithrio oddi wrth brif ffrwd y gymdeithas. **(Warsi)**

cwestiwn cyflym

2.18 Pam mae Mwslimiaid sy'n ymgysylltu'n agored i ymosodiad, yn ôl Sayeeda Warsi?

Dyfyniad allweddol

Mae'n bwysig iawn ei gwneud hi'n eglur i bobl nad oes gan Islam ddim i'w wneud ag ISIS. Mae rhagfarn yn y gymdeithas am hyn, ond ar y llaw arall, rwy'n gwrthod defnyddio'r term hwn 'Islamoffobia', oherwydd bod y rhai sy'n defnyddio'r gair hwn yn ceisio gwneud i unrhyw feirniadaeth o gwbl ar ideoleg Islamaidd fod yn annilys. Mae cyhuddiad 'Islamoffobia' yn cael ei ddefnyddio i dawelu pobl. **(Valls)**

Buodd y felin drafod (*think tank*) Policy Exchange, y mae'r Blaid Geidwadol yn ei ffafrio, yn beirniadu cymunedau Mwslimaidd am eu tuedd i fod ar wahân i bawb arall. Mewn adroddiad, honnodd Policy Exchange fod Mwslimiaid yn byw bywydau mwy ar wahân ond eu bod nhw eisiau integreiddio mwy hefyd. Codwyd pryder am syniadau anarferol a oedd i'w clywed ymysg Mwslimiaid, fel damcaniaethau cynllwynio yn erbyn Mwslimiaid.

Mae Michael Gove wedi bod yn un o feirniaid mwyaf di-flewyn-ar-dafod Islamiaeth. Yn ei lyfr, *Celsius 7/7*, honna Gove fod lleiafrif sylweddol o Fwslimiaid Prydeinig yn cytuno â safbwyntiau Islamegwyr neu eu bod yn cydymdeimlo â nhw. Mae'n dweud bod y safbwyntiau hyn yn debyg i Gomiwnyddiaeth a Natsïaeth. Mae'n dweud nad yw'r cyfryngau wedi gwneud digon i feirniadu hyn oherwydd eu bod yn ofni cael eu labelu yn Islamoffobaidd.

Mae rhai Mwslimiaid yn dweud bod ymagwedd Gove yn gwneud i'r sefyllfa fod yn waeth. Mae gwahaniaeth barn wrth i bobl geisio deall sut mae radicaleiddio yn digwydd. Mae gwybodaeth gan y Swyddfa Gartref, sydd wedi datblygu arbenigedd gyda rhaglen Prevent, yn awgrymu nad yw Mwslimiaid yn mynd o gwyno i all-gau i radicaleiddio, fel belt cludo. Mae adolygiad Alan Travis o lyfr Gove yn herio'r safbwynt hwn.

Mae Sayeeda Warsi, aelod o'r Blaid Geidwadol ac o Dŷ'r Arglwyddi, yn beirniadu gwleidyddion Prydain am beidio â chynnwys Mwslimiaid yn y ddadl. Pan maen nhw'n ceisio ymuno a helpu, mae pobl yn eu hamau am fod yn danseilwyr, ond pan nad ydyn nhw'n gwneud hynny, maen nhw'n cael eu hystyried fel bygythiad arwahanol.

Charlie Hebdo

Cylchgrawn dychanol Ffrangeg yw Charlie Hebdo sy'n cyhoeddi jôcs, cartwnau a deunydd arall sy'n gwneud hwyl am ben pobl mewn grym. Math o ddychan yw hyn. Mae gan ddychan hanes hir a phwrpas pwysig yn Ffrainc ac mewn gwledydd Gorllewinol am ddangos, gan ddefnyddio hiwmor, sut mae gwleidyddion ac eraill yn camddefnyddio pŵer. Hefyd mae pobl Ffrainc yn rhoi pwys mawr ar ryddid, rhyddid barn a beirniadu unrhyw un ac unrhyw beth. Roedd rhyddid yn un o egwyddorion mwyaf pwysig y Chwyldro yn Ffrainc.

Cyhoeddodd y cylchgrawn Charlie Hebdo gyfres o gartwnau a oedd yn gwneud hwyl am ben pobl, gan gynnwys un yn darlunio'r Proffwyd Muhammad fel bom. Corddodd hyn y dyfroedd oherwydd bod Mwslimiaid yn meddwl bod hyn yn amharchu eu Proffwyd. Cafodd bygythiadau o ladd eu gwneud yn erbyn y cylchgrawn ac yn 2015 saethodd dau ddyn i mewn i swyddfeydd pencadlys y cylchgrawn, gan ladd 12 o bobl.

Roedd Mwslimiaid yn gofidio bod cartwnau wedi cael eu gwneud o'u Proffwyd, ond mae llawer o ddarluniau o'r oesoedd canol sy'n dangos Muhammad wedi'u paentio gan Fwslimiaid, gan gynnwys ei wyneb. Doedd dim hawl i'w addoli, ond doedd y weithred o dynnu ei lun ddim yn drosedd o angenrheidrwydd. Roedd Muhammad yn arfer goddef pob math o gamdriniaeth, heb adael iddo ei boeni neu ei wylltio. Roedd menyw yn arfer ei sarhau bob dydd, a thaflu sbwriel wrth ei ddrws, ond un diwrnod pan na ddaeth hi, aeth Muhammad i'w thŷ i weld a oedd hi'n iawn. Felly dylai Mwslimiaid sy'n dilyn y sunna ddod yn ffrindiau i'w beirniaid.

Roedd gan y rhai a oedd yn cyhoeddi'r cartwnau hawl i'w cyhoeddi, ond roedd hi fel petaen nhw'n mynd yn bellach na dychan. Elfen hanfodol yw bod y person sy'n cael ei ddychanu mewn sefyllfa o rym lle gall fanteisio ar eraill neu eu difrïo. Fodd bynnag, mae Muhammad wedi hen farw ac mae'r gymuned Fwslimaidd yn Ffrainc yn un o'r rhai tlotaf ac sydd â'r gynrychiolaeth leiaf yn y llywodraeth.

Cododd y gwleidydd o Ffrainc, Manual Valls, dros Fwslimiaid wrth gondemnio'r rhai a oedd yn beio Mwslimiaid i gyd am yr ymosodiad. Hefyd soniodd am egwyddor rhyddid yn Ffrainc: rhaid i bobl fod yn rhydd i feirniadu Islam heb ofni cael eu cyhuddo o Islamoffobia.

Safbwyntiau o ffynonellau'r cyfryngau (teledu, radio neu bapurau newydd)

Yn UDA, gwnaeth Pervez Sadia ddadansoddiad o sut roedd Arabiaid a Mwslimiaid yn cael eu portreadu ar sianelau teledu gwahanol. Mae'r tabl isod yn dangos y canlyniadau. Roedd pynciau negyddol, sydd yn y tair llinell uchaf, yn cael y rhan fwyaf o'r amser ar yr awyr, ond prin oedd y storïau cadarnhaol. Mae'r dadansoddiad hwn yn dangos tuedd yn y cyfryngau.

Rhifyn	Fox News	Special Report	Larry King	Late Edition	Cyfanswm
Rhyfel ar derfysgaeth	13	10	14	13	50
Gwleidyddiaeth	6	9	5	12	32
Argyfwng (Economaidd-gymdeithasol)	4	19	3	4	30
Crefydd	0	3	2	0	5
Cysylltiadau rhyngwladol	0	1	0	0	1
Hawliau dynol	0	1	0	0	1
Datblygiad	0	0	0	0	0
Y celfyddydau a diwylliant	0	0	0	0	0
Cyfanswm	23	43	24	29	119

Dyletswydd y cyfryngau yw dangos y newyddion fel y mae. Y realiti yw bod rhai gweithredoedd ofnadwy yn cael eu gwneud yn y Dwyrain Canol a ddylai'r rhain ddim cael eu cuddio. Lle mae Mwslimiaid yn cyflawni troseddau, dim ond dweud y gwir mae'r cyfryngau wrth adrodd amdanyn nhw. Fodd bynnag, y duedd yw bod y cyfryngau'n adrodd gormod am ochr wael Islam a heb fod yn adrodd digon am yr ochr heddychlon, a hefyd am storïau newyddion da am sut mae Mwslimiaid wedi integreiddio.

Mae grŵp o'r enw Centre for American Progress wedi bod yn gweithredu yn erbyn Islamoffobia. Cyhoeddon nhw adroddiad a oedd yn tynnu sylw at grwpiau ac unigolion a oedd yn lledaenu gwybodaeth anghywir a phropaganda yn erbyn Islam. Buodd yr adroddiad yn ymchwilio i bwy dalodd am waith a oedd yn hyrwyddo Islamoffobia ac yn ceisio datgelu pwy oedden nhw.

Papurau newydd

Ymchwiliodd Paul Mason a thîm o Brifysgol Caerdydd i dros 1,000 o erthyglau papur newydd dros yr wyth mlynedd diwethaf. Edrychon nhw ar y ffordd roedd Mwslimiaid yn cael eu dangos yn y storïau, beth oedd pynciau'r erthyglau, y ffotograffau a oedd yn cael eu rhoi wrth ochr Mwslimiaid a'r ffordd roedd Islam yn cael ei phortreadu. Fel gyda chyfryngau UDA, roedd dros 60% o'r storïau'n portreadu Islam yn negyddol. Roedd yr erthyglau'n canolbwyntio'n bennaf ar radicaleiddio a ffwndamentaliaeth.

Rhoddodd papurau newydd sylw i weithredoedd terfysgaeth ynghyd â chymhelliant crefyddol. Methon nhw nodi ffactorau a chymhellion gwleidyddol. Roedd Islam yn cael ei chynrychioli fel bygythiad, yn beryglus ac yn gyntefig yn chwarter y storïau newyddion, ac yn dda mewn canran fach iawn yn unig. Roedd Mwslimiaid yn aml yn cael eu gosod wrth ymyl llysoedd barn, gorsafoedd heddlu ac yn cael eu gweld mewn ffordd negyddol.

Mae **Miqdaad Versi** o Gyngor Mwslimaidd Prydain yn dadlau y dylai'r cyfryngau drin Mwslimiaid yn well. Mae'n dyfynnu dwy stori papur newydd a oedd yn portreadu Mwslimiaid yn negyddol: un yn *The Times* gyda'r pennawd: 'Call for national debate on Muslim sex grooming' ac un yn y *Mail on Sunday* gyda'r pennawd: 'Muslim gang slashes tyres of immigration-raid van'. Yn y ddau achos, holodd pam roedd y pennawd yn cynnwys y gair Mwslim, pan mae Islam mor gryf yn erbyn y troseddau hyn. Dydy'r gweithredoedd ddim yn adlewyrchu dysgeidiaeth Islam.

Canlyniadau portreadau yn y cyfryngau yw newid agweddau pobl fel eu bod yn fwy gwrthwynebus tuag at Islam. Mae agweddau cyhoeddus at Islam wedi dangos bod tua

Cynnwys y fanyleb

Gel ir gweld enghreifftiau mewn: safbwyntiau gwleidyddol; safbwyntiau o ffynonellau'r cyfryngau (teledu, radio neu bapurau newydd) a/neu'r cyfryngau ar-lein.

Sylw gan Fox news yn UDA

Dyfyniad allweddol

Mae'r drafodaeth y mae Fox yn ei chreu â'i gynulleidfa yn helpu i osod sail i esboniad wedi'i begynnu ac i gyfreithloni cefnogaeth i ryfel diderfyn ar yr anhysbys. **(Vultee)**

cwestiwn cyflym

2.19 Ym mha ffyrdd y gwelodd ymchwil Pervez Sadia duedd?

Unigolyn allweddol

Miqdaad Versi: ysgrifennydd cyffredinol cynorthwyol Cyngor Mwslimaidd Prydain

Dyfyniad allweddol

Rydych chi'n cael y storïau anghywir hyn am y bygythiad yma, sef y bydd mwy o fosgiau nag eglwysi, sy'n ddwli llwyr. **(Mason)**

Edrychon ni ar enwau ac ansoddeiriau a'r ffordd yr oedd Mwslimiaid Prydeinig yn cael eu disgrifio. A gwelon ni fod y gyfran uchaf o enwau a ddefnyddiwyd yn sôn am bethau fel eithafiaeth, ymosodwyr hunanladdiad, ysbryd milwriaethus, radicaliaeth – a oedd yn cyfrif am dros 35% o'r ansoddeiriau a ddefnyddiwyd am Fwslimiaid Prydeinig – eithafol, ffwndamentalaidd – dyna'r mathau o iaith a ddefnyddiwyd. Roedd Islam yn cael ei phortreadu neu ei llunio yn yr iaith fel rhywbeth peryglus neu gyntefig neu fel bygythiad. **(Mason)**

Dyfyniad allweddol

A woman of a hundred moods, tempting and beguiling, charming and desirable, imperious and vengeful pitting her beauty and courage against the desert's savage warriors. What is your pleasure? Dancing girls, perhaps, or desert raiders? It's all yours, all the fighting fury, all the glamour you ever thrilled to! **(ffilm *Baghdad* 1949)**

Unigolyn allweddol

Ziauddin Sardar: yn wreiddiol o Pakistan, erbyn hyn mae Ziauddin yn byw yn Llundain ac yn awdur deallusol sydd wedi ennill gwobrau. Mae'n ddiwygiwr sy'n credu y dylai pob cenhedlaeth ailddehongli'r Qur'an a'r hadith i'w hanghenion. Mae Ziauddin wedi bod yn cefnogi amlddiwylliannaeth yn gryf.

Dyfyniad allweddol

Oh I come from a land, From a faraway place, Where the caravan camels roam. Where they cut off your ear, If they don't like your face, It's barbaric, but hey, its home. Where they cut off your ear, If they don't like your face, It's barbaric, but hey, its home. **(ffilm *Aladdin*, 1992)**

Darlun cartŵn o Arabiaid

cwestiwn cyflym

2.20 Disgrifiwch sut mae Arabiaid a Mwslimiaid yn cael eu portreadu fel arfer mewn ffilmiau a chartwnau.

chwarter plant o oed ysgol uwchradd yn meddwl bod Islam yn cefnogi trais ac mae dros draean o oedolion yn cefnogi polisïau i leihau nifer y Mwslimiaid sy'n byw yn y DU.

Er mwyn lliniaru gelyniaeth y cyfryngau, mae Miqdaad Versi yn awgrymu bod rhaid i Fwslimiaid feithrin ymwybyddiaeth o natur heddychlon Islam. Dylai amrywiaeth gael ei hannog, yn enwedig ar fyrddau papurau newydd a golygyddion y cyfryngau. Mae perchnogion papur newydd pwerus yn gallu effeithio ar gynnwys golygyddol eu teitlau. Gallan nhw wneud hyn naill ai'n uniongyrchol neu drwy ddewis golygyddion ffyddlon sydd, er eu bod nhw'n honni bod ganddyn nhw ryddid golygyddol, bob amser yn ymddangos fel petaen nhw'n ysgrifennu erthyglau y mae eu perchnogion yn hapus â nhw. Er mwyn rhoi sylw i hyn, dylai'r cyfryngau gael eu rheoleiddio'n agosach.

Portreadu mewn ffilmiau

Dadansoddodd **Ziauddin Sardar** a Merryl Wyn Davies y portread o Fwslimiaid mewn ffilmiau yn eu gwaith, 'Freeze Frames'. Mae'r ffordd y mae Islam a Mwslimiaid yn cael eu portreadu'n helpu i lunio'r ffordd y mae pobl yn meddwl am y grefydd a'i dilynwyr mewn bywyd go iawn. Fel arfer mae'r byd Mwslimaidd yn cael ei ddangos fel lle barbaraidd lle mae Arabiaid yr anialwch yn ymladd ac yn bradychu ei gilydd. Yn *Baghdad*, ffilm o 1949, mae'r Dywysoges Marjan yn cael ei disgrifio fel 'yr holl ffyrnigrwydd ymladdgar, yr holl hudoliaeth a'ch cynhyrfodd chi erioed!'.

Dros amser, does dim llawer o newid wedi bod. Yn 1992 corddodd Disney y dyfroedd pan ryddhawyd ei ffilm gartŵn, *Aladdin*. Roedd y ffilm yn dechrau gyda chân am Arabia sy'n cynnwys y llinellau

'Where they cut off your ear,
If they don't like your face,
It's barbaric.'

Dyfyniad allweddol

Yr hyn sy'n digwydd gyda'r cartwnau hyn yw bod stereoteip yn cael ei barhau sydd nid yn unig am sut mae Mwslimiaid yn edrych yn gorfforol – fel arfer tybir eu bod nhw'n edrych fel Arabiaid ac yn gwisgo fel Arabiaid – ond hefyd am set o nodweddion, hynny yw, bod y dynion yn dreisgar, y menywod yn orthrymedig, a bod y grefydd ei hun yn tueddu i droi at eithafion trais a gormes. Mae hyn yn ei gwneud hi'n haws i'r llywodraeth gyfiawnhau eu hachos i'r cyhoedd dros ddal Mwslimiaid heb reswm a gweithredu'n dreisgar yn eu herbyn. **(Gottschalk)**

Mae ffilmiau'n gefndir i drafodaethau pobl am ddigwyddiadau cyfoes. Mae gwleidyddion, darlledwyr a phobl yn y siopau coffi a'r canolfannau siopa yn sôn am y ffilmiau ac yn trosi delwedd y Mwslimiaid y maen nhw'n eu gweld i'w syniadau nhw am sut rai yw Mwslimiaid mewn gwirionedd. Does dim ateb hawdd i herio'r portread hwn.

Dyfyniad allweddol

Mae realiti Mwslimiaid a'r Byd Mwslimaidd yn bodoli y tu hwnt i'r lluniau wedi'u rhewi. Ond, o gofio pa mor rymus maen nhw a'r gafael sydd ganddyn nhw ar agweddau poblogaidd, sut mae'n bosibl gwneud i'r darlun ehangach fod yn weladwy ac yn glywadwy? Mae confensiynau'r sinema sydd wedi'u codio a'r agweddau diwylliannol y maen nhw'n eu cynrychioli ac yn eu llunio yn cael eu gosod yn erbyn problem wleidyddol fyd-eang sy'n cael ei darlledu heddiw fel prif fater ein cyfnod ni. **(Sardar a Davies)**

Rhaglenni dogfen

Mae'r cyfryngau darlledu wedi helpu i gyflwyno delwedd deg a chytbwys o Islam, a hyd yn oed delwedd dda weithiau. Mae rhaglenni dogfen am Islam a'i chyfraniad at gelf a hanes wedi helpu i ddileu Islamoffobia. Mae Waldemar Januszczak wedi gwneud nifer o gyfresi am gyfraniad Islam at gelf a phensaernïaeth dros y canrifoedd. Gwnaeth Akbar Ahmed, cyn-Uwch Gomisiynydd Pakistan i Lundain, gyfres o raglenni 'Living Islam'. Mae'r BBC wedi gwneud nifer o raglenni am hanes Islam yn ddiweddar.

Dyfyniad allweddol

Rwy' wedi treulio misoedd ar fisoedd yn croesi'r byd Islamaidd, ac ym mhob man y bues i, dwi wedi gweld pethau rhyfeddol a hardd, rhai o'r pethau mwyaf rhyfeddol a hardd a welais erioed, wedi'u gwneud gan bobl ryfeddol a hardd na ddangosodd ddim i mi ond caredigrwydd, cyfeillgarwch a lletygarwch. **(Januszczak)**

Y cyfryngau ar-lein

Gwnaeth Anton a Peter Tornberg astudiaeth drylwyr o wefannau'r cyfryngau cymdeithasol, gwefannau sgwrsio, fforymau a thrafod yn Sweden. Gwelon nhw sylwadau a oedd yn dangos rhywfaint o Islamoffobia. Roedd un yn hawlio bod Mwslimiaid fil o flynyddoedd ar ei hôl hi, roedd un arall yn hawlio eu bod wedi dod i gymryd 'ein' swyddi. Cyflwynodd nifer o Fwslimiaid gwestiynau am sylfaen Islam gyda ffocws ar shari'a, Islamiaeth, ac a yw Islam yn gydnaws â democratiaeth. Roedd peth trafodaeth ddilys â meddwl agored am Islam fel crefydd o'i chymharu â rhai eraill. Pynciau poblogaidd oedd mosgiau a minarétau, agweddau diwylliannol ar Islam, cig halal, pleidiau'r dde eithafol, rhyddid mynegiant a gwrthdrawiadau rhyngwladol, y cyfryngau, gwleidyddiaeth a sylwadau llawn casineb ar y Rhyngrwyd.

Enghreifftiau o sylwadau sy'n datgelu Islamoffobia:

- Fydd hi byth yn bosibl ... integreiddio Mwslimiaid. Cymerwch eu canfyddiad o fenywod, er enghraifft. Os yw Mwslim yn priodi menyw o Sweden, mae e'n gallu ymddangos yn iawn ac yn barod i addasu i reolau Sweden ar y dechrau, ond pan mae mwy o bŵer ganddo drosti hi, er enghraifft, pan maen nhw wedi cael plant, bydd ei ganfyddiad dwfn o fenywod yn dod i'r wyneb a bydd e'n troi'n gyfan gwbl.
- Lle bynnag rydych chi'n edrych mae ymosodiadau â bomiau a gweithgarwch terfysgol arall. Y ffactor cyffredin yw ffwndamentaliaeth Islamaidd. Pam mai Mwslimiaid yn unig, bron, sy'n cyflawni'r gweithredoedd hyn heddiw?
- Dim ond oherwydd bod Abdullah, Ahmed a Mohammad wedi cael eu hymylu, does dim hawl gan griw o ddynion i dreisio menywod Sweden. Dwi wedi cael llond bol ar bobl yn beio ymosodiadau rhywiol ar ddiffygion y system. Oni ddylem fynnu ychydig o gyfrifoldeb personol gan ein 'cyfoethogwyr diwylliannol'?

Mae safle menywod Mwslimaidd yn cael ei drafod yn helaeth, gyda'r rhan fwyaf o'r sylwadau ar-lein yn tybio mai dynion yw'r ymosodwyr ac mai menywod yw'r dioddefwyr. Mae Islam yn aml yn cael ei chynrychioli fel crefydd sy'n dreisgar wrth natur: crefydd ffwndamentalaidd, derfysgol, rywiaethol ac annemocrataidd. Roedd y rhan fwyaf o'r deunydd trafod ar-lein wedi'i gyrru gan faterion cyfoes yn y cyfryngau prif ffrwd teledu, radio a phapur newydd. Doedd y Rhyngrwyd ddim fel petai'n troi cyfeiriad y drafodaeth i unrhyw beth newydd.

iMuslims

Ymchwiliodd yr Athro Gary Bunt o Brifysgol Cymru Y Drindod Dewi Sant i ddefnydd Mwslimiaid o'r Rhyngrwyd. Yn ei waith ***iMuslims***, mae'r Athro Bunt yn nodi ffyrdd y mae Mwslimiaid wedi newid sut maen nhw'n cael gwybodaeth am ffydd. Yn y gorffennol efallai y bydden nhw'n ystyried mater am wythnosau ac yna'n trafod ag aelodau parchus o'r gymuned, ond nawr maen nhw'n gallu chwilio amdano ar y Rhyngrwyd. Mae 'Shaykh Google' wedi dod yn un o'r Imamiaid mwyaf poblogaidd yn y byd! Mae arbenigwyr ar-lein ar gael i chwilio am fatwas ac i roi atebion yn gyflym iawn. Y broblem yw nad oes modd gwybod pa mor ddilys yw'r awdur.

Mae llawer o drafodaethau'n dechrau gyda gwybodaeth gonfensiynol ac maen nhw'n rhoi Mwslimiaid mewn cysylltiad â thoreth o wybodaeth. Os yw Mwslim eisiau cael gwybod beth yw holl draddodiadau'r hadith ynghylch pryd a sut i roi Zakat, mae'n hawdd gwneud hynny. I Fwslimiaid sy'n ystyried arfer penodol o Islam, fel Sufiaeth,

Cynnwys y fanyleb

Gellir gweld enghreifftiau mewn: safbwyntiau gwleidyddol; safbwyntiau o ffynonellau'r cyfryngau (teledu, radio neu bapurau newydd) a/neu'r cyfryngau ar-lein.

Mwslimiaid yn defnyddio'r cyfryngau ar-lein

Dyfyniad allweddol

Yn y pen draw, mae'r portread hwn o Fwslimiaid ac Islam gan yr hanfodwyr, sy'n treiddio drwy'r pynciau mwyaf amlwg a thros gyfnod o amser, yn cyfrannu at greu Mwslimiaid fel 'y llall': grŵp ethnig anaeddfed a hyd yn oed cyntefig sy'n bodoli mewn sefyllfa o dyndra – neu hyd yn oed anghydnawsedd – â'r hyn sy'n cael ei ddarlunio fel diwylliant y Gorllewin. **(Anton Tornberg, Petter Tornberg)**

Term allweddol

iMuslims: Astudiaeth o ddefnydd o'r Rhyngrwyd a TGCh gan Fwslimiaid sydd wedi effeithio ar y ffordd maen nhw'n dod i wybod am eu ffydd ac yn ei datblygu byddan nhw'n gallu ymuno â chymunedau ar-lein a chysylltu â phobl na fydden nhw'n gallu dod o hyd iddyn nhw'n lleol. Mae rheoliadau cyfreithiol fiqh yn cael eu trafod. Wrth ddehongli o'r newydd, mae penderfyniadau cyflym yn cael eu gwneud a allai fod wedi cymryd oes i'w hystyried yn y gorffennol. Nid casgliadau sy'n addas i ardal leol yw'r ffocws bellach: mae'r byd i gyd yn gallu ymuno yn y drafodaeth. Mae'r cyfnewid gwybodaeth hwn yn golygu bod Islam yn cael ei 'hailweirio' yn llwyr, yn ôl Gary Bunt.

Dyfyniadau allweddol

Mewn rhai cyd-destunau, mae defnyddio'r Rhyngrwyd yn cael effaith weddnewidiol gyffredinol ar sut mae Mwslimiaid yn arfer Islam, ar ba ffurfiau ar Islam sy'n cael eu cyflwyno i'r byd ehangach, ac ar sut mae cymdeithasau Mwslimaidd yn canfod eu hunain a'u cyfoedion. Ar un lefel, gallai hyn fod o ran sut mae dyletswyddau a defodau Islamaidd yn cael eu gwneud yn ymarferol, neu o ran dehongli a deall y Qur'an. Ar lefel arall, mae hyn wedi gwneud i Fwslimiaid fod yn agored i ddylanwadau radical a newydd, y tu hwnt i gylchoedd gwybodaeth ac awdurdod traddodiadol, gan achosi newidiadau sylweddol ar lawr gwlad mewn cymdeithasau. **(Bunt)**

Gan ein bod ni wedi ein cyflyru i ymateb yn syth – diolch i'r cyfryngau cymdeithasol a theledu byd-eang 24 awr – mae'n hawdd iawn i ni ddechrau patrymau o adweithiau cadwynol. Mae hyd yn oed gweithredoedd sy'n ymddangos yn ddibwys yn gallu arwain yn gyflym iawn at ganlyniadau byd-eang. ... Mae gwerthwr llysiau'n gallu dechrau mudiad rhyddid a democratiaeth sy'n gallu cynyddu'n gyflym – y 'Gwanwyn Arabaidd'. **(Sardar)**

Sut mae pobl yn gwybod a yw gwefan yn un brif ffrwd ai peidio? Mae grwpiau Jihadi yn defnyddio'r Rhyngrwyd hefyd i lwytho propaganda i fyny, i guddio eu cysylltiadau ac i recriwtio pobl ifanc fregus. Buodd achosion o Fwslimiaid ifanc yn cael eu radicaleiddio ar-lein heb i'w rhieni wybod. Mae newyddion 24 awr yn gallu tanio ymateb a allai fod wedi bod yn fwy cymedrol gyda mwy o ystyried yn y gorffennol.

Hefyd mae'n bosibl defnyddio'r Rhyngrwyd i herio fersiynau annerbyniol o Islam. Mae Mwslimiaid ifanc yn gallu gwneud ffrindiau â phobl o grefyddau eraill a rhai heb ffydd, hyd yn oed os nad ydyn nhw'n byw gerllaw. Mae'n ffordd o ddetio, o ddod o hyd i rywun i gwrdd ag ef neu hi i drefnu priodas, gan ddilyn dewis Mwslim ei hunan yn hytrach nag awgrym eu teuluoedd. Mae menywod sy'n aros gartref yn gyson yn gallu gwneud ffrindiau, cwblhau astudiaethau ar-lein, a dod o hyd i wybodaeth am eu hawliau. Felly mae'r Rhyngrwyd yn rym cadarnhaol er mwyn cymathu ac integreiddio.

cwestiwn cyflym

2.21 Sut mae newyddion 24 awr y cyfryngau'n effeithio ar bobl?

Dyfyniad allweddol

Mae economi gwybodaeth ac efengylu wedi ymddangos, gan gynnig her i fodelau awdurdod traddodiadol 'o'r brig i'r bôn'. Mae economi gwybodaeth llorweddol, cydweithredol, sy'n dibynnu ar rwydweithio rhwng cymheiriaid, wedi amgylchynu rhannau o'r gofod seibr Islamaidd. Hefyd mae llawer o'r cynnwys yn cael ei roi am ddim, a gwahoddir defnyddwyr i wneud sylwadau, i newid y wybodaeth, ac i roi cyfraniadau mewn rhai meysydd. **(Bunt)**

Awgrym astudio

Yn union fel y gall y cyfryngau fod â thuedd yn y ffordd y mae'n cynrychioli Islam a Mwslimiaid, felly hefyd mae gan yr holl sylwebwyr sy'n cael eu dyfynnu yn yr uned hon eu safbwyntiau eu hunain, ac efallai bydd rhai ohonyn nhw'n dangos tuedd gref. Mae'n werth nodi beth yw cefndir pob sylwebydd, fel eich bod chi'n deall lle maen nhw arni o ran y sbectrwm barn. Er enghraifft, mae gan Ziauddin Sardar ymagwedd Fwslimaidd ddiwygiadol.

Gweithgaredd AA1

Dychmygwch eich bod yn cyfweld â thri Mwslim ifanc am eu defnydd o'r cyfryngau a'r Rhyngrwyd i ddod o hyd i wybodaeth am Islam. Gofynnwch iddyn nhw am y ffordd y maen nhw'n dod o hyd i atebion i gwestiynau, a rhowch enghreifftiau o'r mathau o bethau y gallen nhw eu gofyn a dod o hyd iddyn nhw. Sut mae eu defnydd o'r Rhyngrwyd yn wahanol i'r ffordd y gallai eu rhieni ddod o hyd i wybodaeth am Islam ac i'r ffordd y maen nhw'n meddwl am grefydd o ganlyniad i hyn?

Datblygu sgiliau AA1

Nawr mae'n bwysig ystyried y wybodaeth sydd wedi'i chyflwyno yn yr adran hon; fodd bynnag, mae'r wybodaeth fel y mae yn llawer rhy helaeth ac felly mae'n rhaid ei phrosesu er mwyn bodloni gofynion yr arholiad. Gallwch wneud hyn drwy ymarfer y sgiliau uwch sy'n gysylltiedig ag AA1. Ar gyfer Amcan Asesu 1 (AA1), sy'n cynnwys dangos sgiliau 'gwybodaeth' a 'dealltwriaeth', rydyn ni am ganolbwyntio ar ffyrdd gwahanol o ddangos y sgiliau yn effeithiol, gan gyfeirio hefyd at sut bydd eich perfformiad ym mhob un o'r sgiliau hyn yn cael ei fesur (gweler disgrifyddion band cyffredinol AA1 ar gyfer U2).

▶ **Eich tasg olaf ar gyfer y thema hon yw**: Isod mae **crynodeb o'r hyn yw Islamoffobia**. Mae hwn yn 150 gair o hyd. Y tro hwn, does dim pwyntiau wedi'u hamlygu i nodi'r pwyntiau allweddol i'w dysgu o'r dyfyniad hwn. Trafodwch pa bum pwynt sydd fwyaf pwysig i'w hamlygu yn eich barn chi, ac ysgrifennwch y pwyntiau ar ffurf rhestr.

Ofn Mwslimiaid ac Islam yw Islamoffobia. Diffiniodd Ymddiriedolaeth Runnymede hyn yn ei hadroddiad fel cyflwr meddwl lle mae Islam yn cael ei gweld fel rhywbeth monolithig, nid amrywiol; ar wahân nid integredig; israddol, ymosodol ac ystrywgar.

Gall pobl sy'n dangos Islamoffobia oddef rhagfarn yn erbyn Mwslimiaid, gweld gelyniaeth wrth-Fwslimaidd fel y norm a methu gwrthod beirniadaeth. Mae'n bosibl dangos Islamoffobia drwy osodiadau rhagfarnllyd, methu rhoi ystyriaeth gyfartal i ymgeiswyr Mwslimaidd am swyddi a hyd yn oed ymosodiad corfforol.

Mae amryw o resymau dros Islamoffobia. Mae rhai'n meddwl mai adwaith yn erbyn Mwslimiaid yn dilyn gweithredoedd terfysgaeth ydyw. Mae eraill yn meddwl mai ofn 'y llall' ydyw oherwydd bod mwy o gymunedau ar wahân o fudwyr. Mae rhai'n meddwl ei fod yn ffenomen ehangach na hynny.

Mae rhai pobl, gan gynnwys rhai Mwslimiaid, yn gwrthod y cysyniad yn llwyr ac yn credu bod gan Islam lawer o ddiffygion a bod angen amlygu a herio'r rhain. Mae Islamoffobia yn awgrymu ofn y grefydd; efallai y byddai gwrth-Fwslimiaeth yn deitl gwell, er mwyn adlewyrchu bod y cysyniad yn ymwneud â sut mae Mwslimiaid yn wynebu rhagfarn yn eu bywydau.

Nawr, defnyddiwch eich pum pwynt i lunio eich crynodeb eich hun (fel yn Thema 1 Datblygu sgiliau) gan geisio gwneud y crynodeb yn fwy personol i'ch arddull ysgrifennu eich hun. Gall hyn hefyd gynnwys aildrefnu'r pwyntiau os ydych yn dymuno gwneud hynny. Yn ychwanegol at hyn, ceisiwch ychwanegu rhai dyfyniadau a chyfeiriadau i ddatblygu eich crynodeb (fel yn Thema 2 Datblygu sgiliau).

Canlyniad hyn fydd ateb eithaf hir a gallech ei wirio yn erbyn y disgrifyddion band ar gyfer U2; edrychwch yn benodol ar y gofynion sydd wedi'u disgrifio yn y disgrifyddion band uwch y dylech chi fod yn anelu atyn nhw. Gofynnwch i chi'ch hun:

- A yw fy ngwaith yn dangos gwybodaeth a dealltwriaeth drylwyr, gywir a pherthnasol o grefydd a chred?
- A yw fy ngwaith yn dangos cydlyniad (cysondeb neu synnwyr rhesymegol), eglurder a threfn o safon ragorol?
- A fydd fy ngwaith, ar ôl ei ddatblygu, yn ateb helaeth a pherthnasol sy'n bodloni gofynion penodol y dasg?
- A yw fy ngwaith yn dangos dyfnder a/neu ehangder sylweddol ac yn gwneud defnydd rhagorol o dystiolaeth ac enghreifftiau?
- Os yw'n briodol i'r dasg, a yw fy ateb yn cynnwys cyfeiriadau trylwyr a chywir at destunau cysegredig a ffynonellau doethineb?
- A ellir gwneud unrhyw gysylltiadau treiddgar ag elfennau eraill o fy nghwrs?
- A fydd fy ateb, ar ôl ei ddatblygu a'i ehangu i gyfateb i'r hyn sy'n ddisgwyliedig mewn ateb arholiad, yn cynnwys ystod eang o safbwyntiau ysgolheigion/ysgolion o feddwl?
- A yw'r defnydd o iaith a geirfa arbenigol yn drylwyr a chywir, pan geir enghreifftiau o hynny?

Sgiliau allweddol

Mae gwybodaeth yn ymwneud â:

Dewis ystod o wybodaeth (drylwyr) gywir a pherthnasol sydd â chysylltiad uniongyrchol â gofynion penodol y cwestiwn.

Mae hyn yn golygu:

- Dewis deunydd perthnasol i'r cwestiwn a osodwyd
- Canolbwyntio ar esbonio ac archwilio'r deunydd a ddewiswyd.

Mae dealltwriaeth yn ymwneud ag:

Esboniad helaeth, gan ddangos dyfnder a/neu ehangder gyda defnydd rhagorol o dystiolaeth ac enghreifftiau gan gynnwys (lle y bo'n briodol) defnydd trylwyr a chywir o destunau cysegredig, ffynonellau doethineb a geirfa arbenigol.

Mae hyn yn golygu:

- Defnydd effeithiol o enghreifftiau a thystiolaeth gefnogol i sefydlu ansawdd eich dealltwriaeth
- Perchenogaeth o'ch esboniad sy'n mynegi gwybodaeth a dealltwriaeth bersonol, NID eich bod yn ailadrodd darn o destun o lyfr rydych wedi ei baratoi a'i gofio.

Mae'r adran hon yn cwmpasu cynnwys a sgiliau AA2

Cynnwys y fanyleb

I ba raddau y mae'r cyfryngau'n dylanwadu ar ganfyddiadau Gorllewinol o Islam.

Dyfyniad allweddol

Yng nghyfryngau torfol y byd, mae'r 'Mwslim' yn cael ei stereoteipio fel person ymosodol, anghyfraith, terfysgol, diddiwylliant, ffanatig, ffwndamentalaidd, hynafol ac anacronistig. Mae'n wrthrych casineb a dirmyg. (Sardar)

Gweithgaredd AA2

Wrth i chi ddarllen drwy'r adran hon ceisiwch wneud y pethau canlynol:

1. Dewiswch y gwahanol ddadleuon sy'n cael eu cyflwyno yn y testun a nodwch unrhyw dystiolaeth gefnogol a roddir.
2. Ar gyfer pob dadl a gyflwynir, ceisiwch werthuso a yw'r ddadl yn un gryf neu wan yn eich barn chi.
3. Meddyliwch am unrhyw gwestiynau yr hoffech chi eu gofyn wrth ymateb i'r dadleuon.

Bydd y gweithgaredd hwn yn eich helpu i ddechrau meddwl yn feirniadol am yr hyn rydych chi'n ei ddarllen ac yn eich helpu i werthuso effeithiolrwydd dadleuon gwahanol, gan ddatblygu eich sylwadau, a'ch barn a'ch safbwyntiau eich hun. Bydd hyn yn eich helpu wrth ddod i gasgliadau y byddwch yn eu gwneud yn eich atebion i'r cwestiynau AA2 sy'n codi.

Materion i'w dadansoddi a'u gwerthuso

I ba raddau y mae'r cyfryngau'n dylanwadu ar ganfyddiadau Gorllewinol o Islam

Rydyn ni'n byw mewn oes o gyfryngau torfol 24 awr. Mae'r Rhyngrwyd ar gael yn hawdd drwy'r cyfrifiadur, y dabled a'r ffôn symudol, gan roi mynediad at wefannau newyddion, hanes, llenyddiaeth Islamaidd, sgwrs a thrafod a fatwas ar-lein. I'r rhai sydd â meddwl agored, mae hwn yn adnodd ymchwil gwych. Mewn gwledydd fel Iran a Saudi Arabia, mae'r cyfryngau a'r Rhyngrwyd yn cael eu sensro.

Wedi dweud hynny, mae llawer o feirniadaeth wedi bod ar bortreadau'r Gorllewin o Islam yn y cyfryngau newyddion. Mae'r teledu'n aml yn dangos Mwslimiaid mewn ffordd negyddol. Awgrymir bod Mwslimiaid yn derfysgwyr, yn eithafwyr, yn gysylltiedig â pharthau rhyfel, troseddau, ymwahaniaeth a ffwndamentaliaeth. Mae llawer llai o storïau newyddion da ar y cyfryngau. Mae arolygon wedi dangos bod y cyhoedd, er eu bod nhw'n derbyn natur Brydeinig Mwslimiaid ar y cyfan, hefyd yn ofni weithiau beth yw ystyr Islam. Efallai mai'r cyfryngau torfol sy'n cynhyrchu rhai o'r agweddau cymdeithasol hyn.

Mae rhai'n dadlau mai adlewyrchu realiti yn unig mae'r cyfryngau a bod rhaid herio agweddau annerbyniol. Llofnododd grŵp o Fwslimiaid diwygiadol, cyn-Fwslimiaid ac eraill y datganiad: Together facing a new totalitarianism, lle maen nhw'n mynnu bod pobl yn codi llais lle maen nhw'n gweld annhegwch, fel bod Islam yn gallu bod yn agored i feirniadaeth a diwygio. Ddylai pobl ddim bod yn swil oherwydd eu bod yn ofni cael eu beirniadu am Islamoffobia. Dywedodd y gwleidydd Prydeinig Michael Gove ei fod o'r farn bod y cyfryngau'n llawer rhy dawedog o ran peidio â bod yn ddigon beirniadol o fersiynau anoddefgar o Islam.

Dyfyniad allweddol

Ar ôl goresgyn ffasgaeth, Natsïaeth, a Staliniaeth, mae'r byd bellach yn wynebu bygythiad totalitaraidd byd-eang newydd: Islamiaeth. Rydyn ni, awduron, newyddiadurwyr, deallusion, yn galw am wrthwynebiad i dotalitariaeth grefyddol ac am hyrwyddo rhyddid, cyfle cyfartal a gwerthoedd seciwlar i bawb. (Together facing a new totalitarianism)

Mae eraill, fel y diwygiwr o Fwslim, Ziauddin Sardar, yn beirniadu sut mae Mwslimiaid yn cael eu stereoteipio yn y cyfryngau. Nodwch fod diwygwyr ar bob ochr i'r ddadl wrth drafod dylanwad y cyfryngau. Mae'n dadlau bod ymagwedd y cyfryngau'n wrthgynhyrchiol, yn achosi i Fwslimiaid encilio ymhellach i'w byd eu hunain, gan fyw mewn fersiynau hen ffasiwn o'u ffydd. Mae Ziauddin yn dadlau bod angen i Fwslimiaid foderneiddio ond nad ydy'r cyfryngau'n helpu.

Dyfyniad allweddol

Rwy'n aml yn cael fy syfrdanu gan yr hyn sydd gan rai o'n colofnwyr papur newydd amlwg i'w ddweud am Islam a Mwslimiaid. Ond dydw i ddim yn synnu gormod. Mae stereoteipio yn hen sefydliad, ac os caf i fentro dweud, yn sefydliad sydd bron yn barchus ym Mhrydain. Mae Mwslimiaid wedi'u labelu fel eithafwyr treisgar, israddol ers canrifoedd; roedd yn esgus da dros wladychu eu tiroedd. (Sardar)

Mae'r BBC a Sianel 4 wedi cynhyrchu rhaglenni dogfen am dreftadaeth Islam. Mae'r beirniad celf Waldemar Januszczak wedi gwneud rhaglenni lle mae e'n rhyfeddu at gyfraniad cymdeithasau Islamaidd, ac yn ddiolchgar i'w westeion Mwslimaidd cynnes. Yn y DU, mae rheoleiddwyr darlledu yn monitro'r newyddion a'r rhaglennu er mwyn sicrhau bod yr ymagwedd yn deg. Mae gan bobl hawl i leisio eu beirniadaeth ond rhaid bod cydbwysedd cyffredinol.

Mae newyddiadurwyr a darlledwyr fel Mehdi Hasan yn ymgysylltu â'r ddadl wleidyddol ac yn honni bod tuedd yn y cyfryngau. Weithiau cyhuddir Fox News o fod â thuedd yn erbyn Mwslimiaid. Beirniadodd Miqdaad Versi o Gyngor Mwslimaidd Prydain y papurau newydd Prydeinig *The Times* a *Sunday Mail* am redeg storïau am weithgarwch troseddol gyda'r pennawd grŵp 'Mwslimaidd' yn cyflawni trosedd, pan mae Islam yn erbyn gweithgareddau o'r fath ac yn feirniadol o droseddwyr unigol. Mae'r storïau hyn yn gallu arwain pobl i gasáu Mwslimiaid. Yn y pen draw ymddiheurodd y papurau newydd.

Efallai mai adwaith i 9/11 yw Islamoffobia, sy'n cael ei ddangos yn eglur yn y cyfryngau. Mae eraill yn credu ei fod oherwydd y cymunedau mawr o fudwyr Mwslimaidd sy'n byw bywydau ar wahân. Mae eraill wedyn yn meddwl mai'r cyfryngau oedd yn gyfrifol am ennyn Islamoffobia, sydd wedi lledaenu mewn sefydliadau i ardaloedd lle nad oes llawer o Fwslimiaid yn byw.

Mae ffilmiau'n aml yn dangos darluniau negyddol o Fwslimiaid. Agorodd *Aladdin*, y cartŵn o 1992 gyda chân am Arabia: 'Where they cut off your ear, If they don't like your face, It's barbaric, but hey, its home'. Newidiodd Disney y llinellau ar ôl blwyddyn o gwyno. Mae ychydig o ffilmiau sy'n dangos y gwrthwyneb. Yn y ffilm, *Behind enemy lines*, dangosir y gamdriniaeth a ddioddefodd Mwslimiaid gan Serbiaid yn Bosnia drwy'r ffordd y mae milwr Americanaidd yn dianc ar ôl i'w awyren gael ei saethu i lawr.

Awgrym astudio

Ar gyfer AA2, mae'n hanfodol eich bod yn mynd ati i drafod dadleuon, nid dim ond egluro beth allai rhywun fod wedi'i ddweud. Ceisiwch holi eich hunan, 'oedd hwn yn bwynt teg i'w wneud?', 'ydy'r dystiolaeth yn ddigon cryf?', 'oes unrhyw beth i herio'r ddadl hon?', 'ydy hon yn ddadl gref neu'n ddadl wan?' Bydd dadansoddi beirniadol fel hyn yn eich helpu i ddatblygu eich sgiliau gwerthuso.

Oherwydd mater Charlie Hebdo, ymatebodd nifer o Fwslimiaid yn ddig at gartwnau o Muhammad yn ymddangos mewn cylchgrawn dychanol Ffrangeg a oedd â thraddodiad o ryddid i feirniadu pob crefydd a gwleidyddion. Gorlifodd dicter Mwslimiaid yn ymosodiad terfysgol pan saethodd dynion arfog bobl yn swyddfeydd y cylchgrawn. Cododd Islamoffobia yn Ffrainc yn dilyn hyn. Doedd traddodiad rhyddid Ffrainc ddim yn ymosodiad ar Fwslimiaid yn fwy nag ar unrhyw un arall, a doedd yr ymosodiad treisgar ar swyddfeydd Charlie Hebdo gan derfysgwyr ddim yn cynrychioli Mwslimiaid. Roedd dyletswydd ar y cyfryngau i adrodd am y digwyddiadau. Dydy cymhlethdod y sefyllfa ddim yn golygu bod y cyfryngau'n anghywir. Serch hynny, roedd llawer o Fwslimiaid yn teimlo'n ddig wedyn mai nhw'n unig a gafodd eu beirniadu. Maen nhw'n meddwl tybed a allai'r cyfryngau fod wedi trin hyn yn well.

Mae Cyngor Mwslimaidd Prydain yn dweud mai'r ffordd orau o herio Islamoffobia yw meithrin cysylltiadau â phobl eraill mewn cymunedau lleol. Mae llawer o waith da'n digwydd nad yw cyfryngau'r brif ffrwd bob amser yn sôn amdano. Yng Nghymru, cafodd y Cynulliad Cenedlaethol gyfarfod ag arweinwyr Mwslimaidd i siarad am faterion Islamoffobia ac i'w hannerch mewn cyfres o seminarau, fel adroddodd erthygl yn y wasg yng Nghymru. Ond mae'r weledigaeth a gyflwynodd Ymddiriedolaeth Runnymede yn 1997 yn ei hadroddiad am gymdeithas sydd wedi goresgyn Islamoffobia ymhell o gael ei chyrraedd. Mae gan y cyfryngau ran i'w chwarae wrth adrodd yn feirniadol ac yn gyfrifol i sicrhau, lle mae beirniadu'n digwydd, fod hynny'n gytbwys ac yn gymesur, fel nad yw safbwynt cyffredinol y cyhoedd am Islam yn cael ei ystumio.

Protest yn erbyn adroddiadau anghywir gan y cyfryngau

Cwestiynau allweddol

Beth yw'r canfyddiadau Gorllewinol o Islam ar hyn o bryd? Ydy'r rhain yn newid?

Ym mha ffyrdd y gall y cyfryngau ddylanwadu ar bobl?

Beth yw safbwyntiau Mwslimiaid gwahanol am ddylanwad y cyfryngau?

Gweithgaredd AA2

Rhestrwch rai casgliadau y byddai'n bosibl dod iddynt ar sail y rhesymeg AA2 yn y testun uchod; ceisiwch gyflwyno o leiaf dri chasgliad gwahanol posibl. Ystyriwch bob un o'r casgliadau a chasglwch dystiolaeth gryno i gefnogi pob casgliad o'r deunydd AA1 ac AA2 ar gyfer y testun hwn. Dewiswch y casgliad sy'n argyhoeddi fwyaf yn eich barn chi ac esboniwch pam mae hyn yn wir. Ceisiwch gyferbynnu hyn â'r casgliad gwannaf ar y rhestr, gan gyfiawnhau eich dadl gyda rhesymu clir a thystiolaeth.

Cynnwys y fanyleb

A yw'r modd y caiff Islam ei gyflwyno ym Mhrydain heddiw yn gywir.

A yw'r modd y caiff Islam ei gyflwyno ym Mhrydain heddiw yn gywir

Mae Islam yn cael ei chynrychioli gan ASau yn y Senedd, aelodau yn Nhŷ'r Arglwyddi, pobl mewn llywodraeth leol, cynrychiolwyr mewn sefydliadau fel Cyngor Mwslimaidd Prydain a sefydliad Quilliam, delweddau ar y cyfryngau ac ar-lein; mewn pob math o ffyrdd gwahanol. Mae Islam yn gallu cael ei thrafod gan sylwebwyr mewn dadl wleidyddol a chan academyddion mewn seminarau a thrafodaethau. Mae sioeau Faith TV yn trefnu dadleuon rhwng Mwslimiaid, atheistiaid a rhai o grefyddau eraill. Mae llyfrau'n cyflwyno canfyddiadau a barn bersonol ymchwilwyr yn ogystal â rhai sydd wedi profi taith bersonol drwy ffydd, sydd bob amser yn fwy poblogaidd. Gyda'i gilydd, maen nhw'n ffurfio corff o ddeunydd sy'n dylanwadu ar bobl ym Mhrydain a'r ddelwedd y maen nhw'n ei chael o Islam.

Etholwyd Sadiq Khan yn faer Llundain. Mae wedi cael ei ganmol fel un o'r gwleidyddion Mwslimaidd uchaf ym Mhrydain sydd wedi treulio amser ac egni yn hyrwyddo prosiectau sy'n dod â chymunedau at ei gilydd. Roedd y Farwnes Sayeeda Warsi yn aelod o'r llywodraeth Geidwadol a Thŷ'r Arglwyddi. Mae eu presenoldeb ym maes gwleidyddiaeth yn cynrychioli Mwslimiaid fel pobl sy'n cymryd rhan ym mhrif ffrwd dadl wleidyddol Prydain. Maen nhw'n cyflwyno delwedd o Fwslimiaid modern, addysgedig ac Islam oddefgar. Hefyd mae Sayeeda Warsi wedi beirniadu Islamoffobia ym myd gwleidyddiaeth, ac mae llawer o Fwslimiaid yn poeni am hyn.

Dyfyniadau allweddol

Ystyriwch yr enghraifft hon gan Polly Toynbee o'r *Guardian*, yn 2004. Mae Mwslimiaid Prydeinig, sgrechiodd hi 'yn codi llais yn erbyn terfysgaeth yn anaml iawn' ac yn 'esgusodi, yn hytrach na gwrthod, y llu o adnodau ffyrnig yn eu llyfr sanctaidd sy'n galw am waed pobl sy'n anghredinwyr, adnodau sy'n cyfiawnhau terfysg'. Nid gosodiad hynod anwybodus a thrahaus yn unig yw hyn, ond hefyd un o'r enghreifftiau gorau o greu diafoliaid. **(Sardar)**

Roedd y cysylltiad rhwng terfysgaeth ac Islam yn gadarn ymhell cyn 11 Medi, 2001, ond mae wedi tyfu'n gryfach yn ystod y blynyddoedd diweddar wrth i elynion amlwg yn y rhyfel ar derfysgaeth gael eu diffinio fel Mwslimiaid, ac wrth iddyn nhw eu diffinio eu hunain fel Mwslimiaid. Y canlyniad, sydd bellach yn cael ei gydnabod gan newyddiadurwyr, gwleidyddion, deallusion, a rhai eraill sydd â diddordeb, yw 'Islamoffobia' hollbresennol, ofn mwy cyffredinol o Islam a Mwslimiaid. **(Shryock)**

Mae cynrychioliad Mwslimiaid yn y cyfryngau yn fwy dadleuol. Beirniadodd Ziauddin Sardar lawer o sefydliadau a sylwebwyr y cyfryngau am gyflwyno darlun â thuedd o Fwslimiaid nad yw'n adlewyrchu realiti. Mae golygfeydd o derfysgaeth a throsedd yn aml yn cael eu dangos a dydyn nhw ddim yn cael eu cydbwyso yn erbyn golygfeydd o lwyddiant a chytgord. Mae ymchwil Andrew Shryock yn olrhain hyn am lawer o flynyddoedd. Mae'n honni bod y cyfryngau yn cynrychioli Islam yn Islamoffobaidd yn gyffredinol. Mae llawer o ymchwilwyr a gwleidyddion wedi cydnabod hyn. Mae eraill yn honni mai adlewyrchu realiti yn unig mae'r cyfryngau a bod rhaid amlygu ac wynebu materion.

Mae cannoedd o fudiadau Mwslimaidd gwahanol yn honni eu bod yn cynrychioli Mwslimiaid ym Mhrydain heddiw. Mae gan Gyngor Mwslimaidd Prydain dros 500 o aelodau o bob rhan o'r sbectrwm. Mae rhywfaint o ddemocratiaeth fewnol gan fod swyddogion yn cael eu hethol bob dwy flynedd. Fodd bynnag, does gan Fwslimiaid cyffredin ddim llais uniongyrchol yn hyn. Mewn arolygon, mae llawer o Fwslimiaid yn teimlo nad yw'r *MCB* yn siarad drostyn nhw. Mewn rhai ffyrdd mae wedi codi materion pwysig fel Islamoffobia. Mewn ffyrdd eraill mae'r *MCB*

Gweithgaredd AA2

Wrth i chi ddarllen drwy'r adran hon ceisiwch wneud y pethau canlynol:

1. Dewiswch y gwahanol ddadleuon sy'n cael eu cyflwyno yn y testun a nodwch unrhyw dystiolaeth gefnogol a roddir.
2. Ar gyfer pob dadl a gyflwynir, ceisiwch werthuso a yw'r ddadl yn un gryf neu wan yn eich barn chi.
3. Meddyliwch am unrhyw gwestiynau yr hoffech chi eu gofyn wrth ymateb i'r dadleuon.

Bydd y gweithgaredd hwn yn eich helpu i ddechrau meddwl yn feirniadol am yr hyn rydych chi'n ei ddarllen ac yn eich helpu i werthuso effeithiolrwydd dadleuon gwahanol, gan ddatblygu eich sylwadau, a'ch barn a'ch safbwyntiau eich hun. Bydd hyn yn eich helpu wrth ddod i gasgliadau y byddwch yn eu gwneud yn eich atebion i'r cwestiynau AA2 sy'n codi.

wedi bod yn ddadleuol wrth wrthwynebu strategaeth 'Prevent' y llywodraeth ac wrth sefydlu strategaeth arall. Roedd canllawiau'r *MCB* i ysgolion yn cynrychioli safbwyntiau Mwslimiaid crefyddol ceidwadol yn bennaf. Beirniadodd diwygwyr fel Yasmin Alibhai-Brown eu canllawiau nhw. Efallai ei bod hi'n amhosibl i un grŵp gynrychioli dros ddwy filiwn o Fwslimiaid ym Mhrydain sydd â safbwyntiau niferus ac amrywiol.

Mae Majid Nawaz o sefydliad Quilliam yn ymgyrchu yn erbyn eithafiaeth. Mudiad ymchwil a chynghori yw Quilliam, nid un cynrychiadol. Mae Mehdi Hasan, sy'n cyflwyno dadleuon gwleidyddol amlwg, yn wynebu gwleidyddion. Mae hyn yn boblogaidd ymysg Mwslimiaid ifanc sy'n gwylio Al-Jazeera. Mae e'n mynegi ei safbwyntiau yn llawn angerdd, ond dydy e ddim yn cynrychioli neb.

Ysgrifennodd Ayyan Ali Hirsi, cyn-Fwslim, am ei phrofiadau yn arfer Islam geidwadol fel person ifanc ac yn cael ei cham-drin gan Fwslimiaid gwrywaidd yn ei llyfr, *Heretic*. Ysgrifennodd Ziauddin Sardar am ei brofiad personol o fywyd ac am ymrafael â ffydd o safbwynt beirniadol, diwygiadol yn ei lyfr, *Desperately seeking Paradise*. Safbwyntiau unigolion yw'r rhain a dydyn nhw ddim yn cynrychioli Mwslimiaid yn gyffredinol, er efallai eu bod nhw'n dangos profiadau cyffredin. Mae llai o lyfrau gan Fwslimiaid ymroddedig, ceidwadol i gynrychioli eu syniadau a'u teimladau am fywyd ym Mhrydain fodern, fel ei bod hi'n anodd cael darlun cywir a chynrychiadol.

Cynhyrchodd Hanif Quereshi ffilmiau sydd wedi creu delweddau yn y dychymyg poblogaidd. Roedd ei ffilm, *East is East*, yn portreadu bywyd ym Manceinion i deulu cymysg a'u plant Mwslimaidd a oedd yn wynebu priodasau wedi'u trefnu nad oedden nhw eu heisiau. Comedi yw'r ffilm ond hefyd mae'n codi materion pwysig ynghylch priodasau wedi'u trefnu a'r tensiynau rhwng cenedlaethau. Yn *My Son the Fanatic*, mae Quereshi yn dangos sut mae dyn Mwslim ifanc, Farid, yn dechrau ymwneud ag Islam wleidyddol yn groes i ddymuniadau ei dad, sydd wedi troi'n fwyfwy Gorllewinol. Comedi yw'r ffilm yn rhannol, ac mae'n dangos sut gall yr ifanc gael eu radicaleiddio drwy ymateb yn erbyn yr hyn y maen nhw'n ei weld fel anfoesoldeb rhywiol ac annhegwch tuag at Fwslimiaid.

Mae rhaglenni dogfen am rôl Islam a gwyddoniaeth gan Jim Khalili; am hanes y Proffwyd ac Islam gynnar gan Rageh Omar; ac am gelf a phensaerniaeth Islam gan Waldemar Januszczak yn cynrychioli delwedd o hanes Islam sydd wedi cyfrannu at ddatblygiad gwareiddiad. Mae'r rhaglenni hyn yn herio'r safbwynt bod Islam bob amser yn cael ei chynrychioli mewn ffordd negyddol.

Wrth i Fwslimiaid ymateb i heriau'r byd modern, gwneud dehongliadau newydd i roi sylw i faterion newydd, ac ymateb i dechnoleg newydd fel y Rhyngrwyd, efallai bydd arfer eu ffydd yn newid. Gall cynrychioliad cywir ar un adeg fynd yn anghywir ar adeg arall. Mae diwygwyr yn dadlau bod rhaid i Islam newid a bod cynrychioli problemau a materion yn ffordd dda o roi hyn ar waith. Po fwyaf mae pobl yn ymwybodol, mwyaf gallan nhw gael eu herio. Mae'n bosibl defnyddio'r cyfryngau fel dull ymgyrchu, yn hytrach nag arsylwr diduedd. Mae eraill yn awgrymu bod hyn yn dangos tuedd ac y dylai'r cyfryngau adlewyrchu bywydau Mwslimiaid yn fwy teg, gan gynnwys rhai sy'n arfer fersiwn ceidwadol o Islam yn heddychlon. Efallai nad yw hi'n bosibl cynrychioli Islam yn gywir oherwydd bod gan Fwslimiaid eu hunain gymaint o safbwyntiau fel nad ydyn nhw'n gallu cytuno ar beth sy'n gynrychioliad cywir. Nid y cyfryngau'n unig sydd ar fai.

Awgrym astudio

Mae dwy elfen i'r ddadl hon: cywirdeb a chynrychioliad. Mae manylu ar ddiffiniadau o'r ddau'n gallu bod yn gymhleth ond mae'n hanfodol i ateb y ddwy ran o'r cwestiwn. Fydd dadansoddi beirniadol hyderus ddim yn ofni herio'r termau a chynnig diffiniadau gwahanol. Wrth feirniadu, bydd safbwyntiau gwahanol yn dod i'r golwg. Peidiwch ag ofni anghytuno lle gwelwch chi ddadleuon sy'n anghywir yn eich barn chi, dim ond i chi ddangos hefyd eich bod yn ymwybodol ohonyn nhw ac yn eu deall nhw.

Cwestiynau allweddol

Ym mha ffyrdd y gall Islam gael ei chynrychioli ym Mhrydain heddiw?

Ydy mudiadau Islamaidd yn cynrychioli safbwyntiau Mwslimiaid yn dda?

Sut mae papurau newydd, ffilmiau a'r teledu'n cynrychioli Islam? Ydy hyn yn deg ac yn gytbwys?

Gweithgaredd AA2

Rhestrwch rai casgliadau y byddai'n bosibl dod iddynt ar sail y rhesymeg AA2 yn y testun uchod; ceisiwch gyflwyno o leiaf dri chasgliad gwahanol posibl. Ystyriwch bob un o'r casgliadau a chasglwch dystiolaeth gryno i gefnogi pob casgliad o'r deunydd AA1 ac AA2 ar gyfer y testun hwn. Dewiswch y casgliad sy'n argyhoeddi fwyaf yn eich barn chi ac esboniwch pam mae hyn yn wir. Ceisiwch gyferbynnu hyn â'r casgliad gwannaf ar y rhestr, gan gyfiawnhau eich dadl gyda rhesymu clir a thystiolaeth.

Sgiliau allweddol

Mae dadansoddi'n ymwneud â:

Nodi materion sy'n cael eu codi gan y deunyddiau yn adran AA1, ynghyd â'r rhai a nodwyd yn adran AA2, ac mae'n cyflwyno safbwyntiau cyson a chlir, naill ai gan ysgolheigion neu safbwyntiau personol, yn barod i'w gwerthuso.

Mae hyn yn golygu:

- Bod eich atebion yn gallu nodi meysydd trafod allweddol mewn perthynas â mater penodol
- Eich bod yn gallu nodi'r gwahanol ddadleuon a gyflwynir gan eraill, a rhoi sylwadau arnyn nhw
- Bod eich ateb yn rhoi sylwadau ar effeithiolrwydd cyffredinol pob un o'r meysydd neu ddadleuon hyn.

Mae gwerthuso'n ymwneud ag:

Ystyried goblygiadau amrywiol y materion sy'n cael eu codi, yn seiliedig ar y dystiolaeth a gafwyd wrth ddadansoddi ac mae'n rhoi dadl fanwl eang gyda chasgliad clir.

Mae hyn yn golygu:

- Bod eich ateb yn pwyso a mesur canlyniadau derbyn neu wrthod y dadleuon amrywiol a gwahanol a gafodd eu dadansoddi
- Bod eich ateb yn dod i gasgliad drwy broses rhesymu clir.

Datblygu sgiliau AA2

Nawr mae'n bwysig ystyried y wybodaeth sydd wedi'i chyflwyno yn yr adran hon; fodd bynnag, mae'r wybodaeth fel y mae yn llawer rhy helaeth ac felly mae'n rhaid ei phrosesu er mwyn bodloni gofynion yr arholiad. Gallwch wneud hyn drwy ymarfer y sgiliau uwch sy'n gysylltiedig ag AA2. Ar gyfer Amcan Asesu 2 (AA2), sy'n cynnwys dangos sgiliau 'dadansoddi beirniadol' a 'gwerthuso', rydyn ni am ganolbwyntio ar ffyrdd gwahanol o ddangos y sgiliau yn effeithiol, gan gyfeirio hefyd at sut bydd eich perfformiad ym mhob un o'r sgiliau hyn yn cael ei fesur (gweler disgrifyddion band cyffredinol AA2 ar gyfer U2).

▶ **Dyma eich tasg olaf ar gyfer y thema hon**: Isod mae **tri chasgliad sylfaenol wedi'u tynnu o werthusiad o sut mae'r cyfryngau ar-lein yn effeithio ar Fwslimiaid heddiw**. Eich tasg yw datblygu pob un o'r casgliadau hyn drwy nodi'n fras beth yw'r cryfderau (gan gyfeirio'n fyr at rai rhesymau y tu ôl i hyn) ond gan ddangos ymwybyddiaeth hefyd o heriau posibl i'r casgliadau hyn (gall y rhain fod yn wendidau yn dibynnu ar eich safbwynt).

1. Mae Mwslimiaid yn gallu dod o hyd i gyfoeth helaeth o wybodaeth am faterion traddodiadol nad oedd hi'n arfer bod ar gael neu yr oedd hi'n anodd cael mynediad ati. Maen nhw'n gallu chwilio am gasgliadau cyflawn o hadith mewn cyfieithiad ac am ddyfarniadau ysgolheigion o bedwar ban y byd. Maen nhw'n gallu gwneud cysylltiadau ag unigolion ac â grwpiau nad oes ganddyn nhw bresenoldeb yn lleol efallai, fel Sufïaid.

2. Mae defnyddio adnoddau ar-lein yn gallu helpu i rymuso menywod Mwslimaidd. Maen nhw'n gallu astudio cyrsiau, a chael addysg lle gallai hi'n aml fod yn anodd iddyn nhw fynd allan. Hefyd maen nhw'n gallu ymchwilio i Islam drostyn nhw eu hunain, yn hytrach na dysgu amdani gan ddynion, ac maen nhw'n gallu herio syniadau hen ffasiwn am rywedd.

3. Mae Mwslimiaid yn gallu dod o hyd i atebion i gwestiynau newydd yn gyflym. Erbyn hyn, mae pwnc a allai fod wedi cymryd blynyddoedd lawer i ysgolheigion ei drafod yn gallu cael ei drafod ar-lein, ac mae ysgolheigion yn gallu rhoi atebion fel fatwas ymhen munudau. Fodd bynnag, efallai fod Mwslimiaid yn dioddef hefyd oherwydd nad ydyn nhw'n gwybod pa rai sy'n ddilys mewn traddodiadau Islamaidd prif ffrwd. Hefyd, gallan nhw fod yn agored i gael eu radicaleiddio gan grwpiau sy'n defnyddio propaganda ar-lein i fynd ati'n fwriadol i dargedu Mwslimiaid ifanc.

O ganlyniad, dylai fod gennych dri pharagraff cymwys iawn a allai fod yn gasgliad terfynol i unrhyw werthusiad.

Ar ôl i chi orffen y dasg, cyfeiriwch at y disgrifyddion band ar gyfer U2 ac edrychwch yn benodol ar y gofynion sydd wedi'u disgrifio yn y disgrifyddion band uwch y dylech chi fod yn anelu atyn nhw. Gofynnwch i chi'ch hun:

- A yw fy ateb yn ddadansoddiad beirniadol hyderus a gwerthusiad craff o'r mater?
- A yw fy ateb yn nodi'r materion a godwyd gan y cwestiwn yn llwyddiannus ac yn mynd i'r afael â nhw'n drylwyr?

Th3 Datblygiadau cymdeithasol arwyddocaol mewn meddylfryd crefyddol

A: Agweddau Islamaidd tuag at blwraliaeth

Mwslimiaid a phlwraliaeth

Cymdeithas aml-ffydd yw Prydain fodern. Mae'r rhan fwyaf o bobl yn credu mewn Cristnogaeth, o wahanol eglwysi amrywiol. Yr ail safbwynt mwyaf poblogaidd yw pobl sydd yn ddigrefydd, yn atheist neu'n agnostig. Gwelodd arolwg yng Nghymru yn 2011 fod 57% o bobl yn eu diffinio eu hunain fel Cristnogion a 32% yn ddigrefydd. Mae Caerdydd yn ddinas sydd â nifer sylweddol o ddilynwyr crefyddau eraill, gan gynnwys Mwslimiaid, Iddewon, Hindŵiaid, Sikhiaid, Bwdhyddion ac eraill. O r Mwslimiaid, mae pobl yn dod o **sectau** a chefndiroedd ethnig gwahanol. Y cwestiwn yw sut mae Mwslimiaid yn ymagweddu at eraill mewn cymdeithas luosryw?

Mae cwestiwn plwraliaeth yn ymwneud yn rhannol â diwinyddiaeth ac yn rhannol â'r gymuned. Ydy dilynwyr crefyddau eraill yn mynd i'r nefoedd? Sut dylai Mwslimiaid ymagweddu atyn nhw o ran addoli? Yn eu bywydau beunyddiol, sut dylai Mwslimiaid ryngweithio â rhai o grefyddau eraill? Gall gwaith elusennol fod yn faes lle mae Mwslimiaid yn gweithio gydag eraill. Gall digwyddiadau cymdeithasol fod yn faes lle mae gwahaniaethau. Efallai bydd Mwslimiaid nad ydyn nhw eisiau cymysgu ag eraill lle mae alcohol, mewn sefyllfaoedd lle mae'r ddau ryw yn cymysgu, yn teimlo eu bod ar wahân i brif ffrwd y gymdeithas.

Mosg Abertawe, mewn eglwys sydd wedi'i hadnewyddu

Mae rhai Mwslimiaid yn awyddus i ryngweithio ag eraill; mae'n well gan rai aros yn eu cymunedau eu hunain. Mae ysgolheigion Mwslimaidd wedi diffinio'r rhai sy'n dilyn crefyddau eraill fel anghredinwyr, ac fel cyd-gredinwyr. Dyma'r amrywiaeth o safbwyntiau y byddwn ni'n edrych arni nawr.

Amrywiaeth mewn agweddau Mwslimaidd tuag at grefyddau eraill, gan gynnwys Pobl y Llyfr

Hyd yn oed cyn iddo ddod yn Broffwyd, gwelodd mynach o'r enw Bahira y Muhammad ifanc a rhagfynegi y byddai'n ddyn sanctaidd yn y dyfodol. Ar ôl i Muhammad gael y datguddiad cyntaf ar y Noson Nerth, siaradodd Khadijah ei wraig â Christion o'r enw Waraqh a oedd yn meddwl mai neges ddilys oddi wrth Dduw oedd hi.

Ymdrechodd Muhammad yn erbyn yr eilunaddolwyr ac yn y pen draw cafodd wared ar yr eilunod o'r Ka'aba. Roedd y Qur'an yn galw ar bobl o hyd i gredu mewn **tawhid**, undod Duw, a gwrthod addoli eraill heblaw am Dduw. Yn erbyn hyn, mae Mwslimiaid o'r farn fod y creu'n rhan o gynllun dwyfol, a bod pob gweithred yn dilyn qadr, tynged. Os mai Duw wnaeth y byd a phopeth ynddo, yna Ef wnaeth yr eilunaddolwyr hefyd. Mae cyfeiriad at hyn yn Sura 6, ayat 107–108. Mae Mwslimiaid yn cael eu hannog i fod yn garedig wrth eilunaddolwyr, ac i beidio ag ymyrryd â nhw. Ddylen nhw ddim siarad yn gas â nhw oherwydd gallai hyn eu troi oddi wrth Islam.

Mae'r adran hon yn cwmpasu cynnwys a sgiliau AA1

Cynnwys y fanyleb

Agweddau Islamaidd tuag at blwraliaeth.

Termau allweddol

Sect: is-grŵp crefyddol mewn crefydd

Tawhid: cred yn Undod Allah

Cynnwys y fanyleb

Amrywiaeth mewn agweddau Mwslimaidd tuag at grefyddau eraill, gan gynnwys Pobl y Llyfr.

Dyfyniad allweddol

Y Qur'an 6:107–108

Peidiwch â lladd ar y rhai y maen nhw'n galw arnyn nhw heblaw am Allah, rhag iddyn nhw ladd ar Allah o ran malais yn eu hanwybodaeth. Felly rydyn Ni wedi gwneud eu gweithredoedd eu hunain yn ddeniadol i bob un o'r bobloedd. Yn y pen draw byddan nhw'n dychwelyd at eu Harglwydd, ac wedyn byddwn Ni'n dweud wrthyn nhw wirionedd popeth a wnaethon nhw. (Yusuf Ali)

cwestiwn cyflym

3.1 Beth oedd wedi cael ei ragfynegi am Muhammad cyn iddo ddod yn Broffwyd?

Dyfyniadau allweddol

Y Qur'an 3:113–115

Nid yw pob un ohonyn nhw'n debyg: O Bobl y Llyfr mae cyfran sy'n sefyll (dros yr hyn sy'n gywir): Maen nhw'n ymarfer Arwyddion Allah drwy'r nos, ac yn syrthio ar yr wyneb i'w addoli. Maen nhw'n credu yn Allah a'r Diwrnod Olaf; maen nhw'n annog yr hyn sydd gywir, ac yn gwahardd yr hyn sy'n anghywir; ac maen nhw'n brysio (i efelychu) (pob) gwaith da: Maen nhw yn rhengoedd y cyfiawn. O'r daioni y maen nhw'n ei wneud, fydd dim yn cael ei wrthod ganddyn nhw; oherwydd mae Allah yn adnabod y rhai sy'n gwneud y peth cywir yn dda. **(Yusuf Ali)**

Y Qur'an 5:5

Y diwrnod hwn mae popeth da a phur yn cael ei wneud yn gyfreithlon i chi. Mae bwyd Pobl y Llyfr yn gyfreithlon i chi ac mae eich bwyd chi'n gyfreithlon iddyn nhw. Yn gyfreithlon i chi mewn priodas nid yn unig mae menywod diwair sy'n gredinwyr, ond menywod diwair ymysg Pobl y Llyfr, a ddatgelwyd cyn eich cyfnod chi, – pan roddwch chi'r gwaddol sy'n ddyledus iddyn nhw, a dymuno diweirdeb, nid anlladrwydd, na chynllwyn dirgel os yw unrhyw un yn gwrthod ffydd, mae ei waith yn ddiffrwyth, ac yn y Byd a Ddaw, bydd yn rhengoedd y rhai sydd wedi colli pob daioni ysbrydol. **(Yusuf Ali)**

Term allweddol

Al-Azhar: Prifysgol Islamaidd y mae Mwslimiaid Sunni yn meddwl mai hi yw'r ffynhonnell awdurdod uchaf

Cyfeiriadau testunol sy'n cefnogi cysylltiadau da rhwng crefyddau

Addawodd Muhammad y byddai'n amddiffyn Iddewon a Christnogion yn Siarter Madinah. Yn y Qur'an Sura 5 ayat 82 mae'n cyfeirio at y Cristnogion fel y 'nesaf mewn cariad' at y Mwslimiaid. Aeth Muhammad i ymweld â bachgen Iddewig a oedd wedi ei helpu pan aeth hwnnw'n sâl. Aeth i weld sut roedd e a dymuno gwellhad buan iddo. Mae darnau eraill yn y Qur'an a thraddodiadau o'r hadith sy'n llai goddefgar tuag at Gristnogion ac eraill. Roedd Muhammad yn sylweddoli nad oedd yr unigolion a'r llwythau i gyd yr un fath. Roedd yn cydnabod bod rhai'n dduwiol ac yn dda eu bwriad; bradychodd eraill ei ymddiriedaeth i elynion Madinah.

Roedd gan ddynion Mwslimaidd hawl i briodi menywod a oedd yn credu mewn un Duw. Hefyd gallai Mwslimiaid fwyta cig wedi'i baratoi gan Gristnogion ac Iddewon. Mae'n dilyn bod Mwslimiaid yn cael bod yn ffrindiau agos ag eraill nad ydyn nhw'n Fwslimiaid. Petai Mwslim yn penderfynu cefnu ar anghenion Mwslimiaid eraill ac ymuno â chynllwyn yn eu herbyn, yna byddai hynny'n anghywir. Mae cyfeiriadau yn y Qur'an a'r hadith at ddatgysylltu oddi wrth rai nad ydyn nhw'n Fwslimiaid yn cyfeirio at adael eu cynghreiriau pan oedd gwrthdaro llwythol.

Dehongliadau gwahanol

Mae'r Qur'an yn dweud yn Sura 5, ayat 51: 'O chi sy'n credu! Peidiwch â chymryd yr Iddewon a'r Cristnogion yn ffrindiau ac yn warchodwyr i chi' (Yusuf Ali). Mae'n bosibl dehongli hyn mewn sawl ffordd. Gall olygu peidiwch â chreu cytundeb gwarcheidwaeth ffurfiol gyda rhai o lwythau Iddewig a Christnogion, gan fod ganddyn nhw eu cynghreiriaid eu hunain. Mae lleiafrif o Fwslimiaid wedi rhoi ystyr newydd i'r adnod ac wedi ei defnyddio i gyfiawnhau encilio o brif ffrwd y gymdeithas.

Mae'r Qur'an 9.5 yn gofyn i Fwslimiaid 'ladd y paganiaid lle bynnag y dewch chi o hyd iddyn nhw' (Yusuf Ali). Y paganiaid y mae'n cyfeirio atyn nhw yw'r rhai a dorrodd gynghrair â'r Mwslimiaid. Mae'r adnod yn mynd rhagddi i ddweud, os ydyn nhw'n edifarhau, yna helpwch nhw. Mae'n bosibl camddeall adnodau fel hyn yn y Qur'an. Yn draddodiadol, mae Mwslimiaid yn credu nad oes cyfieithiadau o'r Qur'an gan mai Allah a'i datguddiodd mewn Arabeg glasurol fel gair Duw. Mewn gwirionedd, dehongliad yw pob cyfieithiad, gan fod ystyron gwahanol i bob gair. Mae'n bwysig deall cyd-destun ac amrywiaeth ystyron pob datguddiad a pheidio â mynd yn syth i'r casgliad y dylai ystyr lythrennol gael ei roi i gyfieithiad syml. Yn fuan ar ôl i'r adnod hon gael ei datguddio, aeth Muhammad i mewn i Makkah yn fuddugoliaethus a chael gwared ar yr eilunod o'r Ka'aba. Yna maddeuodd i'r bobl a oedd wedi addoli eilunod, ei sarhau a hyd yn oed rhai a oedd wedi llofruddio Mwslimiaid yn y gorffennol.

Mae Prifysgol Islamaidd **Al-Azhar** yn cael ei gweld fel y ganolfan dysg fwyaf pwysig yn y byd i Fwslimiaid Sunni, sef y sect fwyaf o fewn Islam. Dechreuon nhw boeni cymaint fod rhai Mwslimiaid Salafi yn camddehongli Islam fel y cyhoeddon nhw lyfr o'r enw *The Response*. Roedd y llyfr yn cynnwys fatwas gan eu hysgolheigion uwch parchus wrth ymateb i ddysgeidiaeth a oedd yn anghywir yn eu barn nhw.

Dyfarnodd Al-Azhar na ddylai Mwslimiaid orfodi eraill i ddod yn Fwslimiaid na rhoi pwysau arnyn nhw i wneud hynny. Mae'n bosibl dweud wrth eraill am y pethau da sydd gan Islam yn heddychlon ac yn briodol. Roedd yn nodi gyda 'siom' fod rhai Mwslimiaid wedi cael eu cyhuddo o gabledd oherwydd rhai sylwadau a wnaethon nhw. Dylai fod gan bobl hawl i ryddid a dylen nhw gael eu perswadio, nid eu rhoi o dan bwysau.

Mae rhai Mwslimiaid yn credu na ddylen nhw ddymuno 'Nadolig llawen' neu 'Basg hapus' i Gristnogion. Dyfarnodd Al-Alzhar ei bod hi'n hollol gywir a phriodol i Fwslimiaid longyfarch eraill ar eu gwyliau, ond iddyn nhw beidio â datgan y ffydd Gristnogol yng Nghrist, gan y byddai hynny'n peryglu credoau Islamaidd. Mae eistedd gyda phobl o grefyddau eraill, ysgwyd llaw a gwenu yn ddigon derbyniol, gan y bydd hynny'n eu hannog nhw i feddwl yn dda am Islam.

Mae rhai Mwslimiaid yn credu bod bywyd ym Mhrydain fodern yn gallu gwneud i bobl ifanc fynd yn ddryslyd am eu crefydd. Maen nhw'n teimlo ei bod hi'n well iddyn nhw gadw draw oddi wrth y rhai sydd â chrefyddau eraill fel y gallan nhw ganolbwyntio ar ddysgu am Islam. Maen nhw'n ofni y bydd priodasau rhwng crefyddau yn arwain at ddadleuon teuluol a dryswch i blant. Drwy gymysgu mewn cylchoedd cymdeithasol rhyddfrydol, mae myfyrwyr yn ofni y byddan nhw'n torri dysgeidiaeth allweddol Islam drwy yfed alcohol neu drwy gael perthnasoedd cyn priodi. Mae eraill yn dweud bod Islam yn ymrwymiad personol ac na ddylai ddibynnu ar yr hyn y mae pobl o'ch cwmpas yn ei wneud. Os yw cred pobl yn gryf, gallan nhw ymdopi lle bynnag maen nhw. Drwy ryngweithio ag eraill maen nhw'n hyrwyddo delwedd dda o Islam.

Yr Ymerodraeth Islamaidd gynnar

Yn nyddiau cynnar Islam, ymledodd gorchfygwyr Mwslimaidd yn gyflym dros y Dwyrain Canol a Gogledd Affrica. Credir bod pobl wedi cael tröedigaeth i Islam yn ystod y ddwy ganrif wedyn. Arweiniodd Khaled Ibn al-Walid fyddin i orchfygu Damascus. Sicrhaodd y byddai eglwysi'r ddinas yn ddiogel. Addawodd y byddai'r Califf yn cadw'r bobl yn ddiogel. Roedd rhaid i'r Cristnogion dalu treth arbennig o'r enw **Jizya**, er mwyn cael bod yn ddiogel. Dhimmis oedd yr enw ar y trigolion a oedd yn cael eu derbyn fel credinwyr ond heb fod yn Fwslimiaid. Rhoddodd Califf Umar gyfarwyddiadau i'w lywodraethwyr i helpu'r bobl dlawd a oedd yn dhimmis yn yr ardaloedd yr oedden nhw'n eu rheoli. Gwelodd Umar ddyn Iddewig dall mewn angen a rhoddodd swm o arian o'i drysorfa i'w helpu. Pan ehangodd yr Abbasidiaid reolaeth yr Ymerodraeth Islamaidd dros ganolbarth Asia, derbynion nhw'r Bwdhyddion fel dhimmis hefyd. Roedd gan Fwdhyddion hawl i ddal ati i fyfyrio mewn mannau fel y Vihara Newydd ger Balkh. Derbyniodd yr uwch offeiriaid Bwdhaidd Islam a daethon nhw'n Fisiriaid, Prif Weinidogion, i Galiff yr Abbasidiaid.

Ddylech chi ddim meddwl bod dyddiau cynnar Islam yn llawn o ddewis rhydd goleuedig. Mae rhai digwyddiadau cas ynghudd yn hanes y cyfnod, lle cafodd pobl eu gorfodi i gael tröedigaeth i Islam neu gael eu lladd neu eu poenydio. Cafodd rhai dröedigaeth er mwyn elwa ar gyfoeth y goncwest. Mae Mwslimiaid yn dadlau bod y pethau hyn er gwaethaf Islam. Doedd enghraifft Muhammad ddim ym meddwl llywodraethwyr bob amser wrth iddyn nhw ddefnyddio eu pŵer. Fodd bynnag, o'i gymharu â'r hyn a oedd wedi digwydd o'r blaen, derbyniodd llawer o bobl Islam oherwydd ei bod ychydig yn fwy goddefgar.

Iachawdwriaeth yn y nefoedd

Hyd yma rydyn ni wedi ystyried hanes cynnar Islam, ond beth am ddiwinyddiaeth pwy fyddai'n cael mynd i'r nefoedd? Roedd Al-Ghazali yn ysgolhaig Mwslimaidd traddodiadol a ddysgodd y byddai'r rhan fwyaf o'r rhai nad ydyn nhw'n Fwslimiaid yn mynd i mewn i'r nefoedd. Roedd o'r farn mai ffordd Muhammad oedd y ffordd orau at Dduw ond nad oedd llawer o bobl yn clywed hyn. Roedd eraill yn ei glywed gan bobl nad oedden nhw'n rhoi argraff dda. Y bobl hynny a oedd wedi clywed sawl gwaith, wedi deall ac wedi teimlo gwirionedd y daioni, ond yna wedi gwrthod y daioni hwnnw, oedd yr unig rai na fydden nhw'n mynd i mewn i'r nefoedd.

Mae rhai Mwslimiaid yn credu mai Mwslimiaid yn unig sy'n mynd i'r nefoedd. Mae darnau yn y Qur'an sy'n dweud na fydd rhagrithwyr sy'n gweddïo, ond yn twyllo eraill y tu ôl i'w cefnau, yn cael mynd i baradwys, ond y bydd eraill, er bod eu bywydau'n bechadurus, yn cael maddeuant Duw. Y pwynt yw mai Duw sy'n penderfynu. Chaiff neb wybod tan Ddydd y Farn.

La Convivencia

Al-Anadalus oedd yr enw ar Sbaen yn yr oesoedd canol a Mwslimiaid oedd yn rheoli yno am dros dair canrif. Ar brydiau roedd gwrthdaro rhwng cymunedau, ond ar y

Dyfyniad allweddol

Ymdriniodd y Proffwyd (boed heddwch arno) ag Iddewon; bwytaodd eu bwyd, a galw arnyn nhw i ddod yn Fwslimiaid. Eto, roddodd e ddim pwysau arnyn nhw i gael tröedigaeth, a gadawodd nhw'n rhydd i benderfynu drostyn nhw eu hunain. (*The Response*)

Term allweddol

Jizya: treth ar rai nad ydyn nhw'n Fwslimiaid sy'n byw yn y Galiffiaeth Islamaidd

Cwestiwn cyflym

3.2 Beth oedd dysgeidiaeth Al-Ghazali am y rhai a oedd yn cael mynd i'r nefoedd?

cyfan roedd y cyfnod hwn yn cael ei adnabod fel cyfnod pan oedd heddwch cymharol a chrefyddau gwahanol yn cael eu derbyn. Roedd cyfran yr Iddewon a'r Cristnogion a oedd mewn swyddi uchel, yn awduron academaidd, neu hyd yn oed â swydd Fisier (Prif Weinidog) o dan y llywodraethwyr Mwslimaidd yn llawer uwch na'r gyfran o Fwslimiaid sy'n dal swyddi uchel yng Ngorllewin Ewrop heddiw. Mae rhai'n dadlau bod hyn yn golygu bod Sbaen o dan y Mwslimiaid yn lle agored a goddefgar. Trosglwyddodd Mwslimiaid y wybodaeth yr oedden nhw wedi'i chadw gan yr Hen Roegwyr ac arweiniodd hyn at y Dadeni yn Ewrop. Heb y Dadeni, gallai Ewrop fodern fod wedi bod yn wahanol iawn. **La Convivencia** yw'r enw ar y cyfnod hwn yn Sbaen o dan y Mwslimiaid, cyfnod o gymysgu diwylliannol. Ffynnodd ysgolheictod Iddewig yn y cyfnod hwn. Ar yr un pryd, roedd Edward I o Loegr yn trethu Iddewon Lloegr er mwyn ariannu ei ymgyrchoedd milwrol a phan nad oedden nhw'n gallu talu mwyach, yn eu hanfon i Dŵr Llundain. Mae La Convivencia yn bwnc llosg rhwng rhai awduron Gorllewinol, nad ydyn nhw'n derbyn ei fod yn gyfnod o oddefgarwch, a rhai Mwslimiaid sy'n gorliwio'r ffaith fod y goddefgarwch yn fwy na'r hyn sydd i'w weld heddiw.

cwestiwn cyflym

3.3 Beth oedd ymagwedd Al-Biruni at astudio crefyddau eraill?

Al-Biruni

Wrth i Islam ehangu i Dde Asia, daeth teithwyr ar draws Hindŵaeth. Al-Biruni, y daearyddwr a'r ysgolhaig, oedd un o'r rhai cyntaf i astudio crefydd gymharol. Roedd yn credu bod cysylltiad rhwng pob diwylliant gan mai pobl a wnaeth bob diwylliant. Doedd e ddim yn barnu eraill yn gywir neu'n anghywir. Roedd eisiau dysgu rhagor amdanyn nhw. Gwelodd Al-Biruni fod rhai Hindŵiaid yn eilunaddolwyr. Gwelodd rai eraill a oedd fel petaen nhw'n deall syniad Un Duw, a oedd yn dragwyddol ac yn hollbresennol. Roedd Al-Biruni yn derbyn yr Hindŵiaid hyn fel cyd-gredinwyr. Ceisiodd Al-Biruni ysgrifennu manylion am yr hyn yr oedd yn ei weld fel ffeithiau a pheidio â diystyru pobl o grefyddau eraill oherwydd eu bod yn wahanol yn unig. Gwelodd fod rhai Mwslimiaid yn ymddwyn yn wael drwy arwain cyrchoedd i Dde Asia, a hynny'n rhoi enw drwg iddyn nhw. Er mwyn dod dros y stigma, astudiodd Al-Biruni wrth ochr Hindŵiaid a dod yn rhugl mewn **Sansgrit**, eu hiaith hynafol, fel y gallai ddarllen eu testunau crefyddol a gwyddonol. Cafodd y byd Arabaidd fudd o'i gyfieithiadau.

Termau allweddol

Conffiwsiaeth: hen ddysgeidiaeth athronyddol a moesegol Tsieineaidd

Heretic: person sy'n cael ei ddiffinio fel rhywun sydd â safbwyntiau'r tu hwnt i'r hyn sy'n dderbyniol mewn crefydd

Ibadat Khana: tŷ i drafod crefydd yn Fatehpur Sikri, prifddinas Akbar

Jain: crefydd Indiaidd hynafol, sy'n debyg i Fwdhaeth

La Convivencia: cyfnod o gydfodoli rhwng Mwslimiaid, Cristnogion ac Iddewon pan oedd diwylliant yn ffynnu a phan gyfieithwyd llawer o weithiau academaidd, yn arwain at y Dadeni Ewropeaidd

Mughal: llinach a oedd yn rheoli'r rhan fwyaf o Dde Asia yn y cyfnod modern cynnar

Sansgrit: iaith Indiaidd hynafol y mae llawer o destunau Hindŵaidd wedi'u hysgrifennu ynddi

Tian: nefoedd, neu'r un Duw uchel, natur, parchedig ofn, neu drefn pethau; ffurf ar bantheistiaeth

Ymerawdwyr y Mughal yn India

Roedd Akbar, Ymerawdwr y **Mughal**, yn byw ar yr un adeg ag Elizabeth I o Loegr. Adeiladodd ganolfan newydd yn Fatehpur Sikri, a chynnwys nodweddion crefyddau gwahanol yn yr addurniadau. Roedd croesau Cristnogol wedi'u cerfio ym mhileri'r Mosg; roedd beddrod saint wedi'i amddiffyn gan ddelltwaith marmor yn arddull **Jainiaid** India. Adeiladodd Akbar ystafell arbennig o'r enw'r **Ibadat Khana**, lle gwahoddodd Imamiaid i ddod i drafod Islam. Cyn hir dechreuodd Mwslimiaid gwahanol ddadlau â'i gilydd a rhegi ei gilydd. Roedd eu hymddygiad yn troi ar Akbar. Gwahoddodd Gristnogion, Iddewon, Hindŵiaid, Bwdhyddion a hyd yn oed anffyddwyr i ddod i siarad yn lle hynny.

Daeth Akbar i'r casgliad bod daioni ym mhob crefydd. Roedd o'r farn bod cenfigennu wrth eraill ac ymffrostio'n bechadurus, tra oedd duwioldeb a chadw draw oddi wrth ormodedd yn bethau i'w canmol ym mhob ffydd. Roedd Akbar yn hoffi llysieuaeth ond yn casáu Offeiriaid a llyfrau sanctaidd. Cyhuddodd rhai Imamiaid Akbar o greu crefydd newydd; dywedodd eraill ei fod yn ceisio dilyn Islam heb ddylanwad gwael yr Imamiaid. Gwnaeth Akbar ffrindiau â Hindŵiaid a dathlu Divali. Gadawodd i bobl droi oddi wrth Islam i Hindŵaeth os oedden nhw wedi bod yn Hindŵaid cyn hynny ac wedi cael eu gorfodi i gael tröedigaeth.

Gosododd Aurangzeb, ymerawdwr y Mughal, gyfraith shari'a ar ei bobl. Gwaharddodd alcohol a chyffuriau. Gorchmynnodd ei swyddogion i gau tua 15 teml Hindŵaidd a cheisiodd orfodi pobl i gael tröedigaeth i Islam. Adeiladodd fosgiau yn eu lle. Serch hynny, cyflogodd ragor o weinyddwyr Hindŵaidd i'w helpu i orchfygu gwastadedd canolbarth India, o'r enw y Deccan. Roedd Aurangzeb yn aflwyddiannus a cholli tir wnaeth Ymerodraeth y Mughal. Helpodd goddefgarwch Akbar, ei hynafiad, i gadw cymunedau gyda'i gilydd tra rhannodd Aurangzeb y Mwslimiaid a'r Hindŵiaid, gan wanhau'r Ymerodraeth. Dydy pawb ddim yn gweld pethau fel hyn. Mae rhai'n gweld mai **heretic** oedd Akbar, ac mai Mwslim duwiol, uniongred oedd Aurangzeb. Mae'r safbwyntiau hyn wedi'u hadlewyrchu yn rhaniad India a Pakistan. Yn gyffredinol, mae'n well gan bobl India Akbar, ac mae'n well gan bobl Pakistan Aurangzeb.

Islam a Chonffiwsiaeth

Ymledodd Islam ymhellach i'r dwyrain i China, lle daeth Mwslimiaid ar draws traddodiadau crefyddol gwahanol iawn, gan gynnwys **Conffiwsiaeth**. Mae Conffiwsiaeth yn ymwneud â chwilio am undod yr hunan a'r **Tian**. Gallai'r Tian gael ei ystyried fel nefoedd, neu'r un Duw uchel, byd natur, parchedig ofn, neu sut mae pethau. Yn wreiddiol roedd yn ffurf ar bantheistiaeth. Mae ystyron amrywiol, yn aml nid Duw ydyn nhw. Mae myfyrio ar drefn y greadigaeth yn helpu pobl i ddod yn un â'r nefoedd. Mae hyn yn arwain at weddnewid cymeriad a'r gymuned. Mae tosturi'n dod ag undod â'r nefoedd neu ddychwelyd i'r nefoedd.

Mosg yn Tsieina

Mae Mwslimiaid yn credu weithiau fod crefyddau'r Dwyrain yn hollol wahanol i grefyddau monotheistaidd sy'n credu mewn un Duw, ond mewn rhai ffyrdd, mae'n bosibl dadlau bod Islam yn cyd-fynd yn dda â chrefyddau'r Dwyrain. Mewn Islam, nid person yw Allah a does ganddo ddim nodweddion personol. Mae cyfeiriadau yn y Qur'an at 'law' ac 'wyneb' Allah, ond fel trosiadau'n unig y mae Mwslimiaid yn gweld y rhain. Mae Allah yn cael ei ddisgrifio fel set o nodweddion fel gwirionedd, undod a thosturi. Mae Allah o gwmpas ym mhob man ac yn nes at galon crediniwr na gwythïen ei wddf. Dydy hyn ddim mor wahanol i gred Conffiwsiaeth mewn gwirionedd a'i myfyrdod ar harddwch a threfn ym myd natur.

> **Termau allweddol**
>
> **Dao:** y ffordd, fel cafodd ei diffinio gan athroniaeth Tsieineaidd gynnar fel Conffiwsiaeth
>
> **Fa:** y gyfraith foesegol wir mewn Conffiwsiaeth
>
> **Han Kitab:** testunau a ysgrifennodd Liu Zhi am Islam a Chonffiwsiaeth
>
> **Haqiqa:** profiad o realiti gwirionedd
>
> **Jiao:** dysgeidiaethau mewn athroniaeth Tsieineaidd
>
> **Ma'rifa:** profiad cyfriniol o Dduw
>
> **Sheng:** pobl ddoeth neu sanctaidd sy'n helpu dilynwyr Confucius i brofi cyfriniaeth ddyfnach
>
> **Tariqa:** ffordd urddau Sufi

Ganwyd Liu Zhi yn hen ddinas ymerodrol Nanjing, lle bu'n byw o 1670 i 1739. Roedd yn Fwslim Tsieineaidd o ddiwylliant Han. Aeth i ysgol grefyddol Nanjing lle darllenodd glasuron Tsieineaidd yn ogystal â llyfrau Arabeg ac Islamaidd, testunau Bwchaidd a Gorllewinol. Ar ôl gadael yr ysgol, symudodd Liu Zhi i dŷ encil mewn coedwig wrth droed y mynydd, yn union y tu allan i Nanjing. Cyfieithodd lawer o lyfrau Islamaidd i Tsieinëeg ac ysgrifennodd am Islam mewn Tsieinëeg. Roedd Liu Zhi yn gweld bod tir cyffredin rhwng diwylliant Han, Sufiaeth a Chonffiwsiaeth. Galwyd ei lyfrau yn **Han Kitab**.

Ysgrifennodd Liu Zhi fod dysgeidiaeth Conffiwsiws, yr athronydd hynafol Tsieineaidd, yn debyg i un Muhammad a bod y ddau'n tystio i'r un gwirionedd. Esboniodd fod gwaharddiad Islam ar alcohol yn debyg i ddysgeidiaeth feddygol Tsieineaidd bod alcohol yn gallu niweidio'r corff a chyfeillgarwch. Edrychodd Liu Zhi yn fanylach ar Sufiaeth a gweld bod y llwybr Sufi hefyd i'w gael mewn Conffiwsiaeth. Mewn Sufiaeth, mae Mwslimiaid yn dilyn llwybr union shari'a. Maen nhw'n mynd ati i ddilyn arweiniad **tariqa**. Maen nhw'n datblygu dealltwriaeth fanylach o realiti gwirionedd, yr **haqiqa**. Yn olaf, maen nhw'n profi gwybodaeth gyfriniol Duw mewn **ma'rifa**. Mae Conffiwsiaid yn dilyn llwybr o'r enw **dao**. Yna maen nhw'n mynd ati i ddysgu dysgeidiaeth, y **jiao** ac yn datblygu gwybodaeth am wir gyfraith foesegol, o'r enw **fa**. Yma maen nhw'n profi gwybodaeth gyfriniol fanylach drwy wŷr doeth neu sanctaidd, **sheng**.

Y fynedfa i feddrod Liu Zhi

Dyfyniad allweddol

Dydy'r hyn sydd wedi'i gofnodi yn llyfrau Islam ddim yn wahanol i'r hyn sydd yng nghanon Conffiwsiaeth. Mae arsylwi ac arfer nodweddion Islam fel arsylwi ac arfer dysgeidiaeth yr hen wŷr doeth a'r brenhinoedd. **(Liu Zhi)**

Yn y pen draw gwelodd Lui Zhi mai drwy Conffiwsiaeth roedd y ffordd orau o ddeall Islam. Ar y naill law, roedd yn Fwslim uniongred a oedd yn dar len y Qur'an a'r hadith. Ar y llaw arall, roedd yn feddyliwr a oedd yn gweld bod Islam yn gytûn ag athroniaeth China. Mae llawer o Fwslimiaid yn anghytuno. Maen nhw'n gweld bod crefyddau ac athroniaeth y Dwyrain yn hollol wahanol i Islam. Fodd bynnag, yn China, roedd Lui Zhi wedi creu argraff ar bobl nad oedden nhw'n Fwslimiaid. Daeth Lui Zhi i gael ei ystyried yn **wali**, yn sant, gan Fwslimiaid Tsieineaidd sy'n dal i ymweld â'i feddrod yn Nanjing.

Mae gan Fwslimiaid yn y byd modern safbwyntiau gwahanol iawn am grefyddau eraill. Mae rhai'n credu na ddylai ffydd bersonol wahardd unrhyw un rhag priodi pwy bynnag maen nhw eisiau, os ydyn nhw'n Fwslim, yn Hindŵ neu'n anffyddiwr. Mae rhai'n cael profiad o grefyddau ac arferion gwahanol cyn dod i'w casgliad eu hunain. Mae Mwslimiaid eraill eisiau amddiffyn eu ffydd rhag newid a sicrhau ei bod yn cael ei throsglwyddo i'r genhedlaeth nesaf. I rai, yr ateb yw byw mewn cymunedau sy'n Fwslimaidd ar y cyfan.

Mewn rhai ardaloedd o'r byd, mae Islam wedi gwrthdaro â chrefyddau eraill. Yn Burma, mae Mwslimiaid yn cwyno bod awdurdodau Bwdhaidd wedi cau rhai o'u mosgiau. Yn Saudi Arabia, dydy'r rhai nad ydyn nhw'n Fwslimiaid ddim yn cael mynd i mewn i'r safleoedd sanctaidd yn Makkah. Mae rhai Mwslimiaid yn dadlau nad oes gwahaniaeth beth maen nhw'n ei gredu am grefyddau eraill, ond iddyn nhw weithio gyda'i gilydd dros weithredu cymdeithasol. Drwy ddangos i'r rhai nad ydyn nhw'n Fwslimiaid bod Mwslimiaid yn poeni a thrwy eu helpu nhw pan fyddan nhw mewn angen, mae Mwslimiaid yn rhoi argraff dda o'u crefydd. Mae rhai yn galw hyn yn ffurf ar dawah, er mwyn dod â mwy o bobl i gael tröedigaeth i Islam.

Un gaeaf, roedd llifogydd a llanast ar draws Gogledd Cymru a Gogledd Lloegr yn dilyn Storm Desmond. Tîm o elusen **Al-Imdaad** yn Blackburn oedd y cyntaf i gyrraedd Ardal y Llynnoedd. Helpon nhw bentrefwyr oedd wedi dioddef llifogydd mewn ardal wledig lle nad oedd bron unrhyw Fwslimiaid yn byw. Gweithion nhw gydag elusennau crefyddau eraill i ddosbarthu bagiau tywod a dod â chyflenwadau brys i mewn. Wrth wneud hynny, roedden nhw'n rhoi argraff dda o'u ffydd.

Termau allweddol

Al-Imdaad: elusen Islamaidd yn Blackburn

Wali: sant mewn Islam

Gweithgaredd AA1

Dewiswch dri o'r canlynol ac esboniwch sut helpon nhw i ddatblygu perthnasoedd rhwng Mwslimiaid a'r rhai nad ydyn nhw'n Fwslimiaid: Muhammad, Akbar, Liu Zhi, Al-Biruni, Al-Ghazali, Califf Umar.

Cynnwys y fanyleb

Y ddysgeidiaeth a geir yn Sura 42:13, Sura 2:136 a Sura 2:256.

Y ddysgeidiaeth a geir yn Sura 42:13, Sura 2:136 a Sura 2:256

Dyfyniadau allweddol

Y Qur'an 2:136

Dywedwch: 'Credwn yn Allah, a'r datguddiad a roddwyd i ni, ac i Abraham, Isma'l, Isaac, Jacob, ac i'r Llwythau, a'r un a roddwyd i Moses ac i Iesu, a'r un a roddodd eu Harglwydd i bob proffwyd: Dydyn ni ddim yn gwahaniaethu rhyngddyn nhw: Ac rydyn ni'n ymgrymu i Allah (mewn Islam). (Yusuf Ali)

Y Qur'an 2:256

Ni ddylai gorfodaeth fod mewn crefydd: Mae'r Gwirionedd yn amlwg yn wahanol i'r Gwall: mae pwy bynnag sy'n gwrthod drygioni ac yn credu yn Allah wedi cydio yn y daliad llaw mwyaf dibynadwy, nad yw byth yn torri. Ac mae Allah yn clywed ac yn gwybod pob peth. (Yusuf Ali)

Y Qur'an 42:13

Yr un yw'r grefydd y mae Ef wedi'i sefydlu i chi â'r un a anogodd Ef ar Noa – yr un rydyn Ni wedi'i hanfon drwy ysbrydoliaeth atat ti – a'r un a anogon Ni ar Abraham, Moses a'r Iesu: Sef, y dylech chi aros yn ffyddlon yn eich crefydd, a pheidio â gwneud rhaniadau ynddi: i'r rhai sy'n addoli pethau eraill heblaw am Allah, caled yw'r (ffordd) rwyt ti yn eu galw ati. Mae Allah yn dewis iddo'I hun bwy bynnag y mae Ef yn dymuno, ac yn arwain ato Ef y rhai sy'n troi (tuag ato Ef). (Yusuf Ali)

Datguddiwyd y Qur'an mewn Arabeg Arabia yn y seithfed ganrif, mewn cyd-destun gwahanol iawn i heddiw. Roedd cymdeithion y Proffwyd yn meddwl ei bod hi'n bwysig deall cyd-destun y datguddiadau, yr **asbab al-nuzul**. Doedd hyn ddim bob amser yn eglur. Ysgrifennodd Al-Wahidi, yr ysgolhaig Islamaidd cynnar, esboniad o'r Qur'an am gyd-destun y datguddiadau. Casglodd ddywediadau amrywiol ynghylch yr hyn a oedd yn hysbys am gyd-destun adnodau gwahanol yn y Qur'an a phwy oedd wedi trosglwyddo'r wybodaeth, yn eithaf tebyg i gasglwyr yr hadith a gofnododd pwy drosglwyddodd yr hadith. Mae ei waith yn helpu i esbonio'r hyn a oedd yn hysbys am gyd-destun rhai o adnodau'r Qur'an.

Dim gorfodaeth mewn crefydd

Gan gyfeirio at Sura 2 ayat 256, dim gorfodaeth mewn crefydd, mae Al-Wahidi yn nodi nifer o draddodiadau am y cyd-destun. Roedd un am feibion rhai o Fwslimiaid Madinah a oedd wedi cael eu magu ar y fron gan fenywod Iddewig. Roedden nhw'n drist bod y llwythau Iddewig yn cael eu halltudio o Madinah a dywedon nhw y bydden nhw'n troi'n Iddewon ac yn gadael Madinah hefyd. Ceisiodd eu teuluoedd eu hatal nhw ac roedden nhw eisiau rhoi pwysau arnyn nhw i ddod yn Fwslimiaid. Yna cafodd yr adnod o'r Qur'an ei datguddio i'r Proffwyd: 'Ni ddylai gorfodaeth fod mewn crefydd.'

Ar achlysur arall, roedd masnachwyr Cristnogol o Syria yn gwerthu olew coginio yn y farchnad. Cafodd dau fab Abu'l Husayn dröedigaeth i Gristnogaeth gyda'r masnachwyr. Dywedodd y Proffwyd wrthyn nhw am adael y ddinas gyda'r masnachwyr, ac alltudiodd nhw. Mewn trydydd traddodiad, ceisiodd tad Mwslim o blith ansar Madinah droi ei ddau fab Cristnogol at Islam. Roedden nhw wedi cael tröedigaeth i Gristnogaeth cyn hynny. Gwrthododd y tad eu gadael nhw, felly aethon nhw i gyd at Muhammad i ddatrys yr anghydfod. Meddai'r Proffwyd wrthon nhw: 'Ni ddylai gorfodaeth fod mewn crefydd.'

Fel yn Sura 2 ayat 136, mae'r Qur'an fel petai'n cydnabod dilysrwydd yr ysgrythurau Cristnogol ac Iddewig, y mae Mwslimiaid yn eu hystyried yn ddatguddiadau cynharach o'r un neges Islam. Yn wreiddiol cafodd y Ka'aba ei lanhau gan **Abraham**, y mae Mwslimiaid yn ei alw'n Broffwyd Ibrahim. Dros amser, anghofiodd pobl a dechrau eilunaddoli eto. Mae Mwslimiaid yn cydnabod y Torah a anfonwyd at Abraham, **Salmau** Dafydd a'r Efengylau am Iesu fel negeseuon oddi wrth Dduw. Maen nhw o'r farn fod y negeseuon craidd yr un fath â'r Qur'an, ond eu bod nhw'n anghyflawn neu wedi'u newid o'r rhai gwreiddiol. Yr Injeel yw'r enw ar yr Efengylau mewn Islam, wedi'u rhoi i Isa, yr enw ar Iesu mewn Islam. Cyfeirir at Isa fel Proffwyd, mab o enedigaeth wyryfol, a ddaeth â gwyrthiau fel arwyddion i'w bobl. Mewn Islam, nid Mab Duw yw e. Mae cyfeiriad at ei farwolaeth a'i atgyfodiad mewn hanesion gwahanol mewn Islam. Mae Allah yn ei achub rhag y bobl ac yn eu codi ato ef ei hun, er mwyn osgoi'r dioddefaint a roddodd yr awdurdodau. Mae hyn yn wahanol i'r hanes Cristnogol lle mae'r dioddefaint yn hollbwysig.

Yng nghyfnod Muhammad roedd pobl o grefyddau gwahanol yn trafod â'i gilydd. Mae hynny yn ei hunan yn fodel i Fwslimiaid ymwneud â deialog rhwng crefyddau. Os yw Allah yn barnu pobl ar Ddydd y Farn, yna ddylen ni ddim barnu yn y bywyd hwn. Dydy hynny ddim yn golygu bod pob Mwslim yn derbyn crefyddau eraill fel rhai sydd yr un mor ddilys ag Islam. Mae'r rhan fwyaf yn honni mai Islam yw'r grefydd ddelfrydol ac y dylai pob un gael ei annog i ymostwng i Allah drwy ddilyn y ffydd Islamaidd, ond na ddylen nhw dybio mai nhw sy'n gwybod orau.

Sefydlodd Mwslimiaid a Christnogion 'A Common Word' er mwyn rhannu eu dealltwriaeth o ffyrdd. Arwyddodd dros 500 o ddeallusion ac arweinwyr Mwslimaidd a Christnogol y ddogfen. Rhannon nhw eu dealltwriaeth gyffredin o'r Beibl a'r Qur'an, gan ganolbwyntio ar garu Duw a charu dy gymydog. Yn y DU, mae arweinwyr Mwslimaidd wedi ymuno â Christnogion ac eraill mewn digwyddiadau mawr, er enghraifft yng ngwasanaethau'r Cofio a'r briodas Frenhinol. Ar ôl digwyddiadau terfysgol mawr, ymgasglodd arweinwyr Mwslimiaid a chymunedau ffydd eraill i gondemnio terfysgaeth, i hyrwyddo heddwch ac i ddangos cefnogaeth i'w gilydd ar adegau pan mae Mwslimiaid yn teimlo o dan bwysau gan eraill sydd wedi gwylltio am yr hyn sydd wedi digwydd.

Termau allweddol

Asbab al-nuzul: yr amgylchiadau lle datguddiwyd rhan o'r Qur'an

Y Salmau: llyfr sanctaidd a ddatguddiwyd i'r Proffwyd Dawud/Dafydd

Sabianiaid: grŵp crefyddol arall sy'n gysylltiedig ag addoli'r sêr

Dyfyniadau allweddol

Y Qur'an 2:62

Bydd y rhai sy'n credu (yn y Qur'an) a'r rhai sy'n dilyn yr (ysgrythurau) Iddewig, a'r Cristnogion a'r **Sabianiaid**, – unrhyw rai sy'n credu yn Allah a'r Diwrnod Olaf, ac yn gweithio cyfiawnder, yn cael eu gwobr gyda'u Harglwydd; fydd dim ofn arnyn nhw, ac ni fyddan nhw'n galaru chwaith. **(Yusuf Ali)**

Y Qur'an 2:113

Medd yr Iddewon: 'Does gan y Cristnogion ddim (i sefyll) arno; ac medd y Cristnogion: 'Does gan yr Iddewon ddim (i sefyll) arno'. Eto maen nhw'n (honni eu bod yn) astudio'r (un) Llyfr. Mae eu gair yn debyg i'r hyn y mae'r rhai na wyddant yn ei ddweud; ond bydd Allah yn barnu rhyngddyn nhw yn eu dadl ar Ddydd y Farn. **(Yusuf Ali)**

Unigolyn allweddol

Abraham: Ibrahim yn Arabeg, y cyntaf i gael gwared ar ddelwau o'r Ka'aba, yn cael ei barchu fel Proffwyd.

Cynnwys y fanyleb

Pwysigrwydd rhyddid crefyddol yn hanes y grefydd Islamaidd.

Termau allweddol

Aqidah: credoau Islamaidd. Mae amryw o fersiynau gwahanol o Aqidah yn ôl sect Islamaidd

Shaykh: Pennaeth urdd Sufi neu berson sy'n cael ei barchu

Dyfyniad allweddol

Y Qur'an 10:99–100

Petai hi wedi bod yn ewyllys dy Arglwydd, bydden nhw i gyd wedi credu, – pawb sydd ar y ddaear! Wnei di felly orfodi'r ddynoliaeth, yn erbyn ei hewyllys, i gredu! All dim un enaid gredu, heblaw am drwy ewyllys Allah, a bydd Ef yn rhoi amheuaeth (neu aneglurder) ar y rhai na fyddan nhw'n deall. (Yusuf Ali)

cwestiwn cyflym

3.4 Beth oedd Muhammad yn ei wneud pan oedd yr hen wraig yn rhoi sbwriel wrth ei ddrws?

cwestiwn cyflym

3.5 Beth ddigwyddodd yn y Mihna?

Unigolyn allweddol

Moses: Musa yn Arabeg, sy'n cael ei ystyried yn Broffwyd a dderbyniodd y Torah mewn Islam.

Pwysigrwydd rhyddid crefyddol yn hanes y grefydd Islamaidd

Mae Mwslimiaid yn adrodd y shahadah fel datganiad o gred. Mae'r shahadah yn syml: y gred mai Allah yw'r unig Dduw ac mai Muhammad yw Ei negesydd. Y tu hwnt i hynny mae llawer o amrywiadau o ran cred ac arferion. Mae rhai Mwslimiaid yn dweud os mai Un yw Duw, yna dylai pob Mwslim greu un set o gredoau ac arferion, a gadael eu gwahaniaethau. Mae nifer o grwpiau wedi creu eu **aqidah** eu hunain, sy'n ddatganiadau o gred mwy manwl. Mae pob un yn credu mewn un Duw, ac yn y Proffwyd Muhammad fel Ei negesydd olaf a therfynol. Mae pob un yn ceisio dehongli testunau gwreiddiol Islam ac yn honni bod yn gywir.

Ydy Mwslimiaid yn rhydd i ddweud beth yw eu barn bersonol nhw? Mae llawer o Fwslimiaid ifanc ym Mhrydain heddiw yn cael eu magu mewn cartrefi traddodiadol sy'n gwerthfawrogi parch at rieni. Dydyn nhw ddim yn cael dweud dim sy'n anghytuno â'u traddodiadau. Mae gan Fwslimiaid barch mawr at Allah ac maen nhw'n credu y dylen nhw siarad gyda gostyngeiddrwydd ag Ef, ar ôl model y Proffwyd. Fodd bynnag, pan maen nhw'n mynd i'r mosg, maen nhw fel arfer yn dilyn credoau'r sect honno. Mae'n rhaid i rai Mwslimiaid yn y grwpiau Shi'a a Sufi, ddilyn dysgeidiaeth yr Imam neu'r **shaykh** er mwyn bod yn deyrngar iddo fel dehonglydd gair Duw. Pa ryddid sydd gan Fwslimiaid i fynegi barn unigol am ffydd?

Mae'r Qur'an Sura 10 ayat 99–100 yn cynnig esboniad diddorol am yr amrywiaeth cred yn y byd. Petai Duw eisiau i bawb gredu, gallai fod wedi gwneud iddyn nhw gredu, ond wnaeth e ddim. Felly peidiwch â gorfodi pobl i gredu. Yn y Qur'an, mae'n dweud hefyd fod Duw wedi gwneud i bobl fod yn wahanol fel eu bod yn gallu dysgu oddi wrth ei gilydd. Mae hyn yn awgrymu y dylai Mwslimiaid dderbyn rhyddid pobl i fod yn wahanol. Mae Mwslimiaid yn gallu siarad ieithoedd gwahanol, bod ag arferion diwylliannol gwahanol, hyd yn oed gwahaniaethau o ran sectau. Ddylai hyn ddim bod yn bwysig.

Dyfyniad allweddol

Y Qur'an 49:13

O'r ddynoliaeth! Creon ni chi o un pâr o wryw a benyw, a'ch gwneud chi'n genhedloedd ac yn llwythau, fel eich bod yn adnabod eich gilydd, nid fel eich bod chi'n casáu eich gilydd. Yn wir, y mwyaf anrhydeddus yn eich plith yng ngolwg Allah yw'r un mwyaf cyfiawn yn eich plith. Ac mae gan Allah wybodaeth lawn ac mae'n gyfarwydd iawn â phob peth. (Yusuf Ali)

Ymateb i sarhad

Dioddefodd Muhammad fwy na'i siâr o sarhad. Roedd Quraysh Makkah yn gweiddi enwau arno drwy'r amser oherwydd eu bod yn anghytuno â'i gredoau, ond atebodd Muhammad ddim yn ôl. Roedd hen fenyw'n arfer taflu sbwriel at ddrws Muhammad yn Makkah bob bore. Un diwrnod ddaeth hi ddim. Aeth Muhammad i weld lle roedd hi a holi a oedd hi'n iawn. O'r sunna enwog hwn, dysgodd Mwslimiaid i beidio â mynd yn ddig os oedden nhw'n wynebu sarhad. Ddylen nhw ddim ymateb yn dreisgar. Yn hytrach, dylen nhw ennill ffrindiau drwy ddangos gofal a thosturi.

Unwaith ymosododd Mwslim ar Iddew a oedd wedi beirniadu Muhammad. Dywedodd Iddew fod Muhammad yn llai o berson na **Moses**. Pan glywodd Muhammad hyn, dywedodd y drefn wrth y Mwslim: ddylai'r Mwslim ddim bod wedi ymateb drwy ymosod ar yr Iddew. Mae Mwslimiaid yn dilyn enghreifftiau Muhammad ond yn y blynyddoedd diweddar mae nifer bach wedi cyflawni gweithredoedd treisgar, ac erchyllterau weithiau, mewn ymateb i eraill.

Argraffodd **Charlie Hebdo**, cyhoeddwyr cylchgrawn Ffrangeg, gartwnau o Muhammad yn dangos darluniau ohono a oedd yn ei fychanu. Roedd gan y cyfryngau yn Ffrainc draddodiad o argraffu beth bynnag roedden nhw ei eisiau gan eu bod yn credu mewn rhyddid. Cafodd llawer o Fwslimiaid eu sarhau oherwydd bod eu ffigwr sanctaidd yn cael ei bortreadu mewn ffordd ddifrïol. Ymatebodd rhai gydag ymosodiad terfysgol. Eto mae enghraifft Muhammad yn dangos na ddylen nhw fod wedi ymateb yn ddig o gwbl. Os rhywbeth, dylen nhw fod wedi ymweld â'r rhai a dynnodd y cartwnau a dod yn ffrindiau iddyn nhw, fel gwnaeth Muhammad i'r hen fenyw a oedd yn ei sarhau.

Ceisiodd **Al-Mamun**, Califf yr Abbasidiaid, orfodi'r gred mai pobl a ysgrifennodd y Qur'an, ac nad oedd wedi'i ddatguddio gan Allah. Safodd Ahmad ibn Hanbal dros ei hawl i fynegi ei farn yn rhydd. Cafodd ei garcharu a'i chwipio oherwydd iddo ddweud mai Duw luniodd y Qur'an, nid bodau dynol. Yn y pen draw cafodd ei ryddhau oherwydd i'r bobl brotestio. Aeth Ahmad ibn Hanbal ati i sefydlu Ysgol fiqh Hanbali, un o'r pedwar prif madhab mewn Islam Sunni. Datblygodd ysgolion gwahanol y gyfraith mewn Islam Sunni ar y pryd hwn. Roedden nhw'n wahanol oherwydd roedden nhw'n cael rhyddid i fod yn wahanol: doedd y Califf ddim yn rheoli eu dyfarniadau nhw.

Unigolyn allweddol

Al-Mamun: Califf a lansiodd y Mihna, yr ymchwiliad Islamaidd.

Rhyddid mynegiant

Yn y gymdeithas fodern mae rhyddid cred yn aml yn cael ei gysylltu â rhyddid mynegiant. Mae'n gyffredin i bobl ifanc ddewis hunaniaeth a'i harddangos hi. Er enghraifft, efallai bydd cefnogwyr chwaraeon yn gwisgo crys eu tîm. Mae mwy a mwy o Fwslimiaid yn arddangos symbolau ffydd fel tyfu barf, gwisgo cap gweddïo neu wisgo gorchudd. Mae rhai'n ofni bod symbolau, yn enwedig i fenywod, yn cael eu defnyddio i roi pwysau arnyn nhw i beidio ag integreiddio yn y gymdeithas Orllewinol. Cododd Prifysgol Al-Azhar yn Cairo, yr Aifft, sy'n cael ei hadnabod fel yr awdurdod uchaf i Fwslimiaid Sunni, bryder oherwydd bod y gorchudd wyneb yn cael ei wisgo yn nosbarthiadau'r menywod. Dywedodd pennaeth Al-Azhar nad oedd hyn yn briodol. Roedd **hijab** i fod yn gysyniad o ostyngeiddrwydd, ond roedd y gorchudd yn cael ei ddefnyddio'n symbol o fynegiant allanol. Ar y llaw arall, mae rhai Mwslimiaid o gefndiroedd Salafi a **Deobandi** wedi annog menywod i wisgo gorchudd wyneb. Maen nhw'n credu bod gorchuddio eu hwynebau'n gyhoeddus yn orchymyn llythrennol gan Allah, a'i fod yn symbol bod menywod yn arbennig yn ogystal â'u bod yn cael eu diogelu.

Mae rhai Mwslimiaid yn ymchwilio i grwpiau a chredoau gwahanol o fewn Islam ac yn gwneud eu dewis eu hunain. Gallai Mwslim gael ei fagu a mynychu mosg sy'n deyrngar i'r sect **brewlvi**, yna gallai fynd i'r brifysgol a newid ei deyrngarwch i Salafiaeth. Mae amrywiaeth fawr o sectau a grwpiau gwahanol yn y DU, sy'n gallu bod yn eithaf dryslyd i Fwslimiaid ifanc sy'n ceisio penderfynu beth i'w feddwl ac i w gredu.

Mwslimiaid diwygiadol

Mae Mwslimiaid diwygiadol modern yn gallu bod â safbwyntiau hollol wahanol ar rai materion. Mae'r sefydliad imaan.org yn helpu Mwslimiaid hoyw, ac yn rhoi dadansoddiad o'r Qur'an lle mae'n awgrymu nad oes dim o'i le ar fod yn hoyw ac yn Fwslim. Hefyd maen nhw'n cyfeirio at sut cafodd cyfunrywioldeb ei gyfreithloni gan y Califf Otomanaidd. Mae Mwslimiaid eraill yn condemnio pobl hoyw ac yn dweud bod eu gweithredoedd yn golygu eu bod wedi gadael Islam. Maen nhw o'r farn nad yw Islam yn rhoi rhyddid i bobl newid yr hyn y maen nhw'n credu sy'n gyfreithiau tragwyddol wedi'u gwneud gan Dduw. Ymchwiliodd Mawaan Rizwan, Mwslim hoyw o dreftadaeth Bacistanaidd, i agweddau at gyfunrywioldeb yn y gymuned Fwslimaidd yn y DU ac yn Pakistan. Gwelodd fod y rhan fwyaf o Fwslimiaid hoyw yn cadw eu rhywioldeb yn gyfrinach. Serch hynny, mae nifer cynyddol o Fwslimiaid hoyw yn codi llais. Trefnwyd The Big Gay **Iftaar** yn Llundain yn ystod Ramadan i Fwslimiaid hoyw a'u ffrindiau, a oedd yn ymfalchïo yn eu ffydd a'u rhywioldeb.

Termau allweddol

Brewlvi: Sect Islamaidd wedi'i sefydlu yn Ne Asia sy'n cytuno ag arfer ymweld â beddrodau seintiau a chofio enwau Allah wrth addoli

Charlie Hebdo: papur newydd dychanol Ffrangeg a gyhoeddodd gartwnau o Muhammad

Deobandi: sect Islamaidd yn Ne Asia sy'n hyrwyddo ymlyniad caeth at Islam uniongred

Hijab: gostyngeiddrwydd, neu orchudd pen neu wyneb i fenywod

Iftaar: pryd bwyd i ddechrau'r ympryd ar ddiwedd y dydd yn Ramadan

Apostasi

Ydy Mwslimiaid yn rhydd i ddewis crefydd wahanol? Apostasi yw'r enw ar adael Islam ac mae rhai gwledydd Mwslimaidd wedi gwneud i hyn fod yn anghyfreithlon ac yn haeddu cosb. Mae apostatiaid i fod i gael eu hannog i ddychwelyd at Islam ac os ydyn nhw'n gwrthod, gallan nhw wynebu marwolaeth yn Saudi Arabia neu Iran. Mae darnau yn y Qur'an a thraddodiadau o'r hadith sy'n awgrymu na ddylai Mwslimiaid adael Islam, ond mae ganddyn nhw gyd-destun sy'n gysylltiedig â chynghreiriau llwythol y cyfnod. Gallai rhywun a oedd yn gadael y llwyth fod yn gadael y grefydd hefyd ac yn mynd i gefnogi llwyth gelyniaethus.

Mae Sura 2 ayat 108–109 o'r Qur'an yn eglur mai Islam yw'r ffordd ac nad yw Allah eisiau troi pobl oddi wrthi. Ond i'r rhai sy'n gwneud hynny, mae'n gofyn i Fwslimiaid 'faddau ac anghofio'. Unwaith cafodd Bedwin dröedigaeth i Islam ac yna newidiodd ei feddwl. Doedd y Proffwyd ddim eisiau iddo adael y ffydd ond pan fynnodd, gadawodd Muhammad iddo adael Madinah.

Awgrymodd Muhammad y gallai'r gosb eithaf gael ei rhoi'n unig am odineb, am lofruddio, ac i'r un sy'n gadael y Mwslimiaid ac yn troi cefn arnyn nhw. Yn y cyd-destun hwn, roedd hyn yn golygu troi cefn ar ffyddlondeb i'r llwyth, nid gadael y ffydd yn unig. Mae rhai Mwslimiaid wedi dehongli hyn fel arall, ond i'r rhan fwyaf, mater o ffydd bersonol yw gadael Islam. Dydy Mwslimiaid ddim eisiau i bobl adael eu crefydd, ond yn y pen draw mater o argyhoeddiadau'r person ei hunan yw hi.

Mae Mina Ahadi yn un o sylfaenwyr y Cyngor i Gyn-Fwslimiaid. Fel merch Fwslimaidd, roedd hi'n teimlo bod ei rhyddid yn cael ei gyfyngu. Ei dehongliad o'r Qur'an oedd ei fod yn caniatáu trais a gormes, yn enwedig tuag at fenywod. Dechreuodd Maryam Namazie gangen o'r grŵp yn y DU. Roedd hi'n poeni'n arbennig fod hawliau dynol yn cael eu camddefnyddio o fewn Islam.

Cyhoeddodd papur newydd y *Guardian* erthygl am gyn-Fwslimiaid gydag enghreifftiau o bobl a oedd wedi newid eu credoau. Doedd Nasreen, cyn-Fwslim arall, ddim yn arbennig o grefyddol ond dechreuodd hi ymwneud â'r mudiad gwleidyddol **Hizb ut-Tahrir** pan oedd hi yn ei harddegau. Mae'r rhan fwyaf o Fwslimiaid o'r farn fod grwpiau fel Hizb ut-Tahrir yn annerbyniol ac maen nhw'n eu gwahardd rhag cwrdd mewn mosgiau. Fodd bynnag, roedd Nasreen eisiau archwilio syniadau gwahanol am ei ffydd. Mynnodd wisgo gwisg ddu laes yn yr ysgol. 'Dywedais, os na chaf i, rydych chi'n torri fy rhyddid mynegiant fel Mwslim, a derbynion nhw hyn,' meddai Nasreen. Roedd bod yn rebel yn hwyl, ond yn raddol dechreuodd Nasreen amau ei chredoau. Roedd hi'n teimlo bod dangos eich bod chi'n gwisgo gorchudd wedi dod yn fwy pwysig na'r hyn yr oeddech chi'n ei gredu. Yn y brifysgol, dechreuodd Nasreen boeni am y pwysau cymdeithasol oddi wrth Fwslimiaid eraill. Mae hi'n cofio rhywun yn dweud y drefn wrthi pan archebodd hi fwyd nad oedd yn Halal. Yn y pen draw, penderfynodd Nasreen nad oedd crefydd yn addas iddi a phenderfynodd ymadael.

Mae Mwslimiaid ymroddedig yn gwneud cymhariaeth rhwng Islam a Mwslimiaid. Maen nhw'n dweud bod rhai Mwslimiaid yn gwneud y peth anghywir drwy orfodi eraill i wneud pethau nad ydyn nhw eisiau eu gwneud. Mae rhieni sy'n gorfodi eu plant i briodi rhywun nad ydyn nhw eisiau ei briodi yn gwneud y peth anghywir. Mae profiadau fel hyn yn gallu troi pobl yn erbyn crefydd am oes. Ddylai dim gorfodaeth fod mewn Islam. Os yw rhywun yn cael profiad gwirioneddol o gariad a gofal gan y gymuned Fwslimaidd a gan eu teulu, byddan nhw'n ymateb yn naturiol drwy ymrwymo i Islam.

Dyfyniadau allweddol

Y Qur'an 2:108–109

Fyddech chi'n cwestiynu eich Negesydd fel cafodd Moses ei gwestiynu yn yr hen amser? Ond mae pwy bynnag sy'n newid o Ffydd i anghrediniaeth, wedi crwydro heb amheuaeth o'r ffordd wastad. Mae cryn nifer o Bobl y Llyfr yn dymuno y gallen nhw eich troi chi bobl yn ôl i fod yn anffyddlon ar ôl i chi gredu, o genfigen hunanol, ar ôl i'r Gwirionedd ddod yn Amlwg iddyn nhw: Ond maddeuwch ac anwybyddwch. Tan i Allah gyflawni ei ddiben, oherwydd mae gan Allah rym dros bob peth. **(Yusuf Ali)**

Dydy gwaed Mwslim sy'n tystio nad oes duw ond Duw ac mai Fi yw ei Negesydd ddim yn gyfreithlon heblaw am mewn un o dri achos: person priod sy'n godinebu; person sy'n llofruddio rhywun arall; a pherson sy'n gadael ei grefydd ac yn gadael cymuned y Mwslimiaid. **(Hadith y Proffwyd Muhammad)**

Mina Ahadi, cyn-Fwslim

Term allweddol

Hizb ut-Tahrir: grŵp gwleidyddol Islamaidd sy'n hyrwyddo'r syniad o ffurfio Califfiaeth fyd-eang i ddod yn lle gwledydd Mwslimaidd modern

Tröedigaeth mewn Islam

Cynnwys y fanyleb

Tröedigaeth mewn Islam.

Ffydd genhadol yw Islam. Anogodd Muhammad eraill i droi at Islam. Dawah yw'r enw am wahodd eraill at Islam. Hefyd mae'n gallu golygu pregethu i Fwslimiaid i ddod yn fwy crefyddol neu greu argraff dda o Islam hyd yn oed drwy fod yn ofalgar ac yn dosturiol tuag at eraill. Mae llawer yn penderfynu dod yn Fwslim oherwydd eu bod nhw eisiau priodi Mwslim, ac mae eu teulu'n gofyn iddyn nhw gael tröedigaeth. Mae eraill yn disgrifio eiliad arbennig, emosiynol pan gawson nhw dröedigaeth. Mae rhai'n disgrifio'r profiad fel cyfnod o drafodaeth ddeallusol pan gawson nhw eu hargyhoeddi.

Gwnaeth Allah y byd a gwnaeth yr holl blant, yn eu cyflwr naturiol, yn greaduriaid sy'n credu, hyd yn oed os nad ydyn nhw'n gwybod hynny. Felly mae pobl yn cael eu geni'n Fwslimiaid ac yna'n cael eu magu mewn ffydd arall oherwydd y teulu neu'r ardal lle ganwyd nhw. Pan fydd person yn **cael tröedigaeth**, dywedir eu bod nhw'n troi'n ôl at eu cyflwr naturiol, wedi'i roi gan Dduw. Maen nhw'n dweud mai **dychweledigion** ydyn nhw. Mae eraill nad ydyn nhw'n defnyddio'r termau hyn i'w disgrifio eu hunain. Maen nhw'n dweud iddyn nhw droi at Islam, oherwydd ei bod yn rhywbeth sy'n gynnes ac yn emosiynol, fel anwes.

Er mwyn dod yn Fwslim, dylai pobl adrodd y datganiad ffydd, y shahadah, o flaen dau dyst. Rhaid iddyn nhw wneud hynny'n rhydd, heb gael eu bygwth, a'i gredu yn eu calonnau. Ar ôl troi at Islam mae'r person wedyn yn dysgu mwy o fanylion am ei ffydd, fel sut mae gweddïo bum gwaith y dydd. Yn union fel mae baban yn cael seremoni arbennig mewn Islam, gall yr un seremoni gael ei rhoi i rywun sydd wedi cael tröedigaeth. Mae'n debyg i gael eich aileni. Mae'r pen yn cael ei eillio, yn symbol o ddechrau o'r newydd, ac mae losin yn cael eu rhoi i bobl i ddathlu'r dröedigaeth. Mae llawer o bobl sy'n troi at Islam yn cymryd enw Mwslimaidd, newydd, yn aml enw un o gymdeithion y Proffwyd. Mae eraill yn cadw eu henw, fel symbol y gall Mwslimiaid ddod o unrhyw gefndir diwylliannol, ac nad oes angen iddyn nhw newid.

Yn y pen draw cafodd rhai o elynion mwyaf brwd Muhammad dröedigaeth i Islam. Roedd Abu Sufyan yn arweinydd llwyth Quraysh yn Makkah. Roedd yn gwrthwynebu Muhammad ac wedi ymladd â'r Mwslimiaid a oedd yn gwneud drwg i'w fasnachu yn Makkah. Pan gasglodd Muhammad lu mawr i fynd i mewn i Makkah, penderfynodd Abu Sufyan droi at Islam yn heddychlon. Ymledodd yr Ymerodraeth Islamaidd dros y Dwyrain Canol i gyd, ond doedd hynny ddim yn golygu bod pawb wedi cael tröedigaeth. Derbyniodd llawer nad oedden nhw'n Fwslimiaid awdurdod y Califfiaid a chawson nhw eu troi'n raddol at Islam.

Dros gannoedd o flynyddoedd, cafodd y rhan fwyaf o bobl eu troi at Islam gan Fwslimiaid Sufi teithiol. Yn Ne Asia, sefydlodd Moinuddin Chisti urdd Sufi a oedd yn pregethu Islam. Roedden nhw'n casglu ac yn dosbarthu bwyd i'r tlodion ac yn dweud wrthyn nhw, faint bynnag o gyfoeth oedd ganddyn nhw, eu bod nhw'n gyfartal yng ngolwg Duw. Cafodd cysegrau seintiau Sufi eu sefydlu y gallai Mwslimiaid a'r rhai o unrhyw grefydd ymweld â nhw, ac roedd caneuon mewn ieithoedd lleol yn adrodd storïau Islam mewn ffordd y gallai pobl leol ei deall. Mae Mwslimiaid yn dal i ddwysbarchu beddrod Moinuddin Chisti yn Ajmer yn India hyd heddiw.

Quilliam, Cobbold ac Yusuf

Cyfreithiwr yn oes Victoria oedd William Quilliam. Cafodd ei gyfareddu gan Islam ac astudiodd hi pan deithiodd i Morocco i dreulio amser yn gwella ar ôl salwch. Cafodd dröedigaeth i Islam a sefydlodd un o'r mosgiau cyntaf yn y DU yn Lerpwl. Sylfaenwyd sefydliad **Quilliam** yn 2007 fel sefydliad gwrth-eithafiaeth, wedi'i enwi ar ôl William Quilliam. Roedd Marmaduke Picktall yn berson arall adnabyddus o oes Victoria a gafodd dröedigaeth. Teithiodd yn India, dysgu Arabeg ac ysgrifennu cyfieithiad o'r Qur'an yn Saesneg.

Termau allweddol

Cael tröedigaeth: newid crefydd

Dychweledigion: mae'n aml yn cael ei ddefnyddio wrth gyfeirio at rai sydd wedi cael tröedigaeth i Islam fel pobl sydd wedi dychwelyd i'w cyflwr naturiol, h.y. Mwslim

Quilliam: Mwslim a gafodd dröedigaeth yn y bedwaredd ganrif ar bymtheg; hefyd enw ar sefydliad gwrth-eithafiaeth

Pendefig o'r Alban oedd y Fonesig Evelyn Cobbold, a gafodd dröedigaeth i Islam. Roedd hi wedi cael ei magu yng Ngogledd Affrica ac roedd ganddi ffrindiau a oedd yn Fwslimiaid. Yn ddiweddarach yn ei bywyd, cyhoeddodd yn sydyn ei bod hi'n Fwslim mewn ffordd annisgwyl iawn. Y Fonesig Cobbold oedd y Mwslim Prydeinig cyntaf i wneud pererindod yr Hajj yn 1933. Bu farw yn 96 oed, yn ôl yn yr Alban, a chafodd ei chladdu ar ochr bryn yn ei ystâd hela yn yr Ucheldiroedd. Gofynnodd am fedd syml gyda geiriau o'r Qur'an wedi'u harysgrifio ar y garreg: 'Allah yw goleuni'r nefoedd a'r ddaear'.

Dyfyniad allweddol

Aeth rhai blynyddoedd heibio, a digwyddais fod yn Rhufain yn aros gyda ffrindiau Eidalaidd pan ofynnodd y gwestywr imi a hoffwn i ymweld â'r Pab. Wrth gwrs, roeddwn i wrth fy modd. Pan siaradodd ei Sancteiddrwydd â mi'n sydyn, gan ofyn ai Pabydd oeddwn i, doedd gen i ddim syniad beth i'w ddweud am eiliad ac yna atebais mai Mwslim oeddwn i. Beth ddaeth drosof i, dwi ddim yn esgus gwybod, gan nad oeddwn i wedi meddwl am Islam ers blynyddoedd lawer. Cafodd matsien ei chynnau, ac yn y fan a'r lle penderfynais ddarllen ac astudio'r ffydd. **(Y Fonesig Evelyn Cobbold)**

Americanwr sydd wedi cael tröedigaeth i Islam yw Hamza Yusuf. Teithiodd ar draws Gogledd Affrica, lle dysgodd am Islam gan bobl nad oedden nhw'n gyfoethog iawn, ond a oedd yn ddidwyll ac yn arfer eu ffydd. Cafodd hyn gymaint o argraff arno fel y daeth yn Fwslim a mynd ati i roi darlithiau am Islam a ysbrydolodd lawer o Fwslimiaid.

Aeth rhai a gafodd dröedigaeth i Islam drwy gyfnod anodd yn eu bywyd a throi at Islam i ddechrau o'r newydd. Dydy hi ddim yn anghyffredin i bobl sydd yn y carchar gael tröedigaeth at Islam pan fyddan nhw yno. I lawer, mae Islam yn rhoi gobaith newydd iddyn nhw a strwythur i fyw eu bywydau. Mae lleiafrif bach yn camddeall Islam ac maen nhw wedi dod yn amlwg am eu gweithredoedd amhriodol, a rhai treisgar neu eithafol hyd yn oed. Mae Mwslimiaid yn condemnio'r rhain ac yn dweud bod y rhain yn digwydd er gwaethaf Islam, nid oherwydd eu tröedigaeth.

Mae'r mudiad cenhadol **Tablighi Jamaat** yn canolbwyntio ar Fwslimiaid sy'n enedigol o Dde Asia, ond nad ydyn nhw'n gweddïo bum gwaith y dydd yn eu mosg lleol yn rheolaidd. Maen nhw'n anfon pregethwyr allan i fynd i gartrefi ac i roi tröedigaeth i bobl ddilyn fersiwn mwy ceidwadol o Islam. Mae nifer bach o Fwslimiaid hyd yn oed yn 'cael tröedigaeth' o un grŵp o Fwslimiaid i un arall.

Term allweddol

Tablighi Jamaat: grŵp cenhadu Islamaidd sy'n hyrwyddo fersiwn caeth o Islam uniongred

Gweithgaredd AA1

Esboniwch y broses o droi at Islam, a'r profiadau y mae pobl yn eu cael sy'n gwneud iddyn nhw adael Islam. Rhowch enghraifft am bob un ac esboniwch pam gall y person fod wedi newid, yn eich barn chi.

Datblygu sgiliau AA1

Nawr mae'n bwysig ystyried y wybodaeth sydd wedi'i chyflwyno yn yr adran hon; fodd bynnag, mae'r wybodaeth fel y mae yn llawer rhy helaeth ac felly mae'n rhaid ei phrosesu er mwyn bodloni gofynion yr arholiad. Gallwch wneud hyn drwy ymarfer y sgiliau uwch sy'n gysylltiedig ag AA1. Ar gyfer Amcan Asesu 1 (AA1), sy'n cynnwys dangos sgiliau 'gwybodaeth' a 'dealltwriaeth', rydyn ni am ganolbwyntio ar ffyrdd gwahanol o ddangos y sgiliau yn effeithiol, gan gyfeirio hefyd at sut bydd eich perfformiad ym mhob un o'r sgiliau hyn yn cael ei fesur (gweler disgrifyddion band cyffredinol AA1 ar gyfer U2).

▶ **Dyma eich tasg olaf ar gyfer y thema hon:** Isod mae **crynodeb o agweddau Mwslimaidd tuag at bobl o grefyddau eraill.** Rydych chi eisiau defnyddio hwn mewn traethawd ond fel y mae, dydy e ddim wedi cael ei ddatblygu a does dim dyfyniadau neu gyfeiriadau ynddo o gwbl. Y tro hwn mae'n rhaid i chi ddod o hyd i'ch dyfyniadau eich hunan (tua 3) a defnyddio eich cyfeiriadau eich hunan (tua 3) i ddatblygu'r ateb. Weithiau gall dyfyniad ddilyn o gyfeiriad ond hefyd gallan nhw gael eu defnyddio'n unigol fel pwyntiau ar wahân.

Mae Mwslimiaid yn credu mai eu crefydd nhw yw'r grefydd olaf, derfynol a pherffaith felly maen nhw'n pregethu i eraill i'w hannog nhw i ddilyn Islam. Mae rhai Mwslimiaid yn credu y bydd pawb yn cyrraedd y nefoedd, gan gynnwys rhai o grefyddau eraill a rhai nad ydyn nhw wedi clywed y gair, ond nid rhai sy'n ei glywed, yn ei ddeall, ac yn ei wrthod. Mae rhai Mwslimiaid yn cydnabod bod y datguddiadau Iddewig a Christnogol yn ddilys, er eu bod nhw o'r farn fod y rhain wedi cael eu llygru. Roedd Mwslimiaid yn byw'n heddychlon ac yn priodi â Christnogion ac Iddewon weithiau, yn ystod dyddiau cynnar Madinah ac yn Sbaen o dan reolaeth y Mwslimiaid. Fodd bynnag, ar brydiau doedd y rhai nad oedden nhw'n Fwslimiaid ddim yn cael eu trin cystal â Mwslimiaid ac roedden nhw'n gorfod talu treth ychwanegol am fyw mewn gwlad Fwslimaidd. Roedd rhai Mwslimiaid fel y teithiwr Al-Biruni ac Akbar, ymerawdwr y Mughal, yn gwerthfawrogi cyfraniad Hindŵaeth, Bwdhaeth a chrefyddau eraill. Heddiw, nod rhai Mwslimiaid yw dod o hyd i dir sy'n gyffredin â phobl o grefyddau eraill wrth ddiogelu hawliau dynol a gwella'r cydlynu cymdeithasol. Mae eraill eisiau cadw eu traddodiadau drwy fyw bywydau rywfaint ar wahân mewn cymunedau lle mae'r mwyafrif neu bawb yn Fwslimiaid.

Canlyniad hyn fydd ateb eithaf hir a gallech ei wirio yn erbyn y disgrifyddion band ar gyfer U2; edrychwch yn benodol ar y gofynion sydd wedi'u disgrifio yn y disgrifyddion band uwch y dylech chi fod yn anelu atyn nhw. Gofynnwch i chi'ch hun:

- A yw fy ngwaith yn dangos gwybodaeth a dealltwriaeth drylwyr, gywir a pherthnasol o grefydd a chred?
- A yw fy ngwaith yn dangos cydlyniad (cysondeb neu synnwyr rhesymegol), eglurder a threfn o safon ragorol?
- A fydd fy ngwaith, ar ôl ei ddatblygu, yn ateb helaeth a pherthnasol sy'n bodloni gofynion penodol y dasg?
- A yw fy ngwaith yn dangos dyfnder a/neu ehangder sylweddol ac yn gwneud defnydd rhagorol o dystiolaeth ac enghreifftiau?
- Os yw'n briodol i'r dasg, a yw fy ateb yn cynnwys cyfeiriadau trylwyr a chywir at destunau cysegredig a ffynonellau doethineb?
- A ellir gwneud unrhyw gysylltiadau treiddgar ag elfennau eraill o fy nghwrs?
- A fydd fy ateb, ar ôl ei ddatblygu a'i ehangu i gyfateb i'r hyn sy'n ddisgwyliedig mewn ateb arholiad, yn cynnwys ystod eang o safbwyntiau ysgolheigion/ysgolion o feddwl?
- A yw'r defnydd o iaith a geirfa arbenigol yn drylwyr a chywir, pan geir enghreifftiau o hynny?

Sgiliau allweddol

Mae gwybodaeth yn ymwneud â:

Dewis ystod o wybodaeth (drylwyr) gywir a pherthnasol sydd â chysylltiad uniongyrchol â gofynion penodol y cwestiwn.

Mae hyn yn golygu:

- Dewis deunydd perthnasol i'r cwestiwn a osodwyd
- Canolbwyntio ar esbonio ac archwilio'r deunydd a ddewiswyd.

Mae dealltwriaeth yn ymwneud ag:

Esboniad helaeth, gan ddangos dyfnder a/neu ehangder gyda defnydd rhagorol o dystiolaeth ac enghreifftiau gan gynnwys (lle y bo'n briodol) defnydd trylwyr a chywir o destunau cysegredig, ffynonellau doethineb a geirfa arbenigol.

Mae hyn yn golygu:

- Defnydd effeithiol o enghreifftiau a thystiolaeth gefnogol i sefydlu ansawdd eich dealltwriaeth
- Perchenogaeth o'ch esboniad sy'n mynegi gwybodaeth a dealltwriaeth bersonol, NID eich bod yn ailadrodd darn o destun o lyfr rydych wedi ei baratoi a'i gofio.

Mae'r adran hon yn cwmpasu cynnwys a sgiliau AA2

Cynnwys y fanyleb

Effeithiolrwydd ymatebion Islamaidd i blwraliaeth.

Materion i'w dadansoddi a'u gwerthuso

Effeithiolrwydd ymatebion Islamaidd i blwraliaeth

Mae'r byd Gorllewinol modern wedi datblygu'n gymdeithas lle mae llawer o grefyddau gwahanol. Mae pobl yn gyfarwydd â mynd allan i weithio ac i astudio wrth ochr cydweithwyr o grefyddau eraill. Mae rhyddid deallusol yn rhoi cyfle i bobl benderfynu drostyn nhw eu hunain am faterion. O fewn crefyddau, mae llawer o grwpiau gwahanol sydd â safbwyntiau gwahanol ar faterion moesegol. Eto tarddodd Islam fel ffydd undduwiaeth eithafol. Mewn geiriau eraill, un Duw yn unig sydd a dydy Duw ddim yn gallu bod ag unrhyw bartneriaid, symbolau neu ddelweddau, does dim byd yn gallu sefyll wrth ochr Duw. Mae llawer o Fwslimiaid yn credu mai un ffordd ddylai fod at Dduw, drwy ffydd sydd ag un set o gredoau.

Yn Madinah, buodd Muhammad yn byw wrth ochr Cristnogion ac Iddewon am flynyddoedd lawer. Fodd bynnag, oherwydd gwrthdaro llwythol, cafodd y llwythau Iddewig eu halltudio. Mae'n bwysig gwahaniaethu rhwng anoddefgarwch llwythol a derbyn pobl sydd â ffydd arall ar sail crefydd. Mae'n anodd gwneud hyn, ac mae cyfieithiadau llythrennol, allan o'u cyd-destun, yn gallu golygu bod fersiynau o'r testun yn cael eu hysgrifennu sy'n annog Mwslimiaid i gadw draw oddi wrth bobl o grefyddau eraill. Pan gafodd Mwslimiaid eu cynghori i beidio â chymryd Cristnogion ac Iddewon yn ffrindiau ac yn warchodwyr, gallai hyn fod wedi golygu grŵp penodol o lwyth penodol mewn un ffurf ar warcheidwaeth ffurfiol. Yn ystod yr un cyfnod, hyrwyddodd Muhammad heddwch a chymodi yn Makkah. Ymwelodd â mab Iddewig cymydog iddo yn arbennig er mwyn gweld sut roedd e ar ôl iddo fynd yn sâl. Dywedodd mai'r Cristnogion oedd 'nesaf mewn cariad at y Mwslimiaid'. Yn nyddiau cynnar Islam wrth i'r Ymerodraeth dyfu, roedd Islam ar ei heithaf pan ddaeth teithwyr o ranbarthau eraill i Baghdad a rhannu eu gwybodaeth ag eraill. Roedd rhaid i'r Mwslimiaid fod yn oddefgar ac yn agored eu meddyliau.

Roedd rhai o'r farn bod cyfnod La Convivencia yn Sbaen yn un o'r cyfnodau mwyaf goleuedig a phlwralistig yn hanes Ewrop. Ar y pryd, byddai rhai nad oedden nhw'n Fwslimiaid yn Fisier neu'n Brif Weinidog weithiau, ond nid yw lleiafrifoedd Mwslimaidd erioed wedi bod â'r swydd honno yn Ewrop fodern. Roedd cyfran yr academyddion o dreftadaeth Iddewig a Christnogol a oedd yn trafod â'i gilydd yn Cordoba yn adlewyrchu cymdeithas lle gallai'r rhai nad oedden nhw'n Fwslimiaid astudio'n rhydd. Ffynnodd llenyddiaeth Iddewig ar y pryd. Awgrymwyd nad ydyn ni wedi cyrraedd y cyfnod hwn o oddefgarwch yn Ewrop fodern eto. Mae eraill yn dweud, er bod goddefgarwch cymharol, fod cymunedau cyfan o Iddewon wedi cael eu halltudio'n waedlyd ar brydiau, ac nad yw hynny'n adlewyrchu cymdeithas lle roedd plwraliaeth wedi gwreiddio. Serch hynny, mae Mwslimiaid heddiw yn hoffi edrych yn ôl ar gyfnodau o oddefgarwch a'u nod yw dychwelyd at hyn wrth ymateb i blwraliaeth yn y dyfodol.

I Fwslimiaid traddodiadol sydd wedi mudo o wlad lle roedden nhw'n byw mewn cymuned ag un ffydd, mae plwraliaeth yn sioc i'r system. I rai, mae gam yn rhy bell. Mae'n heriol i rai Mwslimiaid gymdeithasu ag eraill lle mae alcohol a chymysgu'n rhydd gydag aelodau o'r rhyw arall. Mae rhai'n cymryd safbwynt llythrennol ar ddarnau o'r Qur'an sy'n awgrymu na ddylai Mwslimiaid fod yn warchodwyr ac yn ffrindiau ag eraill, ac y dylen nhw benderfynu peidio priodi â'i gilydd. Mae rhai'n ymateb drwy encilio o'r gymdeithas a byw mewn grwpiau o Fwslimiaid eraill yn bennaf. Mae manteision i hyn. Mae'n hawdd trefnu bwyd halal a pheidio â chael eich temtio yn ystod Ramadan wrth weld eraill yn bwyta, oherwydd bod pawb o'ch cwmpas yn ymprydio. Fodd bynnag, i lawer, mae hyn yn golygu methu ymateb i blwraliaeth. Gall fod yn frawychus i rai sydd wedi cael eu magu mewn cartref Mwslimaidd ac sydd heb brofiad o fyw wrth ochr eraill, os oes rhaid iddyn nhw fynd allan a chymysgu. Mae rhai wedi cael profiad o hiliaeth neu Islamoffobia, felly maen nhw'n fwy gwyliadwrus ynghylch cymysgu â rhai o gefndiroedd eraill. Serch hynny, gall cymysgu helpu i oresgyn yr ofnau hynny. Dydy peidio ag integreiddio yn y gymuned ehangach ddim yn

Dyfyniad allweddol

Fel Pobloedd y Llyfr doedd cymunedau dhimmi Cristnogol ac Iddewig ddim wedi'u gwahanu'n haearnaidd oddi wrth y gymdeithas Fwslimaidd fwyafrifol yn yr un ffordd ag y cafodd Iddewon, er enghraifft, eu hymyleiddio mewn cymdeithasau Cristnogol yn Ewrop. **(David Waines)**

Gweithgaredd AA2

Wrth i chi ddarllen drwy'r adran hon ceisiwch wneud y pethau canlynol:

1. Dewiswch y gwahanol ddadleuon sy'n cael eu cyflwyno yn y testun a nodwch unrhyw dystiolaeth gefnogol a roddir.
2. Ar gyfer pob dadl a gyflwynir, ceisiwch werthuso a yw'r ddadl yn un gryf neu wan yn eich barn chi.
3. Meddyliwch am unrhyw gwestiynau yr hoffech chi eu gofyn wrth ymateb i'r dadleuon.

Bydd y gweithgaredd hwn yn eich helpu i ddechrau meddwl yn feirniadol am yr hyn rydych chi'n ei ddarllen ac yn eich helpu i werthuso effeithiolrwydd dadleuon gwahanol, gan ddatblygu eich sylwadau, a'ch barn a'ch safbwyntiau eich hun. Bydd hyn yn eich helpu wrth ddod i gasgliadau y byddwch yn eu gwneud yn eich atebion i'r cwestiynau AA2 sy'n codi.

iach, a gall y gymuned ddechrau amau Mwslimiaid oherwydd hyn. Mae cymysgu yn rhoi cyfle i Fwslimiaid herio rhagfarnau pobl eraill a hyrwyddo delwedd dda o'u ffydd.

Mae Mwslimiaid eraill yn cadw eu credoau traddodiadol ac yn eu dangos wrth gymysgu ag eraill. Maen nhw'n hapus i weddïo lle bynnag maen nhw, hyd yn oed pan mae eraill o'u cwmpas nhw, ac maen nhw'n teimlo bod hyn yn helpu eraill i gael delwedd dda o Islam. Mae'r un peth yn wir am waith elusennol, pan maen nhw'n helpu rhai nad ydyn nhw'n Fwslimiaid. Maen nhw'n credu mai Islam yw'r unig ffordd at Dduw ac wrth iddyn nhw ddangos moesau da a siarad am Islam, y bydd eraill yn ymuno â nhw. Maen nhw'n cymysgu'n gymdeithasol, ond dydyn nhw ddim yn credu mewn plwraliaeth credoau: maen nhw'n dal i weld mai Islam yw'r unig ffordd.

Mae ymagwedd Mwslimiaid diwygiadol yn wahanol iawn. Maen nhw'n credu y dylai Mwslimiaid fod yn rhydd i integreiddio'n llawn yn y gymdeithas ac i addasu eu credoau i'r cyfnod modern. Dylai priodasau rhwng crefyddau gwahanol, cyfeillgarwch ag eraill a pherthnasoedd amgen fel rhai hoyw a thrawsryweddol gael eu derbyn i gyd. I rai mae hon yn ffordd newydd a dewr o ymateb i blwraliaeth ac mae'n llawer mwy addas i'r cyfnod hwn. I eraill mae'n troi cefn ar draddodiadau cyfnod y Proffwyd fel y cawson nhw eu gosod yn yr hadith a'r Qur'an.

Cymerodd Farid Esack, ymchwilydd prifysgol yn Ne Affrica, ran amlwg yn natblygiad y wlad ar ôl apartheid. Daeth yn gomisiynydd cydraddoldeb rhyweddol a buodd yn hyrwyddo hawliau menywod, yn ogystal â hawliau pobl o bob cefndir ffydd gwahanol. Roedd Farid Esack yn credu bod gwir ystyr y Qur'an yn hyrwyddo rhyddid o ormes a derbyn plwraliaeth. Hefyd roedd yn credu y dylai pobl o rywioldeb gwahanol gael eu trin yn gyfartal yng ngwladwriaeth De Affrica.

Dywedodd Al-Ghazali, yr ysgolhaig Islamaidd, fod gan bawb gyfle i fynd i'r nefoedd, gan gynnwys rhai o grefyddau eraill, oni bai eu bod nhw'n troi i ffwrdd ac yn gwrthod neges Islam. Duw'n unig sy'n cael penderfynu pwy sy'n cael mynd i'r nefoedd. Mae rhai Mwslimiaid yn ystyried bod pobl o ffydd arall sydd â mymryn o ddaioni yn eu calonnau yn haeddu mynd i'r nefoedd; neu fod rhai o ba grefydd bynnag sydd â chysyniad o undod ysbrydol, y mae Mwslimiaid yn ei alw'n Allah, yn haeddu cael iachawdwriaeth. Mae eraill yn gwrthod y blwraliaeth hon ac yn dweud ei bod hi'n mynd yn rhy bell: os oedd hynny'n wir, beth yw pwynt estyn allan at eraill i'w troi at Islam? Maen nhw'n teimlo bod Allah yn mynnu bod pobl yn cyhoeddi eu ffydd fel Mwslim yn gyhoeddus, hyd yn oed os yw hi'n dröedigaeth funud olaf ar eu gwely angau, er mwyn cael siawns o gyrraedd bywyd tragwyddol ym mharadwys.

Mae rhai Mwslimiaid wedi mynd â'r thema hon ymhellach ac wedi datblygu cysylltiadau â Christnogion, a chynhyrchu canllaw i'r 'Gair Cyffredin', lle mae themâu sy'n cael eu rhannu yn y Beibl a'r Qur'an yn ganolbwynt ar gyfer deialog rhwng crefyddau. Mae rhai Mwslimiaid yn gwrthod hyn ac yn credu bod Allah wedi rhoi'r neges derfynol iddyn nhw yn y Qur'an, nad ydyn nhw i fod i gael eu cymysgu â datguddiadau cynharach sydd wedi cael eu llygru dros amser. Mewn ysgolion a cholegau mae digwyddiadau rhwng crefyddau yn digwydd weithiau a gall fod cyfleoedd wedi'u sefydlu gan grwpiau ieuenctid i bobl ifanc o grefyddau gwahanol ddod at ei gilydd a chwrdd. Mae rhai mosgiau wedi dechrau agor eu drysau i ymwelwyr o bob cefndir ar rai achlysuron er mwyn torri'r rhwystrau rhyngddyn nhw a'u cymunedau lleol.

Mae amrywiaeth y safbwyntiau ledled y byd wedi creu sefyllfa lle nad oes un safbwynt yn unig, ond yn hytrach nifer o safbwyntiau Mwslimaidd gwahanol am blwraliaeth. Mewn llawer o ffyrdd mae Mwslimiaid yn dal i ddod i delerau â moderniaeth. Mae rhai o'r farn mai'r unig ymateb effeithiol yw diwygiad Islamaidd; barn eraill yw bod angen dychwelyd at ddysgeidiaeth lythrennol eu ffydd er mwyn cadw eu crefydd yn bur.

A oes ymagwedd gydlynol tuag at dröedigaeth mewn Islam

Mae tröedigaeth at Islam yn golygu adrodd y datganiad ffydd, y shahadah, o flaen dau dyst a'i gredu yn y galon. Ystyr y datganiad yw mai un Duw yn unig sydd, ac mai

Awgrym astudio

Ar gyfer AA2, mae'n hanfodol eich bod yn mynd ati i drafod dadleuon, nid dim ond esbonio beth gallai rhywun fod wedi'i ddweud. Ceisiwch holi eich hunan, 'oedd hwn yn bwynt teg i'w wneud?', 'ydy'r dystiolaeth yn ddigon cryf?', 'oes unrhyw beth i herio'r ddadl hon?', 'ydy hon yn ddadl gref neu'n ddadl wan?' Bydd dadansoddi beirniadol fel hyn yn eich helpu i ddatblygu eich sgiliau gwerthuso.

Cwestiynau allweddol

Beth yw'r ymatebion Islamaidd gwahanol i blwraliaeth?

Beth gall Mwslimiaid ei ddysgu oddi wrth Muhammad ac o La Convivencia?

Pam gallai rhai pobl fod yn amheus o'r cyfnodau hyn?

Yn eich barn chi, pam mae rhai Mwslimiaid yn ymateb yn erbyn plwraliaeth ac yn encilio o ddigwyddiadau cymysg?

Beth yw'r gwahaniaeth rhwng plwraliaeth o ran iachawdwriaeth a phlwraliaeth mewn gweithredu cymdeithasol?

Gweithgaredd AA2

Rhestrwch rai casgliadau y byddai'n bosibl dod iddynt ar sail y rhesymeg AA2 yn y testun uchod; ceisiwch gyflwyno o leiaf dri chasgliad gwahanol posibl. Ystyriwch bob un o'r casgliadau a chasglwch dystiolaeth gryno i gefnogi pob casgliad o'r deunydd AA1 ac AA2 ar gyfer y testun hwn. Dewiswch y casgliad sy'n argyhoeddi fwyaf yn eich barn chi ac esboniwch pam mae hyn yn wir. Ceisiwch gyferbynnu hyn â'r casgliad gwannaf ar y rhestr, gan gyfiawnhau eich dadl gyda rhesymu clir a thystiolaeth.

Cynnwys y fanyleb

A oes ymagwedd gydlynol tuag at dröedigaeth mewn Islam.

Dyfyniad allweddol

Cyflwynodd llawer o gyfoeswyr Califf Fatimid Al-Hakim ei wylltineb crefyddol a'i benderfyniad i ddinistrio eglwysi a synagogau ac i orfodi Islameiddio drwy ei deyrnas, i adlewyrchu ei wallgofrwydd ... cafodd llawer dröedigaeth ac wedyn dychwelyd i'w crefyddau gwreiddiol ar ôl i'r erledigaeth ddod i ben, ond mae llawer o rai eraill wedi gadael eu cred ac wedi gollwng eu crefydd. **(Ira Katznelson a Miri Rubin)**

Gweithgaredd AA2

Wrth i chi ddarllen drwy'r adran hon ceisiwch wneud y pethau canlynol:

1. Dewiswch y gwahanol ddadleuon sy'n cael eu cyflwyno yn y testun a nodwch unrhyw dystiolaeth gefnogol a roddir.
2. Ar gyfer pob dadl a gyflwynir, ceisiwch werthuso a yw'r ddadl yn un gryf neu wan yn eich barn chi.
3. Meddyliwch am unrhyw gwestiynau yr hoffech chi eu gofyn wrth ymateb i'r dadleuon.

Bydd y gweithgaredd hwn yn eich helpu i ddechrau meddwl yn feirniadol am yr hyn rydych chi'n ei ddarllen ac yn eich helpu i werthuso effeithiolrwydd dadleuon gwahanol, gan ddatblygu eich sylwadau, a'ch barn a'ch safbwyntiau eich hun. Bydd hyn yn eich helpu wrth ddod i gasgliadau y byddwch yn eu gwneud yn eich atebion i'r cwestiynau AA2 sy'n codi.

Muhammad yw Ei negesydd olaf a therfynol. Weithiau caiff tröedigaeth ei galw yn ddychwelyd i gyflwr naturiol bodolaeth, gan fod rhai'n credu bod Duw wedi gwneud pob plentyn yng nghyflwr naturiol Islam.

Yng nghyfnod Muhammad, yn y lle cyntaf roedd ei ddilynwyr yn cael tröedigaeth at Islam ac yn darllen y shahadah yn uchel. Cafodd rhai o'i elynion dröedigaeth dros y blynyddoedd. Yn ystod ei gyfnod yn Makkah, doedd teulu Muhammad ddim wedi'u hargyhoeddi gan ei neges. Yna, cafodd ei ewythr dröedigaeth at Islam gan ei amddiffyn fel y gallai bregethu'n uchel heb ofni y byddai rhywun yn ymosod arno. Ar ôl i'w ewythr farw, roedd Muhammad a'r Mwslimiaid yn wynebu erledigaeth. Cafodd rhai a oedd wedi cael tröedigaeth eu poenydio'n gorfforol. Caethwas du oedd Bilal a gafodd dröedigaeth at Islam. Cafodd ei orfodi gan ei feistr caethweision i orwedd ar dywod poeth diffeithdir Arabia gyda chreigiau trwm ar ei gorff, a'r rheini'n mynd yn boeth iawn yng ngwres yr haul, yn gosb am ei gredoau. Wnaeth Muhammad ddim troi at drais ond symudodd i Madinah er mwyn arfer ei ffydd yn rhydd. Yno, cafodd rhagor o bobl dröedigaeth at Islam. Pan ddychwelodd Muhammad i Makkah yn fuddugoliaethus, cafodd Abu Sufiyan, arweinydd llwyth y Quraysh, dröedigaeth i Islam heb ymladd. Ar ôl marwolaeth Muhammad tyfodd yr Ymerodraeth Islamaidd, ond cafodd Cristnogion, Iddewon a chredinwyr eu cydnabod a chawson nhw ryddid i arfer eu ffydd.

Weithiau cafodd rhai eu gorfodi i gael tröedigaeth er mai dull cyntaf Muhammad oedd gwahodd pobl i ddilyn Islam. Byddai rhai'n dadlau nad yw hyn yn gyson.

Pam dylai rhywun gael tröedigaeth? Mae Mwslimiaid yn credu mai eu ffydd nhw yw'r wir neges a'r ffordd i iachawdwriaeth yn y nefoedd. Ond ar yr un pryd daeth ysgolheigion Mwslimaidd fel Al-Ghazali i'r casgliad bod pawb, gan gynnwys pobl o grefyddau eraill, yn mynd i'r nefoedd.

Yn ogystal, cafodd rhai pobl dröedigaeth at Islam yn y dyddiau cynnar er mwyn cael ffafr wrth i'r Galiffiaeth Fwslimaidd dyfu a meddiannu rhagor o dir. Roedd cyfoeth a rhagolygon gyrfa pobl yn gwella ar ôl iddyn nhw gael tröedigaeth. Fodd bynnag, gallai rhywun ddadlau nad oedd rhesymau o'r fath yn rhai derbyniol er mwyn cael tröedigaeth: mae Mwslimiaid i fod i gredu yn Undod Duw a dilysrwydd Muhammad, Ei negesydd olaf. Cafodd y Brenin John yn Lloegr yn y 1200au ei esgymuno gan y Pab, ac aeth at y Califf Almohad yn Morocco, i ymbil am help. Cynigiodd y Brenin John gael tröedigaeth i Islam ac i wneud i Loegr fod yn deyrnas Fwslimaidd petai'r Califf Al-Nasir yn helpu, ond cafodd ei anfon ymaith yn waglaw. Unwaith eto, roedd hwn yn fwy na gwahoddiad i dderbyn Islam gydag agenda gudd.

Digwyddodd tröedigaeth orfodol sawl gwaith wedyn mewn hanes, ond doedd y Qur'an ddim yn cymeradwyo hyn. Yno, mae gofyn i Fwslimiaid beidio â gorfodi eraill neu siarad yn gas â nhw rhag iddyn nhw droi oddi wrth Islam. Gorfododd y Califf Al-Hakim bobl yn ei deyrnas i fabwysiadu Islam, ond eithriad oedd e yn hytrach na'r rheol. Ar y pryd, roedd pobl yn meddwl ei fod wedi mynd yn wallgof am orchymyn pobl i gael tröedigaeth. Yn gyffredinol byddai Califfiaid eraill yn amddiffyn credinwyr crefyddol eraill, ac yn eu hannog i gael tröedigaeth, ac mae hyn yn fwy tebyg i'r syniad gwreiddiol.

Beth os yw pobl eisiau cael tröedigaeth ac yna'n newid eu meddwl? Ydyn nhw'n rhydd i adael Islam? Mae rhai Mwslimiaid yn dweud mai trosedd apostasi yw hyn ac mae eraill yn dweud y dylai'r person gael gadael os nad yw hi'n bosibl ei berswadio fel arall; bydd eu cosb mewn bywyd ar ôl marwolaeth. Roedd Akbar, ymerawdwr y Mughal yn sylweddoli bod rhai Hindŵiaid wedi cael eu gorfodi i gael tröedigaeth a gadawodd iddyn nhw ddychwelyd at Hindŵaeth.

Hefyd dylen ni gydnabod bod cred yn gallu bod yn fater personol iawn sy'n wahanol i bob unigolyn. Mae rhai'n dod at Islam ar ôl trafodaeth ddeallusol, ac maen nhw'n argyhoeddedig mai un Duw goruchaf sydd. Mae eraill yn penderfynu cael tröedigaeth er mwyn bodloni aelodau teulu rhywun y maen nhw eisiau ei briodi, os yw'r teulu'n dweud bod rhaid cael tröedigaeth cyn priodi, fel sy'n gyffredin mewn llawer o deuluoedd Mwslimaidd. I eraill, mae'n brofiad emosiynol lle maen nhw'n cael ymdeimlad o antur gyfriniol. Yn Ne Asia, cafodd y rhan fwyaf o bobl dröedigaeth ar ôl clywed storïau, cerddoriaeth a drama gan y dynion sanctaidd

Sufi teithiol, tra mae hyn yn eithaf anghyffredin yn y Gorllewin. Felly, mae gan dröedigaeth amrywiaeth o resymau a ffyrdd o dderbyn y ffydd.

Drwy Dde Ddwyrain Asia a Dwyrain Affrica, cafodd Islam ei lledaenu gan fasnachwyr teithiol. Roedd llawer ohonyn nhw hefyd yn aelodau o tariqa Sufi a oedd yn adrodd storïau i ddiddanu'r bobl leol ac i'w haddysgu am Islam. Ysgrifennodd Ibn Battuta, teithiwr o Tangiers yn yr oesoedd canol, lyfrau am ei deithiau drwy'r rhan fwyaf o'r byd Mwslimaidd ar y pryd. Gwelodd lawer o amrywiaeth ymysg y Mwslimiaid y cwrddodd â nhw. Derbyniodd llawer y ffydd ond cadwon nhw eu gwisg a'u diwylliant traddodiadol cyn-Islamaidd. Er enghraifft, mae'n disgrifio pregethu i fenywod Mwslimaidd bronnoeth a oedd wedi cael tröedigaeth, yn gweithio caeau pentrefi yn y trofannau, gan roi gwybod iddyn nhw am sylfeini Islam a bod rhaid gwisgo'n wylaidd. Dydy tröedigaeth a chymryd agweddau ar Islam ddim yn cyd-fynd yn awtomatig. Felly, efallai nad yw'r ymagwedd at dröedigaeth yn hollol yr un fath ac yn rhesymegol yn hanes Islam.

Yn y Gorllewin, mae rhai pobl yn cael tröedigaeth er mwyn priodi, rhai am resymau diwinyddol ac eraill er mwyn newid ffordd o fyw. Mae tröedigaeth yn y carchar yn digwydd lle mae carcharor yn dysgu am Islam tra mae'n gwneud ei gosb, ac yn penderfynu newid ei fywyd. Mae rhai Mwslimiaid yn disgrifio sut oedd tröedigaeth at Islam yn help i roi hunaniaeth gref iddyn nhw a chymuned gefnogol a'u galluogodd nhw i ryddhau eu hunain o'u hen fywyd o droseddu a chyffuriau. Unwaith eto, mae'r rhain yn ffyrdd gwahanol o ymagweddu at dröedigaeth at Islam.

Mae rhai pobl yn cael tröedigaeth er mwyn cael eu derbyn mewn priodas, lle byddai teulu'n gwrthod y person fel arall. Mae hyn yn arbennig o wir am ddynion gan fod traddodiad Islamaidd yn dweud mai dynion Mwslimaidd yn unig gaiff briodi menywod Mwslimaidd. Fodd bynnag, caiff dynion Mwslimaidd briodi eraill sy'n credu mewn Un Duw. Fel arfer mae hyn yn cael ei gymryd i olygu menywod Cristnogol ac Iddewig. Mae'r anghydraddoldeb ymddangosiadol hwn rhwng safleoedd dynion a menywod, ac anghydraddoldeb crefyddau gwahanol, yn cymhlethu'r gofynion er mwyn cael tröedigaeth. Felly yn sicr mae hyn yn codi'r cwestiwn a yw'r ymagwedd at dröedigaeth mewn Islam yn rhesymegol.

Americanwr oedd Malcolm X a brofodd hiliaeth ac a gafodd dröedigaeth i Islam. Ar ôl ymweld â Makkah ar bererindod yr Hajj, roedd yn teimlo heddwch newydd. I ddechrau ymunodd â Chenedl Islam (*Nation of Islam*) a oedd ag agenda wleidyddol i ddarparu llywodraeth ar wahân i bobl ddu a oedd yn teimlo bod y system yn UDA yn eu cam-drin. Daeth ei brofiad o dröedigaeth fwyaf ystyrlon pan gafodd brofiad o gymysgu cymdeithasol ymhlith pobl o sawl hil a diwylliant gwahanol yn Makkah. Yr ymdeimlad hwn o gydraddoldeb a pherthyn yw'r hyn sy'n denu rhai pobl i ddilyn Islam. Yn wir, byddai'n bosibl dadlau fod hyn yn debyg iawn i ymagwedd Muhammad at dröedigaeth.

Fel arfer meddylir am dröedigaeth fel pobl nad ydyn nhw'n Fwslimiaid yn dod yn Fwslimiaid ond weithiau mae Mwslimiaid yn cael tröedigaeth o un sect i un arall. Fel arfer does dim rhaid cael unrhyw seremoni dröedigaeth i wneud hyn, ond gall y gwahaniaeth yn y credoau sydd gan sectau gwahanol fod yn sylweddol. Mae rhai Mwslimiaid hyd yn oed yn labelu eraill fel rhai gwyrdroëdig, mewn cyflwr o **takfir**, ac felly heb fod yn Fwslimiaid o gwbl. Gallai arferion fel addoli beddrodau seintiau wneud i Fwslim Sufi fod yn takfiri yng ngolwg Mwslim Salafi. Byddai hynny'n gyfiawnhad dros bregethu iddyn nhw gael tröedigaeth i sect wahanol, burach o Islam. Mae hyn yn sicr yn awgrymu gwahaniaethau o fewn Islam o ran ymagweddau at dröedigaeth.

Mae Majid Nawaz, aelod blaenllaw o sefydliad Quilliam, melin drafod gwrth-eithafiaeth, yn dadlau yn erbyn ymagwedd takfiri, ac yn erbyn tröedigaeth o dan orfodaeth neu bwysau. Mae rhai sydd wedi cael tröedigaeth i Islam yn mynd yn hynod danbaid a dydyn nhw ddim yn cael arweiniad da bob amser i ddod o hyd i ddehongliad cymedrol a chytbwys o ffydd. Mae'n rhywbeth y mae'n rhaid iddyn nhw eu hunain ddod o hyd iddo yn eu taith i mewn i ffydd. Eto i gyd, mae llawer iawn o bobl yn cael tröedigaeth i Islam ac mae'r profiadau'n amrywio. Mae llawer o fenywod ac o ddynion yn dweud eu bod yn dod o hyd i heddwch mewnol a ffordd ysbrydol o fyw, boed hynny wrth gael tröedigaeth i draddodiadau Salafi neu Sufi, Sunni neu Shi'a. At ei gilydd,

Dyfyniad allweddol

Yn ystod fy nhri deg a naw o flynyddoedd ar y ddaear hon, Dinas Sanctaidd Makkah oedd y tro cyntaf erioed i mi sefyll gerbron Creawdwr Popeth a theimlo fel bod dynol cyflawn. Roedd tyrfaoedd o bobl, Mwslimiaid o bob man yn amlwg, a oedd yn mynd ar y bererindod, yn cofleidio. Roedden nhw o bob lliw a llun; roedd yr holl awyrgylch yn un cynnes a chyfeillgar. Tarodd y syniad fi nad oedd unrhyw broblem lliw yma. Roedd yr effaith fel petawn i newydd gamu allan o garchar. Gallech chi fod yn frenin neu'n un o'r werin, a fyddai neb yn gwybod. **(Malcolm X)**

Term allweddol

Takfir: Mwslim y mae pobl yn dweud nad yw'n credu oherwydd traddodiadau neu athrawiaethau gwyrdroëdig

Cwestiynau allweddol

Beth sydd angen i bobl ei wneud er mwyn cael tröedigaeth i Islam?

Beth yw'r cysylltiadau rhwng tröedigaeth a rhyddid cred, a beth yw safbwynt Islam ar y materion hyn?

Pa resymau gwahanol mae pobl yn eu rhoi am gael tröedigaeth?

Ydy'r amrywiaeth mewn Islam yn golygu nad yw pob un yn cael tröedigaeth i'r un credoau?

Gweithgaredd AA2

Rhestrwch rai casgliadau y byddai'n bosibl dod iddynt ar sail y rhesymeg AA2 yn y testun uchod; ceisiwch gyflwyno o leiaf dri chasgliad gwahanol posibl. Ystyriwch bob un o'r casgliadau a chasglwch dystiolaeth gryno i gefnogi pob casgliad o'r deunydd AA1 ac AA2 ar gyfer y testun hwn. Dewiswch y casgliad sy'n argyhoeddi fwyaf yn eich barn chi ac esboniwch pam mae hyn yn wir. Ceisiwch gyferbynnu hyn â'r casgliad gwannaf ar y rhestr, gan gyfiawnhau eich dadl gyda rhesymu clir a thystiolaeth.

Datblygu sgiliau AA2

Nawr mae'n bwysig ystyried y wybodaeth sydd wedi'i chyflwyno yn yr adran hon; fodd bynnag, mae'r wybodaeth fel y mae yn llawer rhy helaeth ac felly mae'n rhaid ei phrosesu er mwyn bodloni gofynion yr arholiad. Gallwch wneud hyn drwy ymarfer y sgiliau uwch sy'n gysylltiedig ag AA2. Ar gyfer Amcan Asesu 2 (AA2), sy'n cynnwys dangos sgiliau 'dadansoddi beirniadol' a 'gwerthuso', rydyn ni am ganolbwyntio ar ffyrdd gwahanol o ddangos y sgiliau yn effeithiol, gan gyfeirio hefyd at sut bydd eich perfformiad ym mhob un o'r sgiliau hyn yn cael ei fesur (gweler disgrifyddion band cyffredinol AA2 ar gyfer U2).

Sgiliau allweddol

Mae dadansoddi'n ymwneud â:

Nodi materion sy'n cael eu codi gan y deunyddiau yn adran AA1, ynghyd â'r rhai a nodwyd yn adran AA2, ac mae'n cyflwyno safbwyntiau cyson a chlir, naill ai gan ysgolheigion neu safbwyntiau personol, yn barod i'w gwerthuso.

Mae hyn yn golygu:

- Bod eich atebion yn gallu nodi meysydd trafod allweddol mewn perthynas â mater penodol
- Eich bod yn gallu nodi'r gwahanol ddadleuon a gyflwynir gan eraill, a rhoi sylwadau arnyn nhw
- Bod eich ateb yn rhoi sylwadau ar effeithiolrwydd cyffredinol pob un o'r meysydd neu ddadleuon hyn.

Mae gwerthuso'n ymwneud ag:

Ystyried goblygiadau amrywiol y materion sy'n cael eu codi, yn seiliedig ar y dystiolaeth a gafwyd wrth ddadansoddi ac mae'n rhoi dadl fanwl eang gyda chasgliad clir.

Mae hyn yn golygu:

- Bod eich ateb yn pwyso a mesur canlyniadau derbyn neu wrthod y dadleuon amrywiol a gwahanol a gafodd eu dadansoddi
- Bod eich ateb yn dod i gasgliad drwy broses rhesymu clir.

mae amrywiaeth yr ymagweddau hanesyddol a'r gwahaniaethau heddiw yn amlwg o fewn Islam. Fodd bynnag, yr hyn y byddai'n bosibl ei weld fel rhywbeth cydlynol yw'r ymagwedd sy'n dymuno gweld pawb yn elwa o fod yn rhan o'r gymuned Fwslimaidd.

Awgrym astudio

Mae'n bwysig ar gyfer AA2 eich bod yn ystyried llawer o safbwyntiau gwahanol fel y gallwch chi roi ymateb helaeth a pherthnasol, gyda dyfnder ac ehangder. Bydd cysylltiadau craff rhwng yr ymagweddau gwahanol a astudioch chi yn helpu i ddangos eich bod wedi deall arferion gwahanol a'r cysylltiadau â'r credoau sy'n sail iddyn nhw. Mae deall tröedigaeth i Islam yn gofyn am ddeall safbwynt rhyddid cred sydd gan Fwslimiaid gwahanol a sut gallai hynny fod yn berthnasol i'r rhai sydd eisiau troi at Islam.

▶ **Dyma eich tasg olaf ar gyfer y thema hon:** Isod mae **gwerthusiad o bwysigrwydd Mwslimiaid yn goddef credoau gwahanol crefyddau eraill**. Rydych chi eisiau defnyddio hyn mewn traethawd ond fel mae'n sefyll mae'n ddadl wan oherwydd nad oes ynddi unrhyw ddyfyniadau neu gyfeiriadau o gwbl i'w chefnogi. Y tro hwn mae angen i chi ddod o hyd i'ch dyfyniadau eich hun (tua 3) a defnyddio eich cyfeiriadau eich hun (tua 3) i gryfhau'r gwerthusiad. Cofiwch, weithiau gall dyfyniad ddilyn o gyfeiriad ond maen nhw hefyd yn gallu cael eu defnyddio'n unigol fel pwyntiau ar wahân.

Mae'r Qur'an yn dweud wrth Fwslimiaid na ddylai unrhyw orfodaeth fod mewn crefydd. Mae'n disgrifio'r byd wedi'i wneud o bobloedd wahanol oherwydd mai dyna sut roedd Allah eisiau iddo fod. Y goblygiad yw y dylai fod gan bobl ryddid cred. All neb wybod calon a meddwl person. Mae Allah yn dyfarnu yn ôl bwriadau: petai person yn cael ei orfodi i ddilyn Islam yna fyddai hynny ddim yn helpu o gwbl ar Ddydd y Farn. Roedd Muhammad yn caniatáu rhyddid cred yn Madinah. Lle roedd gwahaniaethau gyda chymunedau, roedd hyn oherwydd teyrngarwch llwythol. Roedd yn trafod ag eraill ac yn eu haddysgu i wrthod eilunod, ond roedd yn ceisio perswadio, nid gorfodi. Serch hynny, mae mater apostasi yn parhau o hyd, gyda rhai Mwslimiaid heddiw yn galw am gosb, neu hyd yn oed y gosb eithaf, os yw Mwslim yn gadael Islam. Mae Mwslimiaid diwygiadol yn dadlau o blaid rhyddid cred fel hawl ddynol sylfaenol, gan gynnwys parch at hawliau menywod a Mwslimiaid sy'n hoyw. Mae Mwslimiaid traddodiadol yn galw am gyd-fyw heddychlon ond maen nhw'n dal i gadw at gredoau sydd wedi'u diffinio gan ysgolheigion Sunni a Shi'a ceidwadol.

Canlyniad hyn fydd ateb eithaf hir a gallech ei wirio yn erbyn y disgrifyddion band ar gyfer U2; edrychwch yn benodol ar y gofynion sydd wedi'u disgrifio yn y disgrifyddion band uwch y dylech chi fod yn anelu atyn nhw. Gofynnwch i chi'ch hun:

- A yw fy ateb yn ddadansoddiad beirniadol hyderus a gwerthusiad craff o'r mater?
- A yw fy ateb yn nodi'r materion a godwyd gan y cwestiwn yn llwyddiannus ac yn mynd i'r afael â nhw'n drylwyr?
- A yw fy ngwaith yn dangos cydlyniad, eglurder a threfn o safon ragorol?
- A fydd fy ngwaith, ar ôl ei ddatblygu, yn cynnwys safbwyntiau trylwyr, cyson a chlir wedi'u cefnogi gan resymeg a/neu dystiolaeth helaeth, fanwl?
- A yw safbwyntiau ysgolheigion/ysgolion o feddwl yn cael eu defnyddio'n helaeth a phriodol, ac yn eu cyd-destun?
- A yw fy ateb yn cyfleu dadansoddiad hyderus a chraff o natur unrhyw gysylltiadau posibl ag elfennau eraill o'm cwrs?
- A yw'r defnydd o iaith a geirfa arbenigol yn drylwyr a chywir, pan geir enghreifftiau o hynny?

B: Pwysigrwydd bywyd teuluol i'r grefydd Fwslimaidd

Mae'r adran hon yn cwmpasu cynnwys a sgiliau AA1

Cynnwys y fanyleb

Swyddogaeth y teulu a'r cartref Mwslimaidd fel sylfaen i egwyddorion Islamaidd.

Cyflwyniad: pwysigrwydd y teulu mewn Islam

Mae gan y rhan fwyaf o grefyddau ddefodau crefyddol penodol i nodi adegau arbennig mewn bywyd. Mewn Islam, mae defodau geni a seremoni enwi yn cael eu dilyn, ac mae bwyd yn cael ei rannu yn y teulu. Wrth i'r plentyn dyfu, y fam fel arfer yw'r gyntaf i'w annog i ddysgu paderau, ac mae darllen y Qur'an yn cael ei ddysgu gartref yn ogystal ag yn y mosg. Mae'r plentyn yn dysgu traddodiadau Mwslimaidd am sut i fwyta, sut i siarad yn gwrtais ac yn garedig â'i rieni a sut i wisgo'n syml.

Efallai bydd y teulu Mwslimaidd yn awgrymu neu'n cymeradwyo partner ac yn gwneud trefniadau priodas. Nid carwriaeth rhwng dau unigolyn yn unig yw hi: mae'n gontract rhwng dau deulu. Mae'r cyswllt teuluol agos yn parhau gyda'r **teulu estynedig** o neiniau a theidiau, ewythrod, modrybedd ac eraill ar ôl priodi. Pan fydd Mwslim yn marw, caiff trefniadau eu gwneud ar gyfer yr angladd ac mae holl aelodau'r teulu ehangach yn helpu gyda'r paratoadau. Wedyn maen nhw'n ymweld â'r rhai sy'n galaru i roi cysur a chefnogaeth.

Yn y gorffennol, doedd dim sôn am y **teulu cnewyllol** modern, gyda rhieni a phlant yn byw ar wahân fel unedau teuluol bach. Mae hyn wedi cynnig her i Fwslimiaid modern. Mae cymunedau traddodiadol wedi addasu wrth i dechnoleg ddatblygu, a hynny'n effeithio ar bopeth, o waith i fywyd teuluol.

Yn yr ystyr ehangaf, mae bodau dynol i gyd yn deulu gan ein bod i gyd o hil Adda. Cymuned y credinwyr, yr ummah, yw'r teulu, lle mae pawb yn frawd ac yn chwaer i'w gilydd. Yn wreiddiol, roedd yr ummah yn cynnwys Cristnogion ac Iddewon yn Madinah, ond yn nes ymlaen aeth yn gulach i gynnwys cymuned fyd-eang y Mwslimiaid. Mae'n arferol clywed Mwslimiaid sy'n galw dieithryn llwyr yn frawd Mwslimaidd iddyn nhw, ac sy'n hapus i rannu bwyd â'i gilydd gydag ymdeimlad o frawdgarwch.

Ar lefel leol, roedd y gymuned lle roedd Mwslimiaid yn byw yn deulu estynedig. Dyma oedd cefndir llawer o bobl a fudodd o bentrefi yn Pakistan, India a Bangladesh i'r DU. Roedd hyn yn amddiffyn y bobl oedrannus ac yn cefnogi'r ifanc. Roedd traddodiadau'n cael eu cadw a phawb yn y grŵp teuluol yn cynnal safonau moesoldeb. Os oedd dyn ifanc yn ystyried bod yn anffyddlon i'w wraig neu fynd ag eiddo rhywun arall, byddai digon o hynafiaid o gwmpas i weld nad oedden nhw'n gwneud hynny. Fyddai dim rhaid i'r oedrannus fynd i gartref gofal gan fod pawb yn rhannu'r gofal amdanyn nhw. Gan fod pawb yn yr uned bentrefol deuluol yn perthyn, fyddai dim angen i fenywod wisgo'r hijab tra oedden nhw gartref neu'n gweithio yn y caeau, oni bai eu bod yn taro ar ddieithryn.

Wrth i Fwslimiaid fudo i drefi a dinasoedd neu hyd yn oed dramor, er enghraifft i'r DU, mae rolau teuluol wedi newid. Erbyn hyn, y teulu yw'r uned graidd sy'n cadw traddodiadau'r gorffennol mewn byd sy'n gallu teimlo'n fyd modern ac ansicr. Ar yr un pryd, mae Mwslimiaid yn rhyngweithio â'i gilydd, ac mae hynny'n creu heriau i rôl y teulu yn yr unfed ganrif ar hugain.

Termau allweddol

Teulu estynedig: Tad-cu a Mam-gu/Taid a Nain, rhieni, plant, ewythredd, modrybedd, cefnderoedd a pherthnasau ehangach

Teulu cnewyllol: rhieni a phlant fel uned deuluol fach

cwestiwn cyflym

3.6 Beth yw'r gwahaniaethau rhwng teuluoedd cnewyllol ac estynedig?

Y cartref Mwslimaidd traddodiadol

Termau allweddol

Adhan: yr alwad i weddïo, sy'n cael ei adrodd yn uchel mewn Arabeg cyn pob un o'r pum gweddi ddyddiol

Aqiqah: seremoni enwi Fwslimaidd i fabanod ac i'r rhai sy'n cael tröedigaeth i Islam

Dyfyniadau allweddol

Byddwch drugarog wrth y plentyn amddifad, anweswch ei ben a bwydwch ef o'r hyn rydych chi'n ei fwyta. Bydd hyn yn meddalu eich calon, ac yn eich galluogi i ddiwallu eich anghenion. **(Hadith y Proffwyd Muhammad)**

Mae'r person sy'n ymdrechu ar ran y gweddwon a'r tlodion yn debyg i'r rhai sy'n ymdrechu yn ffordd Allah ac i'r rhai sy'n ymprydio yn y dydd ac yn gweddïo yn y nos. **(Hadith y Proffwyd Muhammad)**

Y Qur'an 89.15–20

Nawr, yn achos dyn, pan fydd ei Arglwydd yn rhoi prawf arno, gan roi anrhydeddau ac anrhegion iddo, yna medd ef, wedi ymchwyddo, 'Mae fy Arglwydd wedi fy anrhydeddu i.' Ond pan fydd Ef yn rhoi prawf arno, gan gyfyngu ei gynhaliaeth iddo, yna mae'n dweud mewn anobaith, 'Mae fy Arglwydd wedi fy mychanu i!' Na, na! Ond dydych chi ddim yn anrhydeddu'r plant amddifad! A dydych chi chwaith ddim yn annog eich gilydd i fwydo'r tlodion! Ac rydych chi'n llowcio'r etifeddiaeth – y cyfan yn drachwantus, ac rydych chi'n caru cyfoeth yn llawer gormod! **(Yusuf Ali)**

Swyddogaeth y teulu a'r cartref Mwslimaidd fel sylfaen i egwyddorion Islamaidd

Yn aml, mae Mwslimiaid yn disgrifio eu crefydd fel ffordd o fyw. Y teulu yn fwy nag unrhyw beth arall sy'n paratoi plant Mwslimaidd at y ffordd y byddan nhw'n byw eu bywydau. Pan fydd baban yn cael ei eni, bydd yr **adhan** yn cael ei adrodd i glust y baban, yn aml gan ei daid neu berthynas hŷn. Ystyr hyn yw y bydd y baban yn cael ei fagu yn Fwslim. Tua saith diwrnod wedyn, mae seremoni o'r enw seremoni **aqiqah** yn digwydd. Mae gwallt pen y baban yn cael ei eillio, ystyr hyn yw bywyd newydd mewn Islam. Mae'r gwallt yn cael ei bwyso ac mae'r pwysau cyfatebol mewn aur yn cael ei ddosbarthu i'r tlawd er mwyn diolch i Dduw am ddod â baban i'r byd. Caiff oen ei aberthu a chaiff y cig ei rannu mewn dathliad teuluol. Caiff bechgyn eu henwaedu yn ôl traddodiad Ibrahim.

Muhammad yn ymdrin â phlant

Roedd Muhammad yn dwlu ar blant. Mae rhai Mwslimiaid yn mynnu nad oedd byth yn cosbi plant yn gorfforol, felly mae'n sunna i beidio â gwneud hynny. Roedd Muhammad yn cyflwyno Islam yn raddol i'r rhai ifanc. Awgrymodd Muhammad y gallai plant ymprydio am y prynhawn yn ystod Ramadan ac roedd yn rhoi teganau iddyn nhw chwarae â nhw er mwyn tynnu eu meddwl oddi ar yr ympryd. Roedd yn gadael i Hassan a Hussein, ei wyrion, chwarae ar ei gefn a chropian oddi tano wrth iddo ymgrymu mewn gweddi. Unwaith, roedd mor brysur yn chwarae fel y collodd yr adeg weddïo, a'r adeg weddïo nesaf. Daliodd ati i chwarae gyda'r plant oherwydd bod hyn mor bwysig. Roedd yn arfer chwarae cwrso gyda Hussein.

Gan mai plentyn amddifad oedd y Proffwyd, cafodd brofiad o ddioddefaint ei hunan. Buodd ei feibion ei hun farw pan oedden nhw'n fabanod. Roedd yn dwlu ar blant, a phan oedd mab cymydog Iddewig yn sâl, aeth Muhammad i ymweld ag ef. Roedd yn cofleidio ac yn cusanu ei wyrion a dywedodd ei bod hi'n bwysig mynegi teimladau tuag atyn nhw. Mae un traddodiad yn awgrymu, wrth i blentyn eistedd ar gôl Muhammad, iddo gael damwain fach a gwlychu ei hun. Dyma'r tad, a oedd yn eistedd wrth ei ymyl, yn dweud y drefn wrth y plentyn. Ond dywedodd Muhammad nad oedd gwahaniaeth am y dillad, y bydden nhw'n gallu cael eu golchi. Roedd hi'n fwy pwysig peidio ag ypsetio hunan-barch y plentyn gan y byddai hynny'n fwy anodd ei adfer.

Anogodd Muhammad Fwslimiaid i fabwysiadu a maethu plant fel y bydden nhw'n cael eu magu yn Fwslimiaid. Mae'r rhai sy'n gofalu am weddwon a phlant yn cael bendithion. Bydd Mwslimiaid yn beirniadu'r rhai sy'n methu yn eu dyletswydd gofal tuag at blant amddifad. Hefyd dysgodd Muhammad Fwslimiaid i beidio â ffafrio bechgyn dros ferched. Wrth roi anrhegion, dylai plant i gyd gael eu trin yn gyfartal, fel nad ydyn nhw'n mynd yn eiddigeddus. Mae rhai Mwslimiaid yn dweud, gan mai rhodd oddi wrth Dduw yw plant, y bydd Duw yn darparu ac na ddylen nhw gyfyngu ar faint eu teuluoedd. Mae eraill yn dweud bod y Proffwyd wedi gofyn i Fwslimiaid gynllunio ar gyfer anghenion eu plant, felly rhaid iddyn nhw gynllunio eu teulu.

Magwraeth yn y ffydd

Mewn Islam, mae disgwyl i blant ddilyn, ac i beidio â chwestiynu neu benderfynu ar eu credoau drostyn nhw eu hunain. Serch hynny, mae rhai teuluoedd yn rhoi ychydig o ryddid i'w plant ac yn teimlo bod ffydd gryfach yn dod o'r rhyddid i resymu a chael profiad fel unigolyn. Mae disgwyl i blant ddweud eu pader ac i ddysgu darllen y Qur'an. Maen nhw'n dysgu defodau wudu, ac ymolchi wythnosol, **ghusul**, cyn **gweddïau Jummah** ar ddydd Gwener. Efallai bydd dathlu pan fydd y plentyn yn darllen ei ychydig eiriau cyntaf o'r Qur'an. Mae Mwslimiaid yn dweud **Bismillah** cyn bwyta er mwyn diolch i Dduw am y bwyd. Maen nhw'n dweud

Alhamdulilah am unrhyw beth da sy'n digwydd iddyn nhw er mwyn dangos eu bod yn credu iddo ddod oddi wrth Dduw ac y dylen nhw ddiolch i Dduw am y rhodd hon.

Mae plant yn cael eu magu i ddweud y gwir, i siarad yn gwrtais ac i helpu'r rhai sydd mewn angen. Mae'r holl weithredoedd hyn yn gymaint rhan o enghraifft Muhammad ag y mae gweddïo ac ymprydio.

Caiff esgeuluso rhieni ei ystyried yn bechod. Gofynnir i Fwslimiaid fod yn oddefgar tuag at eu hynafiaid oedrannus, ac i ddioddef eu hwyliau gwael o dro i dro. Pan fydd person yn marw, caiff y corff ei olchi a'i lapio mewn amdo sy'n debyg i'r un wisg a ddefnyddir i fynd ar bererindod Hajj. Offrymir gweddïau **janazzah** i gyflwyno'r person hwnnw i Allah ac i weddïo am drugaredd Allah drosto mewn bywyd ar ôl marwolaeth. Caiff y corff ei gladdu, nid ei amlosgi, oherwydd y gred yw y bydd yn cael ei atgyfodi'n gorfforol eto mewn bywyd ar ôl marwolaeth. Caiff ei gladdu yn wynebu cyfeiriad Makkah. Mae Mwslimiaid yn ystyried bod eraill yn eu cymuned leol yn aelodau o deulu estynedig. Pan fydd person yn marw, maen nhw'n mynd i ymweld â'r perthnasau sy'n galaru i gynnig cymorth a chysur, ac yn gwneud ymdrech i fynd i'r gweddïau angladdol. Efallai bydd darllen o'r Qur'an yn digwydd hefyd ar ôl marwolaeth.

Angladd Mwslimaidd

Yn wahanol i rai crefyddau, does dim seremoni benodol i nodi ymrwymiad mewn Islam. Mae gan lawer o eglwysi Cristnogol wasanaeth conffyrmasiwn lle mae pobl ifanc, pan maen nhw bron yn oedolion, yn cadarnhau'r addewidion a gafodd eu gwneud ar eu rhan adeg eu bedydd. Mae'r **Bar Mitzvah** yn seremoni ymrwymiad mewn Iddewiaeth. Mae gan Fwslimiaid Sufi seremonïau **bayah** lle maen nhw'n rhoi ymrwymiad i'w shaykh gyda llw ffyddlondeb, ond dydy hyn ddim yn berthnasol i bob Mwslim. Mae Mwslimiaid yn anghytuno ynghylch pryd mae'n rhaid iddyn nhw ddilyn y pum piler ac yn enwedig gweddïo ac ymprydio. Mae rhai yn cael eu hannog i weddïo o oedran cynnar, sef saith oed. Mae eraill yn dweud bod rhaid gwneud hyn o gyfnod glasoed, eraill wedyn o adeg y briodas, ym mha bynnag oedran y mae hynny'n digwydd. Mae eraill yn dweud ei fod yn dibynnu ar pryd mae'r unigolyn yn gallu deall a gwneud ymrwymiad personol, **oedran aeddfedrwydd** sy'n gwahaniaethu o berson i berson. Pan oedd Umar, cydymaith y Proffwyd yn bedair ar ddeg oed ac eisiau mynd gydag oedolion i ymgyrch Uhud, dywedodd y Proffwyd wrtho nad oedd wedi cyrraedd oedran aeddfedrwydd eto. Efallai ei bod hi'n bosibl casglu bod yr oedran yn dechrau tua phymtheg mlwydd oed.

Gweddïau Jummah

Dyfyniad allweddol

Y Qur'an 49:10

Un Frawdoliaeth yw'r Credinwyr: Felly gwnewch heddwch a chymodi rhwng eich dau frawd; ac ofnwch Allah, fel y byddwch yn cael Trugaredd. **(Yusuf Ali)**

Mae Mwslimiaid i fod i ddatrys dadleuon ac anghydfodau teuluol yn heddychlon. Mae'r traddodiadau'n cynnwys cymodi cyn gweddïau Jummah neu o leiaf cyn gweddïau Id, fel bod modd dechrau o'r newydd. Weithiau adroddir am droseddau anrhydedd: aelodau teuluol yn dal dig a gweithredoedd dial, hyd yn oed llofruddiaethau. Mae'r rhain yn arferion sy'n dod o'r traddodiad llwythol cyn-Islamaidd a dydy'r grefydd ei hun ddim yn eu cyfiawnhau nhw.

Termau allweddol

Alhamdulilah: yn llythrennol, diolch i Allah am unrhyw beth mae Mwslim yn cyfeirio ato

Bar Mitzvah: defod newid byd Iddewig sy'n dangos ymrwymiad

Bayah: seremoni ymrwymiad Sufi

Bismillah: dechrau unrhyw weithred yn enw Allah

Ghusul: puro'r corff i gyd yn ddefodol, fel arfer mae hyn yn cael ei wneud yn wythnosol cyn gweddïau dydd Gwener a phan fydd angen

Gweddïau Jummah: gweddïo cynulleidfaol yn gynnar ar brynhawn dydd Gwener

Janazzah: gweddïau angladdol mewn Islam

Oedran aeddfedrwydd: yr oedran pan mae gofynion traddodiadol Islam yn berthnasol

Dyfyniadau allweddol

Y gorau yn eich mysg yw'r rhai sydd â'r moesau a'r cymeriad gorau. **(Hadith y Proffwyd Muhammad)**

Cymeriad da yw'r hyn sy'n pwyso drymaf ar Ddydd y Farn. **(Hadith y Proffwyd Muhammad)**

Y Qur'an 17:23

Mae'r Arglwydd wedi dyfarnu nad ydych chi'n addoli neb ond Ef, a'ch bod chi'n garedig wrth rieni. Os yw un neu'r ddau ohonyn nhw'n cyrraedd henaint yn ystod dy fywyd, paid byth â dweud gair ffiaidd wrthyn nhw, na'u dwrdio nhw, ond siarada'n barchus â nhw. **(Yusuf Ali)**

A ddylwn i ddweud wrthoch chi beth yw'r pechodau gwaethaf? Y rhain yw addoli eraill heblaw am Allah, ac esgeuluso eich dyletswydd tuag at eich rhieni. **(Hadith y Proffwyd Muhammad)**

Cwestiwn cyflym

3.7 Pryd mae oedran aeddfedrwydd i Fwslimiaid?

Cynnwys y fanyleb

Rôl newidiol dynion a menywod mewn Islam gan gyfeirio at fywyd teuluol.

Dyfyniad allweddol

Y Qur'an 33:35

I ddynion a menywod Mwslimaidd, i ddynion a menywod sy'n credu, i ddynion a menywod duwiol, i ddynion a menywod cywir, i ddynion a menywod sy'n amyneddgar ac yn ffyddlon, i ddynion a menywod sy'n ymostwng, i ddynion a menywod sy'n rhoi Elusen, i ddynion a menywod sy'n ymprydio (ac yn ymwadu), i ddynion a menywod sy'n gwarchod eu diweirdeb, ac i ddynion a menywod sy'n ymwneud llawer â chanmol Allah, iddyn nhw mae Allah wedi paratoi maddeuant a gwobr fawr. (Yusuf Ali)

Term allweddol

Priodas dan orfod: lle mae person yn gorfod priodi heb roi caniatâd, mae'n anghyfreithlon yn y DU ac mewn Cyfraith Islamaidd

cwestiwn cyflym

3.8 Beth yw: (a) y Nikkah? (b) y Mahr?

Dyfyniad allweddol

Ddylai'r weddw a'r fenyw wedi ysgaru ddim priodi tan iddyn nhw gael eu cyfnod aros, a ddylai'r wyryf ddim priodi tan iddi roi ei chaniatâd. (Hadith y Proffwyd Muhammad)

Rhoi gweddïau personol mewn priodas Fwslimaidd

Rôl newidiol dynion a menywod mewn Islam gan gyfeirio at fywyd teuluol

Dyfyniad allweddol

Daeth dyn at Muhammad a gofyn: 'Pwy dylwn i ei drin orau?' Meddai'r Proffwyd, 'Dy fam'. Meddai'r dyn: 'Pwy sydd nesaf?' Meddai'r Proffwyd: 'Dy fam'. Gofynnodd y dyn am y trydydd tro: 'Pwy sydd nesaf?' Atebodd y Proffwyd eto: 'Dy fam'. Gofynnodd y dyn am y pedwerydd tro, ac yna atebodd y Proffwyd: 'Dy dad'. (Hadith y Proffwyd Muhammad)

Mae'r Qur'an yn ei gwneud hi'n eglur yn Sura 33 ayat 35 y dylai Mwslimiaid weld bod dyletswyddau crefyddol yn berthnasol i ddynion ac i fenywod.

Perthnasoedd priodasol

Mae rhai menywod yn cael eu haddo mewn priodas wrth gael eu geni, neu'n cael eu gorfodi i briodi heb eu caniatâd. Mae **priodas dan orfod** yn drosedd o dan Gyfraith Prydain. Dydy hi ddim yn cael ei chaniatáu mewn traddodiad Islamaidd chwaith. Contractau rhwng dau berson yw priodasau Islamaidd. Maen nhw'n gorfod rhoi eu caniatâd yn rhydd o flaen tystion. Rhaid i'r priodfab dalu rhodd mahr i'r briodferch i selio'r contract, sydd hefyd yn fath o yswiriant iddi hi rhag ofn bydd ysgariad. Felly hefyd, mae contractau cyn priodas wedi dod yn rhan o Gyfraith Prydain yn ddiweddar. Unwaith daeth merch o wyryf at y Proffwyd a dweud wrtho fod ei thad wedi ei gorfodi i briodi dyn yn groes i'w dymuniadau. Rhoddodd y Proffwyd hawl iddi gael ysgariad. Yn y gorffennol, efallai y gallai menywod fod wedi cadw'n dawel rhag ofn y bydden nhw'n ypsetio eu perthnasau, ond y dyddiau hyn maen nhw'n sefyll dros eu hawliau. Gall menywod Mwslimaidd gadw enw eu teulu, eu heiddo ac unrhyw fusnes allai fod yn berchen iddyn nhw.

Poligami yw'r arfer lle mae un dyn yn priodi sawl gwraig. Mae hyn yn dal i ddigwydd mewn rhai gwledydd Mwslimaidd, ond mae wedi'i wahardd mewn eraill. Dysgodd Muhammad fod hyn ddim ond yn cael digwydd lle gallai pob gwraig gael ei thrin yn gyfartal. Mae mwy a mwy o fenywod yn gwrthod rhoi caniatâd i'w gwŷr gymryd ail wraig.

Yn yr oesoedd canol, roedd merched yn cael eu rhoi i ddynion i'w priodi weithiau. Mae sôn bod Muhammad wedi cael contract ag Aisha pan oedd hi'n ifanc. Mae hyn yn debyg i Richard II o Loegr, brenin Cristnogol a briododd Isabella, un o'i wragedd, pan oedd hi'n 8 oed. Mae'n bwysig nodi na allwn ni fod yn sicr o'r oedrannau gan mai anaml iawn roedd dyddiadau geni'n cael eu cofnodi yn y dyddiau hynny. Efallai fod y priodasau hyn wedi bod yn fath o ofal cymdeithasol yn ystod plentyndod, yn hytrach na'r berthynas briodasol lawn fel rydyn ni'n ei deall hi heddiw. Fodd bynnag, mae rhai Mwslimiaid wedi codi llais yn erbyn priodasau plant. Maen nhw'n dweud bod y Qur'an, Sura 6 yn cyfeirio at oedran Nikkah, y contract priodas, ac yn awgrymu y dylai'r rhai sy'n priodi nid yn unig fod yn aeddfed yn gorfforol ond o ran meddwl. Mae dadansoddiad Kaleef Karim o'r adnod hon yn dod i'r casgliad bod hyn yn golygu 18 oed o leiaf.

Dyfyniad allweddol

Y Qur'an 4:6

Profwch y plant amddifad tan y byddan nhw'n cyrraedd glasoed; yna os gwelwch eu bod yn aeddfed yn ddeallusol, rhowch eu heiddo iddyn nhw, a pheidiwch â'i ddefnyddio'n wastraffus ac yn gyflym, rhag ofn iddyn nhw gyrraedd oedran llawn; a phwy bynnag sy'n gyfoethog, gadewch iddo ymwrthod yn llwyr, a phwy bynnag sy'n dlawd, gadewch iddo fwyta'n rhesymol; a phan rowch chi eu heiddo iddyn nhw, galwch dystion yn eu presenoldeb; ac mae Allah yn ddigon fel Cyfrifwr. (Yusuf Ali)

Hyrwyddo gyrfaoedd

Ers cyfnod Muhammad, dyletswydd rhieni oedd rhoi addysg i fechgyn a merched. Yn y cyfnod diweddar mae mwy o fenywod Mwslimaidd wedi bod yn cael addysg, ar ôl dechrau o niferoedd bach. Mae llywodraeth Prydain yn noddi rhaglenni i helpu i roi addysg i ferched Mwslimaidd yn Pakistan o dan yr Adran Datblygu Tramor ar y cyd ag amryw o fudiadau. Ymosodwyd ar Malala Yousafzai yn Pakistan am herio bygythiadau gan gefnogwyr y Taliban oherwydd ei bod hi'n mynd i'r ysgol. Cafodd hi loches yn y DU lle mae hi nawr yn weithgar yn cefnogi hawliau menywod Mwslimaidd i gael addysg.

Yn Indonesia, mae gyrfa gan y rhan fwyaf o fenywod Mwslimaidd, ac yn Malays a gerllaw, menywod yw'r rhan fwyaf o'r ymchwilwyr ôl-raddedig. Mae Sayeeda Warsi wedi dod yn farwnes yn Nhŷ'r Arglwyddi; mae Mishal Hussain yn gyflwynydd gyda'r BBC ac mae Imtaz Khaliq yn un o deilwriaid mwyaf ffasiynol Llundain, yn ôl y cylchgrawn *Cosmopolitan*. Mae'r rhain i gyd yn storïau llwyddiant ac yn dangos cymaint mae menywod Mwslimaidd yn newid cydbwysedd rolau rhywedd yn y gymdeithas fodern.

Herio camdriniaeth

Os yw'r Qur'an 4:34 yn cael ei gymryd yn llythrennol, gallai olygu bod gan ddynion hawl i ddominyddu a hyd yn oed i guro menywod, ond mae sawl ystyr i'r Arabeg gan gynnwys gwahanu, gadael, protestio, neu hyd yn oed chwarae cerddoriaeth. Mae'r syniad o guro gwraig yn ymddangos fel petai'n groes i draddodiadau Islamaidd eraill sy'n grymuso menywod.

Dydy Islam ddim yn cefnogi treisio na godinebu mewn unrhyw ffordd. Ond weithiau mae dioddefwyr o fenywod Mwslimaidd wedi cael y bai am y troseddau; neu dydy'r ymosodwr gwrywaidd ddim wedi'i gael yn euog oherwydd na fu'n bosibl dod o hyd i bedwar tyst, fel sydd ei angen yn draddodiadol o dan shari'a. Mae diwygwyr yn dweud y byddai'r broses o gyflawni cyfiawnder yn cael ei gwneud yn well drwy system seciwlar. Ond i rai Mwslimiaid, mae hyn yn cyfaddawdu'r hyn y maen nhw'n ei weld yn system Islamaidd ddelfrydol y shari'a.

Mae anffurfio organau cenhedlu benywod, FGM (*Female Genital Mutilation*), yn drosedd sy'n achosi poen a niwed parhaol i organau atgenhedlu. Cyhoeddodd Ali Gomaa, Mufti Mawr yr Aifft, fatwa y dylai'r arfer gael ei wahardd. Ei ddadl oedd nad oedd hi'n bosibl defnyddio unrhyw un o draddodiadau'r Proffwyd i gyfiawnhau'r gamdriniaeth hon, ac y dylai Mwslimiaid sy'n cyflawni'r drosedd ddod gerbron llys. Serch hynny, mae'n dal i fod yn arfer diwylliannol y mae'n rhaid ei herio ymysg rhai Mwslimiaid.

Roedd Mwslimiaid yn arfer ystyried ei bod hi'n ddyletswydd cael cymaint o blant ag oedd yn bosibl, gan y bydden nhw'n dod â chyfoeth a llwyddiant i'r teulu. Roedd agweddau fel hyn yn tarddu o oes lle roedd mwy o risgiau wrth eni plant ac roedd llawer o blant yn marw pan oedden nhw'n ifanc iawn. Mae rhai'n cydnabod nawr, os ydyn nhw'n derbyn meddygaeth fodern, yna fod hynny'n cynnwys atal cenhedlu a chynllunio teulu. Roedd cymdeithion Muhammad yn arfer atal cenhedlu. Mae rhai menywod Mwslimaidd yn gweld bod hyn yn eu rhyddhau i wneud penderfyniadau am fywyd teuluol a'u gyrfaoedd. Mae Mwslimiaid eraill yn dweud bod atal cenhedlu'n ymyrryd â natur ac y dylen nhw ymddiried yn Allah i ddarparu ar eu cyfer nhw, faint bynnag o blant sydd ganddyn nhw.

Rôl a statws menywod mewn Islam gan gyfeirio at ffeministiaeth

Ffeministiaeth yw hyrwyddo a chefnogi hawliau menywod ac mae'n seiliedig ar y gred bod dynion a menywod yn gyfartal. Gwellodd Muhammad a'r Mwslimiaid cynnar hawliau i fenywod. Roedd gan Arabiaid arfer o ladd babanod oedd yn ferched. Cafodd hyn ei wneud yn anghyfreithlon o dan Islam. Daeth priodas yn gontract Nikkah y gallai menywod ei wrthod. Cawson nhw hawliau etifeddiad. Yn ei araith ffarwelio, gwnaeth y Proffwyd Muhammad bwynt o gyfeirio at gredinwyr gwrywaidd a benywaidd yn gyfartal a phwysleisiodd ei bod hi'n bwysig trin menywod yn dda.

Dyfyniad allweddol

Y Qur'an 4:34

Mae dynion yn gwarchod ac yn cynnal menywod, oherwydd mae Allah wedi rhoi mwy o gryfder i'r naill na'r llall, ac oherwydd eu bod yn eu cynnal nhw o'u modd nhw. Felly mae'r menywod cyfiawn yn ddefosiynol o ufudd, a phan fydd y gŵr yn absennol, maen nhw'n gwarchod yr hyn y byddai Allah yn dymuno iddyn nhw ei warchod. O ran y menywod hynny rydych chi'n ofni eu bod nhw'n anffyddlon ac yn ymddwyn yn wael, ceryddwch nhw, yna gwrthodwch rannu eu gwelyau, ac yn olaf curwch nhw (yn ysgafn); ond os ydyn nhw'n mynd yn ôl i fod yn ufudd, peidiwch â cheisio dal dig yn eu herbyn: Oherwydd mae Allah yn Ddyrchafedig Iawn. (Yusuf Ali)

Cwestiwn cyflym

3.9 Beth ddysgodd Mufti Gomaa am anffurfio organau cenhedlu benywod?

Cynnwys y fanyleb

Rôl a statws menywod mewn Islam gan gyfeirio at ffeministiaeth.

Term allweddol

Ffeministiaeth: hyrwyddo hawliau menywod yn seiliedig ar gydraddoldeb dynion a menywod

Dyfyniadau allweddol

O'i gymharu â safle menywod yn y cyfnod cyn Islam, roedd deddfwriaeth Islamaidd yn golygu cynnydd enfawr; mae gan fenyw'r hawl, o leiaf yn ôl llythyren y gyfraith, i weinyddu'r cyfoeth y mae hi wedi dod ag ef i'r teulu neu y mae hi wedi'i ennill drwy ei gwaith ei hunan. **(Schimmel)**

Yn y cyfnod y dechreuodd Islam, roedd amodau menywod yn ofnadwy – doedd ganddyn nhw ddim hawl i fod ag eiddo, roedden nhw i fod yn eiddo i'r dyn, ac os oedd y dyn yn marw, roedd popeth yn mynd i'w feibion. Fodd bynnag, drwy sefydlu hawliau perchnogaeth eiddo, etifeddiaeth, addysg ac ysgariad, rhoddodd Muhammad rai pethau sylfaenol i ddiogelu menywod. **(Montgomery-Watt)**

Os yw haneswyr UDA ac Ewrop yn teimlo bod angen ail-lunio hanes menywod oherwydd bod menywod yn anweledig yn y ffynonellau traddodiadol, mae gormodedd o ddeunydd crai sydd ddim ond wedi dechrau cael ei astudio yn wynebu ysgolheigion Islamaidd. ... Wrth ddarllen bywgraffiadau miloedd o ysgolheigion benywaidd Mwslimaidd, mae rhywun yn rhyfeddu at y dystiolaeth sy'n dadlau yn erbyn y safbwynt bod menywod Mwslimaidd yn ymylol, o'r neilltu, ac wedi'u cyfyngu. **(Roded)**

Roedd cyfran y darlithwyr benywaidd mewn llawer o golegau Islamaidd clasurol yn uwch nag y mae mewn prifysgolion Gorllewinol modern. **(Lindsay)**

Menyw Fwslimaidd mewn hijab

Roedd menywod yn cadw eu hunaniaeth ar wahân, a'u henw teuluol, ar ôl priodi, ac roedd ganddyn nhw hawl i gael ysgariad. Tan yr ugeinfed ganrif roedd hi'n fwy cyffredin i'r hawl hon gael ei harfer yn y byd Islamaidd nag yn y byd Gorllewinol.

Mae'n debyg bod Khadijah, gwraig gyntaf Muhammad, wedi arwain wrth ofyn iddo ei phriodi. Hi oedd ei gyflogwr, roedd hi'n fenyw fusnes ac yn hŷn nag ef. Roedd Aisha, ail wraig Muhammad, yn adnabyddus am ei deallusrwydd. Trosglwyddodd hi dros ddwy fil o hadithau Muhammad ac ateb llawer o gwestiynau Cyfraith Islamaidd. Chwaraeodd Aisha rôl mewn gwleidyddiaeth yn ystod cyfnod y pedwar califf cyfiawn. Gwrthwynebodd y pedwerydd califf, Ali, am fethu â delio â llofruddion Uthman.

Yn yr oesoedd canol, efallai fod menywod mewn cymdeithasau Islamaidd wedi bod â mwy o rym nag sydd ganddyn nhw heddiw hyd yn oed. Roedd menywod yn astudio am raddau, yn addysgu mewn mosgiau, yn ysgrifennu canllawiau i'r hadith, ac yn noddi sefydliadau elusennol er mwyn i bobl ddysgu am Islam. Cafodd un o'r prifysgolion hynaf yn y byd, Al-Karaouine yn Morocco, ei sefydlu gan fenyw Fwslimaidd, Fatima al-Fihri. Gwelodd Ruth Roded fod llawer o haneswyr Gorllewinol yn mynd at y pwnc gan ddisgwyl gweld ychydig iawn o fenywod mewn safleoedd awdurdod, ond gwelon nhw'r gwrthwyneb.

Mae Islamyddion yn pwysleisio'r sicrwydd y mae rolau rhywedd traddodiadol yn eu rhoi i fenywod a bod gan ddynion oblygiadau a dyletswyddau tuag atyn nhw. Maen nhw'n honni bod y rolau hyn yn rhoi llai o straen ar fenywod ac yn eu bodloni'n fwy na ffyrdd o fyw modern, sy'n gallu rhoi straen ar fenywod gyda'r disgwyliad i weithio, bod â gyrfa a magu teulu, i gyd ar yr un pryd.

Mae ffeministiaid yn dadlau bod angen ailddehongli Islam er mwyn hyrwyddo cydraddoldeb, sy'n fwy priodol i heddiw, yn eu barn nhw. Maen nhw'n hyrwyddo hawliau dynol yn gyntaf, ac yn dod o hyd i destunau sy'n cyd-fynd â hyn, tra mae ysgolheigion Mwslimaidd yn edrych ar y Qur'an a'r hadith yn gyntaf, ac yn dehongli'n unig o fewn ffiniau ysgolheictod traddodiadol y testunau hyn. Mae diwygwyr yn dadlau ei bod hi'n bryd ailagor ijtihad a thynnu dysgeidiaethau newydd.

Hijab

Mae llawer o fenywod Mwslimaidd modern yn gweld bod dewis gwisgo hijab yn ffordd o fynegi eu hunaniaeth sy'n rhoi boddhad iddyn nhw. Dydy e ddim yn eu gormesu nhw o gwbl, mae'n gwneud iddyn nhw deimlo'n arbennig. Mae'n datgan balchder yn eu crefydd. Mae eraill yn dweud y dylai gael ei wahardd oherwydd ei fod yn symbol o ormes. Yn y cyfnod ar ôl y rhyfel, protestiodd nifer o fenywod dros yr hawl i beidio â gwisgo'r hijab yn Algeria. Ers 2000 yn Nhwrci, mae eraill wedi protestio'r un mor angerddol dros yr hawl i'w wisgo.

Efallai mai ystyr gwreiddiol hijab oedd gwyleidd-dra neu rwystr, nid gorchudd dros y gwallt neu fêl wyneb o angenrheidrwydd. Yng nghyfnod y Proffwyd, roedd menywod Bysantaidd a Phersiaidd yn gwisgo gorchudd fel symbol statws. Felly mae'n bosibl i'r arfer ddod i Islam o'r rhyngweithio â'r diwylliannau hyn. Roedd gofyn i wragedd Muhammad orchuddio eu cyrff ac i wisgo gorchudd pan oedd eraill yn bresennol. Mae llawer o Fwslimiaid o'r ysgolion Salafi a Deobrandi yn hyrwyddo gwisgo feliau a gorchuddio'r wyneb yn gyhoeddus. Hefyd mae gofyn i ddynion wisgo'n wylaidd, hijab dynion yw'r enw ar hyn weithiau. Dylen nhw orchuddio'r rhan o'r corff o'r bogail i'r pen-glin â dillad llac nad ydyn nhw'n ffitio'n dynn dros y corff.

Menywod fel arweinwyr gwleidyddol

Mae rhai Islamyddion yn dadlau dros greu system wleidyddol Islamaidd o dan arweiniad Califf. Fel yr Ymerodraeth Islamaidd gynnar, dyn fyddai'r pennaeth. Dynion oedd y rhan fwyaf o'r llywodraethwyr mewn hanes Islamaidd, ond nid pob un. Daeth y Swltanes Razia yn Frenhines Delhi yn 1236. Doedd gan y Swltan Itutmish ddim hyder yn ei feibion, a gwelodd fod Razia wedi gwneud gwaith da yn llywodraethu'r brifddinas tra oedd i ffwrdd yn ymgyrchu un haf. Felly penderfynodd y Swltan Itutmish benodi Razia yn etifedd iddo. Llywodraethodd Razia Delhi, rhoddodd arian i agor llyfrgelloedd ac ysgolion a marchogaeth ar gefn ceffyl o gwmpas y ddinas yn gwisgo dillad dynion. Penderfynodd beidio â gwisgo gorchudd. Mae ei theyrnasiad yn ysbrydoliaeth i ffeministiaid heddiw.

Mae rhai gwledydd Mwslimaidd wedi ethol arweinwyr benywaidd. Mae'r rhain yn cynnwys Sheikh Hasina o Bangladesh, Benazir Bhutto o Pakistan a Megawatti Sukarnoputri o Indonesia. Cafodd menywod statws cyfartal i ddynion fel pleidleiswyr yn Azerbaijan Fwslimaidd yn 1918, ychydig cyn y DU a roddodd y bleidlais i fenywod dros 30 yn unig yn y flwyddyn honno. Heddiw, mae rhai gwledydd fel Iran, Pakistan a Senegal yn annog menywod i bleidleisio ac i fod yn ymgeiswyr seneddol, tra mae eraill fel Saudi Arabia yn cymryd y camau cyntaf tuag at gynnwys menywod mewn cynrychiolaeth seneddol.

Menywod fel arweinwyr crefyddol

Ysgolor a chyfreithiwr Islamaidd benywaidd oedd Umm al-Darda yn Damascus yn y seithfed ganrif. Roedd hi'n arfer dadlau ag ysgolheigion gwrywaidd mewn mosgiau, roedd hi'n addysgu hadith a fiqh ac yn darlithio yn adran y dynion. Roedd hi hyd yn oed yn gweddïo gyda dynion a chyhoeddodd fatwa y gallai menywod wneud hynny. Mae ffeministiaid yn dadlau eu bod nhw, wrth adennill rôl mewn arweinyddiaeth grefyddol mewn Islam, yn dilyn gwir draddodiadau'r gymuned Islamaidd gynnar. Mae traddodiad hyd yn oed sy'n awgrymu i Muhammad benodi menyw, Umm Waraqh, yn Imam dros ddynion a menywod yn Madinah. Fodd bynnag, mae hwn yn hadith dadleuol.

Dyfyniad allweddol

Rwyf wedi ceisio addoli Allah ym mhob ffordd, ond dydw i erioed wedi dod o hyd i ffordd well nag eistedd o gwmpas, yn dadlau ag ysgolheigion eraill. **(Umm al-Darda)**

Cyfrinydd Sufi enwog oedd Rabia o Basra a ysgrifennodd gerddi am ei phrofiadau. Dylanwadodd y rhain ar feddylwyr Mwslimaidd am gannoedd o flynyddoedd. Mae beddrodau i seintiau Mwslimaidd benywaidd i'w cael yn Lahore, Cairo ac mewn rhannau eraill o'r byd Mwslimaidd. Mae beddrod Swltan Hala yn Cyprus yn nodi'r man lle bu farw modryb Muhammad wrth gymryd rhan yng nghoncwest Fwslimaidd yr ynys.

Mae Canolfan Fwslimaidd Rhydychen yn fosg diwygiadol sy'n dadlau y dylai menywod gael hawliau cyfartal ym mhob maes. Yn draddodiadol, dydy Mwslimiaid ddim yn gadael i fenywod arwain y gweddïo ar ran dynion a menywod, er y gall menyw arall arwain grwpiau o fenywod. Rhoddodd Canolfan Fwslimaidd Rhydychen wahoddiad i Imam benywaidd, Amina Wadud, arwain gweddïau Jummah dros linellau cymysg o addolwyr gwrywaidd a benywaidd. Roedd Mwslimiaid yn gweld hyn yn gam radical, ac roedd rhai yn ei feirniadu. Mae mwyafrif y mosgiau yn y DU yn gwahanu dynion a menywod. Er bod menywod yn cael ymuno â phwyllgorau rheoli, dynion sy'n arwain y gweddïo.

Buodd gwahaniaeth barn yn ddiweddar ynghylch sut i ddelio â materion menywod Mwslimaidd. Mae rhai'n dadlau y dylai llysoedd shari'a rymuso menywod, oherwydd ei bod hi'n ofyniad na ddylai menywod gael eu gorfodi i briodi. Gallai llysoedd shari'a helpu menywod Mwslimaidd i gael cefnogaeth yn eu cymuned. Mae eraill yn dadlau y dylai llysoedd shari'a gael eu dileu, oherwydd eu bod yn rhoi pwysau ar fenywod i dderbyn normau'r gorffennol lle roedd dynion yn dominyddu. Yn yr un ffordd, mae rhai'n dadlau y dylai feliau gael eu derbyn yn gyhoeddus er mwyn annog menywod Mwslimaidd i integreiddio. Mae eraill yn dadlau y dylen nhw gael eu cyfyngu er mwyn herio agweddau sy'n gweld bod menywod yn israddol i ddynion.

Sefydlodd Deeyah Khan *Sisterhood*, mudiad i hyrwyddo cyflawniadau menywod Mwslimaidd. Nodau *Sisterhood* yw:

- Hyrwyddo menywod hysbys ac anhysbys o dreftadaeth Fwslimaidd sy'n gweithio dros hawliau dynol, cydraddoldeb rhywedd, rhyddid mynegiant, heddwch a chyfiawnder cymdeithasol.
- Adeiladu cydlyniad, meithrin a chysylltu cymuned fyd-eang o fenywod o dreftadaeth Fwslimaidd sy'n sefyll dros weledigaeth ar y cyd o fyd mwy heddychlon, cyfiawn a chynhwysol.

Gweithgaredd AA1

Ar ôl darllen yr adran ar 'Rôl a statws menywod mewn Islam gan gyfeirio at ffeministiaeth' lluniwch fap meddwl er mwyn tynnu sylw at y prif faterion. Rhannwch y map yn ganghennau er mwyn dangos y safbwyntiau gwahanol ar gyfer pob mater, a chefnogwch y rhain â thystiolaeth ac enghreifftiau.

cwestiwn cyflym

3.10 Nodwch ddau o nodau *Sisterhood*.

Deeyah Khan

Cynnwys y fanyleb

Gwaith arloesol yr Athro Aisha Abd Al Rahman sef Bint ash Shati'.

- Dod ynghyd â lleisiau menywod o dreftadaeth Fwslimaidd ar draws ffiniau drwy ein llwyfannau: cylchgrawn *Sisterhood* a chynnull digwyddiadau byw *Sisterhood*.
- Dangos y ffeministiaid o dreftadaeth Fwslimaidd drwy gydol hanes ac i'r presennol i fenywod ifanc: dyma'r menywod sydd wedi ymladd dros hawliau personol ac uniondeb corfforol, a safodd gyda menywod a phobl eraill wedi'u gormesu, ac a wellodd eu cymdeithasau fel ysgolheigion, artistiaid, seintiau a gweithredwyr.

Mae'r nodau hyn yn crynhoi'n dwt yr hyn sy'n gyrru llawer o ffeministiaid Mwslimaidd wrth iddyn nhw annog menywod Mwslimaidd i gymryd rôl fwy gweithredol ym mhob maes o'r gymdeithas fodern.

Mae rhai ffeministiaid Mwslimaidd wedi ymgysylltu'n llawn â phob agwedd ar fywyd modern, gan gynnwys chwaraeon. Mae un traddodiad yn awgrymu bod Muhammad yn arfer rasio â'i wraig Aisha ac iddo annog ei blant i ddechrau nofio ac i saethu â bwa. Yng Ngemau Olympaidd Rio yn 2016, enillodd Dalilah Muhammad, 26 oed o UDA, y fedal aur yn ras 400m dros y clwydi i fenywod. Enillodd Majlinda Kelmendi o Kosovo fedal aur mewn jiwdo. Enillodd Sara Ahmed o'r Aifft, y fedal efydd mewn codi pwysau, ac enillodd Wahyuni Agustiani o Indonesia y fedal efydd. Enillodd Ines Boubakri o Tunisia fedal efydd mewn cleddyfa.

Awgrym astudio

Pan fyddwch chi'n ysgrifennu am ffeministiaeth mewn Islam, cofiwch nad yw hyn mor syml â ffeministiaid ac Islamyddion: mae'r ystyr yn gallu amrywio. Gwnewch yn siŵr eich bod yn cyfeirio at ddyfnder a/neu ehangder, gan ddefnyddio llawer o dystiolaeth ac enghreifftiau, er mwyn tynnu sylw at y rhain yn eich atebion (disgrifiad o'r band B5 yn AA1).

Gwaith arloesol yr Athro Aisha Abd Al Rahman (sef Bint ash Shati')

Bu'r Athro Aisha Abd al Rahman yn byw yn yr Aifft o 1913 i 1998. Roedd hi'n defnyddio'r enw Bint ash Shati' fel ffugenw i gyhoeddi ei llyfrau. Ystyr yr enw yw merch glan yr afon. Ysgrifennodd hi gyfres o lyfrau gan gynnwys rhai am fywyd Muhammad ac ystyr y Qur'an. Hefyd ysgrifennodd hi am hawliau menywod ac roedd yn cyfrannu i bapur newydd dyddiol yr Aifft. Pan oedd hi'n blentyn, roedd ei thad yn gwrthwynebu rhoi addysg iddi, ond oherwydd i'w mam fynnu, cafodd hi radd o Brifysgol Cairo. Chafodd hi ddim addysg grefyddol draddodiadol, ond daeth at grefydd gydag angerdd ac emosiwn. Daeth yn athro ac ysgrifennodd storïau hanesyddol dramatig am fywydau menywod pwysig o ddyddiau cynnar Islam. Helpodd y llyfrau hyn i ysbrydoli pobl ac i godi ddiddordeb newydd mewn crefydd.

Dylai bywyd yr Athro Aisha gael ei weld yng nghyd-destun hanes yr Aifft yn yr ugeinfed ganrif. Ar ôl disodli rheolaeth Prydain, ceisiodd y Cadfridog Nasr foderneiddio'r wlad. Daeth llysoedd a phrifysgolion crefyddol, fel Al-Azhar, o dan reolaeth y llywodraeth. Roedd symudiad i wahanu materion crefyddol a theuluol oddi wrth y llywodraeth a'r gyfraith. Ar yr un pryd roedd y Frawdoliaeth Fwslimaidd yn ceisio hyrwyddo achos crefydd yn y wlad, ac roedd dehongliad y Salafiaid yn dod yn fwy poblogaidd. Roedd yr Athro Aisha yn annibynnol ar bob grŵp, yn cyhoeddi ei safbwyntiau a'i dehongliadau ei hun.

Roedd yr Athro Aisha yn gweld bod hawliau menywod, hawliau dynol a rhyddid cred yn bwysig. Fodd bynnag, doedd hi ddim yn ei disgrifio ei hun fel ffeminist. Siaradodd yn gryf o blaid hawliau menywod i gael addysg ac etifeddiad cyfartal, i fod yn berchen eiddo, i gael gyrfa, i fod yn rhydd ac yn gyfartal o ran cyfiawnder cymdeithasol. Hefyd dywedodd fod gan ddynion warcheidwaeth dros fenywod, hawl gyfreithiol a naturiol sydd wedi'i diffinio yn y Qur'an. Roedd hi'n ystyried bod y mudiad ffeministaidd modern yn rhoi camargraff.

Dadl yr Athro Aisha oedd bod y Qur'an yn hyrwyddo rhyddid dynol a chydraddoldeb ac yn annog meddwl modernaidd mewn Islam. Roedd ei hymagwedd at destun yn debyg i Salafiaeth yn yr ystyr iddi anwybyddu dehongliadau Sunni i raddau helaeth a derbyn ijtihad ar gyfer heddiw. Pan oedd hi'n ysgrifennu, roedd llywodraeth yr Aifft yn ceisio gwahanu bywyd teuluol personol a chrefydd oddi wrth y cyfansoddiad a'r gyfraith. Roedd yr Athro Aisha yn cefnogi'r llywodraeth ac yn cytuno na ddylai gwahaniaethu fod ar sail rhyw, tarddiad, iaith, crefydd neu ffydd. Helpodd ei gwaith i ysbrydoli'r bobl i gefnogi seciwlariaeth ar yr un pryd â chyffro o'r newydd am Islam. Cyfleodd hi hyn drwy ei storïau am fenywod Mwslimaidd yn y gorffennol.

Mae ffeministiaid yn beirniadu'r Athro Aisha oherwydd ei bod hi heb herio 'gwarcheidwaeth' dynion dros fenywod. Mae ysgolheigion traddodiadol yn beirniadu ei hymagwedd annibynnol. Maen nhw'n dweud bod hyn yn gallu arwain at ddehongliadau annilys, sydd wedi'u gwneud er mwyn cyd-fynd â dymuniadau'r oes. Serch hynny, ysbrydolodd yr Athro Aisha lawer o fenywod Mwslimaidd i ddilyn addysg ac i ymuno â byd ysgolheictod a thrafodaeth Islamaidd fodern.

Safbwynt ffeministaidd cyfoes Haleh Afshar

Ganwyd Haleh Afshar yn Iran, magwyd hi ym Mharis a Lloegr cyn iddi ddychwelyd i Iran fel newyddiadurwr. Mae Haleh, fel ei mam a'i mam-gu, yn dewis peidio â gwisgo gorchudd ac mae'n mynnu arfer ei hawl i bleidleisio. Mae hi wedi beirniadu'r system Islamaidd gyfredol yn Iran am fod yn erbyn hawliau menywod, ac yn an-Islamaidd hyd yn oed. Mae hi'n gweithio fel Athro Astudiaethau Menywod ym Mhrifysgol Efrog ac yn cynghori'r Cenhedloedd Unedig ar faterion menywod.

Mae Haleh Afshar yn dadlau bod dynion wedi dileu cyfraniad menywod yn systematig o hanes. Mae Islamyddion modern yn edrych yn ôl ac yn gwadu syniadau modern, blaengar tra maen nhw'n ceisio ailennyn diddordeb mewn Islam. Efallai eu bod nhw'n ymddangos yn ddeniadol i'r genhedlaeth iau gan eu bod yn ymddangos bob hyn a hyn. Ond mewn gwirionedd maen nhw'n ystumio'r gorffennol ac yn gwadu sefyllfa wirioneddol plwraliaeth dehongliadau, gan ddweud bob amser mai nhw sy'n gwybod orau.

Mae Haleh Afsar yn dadlau bod yr adnodau o'r Qur'an wedi'u dehongli'n anghywir. Mae hi'n ystyried bod Sura 2 ayat 282 sy'n sôn am un dyn fel tyst yn cyfateb i ddwy fenyw, yn berthnasol i drafod dyled benodol yn unig. Mae hi'n dweud na ddylai hyn gael ei ehangu i'r llys barn cyffredinol. Dylai Sura 4 ayat 3 gael ei ddehongli fel cyfarwyddyd i ddynion beidio â chael mwy nag un wraig. Mae llawer o adnodau o'r Qur'an yn ddisgrifiadol, mae'r Athro Afshar yn dadlau, ac yn dweud wrthon ni beth oedd arfer yr Arabiaid ar y pryd. Mae hi'n dadlau bod Sura 4 adnod 34 ynghylch dynion yn cael taro eu gwragedd yn ysgafn, yn disgrifio arfer Arabaidd ar y pryd, ac nad yw'n orchymyn i Fwslimiaid ei ddilyn heddiw.

Dyfyniadau allweddol

Y Qur'an 2:282

O chi sy'n credu! Pan fyddwch chi'n delio â'ch gilydd, mewn trafodion sy'n ymwneud â rhwymedigaethau yn y dyfodol mewn cyfnod penodol o amser, crynhowch nhw'n ysgrifenedig ... a chwiliwch am ddau dyst, o blith dynion eich hun, ac os nad oes dau ddyn, yna un dyn a dwy fenyw, yn ôl eich dewis chi, yn dystion, felly os bydd un ohonyn nhw'n gwneud camgymeriad, gall y llall ei hatgoffa. **(Yusuf Ali)**

Y Qur'an 4:3

Os ydych chi'n ofni na fyddwch chi'n gallu trin y plant amddifad yn gyfiawn, Priodwch wragedd o'ch dewis, dwy neu dair neu bedair; ond os ydych chi'n ofni na fyddwch chi'n gallu eu trin yn gyfiawn, yna priodwch un yn unig, neu garcharor sy'n eiddo i'ch llaw dde, bydd hynny'n fwy addas, i'ch atal chi rhag gwneud anghyfiawnder. **(Yusuf Ali)**

Dyfyniadau allweddol

Y Qur'an 4:34

A bydd menywod yn cael hawliau tebyg i'r hawliau yn eu herbyn, yn ôl yr hyn sy'n gyfiawn; ond bydd gan ddynion rywfaint o fantais drostyn nhw. **(Yusuf Ali)**

Mae ein dealltwriaeth o'r cydraddoldeb hwn wedi cael ei ryddhau wrth ddychwelyd i darddiad Islam, oherwydd mae'r fenyw gydradd, reddfol yn cydnabod bod gan ddyn hawl gyfreithiol a naturiol i fod â gwarcheidwaeth drosti. **(Al Rahman)**

Cynnwys y fanyleb

Rôl a statws menywod mewn Islam gan gyfeirio at ffeministiaeth: safbwynt ffeministaidd cyfoes Haleh Afshar

cwestiwn cyflym

3.11 Sut mae Haleh Afshar yn dehongli'r Qur'an 4:34 am wŷr yn curo eu gwragedd?

Dyfyniad allweddol

Roedd ein methiant i gydnabod gwir werth rôl fawr y fam yn faen tramgwydd mawr yng nghamau cynnar y mudiad, a thalodd ein cenhedlaeth ni bris ofnadwy am hyn. Felly rwy'n gobeithio y gallwn ni arbed ein merched rhag syrthio i'r un fagl ac y gallwn eu galluogi i wireddu eu potensial llawn yn y gymdeithas fel Islam—crefydd y mewnwelediad a'r sythweledigaeth dyfnaf. **(Al Rahman)**

Dyfyniadau allweddol

Am ormod o lawer o amser, dynion oedd wedi rheoli maes cyfraith Islamaidd; ond yn raddol mae menywod a'u cynghreiriaid gwrywaidd yn ceisio newid y broses hon. Maen nhw hefyd wedi dychwelyd at y ffynonellau ... ac wedi dod i ganlyniadau braidd yn wahanol i'r Mwslimiaid traddodiadol. Mae hyblygrwydd y cyfreithiau wedi agor y ffordd i fenywod Mwslimaidd ddefnyddio dehongliadau a dadansoddiadau o'r testun a'r cyd-destunau i greu ffurf newydd a goddefol ar gyfraith Islamaidd. **(Afshar)**

Mae gan fenywod, fel dynion, yr hawl i ddewis eu llwybr eu hunain ac os oes angen, i gyflawni eu pechodau eu hunain os oes angen neu i negodi â'r Hollalluog heb ymyrraeth gan ddynion, boed nhw'n ddynion crefyddol dysgedig neu'n dadau, yn wŷr neu'n frodyr. **(Afshar)**

Mae Haleh Afsar yn dadlau bod y Qur'an a'r hadith yn ddigon hyblyg i feddwl am ddehongliadau newydd. Mae hi'n olrhain menywod Mwslimaidd modern sydd wedi dehongli'r Qur'an, rhai sy'n gweld eu hunain yn radical ac yn chwyldroadol, fel Fatna al-Sabbah, ac eraill sy'n ceisio cyfuno dulliau traddodiadol ag ailddehongliadau, fel Zin al-Din. Beth bynnag yw safbwyntiau unrhyw unigolyn, mae Haleh Afsar yn dadlau nad oes gan unrhyw Fwslim awdurdod i ddweud wrth berson arall beth i'w gredu. Mae gan Fwslimiaid ewyllys rydd ac i Dduw yn unig maen nhw'n atebol.

Wrth ymchwilio, gwelodd Haleh Afsar fod menywod yn chwarae rolau llawer mwy amlwg yn nyddiau cynnar Islam nag yn nes ymlaen. Roedd Khadijah, gwraig gyntaf Muhammad yn gyflogwr iddo ac yn fenyw fusnes. Arweiniodd menywod fyddin yn erbyn Ali ibn Abi Talib. Ar ôl i'r Proffwyd farw, cymerodd dynion drosodd a gwrthod hawliau menywod i ddeall a dehongli'r gyfraith. Oherwydd nad oedd menywod yn cael addysg, collon nhw eu grym fel ysgolheigion crefydd yn ogystal ag mewn meysydd eraill. Eto roedd rhai ysgolheigion fel Al-Ghazali, yn cydnabod y gallai menywod gymryd unrhyw rôl, gan gynnwys pennaeth y llywodraeth, nid Califf yn unig.

Gallai ysgolheigion Islam sy'n draddodiadwyr feirniadu Haleh Afshar am wneud yr hyn y maen nhw'n ei weld yn ddehongliadau newydd yn ôl mympwy'r oes. Mae gwaith Haleh Afsar yn moderneiddio ac yn diwygio: yn wahanol i'r Athro Aisha Abd al Rahman a arhosodd yn gymdeithasol draddodiadol. Mae Haleh Afsar yn dadlau bod Sura 9 ayat 71 y Qur'an yn cyfeirio at ddynion a menywod fel pobl gyfartal a bod hynny'n golygu bod gan fenywod hawl wedi'i rhoi gan Dduw i fod ag awdurdod cyfartal i ddynion ym mhob cylch bywyd, gan gynnwys crefydd.

Dyfyniad allweddol

Y Qur'an 9:71

Mae'r Credinwyr, yn ddynion ac yn fenywod, yn warcheidwaid ei gilydd: maen nhw'n annog yr hyn sydd gyfiawn, ac yn gwahardd yr hyn sy'n ddrwg: maen nhw'n gweddïo'n rheolaidd, yn rhoi elusen yn rheolaidd, ac yn ufuddhau i Allah a'I Negesydd. Arnyn nhw bydd Allah yn arllwys Ei drugaredd: oherwydd mae Allah wedi'i Ddyrchafu mewn Grym, yn Ddoeth. **(Yusuf Ali)**

Awgrym astudio

Gwnewch yn siŵr eich bod yn gyfarwydd â'r holl dermau allweddol a'u diffiniadau cywir. Mae hyn yn berthnasol iawn i'r adran hon. Bydd hyn yn sicrhau eich bod yn gwneud 'defnydd trylwyr a chywir o iaith a geirfa arbenigol mewn cyd-destun' (Disgrifydd Band 5 AA1).

Gweithgaredd AA1

Beth sy'n debyg ac yn wahanol am ymagweddau Haleh Afshar a'r Athro Aisha Abd Al Rahman? Trafodwch mewn parau ac yna gwnewch dabl o nodweddion tebyg a gwahanol. At ei gilydd, pa mor arwyddocaol yw'r gwahaniaethau, yn eich barn chi?

Datblygu sgiliau AA1

Nawr mae'n bwysig ystyried y wybodaeth sydd wedi'i chyflwyno yn yr adran hon; fodd bynnag, mae'r wybodaeth fel y mae yn llawer rhy helaeth ac felly mae'n rhaid ei phrosesu er mwyn bodloni gofynion yr arholiad. Gallwch wneud hyn drwy ymarfer y sgiliau uwch sy'n gysylltiedig ag AA1. Bydd yr ymarferion yn y llyfr hwn yn eich helpu i wneud hyn ac yn eich paratoi ar gyfer yr arholiad. Ar gyfer Amcan Asesu 1 (AA1), sy'n cynnwys dangos sgiliau 'gwybodaeth' a 'dealltwriaeth', rydyn ni am ganolbwyntio ar ffyrdd gwahanol o ddangos y sgiliau yn effeithiol, gan gyfeirio hefyd at sut bydd eich perfformiad ym mhob un o'r sgiliau hyn yn cael ei fesur (gweler disgrifyddion band cyffredinol AA1 ar gyfer U2).

▶ **Dyma eich tasg:** Isod mae **crynodeb o ddysgeidiaeth ac agweddau Mwslimaidd at fywyd teuluol**. Mae hwn yn 150 gair o hyd. Mae tri phwynt wedi'u hamlygu sy'n bwyntiau allweddol i'w dysgu o'r dyfyniad hwn. Trafodwch pa ddau bwynt arall sydd fwyaf pwysig i'w hamlygu yn eich barn chi, ac ysgrifennwch y pum pwynt.

Fel arfer mae Mwslimiaid yn byw mewn teuluoedd estynedig lle maen nhw'n cadw cysylltiad agos â pherthnasau. Mae bywyd teuluol yn greiddiol i fagwraeth plentyn yn y ffydd Fwslimaidd. Maen nhw'n cael eu cyflwyno i Islam wrth gael eu geni, ac yn tyfu gan ddysgu'r geiriau cyntaf o'r Qur'an gan eu mam fel arfer. Mae'r teulu'n dysgu traddodiadau Islamaidd i blentyn gan gynnwys sut i fwyta, ymolchi a gweddïo, a moesau fel siarad yn dawel ag eraill. Mae bywyd teuluol yn hanfodol hefyd wrth feithrin parch at yr henoed. Mae gofalu am bobl hŷn yn ddyletswydd ar Fwslimiaid, a hefyd magu plant gan ddilyn enghraifft Muhammad. Y teulu yw sylfaen nawdd cymdeithasol o ran gofalu am blant amddifad a'r rhai sydd mewn angen. Wrth i blentyn dyfu, mae traddodiad teuluol yn ei helpu i ddechrau arfer gweddïo, ymprydio a rhwymedigaethau eraill pan mae pobl o'r farn ei fod wedi cyrraedd oedran aeddfedrwydd. Yn aml mae'r teulu'n awgrymu ymgeiswyr ar gyfer priodas, sy'n cael ei gweld yn gontract rhwng dau deulu.

Nawr, defnyddiwch eich pum pwynt i lunio eich crynodeb eich hun (fel yn Thema 1 Datblygu sgiliau) gan geisio gwneud y crynodeb yn fwy personol i'ch arddull ysgrifennu eich hun.

1 ....

2 ....

3 ....

4 ....

5 ....

Sgiliau allweddol Thema 3

Mae'r thema hon yn cynnwys tasgau sy'n ymdrin â hanfodion AA1 o ran blaenoriaethu a dewis y wybodaeth berthnasol allweddol, ei chyflwyno mewn ffordd wedi'i phersonoli (fel yn Thema 1 ABC) ac yna defnyddio tystiolaeth ac enghreifftiau i gefnogi ac ehangu ar hyn (fel yn Thema 2 ABC).

Sgiliau allweddol

Mae gwybodaeth yn ymwneud â:

Dewis ystod o wybodaeth (drylwyr) gywir a pherthnasol sydd â chysylltiad uniongyrchol â gofynion penodol y cwestiwn.

Mae hyn yn golygu:

- Dewis deunydd perthnasol i'r cwestiwn a osodwyd
- Canolbwyntio ar esbonio ac archwilio'r deunydd a ddewiswyd.

Mae dealltwriaeth yn ymwneud ag:

Esboniad helaeth, gan ddangos dyfnder a/neu ehangder gyda defnydd rhagorol o dystiolaeth ac enghreifftiau gan gynnwys (lle y bo'n briodol) defnydd trylwyr a chywir o destunau cysegredig, ffynonellau doethineb a geirfa arbenigol.

Mae hyn yn golygu:

- Defnydd effeithiol o enghreifftiau a thystiolaeth gefnogol i sefydlu ansawdd eich dealltwriaeth
- Perchenogaeth o'ch esboniad sy'n mynegi gwybodaeth a dealltwriaeth bersonol, NID eich bod yn ailadrodd darn o destun o lyfr rydych wedi ei baratoi a'i gofio.

Mae'r adran hon yn cwmpasu cynnwys a sgiliau AA2

Cynnwys y fanyleb

I ba raddau y mae'r teulu Mwslimaidd yn ganolog i'r grefydd Islamaidd.

Dyfyniad allweddol

Aelodau'r teulu sy'n haeddu bod yn hapus fwyaf, cael eu trin â moesau da a charedigrwydd, a chael eu hamddiffyn rhag niwed a chael yr hyn sydd o fudd iddyn nhw. Felly, os yw'r dyn yn cyfateb i'r disgrifiad hwn, yna ef yw'r person gorau: ac os, ar y llaw arall, mae'n gweithredu'n groes i hyn, yna mae'n gwneud drygioni. **(Imam Shawkaani)**

Gweithgaredd AA2

Wrth i chi ddarllen drwy'r adran hon ceisiwch wneud y pethau canlynol:

1. Dewiswch y gwahanol ddadleuon sy'n cael eu cyflwyno yn y testun a nodwch unrhyw dystiolaeth gefnogol a roddir.
2. Ar gyfer pob dadl a gyflwynir, ceisiwch werthuso a yw'r ddadl yn un gryf neu wan yn eich barn chi.
3. Meddyliwch am unrhyw gwestiynau yr hoffech chi eu gofyn wrth ymateb i'r dadleuon.

Bydd y gweithgaredd hwn yn eich helpu i ddechrau meddwl yn feirniadol am yr hyn rydych chi'n ei ddarllen ac yn eich helpu i werthuso effeithiolrwydd dadleuon gwahanol, gan ddatblygu eich sylwadau, a'ch barn a'ch safbwyntiau eich hun. Bydd hyn yn eich helpu wrth ddod i gasgliadau y byddwch yn eu gwneud yn eich atebion i'r cwestiynau AA2 sy'n codi.

Materion i'w dadansoddi a'u gwerthuso

I ba raddau y mae'r teulu Mwslimaidd yn ganolog i'r grefydd Islamaidd

Mae'n bosibl diffinio'r teulu ar nifer o lefelau gwahanol mewn Islam. Mae llawer o Fwslimiaid yn byw mewn teuluoedd estynedig, gyda theidiau a neiniau, modrybedd, ewythredd, cefnderoedd, brodyr a chwiorydd. Mae'r teulu'n rhannu'r tasgau o fagu plant, gofalu am yr henoed a hyrwyddo treftadaeth ddiwylliannol Islamaidd. Mae gweithredoedd fel sut mae bwyta'n iawn, ymolchi cyn gweddïo, a dod ag Islam i fywyd bob dydd yn cael eu trosglwyddo.

Cadwodd Muhammad ei wragedd a'i blant yn agos ato, ac roedd ei Ewythr Abu Talib yn byw gerllaw ac yn eu hamddiffyn. Ond, fel plentyn amddifad, doedd gan Muhammad ddim llawer o aelodau o'i deulu ei hun o'i gwmpas. Roedd yn barod i adael perthnasau ar ôl yn Makkah os nad oedden nhw'n derbyn ei grefydd. Gadawodd nhw i symud i Madinah. Gallai hyn awgrymu bod cred yn Allah yn fwy pwysig na'r teulu i Muhammad. Fodd bynnag, adroddodd Muhammad lawer o hadithau hefyd a oedd yn pwysleisio bod dyletswyddau teuluol yn bwysig. Ddylai Mwslimiaid ddim gadael eu rhieni a mynd ar ymgyrch filwrol oni bai bod rhywun yn gofalu amdanyn nhw a'u bod yn rhoi caniatâd. Dylai Mwslimiaid barchu eu rhieni ac anwybyddu eu beiau.

I Fwslimiaid Shi'a, mae teulu'r Proffwyd yn hynod bwysig. Mae Mwslimiaid Shi'a yn credu bod arweinyddiaeth ysbrydol yn dod yn gyfreithlon o'r Proffwyd drwy Ali. Maen nhw'n ffurfio teulu tŷ'r Proffwyd, ac mae pob Imam Shi'a yn dilyn yn y llinach hon. Mae Shi'a yn credu bod y cysylltiad teuluol â Muhammad yn dod ag awdurdod arbennig i ddehongli'r Qur'an a'i fod yn rhoi arweinyddiaeth gyfiawn i'r gymuned. Mae Mwslimiaid Sunni yn credu ei bod hi'n bosibl penodi Califfiaid, shaykhs ac arweinwyr o unrhyw linach.

Mae Mwslimiaid yn credu bod Allah yn eu barnu ac yn eu hanfon i'r nefoedd neu i uffern yn ôl eu gweithredoedd a'u bwriadau. Nid cadw pum piler Islam yn unig yw'r gweithredoedd hyn, ond gofalu hefyd am rieni a phlant yn y teulu. Yn y teulu hwnnw, roedd dynion yn cael eu hystyried yn draddodiadol yn warcheidwaid menywod, ond hefyd mae gan fenywod hawl i gael eu gyrfaoedd eu hunain os ydyn nhw'n gallu cydbwyso eu hymrwymiadau teuluol. Mae rhai Mwslimiaid yn credu bod hyn yn gallu cyfyngu ar fenywod, ac yn ffrwyno gyrfaoedd menywod. Mae eraill yn meddwl bod menywod yn cael boddhad o hyn, gan fod bendithion oddi wrth Allah yn gallu dod wrth fagu plant. I'r plant, mae'r fam yn cael ei hystyried mor bwysig fel bod paradwys wrth ei thraed. Mae gofalu am berthnasau oedrannus yn ddyletswydd y mae llawer o Fwslimiaid yn falch o'i chyflawni. Mae eraill yn gweld hyn yn bwysau sy'n rhoi straen ar eu cydbwysedd gwaith-bywyd. Gall y teulu estynedig helpu i rannu'r cyfrifoldeb, fel bod Mwslimiaid yn gallu darparu ar gyfer eu hanghenion.

Wrth i ddinasoedd De Asia dyfu, gadawodd llawer o Fwslimiaid ifanc eu teuluoedd i ddod o hyd i waith yno. Tyfodd mudiad Tablighi Jamaat i'w cefnogi nhw. Mudiad Islamaidd ceidwadol yw Tablighi Jamaat sy'n hyrwyddo Dawah, cenhadaeth, areithiau a chynadleddau Islamaidd. Maen nhw'n ymweld â Mwslimiaid ac yn eu hannog i fynychu eu mosg lleol gymaint ag sy'n bosibl. Maen nhw'n gofyn i fenywod wisgo gorchudd ac yn gofyn i ddynion wisgo dillad Islamaidd traddodiadol fel symbolau o'u hunaniaeth. Maen nhw'n dysgu eu dilynwyr i beidio ag ymwneud â gwleidyddiaeth. Wrth i ddynion symud oddi wrth eu teuluoedd i weithio, ffurfiodd Tablighi Jamaat glymau newydd i'w cadw ar y llwybr cul ynghanol temtasiynau dinasoedd. Felly, mae'r gymuned Islamaidd yn cymryd rôl y teulu yn yr amgylchiadau hyn.

Mae rhai Mwslimiaid ifanc yn ymateb yn erbyn eu rhieni, ac mae'n well ganddyn nhw benderfynu drostyn nhw eu hunain. Mae rhai'n cael profiad o grwpiau Islamaidd gwahanol yn y brifysgol neu yn y gymuned o'u cwmpas, ac maen nhw'n newid eu teyrngarwch yn groes i arweiniad eu teuluoedd. Yn y DU, mae llawer o Fwslimiaid ifanc yn gadael traddodiadau Sunni eu rhieni ac yn troi at Salafiaeth. Maen nhw'n aml yn beirniadu hynafiaid nad ydyn nhw'n siarad eu hiaith neu'n deall eu hanghenion. Mewn rhai achosion maen nhw'n teimlo bod shaykhs ac Imamiaid De Asia yn arfer shirk wrth ofyn i'w dilynwyr ymgrymu, neu wrth ymweld â beddrodau seintiau.

Awgrym astudio

Mewn atebion Band 5 mae angen defnyddio iaith a geirfa arbenigol yn eu cyd-destun yn drylwyr ac yn gywir. Dylech chi ddiffinio'n eglur beth yw ystyr y teulu yng nghyd-destun cartrefi Mwslimaidd, a dadansoddi ystyron gwahanol y term yn drylwyr wrth i chi lunio eich ateb.

Mae rhai Mwslimiaid yn dod o dan bwysau i briodi rhywun yn y teulu. Daeth Naman Parvaiz o dan bwysau i dderbyn priodas wedi'i threfnu ond gwrthododd oherwydd ei fod yn hoyw. Dywedodd wrth ei rieni ei fod yn hoyw ond gwrthodon nhw dderbyn hyn. Mae Naman yn gweld ei rywioldeb yn rhan o'r ffordd wnaeth Duw ef, nid yn ddewis. Efallai byddai rhai Mwslimiaid yn dadlau mai dyletswydd y teulu, sy'n ganolog i'r ffydd Islamaidd, yw ei gefnogi fel y mae. Byddai eraill yn dadlau bod cynnal normau diwylliannol traddodiadol yn golygu bod rhaid chwalu'r teulu, gan nad ydyn nhw'n gallu derbyn hyn.

Gwnaeth Muhammad ddatganiad cryf ynghylch peidio â gwahaniaethu yn erbyn pobl ar sail eu hil. Mae Mwslimiaid yn defnyddio hyn i herio rhagfarnau mewn teuluoedd yn erbyn priodasau rhwng hiliau. Mae gwahaniaethau barn o ran i ba raddau y gall Mwslimiaid ifanc gwrdd â'u dewis o bartner bywyd, mynd allan gyda nhw a gofyn i'w teuluoedd dderbyn hyn, neu o ran i ba raddau y dylai'r teulu roi dewis i'w meibion a'u merched a gofyn iddyn nhw ei dderbyn neu ei wrthod. Mae pawb yn cytuno bod priodas dan orfod yn anghywir.

Mae Mwslimiaid yn llawer mwy amheus o briodasau rhwng crefyddau. Yn draddodiadol, gallai dyn Mwslimaidd briodi unrhyw un oedd yn credu mewn un Duw. Fel arfer, dehonglir hyn fel Mwslim, Cristion neu Iddewes. Mae rhai Mwslimiaid Salafi yn gwrthod y ddysgeidiaeth hon ac yn dweud mai Mwslimiaid yn unig y dylai Mwslimiaid eu priodi. Mae diwygwyr yn credu y dylai Mwslimiaid dderbyn cariad ar ba bynnag ffurf mae'n dod: rhwng crefyddau gwahanol neu rhwng aelodau o'r un rhyw.

Teulu Mwslimaidd yn mwynhau amser gyda'i gilydd.

Cwestiynau allweddol

Sut mae Mwslimiaid yn diffinio'r term teulu? Beth gallen nhw ei gynnwys a beth gallen nhw ei hepgor fel cartrefi derbyniol?

Pa un sydd fwyaf pwysig: crefydd neu'r teulu?

Sut dylai Mwslimiaid ddod o hyd i bartner oes?

Dyfyniad allweddol

Mae sylweddoli nad yw eich rhieni'n derbyn pwy ydych chi go iawn yn ergyd fawr. Mae dod i delerau â'ch hunaniaeth rywiol eich hunan yn ddigon anodd ond mae cael eich gwrthod oherwydd rhywbeth sy'n rhan ohonoch chi ac nad oes gennych chi unrhyw reolaeth drosto yn ddinistriol. Roeddwn i eisiau sôn am fy mhrofiad oherwydd rwy'n gwybod y bydd llawer o Fwslimiaid ifanc eraill yn ymgodymu â'r un peth. Rwy'n dal i feddwl am fy hunan fel Mwslim. Rwy' wedi cael perthnasoedd â dynion ond dydw i erioed wedi cyflwyno unrhyw un ohonyn nhw i'r teulu. Byddwn i wrth fy modd yn priodi ryw ddiwrnod, ond mae'n rhaid i mi wynebu'r ffaith na fydd fy nheulu yno. (Parvaiz)

Gweithgaredd AA2

Rhestrwch rai casgliadau y byddai'n bosibl dod iddynt ar sail y rhesymeg AA2 yn y testun uchod; ceisiwch gyflwyno o leiaf dri chasgliad gwahanol posibl. Ystyriwch bob un o'r casgliadau a chasglwch dystiolaeth gryno i gefnogi pob casgliad o'r deunydd AA1 ac AA2 ar gyfer y testun hwn. Dewiswch y casgliad sy'n argyhoeddi fwyaf yn eich barn chi ac esboniwch pam mae hyn yn wir. Ceisiwch gyferbynnu hyn â'r casgliad gwannaf ar y rhestr, gan gyfiawnhau eich dadl gyda rhesymu clir a thystiolaeth.

Cynnwys y fanyleb

A yw dynion a menywod yn gyfartal mewn Islam.

Dyfyniad allweddol

Y Qur'an 3:195

Atebodd yr Arglwydd nhw: 'Fyddaf i byth yn dioddef i waith un ohonoch chi gael ei golli, boed wryw neu fenyw: Rydych chi'n aelodau, y naill o'r llall.' **(Yusuf Ali)**

Gweithgaredd AA2

Wrth i chi ddarllen drwy'r adran hon ceisiwch wneud y pethau canlynol:

1. Dewiswch y gwahanol ddadleuon sy'n cael eu cyflwyno yn y testun a nodwch unrhyw dystiolaeth gefnogol a roddir.
2. Ar gyfer pob dadl a gyflwynir, ceisiwch werthuso a yw'r ddadl yn un gryf neu wan yn eich barn chi.
3. Meddyliwch am unrhyw gwestiynau yr hoffech chi eu gofyn wrth ymateb i'r dadleuon.

Bydd y gweithgaredd hwn yn eich helpu i ddechrau meddwl yn feirniadol am yr hyn rydych chi'n ei ddarllen ac yn eich helpu i werthuso effeithiolrwydd dadleuon gwahanol, gan ddatblygu eich sylwadau, a'ch barn a'ch safbwyntiau eich hun. Bydd hyn yn eich helpu wrth ddod i gasgliadau y byddwch yn eu gwneud yn eich atebion i'r cwestiynau AA2 sy'n codi.

A yw dynion a menywod yn gyfartal mewn Islam

Ydy hyn yn golygu y dylai fod gan ddynion a menywod fynediad cyfartal i'r un gyrfaoedd, y dylen nhw rannu tasgau teuluol yn gyfartal, fel coginio a glanhau yn y cartref, hyd yn oed newid clytiau eu baban? Neu ydy hyn yn golygu y gall fod gan ddynion a menywod rolau gwahanol, fel enillydd cyflog a gwraig tŷ, ond y dylai'r gymdeithas werthfawrogi'r rhain yn gyfartal?

Yng nghyfnod Muhammad, roedd y gymdeithas yn un batriarchaidd. Dynion oedd pob un o gymdeithion y Proffwyd a'i helpodd i arwain y gymuned Fwslimaidd, ac a aeth ati i arwain ar ôl iddo farw. Fodd bynnag, dysgodd gwraig Muhammad lawer o'i ddywediadau ar ei chof a rhoddodd ei barn am gwestiynau crefyddol. Roedd Muhammad yn gwneud pwynt o gyfeirio at 'ddynion sy'n credu a menywod sy'n credu'. Yn ystod ei araith ffarwelio pwysleisiodd pa mor bwysig yw trin menywod yn dda. Derbyniodd waith gan Khadijah, y fenyw fusnes, ei wraig gyntaf. O ystyried safonau'r oes, roedd Muhammad yn radical wrth hyrwyddo safle menywod. Rhoddodd yr hawl iddyn nhw wrthod priodi rhywun ac i geisio cael ysgariad os oedden nhw'n dymuno hynny. Gallai menywod fynnu eu hawl os oedd yn cael ei gwrthod drwy gyfraith shari'a.

Dydy'r symudiad tuag at hawliau menywod yn ystod cyfnod Muhammad ddim yn golygu eu bod wedi dod yn gyfartal. Cam ar y ffordd oedd hyn. Fel arfer roedd gwragedd Muhammad yn cadw o'r neilltu, gyda math o rwystr, pabell neu orchudd, rhyngddyn nhw eu hunain a dieithriaid, tra byddai e'n mynd allan yn agored. Mewn cyfraith shari'a, roedd tystiolaeth un dyn yn cyfateb i dystiolaeth dwy fenyw. Gallai dynion Mwslimaidd briodi menywod oedd yn credu mewn un Duw, hyd yn oed os oedden nhw o grefyddau eraill, ond dynion Mwslimaidd yn unig y gallai menywod Mwslimaidd eu priodi.

Roedd dynion yn cael eu penodi i arwain y gweddïo gyda dynion a menywod wedi'u gwahanu rywfaint. Efallai fod y Proffwyd wedi penodi Imam benywaidd dros ddynion a menywod yn Madinah, er nad yw hi'n bosibl profi pa mor ddibynadwy yw'r traddodiad hwn. Dywedodd Muhammad na ddylai menywod guddio eu hwyneb ar Hajj. Hyd yn oed heddiw, gallwch chi weld llinellau o bererinion yn gweddïo, gyda menywod hwnt ac yma rhwng y dynion, er bod awdurdodau Saudi Arabia wedi bod yn ceisio eu gwahanu nhw. Ysgolor a chyfreithiwr Islamaidd benywaidd oedd Umm al-Darda yn Damascus yn y seithfed ganrif. Pam gwaethygodd statws menywod? Ai oherwydd diwylliant lle roedd dynion yn dominyddu oedd hyn, neu oherwydd Islam ei hun?

Gwelodd adroddiad mai 16% o fenywod yn Pakistan oedd yn weithgar yn economaidd, o'i gymharu â 52% yn Indonesia. Mae'r sefyllfa'n amrywio'n fawr fesul gwlad. Mewn rhai gwledydd, mae menywod wedi llwyddo mewn llawer o feysydd gwahanol, gan ddod yn llawfeddygon, yn academyddion ac yn fenywod busnes blaenllaw. Mewn gwledydd eraill, mae'r meysydd wedi'u cyfyngu, nid gan y gyfraith yn aml ond gan agweddau dynion sy'n gweld newid yn fygythiad. Byddai hi'n bosibl dadlau bod hyn er gwaethaf Islam: mae agweddau cymdeithasol yn cymryd amser hir i newid. Digwyddodd llawer o'r cynnydd a gafodd ei wneud wrth ryddhau menywod yn y Gorllewin ar yr un pryd â datblygiad technoleg, a roddodd amser i fenywod gael addysg. Mae gwledydd fel Malaysia a Thwrci, sy'n dal i fyny o ran manteisio ar wyddoniaeth a thechnoleg, hefyd ymysg y rhai mwyaf agored i fenywod ddilyn gyrfaoedd.

A fyddai hi'n bosibl ystyried bod menywod yn bwysicach na dynion yn y traddodiad Islamaidd? Un tro gofynnodd rhywun i'r Proffwyd pwy y dylai ei barchu a'i ddilyn fwyaf. Ateb y Proffwyd dair gwaith oedd, 'dy fam'. Ar y pedwerydd tro'n unig yr atebodd, 'dy dad'. Noddodd menywod sefydliadau addysgol, gan gynnwys y brifysgol gyntaf yn Al-Karaouine yn Morocco, a mwyafrif yr ysgolion yn Damascus. Heddiw, menywod yw tua 60% o'r ymchwilwyr ar gyfer y graddau uchaf yn Malaysia ac Iran. Er gwaetha'r datblygiadau hyn, dynion Mwslimaidd sy'n dal i ddominyddu safleoedd grym ledled y byd Mwslimaidd.

Ayyan Ali Hirsi

Ychydig iawn o arweinwyr gwleidyddol Mwslimaidd benywaidd oedd mewn hanes, ond roedd rhai. Llywodraethodd y Swltanes Razia o Dehli Newydd fel brenhines yn yr un ffordd â dyn. Dywedodd Al-Ghazali, y diwinydd Mwslimaidd, y gallai menywod fod ag unrhyw rôl heblaw am rôl Califf. Yn fwy diweddar, daeth Benazir Bhutto yn Brif Weinidog Pakistan; daeth Sheikh Hasina yn Brif Weinidog Bangladesh a daeth Megawatti Sukarnoputri yn bennaeth gwladwriaeth Indonesia. Mae ethol y menywod hyn wedi herio syniadau diwylliannol am ddynion yn dominyddu ac wedi dangos i fenywod Mwslimaidd heddiw ei bod hi'n bosibl cyrraedd rôl pennaeth gwladwriaeth, hyd yn oed. Maen nhw'n lleiafrif ymysg arweinwyr Mwslimaidd a Gorllewinol: os nad ydy menywod Mwslimaidd wedi dod yn gyfartal yn y byd gwleidyddol, mae hynny'n wir am fenywod Gorllewinol hefyd.

Mae safbwynt gwahanol gan Ayyan Ali Hirsi. Cafodd ei magu mewn cartref Mwslimaidd ceidwadol, ond mae hi wedi gadael Islam ac mae'n beirniadu'r grefydd am fethu cynnal hawliau menywod. Yn ei llyfr *Heretic*, mae hi'n dadlau bod angen diwygio Islam o'r bôn i'r brig. Disgrifia Ayyan ei phrofiad ei hun o gamdriniaeth pan ddioddefodd anffurfio organau cenhedlu benywod gan ddyn pan oedd hi'n 5 oed. Pan oedd hi yn ei harddegau, cafodd Ayyan ei hysbrydoli gan athro carismataidd Salafi, a buodd hi'n gwisgo'r hijab. Symudodd Ayyan i'r Iseldiroedd lle gwnaeth y drafodaeth wleidyddol ryddfrydol a safle menywod argraff arni. Roedd erchyllterau terfysgol 9/11 yn atgas iddi, a throdd ei chefn ar Islam yn 2002. Mae Ayyan yn dadlau bod angen i Fwslimiaid roi'r gorau i ddarllen testun yn llythrennol a newid y ffordd y maen nhw'n edrych ar Islam. Mae hi'n dweud bod Islam fel y mae nawr yn gormesu menywod, a bod Mwslimiaid yn cyfiawnhau hyn drwy gyfeirio at lawer o adnodau yn y Qur'an a'r hadith. I Ayyan, mae dehongliadau sy'n awgrymu nad oedd pethau cynddrwg yn ymddiheuro ar ran Islam ac nad yw hynny'n ddigon da. Mae Ayyan yn teimlo bod angen brwydro yn erbyn statws anghyfartal menywod.

Mae Asma Barlas yn dadlau nad yw menywod yn cael eu gweld yn gyfartal i ddynion ym maes ysgolheictod Islamaidd, ac mae hi'n herio hynny. Mae hi'n teimlo bod Islam yn cefnogi cydraddoldeb. Yn wahanol i Ayyan Ali Hirsi, dydy hi ddim yn dadlau dros ddiwygiad o'r bôn i'r brig. Mae Asma yn gweld bod llawer o ysgrifenwyr Gorllewinol yn rhy feirniadol o Islam, ac nad ydyn nhw'n fodlon cydnabod gwaith menywod Mwslimaidd yn y gorffennol oherwydd eu bod nhw'n ceisio dadlau'r achos na all unrhyw beth da fod mewn Islam. Mae'r rhagfarn hon yn golygu ei bod hi'n anodd i fenywod sydd wedi ymroi i Islam ddadlau'r achos dros gydraddoldeb a chael eu clywed yn y cyfryngau, oni bai eu bod nhw'n mabwysiadu safbwynt sy'n beirniadu'r hyn maen nhw'n credu ynddo.

Awgrym astudio

Mae'r atebion Band 5 gorau ar gyfer AA2 yn cynnwys dadansoddi beirniadol hyderus a gwerthusiad craff o'r mater. Pan fyddwch chi'n rhoi eich barn eich hunan am y mater hwn, peidiwch ag anghofio safbwyntiau niferus ac amrywiol pobl eraill, y mae rhai ohonyn nhw wedi'u crybwyll yma. Bydd yr atebion gorau'n crynhoi'r gwahanol safbwyntiau ac yn cynnig beirniadaeth arnyn nhw. Beth sy'n eich argyhoeddi chi mewn safbwynt? Beth sydd ddim yn gwneud synnwyr i chi? Gwnewch yn siŵr eich bod yn gwerthuso safbwyntiau gwahanol cyn dod i gasgliad.

Dyfyniadau allweddol

Ddylai amlddiwylliannaeth ddim golygu ein bod ni'n goddef diffyg goddefgarwch diwylliant arall. Os ydyn ni mewn gwirionedd yn cefnogi amrywiaeth, hawliau menywod, a hawliau pobl hoyw, yna allwn ni ddim gyda chydwybod glir adael i Islam wneud fel mae eisiau ar sail senstifrwydd amlddiwylliannol. **(Hirsi)**

I Fwslimiaid ceidwadol ... mewn unrhyw feirniadaeth ar ddynion Mwslimaidd, maen nhw'n clywed lleisiau chwyldroadol ffeministiaid Gorllewinol. Mae rhoi label ar gam fel hyn ar fenywod Mwslimaidd nid yn unig yn gwadu bod eu syniadau'n benodol, yn annibynnol ac yn greadigol, ond hefyd mae'n awgrymu, yn anghywir, nad oes lle o'r tu mewn i Islam i wrthwynebu anghydraddoldeb neu batriarchaeth.

Mae tu hwnt i amgyffred ffeministiaid a Gorllewinwyr nad ydyn nhw'n Fwslimiaid ... fod gan Islam unrhyw wirioneddau i'w cynnig a all fod yn gymesur ag Iddewiaeth a Christnogaeth, ac yn llai fyth â mewnwelediadau y mae ffeministiaid seciwlar yn eu honni. **(Barlas)**

Cwestiynau allweddol

Yn eich barn chi, beth fyddai Arabiaid yng nghyfnod Muhammad wedi meddwl am ei ddysgeidiaeth ar fenywod?

Ydy cyfraniadau menywod Mwslimaidd yn y gorffennol yn golygu bod dynion a menywod yn gydradd mewn Islam?

Pam mae ffeministiaid fel Asma Barlas ac Ayyan Ali Hirsi yn anghytuno, yn eich barn chi?

Gweithgaredd AA2

Rhestrwch rai casgliadau y byddai'n bosibl dod iddynt ar sail y rhesymeg AA2 yn y testun uchod; ceisiwch gyflwyno o leiaf dri chasgliad gwahanol posibl. Ystyriwch bob un o'r casgliadau a chasglwch dystiolaeth gryno i gefnogi pob casgliad o'r deunydd AA1 ac AA2 ar gyfer y testun hwn. Dewiswch y casgliad sy'n argyhoeddi fwyaf yn eich barn chi ac esboniwch pam mae hyn yn wir. Ceisiwch gyferbynnu hyn â'r casgliad gwannaf ar y rhestr, gan gyfiawnhau eich dadl gyda rhesymu clir a thystiolaeth.

Mae mesur i ba raddau mae dynion a menywod Mwslimaidd yn hapus yn dibynnu ar ganfyddiadau personol, ond mae'n fesur arall i'w ddefnyddio i gymharu'r ddau ryw. Gallech chi feddwl am eraill. Mater arall i'w drafod yw faint o bwysau yn union a ddylai gael ei roi ar bob mesur. Gallech chi ystyried y ffaith bod cyflog cyfartalog menywod yn is na chyflog dynion yn dystiolaeth bwysig am anghydraddoldeb. Neu, byddai hi'n bosibl dadlau mai'r hyn sy'n bwysig yw bod Duw yn barnu gweddïau a defosiynau menywod a dynion yn gyfartal.

Efallai fod Duw wedi gwneud i bobl fod yn anghyfartal, neu Iddo wneud iddyn nhw fod yn wahanol, ond yr un mor bwysig â'i gilydd; neu efallai fod Islam yn ystyried dynion a menywod yn gyfartal, ond bod Mwslimiaid wedi methu gweithredu hyn. Mae'r holl ganlyniadau posibl gwahanol yn adlewyrchu'r amrywiaeth safbwyntiau gan Fwslimiaid gwahanol ar y mater hwn.

Sgiliau allweddol Thema 3

Mae'r thema hon yn cynnwys tasgau sy'n ymdrin ag agweddau penodol ar AA2 o ran nodi elfennau allweddol arddull gwerthusol darn ysgrifenedig, gan ganolbwyntio ar wrthddadleuon a).

Datblygu sgiliau AA2

Nawr mae'n bwysig ystyried y wybodaeth sydd wedi'i chyflwyno yn yr adran hon; fodd bynnag, mae'r wybodaeth fel y mae yn llawer rhy helaeth ac felly mae'n rhaid ei phrosesu er mwyn bodloni gofynion yr arholiad. Gallwch wneud hyn drwy ymarfer y sgiliau uwch sy'n gysylltiedig ag AA2. Bydd yr ymarferion yn y llyfr hwn yn eich helpu i wneud hyn ac yn eich paratoi ar gyfer yr arholiad. Ar gyfer Amcan Asesu 2 (AA2), sy'n cynnwys dangos sgiliau 'dadansoddi beirniadol' a 'gwerthuso', rydyn ni am ganolbwyntio ar ffyrdd gwahanol o ddangos y sgiliau yn effeithiol, gan gyfeirio hefyd at sut bydd eich perfformiad ym mhob un o'r sgiliau hyn yn cael ei fesur (gweler disgrifyddion band cyffredinol AA2 ar gyfer U2).

▶ **Dyma eich tasg:** Isod mae **safbwynt unochrog sy'n ymwneud â rolau newidiol dynion a menywod mewn bywyd teuluol**. Mae hwn yn 150 gair o hyd. Mae angen i chi gynnwys y safbwynt hwn ar gyfer gwerthusiad; fodd bynnag, nid yw cyflwyno un ochr y ddadl neu drywydd un rhesymeg yn unig yn gyfystyr â gwerthusiad. Gan ddefnyddio'r paragraff isod, ychwanegwch wrthddadl neu resymeg amgen er mwyn cyflwyno gwerthusiad mwy cytbwys. Dylech ysgrifennu tua 150 gair wrth lunio eich gwrthddadl neu resymeg amgen.

Mae Islam wedi'i seilio ar ddatguddiadau'r Qur'an sydd wedi'u sefydlu am byth. Dydy hi ddim yn bosibl newid geiriau olaf, digyfnewid Allah, sydd wedi'u henghreifftio drwy Muhammad, ei Negesydd olaf, oherwydd mai dyma ffasiwn yr oes. Mae gan fenywod rôl bwysig yn y cartref yn magu plant, yn eu dysgu i ddilyn traddodiadau Islam, gan gynnwys y geiriau cyntaf o'r Qur'an. I ryw raddau gallan nhw fynd allan i weithio hefyd, ond nid os yw'n effeithio ar eu rôl draddodiadol. Mae bywyd modern yn pylu ffiniau rolau rhywedd sy'n rhoi straen ar y fenyw. I lawer o fenywod, mae neilltuo eu bywydau i ddehongliad traddodiadol o Islam, sy'n golygu derbyn gwarcheidwaeth dynion, a gwisgo gorchudd, yn eu rhyddhau. Dydy hyn ddim yn golygu eu bod nhw'n derbyn statws is: mae dynion a menywod yn wahanol, oherwydd mai dyna sut mae Allah wedi'u gwneud nhw. Mae hyd yn oed ffeministiaid fel 'Bint ash Shati yn dadlau bod ffeministiaeth fodern yn ystumio rôl menyw. Rhaid gwerthfawrogi menywod, ond dydy hynny ddim yn golygu y dylai rolau rhywedd gael eu newid ar gyfer y gymdeithas fodern.

Nesaf, meddyliwch am ddadl neu resymeg arall a all gefnogi'r naill ddadl neu'r llall, neu gall hyd yn oed fod yn hollol wahanol, ac yna ychwanegwch hyn at eich ateb. Yna gofynnwch i chi'ch hun:

- A fydd fy ngwaith, ar ôl ei ddatblygu, yn cynnwys safbwyntiau trylwyr, cyson a chlir wedi'u cefnogi gan resymeg a/neu dystiolaeth helaeth, fanwl?

Sgiliau allweddol

Mae dadansoddi'n ymwneud â:

Nodi materion sy'n cael eu codi gan y deunyddiau yn adran AA1, ynghyd â'r rhai a nodwyd yn adran AA2, ac mae'n cyflwyno safbwyntiau cyson a chlir, naill ai gan ysgolheigion neu safbwyntiau personol, yn barod i'w gwerthuso.

Mae hyn yn golygu:

- Bod eich atebion yn gallu nodi meysydd trafod allweddol mewn perthynas â mater penodol
- Eich bod yn gallu nodi'r gwahanol ddadleuon a gyflwynir gan eraill, a rhoi sylwadau arnyn nhw
- Bod eich ateb yn rhoi sylwadau ar effeithiolrwydd cyffredinol pob un o'r meysydd neu ddadleuon hyn.

Mae gwerthuso'n ymwneud ag:

Ystyried goblygiadau amrywiol y materion sy'n cael eu codi, yn seiliedig ar y dystiolaeth a gafwyd wrth ddadansoddi ac mae'n rhoi dadl fanwl eang gyda chasgliad clir.

Mae hyn yn golygu:

- Bod eich ateb yn pwyso a mesur canlyniadau derbyn neu wrthod y dadleuon amrywiol a gwahanol a gafodd eu dadansoddi
- Bod eich ateb yn dod i gasgliad drwy broses rhesymu clir.

C: Islam a mudo: yr her o fod yn Fwslim ym Mhrydain heddiw

Mae'r adran hon yn cwmpasu cynnwys a sgiliau AA1

Cynnwys y fanyleb

Archwiliad o'r problemau sy'n cael eu creu trwy wahanu a chymathu â chymunedau ac unigolion Mwslimaidd sy'n byw ym Mhrydain heddiw gan ganolbwyntio ar fwyd, gwisg, arferion crefyddol ac addysg.

Pwy yw Mwslimiaid Prydeinig?

Yn ôl cyfrifiad diweddar, mae 45 000 o Fwslimiaid yn byw yng Nghymru a Mwslimiaid yw 5% o boblogaeth y DU yn gyffredinol. Daeth y rhan fwyaf o deuluoedd o fudwyr neu mudon nhw eu hunain o dramor. Mae'r gwledydd y maen nhw'n dod ohonyn nhw'n cynnwys Pakistan, Bangladesh, Somalia, Yemen, Libya Iraq a Syria. Mae rhai o dreftadaeth y DU wedi cael tröedigaeth i Islam, menywod yn bennaf, ac mae rhai Mwslimiaid wedi penderfynu gadael eu ffydd.

Ymwelodd teithwyr Mwslimaidd â Phrydain yn ystod yr Oesoedd Canol. Roedd stori bod un o'r hen frenhinoedd Celtaidd, Selbach o Dal Riada, wedi cael tröedigaeth i Islam yn yr wythfed ganrif. Efelychodd y Brenin Offa o Loegr ddarn arian Arabaidd gyda'r shahadah wedi'i ysgythru o gwmpas yr ymyl. Cyfeiriodd mapiwr Mwslimaidd at Brydain fel yr 'Ynysoedd Bendigaid', gwlad o harddwch a chyfoeth mawr.

Darn arian y Brenin Offa

Daeth morwyr i Brydain ac ymsefydlodd cymuned o Fwslimiaid o Yemen yng Nghaerdydd. Yn 1889 sefydlodd Abdullah Quilliam, a gafodd dröedigaeth i Islam, un o'r mosgiau cyntaf ym Mhrydain yn Lerpwl. Mae llawer o Fwslimiaid wedi cyrraedd mewn tonnau o fudo ers yr 1950au, er mwyn cael swyddi a helpu i ailadeiladu Prydain ar ôl yr Ail Ryfel Byd. Dynion ddaeth i ddechrau, ond wedyn daeth eu teuluoedd atyn nhw.

Sefydlodd rhai Mwslimiaid siopau cornel a siopau bwyd cyflym, a dydy hi ddim yn anarferol eu gweld nhw'n rhedeg y busnesau hyn mewn corneli diarffordd o'r DU. Fodd bynnag, mae mwyafrif y Mwslimiaid yn byw mewn dinasoedd yn Lloegr fel Llundain, Bradford a Birmingham, ac yn enwedig mewn ardaloedd llai cyfoethog o'r dinasoedd hynny. Felly maen nhw'n ffurfio ardaloedd o amddifadedd cymdeithasol sydd wedi'i grynhoi.

Mae Mwslimiaid yn y DU yn perthyn i lawer o sectau gwahanol. Mae'r rhain yn cynnwys llawer o isadrannau o Fwslimiaid Sunni a Shi'a, yn ogystal â Mwslimiaid Salafi, Mwslimiaid diwygiedig, Mwslimiaid Sufi a Mwslimiaid Qur'anaidd. Mae llawer o fosgiau wedi cael eu sefydlu: mae rhai yn enwog, fel Mosg Canolog Llundain yn Hyde Park; mae rhai yn gyfleusterau cymunedol bach mewn tai wedi'u haddasu.

Mae Mwslimiaid wedi rhagori mewn llawer o feysydd. Mae gwleidyddion llwyddiannus yn cynnwys Maer Llundain Sadiq Khan, y Farwnes Sayeeda Warsi, y cyflwynydd Jason Mohammad, y cyflwynydd newyddion Mishal Hussain a'r gohebydd Faisal Islam. Mae rhai Mwslimiaid wedi integreiddio'n dda iawn i fywyd y DU. Mae eraill yn byw bywyd ar wahân i raddau helaeth ac mae ganddyn nhw werthoedd Islamaidd ceidwadol sydd efallai ychydig yn wahanol i rai eu cymdogion Prydeinig arferol. Mae niferoedd mawr o Fwslimiaid yn dweud eu bod wedi profi rhagfarn, ac ymosodiad geiriol neu gorfforol mewn rhan achosion. Mae eraill yn gweld bod Prydain yn hafan oddefgar ac yn lle i ddianc o wledydd lle maen nhw wedi dioddef erledigaeth.

Term allweddol

Arwahanu: gosod grŵp ar wahân i rai eraill

Archwilio'r problemau sy'n cael eu hachosi drwy arwahanu

Yn Ne Affrica yn nyddiau apartheid roedd pobl yn aml yn cael eu gwahanu ar sail hil. Yr enw ar hyn oedd **arwahanu** hiliol. Roedd pobl yn byw mewn cymdogaethau gwahanol, roedd ganddyn nhw swyddi gwahanol ac roedden nhw hyd yn oed yn eistedd mewn rhannau gwahanol o fysiau. Does dim byd fel yna ym Mhrydain heddiw. Fodd bynnag, mae rhai ardaloedd, yn enwedig mewn dinasoedd mawr, fel Llundain, lle mae cyfran fawr iawn o Fwslimiaid yn byw.

Tower Hamlets yn Nwyrain Llundain

Dyfyniad allweddol

Dydy hi ddim yn hawdd cynnwys y rhesymau pam mae grwpiau ethnig a chrefyddol yn ymledu yn yr ystadegau, ond mae bron pob astudiaeth a dadansoddydd yn cytuno mai addysg a chyflogaeth yw'r cymhelliannau cryfaf. Mae'r rhan fwyaf o'r bobl sy'n symud o'r ardal lle magwyd nhw yn gwneud hynny er mwyn cael cymwysterau neu swyddi. Po fwyaf cyfoethog ac addysgedig yw rhywun, mwyaf tebygol maen nhw o symud ac o gymysgu, a hyd yn oed o ryng-briodi, o integreiddio. **(Kirkuk)**

cwestiwn cyflym

3.12 Nodwch ddwy ardal lle mae niferoedd mawr o Fwslimiaid yn byw.

Dyfyniadau allweddol

Mae Prydain yn mynd yn fwy amrywiol ac os na feddyliwn ni am hyn ac os nad ydyn ni'n barod i weithredu arno, y perygl yw y byddwn ni'n mynd yn fwy ar wahân ... Bydd llawer gormod o fannau sy'n teimlo fel petaen nhw i bobl gefnog yn unig a llawer gormod o fannau sy'n teimlo fel petaen nhw i bobl dlawd yn unig; bydd llawer gormod o ysgolion sy'n teimlo fel petaen nhw i un grŵp lleiafrifol yn unig neu i un dosbarth cymdeithasol yn unig. **(Taylor)**

Mae llawer o ddisgyblion Mwslimaidd yn gwneud yn waeth na'u cyfoedion am resymau sy'n cynnwys: tai gorlawn, absenoldeb cymharol sgiliau iaith Saesneg gan rieni mewn rhai cymunedau Mwslimaidd, lefelau isel o ymgysylltu gan rieni ag ysgolion prif ffrwd, disgwyliadau isel gan athrawon, Islam wedi'i thynnu o gwricwlwm yr amgylchedd dysgu yn yr ysgol, a hiliaeth a rhagfarn gwrth-Fwslimaidd. **(Curriculum Journal)**

Term allweddol

Amlddiwylliannaeth: y syniad y dylai diwylliannau gwahanol gyd-fyw yn yr un gymdeithas

Mae Mwslimiaid Bengali yn ganran uchel o boblogaeth Tower Hamlets yn Nwyrain Llundain. Mae mwyafrif y bobl ifanc ar draws Dwyrain Birmingham, dros 60%, yn Fwslimiaid. Mae pobl o ffydd a chefndiroedd gwahanol yn dal i fyw a gweithio yn yr ardaloedd hyn, ond mae'r cydbwysedd wedi newid yn syfrdanol. Mewn rhai strydoedd, mae Mwslimiaid sydd eisiau byw fel teuluoedd estynedig yn agos at rieni, neiniau a theidiau, ewythredd a modrybedd, wedi prynu llawer o dai. Mewn rhai ysgolion, mae plant yn mynd ac yn dod bob dydd a phrin maen nhw'n cwrdd â phlant eraill heblaw am Fwslimiaid eraill.

Dros gyfnod, ymgasglodd grwpiau o Wyddelod, Sikhiaid a Hindŵiaid mewn rhai ardaloedd hefyd, yna cawson nhw eu hintegreiddio'n fwy a gwasgaru. Fodd bynnag, mae niferoedd mwy o Fwslimiaid sydd heb integreiddio cystal yn byw mewn rhai ardaloedd. Mae eraill sy'n byw yno yn eu gweld yn fygythiad ac yn gweld bod eu cymunedau wedi newid. Mae ardaloedd lle mae llawer iawn o Fwslimiaid yn byw yn gallu cael eu gweld fel getos. O ganlyniad, mae llai o bobl yn ymweld, mae busnesau'n llai prysur, ac mae'r ardal yn mynd yn llai llewyrchus.

Dangosodd cyfrifiad fod Mwslimiaid yn byw mewn tai mwy llawn na chymunedau eraill, roedd eu safonau addysg yn waeth ac roedden nhw'n fwy tebygol o fynd yn sâl. Roedd gan y Mwslim cyffredin lai o gymwysterau ac roedd yn fwy tebygol o fod yn ddi-waith. Cyfartaleddau yw'r ffigurau hyn: mae rhai Mwslimiaid cyfoethog a llwyddiannus hefyd. Mae maint teulu cyffredin Mwslimiaid yn fwy gyda mwy o blant na theuluoedd o dreftadaeth pobl wyn y DU.

Mae cyfran y Mwslimiaid sydd â graddau wedi codi llai na'r boblogaeth gyffredinol, felly mae Mwslimiaid yn mynd ar ei hôl hi. Mewn pethau eraill, mae Mwslimiaid yn dal i fyny gyda safonau addysg. Mae dynion Mwslimaidd yn fwy tebygol o fynd i'r brifysgol na menywod. Mae Mwslimiaid wedi'u tangynrychioli mewn swyddi Rheoli Canol ac wedi'u gorgynrychioli ymysg y di-waith.

Pam mae'r problemau hyn yn digwydd? Un ddamcaniaeth yw oherwydd bod Mwslimiaid yn tueddu i fod yn llai cyfoethog, maen nhw'n byw mewn cymdogaethau lle mae llai o gyfleoedd gwaith, ac felly maen nhw'n mynd ar ei hôl hi oherwydd rhesymau economaidd. Damcaniaeth wahanol yw bod Mwslimiaid yn cael eu harwahanu oherwydd eu hagweddau at grefydd, sy'n gwneud iddyn nhw beidio â chymysgu â rhai sydd â ffydd arall neu rai heb ffydd.

Cafodd arolwg o Fwslimiaid ei wneud yn 2016, o'r enw '*What do British Muslims really think?*'. Dadansoddodd Trevor Phillips y canlyniadau. Mewn rhai ffyrdd, roedd y canlyniadau'n dda: roedd 94% o Fwslimiaid yn teimlo eu bod yn gallu arfer eu ffydd yn rhydd ym Mhrydain; roedd 86% yn teimlo eu bod yn perthyn i Brydain, ac roedd y mwyafrif helaeth yn gwrthwynebu terfysgaeth, trais a hunanfomio. Serch hynny, mae'n destun gofid nad oedd lleiafrif yn gwrthwynebu hyn. Roedd y rhan fwyaf yn gwrthwynebu cyfunrywioldeb ac roedd ganddyn nhw agweddau ceidwadol yn gymdeithasol, sy'n annerbyniol ymysg y boblogaeth gyffredinol.

Dyfyniad allweddol

Mae barn ryddfrydol ym Mhrydain wedi hawlio, am dros ddau ddegawd, fod y rhan fwyaf o Fwslimiaid yn union fel pawb arall, ond gyda synnwyr gwisgo mwy cymedrol a mwy o flew ar wynebau dynion; byddai unrhyw wahaniaethau yn pylu gydag amser a chysylltiad. Ond diolch i'r arolwg mwyaf manwl a chynhwysfawr o farn Mwslimiaid Prydain erioed, rydyn ni'n gwybod nawr nad felly y mae hi. **(Phillips)**

Cyn hyn, roedd Trevor Phillips yn cefnogi polisi **amlddiwylliannaeth** a gyda'r polisi hwnnw, dathlu gwahaniaeth. Dyma'r doethineb cyffredin am nifer o flynyddoedd, ond yng ngoleuni'r arolwg hwn ac ymchwil arall, newidiodd Trevor Phillips ei feddwl. Nawr mae angen integreiddio rhagor, hyrwyddo gwerthoedd Prydeinig wedi'u rhannu ymysg pob cymuned, yn hytrach na gadael i rai rhannau ohoni fod â safbwyntiau gwahanol.

Roedd Dilly Hussain, awdur Mwslimaidd, yn anghytuno. Roedd hinsawdd o Islamoffobia yn gwthio Mwslimiaid i gornel ac integreiddio yn fwy anodd eto. Roedd canfyddiad bod pobl, yn lle annog Mwslimiaid, yn siarad i lawr â nhw ac yn rhoi gorchymyn iddyn nhw newid eu ffyrdd a gwella eu harferion. Roedd y canfyddiad hwn yn gwneud i rai Mwslimiaid ymateb yn negyddol a bod hyd yn oed yn llai tebygol o integreiddio yn y tymor byr.

Os yw Mwslimiaid yn tyfu ar wahân i gymunedau eraill, gallen nhw fod yn fwy agored i gael eu radicaleiddio. Mewn egwyddor, os nad oes gennych chi ffrindiau sy'n wahanol, yna rydych chi'n poeni llai am y bobl hynny, felly fyddwch chi ddim yn poeni cymaint os oes ymosodiad arnyn nhw. Os ydych chi'n tyfu ochr yn ochr ag eraill, yna byddwch chi eisiau i bawb fod yn ddiogel, a byddwch chi eisiau rhoi gwybod am unrhyw beth a allai achosi niwed i eraill.

Mae'r ddamcaniaeth hon yn ddadleuol. Roedd rhai Mwslimiaid a anwyd ym Mhrydain o blith y nifer bach iawn sydd wedi gwneud erchyllterau, wedi cael eu hintegreiddio i gymunedau cymysg mewn gwirionedd. Rywfodd, datblygodd eu hymdeimlad o ddicter a chwyno mor bell fel yr aethon nhw ati i chwilio am ddylanwadau eithafol, drwy bregethwyr neu ar-lein, a hynny'n eu hysbrydoli i ymosod. Mae llawer o Fwslimiaid yn meddwl bod pobl fel hyn yn wallgof a'u bod nhw'n ddim byd i'w wneud â nhw. Ond er gwaethaf hyn, roedd yr eithafwyr eu hunain yn aml yn honni eu bod yn gweithredu dros Islam.

Dyfyniad allweddol

I rywun angerddol yn ei arddegau, mae gwylio'r dioddefaint yn Syria a chredu nad yw'n cael cyfrannu oherwydd safonau dwbl wedi'u gyrru gan Islamoffobia yn gallu creu teimladau eithafol o ymddieithrio. Ac i'r rhai sy'n cael eu troi at eithafiaeth, mae ffactorau eraill fel arfer: cysylltiad â phregethwr casineb effeithiol sy'n denu dilynwyr, difaterwch ynghylch trais neu awydd amdano, ymdeimlad o ddiffyg pwrpas – mewn rhai achosion, yr un ffactorau â'r rhai sy'n denu pobl ifanc at gangiau troseddol. **(Hirsch)**

Mae Mwslimiaid yn teimlo bod pobl yn eu beirniadu nhw am weithredoedd unigolion nad ydyn nhw'n cytuno â nhw, a dydyn nhw ddim fel petaen nhw'n gallu dweud digon i'w condemnio nhw. Eto ar yr un pryd mae llawer o broblemau yn y gymuned Fwslimaidd y mae Mwslimiaid wedi bod yn araf i'w cydnabod nhw. Mae pobl ifanc sy'n diflannu dros nos i ymuno ag achos eithafol yn gwneud i rieni torcalonnus feddwl tybed beth aeth o'i le. Y consensws cynyddol yw bod angen gwneud llawer mwy i integreiddio Mwslimiaid i brif ffrwd cymdeithas, i fynd i'r afael ag anghenion seicolegol pobl ifanc am hunaniaeth ac ymdeimlad o berthyn wedi'i wreiddio'n gadarn ym Mhrydain, ac yna bod angen dechrau mynd i'r afael â materion tlodi, all-gau ac eithafiaeth.

Cymathiad i gymunedau ac unigolion Mwslimaidd sy'n byw ym Mhrydain heddiw

Dyfyniad allweddol

Dydw i ddim yn ystyried mai ystyr integreiddio yw bod mewnfudwyr yn colli eu nodweddion a'u diwylliant cenedlaethol eu hunain .... Rwy'n diffinio integreiddio, felly, nid fel proses o gymathu ond fel cyfle cyfartal ynghyd ag amrywiaeth ddiwylliannol mewn awyrgylch o gyd-oddefgarwch'. **(Jenkins)**

Diffiniodd Roy Jenkins, yr Ysgrifennydd Cartref yn 1966, y consensws am ryw 30 mlynedd. Anogwyd pobl a fudodd i'r DU i integreiddio drwy weithio, cael swyddi a chyfrannu i'r economi. Yn eu bywyd gartref, o ran yr ieithoedd roedden nhw'n eu siarad, y dillad roedden nhw'n eu gwisgo a'r arferion crefyddol roedden nhw'n eu dilyn, roedd y gwahaniaeth nid yn unig yn cael ei oddef: roedd yn cael ei weld fel

Dyfyniadau allweddol

Y neges sylfaenol y tu ôl i ddadansoddiad Phillips drwy gydol rhaglen ddoe oedd bod rhaid i Fwslimiaid dderbyn gwerthoedd Prydeinig, a dyheu heb amod am bopeth ac unrhyw beth sy'n cael ei ystyried yn 'Brydeinig' fel 'y gweddill ohonom ni'. Rhaid deall arolwg Channel 4, ac yn bwysicach, casgliad Phillips, mewn cyd-destun penodol; ac mae'r cyd-destun hwnnw yn cynnwys ôl-effeithiau'r rhyfel ar derfysgaeth, polisïau gwrthderfysgaeth llym, twf brawychus Islamoffobia ym Mhrydain, a normaleiddio'r lladd ar Islam a Mwslimiaid yn y cyfryngau. **(Hussain)**

All hi byth fod yn iawn bod pobl yn gallu tyfu a mynd i'r ysgol a braidd byth yn dod i gysylltiad ystyrlon â phobl o gefndiroedd a chrefyddau eraill. Dydy hynny ddim yn meithrin ymdeimlad o gyd-berthyn ac o gyd-ddealltwriaeth – mae'n gallu gyrru pobl ar wahân. Rwy'n gwybod eich bod chi weithiau yn ymrafael â materion enfawr ynghylch eich hunaniaeth, ac nad ydych chi'n teimlo'n rhan o'r brif ffrwd na chwaith yn rhan o'r diwylliant o gefndir eich rhieni. Ac rwy'n gwybod, cyhyd ag y bod anghyfiawnder o hyd ... efallai y byddwch chi'n teimlo nad oes lle i chi ym Mhrydain. **(Cameron)**

Cynnwys y fanyleb

Archwiliad o'r problemau sy'n cael eu creu trwy wahanu a chymathu â chymunedau ac unigolion Mwslimaidd sy'n byw ym Mhrydain heddiw gan ganolbwyntio ar fwyd, gwisg, arferion crefyddol ac addysg.

Term allweddol

Cymathu: caffael nodweddion prif ffrwd y gymdeithas

Dyfyniad allweddol

Roedd amlddiwylliannaeth yn rheoli mewn rhai cylchoedd academaidd a gwleidyddol fel ideoleg: roedd mewnfudwyr, a hyd yn oed eu plant, i fod i gadw at ffyrdd eu hynafiaid; roedd unrhyw ddewis arall yn cael ei weld fel ildio i ormes trefedigaethol newydd. Ond yn ddiweddar, wedi'i sbarduno gan derfysgaeth Islamaidd, mae'r farn gonfensiynol, yn enwedig ymysg 'pobl flaengar' a allai unwaith fod wedi bod yn hyrwyddo dilysrwydd diwylliannol, wedi dechrau mynd i'r cyfeiriad arall. Mae cymathiadaeth wedi dod yn ffasiynol eto. Mae disgwyl i Fwslimiaid yn enwedig rannu 'ein gwerthoedd Gorllewinol', beth bynnag yw'r rheini – fersiwn Cristnogol, neu weithiau Iddewig-Gristnogol, neu resymol o'r Oleuedigaeth ond, beth bynnag, ddim yn Islamaidd. (Buruma)

Cwestiwn cyflym

3.13 Beth yw amlddiwylliannaeth?

Dyfyniad allweddol

Mae Mwslimiaid wedi byw yn y wlad hon am 70 mlynedd fwy neu lai, ac maen nhw'n dal i gyfrannu'n gadarnhaol mewn amryw o feysydd proffesiynol, sefydliadau academaidd a diwydiannau economaidd. Mwslimiaid yw'r bobl fwyaf haelionus yn y DU, a dydyn nhw ddim yn oedi cyn helpu eu cyd-ddinasyddion nad ydyn nhw'n Fwslimiaid, fel y gwelwyd yn ystod y gwaith cymorth adeg y llifogydd fis Rhagfyr diwethaf yng ngogledd Lloegr. Mae mudiadau Mwslimaidd niferus yn aml yn cynnal diwrnodau agored mewn mosgiau, ac yn ymgysylltu â phrosiectau cymunedol law yn llaw â phobl o bob ffydd ac argyhoeddiad. (Hussain)

mantais. Mae hyn wedi newid yn fawr yn yr ychydig flynyddoedd diweddaraf. Mae Ian Buruma yn disgrifio'r symud o integreiddio i **gymathu**. Nawr mae Mwslimiaid yn cael eu hannog i gymathu: dysgu Saesneg, ymuno ag eraill o'u cwmpas, rhannu gwerthoedd cyffredin a derbyn y pethau tebyg.

Gallai cymathu diwylliannol olygu eitemau o ddillad, bywyd cymdeithasol a chyfeillgarwch. I rai, mae cymysgu ag eraill yn ysgogiad ac yn gyfle i hyrwyddo eu ffydd drwy eu cymeriad a'u gweithredoedd. Dydy eraill ddim yn gallu derbyn y dylen nhw gymysgu'n rhydd ag aelodau o'r rhyw arall a lle mae alcohol.

Mae gwerthoedd Prydeinig ar y cyd yn cael eu diffinio fel credu mewn democratiaeth, rheolaeth y gyfraith, rhyddid yr unigolyn, parch a goddefgarwch at bobl sydd â ffydd a chredoau eraill. Mae mwyafrif helaeth y Mwslimiaid a'r rhai nad ydyn nhw'n Fwslimiaid yng nghymdeithas Prydain yn cytuno â'r gwerthoedd hyn. Mae lleiafrif bach o Fwslimiaid, weithiau, wedi honni bod democratiaeth yn groes i shari'a. Mae parch a goddefgarwch y naill tuag at y llall yn golygu y dylai Mwslimiaid oddef eraill y maen nhw'n anghytuno â nhw. Does dim rhaid iddyn nhw gytuno â ffyrdd o fyw pobl hoyw, ond mae angen iddyn nhw ddangos goddefgarwch, ymddwyn yn gwrtais, a thrin pobl sy'n wahanol yn gyfartal ac â pharch. Mae Mwslimiaid yn dal i fod yn rhydd i fod â'u safbwyntiau eu hunain ar faterion ffydd, ond disgwylir iddyn nhw rannu gwerthoedd Prydeinig cyffredin yn y ffordd y maen nhw'n rhyngweithio ag eraill. Felly mae Mwslimiaid yn cael credu mewn priodas wedi'i chynorthwyo, ond dylen nhw wrthwynebu priodas dan orfod, oherwydd bod hyn yn groes i ryddid yr unigolyn. Dylai menywod gael eu trin yn gyfartal, o dan reolaeth cyfraith Brydeinig, a ddylen nhw ddim cael eu hystyried yn llai na dynion mewn unrhyw ffordd.

Dyfyniad allweddol

Mae arferion a gwerthoedd crefyddol Mwslimiaid yn cael eu harchwilio â chwyddwydr, tra mae credoau ceidwadol ac 'anryddfrydol' grwpiau ffydd eraill yn cael eu hanwybyddu. Os yw llywodraeth Prydain yn mynnu parhau ar ei chrwsâd ideolegol i orfodi Mwslimiaid i gymathu â rhyddfrydiaeth seciwlar drwy gysylltu uniongrededd crefyddol â therfysgaeth, yna bydd mwy o Fwslimiaid yn cael eu dadryddfreinio, bydd mwy o gwyno, a bydd lledaenu stereoteipiau negyddol yn y gymdeithas ehangach yn sicr o greu llanast. (Hussain)

Mae Dilly Hussain yn credu bod y llywodraeth yn mynd yn rhy bell. Mae'n credu bod Mwslimiaid yn cael eu gweld yn negyddol yn y cyfryngau a bod y symudiad at werthoedd Prydeinig yn ffordd o dargedu Mwslimiaid. Mae Dilly yn credu bod gan Fwslimiaid record falch o integreiddio dros lawer o flynyddoedd.

Awgrym astudio

Wrth ddysgu am gymathu, ystyriwch yn ofalus y cysylltiadau rhwng credoau ac arferion. Mae'n bosibl defnyddio safbwyntiau ysgolheigion mewn cyd-destun: dangoswch eich bod chi'n deall beth roedd yr ysgolheigion hynny yn ei olygu yng nghyd-destun eu gwaith, a sut mae eu syniadau wedi cael eu defnyddio'n ymarferol. Bydd mynd ati'n hyderus i wneud cysylltiadau rhwng yr elfennau amrywiol a astudioch chi yn helpu i ddangos eich bod yn deall goblygiadau credoau a dysgeidiaethau.

Mae Kenan Malik yn cyflwyno achos mwy cadarnhaol dros gymathu. Mae'n beirniadu amlddiwylliannaeth am gyfyngu ar bobl drwy reoleiddiadau polisi'r llywodraeth. Mae cymathu yn fwy cyffrous ac yn dod â chyfleoedd am brofiadau diwylliannol newydd gydag ef. Ddylai Mwslimiaid ym Mhrydain ddim brysio i'r casgliad mai rhywbeth negyddol yw cymathu; dylen nhw ei weld yn gyfle gwych a'i groesawu â breichiau agored.

Dyfyniad allweddol

Mae'r profiad o fyw mewn cymdeithas sy'n llai ynysig, yn fwy bywiog ac yn fwy cosmopolitaidd yn rhywbeth i'w groesawu ac i'w goleddu. ... Fel proses wleidyddol, fodd bynnag, mae amlddiwylliannaeth yn golygu rhywbeth gwahanol iawn. Mae'n disgrifio set o bolisïau sy'n anelu at reoli amrywiaeth a'i throi'n rhan o'r sefydliad drwy roi pobl mewn blychau ethnig a diwylliannol, gan ddiffinio anghenion a hawliau unigol yn ôl y blychau y rhoddir pobl ynddyn nhw, a defnyddio'r blychau hynny i rannu polisi cyhoeddus. Mae'n achos, nid i agor ffiniau a meddyliau, ond i blismona ffiniau, boed yn rhai corfforol, diwylliannol neu ddychmygol. **(Malik)**

Bwyd

Siop bwyd halal

Mae traddodiad yn galw ar Fwslimiaid i fwyta cig halal. Yn ôl arferion Muhammad, doedd dim hawl i ladd pob math o gig: roedd moch ac adar ysglyfaethus wedi'u gwahardd. Dylai cig i'w ladd gael ei fagu mewn ffordd naturiol, yn gynnyrch maes, heb ei effeithio gan bethau annaturiol fel pigiadau gwrthfiotig. Dylai'r anifail gael ei ladd â chyllell finiog, gan dorri'r gwddf pan mae pen yr anifail yn wynebu Makkah, a phan mae'r Mwslim sy'n gwneud y weithred yn dweud y gair Bismillah, yn enw Duw. Ar ôl i'r gwddf gael ei dorri, mae gwaed yn llifo o'r anifail tan iddo farw.

Mae amrywiaeth o arferion Mwslimaidd yn y DU sy'n ymwneud â halal. Prin yw'r Mwslimiaid sy'n mynnu cael cig organig, maes. Mae'r rhan fwyaf o'r cig sy'n cael ei ladd yn dod o dan oruchwyliaeth corff Mwslimaidd Sunni, yr Awdurdod Bwyd Halal sy'n caniatáu llonyddu ymlaen llaw. Felly dydy'r anifail ddim yn teimlo'r boen wrth i'w wddf gael ei dorri. Mae peth cig yn cael ei ladd yn ôl y Pwyllgor Monitro Halal, sy'n mynnu bod arferion y Proffwyd yn cael eu dehongli'n llythrennol. Gan nad oedd hi'n bosibl llonyddu yng nghyfnod y Proffwyd, dydyn nhw ddim yn ei ganiatáu. Mae llawer o Fwslimiaid Salafi a rhai Mwslimiaid Sunni yn mynnu hyn.

Cyflwynodd Cymdeithas Milfeddygon Prydain ddeiseb i'r llywodraeth yn erbyn lladd anifeiliaid heb eu llonyddu ymlaen llaw. Pan ehangodd lladd-dy yng Nghaernarfon er mwyn cyflenwi mwy o gig halal heb ei lonyddu ymlaen llaw, cwynodd llawer o bobl. Honnir bod anifeiliaid yn teimlo poen a straen.

Er ei bod hi'n well gan Fwslimiaid gig halal, mae gwahaniaethau barn ynghylch beth arall y mae ganddyn nhw hawl i'w fwyta. Mae rhai Mwslimiaid yn llym iawn ac yn gwirio'r cynhwysion yn ofalus ar bacedi creision, rhag ofn eu bod yn cynnwys cyflasynnau cig. Maen nhw'n credu y byddai bwyta'r creision hynny yn haram. Mae eraill yn dweud ei bod hi'n dderbyniol bwyta bwyd 'Pobl y Llyfr', sy'n cynnwys Cristnogion ac Iddewon a phob cig sy'n cael ei gyflenwi yn y DU heblaw am gig moch, oherwydd mai gwlad Gristnogol yw Prydain.

Weithiau mae'r Qur'an yn gallu bod yn ddryslyd ynghylch cyfreithiau bwyd. Mae Sura 5 ayat 3 yn awgrymu bod unrhyw gig sydd wedi'i ladd yn enw unrhyw un arall heblaw am Allah yn haram. Mae Sura 5 ayat 5 yn awgrymu bod cig Pobl y Llyfr yn halal. Yn nyddiau cynnar y Proffwyd yn Madinah, roedd yr Iddewon a'r Cristnogion yn cael eu hystyried yn gyd-gredinwyr yn Allah ac yn aelodau o'r ummah, ond yn ddiweddarach ystyriwyd nhw'n bobl ar wahân. Mae hyn yn achosi dryswch ymysg Mwslimiaid heddiw ynghylch a yw'r Qur'an yn caniatáu iddyn nhw fwyta cig o'r archfarchnad leol, neu a oes rhaid iddo ddod oddi wrth y cigydd halal. Mae'r rhan fwyaf o Fwslimiaid yn y DU yn mynnu gwirio ei fod wedi'i ladd yn ôl dull halal. Fodd bynnag, mae safbwynt gwahanol gan **Shaykh Yusuf Qaradawi**.

Dyfyniadau allweddol

Qur'an 5:5

Y diwrnod hwn mae (popeth) da a phur yn cael ei wneud yn gyfreithlon i chi. Mae bwyd Pobl y Llyfr yn gyfreithlon i chi ac mae eich bwyd chi'n gyfreithlon iddyn nhw. **(Yusuf Ali)**

Qur'an 5:3

Chewch chi ddim (bwyta): cig marw, gwaed, cnawd moch, a'r hyn y galwyd arno yn unrhyw enw heblaw am enw Allah, yr hyn sydd wedi cael ei ladd drwy lindagu, neu drwy ergyd treisgar, neu drwy gwympo bendramwnwgl, neu drwy gael ei gornio i farwolaeth; yr hyn sydd wedi cael ei fwyta (yn rhannol) gan anifail gwyllt; os na allwch chi ei ladd (yn y ffordd gywir); yr hyn sydd wedi'i aberthu ar (allorau) carreg; hefyd (wedi'i wahardd) rhannu (cig) drwy ei ddifetha â saethau: mae hynny'n annuwiol. **(Yusuf Ali)**

Rydyn ni'n gwybod bod cig wedi'i fewnforio, fel cyw iâr a chig eidion tun, sy'n dod oddi wrth Bobl y Llyfr yn halal i ni, er y gall yr anifail fod wedi cael ei ladd drwy sioc drydan neu debyg. Ond eu bod nhw'n ei ystyried yn gyfreithlon yn eu crefydd nhw, mae'n halal i ni. Dyma sut mae cymhwyso'r adnod uchod o Sura al-Maidah. **(Shaykh Qaradawi)**

Unigolyn allweddol

Shaykh Yusuf Qaradawi: Diwinydd a chyflwynydd teledu o'r Aifft sydd wedi siarad o blaid democratiaeth, cael perthynas dda â'r rhai nad ydyn nhw'n Fwslimiaid a'r ffaith fod hawl bwyta cig oddi wrth Gristnogion ac Iddewon. Mae ei gysylltiadau â'r Frawdoliaeth Fwslimaidd wedi bod yn ddadleuol yn y gorffennol.

Dyfyniad allweddol

Y Qur'an 24:30–31

Dywedwch wrth y dynion sy'n credu y dylen nhw ostwng eu llygaid a gwarchod eu gwyleidd-dra: bydd hynny'n creu mwy o burdeb iddyn nhw: Ac mae Allah yn gyfarwydd iawn â phopeth y maen nhw'n ei wneud. A dwedwch wrth y menywod sy'n credu y dylen nhw ostwng eu llygaid a gwarchod eu gwyleidd-dra; ac na ddylen nhw ddangos eu harddwch a'u haddurniadau heblaw am y rhai ohonyn nhw y mae'n (rhaid) iddyn nhw ymddangos (fel arfer); dylen nhw dynnu eu gorchudd dros eu mynwes a pheidio â dangos eu harddwch heblaw i'w gwŷr, i'w tadau, i dadau eu gwŷr, i'w meibion, i feibion eu gwŷr, i'w brodyr neu feibion eu brodyr, neu i feibion eu chwiorydd, neu i'w menywod, neu i'r caethweision y maen nhw'n berchen arnyn nhw, neu i weision sydd heb anghenion corfforol, neu i blant bach sydd heb ymdeimlad o gywilydd rhyw. **(Yusuf Ali)**

Termau allweddol

Niqab: gorchudd llawn i fenywod, hefyd mae'n gorchuddio eu hwyneb heblaw am hollt i'w llygaid

Shalwar kameez: gwisg draddodiadol i Fwslimiaid De Asia; mae'n cynnwys dau ddilledyn cotwm llac

Thobe: gwisg laes wen y mae dynion yn Arabia yn ei gwisgo

cwestiwn cyflym

3.14 Beth yw cod gwisg dynion mewn Islam?

Mae llawer o ffreuturau ysgol yn cynnig dewis halal. Mae rhai canghennau o fwytai cadwyn poblogaidd yn cynnig halal. Mae'r Llynges Frenhinol hyd yn oed yn cynnig bwyd halal i forwyr Mwslimaidd, er ei bod yn anodd iawn ei gyflenwi ar eu llongau sy'n teithio dros y byd i gyd. Cafodd hyn ei wneud i helpu Mwslimiaid i integreiddio i'r gymdeithas ac i ddarparu ar gyfer eu hanghenion.

Mae alcohol yn aml yn cael ei gyflenwi mewn bwytai ac mewn achlysuron cymdeithasol yn y DU. Mae Mwslimiaid yn credu bod alcohol yn haram, wedi'i wahardd. Mae'r rhan fwyaf o Fwslimiaid yn osgoi yfed alcohol neu fwyta cynnyrch bwyd sy'n cynnwys alcohol. Mae hyn yn gallu bod yn broblem yn y DU. Mae rhwydweithio, digwyddiadau cymdeithasol cwmnïau a hyrwyddo gyrfaoedd yn gallu cael eu amharu drwy beidio â chymryd rhan. Mae rhai Mwslimiaid hyd yn oed yn gwrthod mynd i'r ystafell lle mae'r yfed yn digwydd, ond does gan eraill ddim gwrthwynebiad ac mae rhai hyd yn oed yn fodlon gwerthu a gweini alcohol yn eu siopau.

Gwisg

Mae'r Qur'an yn galw ar i Fwslimiaid wisgo'n gymedrol. Mae hyn i ddynion, lawn cymaint ag i fenywod. Does dim disgrifiad o sut dylai gwisg gymedrol edrych. Mae rhai Mwslimiaid yn honni ei fod yn meddwl y dylai wynebau neu wallt menywod gael eu gorchuddio. Yn gyffredinol, mae Mwslimiaid yn cytuno i'r Proffwyd Muhammad ofyn i Fwslimiaid orchuddio eu cyrff yn gymedrol, ac i fod yn ostyngedig o ran eu golwg. Mae Mwslimiaid hefyd yn cael ymfalchïo mewn dillad newydd a diolch i Allah am rodd pethau hyfryd i'w gwisgo.

Weithiau mae dynion Mwslimaidd yn gwisgo gwisg ddiwylliannol, er enghraifft **shalwar kameez** o Pakistan neu **thobe** o Saudi Arabia. I rai dynion, mae hyn yn dangos eu hunaniaeth. Mae eraill yn dewis gwisgo dillad Gorllewinol. Yn draddodiadol, dydy dynion ddim yn gwisgo aur neu sidan ac maen nhw'n gwisgo dillad sy'n ddigon llac i beidio â dangos siâp y corff. Mae rhai dynion Mwslimaidd yn dewis gwisgo cap gweddïo.

Dyfyniad allweddol

Y Qur'an 33:59

O Broffwyd! Dywed wrth dy wragedd a'th ferched, a'r menywod sy'n credu, y dylen nhw wisgo eu dillad allanol amdanyn nhw (pan maen nhw oddi cartref): dyna sydd fwyaf cyfleus, fel eu bod yn cael eu hadnabod (felly) a ddim yn cael eu haflonyddu. Ac mae Allah yn Aml Ei faddeuant, yn Drugarog Iawn. **(Yusuf Ali)**

Mae hijab yn gallu golygu cyflwr o ostyngeiddrwydd i fenywod ac i ddynion; lle sydd wedi'i sgrinio â llen; gorchudd dros ran o wallt menyw neu'r cyfan; gorchudd dros y wyneb gan adael hollt yn unig i'r llygaid, o'r enw **niqab**, neu orchudd dros y wyneb i gyd. Mae sefyllfa'r gorchudd i fenywod yn bwnc llosg. Mae rhai pobl yn credu ei fod yn symbol o orthrwm sy'n cadw merched yn ymostyngol i ddynion. Mae eraill yn dweud ei fod yn rhoi teimlad o ryddhad iddyn nhw fel arwydd o'u ffydd. Mae'n gallu creu rhwystr sy'n ei gwneud hi'n fwy anodd gwneud ffrindiau nad ydyn nhw'n rhai Mwslimaidd. Mae eraill yn dweud bod y gorchudd wyneb yn gallu rhwystro cyfathrebu ac y gallai beryglu diogelwch.

Y niqab

Dyfyniadau allweddol

Cefais fy magu fel Mwslim ufudd mewn teulu Prydeinig. Cefais fy nysgu mai menywod sy'n cael pennu eu hymddygiad eu hunain – gan gynnwys eu 'gorchuddio' eu hunain. Roedden ni'n gorchuddio ein gwalltiau os mai ein dewis ni oedd hynny'n unig. ... Yn ystod y blynyddoedd diweddar yn unig mae'r syniad wedi gwreiddio bod menywod Mwslimaidd yn cael eu gorfodi gan eu ffydd i wisgo gorchudd. Mae'n arwydd, rwy'n meddwl, nid o Islam bendant, ond o'r hyn sy'n digwydd pan mae Islamyddion yn cael eu goddef gan ddiwylliant Gorllewinol sy'n hurt o ofalus i osgoi tramgwyddo. **(Ahmed)**

O'r wythfed hyd at ddechrau'r ugeinfed ganrif, roedd Mwslimiaid yn ymdrechu i gael addysg eang (yn ôl gorchymyn y Qur'an), yn cwestiynu athrawiaethau, ac yn angerddol am ddatblygiadau gwyddonol, delfrydau gwleidyddol a chymdeithasol, a chelf. Er iddyn nhw ddioddef rheolaeth drefedigaethol lawn cywilydd, doedd hynny ddim yn ddigon i'w rhwystro rhag bwrw ymlaen. Nawr mae'r gorymdeithwyr yn cerdded am yn ôl. Mae'r hijab, y jilbab, y burqa a'r niqab yn arwyddion gweladwy o'r cilio hwn o werthoedd blaengar. **(Alibhai-Brown)**

Mae'r Gymdeithas Seciwlar Genedlaethol yn rhestru tri chyfiawnhad dros wahardd y gorchudd wyneb: bydd yn cefnogi hawliau menywod drwy wneud i fenywod deimlo'n fwy cyfartal â dynion; efallai bydd yn mynd i'r afael ag ofnau diogelwch; ac, efallai bydd yn helpu menywod Mwslimaidd i integreiddio. Gan fod y gorchudd yn peri tramgwydd i'r rhan fwyaf o bobl, mae ei wahardd yn dilyn eu dymuniadau nhw. Fodd bynnag, mae gwahardd dull o wisgo yn groes i ryddid yr unigolyn, un o'r gwerthoedd craidd Prydeinig. Mae'n gallu cael ei weld fel gwahaniaethu yn erbyn Mwslimiaid.

Byddai rhywun yn disgwyl, wrth i fenywod Mwslimaidd ymsefydlu a chael eu hintegreiddio i'r gymdeithas Orllewinol, y bydd llai yn gwisgo'r gorchudd. Mae tueddiadau diweddar yn awgrymu i'r gwrthwyneb. Mae mwy o fenywod yn gwisgo'r sgarff pen ac mae mwy yn dewis gorchuddio eu hwynebau. Efallai fod hyn yn digwydd ar yr un pryd â thwf Salafiaeth sy'n cefnogi'r wisg hon, neu gall fod yn symbol allanol o grefydd sy'n helpu menywod i deimlo eu bod yn cael eu cydnabod oherwydd eu crefydd.

Arfer crefydd

Daeth y Mwslimiaid sydd ym Mhrydain o lawer o gefndiroedd gwahanol a daethon nhw â'u sectau a'u grwpiau gyda nhw. Roedd gan rai gysylltiad agos â'u gwlad enedigol, a anfonodd Imamiaid i bregethu yn iaith y genhedlaeth hŷn. Fodd bynnag, dydy'r rhan fwyaf o bobl ifanc ddim yn deall yr iaith a'r diwylliant yn dda iawn ac maen nhw eisiau cymysgu â Mwslimiaid lleol eraill o dreftadaeth ethnig wahanol.

Lleiafrif bach iawn o Fwslimiaid Shi'a sydd. Mwslimiaid Deobandi a Mwslimiaid Brewlvi yw'r ddau grŵp Sunni mwyaf yn y DU. Sefydlwyd y grŵp Deobandi yn India yn y bedwaredd ganrif ar bymtheg pan oedd Prydain yn rheoli India. Mae Mwslimiaid Deobandi yn canolbwyntio ar addoli ac yn osgoi gwleidyddiaeth. Mae eu grŵp cenhadu, y Tablighi Jamaat, yn cynnig cyfeillgarwch a brawdoliaeth i Fwslimiaid, mae'n trefnu darlithiau mewn mosgiau ac yn ymweld â Mwslimiaid yn eu cartrefi er mwyn eu hannog i ddilyn fersiwn ceidwadol a phiwritanaidd o Islam.

Mae Mwslimiaid Brewlvi yn dod o Pakistan a Kashmir yn bennaf. Maen nhw'n dilyn rhai traddodiadau Sufi gan gynnwys ailadrodd enw Duw ar ôl gweddïo a dathlu pen-blwydd y Proffwyd, **Milaud an Nabi**, y mae Mwslimiaid Brewlvi yn ei ystyried yn ŵyl Id orfodol. Mae gorymdeithiau stryd yn digwydd a chaiff bwyd ei rannu. Mae goleuadau lliw yn addurno tai a chaiff prydau bwyd gŵyl arbennig eu coginio. Mae llawer o Fwslimiaid eraill yn gwrthwynebu hyn oherwydd eu bod yn credu ei fod yn dyrchafu safle'r Proffwyd ac yn ymylu ar **shirk**, sef addoli rhywbeth heblaw am Allah.

Dyfyniad allweddol

Roedd gwefr yn perthyn i'r wisg Islamaidd, teimlad synhwyrus. Ro'n i'n teimlo fy mod wedi fy ngrymuso ... ro'n i'n unigryw ... roedd hi'n gwneud i mi deimlo fel unigolyn. Roedd hi'n cyfleu goruchafiaeth. **(Hirsi Ali)**

Gweithgaredd AA1

Rhowch ddiffiniad o'r termau integreiddio a chymathu. Beth yw'r gwahaniaethau rhwng y ddau? Ceisiwch ddod o hyd i bum enghraifft ar gyfer pob un, o'r wybodaeth yn y bennod hon hyd yma.

Termau allweddol

Milaud an Nabi: dathlu pen-blwydd y Proffwyd. Mae Mwslimiaid Brewlvi yn ystyried hyn yn weithred hanfodol ond mae Mwslimiaid Salafi yn ei wahardd

Shirk: addoli rhywun neu rywbeth arall heblaw am Allah

Mosg yn Leeds

Mwslimiaid Salafi yw'r mudiad Islamaidd a dyfodd fwyaf yn y DU dros y ddau ddegawd diwethaf. Maen nhw wedi'u hysbrydoli gan Saudi Arabia, ac yn denu pobl ifanc gyda'u trefnau clir a syml ac oherwydd eu bod yn credu mewn rhyddid i arfer ijtihad neu i ailddehongli yng ngoleuni cymdeithion y Proffwyd, heb fod angen dilyn traddodiad canrifoedd o ddysgu. Mae gan Fwslimiaid Salafi ddefodau gweddïo ychydig yn wahanol i rai Mwslimiaid Sunni.

Mae nifer o tariqas Sufi yn y DU. **Jamiat Islami** yw un o'r rhai mwyaf. Mae eu twrbanau gwyrdd neilltuol a'u cyfarfodydd zikr yn ffynhonnell ysbrydoliaeth i Fwslimiaid sydd eisiau ymuno â math mwy dwys o addoli cyfriniol. Gall fod tensiwn rhwng Mwslimiaid Sufi a Salafi, gan fod Mwslimiaid Salafi yn dweud nad yw gweithgareddau Salafi yn ddilys.

Term allweddol

Jamiat Islami: tariqa Sufi

O fewn pob grŵp mae gwahaniaethau rhwng y rhai sy'n fodern a'r rhai sy'n draddodiadol; y rhai sydd wedi dewis bod yn aelodau a'r rhai sy'n dilyn drwy draddodiad teuluol. Mae Mwslimiaid ifanc yn mwynhau'r rhyddid i fynd allan i roi cynnig ar grwpiau gwahanol tan iddyn nhw ddod o hyd i un sy'n teimlo'n iawn iddyn nhw. I rai, mae hunaniaeth Islamaidd yn bwysig, yn enwedig tra byddan nhw'n tyfu ac yn cwestiynu eu lle yn y gymdeithas. Mae llawer sydd ddim yn ymrwymedig i famwlad eu rhieni, ond sydd hefyd ddim yn teimlo eu bod nhw'n cael eu derbyn fel Mwslimiaid yng nghymdeithas Prydain. Iddyn nhw, Islam yw'r peth sefydlog.

Mae arfer Islam yn y DU wedi newid a datblygu. Roedd Islam wedi'i gwreiddio mewn gwledydd cyhydeddol lle mae'r hinsawdd yn boeth ac mae oriau'r dydd a'r nos fwy neu lai'n gyfartal. Ar ganol haf yn y DU gyfan, does dim tywyllwch llwyr, felly mae angen addasu'r amodau ar gyfer y gweddïo gyda'r nos a'r pryd bore cynnar yn ystod Ramadan. Mae sectau gwahanol wedi meddwl am atebion gwahanol, gyda rhai sawl awr ar wahân. Mewn amgylchiadau fel hyn, dyfarnodd fatwa yr oedd llawer yn cytuno â hi, y dylai Mwslimiaid ddefnyddio'r amseriadau yn fras ar linell lle mae De Ffrainc, neu amser Makkah, ond does dim llawer o Fwslimiaid yn dilyn hyn.

Oes angen i Fwslimiaid weddïo ac ymprydio o gwbl mewn gwlad nad yw hi'n Fwslimaidd? Un ddadl yw nad yw shari'a yn gymwys mewn gwladwriaeth nad yw hi'n Fwslimaidd. Dadl arall yw y gall Mwslimiaid addasu eu gweddïo a gwneud iawn wedyn os bydd angen oherwydd amgylchiadau. Mae'r rhan fwyaf yn ceisio mynychu'r gweddïau dydd Gwener, er y bydd rhai yn eu methu oherwydd eu gwaith. Mae ystafelloedd gweddïo wedi cael eu cyflwyno yn y rhan fwyaf o brifysgolion a rhai gorsafoedd rheilffordd, ysbytai a meysydd awyr. Felly mae adnoddau da iawn i Fwslimiaid sydd eisiau gweddïo pan maen nhw allan.

Mae Canolfan Fwslimaidd Rhydychen yn fosg rhyddfrydol lle daeth yr Imam benywaidd Amina Wadud i arwain gweddïau Jummah ac i bregethu Khutbah i gynulleidfa o'r ddau ryw. Hefyd maen nhw'n cytuno â diwygiadau modern o Islam ac â gwahardd y gorchudd wyneb. Ar ben draw'r sbectrwm, mae grwpiau Islamaidd gwleidyddol yn y DU gan gynnwys Hizb-ut-Tahrir. Mae pryderon wedi bod am bregethwyr eithafol, yn enwedig ar gampysau prifysgol mewn cymdeithasau Islamaidd, sy'n gallu dylanwadu ar feddyliau ifanc â syniadau radical neu ymneilltuol.

cwestiwn cyflym

3.15 Beth wnaeth Amina Wadud yn Rhydychen?

Awgrym astudio

Mae gwybodaeth gywir a pherthnasol sy'n dangos ehangder a dyfnder yn golygu y dylech chi gydnabod amrywiaeth yr arferion Mwslimaidd yn y DU yn eich ateb pan fyddwch chi'n ysgrifennu am y pwnc hwn. Defnyddiwch dystiolaeth i ddangos bod gennych chi wybodaeth fanwl mewn digon o ddyfnder ar gyfer amrywiaeth o enghreifftiau gwahanol. Ble bynnag y byddwch chi'n gwneud pwynt yn eich gwaith ysgrifennu, cefnogwch ef drwy esbonio a thrwy roi enghraifft.

Mae'r llywodraeth wedi penderfynu peidio â gadael i rai pregethwyr ddod i'r DU ac mae'n awgrymu i arweinwyr Mwslimaidd gael Imamiaid o Brydain yn hytrach na phregethwyr tramor. Cafodd sefydliad Quilliam ei sylfaenu er mwyn gwrthwynebu propaganda eithafol drwy'r Rhyngrwyd a'r cyfryngau cymdeithasol ac ar-lein. Nod strategaeth Prevent yw addysgu pobl a allai fod yn meddwl am weithredoedd radical ac mae'n ddyletswydd statudol ar athrawon a gweithwyr cyhoeddus i roi gwybod i'r heddlu am unrhyw bryderon, pa mor fach bynnag ydyn nhw. Mae rhai Mwslimiaid yn beirniadu Prevent ac yn dweud y dylid gwneud rhagor i annog Mwslimiaid i berchnogi rhaglenni gwrth-eithafiaeth.

Addysg

Fel arfer mae plant Mwslimaidd yn mynd i ysgolion prif ffrwd yn ystod y dydd ac i madrassah gyda'r nos. Mewn madrassah maen nhw'n dysgu Arabeg, sut i weddïo a thraddodiadau eu ffydd. Mae'r dydd yn gallu bod yn hir ac yn anodd, fel ei bod hi'n anodd cydbwyso gofynion yr ysgol â rhai'r mosg. Mae rhai madrassahau wedi mabwysiadu cwricwlwm Gorllewinol ac wedi cynnwys Mathemateg a phynciau eraill, yn unol ag addysg wreiddiol y madrassah.

...sgu'r Qur'an mewn madrassah

Mewn rhai madrassahau buodd adroddiadau am ddysgu pethau amhriodol a chosb gorfforol. Mae mosgiau'n cael eu hannog i weithio gyda'r llywodraeth i helpu i ddatrys y materion hyn. Mae rhai mosgiau yn awyddus i wneud hynny, ond gan fod cymaint o fosgiau yn y DU a rhai'n cael eu harwain gan Imamiaid nad ydyn nhw'n siarad Saesneg, mae llawer o waith i'w wneud o hyd.

Mae rhai Mwslimiaid yn mynychu ysgolion Islamaidd sy'n cael eu hariannu gan y wladwriaeth, ysgolion sefydliadau Cristnogol a rhai ysgolion preifat Islamaidd. Mae ysgolion Cristnogol yn boblogaidd gyda rhieni Mwslimaidd sy'n parchu'r amgylchedd lle mae parch i ffydd. Dydy'r ysgolion preifat i gyd ddim wedi cael eu cymeradwyo'n swyddogol, a buodd problemau gyda rhai ysgolion wedi'u hariannu gan y wladwriaeth lle nad yw Mwslimiaid wedi cael addysg eang a chytbwys.

Lle mae llawer o Fwslimiaid yn byw yn agos at ei gilydd ac yn mynychu ysgolion lleol, efallai nad ydyn nhw'n cwrdd â llawer o ddisgyblion o gefndiroedd gwahanol. Roedd hyn yn rhan o'r broblem yn Birmingham, lle gwelodd y mater 'Ceffyl pren Troea' fod llywodraethwyr eisiau i ysgolion prif ffrwd nad oedden nhw'n rhai crefyddol i roi addysg a oedd yn dilyn safbwyntiau Islamaidd ceidwadol. Roedd Matthew Taylor, yr aelod seneddol, yn argymell cymysgu ysgolion gymaint ag oedd yn bosibl. Yn Oldham cafodd nifer o ysgolion uwchradd eu cymysgu fel bod myfyrwyr o gefndiroedd crefyddol a diwylliannol gwahanol yn gallu cymysgu a thyfu gyda'i gilydd.

Agorodd grŵp academi **Tauheedul**, sefydliad Deobandi, gyfres o ysgolion sydd wedi cael canlyniadau arholiad rhagorol a chael adroddiadau archwiliadau OFSTED (arolygwyr ysgolion Lloegr) a oedd yn neilltuol o dda. Mae Abdullah Sahin yn gweld gobaith mewn astudiaethau crefyddol fel pwnc er mwyn cwblhau addysg flaenorol y myfyrwyr yn y mosg ac er mwyn ei hehangu.

Dyfyniad allweddol

Byddai'r math o addysg grefyddol gynhwysol sy'n cael ei rhoi mewn llawer o ysgolion cymunedol yn cwblhau ymagwedd fel hon drwy alluogi myfyrwyr, gan gynnwys Mwslimiaid ifanc, i ddatblygu dealltwriaeth o Islam mewn cyd-destun ac o'r ffordd y caiff ei mynegi y dyddiau hyn. Yn hytrach na chadw golwg, mae angen i ysgolion annog mwy o gydweithredu rhwng athrawon addysg grefyddol ac addysgwyr Mwslimaidd. Byddai hyn yn helpu disgyblion i gael gwell gwybodaeth am Islam ac yn gwneud i fyfyrwyr sy'n Fwslimiaid fod yn fwy abl i herio dehongliadau caeth o'u crefydd eu hunain. **(Sahin)**

Yn wahanol i Ffrainc lle mae pob symbol a gweithgaredd crefyddol wedi'u gwahardd mewn ysgolion, mae ysgolion Prydeinig yn fwy goddefgar ac weithiau maen nhw'n cynnig lle i weddïo a bwyd halal. Gwnaeth yr arolygwyr ysgolion OFSTED hi'n eglur nad yw'r gorchudd wyneb, y niqab, yn dderbyniol gan fod angen cyfathrebu â'r wyneb er mwyn dysgu. Dydy rhai Mwslimiaid ddim yn hoffi bod eu plant yn dysgu cerddoriaeth a dawns, ac addysg rhyw, tra mae eraill yn gweld eu

Dyfyniadau allweddol

Mae'r ymateb mewn polisi i fygythiad radicaleiddio wedi canolbwyntio ar y gyfraith, diogelwch a chudd-wybodaeth. Wrth i'r broblem fynd allan o reolaeth yn llwyr, mae'n ymddangos bod yr ymateb un dimensiwn hwn, sy'n cynnwys polisi Prevent y llywodraeth mewn ysgolion, fel petai'n cael ei ailadrodd yn fwy ymosodol. Mae gweithredu polisi diogelwch a gwyliadwriaeth ar draws y gymdeithas nid yn unig mewn perygl o gyfyngu ar ryddid sifil, ond hefyd o wneud i Fwslimiaid prif ffrwd deimlo ar wahân. Dydy hyn ddim yn gwrthwynebu'r dehongliad ystrywgar o Islam y mae eithafwyr yn ei ddefnyddio i chwarae ar gŵynion sydd gan rai Mwslimiaid. **(Sahin)**

Rhaid i ni gydnabod bod rhai ysgolion ffydd Mwslimaidd fel petaen nhw'n llawer mwy unddiwylliannol nag ysgolion ffydd Catholig neu ysgolion ffydd Eglwys Loegr. Mae'n bolisi anodd iawn oherwydd os oes gennych chi ysgolion ffydd Catholig ac Eglwys Loegr, allwch chi ddim wir wadu bod angen ysgolion ffydd Mwslimaidd. Ond mae cymeriad gwahanol iddyn nhw, maen nhw'n tueddu i fod yn llawer llai amrywiol. Allwch chi ddim gwadu dymuniad pobl i gael ysgolion ffydd os ydych chi'n cefnogi ysgolion ffydd. Yr hyn y gallwch chi ei wneud yw mynnu'n bendant fod yr ysgolion hynny'n dangos eu bod mynd ati i gysylltu ag ysgolion eraill o ffydd arall ac â rhai heb ffydd. **(Taylor)**

Term allweddol

Tauheedul: grŵp llwyddiannus o ysgolion academi sy'n cael eu noddi gan sefydliad Mwslimaidd

bod nhw'n bwysig. Mae Mwslimiaid ac athrawon ysgol yn cytuno ar nod cyffredin, sef rhoi digon o wybodaeth i'w plant fel y gallan nhw gadw'n ddiogel.

Sefydlodd yr Imam **Zaki Badawi** y Coleg Mwslimaidd yn Llundain er mwyn hyfforddi Imamiaid. Yn Malaysia, rhaid i Imamiaid raddio o'r brifysgol â gradd arall yn y gwyddorau cymdeithasol cyn gweinidogaethu fel Imam er mwyn gallu rhoi sylw gwell i anghenion cymdeithasol eu pobl.

Gweithgaredd AA1

Gwnewch ddiagram corryn / cawod syniadau i ddangos yr holl ffyrdd gwahanol y gall Mwslimiaid wella addysg. Gwnewch yn siŵr eich bod yn cynnwys agweddau gwahanol ar addysg: o ysgolion i madrassahau; o raddau prifysgol i hyfforddiant i Imamiaid.

Cynnwys y fanyleb

Swyddogaeth Cyngor Mwslimaidd Prydain.

Rôl Cyngor Mwslimaidd Prydain

Ar y wefan, mae'r *MCB* yn ei ddisgrifio ei hun fel:

'Corff annibynnol, wedi'i sefydlu i hyrwyddo ymgynghori, cydweithredu a chydlynu ar faterion Mwslimaidd yn y Deyrnas Unedig.

'Corff heb fod yn **sectyddol** yw Cyngor Mwslimaidd Prydain sy'n gweithio er lles pawb heb ddisodli, ynysu nac ymyrryd ag unrhyw waith Mwslimaidd yn y gymuned.

'Mae'n gorff eang, cynrychiadol o Fwslimiaid ym Mhrydain, sy'n adlewyrchu ac yn cynnig lle i amrywiaeth cefndiroedd a safbwyntiau cymdeithasol a diwylliannol y gymuned.

'Mae Cyngor Mwslimaidd Prydain yn ymrwymo i weithio dros les y gymdeithas gyfan; drwy annog Mwslimiaid unigol a chyrff Mwslimaidd i chwarae rhan lawn a chyfranogol mewn bywyd cyhoeddus.

'Corff democrataidd yw Cyngor Mwslimaidd Prydain, sydd wedi'i sefydlu er mwyn ymgynghori, cydweithredu a chydlynu ymysg sefydliadau Mwslimaidd a Mwslimiaid sy'n pryderu ledled Prydain.'

Mae llawer o Fwslimiaid yn y DU ond does neb yn cytuno ynghylch pwy sy'n siarad drostyn nhw. Sefydlwyd Cyngor Mwslimaidd Prydain yn 1997 fel corff ymbarél i lawer o fosgiau a sefydliadau Mwslimaidd. Dyma'r grŵp mwyaf yn y DU o hyd ac mae ganddo aelodau o'r rhan fwyaf o'r sectau gwahanol. Dydy ei arweinwyr ddim yn cael eu hethol a dydyn nhw ddim yn cynrychioli Mwslimiaid yn y wlad yn gyfrannol. Felly mae wedi cael ei feirniadu fel grŵp anghynrychioliadol.

Term allweddol

Sectyddol: yn ymwneud â rhaniad rhwng sectau neu grwpiau crefyddol

cwestiwn cyflym

3.16 Nodwch ddau o amcanion Cyngor Mwslimaidd Prydain.

Unigolion allweddol

Zaki Badawi: Imam a sefydlodd Coleg Mwslimaidd Llundain er mwyn hyfforddi Imamiaid yn y DU. Mae'r cwricwlwm yn cynnwys pynciau heblaw am Islam ac mae'n annog deialog rhwng crefyddau.

Iqbal Sacranie: un o aelodau sylfaenol Cyngor Mwslimaidd Prydain, a gafodd ei urddo gan y Frenhines am ei wasanaeth i Brydain.

Dyfyniad allweddol

Daeth Mwslimiaid Prydeinig o amrywiaeth eang o draddodiadau ffydd at ei gilydd heddiw i gadarnhau eu hymrwymiad i undod Mwslimaidd a phlwraliaeth. Llofnodwyd dogfen hanesyddol gan arweinwyr a chynrychiolwyr nifer o sefydliadau o drawstoriad o gymuned Fwslimaidd Prydain ... ac maen nhw'n gwrthwynebu unrhyw fygythiad i undod traws-sectyddol yn y Deyrnas Unedig. Gan fod gan Brydain un o'r cymunedau Mwslimaidd mwyaf amrywiol ar y ddaear, bwriad y ddogfen hon yw cynnig fframwaith cychwynnol ar gyfer parch, deialog a chydweithredu ymysg Mwslimiaid Prydain. (Cyngor Mwslimaidd Prydain)

Daeth Shaykh Ibrahim Mogra o'r *MCB* yn noddwr The Feast, elusen addysgol rhwng crefyddau. Cafodd Syr **Iqbal Sacranie** ei urddo'n farchog gan y Frenhines am ei wasanaeth i Brydain drwy'r *MCB*. Mae perthynas lugoer wedi bod gan y grŵp â'r llywodraeth. Er mai cynrychioli Mwslimiaid Prydeinig a'u materion nhw mae'r *MCB* yn ei wneud, yn 2003 crwydrodd i faes gwleidyddiaeth ryngwladol drwy leisio barn yn erbyn ymosodiad llywodraeth y DU ar Iraq. Er bod llawer o Fwslimiaid hefyd yn gwrthwynebu Rhyfel Iraq, camgymeriad oedd i gorff ffydd ymyrryd mewn mater cenedlaethol, yn ôl llawer a oedd yn teimlo bod yr *MCB* wedi crwydro o'i brif bwrpas.

Mae safbwynt ceidwadol cymdeithasol gan yr *MCB* ar faterion fel cyfunrywioldeb. Beirniadodd Peter Clark safbwynt yr *MCB* ar addysg yn ei adroddiad ar yr ysgolior yn Birmingham a oedd yn rhan o fater Ceffyl pren Troea. Yn fwy diweddar, chwaraeodd yr *MCB* rôl flaenllaw wrth sefydlu'r modd i bobl roi gwybod am ddigwyddiadau Islamoffobia, rhagfarn ac ymosodiadau yn erbyn Mwslimiaid, sydd wedi bod yn cynyddu.

Dyfyniadau allweddol

Ddylai'r gymuned Fwslimaidd ddim cael ei thrin fel cymuned broblemus, ond fel cymuned sy'n barod i chwarae ei rhan yn y brif ffrwd. **(Sacranie)**

Fel Mwslimiaid, ein dyletswydd yw condemnio'r lladd, a'n dyletswydd yw sicrhau nad yw'r rhai ar y cyrion yn dod â chywilydd ar ein cymuned drwy gyfiawnhau lladd pobl ddiniwed. **(Sacranie)**

Yn 2015 yn dilyn ymosodiadau Charlie Hebdo ym Mharis, lle ymosododd eithafwyr ar gannoedd o bobl er mwyn ymateb i gartwnau am Muhammad, ysgrifennodd Eric Pickles at arweinwyr Mwslimaidd i ofyn am eu help. Fel Gweinidog yn y llywodraeth a oedd yn gyfrifol am gymunedau lleol, gofynnodd i Imamiaid a chynrychiolwyr Mwslimaidd weithio gydag ef i wneud rhagor i fynd i'r afael ag eithafiaeth. Ond ar y dechrau roedd ymateb yr *MCB* yn eithaf beirniadol. Mae rhai llefarwyr wedi rhoi'r argraff weithiau eu bod wedi cefnogi rhai achosion tramor heb fod yn hollol eglur eu bod yn condemnio trais ym mhobman.

Arweinwyr ffydd yn ymuno â'i gilydd

Serch hynny, mae'r *MCB* wedi gwneud llawer o waith yn rhoi trefn ar Fwslimiaid Prydeinig a oedd heb lais cyn hyn. Mae cynrychiolwyr yr *MCB* yn mynychu digwyddiadau cyhoeddus mawr gydag aelodau o grefyddau eraill. Maen nhw'n cwrdd ag arweinwyr Cristnogol, Iddewig a chrefyddau eraill i gytuno ar safbwyntiau ar faterion sy'n codi ac maen nhw'n cyfleu pwysigrwydd ffydd ac arferion Mwslimiaid yn eu bywydau heddiw i'r rhai sydd mewn grym.

Dyfyniadau allweddol

Rydyn ni'n falch o ymateb cymunedau Prydeinig i'r ymosodiad hwn. Mae Mwslimiaid o bob rhan o Brydain wedi codi llais i ddweud: nid yn ein henw ni. Ond mae rhagor o waith i'w wneud. Rhaid i ni ddangos i'n pobl ifanc, a all gael eu targedu, nad oes gan eithafwyr ddim byd i'w gynnig iddyn nhw. Rhaid i ni ddangos iddyn nhw fod ffyrdd eraill o fynegi nad ydyn nhw'n cytuno: bod eu hawl i wneud hynny'n dibynnu ar yr union ryddid y mae eithafwyr yn ceisio ei ddinistrio. Rhaid i ni ddangos yr holl ddatganiadau o gondemnio gan Fwslimiaid Prydeinig iddyn nhw. Rhaid dangos iddyn nhw nad oes gan y dynion hyn sy'n casáu unrhyw le yn ein mosgiau neu mewn unrhyw fan addoli, ac nad ydyn nhw'n siarad dros Fwslimiaid ym Mhrydain neu yn unrhyw le arall yn y byd. **(Pickles)**

Daeth yr *MCB* ynghyd â set amrywiol o imamiaid Prydain i alw am heddwch a llonyddwch cyn i fersiwn Saesneg Charlie Hebdo gael ei gyhoeddi. … Cynhalion ni gyfarfod undod ag arweinwyr ffydd Iddewig a Christnogol ac arweinwyr o gymdeithas sifil ym Manceinion a Llundain. Dydyn ni ddim wedi gwneud hyn er mwyn ymddiheuro, ond oherwydd mai dyna'r peth cywir i'w wneud. Mae'r rhain yn weithredoedd cadarnhaol sy'n dod â chytgord rhwng ein cymunedau. Rydyn ni wedi codi llais yn gryf yn erbyn Islamoffobia a gwrth-semitiaeth sawl gwaith. **(Shafi)**

Sgiliau allweddol

Mae gwybodaeth yn ymwneud â:

Dewis ystod o wybodaeth (drylwyr) gywir a pherthnasol sydd â chysylltiad uniongyrchol â gofynion penodol y cwestiwn.

Mae hyn yn golygu:

- Dewis deunydd perthnasol i'r cwestiwn a osodwyd
- Canolbwyntio ar esbonio ac archwilio'r deunydd a ddewiswyd.

Mae dealltwriaeth yn ymwneud ag:

Esboniad helaeth, gan ddangos dyfnder a/neu ehangder gyda defnydd rhagorol o dystiolaeth ac enghreifftiau gan gynnwys (lle y bo'n briodol) defnydd trylwyr a chywir o destunau cysegredig, ffynonellau doethineb a geirfa arbenigol.

Mae hyn yn golygu:

- Defnydd effeithiol o enghreifftiau a thystiolaeth gefnogol i sefydlu ansawdd eich dealltwriaeth
- Perchenogaeth o'ch esboniad sy'n mynegi gwybodaeth a dealltwriaeth bersonol, NID eich bod yn ailadrodd darn o destun o lyfr rydych wedi ei baratoi a'i gofio.

Datblygu sgiliau AA1

Nawr mae'n bwysig ystyried y wybodaeth sydd wedi'i chyflwyno yn yr adran hon; fodd bynnag, mae'r wybodaeth fel y mae yn llawer rhy helaeth ac felly mae'n rhaid ei phrosesu er mwyn bodloni gofynion yr arholiad. Gallwch wneud hyn drwy ymarfer y sgiliau uwch sy'n gysylltiedig ag AA1. Ar gyfer Amcan Asesu 1 (AA1), sy'n cynnwys dangos sgiliau 'gwybodaeth' a 'dealltwriaeth', rydyn ni am ganolbwyntio ar ffyrdd gwahanol o ddangos y sgiliau yn effeithiol, gan gyfeirio hefyd at sut bydd eich perfformiad ym mhob un o'r sgiliau hyn yn cael ei fesur (gweler disgrifyddion band cyffredinol AA1 ar gyfer U2).

▶ **Dyma eich tasg nesaf:** Isod mae **crynodeb o'r problemau y mae gwahanu yn eu hachosi**. Mae hwn yn 150 gair o hyd. Y tro hwn, does dim pwyntiau wedi'u hamlygu i nodi'r pwyntiau allweddol i'w dysgu o'r dyfyniad hwn. Trafodwch pa bum pwynt sydd fwyaf pwysig i'w hamlygu yn eich barn chi, ac ysgrifennwch y pwyntiau ar ffurf rhestr.

Mae arwahanu yn creu ardaloedd o dlodi, lle mae llai o gyfleoedd i Fwslimiaid wneud cynnydd. Mae byw mewn cymuned gyda Mwslimiaid eraill yn rhoi cryfder hunaniaeth, ond mae'n golygu bod gan blant lai o brofiad o'r byd ehangach, a does dim hyder ganddyn nhw i fynd allan ac i wneud yn fawr o'r cyfleoedd pan maen nhw'n tyfu. Mae arwahanu yn gallu golygu safonau is mewn ysgolion oherwydd bod llai o gymysgu, a'i bod hi'n anodd denu pobl i'r ardal. Yn ogystal â'r problemau cymdeithasol hyn, mae arwahanu yn gallu gwneud i Fwslimiaid deimlo'n ddryslyd a heb ymdeimlad o Brydeindod wedi'i rannu. Mae hyn yn gallu gwneud iddyn nhw fod yn agored i gael eu radicaleiddio, er bod hyn yn ddadleuol. Os nad yw Mwslimiaid yn rhannu cyfeillgarwch a phrofiadau ag eraill, yna efallai y byddan nhw'n teimlo llai amdanyn nhw fel pobl. Gall menywod Mwslimaidd fod yn fwy agored i ddioddef diffyg cyfleoedd mewn cymunedau lle mae dynion yn dominyddu. Hefyd mae'n gallu golygu bod prif ffrwd cymdeithas Prydain yn cael y syniad bod Mwslimiaid yn bobl eraill, yn hytrach nag yn rhan o'r gymuned. Mae hyn yn gallu arwain at berthnasoedd cymunedol gwael.

Nawr, defnyddiwch eich pum pwynt i lunio eich crynodeb eich hun (fel yn Thema 1 Datblygu sgiliau) gan geisio gwneud y crynodeb yn fwy personol i'ch arddull ysgrifennu eich hun. Gall hyn hefyd gynnwys aildrefnu'r pwyntiau os ydych yn dymuno gwneud hynny.

1 ....

2 ....

3 ....

4 ....

5 ....

Materion i'w dadansoddi a'u gwerthuso

Y posibilrwydd o gymathu â chymdeithas seciwlar i Fwslimiaid ym Mhrydain

Yn yr 1960au, daeth amlddiwylliannaeth yn brif ddamcaniaeth ym maes perthnasoedd hiliol: dathlu gwahaniaethau a chyd-fodoli. Roedd pobl yn tybio y byddai'r cymunedau'n tyfu at ei gilydd yn naturiol gydag amser. Yn hytrach, ymgasglodd Mwslimiaid mewn ardaloedd penodol a phwysleisio eu gwahaniaethau. Doedd dim llawer yn gwisgo gorchudd yn yr 1960au, ond nawr mae'r gorchudd a hyd yn oed y gorchudd wyneb yn dod yn fwy poblogaidd. Mynegwyd pryderon am gydlyniad cymdeithasol. Mae'r rhai sydd heb integreiddio o dan anfantais o safbwynt cael gwaith, symud ymlaen yn eu gyrfaoedd a mwynhau manteision cymdeithas agored. Beirniadodd David Cameron, cyn Brif Weinidog Prydain, y polisi hwn a galwodd am gymathu Mwslimiaid i'r gymdeithas ehangach o dan werthoedd Prydeinig cyffredin.

Mewn araith ar ôl ymosodiad terfysgol, soniodd David Cameron ei fod yn ofni bod arwahanu yn creu risgiau ac yn gadael i Fwslimiaid ifanc fod yn agored i syniadau eithafol. Mae'r gymdeithas ehangach wedi methu eu cymathu hyd yma. Mae cydlyniad yn flaenoriaeth, ac nid rhywbeth dymunol yw cymathu, ond rhywbeth hanfodol er mwyn ymladd yn erbyn risgiau sy'n cynyddu a chreu cymdeithas gydlynol.

Dyfyniad allweddol

Dylen ni gydnabod bod y bygythiad [terfysgol] hwn yn dod yn bennaf oddi wrth ddynion ifanc sy'n dilyn dehongliad cwbl wrthnysig a gwyrdroëdig o Islam ac sy'n barod i'w chwythu eu hunain i fyny a lladd eu cyd-ddinasyddion. ... Mae gwreiddiau hyn ym modolaeth yr ideoleg eithafol hon. **(Cameron)**

Gwisgo hijab mewn parc

Roedd arolwg a ddehonglodd Trevor Phillips yn gweld bod dwy duedd: mewn rhai ffyrdd, roedd Mwslimiaid yn integreiddio ac yn teimlo ymdeimlad o Brydeindod fel grwpiau eraill. Ar y llaw arall, roedd gan lawer agweddau ceidwadol cymdeithasol, fel gwrthod goddef cyfunrywioldeb. Er efallai mai cred breifat yw honno, mae'n gallu troi yn rhagfarn go iawn ac yn targedu unigolion mewn ardaloedd lle mae Mwslimiaid yn y mwyafrif os nad yw'n cael sylw. Mae Trevor Phillips yn dadlau dros ryddfrydiaeth fwy pendant: Ddylai Mwslimiaid ddim dangos rhagfarn er bod eu cred eu hunain yn wahanol, gan mai gwladwriaeth seciwlar ydyn ni. Rhaid i arweinwyr weithio'n galetach i gael gwared ar ragfarn a gwahaniaethu o rannau o'r gymuned Fwslimaidd.

Dyfyniadau allweddol

Yn groes i'r hyn mae llawer o bobl fel petaen nhw'n ei gredu, dydy Prydain ddim wedi'i rhannu gan wrthdaro diwylliant ar raddfa fawr. Yn wir, er bod pryderon cyffredinol am integreiddio Mwslimiaid i ddiwylliant Prydain, does dim tystiolaeth bod Mwslimiaid yn llai tebygol o feddwl amdanyn nhw eu hunain fel pobl Brydeinig na grwpiau eraill. **(Manning a Roy)**

Mae'r adran hon yn cwmpasu cynnwys a sgiliau AA2

Cynnwys y fanyleb

Y posibilrwydd o gymathu â chymdeithas seciwlar i Fwslimiaid ym Mhrydain.

Dyfyniad allweddol

O dan athrawiaeth amlddiwylliannaeth y wladwriaeth, rydyn ni wedi annog diwylliannau gwahanol i fyw bywydau ar wahân, heblaw am ei gilydd a'r brif ffrwd ... Rydyn ni hyd yn oed wedi caniatáu ymddygiad sy'n groes i'n gwerthoedd ni gan y cymunedau hyn sydd ar wahân. ... Mae hyn i gyd yn gwneud i rai Mwslimiaid ifanc deimlo eu bod nhw heb wreiddiau. Ac mae'r chwilio hwn am rywbeth i berthyn iddo ac i gredu ynddo yn gallu eu harwain nhw at yr ideoleg eithafol hon. **(Cameron)**

Gweithgaredd AA2

Wrth i chi ddarllen drwy'r adran hon ceisiwch wneud y pethau canlynol:

1. Dewiswch y gwahanol ddadleuon sy'n cael eu cyflwyno yn y testun a nodwch unrhyw dystiolaeth gefnogol a roddir.
2. Ar gyfer pob dadl a gyflwynir, ceisiwch werthuso a yw'r ddadl yn un gryf neu wan yn eich barn chi.
3. Meddyliwch am unrhyw gwestiynau yr hoffech chi eu gofyn wrth ymateb i'r dadleuon.

Bydd y gweithgaredd hwn yn eich helpu i ddechrau meddwl yn feirniadol am yr hyn rydych chi'n ei ddarllen ac yn eich helpu i werthuso effeithiolrwydd dadleuon gwahanol, gan ddatblygu eich sylwadau, a'ch barn a'ch safbwyntiau eich hun. Bydd hyn yn eich helpu wrth ddod i gasgliadau y byddwch yn eu gwneud yn eich atebion i'r cwestiynau AA2 sy'n codi.

Gwrthdystiad yn erbyn Mwslimiaid yn Bradford

Mae'r broses gymhathu hon yn gyflymach i rai grwpiau o fewnfudwyr na rhai eraill, ond nid fel y byddech yn ei ddisgwyl. Er enghraifft, dydy Mwslimiaid ddim yn llai tebygol o deimlo'n Brydeinig na rhai o gefndiroedd eraill, ac mae mewnfudwyr o Pakistan a Bangladesh yn cymathu i hunaniaeth Brydeinig yn llawer cynt na'r mewnfudwyr cyffredin, tra mae rhai o Orllewin Ewrop a'r Unol Daleithiau yn gwneud hynny'n arafach, gydag Eidalwyr yn amlwg fel y grŵp sy'n cymathu leiaf i hunaniaeth Brydeinig. **(Manning a Roy)**

Dydy pawb ddim yn cytuno. Mae Dilly Hussain yn dadlau bod Mwslimiaid yn digalonni pan maen nhw'n teimlo bod pobl yn pregethu wrthyn nhw. Mae'r *MCB* wedi annog deialog rhwng crefyddau, ond dydyn nhw ac eraill ddim bob amser wedi mynd ati gyda'r llywodraeth ar frys i fynd i'r afael â chymathu. Dadansoddodd Manning a Roy ganfyddiadau arolwg i ddangos bod Mwslimiaid yn teimlo mor Brydeinig ag eraill, ond bod problem gyda'r canfyddiad o wahaniaeth.

Mae rhai Mwslimiaid yn cymathu'n dda: daeth Sadiq Khan yn faer Llundain; mae Sayeeda Warsi yn un o arglwyddi'r Blaid Geidwadol ac mae Jason Muhammad yn gyflwynydd, ac mae Mishal Hussain yn darllen y newyddion. Mae eraill yn cael profiad o Islamoffobia. Mae gwefan, Tell Mama, a sefydlwyd i bobl roi gwybod am droseddau Islamoffobaidd a'u cofnodi, yn dweud bod cynnydd mawr wedi bod yn ystod y blynyddoedd diweddar. Mae hyn yn ei gwneud hi'n fwy anodd i annog Mwslimiaid i integreiddio. Mae'r canfyddiad o wahaniaeth yn ennyn casineb, sy'n gwaethygu pethau. Ar yr un pryd, mae grwpiau eithafol wedi gwrthdystio yn erbyn Mwslimiaid.

Mae lleiafrif o Fwslimiaid yn gwrthwynebu'r gymdeithas Orllewinol. Mae grwpiau fel Hizb-ut-Tahriah yn pregethu y dylai Mwslimiaid fyw ar wahân. Dysgodd Sayyid Qutb y dylai Mwslimiaid geisio byw o dan shari'a ar gyfer pob agwedd ar eu bywydau. Yn anochel, byddai hyn yn arwain at wahanu oddi wrth rai nad ydyn nhw'n Fwslimiaid. Dydy shari'a ar gyfer pob agwedd ar y gyfraith, materion teuluol a chrefyddol a byw mewn gwladwriaeth seciwlar ddim yn gydnaws. Mewn gwladwriaeth seciwlar, mae crefydd a'r gyfraith ar wahân.

Mae'r rhan fwyaf o Fwslimiaid yn eu gwrthod ond mae'n well gan lawer wisgo gorchudd gwyleidd-dra dros eu gwalltiau a gweddïo'n brydlon, a bwyta bwyd halal. Maen nhw'n teimlo'n gyfforddus mewn ardaloedd lle mae mosgiau, siopau bwyd halal a lle nad yw menywod yn wynebu camdriniaeth oherwydd darn o ddefnydd. Mae Mwslimiaid eraill yn teimlo nad yw gwisgo'r gorchudd yn hanfodol, neu os ydych chi'n gwneud hynny, dylech fod yn hyderus a dangos Islam ar ei gorau drwy gymysgu yn y gymdeithas ehangach. Maen nhw'n cyfeirio at y ffaith bod llawer wedi'i wneud i gynnig cyfleusterau i Fwslimiaid fel ystafelloedd gweddïo mewn prifysgolion a meysydd awyr a bwyd halal yn ffreuturau ysbytai ac ysgolion. Mae'r Llynges Frenhinol hyd yn oed yn darparu bwyd halal i'w morwyr Mwslimaidd wrth deithio o gwmpas y byd.

Mae rhai Mwslimiaid yn meddwl bod cymathu'n annerbyniol, os mai ei ystyr yw cymysgu ag eraill lle mae alcohol, gwisgo dillad Gorllewinol yn llwyr a chyfaddawdu o ran pryd neu os cân nhw weddïo. Mae eraill yn dweud nad yw'r prif werthoedd Prydeinig yn peryglu enw da Islam. Dydy gwerthoedd Prydeinig ddim yn ei gwneud hi'n ofynnol i Fwslimiaid gytuno â chyfunrywioldeb mewn egwyddor. Ond rhaid iddyn nhw drin pobl hoyw gyda pharch a goddefgarwch, herio rhagfarn yn eu herbyn nhw a sicrhau, wrth benderfynu ar gyflogaeth, eu bod nhw'n cael cyfleoedd cyfartal.

Mae bywyd yn gallu bod yn ddryslyd i Fwslimiaid ifanc ym Mhrydain. Maen nhw'n aml wedi pellhau oddi wrth draddodiadau eu rhieni, ac yn arbrofi gyda thraddodiadau gwahanol o Islam tan iddyn nhw ddod o hyd i'r un sy'n iawn iddyn nhw. Mae mynd i'r coleg a'r brifysgol yn adeg pan fydd llawer yn integreiddio ymhellach i'r gymdeithas Orllewinol. Mae eraill yn ymateb yn ei erbyn ac yn cymdeithasu â'u cymdeithas Islamaidd a'u ffrindiau Mwslimaidd yn unig. Mae Mwslimiaid mewn cyfnod o newid ac amser yn unig a ddengys pa gyfeiriad maen nhw'n ei gymryd.

Awgrym astudio

Ar gyfer AA2, mae'n hanfodol eich bod yn mynd ati i drafod dadleuon, nid dim ond egluro beth allai rhywun fod wedi'i ddweud. Ceisiwch holi eich hunan, 'oedd hwn yn bwynt teg i'w wneud?', 'ydy'r dystiolaeth yn ddigon cryf?', 'oes unrhyw beth i herio'r ddadl hon?', 'ydy hon yn ddadl gref neu'n ddadl wan?' Bydd dadansoddi beirniadol fel hyn yn eich helpu i ddatblygu eich sgiliau gwerthuso.

Cwestiynau allweddol

Beth yw'r gwahaniaethau rhwng cymathu ac integreiddio?

Pam mae rhai pobl yn gweld bod cymathu'n flaenoriaeth?

Oes unrhyw derfynau o ran i ba raddau mae rhai Mwslimiaid yn teimlo eu bod nhw'n gallu cymathu?

Gweithgaredd AA2

Rhestrwch rai casgliadau y byddai'n bosibl dod iddynt ar sail y rhesymeg AA2 yn y testun uchod; ceisiwch gyflwyno o leiaf dri chasgliad gwahanol posibl. Ystyriwch bob un o'r casgliadau a chasglwch dystiolaeth gryno i gefnogi pob casgliad o'r deunydd AA1 ac AA2 ar gyfer y testun hwn. Dewiswch y casgliad sy'n argyhoeddi fwyaf yn eich barn chi ac esboniwch pam mae hyn yn wir. Ceisiwch gyferbynnu hyn â'r casgliad gwannaf ar y rhestr, gan gyfiawnhau eich dadl gyda rhesymu clir a thystiolaeth.

Effeithiolrwydd Cyngor Mwslimaidd Prydain

Cyngor Mwslimaidd Prydain: Nodau ac Amcanion:

- Hyrwyddo cydweithredu, consensws ac undod ar faterion Mwslimaidd yn y DU.
- Hybu a chryfhau pob ymdrech sy'n cael ei gwneud er lles y gymuned Fwslimaidd.
- Gweithio dros werthfawrogiad mwy goleuedig o Islam a Mwslimiaid yn y gymdeithas ehangach.
- Sefydlu safbwynt ar gyfer y gymuned Fwslimaidd yng nghymdeithas Prydain sy'n deg ac yn seiliedig ar hawliau dyledus.
- Gweithio er mwyn cael gwared ar anfanteision a mathau o wahaniaethu y mae Mwslimiaid yn eu hwynebu.
- Meithrin perthnasoedd cymunedol gwell a gweithio er lles y gymdeithas gyfan.

Sefydlwyd yr *MCB* yn 1997, ac mae'n gorff ambarél i'r llu o gyrff Mwslimaidd amrywiol yn y DU. Roedd yn glymblaid anodd: weithiau dydy grwpiau Mwslimaidd ddim yn hoffi safbwyntiau ei gilydd, ac maen nhw'n dod o gefndiroedd ethnig gwahanol. Does dim unrhyw draddodiad wedi bod o grwpiau Mwslimaidd Sunni yn derbyn un awdurdod yn yr ychydig gannoedd o flynyddoedd diwethaf. Roedd arweinwyr yn dod yn aelodau o'r *MCB*, ond doedden nhw ddim yn cael eu hethol yn uniongyrchol, felly roedd pobl yn codi cwestiynau ynghylch i ba raddau roedd yr *MCB* yn ddemocrataidd.

Dyfyniad allweddol

Er bod cannoedd o gyrff ac elusennau wedi'u rhedeg gan Fwslimiaid sy'n gweithio ar amrywiaeth eang o faterion, o addysg i atal troseddu a hyd yn oed rhai'n hyrwyddo jihad milwrol, ychydig ohonyn nhw sydd â'r adnoddau a'r wybodaeth i weithredu ar lefel genedlaethol, ac un yn unig sy'n cael ei ystyried yn gynrychiolydd 'answyddogol' i'r holl Fwslimiaid ym Mhrydain, gan gynnwys Mwslimiaid Shi'a a Sunni: Cyngor Mwslimaidd Prydain (*MCB*). Fodd bynnag, mae poblogaethau Mwslimiaid Prydain – fel rhai Ewrop i gyd – yn amrywiol a does dim gorchymyn canolog mewn Islam sy'n gallu uno Mwslimiaid sydd wedi'u rhannu gan wleidyddiaeth, tarddiad cenedlaethol, a gwahaniaethau diwinyddol. **(Goerzig ac Al-Hashimi)**

Cafodd Sir Iqbal Sacranie, un o sylfaenwyr yr *MCB*, ei urddo'n farchog am ei wasanaeth i'r gymuned. Mae wedi cynghori'r llywodraeth a phrosiectau rhwng crefyddau. Mae Mwslimiaid o'r *MCB* wedi uno â rhai o grwpiau ffydd eraill ar achlysuron arbennig. Mae'r *MCB* wedi condemnio gweithredoedd terfysgol ac wedi gweithredu i helpu Mwslimiaid i roi gwybod am yr achosion o Islamoffobia sy'n cynyddu. Weithiau mae wedi gwrthwynebu'r llywodraeth, er enghraifft drwy gondemnio Rhyfel Iraq yn gryf. Hefyd roedd yr *MCB* yn gwrthwynebu strategaeth Prevent am gyfnod. Roedd yn dadlau bod dulliau mwy cadarnhaol o gynnwys y gymuned mewn dathlu Islam heddychlon yn ffordd fwy cadarnhaol o ennill cefnogaeth Mwslimiaid. Y canlyniad oedd bod gan yr *MCB* lai o ddylanwad yn gyffredinol, gan fod Gweinidogion yn edrych yn anffafriol arno fel corff.

Dyfyniadau allweddol

Allwch chi ddim dadlau gydag un ochr o'ch ceg fod Mwslimiaid yn rhan o Brydain, yn rhan o'n cenedl, yn rhan o'r wlad yno, ac yna sefydlu cynllun gwrth-derfysgaeth sydd ar wahân i gynllun gweddill y wlad. **(Nawaz)**

Cynnwys y fanyleb

Effeithiolrwydd Cyngor Mwslimaidd Prydain.

Gweithgaredd AA2

Wrth i chi ddarllen drwy'r adran hon ceisiwch wneud y pethau canlynol:

1. Dewiswch y gwahanol ddadleuon sy'n cael eu cyflwyno yn y testun a nodwch unrhyw dystiolaeth gefnogol a roddir.
2. Ar gyfer pob dadl a gyflwynir, ceisiwch werthuso a yw'r ddadl yn un gryf neu wan yn eich barn chi.
3. Meddyliwch am unrhyw gwestiynau yr hoffech chi eu gofyn wrth ymateb i'r dadleuon.

Bydd y gweithgaredd hwn yn eich helpu i ddechrau meddwl yn feirniadol am yr hyn rydych chi'n ei ddarllen ac yn eich helpu i werthuso effeithiolrwydd dadleuon gwahanol, gan ddatblygu eich sylwadau, a'ch barn a'ch safbwyntiau eich hun. Bydd hyn yn eich helpu wrth ddod i gasgliadau y byddwch yn eu gwneud yn eich atebion i'r cwestiynau AA2 sy'n codi.

Dyfyniad allweddol

Mae'r rhai sy'n amddiffyn y cyngor yn cyfeirio at ei weithdrefnau 'democrataidd'; mae ei arweinwyr yn cael eu hethol gan aelodau cysylltiol y grŵp bob dwy flynedd. Ond y dyddiau hyn, pan fydd Mwslimiaid yn condemnio terfysgaeth yn y wasg, maen nhw'n fwy tebygol o ddod o Sefydliad Quilliam, melin drafod gwrth-eithafiaeth sydd wedi cael arian gan y llywodraeth yn y gorffennol ac nad yw'r rhan fwyaf o Fwslimiaid Prydeinig yn ei chefnogi. Mae David Blunkett, cyn-Weinidog Cartref Llafur yn mynnu bod cael Cyngor Mwslimaidd Prydain yn llais clir i fynegi safbwyntiau Mwslimiaid, yn dal i fod yn ddefnyddiol. **(The Economist)**

Gweithgaredd AA2

Rhestrwch rai casgliadau y byddai'n bosibl dod iddynt ar sail y rhesymeg AA2 yn y testun uchod; ceisiwch gyflwyno o leiaf dri chasgliad gwahanol posibl. Ystyriwch bob un o'r casgliadau a chasglwch dystiolaeth gryno i gefnogi pob casgliad o'r deunydd AA1 ac AA2 ar gyfer y testun hwn. Dewiswch y casgliad sy'n argyhoeddi fwyaf yn eich barn chi ac esboniwch pam mae hyn yn wir. Ceisiwch gyferbynnu hyn â'r casgliad gwannaf ar y rhestr, gan gyfiawnhau eich dadl gyda rhesymu clir a thystiolaeth.

Yn 2009 llofnododd uwch aelod o'r cyngor (fel person unigol) ddatganiad yn cefnogi Hamas, y grŵp Islamaidd sy'n rhedeg Gaza. Roedd y ffaith bod y grŵp wedi boicotio Diwrnod Cofio'r Holocost o 2001 tan 2007 yn niweidiol hefyd. Dechreuodd beirniaid roi mwy o sylw i'r grwpiau Islamaidd ceidwadol yn y cyngor, yn enwedig y Frawdoliaeth Fwslimaidd a Jamaat-e-Islami o Pakistan. Mae Syr Iqbal Sacranie, yr ysgrifennydd cyffredinol a sefydlodd y corff, yn cydnabod bod dylanwad – canfyddedig neu fel arall – grwpiau o'r fath wedi bod yn broblem. 'Mae cael ei gysylltu ag un grŵp neu ysgol benodol o feddwl yn cyfyngu ar effeithiolrwydd y cyngor', mae'n cyfaddef. Ond mae'n dweud bod yr *MCB* yn delio â'r broblem honno ac yn cyrraedd rhagor o bobl. **(The Economist)**

Lle roedd yr *MCB* wedi methu ymgysylltu, oes unrhyw gorff arall wedi llwyddo? Cafodd sefydliad Quilliam ei sefydlu gan bobl a oedd yn ceisio herio eithafiaeth. Roedd Majid Nawaz, un o'i aelodau blaenllaw, yn arfer bod yn weithredwr Hizb-ut-Tahriah a newidiodd ei safbwyntiau. Mae'n beirniadu'r *MCB* am fod yn rhy agos at bobl y mae e'n eu hystyried yn rhai eithafol. Eto mae llawer iawn o Fwslimiaid yn gwrthod Quilliam gan ddweud mai llefarydd y llywodraeth yw'r sefydliad. Ychydig o bresenoldeb sydd ganddo mewn mosgiau neu grwpiau cymunedol. Mae llais i fynegi dymuniadau'r cyrff hyn yn dal i fod yn ddefnyddiol i'w glywed, yn ôl y cyn-Ysgrifennydd Cartref David Blunkett, hyd yn oed os nad yw'r llywodraeth yn hoffi'r hyn sydd gan y llais i'w ddweud. Weithiau, siarad plaen yw'r ffordd orau o ddatrys problemau.

Cyhoeddodd Cyngor Mwslimaidd Prydain ganllaw i ysgolion yn 2007 a oedd yn mynegi safbwynt Mwslimaidd ceidwadol ar y cyfan am anghenion Mwslimiaid ym myd addysg. Mae'n well gan lawer o rieni Mwslimaidd addysg sy'n seiliedig ar grefydd, ond gan mai ychydig iawn o ysgolion Mwslimaidd wedi'u hariannu gan y wladwriaeth yn y DU, roedden nhw'n teimlo bod angen iddyn nhw fynegi barn am faterion yn sector y wladwriaeth. Mynegon nhw safbwyntiau am integreiddio, goddefgarwch at yr hijab, yr angen am gyfleusterau gweddïo a rhai sylwadau am feysydd y cwricwlwm. Roedd y canllaw'n rhoi'r argraff y gallai Fwslimiaid fynnu bod pynciau neu ymagweddau gwahanol yn cael eu cymryd, ym maes cerddoriaeth neu ryw ac addysg perthnasoedd.

Daeth Ibrahim Mogra, clerigwr ac aelod o'r *MCB*, ag Imamiaid o sectau gwahanol at ei gilydd i'w bwyllgor. Weithiau mae gwahaniaethau mawr rhwng Mwslimiaid Shi'a, Sunni ac amryw o grwpiau eraill. Llwyddodd yr *MCB* i oresgyn llawer o'r rhain er mwyn siarad fel un llais mwy dylanwadol. Hefyd mae Ibrahim Mogra wedi cefnogi gwaith elusennol rhwng crefyddau ac mae'n noddwr i The Feast, elusen Gristnogol addysgol rhwng crefyddau.

Ar hyn o bryd mae rhai yn cwyno bod mwy o Islamoffobia, ac mae eraill yn pwysleisio bod angen mwy o gymathu. Byddai hyn yn awgrymu bod yr *MCB* wedi methu yn ei nodau ac amcanion craidd a osodwyd yn 1997. Byddai eraill yn dadlau mai dim ond ychydig o ddylanwad y gall yr *MCB* ei gael byth ar y llu o grwpiau gwahanol o Fwslimiaid yn y DU. Roedd digwyddiadau terfysgol annisgwyl yn herio'r *MCB* i ymateb a chondemnio trais. Mae gweinidogion wedi gofyn i'r *MCB* weithio gyda nhw ar strategaeth Prevent, ond mae'r *MCB* wedi awgrymu dewis arall sydd wedi'i wreiddio mewn Islam draddodiadol. Fodd bynnag, arweiniodd Dominic Grieve AS adroddiad, 'The Missing Muslims', lle trafododd arweinyddiaeth â rhai Mwslimiaid blaenllaw gan gynnwys llawer o uwch aelodau'r *MCB*. Gwnaeth argymhellion ynghylch sut gallai Mwslimiaid gymryd swyddi arwain yn fwy effeithiol. Felly mae rhai arwyddion cadarnhaol fod cydweithio'n digwydd.

Datblygu sgiliau AA2

Nawr mae'n bwysig ystyried y wybodaeth sydd wedi'i chyflwyno yn yr adran hon; fodd bynnag, mae'r wybodaeth fel y mae yn llawer rhy helaeth ac felly mae'n rhaid ei phrosesu er mwyn bodloni gofynion yr arholiad. Gallwch wneud hyn drwy ymarfer y sgiliau uwch sy'n gysylltiedig ag AA2. Ar gyfer Amcan Asesu 2 (AA2), sy'n cynnwys dangos sgiliau 'dadansoddi beirniadol' a 'gwerthuso', rydyn ni am ganolbwyntio ar ffyrdd gwahanol o ddangos y sgiliau yn effeithiol, gan gyfeirio hefyd at sut bydd eich perfformiad ym mhob un o'r sgiliau hyn yn cael ei fesur (gweler disgrifyddion band cyffredinol AA2 ar gyfer U2).

▶ **Eich tasg nesaf yw hon:** Isod mae **gwerthusiad sy'n ymwneud â materion addysg i Fwslimiaid Prydeinig**. Mae hwn yn 150 gair o hyd. Ar ôl y paragraff cyntaf, mae'r casgliad hyd yma wedi'i amlygu mewn lliw melyn. Fel grŵp ceisiwch nodi ble gallech ychwanegu mwy o gasgliadau i weddill y darn wrth iddo ddatblygu. Rhowch gynnig ar hyn.

Mae Mwslimiaid yn treulio diwrnodau hir yn dysgu yn yr ysgol ac yna mewn madrassah gyda'r nos. Mae gan rai madrassahau feysydd llafur eang ond mae gwaith i'w wneud o hyd i herio camddefnydd mewn lleiafrif ohonyn nhw. Mae dysgu am Islam wrth ochr Mathemateg a phynciau eraill yn dilyn patrymau addysg yn ysgolion cynnar Islam. Mae'r madrassahau gorau yn helpu plant i integreiddio.

Roedd mater Ceffyl pren Troea yn Birmingham yn dangos sut ceisiodd llywodraethwyr Mwslimaidd wneud i ysgolion prif ffrwd fod yn fwy Islamaidd. Efallai ei bod hi'n well ganddyn nhw hyn, ond roedd yn niweidio gobeithion eu plant o integreiddio. Fodd bynnag, mae enghreifftiau o ysgolion uwchradd llwyddiannus fel Tauheedul, lle mae'r safonau'n codi.

Mae Mwslimiaid Prydeinig yn gwneud yn waeth na'u cyfoedion mewn addysg brifysgol, ac mae llai o gymwysterau gan fenywod na dynion. Mae rhai Imamiaid yn cael eu hyfforddi yn Llundain ond mae eraill yn cael eu hyfforddi dramor. Mae angen gwella addysg i arweinwyr Mwslimaidd. Un ateb yn Malaysia yw bod rhaid i Imamiaid raddio mewn gwyddor gymdeithasol, fel eu bod yn deall anghenion eu pobl yn well.

Ar ôl i chi wneud hyn, byddwch yn gweld yn glir ei fod o gymorth yn AA2 i gynnwys crynodeb byr o'r dadleuon wrth i'r gwaith fynd rhagddo, yn hytrach nag aros tan y diwedd i lunio casgliad terfynol. Fel hyn, rydych chi'n dangos eich bod yn cynnal eich gwerthusiad drwy gydol yr ateb yn hytrach nag ailadrodd gwybodaeth a ddysgwyd yn unig.

Sgiliau allweddol

Mae dadansoddi'n ymwneud â:

Nodi materion sy'n cael eu codi gan y deunyddiau yn adran AA1, ynghyd â'r rhai a nodwyd yn adran AA2, ac mae'n cyflwyno safbwyntiau cyson a chlir, naill ai gan ysgolheigion neu safbwyntiau personol, yn barod i'w gwerthuso.

Mae hyn yn golygu:

- Bod eich atebion yn gallu nodi meysydd trafod allweddol mewn perthynas â mater penodol
- Eich bod yn gallu nodi'r gwahanol ddadleuon a gyflwynir gan eraill, a rhoi sylwadau arnyn nhw
- Bod eich ateb yn rhoi sylwadau ar effeithiolrwydd cyffredinol pob un o'r meysydd neu ddadleuon hyn.

Mae gwerthuso'n ymwneud ag:

Ystyried goblygiadau amrywiol y materion sy'n cael eu codi, yn seiliedig ar y dystiolaeth a gafwyd wrth ddadansoddi ac mae'n rhoi dadl fanwl eang gyda chasgliad clir.

Mae hyn yn golygu:

- Bod eich ateb yn pwyso a mesur canlyniadau derbyn neu wrthod y dadleuon amrywiol a gwahanol a gafodd eu dadansoddi
- Bod eich ateb yn dod i gasgliad drwy broses rhesymu clir.

Th4 Arferion crefyddol sy'n dylanwadu ar hunaniaeth grefyddol

Mae'r adran hon yn cwmpasu cynnwys a sgiliau AA1

Cynnwys y fanyleb

Credoau ac arferion sy'n benodol i Islam Shi'a. Dehongliadau o'r Pum Piler sy'n benodol i Shi'a.

Termau allweddol

Deuddegwyr: y brif gangen o Islam Shi'a sy'n seiliedig ar gredu mewn dilyniant o ddeuddeg Imam ar ôl y Proffwyd

Furu al-din: yr arferion y mae Mwslimiaid Shi'a yn eu dilyn i gyflawni'r Usul al-din

Usul al-din: yr enw weithiau yw Pileri Islam Shi'a neu'r credoau y mae'r prif arferion Shi'a yn seiliedig arnyn nhw

Dyfyniad allweddol

Ddylai Protestaniaeth a Chatholigiaeth ddim cael eu cymharu â Sunnïaeth a Shi'aeth yn y cyd-destun Islamaidd fel mae rhai ysgolheigion wedi'i wneud. Mae Sunnïaeth a Shi'aeth yn mynd yn ôl i wreiddiau Islam a dechrau cyntaf un hanes Islamaidd, ond protest ddiweddarach yn erbyn yr Eglwys Gatholig a oedd yn bodoli yw Protestaniaeth, a ddaeth i fodolaeth rhyw bymtheg canrif ar ôl i Gristnogaeth gael ei sefydlu. **(Seyyed Hossein Nasr)**

A: Amrywiaeth o fewn Islam

Credoau ac arferion sy'n benodol i Islam Shi'a

Mae'r Shi'a, plaid Ali, yn adnabyddus fel y sect leiafrifol fwyaf mewn Islam. Camarweiniol braidd yw meddwl am Fwslimiaid heddiw fel dwy sect: Shi'a a Sunni. Mewn gwirionedd, mae'n llawer mwy cymhleth na hynny.

Mewn Islam Sunni, mae nifer o sectau gan gynnwys Brewlvi, Deobandi a dilynwyr ysgolion gwahanol o feddwl (madhabau). Mewn Islam Shi'a, mae llawer o sectau hefyd, gan gynnwys y **Deuddegwyr**, yr Ismaeliaid a'r Allawiaid. Mae Mwslimiaid Sufi i'w cael mewn Islam Shi'a a Sunni. Weithiau mae Mwslimiaid Salafi yn gwrthod arferion Mwslimiaid Sufi a Shi'a fel rhai sy'n anghydnaws ag Islam, tra mae rhai Mwslimiaid Sunni yn gwrthod Mwslimiaid Salafi fel rhai sydd y tu allan i'r gorlan tra bydd y Mwslimiaid Shi'a yn cael eu hystyried yn rhan o Islam draddodiadol. Mae llawer o enghreifftiau ledled y byd lle gallech chi ddod ar draws Mwslimiaid Shi'a yn byw mewn cytgord ag eraill, weithiau yn mynychu mosgiau ei gilydd ac yn ymuno â'u dathliadau. Mewn achosion eraill mae materion diogelwch wedi gwneud i gymunedau wahanu, ac mae Mwslimiaid eu hunain wedi dioddef erchyllterau terfysgol gan Fwslimiaid eraill sy'n anghytuno â'u safbwynt.

Yn y bennod hon, cyfeirir at y prif gredoau Shi'a, yn enwedig rhai'r Deuddegwyr. Bydd cyferbyniadau â rhai eraill, fel yr Ismaeliaid, ac ag Islam Sunni. Dylech fod yn ymwybodol y byddwch bob amser yn dod ar draws rhai sy'n dilyn dehongliadau gwahanol ac mae amrywiaeth mewn grwpiau yn ogystal â rhwng grwpiau.

Menyw Fwslimaidd yn defnyddio gleiniau gweddïo.

Er gwaethaf y gwahaniaethau hyn, petaech chi'n ymweld â mosg Shi'a nodweddiadol a'i gymharu â mosg Sunni, byddech chi'n gweld yr un nodweddion fwy neu lai. Byddai'r gynulleidfa'n gweddïo bron yn union yr un ffordd, gan ddilyn yr un Qur'an Arabeg a chanolbwyntio ar yr un Allah, yr Un Duw, heb unrhyw bartneriaid, eilunod na cherfluniau. Byddai pob un yn credu mewn barn a bywyd ar ôl marwolaeth, angylion, llyfrau sanctaidd a Phroffwydi.

Dehongliadau Shi'a o'r Pum Piler

Mae gan Fwslimiaid Shi'a fersiwn gwahanol o Bum Piler Islam. Mae'r prif Bileri o safbwyntiau'r Deuddegwyr yn cael eu galw'n **Usul al-din**. Mae'n bosibl dosbarthu'r rhain eto'n gredoau ac yn arferion: credoau Usul al-din ac arferion **Furu al-din**.

Y prif gredoau y mae arferion Shi'a yn seiliedig arnyn nhw yw:

Tawhid – undod Allah

Adl – y cysyniad bod Allah yn gyfiawn

Nubuwwah – cred mewn Proffwydi (fel y gred Sunni mewn **Risalah**)

Imamah – cred yn olyniaeth teulu'r Proffwyd fel arweinwyr Shi'a

Mi'ad – cred yn Nydd y Farn ac Atgyfodiad mewn bywyd ar ôl marwolaeth (mae'n debyg i'r gred Sunni mewn **Akhirah**).

Mae Shahadah neu ddatganiad ffydd Mwslimiaid Shi'a ychydig yn wahanol i un Mwslimiaid Sunni. Mae Mwsilmiaid Shi'a yn ychwanegu'r geiriau hyn at Shahadah Islam Sunni: Ali yw arweiniad Duw. Mae hyn yn adlewyrchu'r pwys y maen nhw'n ei roi ar Ali a gafodd ei ddewis gan Muhammad i'w ddilyn, yn eu barn nhw.

Mae'n bosibl gweld prif Bileri Islam i'r Deuddegwyr Shi'a yn y tabl isod. Maen nhw'n cynnwys Pum Piler Mwslimiaid Sunni ar ffurf ychydig yn wahanol, a rhai egwyddorion ychwanegol a all fod yn berthnasol i lawer o weithredoedd. Gallai gwahardd drygioni a hyrwyddo daioni fod yn berthnasol i unrhyw Fwslim, ond mewn Islam Shi'a mae'r rhain yn cael eu gosod yn Bileri y mae'n rhaid iddyn nhw eu dilyn.

Mae Pileri'r Ismaeliaid ychydig yn wahanol yn yr ystyr bod Ismaeliaid yn dilyn dehongliadau eu Himamiaid, sy'n gallu amrywio. Weithiau mae Ismaeliaid yn gweld agwedd ysbrydol y Pileri fel y prif bwynt, a'r agwedd gorfforol fel rhywbeth llai pwysig. Felly, mae rhai Ismaeliaid yn arfer yr ympryd mwyaf sef osgoi beirniadu pobl a rhegi, a bod yn ostyngedig tuag at eraill, yn hytrach na'r ympryd lleiaf, corfforol, sef ymatal rhag bwyta ac yfed. Serch hynny, maen nhw'n aml yn llym iawn ynghylch natur ymddygiad, sy'n gallu bod hyd yn oed yn fwy anodd i rai na'r ympryd corfforol! Dydy hyn ddim yn cael ei weld yn rhywbeth sy'n groes i unrhyw reol Islam, ond yn hytrach yn ddehongliad gwahanol ohoni. O ran hyn efallai y gwelwch chi fwy o wahaniaeth rhwng Mwslim Ismaeli a Deuddegwr na rhwng Deuddegwr a Mwslim Sunni neu Salafi, sy'n glynu'n gaeth wrth ymatal rhag bwyta ac yfed.

Termau allweddol

Adl: Cyfiawnder dwyfol – y cysyniad bod Allah yn gyfiawn ac y bydd yn gweithredu cyfiawnder yn gytbwys dros y bywyd hwn a'r nesaf

Akhirah: bywyd ar ôl marwolaeth

Asr: gweddi sy'n cael ei darllen yn y prynhawn ar ôl i'r cysgodion fynd yn hirach

Imamah: cred yn olyniaeth teulu'r Proffwyd fel arweinwyr Shi'a

Isha: gweddi yn y nos

Maghrib: gweddi sy'n cael ei darllen ar ôl i'r haul fachlud

Mi'ad: credu yn Nydd y Farn a'r Atgyfodiad mewn bywyd ar ôl marwolaeth

Nubuwwah: cred mewn Proffwydi

Risalah: credu mewn Proffwydi neu negeswyr oddi wrth Allah, y mae rhai ohonyn nhw'n dod â llyfr sanctaidd

Salah: pum gweddi'r dydd, y mae Mwslimiaid Shi'a yn eu darllen ar dair adeg

Sawm: ymprydio mewn Ramadan

Walayah: y ffordd y mae'r Ismaeliaid yn mynegi cariad ac ymroddiad i Dduw, i'r cenhadon, i'r Imamiaid ac i'r Proffwydi

Zuhr: gweddi sy'n cael ei darllen yn union ar ôl canol dydd

Furu al-din Deuddegwyr Shi'a	Pileri Ffydd yr Ismaeliaid
Mae Deuddegwyr yn credu mewn Tawhid, a phrif gredoau eraill yr Usul al-din.	Tawhid: Cred yr Ismaeliaid mewn Undod Duw, ynghyd â Mwslimiaid eraill.
Imamah: Cred yn olyniaeth yr Imamiaid yn nheulu'r Proffwyd a'u safle penodol yn y ffydd. Mae Deuddegwyr yn dilyn eu Himamiaid sydd â'r pŵer i wneud penderfyniadau a rheoliadau ar ran eu dilynwyr.	**Walayah**: Mae Ismaeliaid yn dangos cariad ac ymrwymiad at Dduw, y cenhadon, yr Imamiaid a'r Proffwydi. Mae'r Ismaeliaid yn cael eu harwain gan yr Aga Khan, eu Himam, sy'n eu tywys nhw yn y ffydd.
Salah, pum gweddi'r dydd sy'n cael eu darllen ar dair adeg: cyn y wawr, yn y prynhawn ac ar ôl y machlud. (Mae **Zuhr** ac **Asr**; **Maghrib** ac **Isha** yn cael eu cyfuno.)	Salah: mae'r Imam cyfredol yn rhoi cyfarwyddyd i'r Ismaeliaid o ran pa ffurf ar weddïo i'w dilyn. Mae hyn yn wahanol i Fwslimiaid Shi'a a Sunni eraill.
Sawm, ymprydio yn ystod Ramadan.	Sawm, bod yn ostyngedig ac osgoi bod yn drahaus a beirniadu pobl; ymprydio yn ystod Ramadan.

Furu al-din Deuddegwyr Shi'a	Pileri Ffydd yr Ismaeliaid
Zakat, elusen i'r tlawd.	Mae gan y rhan fwyaf o Ismaeliaid ffurf ar daliad Zakat.
Khums, treth 20% sy'n cael ei thalu i'r Imamiaid i'w dosbarthu i'r anghenus.	Mae gan y rhan fwyaf o Ismaeliaid ffurf ar daliad Khums hefyd.
Hajj: pererindod i Makkah.	Hajj, ymweld â'r Imam. Gall hyn olygu mynd i Makkah, sy'n cael ei arfer gan rai Ismaeliaid. Mae eraill yn dweud bod Hajj yn golygu ffoi rhag gormes yn unrhyw le.
Jihad, ymdrech.	Jihad, yr ymdrech fwyaf a'r ymdrech leiaf.
Amr-bil-Maroof: gwneud y peth cywir.	
Nahi Anil Munkar: gwahardd yr hyn sy'n anghywir.	
Tawalla: dangos cariad at ddaioni.	
Tabarra: dangos casineb at ddrygioni a pheidio cysylltu ag ef.	

Termau allweddol

Khums: treth 20% sy'n cael ei thalu i'r Imamiaid i'w dosbarthu i'r anghenus

Sajdah: safle wrth weddïo pan fydd Mwslim yn rhoi ei dalcen ar y llawr

Mae gan Fwslimiaid Sunni draddodiadau fod y Proffwyd Muhammad weithiau yn cyfuno gweddïau Zuhr ac Asr, ganol dydd a chanol y prynhawn, drwy ddarllen y naill ar ôl y llall, pan oedd y gymuned yn brysur yn gwneud rhyw waith neu'n cywain y cynhaeaf, i'w gwneud hi'n haws iddyn nhw fel nad oedd crefydd yn mynd yn feichus. Mae Mwslimiaid Shi'a yn dilyn yr un traddodiadau, ond fel arfer maen nhw bob amser yn darllen y gweddïau hyn y naill ar ôl y llall ar yr un pryd. Mae rhai Mwslimiaid yn credu bod hyn fwy neu lai'r un peth. Mae eraill yn pwysleisio'r gwahaniaeth.

Wrth weddïo, mae Mwslimiaid Shi'a yn perfformio **sajdah**, y pwynt yn ystod gweddïo pan mae'r talcen yn cyffwrdd â'r llawr, gyda llechen glai fechan wedi'i gosod o'u blaenau nhw. Mae hon wedi'i gwneud o'r clai yn y ddaear yn Karbala, ac mae Mwslimiaid Shi'a yn gosod eu talcen ar y llechen hon yn ystod eiliad fwyaf dwys y gweddïo, y sajdah. Mae hyn yn dangos pwysigrwydd y digwyddiadau hanesyddol yn nyddiau cynnar Islam.

cwestiwn cyflym

4.1 Enwch ddwy brif gangen Islam Shi'a.

Gweithgaredd AA1

Gwnewch dabl i ddangos prif gredoau ac arferion Islam Shi'a a Sunni. Dylech roi'r pennawd Shi'a ar un golofn a Sunni ar y llall. Pan fyddwch chi wedi llenwi'r tabl, amlygwch y pethau tebyg mewn un lliw a'r pethau gwahanol mewn un arall. Yn olaf, trafodwch i ba raddau mae'r credoau'n debyg ac yn wahanol yn eich barn chi.

Cynnwys y fanyleb

Arwyddocâd y gwrthdaro hanesyddol a achosodd dyfodiad Islam Shi'a gan gyfeirio at: olyniaeth Ali; marwolaeth Hussein a merthyrdod.

Arwyddocâd y gwrthdaro hanesyddol a achosodd dyfodiad Islam Shi'a

Beth allai fod yn arwyddocaol am le yn yr anialwch yn y Dwyrain Canol, lle digwyddodd brwydr dros fil o flynyddoedd yn ôl? Doedd y lle bach o'r enw Karbala ddim yn adnabyddus ymlaen llaw, ond ar ôl brwydr a ddigwyddodd yno, daeth yn un o'r mannau mwyaf adnabyddus yn y byd Islamaidd, yn arbennig i'r ochr a gollodd y frwydr.

Nid y frwydr ei hun, wrth gwrs, a wnaeth i'r lle fod mor enwog, ond y pwysigrwydd diwinyddol a greodd rhaniad mwyaf Islam – hwnnw rhwng y Mwsilmiaid Shi'a a'r Mwslimiaid Sunni. Mae dwy ochr wahanol i gymeriad y Proffwyd: mae ei ochr fyfyriol ysbrydol yr oedd Ali, ei gydymaith, yn ei phwysleisio, a'i arweinyddiaeth dosturiol ymarferol yr oedd Abu Bakr yn ei phwysleisio, yn symbolau o'r ddau draddodiad gwahanol a adawodd ar ei ôl wedi iddo farw.

Karbala

Mae anghytuno ynghylch a benododd Muhammad unrhyw un yn olynydd iddo ai peidio. Oherwydd sut ymatebodd y gymuned, cododd sefyllfa lle cafodd Mwslimiaid eu rhannu. Dechreuodd y cyfan gyda chefnogwyr Ali mewn cyferbyniad â chefnogwyr Mu'awiyah, yr arweinydd a oedd yn ei wrthwynebu. Ond datblygodd yn rhaniad am wirionedd ac arweinyddiaeth gyfiawn yn ôl ordinhad Duw.

Olyniaeth Ali

Ali oedd un o gyfeillion agosaf y Proffwyd Muhammad. Mae Mwslimiaid Shi'a yn credu bod Allah wedi ysbrydoli Muhammad i benodi Ali yn olynydd iddo, a bod Ali yn anffaeledig, hynny yw, nad oedd yn gwneud unrhyw gamsyniadau neu bechodau. Yn Hadith y Clogyn, roedd Muhammad, Ali a Fatimah wedi'u hamddiffyn gyda'i gilydd â brethyn y Proffwyd. Byddai hi'n bosibl dehongli hyn i olygu bod Muhammad eisiau i'w deulu fod yn olynwyr iddo, gan mai Fatimah oedd merch y Proffwyd a gwraig Ali. Mae Mwslimiaid Shi'a yn cysylltu hyn ag adnod o'r Qur'an sy'n cyfeirio at 'deulu' y Proffwyd fel y rhai a fydd yn parhau â'i genhadaeth.

Mae cryn dipyn o ddadlau yn codi o ddigwyddiad ar ôl pregeth olaf y Proffwyd. Ymgasglodd Mwslimiaid mewn lle o'r enw Ghadir Khumm, gwerddon yn y diffeithdir, tua 10 Mawrth 632. Yma, honnir bod Muhammad wedi dweud geiriau a oedd yn golygu ei fod yn penodi Ali yn olynydd iddo. Mae Mwslimiaid Shi'a a Sunni yn dadlau am y geiriau hyn. Mae'n debyg i Muhammad gyfeirio at Ali fel 'mawla' neu feistr, i'w olynu. Mae rhai dehonglwyr yn dweud mai ystyr 'mawla' yw perthynas, cefnogwr, cyfaill, caethwas rhydd a gafodd dröedigaeth, neu gleient. Mae Mwslimiaid Shi'a yn honni bod Muhammad wedi penodi Ali yn benodol yn arweinydd ac yn warchodwr y Mwslimiaid.

Dyfyniadau allweddol

O bobl! Ystyriwch y Qur'an a deallwch ei adnodau. Edrychwch ar ei adnodau eglur a pheidiwch â dilyn ei rannau amwys, oherwydd yn enw Allah, fydd neb yn gallu egluro ei rybuddion a'i ddirgelion i chi, a fydd neb yn gallu egluro ei ddehongliad, heblaw am yr un rwyf wedi dal ei law, wedi'i fagu wrth fy ochr, a chodi ei fraich, yr un rwyf yn rhoi gwybod i chi pwy bynnag rwy'n feistr arno, yna Ali yw ei feistr; ac ef yw Ali Ibn Abi Talib, fy mrawd, ysgutor fy ewyllys, y mae Allah, yr un nerthol a mawreddog wedi dweud wrthyf am ei benodi fel eich gwarchodwr a'ch arweinydd. **(Dywediad gan Muhammad o'r Bregeth Olaf)**

Gall Mawla gyfeirio at gleient, noddwr, agnawd, perthynas, ffrind, cefnogwr, dilynwr, cyfaill yfed, partner, Mwslim sydd newydd gael tröedigaeth sy'n gysylltiedig â Mwslim ac yn olaf ond nid y lleiaf, cynghreiriwr. Mae goblygiadau cyfreithiol i'r rhan fwyaf o'r categorïau hyn. Yn y cyfnod Islamaidd, roedd y term mawla yn cyfeirio'n bennaf at ddynion rhydd Mwslimaidd a phobl rydd nad oedden nhw'n Arabiaid a gysylltodd eu hunain ag Arabiaid ar ôl cael tröedigaeth i Islam. **(Bernards a Nawas)**

Mae Mwslimiaid Sunni yn cytuno bod Ali yn Galiff ac yn arweinydd y Mwslimiaid, person wedi'i arwain yn gywir ac yn arweinydd cyfreithlon, ond y pedwerydd Califf ac nid y cyntaf. Mae dadlau ynghylch penodi Abu Bakr, un o gymdeithion eraill Muhammad, yn arweinydd cyntaf ar ôl iddo farw. Pan gafodd ei benodi, cwrddodd Mwslimiaid a chytuno ar hyn, ond roedd Ali yn gwneud y trefniadau ar gyfer angladd y Proffwyd ar y pryd. Serch hynny, derbyniodd Ali arweinyddiaeth Abu Bakr er mwyn osgoi rhannu'r gymuned.

Cafodd Uthman, y trydydd Califf, ei lofruddio, ac wedyn penodwyd Ali yn Galiff. Achosodd hyn anghydfod oherwydd bod rhai pobl yn teimlo nad oedd Ali wedi mynd ati i chwilio am lofruddion Uthman. Pen draw hyn oedd Brwydr Siffin, ar ôl i'r cyflafareddu fethu. Mae'r cyfnod hwn yn cael ei adnabod fel cyfnod y Fitnah

Dyfyniadau allweddol

Aeth Apostol Duw allan un bore, yn gwisgo clogyn streipiog o flew camel du, a daeth Hasan bin Ali ato. Lapiodd ef oddi tano, yna daeth Hussein a lapiodd hwnnw oddi tano gyda'r llall, Hasan. Yna daeth Fatimah a chymerodd e hithau oddi tano, yna daeth Ali a chymerodd e hwnnw oddi tano hefyd ac yna meddai: Mae Duw yn dymuno mynd ag unrhyw aflendid oddi wrthoch chi, O bobl yr aelwyd, a'ch puro. **(Hadith y Proffwyd Muhammad)**

Y Qur'an 33:33

Arhoswch yn dawel yn eich tai, a pheidiwch â gwneud rhyw arddangosfa lachar, fel y rhai yn hen Gyfnod yr Anwybodaeth; a sefydlwch gyfnodau Gweddïo rheolaidd, a rhowch Elusen yn rheolaidd; ac ufuddhewch i Allah a'i Negesydd. A'r cyfan y mae Allah yn dymuno ei wneud yw cael gwared ar bob ffieidd-dra oddi wrthoch chi, chi aelodau'r Teulu, a'ch gwneud chi'n bur ac yn ddilychwin. **(Yusuf Ali)**

cwestiwn cyflym

4.2 Yn ôl y traddodiad, pwy ddaeth o dan y clogyn?

cwestiwn cyflym

4.3 Ym mha ddigwyddiad mae Mwslimiaid Shi'a yn ystyried bod Muhammad wedi penodi Ali yn olynydd iddo?

Dyfyniad allweddol

Am ganrifoedd, roedd athronwyr Mwslimaidd yn ystyried bod dywediadau Ali – fel 'Dydw i erioed wedi gweld dim heblaw fy mod i wedi gweld Duw o'i flaen' a 'Petai'r gorchuddion yn cael eu tynnu oddi ar ddirgelion y byd, fyddai hynny ddim yn ychwanegu at fy sicrwydd' – yn brawf o'i ddealltwriaeth **metaffisegol** goruchaf. Mae ei ddywediad adnabyddus 'Edrychwch ar yr hyn sy'n cael ei ddweud ac nid ar y sawl sydd wedi'i ddweud' yn crynhoi un o brif nodweddion syniadau Islamaidd. (Seyyed Hossein Nasr)

Term allweddol

Metaffisegol: meddwl yn haniaethol am egwyddorion bod

cwestiwn cyflym

4.4 Beth ddigwyddodd yn Karbala?

Ashura yn galaru am ferthyrdod Imam Hussein.

neu'r rhyfel cartref Islamaidd cyntaf, cyfnod pan oedd Mwslimiaid yn ymladd â'i gilydd. Er iddyn nhw ennill Brwydr Siffin, roedd llawer o gefnogwyr Ali yn aneffeithiol, ar y cyfan. Yn y pen draw cafodd Ali ei lofruddio â chleddyf wedi'i wenwyno gan un o'i wrthwynebwyr Mwslimaidd, wrth iddo weddïo yn ystod Ramadan yn y mosg yn Kufa. Cymerodd hi ddau ddiwrnod i'r gwenwyn ei ladd.

Mae Mwslimiaid Shi'a yn credu, er gwaetha'r digwyddiadau hyn, mai Ali oedd yr arweinydd cyfiawn a bod ei farwolaeth yn anghywir. Maen nhw'n credu, os derbynian nhw'r hyn a ddigwyddodd, yna mae hyn fel derbyn anghyfiawnder a'i fod yn groes i ewyllys Duw. Er bod amser wedi mynd heibio a bod pethau wedi newid ers hynny, mae Mwslimiaid Shi'a yn edrych yn ôl ar hyn fel anghyfiawnder. Maen nhw'n credu y dylen nhw hyrwyddo'r hyn sy'n gywir bob amser, a gwahardd drygioni, felly mae gan hyn le arbennig ym Mhileri Islam Shi'a. Hefyd mae llawer o Fwslimiaid Sunni yn parchu Ali yn fawr iawn ac mae Mwslimiaid Sufi yn ei weld fel adroddwr rhai o draddodiadau harddaf a mwyaf ysbrydol yr Hadith. Ond dydyn nhw ddim yn mynd cyn belled â Mwslimiaid Shi'a o ran hawlio mai ef yw olynydd cyfiawn y Proffwyd.

Er mai'r anghydfod hanesyddol yw'r gwahaniaeth mwyaf adnabyddus am Ali, mae angen sôn am ei ddywediadau a'i bwysigrwydd fel Sant mewn Islam Shi'a ac fel ysbrydoliaeth i lawer mewn canghennau gwahanol o'r ffydd. Mae Seyyed Hossein Nasr, yr ysgolhaig a'r athronydd Shi'a yn pwysleisio pwysigrwydd dywediadau Ali i bob Mwslim, beth bynnag yw ei sect, fel ysbrydoliaeth ysbrydol.

Marwolaeth Hussein

Hussein oedd mab Ali a'i wraig Fatimah, merch Muhammad. Roedd Hussein a'i frawd Hasan yn arfer chwarae â'u taid Muhammad pan oedden nhw'n blant. Mae un traddodiad yn sôn am sut roedd Muhammad yn meddwl bod chwarae mor bwysig nes iddo ddal ati i chwarae gyda'i wyrion drwy gydol y prynhawn a cholli un weddi a'r un nesaf hyd yn oed, oherwydd nad oedd eisiau tarfu ar fwynhad y plant. Roedd hyd yn oed yn gadael i Hasan a Hussein ddringo ar ei gefn pan oedd yn perfformio Sajdah.

Pan ddaeth Ali yn Galiff, doedd pawb ddim yn ei dderbyn. Mu'awiyah, llywodraethwr Syria oedd ei brif wrthwynebydd. Bu Mu'awiyah a Hasan yn wynebu ei gilydd mewn amryw o ysgarmesoedd ac yn gwneud cadoediadau dros dro hefyd. Olynydd Mu'awiyah fel Califf oedd Yazid, ei fab. Mynnodd Yazid fod Hussein yn rhoi ei deyrngarwch iddo. Roedd llawer o gefnogwyr yn annog Hussein i wrthwynebu Yazid ac i roi arweiniad fel Imam. Ymladdodd milwyr Hussein a Yazi o dan y cadlywydd Ubaydullah ibn Ziyad yn Karbala. Gorchmynnodd Ubaydullah i Hussein ddatgan teyrngarwch i Yazid. Pan wrthododd Hussein wneud hynny, torrodd Ubaydullah y mynediad at y cyflenwad dŵr. Dechreuodd yr ymladd yn Karbala ar y 10fed o fis Islamaidd Muharram yn 680. Yn y brwydro, cafodd dynion, menywod a phlant wrth ochr Hussein eu lladd a chafodd eu cyrff eu hanffurfio.

Dilynodd rhyfel cartref creulon. Penllanw hyn oedd sefydlu Califf Umayyad a gormesu cefnogwyr Hussein. Fodd bynnag, chafodd y digwyddiadau yn Karbala mo'u hanghofio. Mae'r dyddiad hwn yn cael ei adnabod fel Ashura. Mae Mwslimiaid Shi'a yn ei nodi drwy ddigwyddiadau coffáu arbennig. Mae rhai Mwslimiaid Shi'a yn ymweld â bedd Hussein fel man pererindod.

Mae dramâu dioddefaint yn cael eu perfformio i ddangos y digwyddiadau yn Karbala. Mae Mwslimiaid Shi'a dros y byd i gyd yn gorymdeithio ac yn gwrando ar areithiau. Mae rhai yn eu fflangellu eu hunain er mwyn profi peth o'r boen a'r dioddefaint a gafodd Hussein. Mae'r digwyddiadau yn Karbala yn cael eu gweld yn rhai pwysig oherwydd pa mor fach bynnag oedd y grŵp a pha mor amhosibl bynnag oedd y sefyllfa, wnaeth y Mwslimiaid Shi'a ddim cyfaddawdu ar eu safbwynt. Maen nhw'n gweld bod Hussein wedi sefyll dros y cyfiawn a'r gwir ac y byddan nhw hefyd yn sefyll dros yr un peth yn y byd heddiw, pa mor galed bynnag yw hynny.

Dyfyniad allweddol

Mae cysyniad merthyrdod wedi'i wreiddio'n ddwfn yn niwinyddiaeth y sect Shi'a. Mae cred hir fod rhoi eich bywyd dros achos cyfiawn yn weithred anrhydeddus sy'n cael ei gwobrwyo yn y nefoedd. Ond nid dynion yn unig oedd yn gysylltiedig â merthyrdod ac arwriaeth yn nyddiau cynnar Islam. Aeth holl ddisgynyddion y Proffwyd, bron – yn ddynion yn ogystal â menywod, a phlant – i flaen y gad ym Mrwydr Karbala er mwyn ymladd yn erbyn Califf Mu'awiyah, yr oedden nhw'n ei gyhuddo o ddwyn pŵer. **(Haleh Afshar)**

Merthyrdod

Mae merthyron drwy gydol hanes a thrwy gydol crefyddau. Pobl yw merthyron y mae pobl eraill wedi'u lladd oherwydd eu ffydd. Gallai hyn fod mewn brwydr, drwy lofruddiaeth neu drwy ryw ffordd arall. Mae merthyr yn cael ei ladd gan berson arall. Mae hyn yn wahanol i gysyniad hunanladdiad, lle mae person yn ei ladd ei hun. Yn gyffredinol, ystyrir hunanladdiad yn rhywbeth sydd wedi'i wahardd mewn Islam. Mae **Shahid** yn ferthyr mewn Islam, ac fel arfer cyfeirir at Fwslimiaid a laddwyd mewn brwydr fel Shahid neu ferthyr.

Term allweddol

Shahid: merthyr mewn Islam. Cyfeirir yn aml at Fwslimiaid sydd wedi cael eu lladd mewn brwydr fel Shahid neu ferthyr

Dyfyniad allweddol

Y Qur'an 3:140

Os yw clwyf wedi dy gyffwrdd di, bydd yn sicr bod clwyf tebyg wedi cyffwrdd â'r lleill. Rydyn Ni'n rhoi diwrnodau fel hyn (sy'n amrywio o ran ffawd) i ddynion ac i ddynion yn eu tro: fel y bydd Allah yn adnabod y rhai sy'n credu, ac fel y bydd Ef yn cymryd Iddo'i hun Ferthyron-dystion (i'r Gwirionedd) o'ch rhengoedd. A dydy Allah ddim yn caru'r rhai sy'n gwneud yr hyn sy'n anghywir. **(Yusuf Ali)**

Beddrod Imam Hussein, Karbala

Mae traddodiadau amrywiol yn awgrymu bod parch mawr i ferthyron mewn Islam. Mae rhai Mwslimiaid yn ystyried bod merthyron wedi rhoi popeth dros Islam ac y byddan nhw'n cael eu dyrchafu i'r nefoedd yn awtomatig. Bydd eu pechodau i gyd yn cael eu hanwybyddu, a byddan nhw'n cael lle yn y seithfed nefoedd uchaf ym mharadwys. Traddodiad arall yw bod merthyron yn cael 72 gwyryf ym mharadwys. Mae'r cyfeiriadau hyn yn rhai trosiadol ar y cyfan ac maen nhw'n rhoi delweddau i wobrau mewn bywyd ar ôl marwolaeth y mae llawer o Fwslimiaid yn credu na all pobl yn y byd hwn eu deall yn llawn. Gall person ddod i ddiwedd ei fywyd fel merthyr a chael ei ystyried yn ferthyr gan eraill, ond all neb fod yn siŵr a fydd Allah, y barnwr eithaf, yn ei ystyried yn ferthyr.

Bu farw Califf Ali pan gafodd ei lofruddio â chleddyf wedi'i wenwyno pan oedd yn gweddïo mewn mosg yng nghanol Ramadan. Ystyrir mai merthyrdod yw ei farwolaeth. Ystyrir marwolaeth Hussein a'i gefnogwyr yn Karbala yn ferthyrdod sydd wedi ysbrydoli Mwslimiaid Shi'a hyd heddiw. Mewn hanes, roedd Shahid Awwal yn cael ei adnabod fel un o ferthyron cyntaf Islam Shi'a. Cafodd dröedigaeth o Islam Sunni i Islam Shi'a, ond cafodd ei gyhuddo o ddangos diffyg parch at Aisha, gwraig y Proffwyd, ac eraill, yn ogystal ag o feddwdod. Mae'n debyg iddo gael ei garcharu, i'w ben gael ei dorri, iddo gael ei groeshoelio a'i labyddio fel merthyr.

Yn rhyfel Iran–Iraq roedd awdurdodau Iran yn annog merthyrdod yn eu rhyfel yn erbyn cyfundrefn Iraq o dan Saddam Hussain. Ym mynwent Behesht-e Zahra mae beddau llawer o ferthyron Shi'a. Maen nhw'n cael eu parchu ac mae dramâu dioddefaint yn digwydd yno mewn parc hyfryd i goffáu eu haberth.

Mae Haleh Afshar yn tynnu sylw at safle menywod yn nyddiau cynnar Islam a'r ffaith eu bod nhw'n cymryd rhan mewn ymladd a gwrthdaro. Yn nyddiau'r Proffwyd, dienyddiwyd Sumayyah bint Khayyat am ei thröedigaeth i Islam, a daeth hi'n ferthyr benywaidd cyntaf Islam.

Dyfyniad allweddol

Nid yn unig roedd disgynyddion benywaidd y Proffwyd yn cymryd rhan mewn brwydrau ond hefyd roedden nhw'n creu hanes drwy gondemnio Mu'awiyah a datgan ar goedd hawl disgynyddion y Proffwyd i arwain yr Ummah, cymuned y Mwslimiaid. Doedd y menywod hyn ddim yn dawel, yn gudd, yn absennol, neu'n gaeedig yn y parth preifat o gwbl yn oes aur Islam. **(Haleh Afshar)**

Dyfyniad allweddol

Mae pump yn cael eu hystyried yn ferthyron: Nhw yw'r rhai sy'n marw oherwydd pla, clefyd yr abdomen, boddi neu adeilad yn cwympo, a'r merthyron sy'n marw wrth iddyn nhw ddilyn achos Allah. **(Hadith y Proffwyd Muhammad)**

cwestiwn cyflym

4.5 Beth mae Tahir ul-Qadri yn ei ddysgu am hunanladdiad?

Mae rhai Mwslimiaid yn dadlau bod cysyniad merthyrdod wedi cael ei newid yn y cyfnod modern a'i fod yn cael ei gamddefnyddio gan y rhai sy'n ymwneud â gwrthdaro gwleidyddol modern, y mae rhai ohonyn nhw wedi cyflawni hunanladdiad drwy fom yn enw Islam. Does dim dwywaith bod y fath bobl wedi honni eu bod yn gwneud hyn dros Islam a'u bod nhw'n credu'n gryf yn yr hyn roedden nhw'n ei wneud. Ond ar yr un pryd mae mwyafrif y Mwslimiaid yn gwrthod hyn. Mae'r Rhyngrwyd yn cynnwys llawer o ddywediadau, fatwas tybiedig a thraddodiadau eraill sy'n awgrymu bod Jihad yn cynnwys cymaint o wobrau fel y bydd maddeuant i bob pechod. Weithiau mae hyn yn denu un neu ddau o Fwslimiaid i feddwl y gallan nhw gael lle ym mharadwys drwy gyflawni troseddau o'r fath. Gwaethygodd rhyfel Iran–Iraq y duedd hon, y mae rhai'n gweld iddi ddechrau gyda pheilotiaid kamikaze Japan yn yr Ail Ryfel Byd. Daliodd rhai Mwslimiaid yn Israel ati i ddefnyddio hunanladdiad, felly hefyd y Taleban yn Afghanistan a Daesh neu 'ISIS' yn Syria. Mae'r ysgolhaig Islam Sufi Muhammad Tahir-ul-Qadri, yn collfarnu pob ffurf ar hunanladdiad ble bynnag gall Mwslim fod, oherwydd bod hunanladdiad yn torri gorchymyn sanctaidd Allah i barchu pob bywyd ac i adael i Allah yn unig ei gymryd. Mae cymryd eich bywyd eich hun yn cael ei weld fel dileu'r posibilrwydd o gyrraedd paradwys, yn hytrach na gwireddu'r posibilrwydd hwnnw.

Cynnwys y fanyleb

Credoau am yr Imam.

Credoau am yr Imam

Arweinydd y gweddïo mewn Islam yw Imam. Mae'r term hwn yn golygu pethau gwahanol i Fwslimiaid gwahanol. I rai Mwslimiaid, ei ystyr yn syml yw'r person ar y blaen sy'n darllen y gweddïau yn uchel, pan mae ychydig o rai eraill yn ymuno. Gall hyn fod gartref, mewn cornel tawel neu mewn mosg. Gallai unrhyw berson sy'n gallu adrodd, gan gynnwys pobl a allai fod â swyddi cyffredin mewn meysydd eraill, fod yn Imam. Gallen nhw fod yn Imam am yr un weddi honno'n unig.

Imam Mohammad Khatami, y diwygiwr o Iran

Serch hynny, hyd yn oed ar gyfer y safle hwn, mae rhai gofynion. Dylai'r arweinydd wybod sut mae adrodd y gweddïau'n iawn, oherwydd mae adrodd â'r ynganiad anghywir yn golygu y gallai'r Qur'an gael ei adrodd ag ystyr wahanol ac allai gair Allah ddim cael ei newid. At hynny, mae cymunedau'n hel straeon ac yn siarad: petai pobl yn gwybod bod yr arweinydd yn twyllo neu'n dweud celwydd neu'n cael perthnasoedd y tu allan i briodas, yna gallai eraill ddweud nad yw ei rinweddau moesol yn ddigon da i rywun a ddylai fod yn rhoi enghraifft dda os yw'n mynd i arwain y gweddïo.

Mae llawer o Fwslimiaid Sunni yn mynd ymhellach. Mae colegau hyfforddi i Imamiaid mewn ysgolion gwahanol o feddwl. Mae'r rhain yn eu dysgu sut i weddïo ac ateb cwestiynau yn ôl dysgeidiaeth y sect honno. Byddai'r Imam yn aml yn tyngu llw o deyrngarwch i Shaykh sy'n cael ei barchu am ei wybodaeth ragorach. Mae Mwslimiaid Sufi yn arbennig yn tyngu'r llw hwn.

Mae Mwslimiaid Shi'a yn mynd gam ymhellach. Yn dilyn brwydr Ali a Hussein, maen nhw'n credu mai Imamiaid yw arweinwyr cyfiawn y bobl a rhaid iddyn nhw ddod o linach gwaed teulu'r Proffwyd, nid unrhyw berson sydd wedi cael addysg. Yn dilyn traddodiad ysbrydol Ali, mae'r Imamiaid Shi'a yn pwysleisio pwysigrwydd yr hyn sy'n gywir ac yn wir. Dywedir eu bod yn arwain y bobl a bod ganddynt bwerau arbennig i gyhoeddi dysgeidiaethau y dylai Mwslimiaid Shi'a eu dilyn, ac nid creu eu dehongliadau eu hunain, sy'n wahanol i'w gilydd.

Yn ystod cyfnod Califfiaeth yr Abbasidiaid, gwnaeth yr Imam Jafar al-Sadiq i'r Imamiaid fod yn fwy pwysig. Dyma'r Mwslimiaid Shi'a a oedd weithiau'n cael eu herlid yn dod at ei gilydd o gwmpas eu Himamiaid. Rhoddwyd awdurdod iddyn nhw wneud penderfyniadau ar yr holl gyfreithiau. Darparodd plaid Ali ar gyfer pob oes, a chafodd yr Imamiaid hyn eu hadnabod fel **Ahl al-Bayt**. Mae Mwslimiaid Shi'a yn derbyn casgliadau o hadith sydd wedi cael eu trosglwyddo drwy deulu Ahl al-Bayt yn unig. Felly mae rhai o'u hadith nhw yn debyg a rhai ychydig yn wahanol i rai Mwslimiaid Sunni.

Term allweddol

Ahl al-Bayt: disgynyddion y Proffwydi sy'n ffurfio Imamiaid y Shi'a

Credir nad yw Imamiaid yn gwneud camsyniadau wrth ddehongli. Nid Proffwydi yw Imamiaid a dydyn nhw ddim yn gallu derbyn datguddiadau. Ond mae ganddyn nhw ddealltwriaeth i ddehongli'r dysgeidiaethau cudd, ysbrydol sydd yn y Qur'an a'r hadith ac i'w gwneud nhw'n ddealladwy i'r bobl. Mae Mwslimiaid Shi'a yn credu na fydden nhw wedi cael eu gadael heb unrhyw arweiniad o gwbl ar ôl y Proffwyd olaf. Wrth ddehongli, efallai y byddan nhw'n defnyddio Aql, rhesymu, i raddau mwy nag Imamiaid Sunni, a hynny er mwyn dehongli'r ddysgeidiaeth wreiddiol fel ei bod hi'n cyd-fynd ag anghenion y bobl ar gyfer sefyllfaoedd y byd modern.

Yn union fel mae Muhammad yn cael ei adnabod fel y Proffwyd olaf ac roedd yn enghraifft berffaith, mae Mwslimiaid Shi'a yn credu mai Ali oedd y dyn perffaith. Does gan Imamiaid Shi'a ddim unrhyw bŵer goruwchnaturiol, ond credir eu bod nhw'n anffaeledig oherwydd eu ffydd absoliwt, ddi-gwestiwn yn Nuw a'u hymddygiad moesol iawn. Gofynnir i'r bobl ufuddhau'n llwyr i'r Imamiaid felly mae'n dilyn bod rhaid i Fwslimiaid Shi'a gredu bod eu Himamiaid yn gywir, neu gall fod anghytuno a gwahaniaeth barn yn hytrach nag ufudd-dod. Mae'r Qur'an 33:33, a ddyfynnir ar dudalen 153, yn cyfeirio at Muhammad a'i deulu. Mae Mwslimiaid Shi'a yn ystyried bod hyn yn cyfiawnhau, drwy ddatguddiad dwyfol, y dylen nhw ddilyn eu Himamiaid, sydd o deulu Muhammad, o ran yr hyn y maen nhw'n ei ddweud wrth eu pobl am ei wneud.

cwestiwn cyflym

4.6 Beth sy'n ncdweddu Ahl-al-Bayt?

Mahdi (arguddiad)

Cynnwys y fanyleb

Mahdi (arguddiad).

Yn ôl amryw o draddodiadau, cyn Dydd y Farn, bydd ffigwr o'r enw'r **Mahdi** yn ymddangos ar y ddaear. Bydd Isa yn dychwelyd ac yn ymuno â'r Mahdi i drechu'r **Dajjal**, yr Anghrist. Bydd Isa (Iesu) yn lladd y Dajjal, ac yn uno'r ddynoliaeth mewn teyrnasiad byr o gyfiawnder a heddwch ar ôl y cynnwrf nawr, yn union cyn diwedd y byd. Bydd y teyrnasiad hwn, i Ddeuddegwyr, fel cymuned a chymdeithas Islamaidd bur.

Bydd amryw o arwyddion yn dangos bod y Mahdi ar fin ymddangos. Mae'r rhain yn cynnwys:

- Bydd y farwolaeth goch, sy'n golygu marwolaeth drwy dywallt gwaed mewn rhyfel a thrais, yn lladd traean y ddynoliaeth.
- Bydd y farwolaeth wen, sy'n golygu marwolaeth drwy glefyd a phla, yn lladd traean arall.
- Bydd Mwslimiaid yn ffug ac yn dangos eu hunaniaeth allanol ond yn esgeuluso eu ffydd fewnol.
- Bydd gwrthdaro mawr yn Syria a fydd yn dinistrio'r wlad hon.

I'r Deuddegwyr Shi'a, y Mahdi yw'r deuddegfed yn llinach eu Himamiaid. Roedd e ar y ddaear ac aeth i arguddio, er mwyn dychwelyd neu ailymddangos tua diwedd amser. Mae gan Fwslimiaid Shia gwahanol safbwyntiau gwahanol ar hyn. Mae rhai'n credu mai ef oedd y seithfed Imam a dydy rhai ddim yn credu yn namcaniaeth yr arguddio o gwbl.

Mae Deuddegwyr Shi'a yn honni mai eu Himam, Muhammad al-Hasan al-Askari, yw'r Mahdi a gafodd ei addo. Daeth o Samarra yng nghanolbarth Asia. Aeth i arguddio tua 873, ond buodd dirprwyon yn cysylltu ag ef o hyd am gyfnod. Yn 939 dechreuodd prif gyfnod yr arguddio. Yn ystod y cyfnod ers hynny, arwain eu pobl yn unig mae Imamiaid Shi'a mewn gwirionedd oherwydd bod y Mahdi yn absennol. Dydyn nhw ddim yn honni eu bod nhw'n gyfartal â'r Mahdi ac maen nhw'n credu y bydd yn dychwelyd i'r byd yn y dyfodol i ddod â heddwch a chyfiawnder ar lefel nad yw hi'n bosibl i ni ei chyrraedd ymlaen llaw.

Termau allweddol

Dajjal: yr Anghrist, anghenfil unllygeidiog a fydd yn achosi dioddefaint ofnadwy ar y ddaear cyn cael ei drechu gan y Mahdi ac Isa

Mahdi: ffigwr tebyg i geidwad a fydd yn ymddangos ar y ddaear adeg ailddyfodiad Isa i drechu drygioni ac i ailuno pobl mewn teyrnasiad o gyfiawnder a heddwch

Dyfyniad allweddol

Petai ond un diwrnod ar ôl tan ddiwedd bywyd, byddai Duw yn hwyhau'r diwrnod hwnnw tan Iddo anfon dyn o'm cartref i. Bydd ei enw'r un fath â'm henw i. Bydd yn llenwi'r ddaear â thegwch a chyfiawnder, gan ddisodli'r gorthrwm a'r gormes y mae'r byd yn llawn ohonynt. **(Hadith y Proffwyd Muhammad)**

Dyfyniadau allweddol

Bydd pobl yn ffoi oddi wrth y Mahdi, fel y mae defaid yn ffoi oddi wrth y bugail. Yn nes ymlaen, bydd pobl yn dechrau edrych am burwr. Ond gan nad ydyn nhw'n gallu dod o hyd i neb i'w helpu nhw heblaw amdano ef, byddan nhw'n dechrau rhedeg ato. **(Hadith y Proffwyd Muhammad)**

Pan fydd materion yn cael eu hymddiried i'r Mahdi, bydd Allah yn codi rhan isaf y byd iddo, ac yn gostwng y mannau uchaf. Gymaint felly fel y bydd yn gweld y byd i gyd fel petai yng nghledr ei law. **(Hadith y Proffwyd Muhammad)**

Cynnwys y fanyleb

Pererindod.

Creirfa Kashan, Iran

Pererindod

Mae Mwslimiaid Shi'a, fel Mwslimiaid Sunni, yn mynd ar bererindod yr Hajj i Makkah ac yn ystyried y lleoedd sanctaidd yn Saudi Arabia fel cyrchfannau pererindod sanctaidd. Hefyd, mae Mwslimiaid Shi'a yn parchu beddrodau llawer o'u Himamiaid ac yn ymweld â safleoedd penodol sydd ag arwyddocâd yn eu hanes. Yn hyn o beth mae Mwslimiaid Shi'a a Sufi yn eithaf tebyg: Mae Mwslimiaid Sufi hefyd yn ymweld â beddrodau eu Shaykhs sanctaidd. Fel Mwslimiaid Shi'a, mae Mwslimiaid Sufi yn credu eu bod yn cynnig arweiniad y dylid ei dderbyn yn ddigwestiwn. Mae Mwslimiaid Sufi yn parchu beddrodau sanctaidd ac yn ymweld â nhw i barchu'r rhai ymadawedig ffyddlon. Maen nhw'n cofio eu henghreifftiau sy'n helpu i'w harwain ac i'w hysbrydoli nhw heddiw. Mewn cyferbyniad, mae Mwslimiaid Salafi yn gwrthod yr arferion hyn. Maen nhw'n honni mai gweithredoedd Bid'ah ydyn nhw, diwygiadau neu newidiadau i grefydd Duw a ddatgelwyd yn ddwyfol.

Mosg Imam Ali, Najaf, Iraq

Roedd Mwslimiaid Shi'a yn ystyried mai Ali oedd y Califf cyfreithlon cyntaf. Cafodd ei ladd wrth weddïo mewn mosg. Ym Mosg Imam Ali yn Najaf, mae parch mawr i'w feddrod ynghyd â beddrodau'r Proffwyd Adda a'r Proffwyd Nuh (Noa).

Dysgodd y chweched Imam Shi'a, Jafar al-Sadiq, mai Mosg Imam Ali oedd y trydydd lle mwyaf sanctaidd ar ôl Makkah a Madinah. Dywedodd mai creirfa Imam Hussein yn Karbala oedd y pedwerydd ac mai beddrod Fatimah yn Qom, Iran oedd y pumed. Yn dilyn dysgeidiaeth Imam Jafar, cynyddodd y pererindodau Shi'a i'r safleoedd hyn dros y blynyddoedd hyd heddiw pan fydd dros ddeg miliwn o Fwslimiaid Shia yn ymweld â'r mosg yn Najaf bob blwyddyn.

cwestiwn cyflym

4.7 Rhestrwch y pum lle mwyaf sanctaidd yn ôl yr Imam Shi'a Jafar al-Sadiq.

Creirfa Imam Hussein, Karbala, Iraq

Mae'r mosg hwn nid yn unig yn cynnwys bedd Hussain ond hefyd beddau rhai o'r lleill y mae Mwslimiaid Shi'a yn credu iddyn nhw gael eu merthyru yn Karbala. Roedd Imam Jafar al-Sadiq yn dweud bod yr angylion Jibril a Michael yn ymweld â bedd Imam Hussein bob nos. Credir bod Karbala yn dir sanctaidd a fydd yn creu dyffryn hardd ym mharadwys. Mae hyd at filiwn o bererinion Shi'a yn ymweld â'r beddrod adeg Ashura, adeg marwolaeth Hussein, bob blwyddyn.

Yn dilyn Diwrnod Ashura, caiff cyfnod 40 niwrnod o alaru ei gynnal i goffáu'r marwolaethau yn Karbala. Yn ystod y 40 niwrnod mae Mwslimiaid Shi'a o gwmpas y byd yn ymuno ag areithiau a digwyddiadau yn eu mosgiau lleol i ddysgu rhagor am y digwyddiadau hyn. Ar ddiwedd y 40 niwrnod hyn, mae pererinion yn cerdded i Karbala, i ymweld â beddrod Imam Hussein.

Pererindod **Arba'een** yw'r enw ar hyn. Ar hyd y ffordd, gosodir **Mawakibs** i ddarparu'r holl wasanaethau y gallai fod eu hangen ar bererinion gan gynnwys bwyd, dŵr a meddyginiaethau. Mae'r rhain yn cael eu cynnig yn rhad ac am ddim. Dywedir mai'r pererinion cyntaf i feddrod Hussein oedd Sahaba neu gydymaith Muhammad a'i berthnasau a oedd yn dal yn fyw. Ar ôl hyn mae'r bererindod wedi digwydd bob blwyddyn. Dywedodd y chweched Imam, Jafar al-Sadiq, wrth ei ddilynwyr am ymweld â'r greirfa, am adrodd gweddïau arbennig ac am ymrwymo i ddilyn delfrydau'r merthyr Hussein, a safodd dros gyfiawnder a'r gwirionedd. Mae cyfieithiad o ran o weddi Ziyarah i'w weld yn y dyfyniad allweddol gan Imam Jafar al-Sadiq.

Dyfyniad allweddol

Heddwch i Hussein, a roddodd ei fywyd fel merthyr yn ffordd Allah. Dioddefodd galedi nad yw'n hysbys. Cafodd ei amgylchynu gan gylch o dristwch a galar a chafodd ei ladd yn wystl gan lofruddwyr creulon. Heddwch iddo, arwr a dilynwr ffyddlon Allah! Wynebodd berygl ond eto roedd yn gyfiawn ac yn deg. **(Imam Jafar al-Sadiq)**

Termau allweddol

Arba'een: pererindod i feddrod Imam Hussein yn Karbala, 40 niwrnod ar ôl Diwrnod Ashura

Mawakibs: stondinau i bererinion sy'n cynnig bwyd a gwasanaethau am ddim ar hyd y ffordd i Karbala

Safleoedd sanctaidd yn Makkah a Madinah

Mae mynwent Al-Baqi yn Madinah yn cynnwys beddau llawer o Imamiaid Shi'a a beddau Fatimah, mam Ali, ac o bosibl hefyd Fatimah, merch Muhammad. Mae mynwent Jannatul Mualla yn Makkah yn cynnwys beddau llawer o berthnasau Muhammad, gan gynnwys Khadijah, ei wraig gyntaf.

Weithiau mae ymweliadau â beddrodau yn Saudi Arabia yn creu gwrthdaro rhwng Mwslimiaid Shi'a, Mwslimiaid Sufi ac awdurdodau Saudi Arabia. Maen nhw'n hyrwyddo dysgeidiaeth Islam Salafi na ddylai beddau gael eu nodi. Maen nhw'n credu bod ymweld â'r beddau wedi dod yn ffurf ar addoli, ac felly'n ffurf ar shirk, cysylltiad â rhywbeth arall heblaw am Allah. Mae Saudi Arabia hyd yn oed wedi bwrw rhai gweddillion hanesyddol i'r llawr fel nad yw pererinion yn ymweld â nhw.

Mosg Imam Reza, Mashhad, Iran

Mae Mosg Imam Reza yn cynnwys beddrod Ali ar-Ridah, yr wythfed yn llinach Imamiaid Deuddegwyr Shi'a. Daeth yn ferthyr drwy gael ei wenwyno gan ddilynwyr y Califf Ma'mun a oedd yn ei wrthwynebu. Mae'r mosg wedi cael ei ehangu i gynnwys coleg diwinyddol i hyfforddi Imamiaid, amgueddfa a llyfrgell. Mae dros ddeuddeg miliwn o Fwslimiaid yn ymweld â Mashhad bob blwyddyn, felly dyma fan pererindod mwyaf pwysig Islam Shi'a. Yn ystod Ramadan, cynhelir Iftaar yn yr awyr agored i rannu bwyd ar ddiwedd yr ymprydio yn ystod y dydd. Mae degau o filoedd o bobl yn ymweld â hwn fel math o barti stryd, o bosibl yr Iftaar mwyaf yn y byd.

Mae pererinion sy'n ymweld â'r beddrodau sanctaidd yn perfformio **Ziyarah**. Mae'r ddefod hon yn cynnwys gwneud ghusul neu wudu ymlaen llaw, sef ymolchi defodol, fel bod y pererin yn mynd i mewn i'r safle sanctaidd mewn cyflwr pur er mwyn dangos parch. Dylai pererin wisgo dillad glân, newydd a cherdded yn araf ac yn dawel at y greirfa gan wyro'r pen mewn gostyngeiddrwydd. Wrth gerdded dylai'r pererin feithrin heddwch yn ei feddwl ac yn ei galon.

Yng nghysegr y greirfa, caiff dadleuon, ymladd, siarad yn gas a gwrthdaro eu gwahardd. Yn y fynedfa, mae'r pererin yn adrodd gweddi bersonol i ofyn am ganiatâd gan Imamiaid sanctaidd yr Ahl al-Bayt i gael mynd i mewn i'r greirfa. Mae'r pererin yn adrodd bendithion i Allah, i Muhammad ac i Imamiaid Ahl Al-Bayt o dan ei anadl, dro ar ôl tro. Wrth weld y beddrod am y tro cyntaf, mae'r pererin yn canmol Duw drwy ddweud Allah Akbar, yna mae'n adrodd y weddi Ziyarah arbennig y bydd wedi'i dysgu ar ei gof ymlaen llaw, wrth baratoi at y bererindod. Mae'r weddi'n cael ei hadrodd wrth sefyll, mewn llais addfwyn a thawel, gan wynebu'r beddrod. Imamiaid Shia a gasglodd geiriau'r Ziyarah. Mae'n cloi gyda gweddi **dua**, ar hynny mae'r pererin yn symud i ben y beddrod ac yn troi i wynebu'r Qiblah, sef cyfeiriad y gweddïo tuag at Makkah.

Ar ôl i'r weddi Ziyarah gael ei hadrodd, mae'r pererin yn darllen gweddi arbennig, sef dwy **rakat** ac yn gofyn i Allah roi gwobr y weddi i'r Sant. Wedi hyn, mae'n bosibl gwneud ceisiadau personol i Allah, yn ogystal â cheisiadau gan ffrindiau ac aelodau'r teulu y maen nhw wedi gofyn i'r pererin eu trosglwyddo i Allah yn agos at feddrod y sant. Yn olaf, mae'r pererin yn dod â'i ddefod i ben drwy ofyn i Allah wneud i'r Mahdi ddychwelyd yn gynharach, a'r teyrnasiad o gyfiawnder a heddwch y bydd yn dod ag ef dros y byd i gyd.

Beddrod Fatimah, Qom, Iran

Mae'r beddrod hwn yn perthyn i Fatimah, gwraig Imam Ali Al-Rida sydd wedi'i ei gladdu yn Mashhad, nid i Fatimah, merch Muhammad. Cododd Shah Abbas fosg hardd a choleg diwinyddol ar ddechrau'r ail ganrif ar bymtheg. Ystyrir Qom yn ddinas sanctaidd a does dim byd yn cael hedfan uwch ei phen, uwchben y mosg, oherwydd ei sancteiddrwydd.

Beddrodau sanctaidd yn Syria

Mae Mosg Ruqayya yn Damascus, prifddinas Syria, a'r fynwent gerllaw, yn cynnwys llawer o feddau gan gynnwys bedd Bilal, y caethwas du a gafodd ei boenydio pan gafodd dröedigaeth i Islam a dod yn Muezzin cyntaf Muhammad yn Madinah. Mae Mosg Zaynab, sydd hefyd yn Damascus, yn cynnwys beddrod Zaynab, merch Ali a Fatimah.

Termau allweddol

Dua: gweddïo personol

Rakat: uned sefyll, ymgrymu ac ymostwng yn ystod gweddïo Islamaidd

Ziyarah: pererindod i feddrod person sanctaidd

Gweithgaredd AA1

Ysgrifennwch bamffled twristaidd ar gyfer pererinion Shi'a i Karbala a Mashhad. Yn y daflen, esboniwch y defodau y byddan nhw'n cymryd rhan ynddyn nhw a rhowch gyfarwyddiadau beth i'w wneud. Ychwanegwch fanylion diddorol am yr hanes ac arwyddocâd y dinasoedd y byddan nhw'n ymweld â nhw.

Cynnwys y fanyleb

Muta (priodas dros dro) a taqiyya (cuddio cred).

Termau allweddol

Muta: priodas dros dro

Taqiyya: cuddio cred

Credoau Shi'a penodol am faterion eraill

Muta (priodas dros dro)

Priodas dros dro yw **Muta** sy'n cael ei chytuno drwy gytundeb â therfyn amser. Mae'n ffurf ar Nikkah, priodas Islamaidd. Fodd bynnag, gan y gallai'r terfyn amser fod yn fyr iawn yn ddamcaniaethol, mater o ddyddiau, ac y gallai'r Nikkah gael ei drefnu gyda dau dyst yn unig, yna gallai'r cysyniad hwn gael ei ddefnyddio gan gariadon yn y brifysgol er mwyn cael perthnasoedd rhywiol heb i'w rhieni wybod.

Mae llawer o ddadlau wedi bod ynghylch a yw Muta yn ddilys ai peidio. Mae Qur'an 4:24 fel petai'n awgrymu bod pob ffurf arall ar briodas yn gyfreithiol, heblaw am y rhai y dywedir eu bod wedi'u gwahardd, felly mae rhai Mwslimiaid yn cymryd bod hyn yn golygu ei bod hi'n cael ei chaniatáu. Cafodd Califf Mu'awiyah briodas dros dro Muta. Ar y llaw arall, mae Bukhari yn cofnodi hadith sy'n awgrymu i'r Proffwyd wahardd priodas dros dro. Gwrandawodd yr Ymerawdwr Mughal Akbar ar ddadleuon am hyn yn ei neuadd crefyddau yn Fatepur Sikhri, a phenderfynu ei chaniatáu yn ystod ei deyrnasiad.

Fel arfer mae Imamiaid Shi'a yn dweud bod rhaid i'r briodferch fod yn ddibriod a bod rhaid iddi gredu mewn Duw, fel Mwslim, Cristion neu Iddewes. Ddylai hi ddim bod yn berson ifanc, diniwed y mae rhywun yn cymryd mantais arni. Pan fydd y briodas ar ben, dylai'r briodferch aros am rai misoedd cyn ailbriodi rhag ofn ei bod hi'n feichiog – arfer sydd hefyd yn cael ei ddefnyddio yn y drefn ysgariad Islamaidd arferol.

Er gwaethaf hyn, mae llawer o Fwslimiaid Shi'a a llawer o Fwslimiaid Sunni, yn ogystal â rhai diwygiadol, yn credu bod Muta yn annerbyniol. Mae Zeyno Baran yn beirniadu Muta fel ffurf ar buteindra, sy'n caniatáu i ddynion briodi'n aml, ond sy'n cyfyngu menywod i gyfnodau o aros ar ôl i bob priodas ddod i ben. Dydy ysbryd perthnasoedd ystyrlon sy'n para ddim yn cael ei gyflawni drwy briodasau dros dro sy'n gallu para am dridiau yn unig. Ar y llaw arall, mae rhai yn Iran, lle mae'r arfer yn gyfreithlon, yn dadlau ei bod hi'n well caniatáu Muta oherwydd efallai ei fod yn lleihau puteindra anghyfreithlon, sy'n gyffredin yn y wlad.

Taqiyya (celu cred)

Ystyr **Taqiyya** yw celu cred, hyd yn oed dweud celwydd os oes rhaid. Mae Mwslimiaid Shi'a yn cael gwneud hyn o dan rai amgylchiadau. Am y rhan fwyaf o hanes, dioddefodd Mwslimiaid Shi'a erledigaeth dan law Mwslimiaid Sunni, weithiau mater o fywyd a marwolaeth hyd yn oed. Ar adegau fel hyn roedd eu Himamiaid yn eu cynghori i guddio eu ffydd er mwyn eu hachub eu hunain. Mae'n debyg i gymdeithion Muhammad guddio eu ffydd weithiau er mwyn osgoi erledigaeth. Mae'r Qur'an 3:28 yn argymell credinwyr i'w hamddiffyn eu hunain yn erbyn eraill, a defnyddir hyn weithiau i gyfiawnhau taqiyya.

Yn ystod Mihna Califf Al-Mamun, roedd gorchymyn i bobl gredu mai bodau dynol a ysgrifennodd y Qur'an, nid Duw. Cytunodd rhai Imamiaid, nid oherwydd eu bod nhw'n credu ond er mwyn osgoi cael eu poenydio. Yn yr unfed ganrif ar bymtheg, cafodd Mwslimiaid eu herlid a gadawon nhw Sbaen. Er mwyn osgoi poenydio a marwolaeth, roedd llawer yn arfer taqiyya ac yn esgus bod yn Gatholigion yn gyhoeddus tra oedden nhw'n arfer Islam yn breifat.

Mae rhai'n ystyried bod taqiyya yn rhesymol o dan amgylchiadau arbennig yn unig. Mae eraill yn dweud bod pobl yn bradychu Islam wrth wneud hyn ac y dylech chi sefyll dros eich cred. Mae traddodiadau gwahanol mewn Islam Shi'a: mae'r digwyddiadau yn Karbala pan gafodd Imam Hussein ei ferthyru am wrthod rhoi teyrngarwch i'w wrthwynebydd yn awgrymu bod dweud y gwir hyd yn oed wrth wynebu erledigaeth a marwolaeth yn ddewis gwahanol y mae'n rhaid ei barchu.

Dyfyniadau allweddol

Y Qur'an 4:24

Hefyd (wedi'u gwahardd) mae menywod sydd yn briod yn barod, heblaw am y rhai sy'n eiddo i'ch llaw dde: Felly mae Allah wedi ordeinio (Gwaharddiadau) yn eich erbyn: Heblaw am y rhain, mae pob un arall yn gyfreithlon, ond i chi eu chwilio (nhw mewn priodas) gyda rhoddion o'ch eiddo, – gan ddeisyfu diweirdeb, nid chwant, gan weld eich bod yn cael budd oddi wrthyn nhw, rhowch eu gwaddol iddyn nhw (o leiaf) fel y rhagnodwyd; ond os, ar ôl i waddol gael ei ragnodi, cytunwch â'ch gilydd (i'w amrywio), nid oes bai arnoch chi, ac mae Allah yn Hollwybodus, yn Ddoeth. **(Yusuf Ali)**

Y Qur'an 3:28

Peidiwch â gadael i gredinwyr Gymryd Anghredinwyr yn hytrach na chredinwyr yn ffrindiau neu'n helpwyr: os gwnân nhw hynny, fydd dim help oddi wrth Allah mewn dim, heblaw am ragofal, fel y byddwch chi'n eich Amddiffyn eich hunan rhagddyn nhw. Ond mae Allah yn eich rhybuddio (I'w gofio) Ef; oherwydd tuag at Allah mae'r nod terfynol. **(Yusuf Ali)**

Datblygu sgiliau AA1

Nawr mae'n bwysig ystyried y wybodaeth sydd wedi'i chyflwyno yn yr adran hon; fodd bynnag, mae'r wybodaeth fel y mae yn llawer rhy helaeth ac felly mae'n rhaid ei phrosesu er mwyn bodloni gofynion yr arholiad. Gallwch wneud hyn drwy ymarfer y sgiliau uwch sy'n gysylltiedig ag AA1. Bydd yr ymarferion yn y llyfr hwn yn eich helpu i wneud hyn ac yn eich paratoi ar gyfer yr arholiad. Ar gyfer Amcan Asesu 1 (AA1), sy'n cynnwys dangos sgiliau 'gwybodaeth' a 'dealltwriaeth', rydyn ni am ganolbwyntio ar ffyrdd gwahanol o ddangos y sgiliau yn effeithiol, gan gyfeirio hefyd at sut bydd eich perfformiad ym mhob un o'r sgiliau hyn yn cael ei fesur (gweler disgrifyddion band cyffredinol AA1 ar gyfer U2).

▶ **Dyma eich tasg newydd**: bydd rhaid i chi ysgrifennu ymateb o dan amodau wedi'u hamseru i gwestiwn sy'n gofyn i chi archwilio neu esbonio **dehongliadau Shi'a o Bileri Islam**. Byddai'n well cwblhau'r ymarferiad hwn mewn grŵp bach yn y lle cyntaf.

1. Dechreuwch drwy lunio rhestr o gynnwys dangosol, fel y gwnaethoch o bosibl yn y gwerslyfr blaenorol yn y gyfres. Does dim rhaid i'r rhestr fod mewn trefn benodol yn y lle cyntaf, ond wrth i chi ymarfer hyn byddwch yn gweld bod eich rhestrau yn fwy trefnus gan adlewyrchu eich dealltwriaeth.

2. Datblygwch y rhestr gan ddefnyddio un neu ddau ddyfyniad perthnasol. Nawr, ychwanegwch rywfaint o gyfeiriadau at ysgolheigion a/neu destunau crefyddol.

3. Yna ysgrifennwch eich cynllun, o fewn amser penodol, gan gofio'r egwyddorion o esbonio gan roi tystiolaeth a/neu enghreifftiau.

Ar ôl i chi orffen y dasg, cyfeiriwch at y disgrifyddion band ar gyfer U2 ac edrychwch yn benodol ar y gofynion sydd wedi'u disgrifio yn y disgrifyddion band uwch y dylech chi fod yn anelu atyn nhw. Gofynnwch i chi'ch hun:

- A yw fy ngwaith yn dangos gwybodaeth a dealltwriaeth drylwyr, gywir a pherthnasol o grefydd a chred?
- A yw fy ngwaith yn dangos cydlyniad (cysondeb neu synnwyr rhesymegol), eglurder a threfn o safon ragorol?
- A fydd fy ngwaith, ar ôl ei ddatblygu, yn ateb helaeth a pherthnasol sy'n bodloni gofynion penodol y dasg?
- A yw fy ngwaith yn dangos dyfnder a/neu ehangder sylweddol ac yn gwneud defnydd rhagorol o dystiolaeth ac enghreifftiau?
- Os yw'n briodol i'r dasg, a yw fy ateb yn cynnwys cyfeiriadau trylwyr a chywir at destunau cysegredig a ffynonellau doethineb?
- A ellir gwneud unrhyw gysylltiadau treiddgar ag elfennau eraill o fy nghwrs?
- A fydd fy ateb, ar ôl ei ddatblygu a'i ehangu i gyfateb i'r hyn sy'n ddisgwyliedig mewn ateb arholiad, yn cynnwys ystod eang o safbwyntiau ysgolheigion/ysgolion o feddwl?
- A yw'r defnydd o iaith a geirfa arbenigol yn drylwyr a chywir pan geir enghreifftiau o hynny?

Sgiliau allweddol

Mae gwybodaeth yn ymwneud â:

Dewis ystod o wybodaeth (drylwyr) gywir a pherthnasol sydd â chysylltiad uniongyrchol â gofynion penodol y cwestiwn.

Mae hyn yn golygu:

- Dewis deunydd perthnasol i'r cwestiwn a osodwyd
- Canolbwyntio ar esbonio ac archwilio'r deunydd a ddewiswyd.

Mae dealltwriaeth yn ymwneud ag:

Esboniad helaeth, gan ddangos dyfnder a/neu ehangder gyda defnydd rhagorol o dystiolaeth ac enghreifftiau gan gynnwys (lle y bo'n briodol) defnydd trylwyr a chywir o destunau cysegredig, ffynonellau doethineb a geirfa arbenigol.

Mae hyn yn golygu:

- Defnydd effeithiol o enghreifftiau a thystiolaeth gefnogol i sefydlu ansawdd eich dealltwriaeth
- Perchenogaeth o'ch esboniad sy'n mynegi gwybodaeth a dealltwriaeth bersonol, NID eich bod yn ailadrodd darn o destun o lyfr rydych wedi ei baratoi a'i gofio.

Mae'r adran hon yn cwmpasu cynnwys a sgiliau AA2

Cynnwys y fanyleb

A yw Islam yn grefydd unedig neu'n grefydd ranedig.

Mosg Shah, Isfahan

Dyfyniad allweddol

Ddylai Protestaniaeth a Chatholigiaeth ddim cael eu cymharu â Sunnïaeth a Shi'aeth yn y cyd-destun Islamaidd fel mae rhai ysgolheigion wedi'i wneud. Mae Sunnïaeth a Shi'aeth yn mynd yn ôl i wreiddiau Islam a dechrau hanes Islamaidd yn deg, ond protest ddiweddarach yn erbyn yr Eglwys Gatholig a oedd yn bodoli yw Protestaniaeth, a ddaeth i fodolaeth ryw bymtheg canrif ar ôl i Gristnogaeth gael ei sefydlu. **(Seyyed Hossein Nasr)**

Gweithgaredd AA2

Wrth i chi ddarllen drwy'r adran hon ceisiwch wneud y pethau canlynol:

1. Dewiswch y gwahanol ddadleuon sy'n cael eu cyflwyno yn y testun a nodwch unrhyw dystiolaeth gefnogol a roddir.
2. Ar gyfer pob dadl a gyflwynir, ceisiwch werthuso a yw'r ddadl yn un gryf neu wan yn eich barn chi.
3. Meddyliwch am unrhyw gwestiynau yr hoffech chi eu gofyn wrth ymateb i'r dadleuon.

Bydd y gweithgaredd hwn yn eich helpu i ddechrau meddwl yn feirniadol am yr hyn rydych chi'n ei ddarllen ac yn eich helpu i werthuso effeithiolrwydd dadleuon gwahanol, gan ddatblygu eich sylwadau, a'ch barn a'ch safbwyntiau eich hun. Bydd hyn yn eich helpu wrth ddod i gasgliadau y byddwch yn eu gwneud yn eich atebion i'r cwestiynau AA2 sy'n codi.

Materion i'w dadansoddi a'u gwerthuso

A yw Islam yn grefydd unedig neu'n grefydd ranedig

Y rhaniadau o fewn Islam yw un o'r pynciau mwyaf llosg ymysg Mwslimiaid ifanc heddiw. Mewn crefydd sy'n canolbwyntio gymaint ar undod credu yn yr un Duw, Allah, mae'n dilyn y dylai popeth arall gael ei safoni ac y dylai Mwslimiaid gytuno ar holl brif bwyntiau cred ac arfer. Ym mhedwar ban y byd, mae pob Mwslim yn cael ei ddysgu i ddarllen yr un Qur'an gwreiddiol mewn Arabeg ac i weddïo yn yr un ffordd, yn wynebu Makkah, gan ddefnyddio'r geiriau Arabeg hynny o'r Qur'an a dilyn yr un drefn. Mae Mwslimiaid yn ymprydio yn ystod Ramadan, yn dathlu Id (Eid) gyda'i gilydd, ac maen nhw'n hawdd eu hadnabod gan eu bod yn gwisgo pethau fel gorchuddion hijab a chapiau gweddïo.

Fodd bynnag, ydy Mwslimiaid mor unedig mewn gwirionedd? Realiti'r profiad dynol yw bod Mwslimiaid, sy'n ystyried eu hunain yn frodyr ac yn chwiorydd i Fwslimiaid eraill, yn gweld wrth ymweld â gwlad arall, neu â mosg arall sy'n perthyn i sect wahanol, fod rhai gwahaniaethau bob amser. Gall gweddi Mwslim Salafi gynnwys gwahaniaethau o ran arddull i weddi Mwslim Sunni neu Fwslim Shi'a, er enghraifft. Weithiau efallai bydd Id (Eid) yn cael ei ddathlu ar ddyddiau gwahanol. Mae arddull y dillad yn amrywio'n fawr yn ôl y diwylliant. Ydy'r gwahaniaethau hyn yn ddibwys? Neu a ddylen nhw gael eu dileu fel mai un fersiwn safonol yn unig o Islam sydd? Neu ydy'r gwahaniaethau'n naturiol, yn union fel creodd Duw y byd gyda phobl wahanol, ac y dylen nhw gael eu derbyn a'u dathlu felly?

Creodd yr hollti rhwng Mwslimiaid Sunni a Mwslimiaid Shi'a yn nyddiau cynnar Islam y rhaniad mwyaf yn y grefydd. Wedi dweud hynny, mae Mwslimiaid Sunni a Mwslimiaid Shi'a yn cytuno ei bod hi'n hollol dderbyniol iddyn nhw ymuno â'i gilydd a gweddïo, defnyddio mosgiau ei gilydd, ac maen nhw wedi gwneud hynny drwy'r canrifoedd. Mewn rhai rhannau o'r byd mae gwrthdaro wedi creu rhaniadau a gwahanu. Mewn rhai gwledydd, profiad Mwslimiaid yw bod y sectau'n ymddangos fel petaen nhw'n gweithredu'n annibynnol ar ei gilydd, gyda'u cymunedau'n rhanedig.

Mae'n bosibl dadansoddi tabl Pileri Islam, fel mae Deuddegwyr ac Ismaeliaid Islam Shi'a yn eu dehongli nhw, ond efallai bydd unigolion yn anghytuno ynghylch i ba raddau mae hyn yn dangos rhaniad. Byddai'n bosibl dadlau bod y rhaniad rhwng Mwslimiaid Shi'a a Mwslimiaid Sunni yn ddibwys. Neu byddai'n bosibl dweud bod rhaniadau nid yn unig yn rhai mawr rhwng y ddwy brif sect, ond hefyd mewn Islam Shi'a gan fod cymaint o is-grwpiau fel yr Ismaeliaid.

Mae rhai ysgolheigion Shi'a fel Vali Nasr yn pwysleisio'r gwahaniaethau rhwng y sectau. Lle dechreuodd y rhaniad gyda dadl dros bwy ddylai fod yn arweinydd neu'n Galiff, datblygodd hyn yn rhaniad dyfnach. Mae Vali Nasr yn cymharu'r rhaniad hwn â'r un rhwng y Protestaniaid a'r Catholigion yn yr Eglwys Gristnogol. Mae Mwslimiaid Sunni, cefnogwyr Abu Bakr, yn canolbwyntio ar y pethau ymarferol sylfaenol ac yn ystyried bod unigolion yn gallu dehongli dysgeidiaethau Islamaidd. Mae Mwslimiaid Shi'a, dilynwyr Ali a oedd yn canolbwyntio ar ochr ddefosiynol ffydd, yn ystyried bod angen Imamiaid neu ddehonglwyr arnyn nhw i'w helpu i ddeall ystyr mewnol Islam.

Dyfyniad allweddol

Mae Mwslimiaid Sunni yn credu bod olynydd y Proffwyd yn olynu ei rôl yn unig, fel arweinydd y gymuned Islamaidd, ac nid yn olynydd i'w berthynas arbennig â Duw neu i'r alwad i fod yn broffwyd. Yn sylfaen i'r safbwyntiau hyn mae'r cysyniad egalitaraidd ysbrydol – a fyddai'n cael ei uniaethu ag amrywiad 'eglwys isel' Protestannaidd Cristnogaeth yn y Gorllewin – sef bod pob crediniwr yn gallu deall gwirionedd crefyddol mewn ffordd ac i raddau fel nad oes angen cyfryngwyr arbennig rhwng dyn a Duw. … mae Mwslimiaid Shi'a yn credu bod gan y Proffwyd rinweddau ysbrydol arbennig, ei fod yn ddifrycheulyd o bechod, a'i fod yn gallu treiddio i ystyr cudd dysgeidiaeth grefyddol. At hynny mae Mwslimiaid Shi'a yn credu bod gan Ali a'i ddisgynyddion y rhinweddau ysbrydol arbennig hyn hefyd ... Roedden nhw'n gallu deall a dehongli ystyr mewnol Islam. **(Vali Nasr)**

Mae Seyyed Hossein Nasr, ysgolhaig Shi'a arall uchel ei barch, yn anghytuno, er ei fod yn cydnabod gwahaniaethau. Mae'n gwrthod y gymhariaeth â rhaniadau crefyddol Cristnogol Ewropeaidd ac yn honni bod traddodiadau Sunni a Shi'a yn ddehongliadau dilys o ddyddiau cynnar iawn Islam, nid yn rhaniad diweddarach. Mae Nasr yn pwysleisio credoau creiddiol Tawhid, Risalah ac Akhirah: mae credu yn undod Duw, yn y Broffwydiaeth ac mewn bywyd ar ôl marwolaeth, yn gyffredin i bob Mwslim, ac ychydig o raniadau sydd.

Mae Fuad Khuri yn dadlau bod y sectau a'r rhaniadau'n dod o gyfnodau pŵer a choncwest, yn groes i egwyddorion crefydd yn y bôn. Roedd rheolwyr pwerus yn defnyddio awdurdod crefyddol i orfodi eu hewyllys a'u cosbau i reoli'r gymdeithas. Mewn cymdeithas fodern, seciwlar, mae sectau Islamaidd yn defnyddio pwysau moesol i gadw eu dilynwyr yn ffyddlon. Maen nhw'n awgrymu bod person yn Fwslim gwael os yw'n methu dilyn manylyn o fynegiant hunaniaeth y mae'r sect yn ei fynnu.

Mae Abdul Hakim Murad, yr ysgolhaig o Brifysgol Caergrawnt, yn deall y rhaniadau hyn yn nhermau materion llai pwysig hunaniaeth. Mae'n egluro, os ydych chi eisiau dod o hyd i wahaniaethau, y gallwch chi ddod o hyd i gannoedd o fanylion bach y mae ysgolheigion gwahanol wedi mynegi barn Fiqh wahanol amdanyn nhw. Ond nid y rhain yw agweddau pwysig crefydd: **ihsan**, gwireddu ffydd yn y galon, yw'r hyn sy'n bwysig mewn gwirionedd a'r hyn nad yw'r rhai sy'n pedlera rhaniadau yn siarad amdano.

Dyfyniad allweddol

Mae dadleuon ymysg sefydliadau Mwslimaidd yn y Gorllewin, ar y cyfan, yn tueddu i fod ar lefel ffurf crefydd, lefel o Islam ag 'i' fach, fel petai. Weithiau am Imaan, dydy rhywun bron byth yn clywed trafodaethau difrifol am Ihsan. Felly mae'r grefydd yn anghytbwys o blaid posibiliadau cynhennus ei ffurfiau allanol, oherwydd mae'r galon yn uno a'r gyfraith yn creu amrywiaeth, nid diffyg undod. Mae miloedd ar filoedd ar filoedd o dalilau Fiqh, y gall pob un ohonyn nhw gael eu dehongli'n wahanol ac sy'n cynnig lle i anghytuno. Ond un galon yn unig sydd. **(Murad)**

Serch hynny, mae'n anodd anwybyddu'r rhaniadau sectyddol sy'n fwyfwy chwerw yn y byd Islamaidd. Mae'r ysgolhaig Sunni Khaled Abou El Fadl yn beirniadu'r sect Salafi am ei bod hi'n gwrthod amrywiaeth. Gallai Mwslimiaid Salafi ymateb drwy honni mai nhw sy'n dilyn gwir ffordd Muhammad a'r Salaf, a oedd yn byw gydag ef ac a oedd yn gwybod orau. Mae beirniaid yn gwrthod eu honiad eu bod yn deall beth oedd orau. Mae rhai Mwslimiaid wedi cael eu dylanwadu'n ddiweddar gan arddull mudiadau gwleidyddol modern, y mae rhai ohonyn nhw'n mynnu ffyddlondeb eithafol ac ymlyniad at un safbwynt, sy'n cael ei gyfleu mewn cyfryngau torfol nad oeddent yn bodoli yn ystod y canrifoedd a fu. Mae defnyddio rhethreg a sloganau yn gyffredin. Eto, pobl nad ydyn nhw wedi'u haddysgu yng ngholegau diwinyddol Sunni a Shi'a traddodiadol Al-Azhar a Qom sy'n tueddu i bedlera'r ymagweddau hyn

Mae'n bosibl gweld dysgeidiaethau Shi'a fel muta (priodas dros dro) a rôl a phwysigrwydd Imamiaid fel gwahaniaethau sy'n amlygu rhaniadau eto. Eto ar yr un pryd mae cyfraniad Shi'a i Islam wedi cydblethu â Mwslimiaid Sunni drwy'r cenedlaethau, wrth i wledydd gwahanol a cholegau diwinyddol gwahanol hyd yn oed, newid dwylo. Yn wreiddiol, sefydliad Shi'a oedd Al-Azhar, sy'n cael ei ystyried yn ganolfan dysg uchaf Sunni. A hyd at ryw bum can mlynedd yn ôl, gwlad Sunni oedd Iran yn bennaf.

Awgrym astudio

Ar gyfer AA2, mae'n hanfodol eich bod yn mynd ati i drafod dadleuon, nid dim ond esbonio beth allai rhywun fod wedi'i ddweud. Ceisiwch holi eich hunan, 'oedd hwn yn bwynt teg i'w wneud?', 'ydy'r dystiolaeth yn ddigon cryf?', 'oes unrhyw beth i herio'r ddadl hon?', 'ydy hon yn ddadl gref neu'n ddadl wan?' Bydd dadansoddi beirniadol fel hyn yn eich helpu i ddatblygu eich sgiliau gwerthuso.

Dyfyniad allweddol

Roedd Ibn 'Abd al-Wahhab o hyd yn hynod wrthwynebus i bob ffurf ar ddeallusiaeth, cyfriniaeth, fel Sufiaeth, ac unrhyw sectyddiaeth, fel Shi'aeth, mewn Islam. Roedd yn ystyried bod pob un o'r rhain yn bethau arloesol llwgr a oedd wedi sleifio i'r grefydd oherwydd dylanwadau nad oedden nhw'n rhai Islamaidd. Safbwynt Ibn 'Abd al-Wahhab oedd bod Islam yn y bôn yn erbyn y diwylliant, yr amrywiaeth, a'r cyfoeth a oedd yn datblygu yn y gwareiddiad Islamaidd oherwydd, yn ei farn ef, roedd hi'n hawdd cyrraedd y gwirionedd. **(El Fadl)**

Term allweddol

Ihsan: sylweddoliad ffydd yn y galon

Cwestiynau allweddol

Pa feysydd ddylai gael eu diffinio fel meysydd pwysig mewn Islam er mwyn barnu i ba raddau mae grwpiau gwahanol yn debyg neu'n wahanol?

Beth yw'r gwahaniaethau rhwng hunaniaeth allanol a gwireddu ffydd yn fewnol?

I ba raddau mae gwleidyddiaeth ddiweddar wedi achosi rhaniadau ymysg Mwslimiaid neu ai adlewyrchu rhaniadau hŷn yn unig mae hi wedi'i wneud?

Ydy rhaniadau, faint bynnag sydd, yn arwyddocaol ym mywydau Mwslimiaid?

Gweithgaredd AA2

Rhestrwch rai casgliadau y byddai'n bosibl dod iddynt ar sail y rhesymeg AA2 yn y testun uchod; ceisiwch gyflwyno o leiaf dri chasgliad gwahanol posibl. Ystyriwch bob un o'r casgliadau a chasglwch dystiolaeth gryno i gefnogi pob casgliad o'r deunydd AA1 ac AA2 ar gyfer y testun hwn. Dewiswch y casgliad sy'n argyhoeddi fwyaf yn eich barn chi ac esboniwch pam mae hyn yn wir. Ceisiwch gyferbynnu hyn â'r casgliad gwannaf ar y rhestr, gan gyfiawnhau eich dadl gyda rhesymu clir a thystiolaeth.

Cynnwys y fanyleb

I ba raddau y mae Shi'a yn fath unigryw o Islam.

Dyfyniadau allweddol

Tra oedd arbenigwyr cyfreithiol Sunni yn tueddu i bwysleisio'r pedwar Califf ac i ymostwng iddyn nhw ... roedd arbenigwyr cyfreithiol Shi'a yn dibynnu'n drwm ar ddysgeidiaeth yr imamiaid anffaeledig. Roedd pob un ohonyn nhw'n ddisgynyddion Ali, y pedwerydd Califf a chefnder y Proffwyd, a Fatimah ei wraig, merch y Proffwyd. **(El Fadl)**

Y peth mwyaf pendant sy'n gwahanu'r Shi'a a'r Sunni, fodd bynnag, yw'r wledd fawr o alar, cofio a gwneud iawn, sef Ashura. O'r dyddiau cynharaf, mae Shi'aeth wedi cael ei diffinio gan y ffordd y mae'n rhoi tystiolaeth am egwyddorion moesol Islam – tystiolaeth sy'n cael ei mynegi fwyaf yn gyhoeddus yn y defodau sy'n atgoffa'r gymuned am statws arbennig yr imamiaid, a thrwy'r defodau hynny. **(Vali Nasr)**

Gweithgaredd AA2

Wrth i chi ddarllen drwy'r adran hon ceisiwch wneud y pethau canlynol:

1. Dewiswch y gwahanol ddadleuon sy'n cael eu cyflwyno yn y testun a nodwch unrhyw dystiolaeth gefnogol a roddir.
2. Ar gyfer pob dadl a gyflwynir, ceisiwch werthuso a yw'r ddadl yn un gryf neu wan yn eich barn chi.
3. Meddyliwch am unrhyw gwestiynau yr hoffech chi eu gofyn wrth ymateb i'r dadleuon.

Bydd y gweithgaredd hwn yn eich helpu i ddechrau meddwl yn feirniadol am yr hyn rydych chi'n ei ddarllen ac yn eich helpu i werthuso effeithiolrwydd dadleuon gwahanol, gan ddatblygu eich sylwadau, a'ch barn a'ch safbwyntiau eich hun. Bydd hyn yn eich helpu wrth ddod i gasgliadau y byddwch yn eu gwneud yn eich atebion i'r cwestiynau AA2 sy'n codi.

I ba raddau y mae Shi'a yn fath unigryw o Islam

Ystyr y gair unigryw yw'r unig un, rhywbeth nad oes mo'i debyg yn unrhyw le arall. Mae hyn yn awgrymu bod y sect Shi'a yn wahanol i'r grwpiau Islamaidd eraill, mai un grŵp yw hi ac nad yw hi'n bosibl dod o hyd i'r gwahaniaethau ymysg Mwslimiaid eraill.

Dydy hi ddim yn bosibl deall plaid Ali, y Shi'a, heb gyfeirio at y rhaniad cynnar ynghylch pwy oedd â'r hawl i fod yn Galiff neu'n arweinydd y Mwslimiaid. Tra mae Mwslimiaid Sunni yn dilyn y tri Chaliff cyntaf, mae Mwslimiaid Shi'a yn pwysleisio pwysigrwydd yr Imamiaid. Ydy hyn yn golygu bod Mwslimiaid Shi'a yn unigryw, neu dim ond bod gwahaniaeth yn y pwyslais?

Mae Mwslimiaid Sufi, y mae llawer ohonyn nhw'n dod o gefndir Sunni, yn tyngu llw o deyrngarwch i'w Shaykh ac yn dilyn yr hyn y mae'n ei ddweud yn ddigwestiwn. Mae'r Shaykh wedi cael awdurdod, a draddodwyd o Shaykh i Shaykh, sy'n gallu cael ei olrhain yr holl ffordd yn ôl at y Proffwyd. Mae'r Shaykh yn pwysleisio ochr gyfriniol Islam, sef ffocws defodau zikr Islam Sufi, er cof am Allah. Mae llawer o draddodiadau'r hadith y mae Mwslimiaid Sufi yn eu dyfynnu yn dod oddi wrth Ali, yr un fath â'r rhai y mae Mwslimiaid Shi'a yn eu defnyddio. Mae gwahaniaeth: does dim angen i Shaykhs Sufi ddod o linell waed y Proffwyd, ond mae'n rhaid i Imamiaid Shi'a ddod o'i deulu. Felly efallai fod llai o wahaniaethau rhwng Mwslimiaid Sufi a Mwslimiaid Shi'a nag sydd rhwng Mwslimiaid Salafi a Mwslimiaid Sufi.

Mosg Shaykh Loftollah, Isfahan

Serch hynny, mae'r digwyddiadau yn Karbala yn dal i fod yn greiddiol i arferion crefyddol Shi'a yn y seremonïau sy'n cael eu cynnal ar y 10fed Muharram ac yn y bererindod ddilynol i Karbala, yr Arba'een. Mae rhai Mwslimiaid Sunni, Cristnogion a phobl anghrefyddol hefyd yn ymuno ag Arba'een, sy'n agored i bawb. Ond does dim byd tebyg i'r ddefod ei hun gan Fwslimiaid eraill. I'r gwrthwyneb, mae defodau Ziyarah, sy'n cael eu gwneud gan bobl sy'n ymweld â beddrodau pobl sanctaidd, yn cael eu gwneud gan eraill, yn enwedig Mwslimiaid Sunni yn India a Pakistan.

Mae Vali Nasr yn ystyried bod coffáu Ashura yn unigryw i Fwslimiaid Shi'a: cofio'r trychineb a'r anghyfiawnder a Karbala sy'n rhoi i Fwslimiaid Shi'a eu ffocws penodol ar gynnal hawliau eu hachos. Mae rhai Mwslimiaid Shi'a yn fflangellu eu hunain er mwyn rhannu'r teimlad o ddioddefaint a deimlodd y merthyron cynnar. Maen nhw'n ymprydio hefyd. Eto mae llawer o Fwslimiaid eraill a phobl o grefyddau eraill yn ymprydio hefyd, ac roedd llawer o asgetigion Cristnogol cynnar yn byw bywydau o dlodi a defosiwn. Roedd hyn yn eu helpu i ganolbwyntio eu meddwl ar feddyliau anhunanol i'w puro, ac i ganolbwyntio ar Dduw. Byddai'n bosibl dweud bod y graddau y mae Ashura yn cael ei ddathlu yn unigryw yn y byd crefyddol, ond dydy'r arferion i gyd ddim yn unigryw.

Mae'n bosibl dadlau am rai agweddau eraill ar gredoau ac arferion Shi'a. Mae Amr-bil-Maroof: gwneud y peth cywir; Nahi Anil Munkar: gwahardd yr hyn sy'n anghywir; Tawalla: dangos cariad at ddaioni a Tabarra: dangos casineb at ddrygioni a pheidio cysylltu ag ef, i gyd yn benodol i Bileri Islam Shi'a. Fodd bynnag, dydyn nhw ddim yn estron i Fwslimiaid Sunni. Bydden nhw'n cytuno â nhw ar y cyfan mewn egwyddor, ond does ganddyn nhw ddim fersiwn mor ffurfiol, dyna i gyd. Mae Khums, treth y tlodion, yn unigryw i Fwslimiaid Shi'a; ond mae trethi'r tlodion yn gyffredinol, gweithredoedd Sadaqah, a ffurfiau ar Zakat, yn gyffredin i'r ddau fath. Mae'r hyn a allai ymddangos yn wahanol yn allanol fod yn eithaf tebyg mewn gwirionedd.

Awgrym astudio

Ar gyfer AA2 mae'n bwysig eich bod chi'n cynnwys safbwyntiau ysgolheigion a/neu ysgolion o feddwl wrth lunio eich ymateb i ddadl neilltuol, yn ogystal â safbwyntiau ysgolheigion mwy cyfredol. Fodd bynnag, gwnewch yn siŵr fod y safbwyntiau rydych chi'n eu defnyddio yn berthnasol i'r pwynt rydych chi'n ei wneud. Byddai gallu defnyddio safbwyntiau fel hyn yn briodol mewn ateb arholiad yn gwahaniaethu rhwng ateb lefel uchel ac un sydd ddim ond yn ateb cyffredinol.

Mae llawer o fosgiau a chanolfannau Islam hardd yn Iran, cafodd y rhan fwyaf eu codi yn ystod llinach Safavid yn yr unfed a'r ail ganrif ar bymtheg. Mae rhai o'r rhain yn dangos harddwch a natur neilltuol sydd bron heb eu tebyg yn y byd Islamaidd. Er enghraifft, mae gan y Mosg Glas yn Isfahan gromen addurnedig hynod anarferol. Mae'n cynrychioli'r bydysawd, wedi'i halinio'n berffaith gyda chylchoedd llai a llai yn codi i'r brig lle mae twll pìn o heulwen yn dod i mewn i'r gwagle tywyll oddi tano, yn symbol o arweiniad Allah, goleuni yn y tywyllwch. Fodd bynnag, mae'n bosibl dweud bod pob darn o gelf yn unigryw ac yn neilltuol: mae mosg Xiam Islam Sunni yn Tsieina, sydd wedi'i adeiladu mewn arddull Tsieineaidd draddodiadol ac wedi'i ddylanwadu gan seirff cerfiedig y traddodiad dwyreiniol, yr un mor hardd mewn ffordd wahanol a'r un mor unigryw.

Yn y pen draw mae'r ateb i'r cwestiwn yn dibynnu ar faint o bwys sy'n cael ei roi ar y gwahaniaethau rhwng y traddodiadau. Os ydych chi'n teimlo ei bod hi'n hanfodol pwysleisio nodwedd allweddol, fel Ashura, nad yw'n bosibl dod o hyd iddi yn yr un ffordd mewn Islam Sunni, yna dylech chi ystyried Islam Shi'a fel crefydd unigryw. Ar y llaw arall, os ydych chi'n teimlo bod yr egwyddorion allweddol i gyd yn gyffredin i bob Mwslim, yna mae'n bosibl dweud mai'r cyfan yw'r canghennau gwahanol yw dulliau gwahanol o fynegi'r un ffydd gyffredin.

Cwestiynau allweddol

Beth yw ystyr y gair unigryw pan fydd yn cael ei ddefnyddio am sectau crefyddol?

Oes unrhyw agweddau ar ddefosiwn Shi'a nad yw'n bosibl dod o hyd iddyn nhw mewn unrhyw draddodiad crefyddol arall, Mwslimaidd neu heb fod yn Fwslimaidd?

I ba raddau mae Mwslimiaid Shi'a a Mwslimiaid Sufi yn debyg ac i ba raddau maen nhw'n wahanol?

Gweithgaredd AA2

Rhestrwch rai casgliadau y byddai'n bosibl dod iddynt ar sail y rhesymeg AA2 yn y testun uchod; ceisiwch gyflwyno o leiaf dri chasgliad gwahanol posibl. Ystyriwch bob un o'r casgliadau a chasglwch dystiolaeth gryno i gefnogi pob casgliad o'r deunydd AA1 ac AA2 ar gyfer y testun hwn. Dewiswch y casgliad sy'n argyhoeddi fwyaf yn eich barn chi ac esboniwch pam mae hyn yn wir. Ceisiwch gyferbynnu hyn â'r casgliad gwannaf ar y rhestr, gan gyfiawnhau eich dadl gyda rhesymu clir a thystiolaeth.

Sgiliau allweddol Thema 4

Mae'r thema hon yn cynnwys tasgau sy'n atgyfnerthu eich sgiliau AA2 ac yn mireinio'r sgiliau hyn er mwyn paratoi ar gyfer yr arholiad.

Sgiliau allweddol

Mae dadansoddi'n ymwneud â:

Nodi materion sy'n cael eu codi gan y deunyddiau yn adran AA1, ynghyd â'r rhai a nodwyd yn adran AA2, ac mae'n cyflwyno safbwyntiau cyson a chlir, naill ai gan ysgolheigion neu safbwyntiau personol, yn barod i'w gwerthuso.

Mae hyn yn golygu:

- Bod eich atebion yn gallu nodi meysydd trafod allweddol mewn perthynas â mater penodol
- Eich bod yn gallu nodi'r gwahanol ddadleuon a gyflwynir gan eraill, a rhoi sylwadau arnyn nhw
- Bod eich ateb yn rhoi sylwadau ar effeithiolrwydd cyffredinol pob un o'r meysydd neu ddadleuon hyn.

Mae gwerthuso'n ymwneud ag:

Ystyried goblygiadau amrywiol y materion sy'n cael eu codi, yn seiliedig ar y dystiolaeth a gafwyd wrth ddadansoddi ac mae'n rhoi dadl fanwl eang gyda chasgliad clir.

Mae hyn yn golygu:

- Bod eich ateb yn pwyso a mesur canlyniadau derbyn neu wrthod y dadleuon amrywiol a gwahanol a gafodd eu dadansoddi
- Bod eich ateb yn dod i gasgliad drwy broses rhesymu clir.

Datblygu sgiliau AA2

Nawr mae'n bwysig ystyried y wybodaeth sydd wedi'i chyflwyno yn yr adran hon; fodd bynnag, mae'r wybodaeth fel y mae yn llawer rhy helaeth ac felly mae'n rhaid ei phrosesu er mwyn bodloni gofynion yr arholiad. Gallwch wneud hyn drwy ymarfer y sgiliau uwch sy'n gysylltiedig ag AA2. Bydd yr ymarferion yn y llyfr hwn yn eich helpu i wneud hyn ac yn eich paratoi ar gyfer yr arholiad. Ar gyfer Amcan Asesu 2 (AA2), sy'n cynnwys dangos sgiliau 'dadansoddi beirniadol' a 'gwerthuso', rydyn ni am ganolbwyntio ar ffyrdd gwahanol o ddangos y sgiliau yn effeithiol, gan gyfeirio hefyd at sut bydd eich perfformiad ym mhob un o'r sgiliau hyn yn cael ei fesur (gweler disgrifyddion band cyffredinol AA2 ar gyfer U2).

▶ **Dyma eich tasg newydd**: bydd rhaid i chi ysgrifennu ymateb o dan amodau wedi'u hamseru i gwestiwn sy'n gofyn i chi werthuso **Muta (priodas dros dro)**.Byddai'n well cwblhau'r ymarferiad hwn mewn grŵp bach yn y lle cyntaf.

1. Dechreuwch drwy lunio rhestr o ddadleuon neu resymu dangosol, fel y gwnaethoch o bosibl yn y gwerslyfr blaenorol yn y gyfres. Does dim rhaid i'r rhestr fod mewn trefn benodol yn y lle cyntaf, ond wrth i chi ymarfer hyn byddwch yn gweld bod eich rhestrau yn fwy trefnus, yn arbennig ran y cysylltiadau rhwng dadleuon.

2. Datblygwch y rhestr gan ddefnyddio un neu ddau ddyfyniad perthnasol. Nawr, ychwanegwch rywfaint o gyfeiriadau at ysgolheigion a/neu destunau crefyddol.

3. Yna ysgrifennwch eich cynllun, o dan amodau wedi'u hamseru, gan gofio egwyddorion gwerthuso gyda chymorth rhesymu helaeth, manwl a/neu dystiolaeth.

Ar ôl i chi orffen y dasg, cyfeiriwch at y disgrifyddion band ar gyfer U2 ac edrychwch yn benodol ar y gofynion sydd wedi'u disgrifio yn y disgrifyddion band uwch y dylech chi fod yn anelu atyn nhw. Gofynnwch i chi'ch hun:

- A yw fy ateb yn ddadansoddiad beirniadol hyderus a gwerthusiad craff o'r mater?
- A yw fy ateb yn nodi'r materion a godwyd gan y cwestiwn yn llwyddiannus ac yn mynd i'r afael â nhw'n drylwyr?
- A yw fy ngwaith yn dangos cydlyniad, eglurder a threfn o safon ragorol?
- A fydd fy ngwaith, ar ôl ei ddatblygu, yn cynnwys safbwyntiau trylwyr, cyson a chlir wedi'u cefnogi gan resymeg a/neu dystiolaeth helaeth, fanwl?
- A yw safbwyntiau ysgolheigion/ysgolion o feddwl yn cael eu defnyddio'n helaeth a phriodol, ac yn eu cyd-destun?
- A yw fy ateb yn cyfleu dadansoddiad hyderus a chraff o natur unrhyw gysylltiadau posibl ag elfennau eraill o'm cwrs?
- A yw'r defnydd o iaith a geirfa arbenigol yn drylwyr a chywir, pan geir enghreifftiau o hynny?

B: Islam a newid

Meddylfryd athronyddol Sufi am natur Duw a phrofiad crefyddol

Mae Mwslimiaid Sufi yn Fwslimiaid sy'n gallu dilyn llwybr ysbrydol at Dduw. Mae'r term Mwslimiaid Sufi yn gallu bod yn berthnasol i grwpiau o Fwslimiaid, wedi'u trefnu'n tariqa, neu mae'n gallu bod yn berthnasol i unigolion sy'n ystyried eu hunain yn Fwslimiaid Sufi oherwydd eu bod yn cymryd ymagwedd ysbrydol at eu ffydd. Buodd llawer o Fwslimiaid Sufi enwog. Mae Rumi, Mwslim Sufi o Dwrci, yn dylanwadu ar lawer hyd yn oed heddiw gyda'i lyfrau barddoniaeth sydd wedi bod ar frig siartiau'r llyfrau sy'n gwerthu orau yn ystod y blynyddoedd diweddar yn UDA.

Ysgrifennodd Ibn Arabi, diwinydd Mwslimaidd o'r oesoedd canol yn Sbaen, weithiau athronyddol hynod o ddwfn. Soniodd am y cysyniad: hunansylweddoli Duw, lle gall Mwslim sylweddoli fel cynnyrch eu profiad a'u myfyrdod, sut un yw Duw. Mae hyn yn cyferbynnu â'r ymagwedd sylfaenol o ailadrodd ac adrodd y Qur'an, nad yw'n rhoi'r fath bwyslais ar feddwl a rheswm.

Mae miliynau o bobl yn ymweld â'r Greirfa Sufi yn Ajmer yn India bob blwyddyn. Mae'n adnabyddus fel canolfan cymorth y tlodion. Mae Mwslimiaid yn rhoi ac yn dosbarthu bwyd bob dydd. Buodd y sant Sufi a ddaeth ag Islam i'r ardal yn addysgu ac yn rhoi tröedigaeth i bobl drwy ei arferion Sufi, drwy gryfder ei gymeriad a thrwy adrodd straeon. Roedd y tlodion yn teimlo eu bod yn cael eu gwerthfawrogi ac roedd storïau Islam yn cael eu hesbonio drwy ganeuon a damhegion mewn iaith yr oedd pobl yn gallu ei deall. Fel hyn, daeth yr ymagwedd Sufi ag Islam i'r rhan fwyaf yn Ne a Dwyrain Asia ac Affrica'r Is-Sahara.

Mae Mwslimiaid Sufi yn myfyrio ar berson Muhammad fel enghraifft berffaith, ac yn mynegi cariad tuag ato drwy ddathlu ei ben-blwydd bob blwyddyn. Maen nhw hefyd yn ymweld â beddrodau sentiau Sufi ac yn cofio eu henghraifft. Nod Mwslimiaid Sufi yw cael profiad o weledigaeth o Muhammad yn eu breuddwydion.

Mae urddau Sufi yn arfer defodau gwahanol i rai Mwslimiaid Shia a Sunni y brif ffrwd. Maen nhw'n cwrdd ar nos Iau ar gyfer myfyrdodau Zikr, ac yn canu caneuon Islamaidd o'r enw **Qasidas**. Maen nhw'n myfyrio â dawns i berlewyg lle maen nhw'n profi realiti cariadus Duw. I Fwslimiaid Sufi, dyma sy'n arbennig am eu harfer ac mae'n rhan o'u taith ysbrydol tuag i fyny ar fwa esgyniad drwy orsafoedd ysbrydol tua'r nefoedd. I'r beirniaid mwyaf llym, datblygiad newydd yw hyn sy'n seiliedig ar arferion diwylliannol sy'n eu gosod y tu allan i gorlan Islam.

Y Qutb (arweinydd ysbrydol Sufi)

Athro ysbrydol yw'r **Qutb**. Mae rhai Mwslimiaid yn credu mai'r Qutb yw pennaeth llinach o seintiau. Mae Qutb yn arbennig o bwysig oherwydd bod ganddo gysylltiad ysbrydol â Duw sy'n llywio ei ddysgeidiaethau. Mae'r athro Qutb yn amlygu ac yn dangos perffeithrwydd ac anffaeledigrwydd y Proffwyd. Ystyr arall Qutb yw dimensiwn arall echelin yn y bydysawd. Mae'r Qutb yng nghanol y byd-olwg i'w ddilynwyr; echelin eu bywyd. Yn eu tro, mae Allah a'r byd ysbrydol yng nghanol eu bywydau nhw, felly maen nhw'n creu enghraifft i ysbrydoli eraill.

Ysgrifennodd Ibn Arabi, y Mwslim Sufi enwog, fod hierarchaeth o bobl ysbrydol gydag un arweinydd Qutb ar y brig. Dydy hyn ddim o angenrheidrwydd yn golygu person sydd ar y ddaear. Gall y Qutb fod yn gysyniad haniaethol o fod y mae'n rhaid ei ddychmygu. Gall fod yn ddaearol, ac yn yr achos hwn caiff ei adnabod fel y Qutb amseryddol. Mae pob bod heblaw am angylion, jin ac ychydig o rai eraill yn tyngu llw o deyrngarwch i'r Qutb i gael arweiniad.

I Fwslimiaid Sufi, mae'n bosibl cyfeirio at bennaeth urdd grefyddol fel Qutb. Maen nhw'n rhoi arweiniad ysbrydol i'r urdd ac mae'n rhaid ufuddhau iddyn nhw. Mae'r **Mureed** yn tyngu llw o deyrngarwch i'r athro. Yn ymarferol, mae'r athro Sufi yn ennill

Mae'r adran hon yn cwmpasu cynnwys a sgiliau AA1

Cynnwys y fanyleb

Islam a newid – datblygiad a dylanwad y canlynol ar gredoau ac arferion crefyddol o fewn Islam: Meddylfryd athronyddol Sufi am natur Duw a phrofiad crefyddol.

Beddrod Rumi, Konya

Termau allweddol

Mureed: person sy'n rhoi bayah, llw teyrngarwch, i ymuno ag urdd Sufi

Qasidas: caneuon Sufi

Qutb: arweinydd Sufi ysbrydol, anffaeledig

Cynnwys y fanyleb

Y Qutb (arweinydd ysbrydol Sufi).

cwestiwn cyflym

4.8 Beth yw'r gwahaniaeth rhwng Qutb a Mureed?

Cynnwys y fanyleb

Rôl yr athro.

Dyfyniadau allweddol

Y Qur'an 60:12

O Broffwyd! Pan fydd menywod sy'n gredinwyr yn dod atat ti i gymryd llw ffyddlondeb i ti, boed iddyn nhw beidio ag addoli dim byd arall heblaw am Allah, boed iddyn nhw beidio â dwyn, boed iddyn nhw beidio â godinebu (neu'n puteinio), boed iddyn nhw beidio â lladd eu plant, boed iddyn nhw beidio ag athrodi, boed iddyn nhw beidio â chreu anwiredd yn fwriadol, a boed iddyn nhw beidio ag anufuddhau i ti mewn unrhyw fater cyfiawn, yna rwyt ti'n derbyn eu ffyddlondeb, ac yn gweddïo ar Allah am faddeuant (eu pechodau): oherwydd mae Allah yn Aml Ei faddeuant, yn Drugarog Iawn. (Yusuf Ali)

Y Qur'an 48:18

Roedd Pleser Mawr Allah ar y Credinwyr pan dyngon nhw Ffyddlondeb i ti o dan y Goeden: Gwyddai beth oedd yn eu calonnau, ac anfonodd Ef Dangnefedd iddyn nhw; a gwobrwyodd Ef nhw â Buddugoliaeth gyflym. (Yusuf Ali)

parch drwy arweiniad cariadus ac addfwyn. Dydy Mwslimiaid Sufi ddim yn arfer gorchymyn dilynwyr i ddilyn gorchmynion sy'n ffrwyno neu'n byrhau eu bywyd. Mae'r arweinydd, sy'n cael ei alw fel arfer yn Shaykh, yn rhoi cariad a chysur i'r dilynwyr ac yn gyfnewid am hyn maen nhw'n dangos ymlyniad iddo.

Ddylech chi ddim cymysgu rhwng yr athro Islamaidd Sayyid Qutb, y mae cyfeiriad ato mewn man arall yn y llyfr hwn, a Qutb yr athro ysbrydol. Yn achos Sayyid Qutb, Qutb oedd ei gyfenw, nid ei deitl.

Swyddogaeth yr athro

Athro a disgybl Sufi

Yn y flwyddyn 7 ar ôl Hijrah, sy'n cael ei galw'n 7 AH yn y calendr Mwslimaidd, cipiodd y Proffwyd ddinas Makkah mewn concwest a oedd yn heddychlon ar y cyfan. Penderfynodd rhai o bobl Makkah gael tröedigaeth i Islam a rhoi teyrngarwch i Muhammad â llwon bayah. Tyngodd llawer o fenywod lwon hefyd. O ganlyniad, cafodd egwyddor rhoi teyrngarwch ei derbyn ac mae Mwslimiaid Sufi yn ei harfer heddiw fel llw sy'n cael ei roi gan y Mureed, y dilynwr, i'r Shaykh. Mae gan urddau Sufi, sy'n cael eu galw'n tariqa, seremonïau penodol ar gyfer rhoi bayah (llw). Fel arfer, mae'r Mureed yn penlinio o flaen y Shaykh, sy'n rhoi ei ddwylo ar ben y dilynwr ac yn adrodd geiriau o'r Qur'an. Gofynnir i'r dilynwr a yw'n rhoi ufudd-dod i'r Shaykh o'i wirfodd, ac wedyn gofynnir iddo adrodd Surah Fatiah. Bydd cyd-Fwslimiaid Sufi yn cyfarch, yn cofleidio ac yn cusanu'r Mureed newydd fel petai'n faban newydd anedig sy'n cael ei groesawu i'w teulu. Maen nhw'n rhannu'r newyddion â brodyr a chwiorydd eraill yn eu hurdd Sufi ac yn dathlu gyda phryd o fwyd ar ddiwedd y cyfarfod Sufi.

Mae'r athro Sufi yn arwain y dilynwr at y wybodaeth grefyddol y maen nhw'n credu nad yw'r person cyffredin yn gallu cael mynediad ati. Mae hyn yn debyg i gysyniad yr Imam mewn Islam Shi'a. Mae'r berthynas yn debyg i berthynas gwas a meistr. Mae'r gwas yn barod i ddilyn arweiniad y meistr ym mhob mater. Mae'r gwas yn rhoi cariad ac ymlyniad i'r meistr. Yn ei dro mae'r meistr yn teimlo anghenion y gwas ac yn addasu ei ddysgeidiaeth fel ei bod yn rhoi'r arweiniad sydd ei angen ar gyfer cam y datblygiad ysbrydol y mae'r Mureed arno ar hyn o bryd.

Fel arfer mae Mwslimiaid Sufi yn cusanu dwylo eu Shaykh ac yn sicrhau eu bod yn ymweld ag ef mor rheolaidd ag sy'n bosibl. Maen nhw'n cael bendithion o fod yn ei bresenoldeb ac maen nhw'n gofyn iddo weddïo drostyn nhw. Os oes angen unrhyw beth ar y Shaykh, bydd y Mureed yn brysio i'w ddarparu, boed yn fwyd neu'n ddŵr. Byddan nhw'n yn ei gynnig i'r Shaykh gyntaf, cyn unrhyw un arall. Mae Shaykhs yn aml yn ddiymhongar ac yn gwrthod rhoddion a moethusrwydd. Mae'n fwy arferol i'r Shaykh ofyn i Mureedau am offrymau ysbrydol, fel darllen rhai defosiynau ychwanegol, neu fyw bywyd gostyngedig, neu helpu gyda chymorth y tlodion yng nghanolfan ysbrydol y Shaykh.

Cysegr Sufi yn Ajmer, India

Mae rhai Mwslimiaid yn ystyried Sura 60:12 fel disgrifiad o ddigwyddiad tua adeg Cytundeb Hudaybiyyah yn ystod bywyd y Proffwyd. Maen nhw'n dadlau nad cyfarwyddyd yw hwn i Fwslimiaid ei ddilyn heddiw, ac nad yw tyngu llwon i Shaykhs yn dderbyniol. Eu safbwynt nhw yw bod hyn yn dyrchafu rôl Shaykh uwchlaw rôl bod dynol cyffredin sy'n gwneud camgymeriadau yn union fel unrhyw un arall, ac mai Allah yw'r unig un sy'n haeddu teyrngarwch digwestiwn.

Defnyddio damhegion

Mae'r Qur'an a'r hadith yn cynnwys amryw o ddamhegion sy'n helpu Mwslimiaid i ddeall pethau a allai fod yn annealladwy i feddyliau dynol fel arall. Mae'r Qur'an ei hun yn dweud bod rhai adnodau'n llythrennol, eraill yn alegorïaidd. Un traddodiad Islamaidd yw bod saith haen o ystyr i bob adnod yn y Qur'an, ac y gall y gwrandäwr gyrraedd haen o ystyr wahanol yn ôl lefel ei oleuedigaeth ysbrydol. Am ganrifoedd defnyddiodd athrawon Sufi ddamhegion fel ffordd o ddweud wrth eraill am Islam, ffurf ar dawah, i wneud i'r ddysgeidiaeth fod yn hygyrch.

Dyfyniadau allweddol

Y Qur'an 3:7

Ef yw'r Un sydd wedi anfon y Llyfr i lawr atat: Ynddo mae adnodau sylfaenol (y mae eu hystyr wedi'u sefydlu); nhw yw sylfaen y Llyfr: mae eraill yn alegorïaidd. Ond mae'r rhai y mae eu calonnau'n wrthnysig yn dilyn y rhan ohono sy'n alegorïaidd, gan chwilio am anghytgord, ac am ei ystyron cudd, ond does neb heblaw am Allah yn gwybod ei ystyron cudd. Ac mae'r rhai sydd â sylfaen gadarn mewn gwybodaeth yn dweud: 'Credwn yn y Llyfr; y mae'r cyfan ohono oddi wrth ein Harglwydd' a fydd neb yn deall y Neges heblaw am ddynion deallus. **(Yusuf Ali)**

Dangoswch yr anhysbys yn nhermau'r hyn sy'n 'hysbys' i'r gynulleidfa. **(Meistr Sufi Ibrahim Khawwas)**

Un o'r damhegion mwyaf adnabyddus o'r Qur'an yw honno am y goleuni – y goleuni sy'n cynrychioli gwybodaeth ac ysbrydoliaeth. Dameg arall o'r Quran yw honno am we'r pry cop neu'r corryn. Mae'n cael ei gymharu â'r person sy'n seilio ei ffydd ar dduwiau heblaw am Allah. Mae'n bosibl defnyddio damhegion i ddysgu Mwslimiaid am bethau i'w dilyn, neu i ddeall dysgeidiaeth anghyfarwydd, neu i annog gwrandawyr i newid eu hagwedd at fywyd.

Dameg Cynhadledd yr Adar, a ysgrifennwyd gan Farid ud-Din Attar, y bardd o Bersia, yw un o'r enwocaf. Mae adar y byd yn heidio ac yn penderfynu gwneud i'r ffenics fod yn frenin arnyn nhw. Ffigwr mytholegol yw'r ffenics, sy'n cael ei alw yn Simorgh yn y gerdd.

Mae'r aderyn doethaf yn arwain yr adar wrth chwilio am Simorgh. Fodd bynnag, mae pob aderyn yn cynrychioli diffyg dynol gwahanol, ac yn syrthio wrth ymyl y ffordd. Mae'r adar yn chwilio am wybodaeth ym mhobman dros y byd i gyd.

Mae'r adar yn hedfan dros saith dyffryn: dyffryn ymchwil, lle mae dogma yn cael ei adael; dyffryn cariad, lle mae rhesymu yn cael ei fwrw o'r neilltu; dyffryn gwybodaeth, lle caiff gwybodaeth fydol ei hanghofio; dyffryn datgysylltiad, lle ceir gwared ar fateroliaeth; dyffryn undod, lle mae'r adar yn sylweddoli bod cysylltiad rhwng popeth; dyffryn rhyfeddod, lle mae'r adar yn profi parchedig ofn a rhyfeddod; a dyffryn difodiant, lle mae pob syniad o hunanoldeb yn cael ei adael ar ôl ac mae'r adar yn dod yn ddiamser. 30 aderyn yn unig oedd ar ôl pan gyrhaeddon nhw Tsieina a dod o hyd i Simorgh o'r diwedd, wrth edrych ar eu hadlewyrchiadau eu hunain mewn llyn.

Mae Cynhadledd yr Adar yn rhan greiddiol o seremoni agoriadol Gŵyl Cerddoriaeth Grefyddol y Byd yn Fes. Mae cerddoriaeth grefyddol o lawer o draddodiadau diwylliannol yn cael ei pherfformio, gan gynnwys cerddoriaeth o dreftadaeth Islam Sufi, Cristnogol ac Iddewig. Mae sgyrsiau ac areithiau ac mae goddefgarwch yn cael ei hyrwyddo. Y nod yw creu enaid byd-eang.

Gweithgaredd AA1

Lluniwch daflen i esbonio defnyddio damhegion, gan gynnwys braslun wedi'i labelu o symbolaeth yng Nghynhadledd yr Adar. Esboniwch sut a pham mae symbolau'n cael eu defnyddio a sut maen nhw wedi helpu Mwslimiaid i ddeall eu ffydd.

Cynnwys y fanyleb

Defnyddio damhegion.

Dyfyniadau allweddol

Y Qur'an 24:35

Allah yw Goleuni'r nefoedd a'r ddaear. Mae Dameg ei Oleuni fel petai Cilfach ac ynddi Lamp: y Lamp wedi'i hamgáu mewn Gwydr: y gwydr fel petai'n seren ddisglair: Wedi'i goleuo o Goeden fendigaid, Olewydd, heb fod o'r dwyrain na chwaith o'r gorllewin, y mae ei holew bron yn oleuol, er mai prin y cyffyrddodd tân â hi: Golau ar Olau! Mae Allah yn arwain pwy bynnag mae'n dymuno I'w Oleuni Ef: Mae Allah yn cyflwyno Damhegion i ddynion: oherwydd mae Allah yn gwybod pob peth. **(Yusuf Ali)**

Y Qur'an 29:41

Dameg y rhai sy'n cymryd eu hamddiffyn gan unrhyw un heblaw am Allah yw dameg y corryn neu'r pry cop, sy'n codi tŷ (iddo'i hun); ond yn wir, tŷ'r corryn yw'r tŷ mwyaf bregus; petaen nhw ond yn gwybod. **(Yusuf Ali)**

cwestiwn cyflym

4.9 Beth yw canolbwynt y gynhadledd flynyddol yn Fes?

Mwslim Sufi yn actio dameg, Sudan.

Cynnwys y fanyleb

Y berthynas uniongyrchol bersonol rhwng yr athro a'r disgybl.

Y berthynas bersonol uniongyrchol rhwng athro a disgybl

Fel y soniwyd uchod, mae Mureed yn rhoi bayah i Shaykh er mwyn ymuno ag urdd Sufi. Tariqas yw'r enw ar urddau Sufi ac mae llawer o rai gwahanol, gyda hanesion hir sy'n mynd yn ôl hyd at y Proffwyd. Mae'r Shaykh yn cael ei alw'n **Murshid**, arweinydd ysbrydol i Fwslimiaid Sufi.

Mae'r Murshid, yr arweinydd ysbrydol, yn rhoi ysbrydoliaeth o'i galon i'w ddilynwr.

Mae'r llw y mae'r Murshid yn ei wneud yn gytundeb i ymdrechu yn ffordd Allah ac i gadw rheolau'r ffydd. Ystyr llythrennol bayah yw gwerthu, felly mae'r dilynwr yn ei werthu ei hun, neu'n hytrach, yn rhoi ei ryddid, i'r Shayk, sydd hefyd yn ymdrechu i roi gofal ysbrydol i'w ddisgybl.

Mae Mwslimiaid Sufi yn honni i'r Proffwyd dderbyn bayah gan ei gymdeithion, y Sahaba, cyn iddyn nhw ymuno ag ef ar gyfer Jihad neu i bwrpasau eraill, neu fel llw cyffredinol. Mae un traddodiad yn yr hadith yn cofnodi bod cydymaith wedi dod at y Proffwyd ac y gofynnwyd iddo dyngu llw o ffyddlondeb. Gofynnodd y cydymaith pam? Atebodd y Proffwyd: er mwyn addoli Allah.

Mae Mwslimiaid Shi'a Ismaeli sy'n datgan Baya yn dweud: 'Rwy'n datgan ac yn derbyn mai'r Imam Mowlana Hazar yw Arglwydd yr oes, fy meistr ysbrydol. Rwy'n addo bod yn hollol ufudd a ffyddlon iddo.' Wedyn mae'r dilynwr yn plygu ei ben ac mae'r meistr yn cyffwrdd â'i law ac â'i dalcen, ac mae dŵr sanctaidd yn cael ei ysgeintio dros ei wyneb.

Mewn llawer o tariqas Sunni Sufi, bydd y Murshid yn dal llaw dde y Mureed, neu bydd yn cydio mewn lliain a bydd y rhai sy'n dod yn Mureeds yn cydio ym mhen arall y lliain mewn llinell. Yn gyntaf bydd y dilynwr yn dysgu am y llwybr Sufi a byddai'n cael ei arwain gan y Murshid, yn enwedig o ran dehongli ei fyfyrdodau a'i ymarferion ysbrydol. Yn aml mae'r dilynwr yn cael llyfr o ddefosiynau i'w darllen a mantell i'w gwisgo yn yr achlysur ar ôl y seremoni bayah.

cwestiwn cyflym

4.10 Beth yw Murshid?

Termau allweddol

Murshid: Shaykh Sufi sy'n arwain Mureed

Zuhd: asgetigiaeth mewn Islam – byw ar wahân i'r byd er mwyn myfyrio ar Dduw

Cynnwys y fanyleb

Rôl asgetigiaeth.

Rôl asgetigiaeth

Drwy gydol y canrifoedd mae rhai Mwslimiaid Sufi wedi datgysylltu eu hunain o'r byd er mwyn helpu i ganolbwyntio ar roi'r gorau i bethau materol er mwyn cael perthynas ddyfnach ag Allah. Ystyr asgetigiaeth yw datgysylltu o'r byd. Mae'n bosibl dangos hyn drwy fyw ar eich pen eich hun, mewn mannau tawel, weithiau mewn diffeithdir neu ogofâu, neu mewn anheddau syml ymhell i ffwrdd oddi wrth wareiddiad. Mae asgetigion yn cofio'r traddodiad bod Muhammad ei hun yn arfer mynd i ogofâu ac allan i'r diffeithdir er mwyn myfyrio ar ystyr bywyd cyn iddo gael y datguddiad cyntaf ar Noson Nerth.

Mae asgetigiaeth, sy'n cael ei galw'n **zuhd** mewn Islam, yn gallu cynnwys ymprydio, rhoi'r gorau i gyfoeth materol, gwisgo clogyn gwlân syml yn unig, cysgu ar lawr, byw drwy gardota neu drwy ddod o hyd i ffrwythau yn y gwyllt, a gwrthod popeth ond pethau angenrheidiol. Mae Zuhd yn ymwneud nid yn unig â rhoi'r gorau i eiddo ond i feddyliau hefyd: rhoddir y gorau i bob syniad am ymelwa hefyd. Mae hyn yn golygu rhoi'r gorau i bob ymlyniad yn y bywyd hwn a meddwl am y bywyd nesaf, yn y nefoedd, drwy'r amser. Roedd rhai asgetigion yn ymgadw'n ddibriod, er nad oes traddodiad mynachaidd caeedig o fynachod a lleianod mewn Islam, yn wahanol i Gristnogaeth.

Gall Mwslimiaid Sufi sydd wedi cyrraedd lefelau uwch o ymwybyddiaeth ysbrydol golli pob gwybodaeth amdanyn nhw eu hunain ac am y byd o'u cwmpas. Maen nhw'n ymddangos fel petaen nhw ar goll, yn bell, yn methu cyfathrebu â'r bobl o'u cwmpas. Maen nhw'n cael ymwybyddiaeth ddyfnach o Allah ac yn ymddiried yn llwyr ynddo Ef.

Dyfyniad allweddol

Datgysylltais fy nghalon o'r byd a lleihau fy nymuniadau gymaint fel fy mod ers deng mlynedd ar hugain yn rhoi pob gweddi fel petai hi'n weddi olaf. (Rabia o Basra)

Profiad crefyddol cyfriniol personol fel ffordd o gael profiad o Dduw

Mae **maqam** yn ymwybyddiaeth ddyfnach a ddatblygwyd gan Fwslimiaid Sufi. Mae dilyn trefnau llym a defosiynau ffurfiol yn gallu helpu Mwslim Sufi i gyrraedd hyn. Mae'r rhain yn dechrau gyda'r Pum Piler ond yna'n symud ymlaen at weddïau boreol a nosol ychwanegol sy'n benodol i'r urdd Sufi. Mae Mwslimiaid Sufi fel arfer yn dod at ei gilydd ar nos Iau, pan fydd defodau ffurfiol yn digwydd, fel siantio enwau Allah dros ar ôl tro, canu caneuon qasida a defosiynau Sufi eraill.

Ystyr **Fana** mewn Sufiaeth yw gadael i'r hunan farw: rhoi'r gorau i ddyheadau er eich mwyn eich hun; colli eich ego, a chanolbwyntio ar Dduw yn hytrach. Mae **Hal** yn ddisgrifiad o gyflwr bod yn ystod arferion ysbrydol Sufi. Yn ystod zikr Sufi, cofio Allah, gall Mwslimiaid Sufi gyrraedd cyflwr o ecstasi pan fyddan nhw'n neidio i fyny i ddawnsio fel petaen nhw mewn breuddwyd, heb fod yn ymwybodol o'r hyn sydd o'u cwmpas, ac yn mynd i gyflwr hal dros dro. Gan mai Duw sy'n rhoi cyflwr hal, gall ddigwydd unrhyw bryd ac mae'n amhosibl ei ragfynegi. Dylai Mwslimiaid Sufi ollwng gafael ar eu hymlyniadau wrth amserlen, trefn ac addoli ffurfiol, a gadael iddyn nhw eu hunain barhau i addoli'n fwy dwfn mewn cyflwr hal heb ffurf. Pan fydd crediniwr yn y cyflwr hwn, efallai bydd yn llefaru â thafodau, sef llefaru geiriau a seiniau sydd bron yn ddiystyr.

Ysgrifennodd Ibn Arabi, y Mwslim o Sbaen yn yr oesoedd canol, weithiau athronyddol am Dduw yn ei ddatgelu ei hun: y syniad bod Duw yn gallu cael ei ddeall a'i brofi drwy eich meddyliau a'ch profiadau eich hun. Mae Ibn Arabi yn cyfeirio at y shari'a fel canllaw sylfaenol i'w ddefnyddio pan fydd angen, ond mae'n cyfeirio at y gorchuddion fel y wybodaeth fwyaf sy'n cael eu codi i ddatgelu'r gwirionedd mwyaf. Mae modd codi'r gorchuddion drwy ddeall y cosmos, deall y bydysawd, drwy ddrysu a thrwy ofyn cwestiynau. Mae Ibn Arabi yn credu bod drysu oherwydd hyn yn arwydd o ddealltwriaeth fawr iawn.

Dyfyniad allweddol

Mae angen yr hunan am wybodaeth yn fwy nag angen y person am y bwyd sy'n ei gadw'n iach. Mae dau fath o wybodaeth: yn gyntaf, mae angen gwybodaeth yn yr un ffordd ag y mae angen bwyd. Felly, bod yn gymedrol, cyfyngu'r hunan yn ôl yr angen. Dyma wyddoniaeth y rheoliadau shari'a.

Yr ail wybodaeth, nad oes iddi unrhyw derfyn, yw gwybodaeth sy'n gysylltiedig â Duw ac â'r atgyfodiad. Mae hyn oherwydd y bydd yr Hunan Go Iawn yn gwneud gofynion ar y diwrnod hwnnw drwy godi'r gorchuddion; dyna ddiwrnod y Gwahaniaethu. Mater i'r holl fodau dynol deallus yw deall eu materion a bod yn barod i ateb drostyn nhw eu hunain. **(Ibn Arabi)**

Dydy Ibn Arabi a llawer o Fwslimiaid Sufi ddim yn gwrthod datguddiad y Qur'an a ffurfiau traddodiadol ar ddysgu Islamaidd. Maen nhw'n dweud bod myfyrdod a hunansylweddoliad yn eu helpu i gael ymwybyddiaeth ysbrydol uwch o Dduw. Mae Ibn Arabi yn cyfeirio at ddywediad Muhammad sy'n dweud mai adnabod Duw yw adnabod yr hunan. Felly mae tyrchu i'ch meddyliau eich hunan a myfyrio ar eich profiadau nid yn unig yn ddilys ond yn ddwfn, yn ôl Ibn Arabi.

Dyfyniad allweddol

Mae'r hunan fel cefnfor heb lan. Does dim diwedd ar y syllu arno yn y byd hwn nac yn y byd nesaf. **(Ibn Arabi).**

Pan oedd Ibn Arabi yn fyw, roedd rhai ysgolheigion Islamaidd mwy traddodiadol yn ei wrthwynebu. Roedd yn dadlau mai dull dros dro o gyrraedd nod uwch yn unig oedd Deddf Islamaidd. Oherwydd hyn, roedd rhai'n dweud ei fod yn mynd yn groes i draddodiadau uniongred. Roedd Ibn Arabi yn honni nad oedd yn dyfeisio unrhyw beth gwahanol, ond yn hytrach yn cadarnhau'r un gwirioneddau datguddiedig a anfonwyd drwy lyfrau sanctaidd a phroffwydi, gan ddefnyddio dulliau gwahanol.

Cynnwys y fanyleb

Rôl profiad crefyddol cyfriniol personol fel ffordd o gael profiad o Dduw.

Termau allweddol

Fana: colli eich ego er mwyn canolbwyntio ar Allah yn lle hynny

Hal: cyflwr dwfn o ymwybyddiaeth ysbrydol lle mae Mwslim Sufi yn colli rheolaeth ar bopeth o'i gwmpas ac yn colli ymwybyddiaeth ohono, ac mae'n mynd i gyflwr myfyrdod tebyg i freuddwyd

Maqam: sylweddoliad dyfnach y mae Mwslimiaid Sufi yn ei ddatblygu drwy ddilyn defodau

cwestiwn cyflym

4.11 Sut mae Mwslimiaid Sufi yn cyrraedd cyflwr hal?

Darllen gweddïau personol wrth ymyl beddau

Dyfyniad allweddol

Sut rydyn ni'n dod i wybod yr hyn rydyn ni'n ei wybod? Yn y bôn, o dair ffynhonnell: dilyn awdurdod y wybodaeth a drosglwyddwyd oddi wrth eraill (pwy bynnag yw'r rhai eraill hyn – proffwydi, gwyddonwyr, athrawon, rhieni, newyddiadurwyr), ymchwilio rhesymegol, a phrofiadau uniongyrchol o'r hyn sy'n real. Mae Ibn Arabi yn gwneud defnydd trylwyr o'r tri hyn ond mae'n nodi mai trosglwyddo yw'r mwyaf sylfaenol. Yna daw profiad uniongyrchol, yna ymchwilio rhesymegol. **(Chittick)**

Dyfyniad allweddol

Mae'r sylweddoliad yn holl bwysig. Heb y sylweddoliad, y cyfan yw pobl yw trosglwyddyddion neu ddamcaniaethwyr neu freuddwydwyr cadair freichiau. Ar y mater hwn mae Ibn Arabi yn hoffi dyfynnu ymateb Abu Yazid, y Mwslim Sufi enwog, i feirniaid digydymdeimlad: 'Rydych chi'n cymryd eich gwybodaeth farw oddi wrth y rhai sydd wedi marw, ond rydyn ni'n cymryd ein gwybodaeth oddi wrth yr un Byw nad yw'n marw.' **(William Chittick)**

Gweithgaredd AA1

Dychmygwch eich bod yn ysgrifennu cyfweliad â Mureed Sufi newydd i gylchgrawn am Sufiaeth. Gofynnwch gyfres o gwestiynau i'r Mureed am sut datblygodd ei ddiddordeb cyn iddo gytuno i roi llw o deyrngarwch. Disgrifiwch seremoni'r rhoi llw, a gofynnwch i'r Mureed ynglŷn â sut mae'n datblygu ymdeimlad dyfnach o wireddu ffydd drwy gael help ei feistr ysbrydol a thrwy fynychu cyfarfodydd dhikr.

Cynnwys y fanyleb

Yr amrywiaeth o arferion defosiynol Sufi gan gynnwys dhikr (cofio), muraqaba (myfyrdod Sufi) a sama (gwrando ysbrydol, chwyrlïo yn benodol).

Menyw Fwslimaidd yn defnyddio gleiniau gweddïo.

cwestiwn cyflym

4.12 Pam gallai Mwslim Sufi ymweld â Chadair Idris?

Cadair Idris, Gwynedd

Amrywiaeth yr arferion defosiynol Sufi

Dyfyniad allweddol

Mae fy ngwas yn ymnesáu ataf I oherwydd dim byd rwy'n ei garu'n fwy na'r hyn rwyf wedi'i wneud yn orfodol iddo. Dydy fy ngwas byth yn peidio ag ymnesáu ataf I drwy wneud mwy na'r gofyn hyd nes y byddaf yn ei garu. Wedyn, pan fyddaf yn ei garu, fi yw ei glyw y mae'n ei ddefnyddio i glywed, ei olwg y mae'n ei ddefnyddio i weld, ei law y mae'n ei defnyddio i gydio, a'i droed y mae'n ei defnyddio i gerdded. **(Hadith qudsi y Proffwyd Muhammad)**

Mae llawer o draddodiadau Sufi gwahanol yn cael sylw yn yr adran hon. Mae'r arferion yn amrywio ledled y byd. Traddodiad cyffredin yn Ne Asia yw ymweld â beddrodau pobl sanctaidd i gofio eu henghreifftiau ac i ddarllen gweddïau personol yn y safle. Y gobaith yw y bydd bendithion ysbrydol calon y gwir grediniwr sydd wedi'i gladdu yno yn helpu i wneud i'r cais lwyddo.

Mae Mwslimiaid Sufi yn Pakistan yn dathlu gŵyl ym meddrod Qalandar Lal Shahbaz yn Sindh bob blwyddyn. Mae traddodiadau'r Hajj yn cael eu hail-greu yn y pentref: mae tri Philer carreg sy'n cynrychioli'r diafol y mae'r pererinion yn taflu cerrig atynt. Hefyd, maen nhw'n cerdded o amgylch beddrod y sant. Mae traddodiadau 'Hajj bach' fel hyn i'w cael mewn nifer o feddrodau yn Ne Asia. Maen nhw'n deillio o gyfnodau cynharach hanes pan gafodd llawer o bobl dlawd dröedigaeth. Heb drafnidiaeth fodern, roedd hi'n amhosibl iddyn nhw wneud y bererindod filoedd o filltiroedd i'r gorllewin i Makkah. Gwir ystyr yr Hajj yw ymweld â thŷ Duw ac yn ôl traddodiad Sufi, mae Duw yn byw yng nghalon y gwir grediniwr, felly, drwy ymweld â beddrod y saint, mae'n bosibl i'r pererin gymryd rhan yng ngwir ystyr yr Hajj, heb y daith gorfforol lai pwysig.

Mae'r Mwslim Sufi Ustadh Mahamoud Shelton yn cyfuno diddordeb crefyddol a thraddodiadau amgen yr Oes Newydd ag arferion Sufi. Mae'n ysgrifennu o safbwynt Mwslim Prydeinig, ac yn gweld bod pethau cyffredin rhwng arferion Sufi a thraddodiadau sanctaidd a drosglwyddwyd gan bobl hynafol Prydain. Un traddodiad yw bod canolfannau egni ysbrydol, y mae un yn canolbwyntio ar Gadair Idris, y mynydd ger Dolgellau. Mae mytholeg Geltaidd yn awgrymu mai dyma sedd y cawr o'r enw Idris. Mae'r enw i'w gael yn y traddodiad Cymreig a Mwslimaidd. Yn y traddodiad Islamaidd mae'r Proffwyd Idris yn gofalu am y cosmos. Mae ymweld â mannau gwyllt a hardd, i fyfyrio ar fyd natur a syllu ar sêr y bydysawd yn helpu Mwslimiaid i ryfeddu mwy at rym y Creawdwr.

Mae'r traddodiadau uchod yn rhai o'r rhai mwyaf anarferol ac mae rhai sy'n eu beirniadu. Byddai llawer o Fwslimiaid yn eu hosgoi a fydden nhw ddim yn cymryd rhan mewn traddodiadau y bydden nhw'n eu gweld yn rhai lleol, wedi'u gwreiddio'n fwy mewn arferion hynafol yn hytrach nag mewn Islam Arabaidd, piwritanaidd. Ar y llaw arall, y ddadl yw mai'r cyfan yw'r traddodiadau, er eu bod nhw'n wahanol, yw modd o gael profiad crefyddol gwir, a bod cydnabod a datblygu ffurfiau lleol ar Islam yn gryfder. Wedi'r cyfan, creodd Allah fodau dynol yn wahanol a dylai hyn gael ei ddathlu.

Dhikr (cofio)

Dhikr, sydd hefyd yn cael ei ysgrifennu fel zikr, yw cofio Allah drwy weithgareddau penodol fel siantio enwau Allah dro ar ôl tro. Mae hyn yn aml yn digwydd wrth gyfrif gleiniau neu baderau **Tasbih**, sef cadwyn o baderau sy'n cael ei defnyddio i helpu'r arfer.

Mae Mwslimiaid yn cofio Duw drwy ddweud ei enw yn y gair Bismillah ar ddechrau unrhyw dasg, ac yn y gair Alhamdullilah i ddiolch i Dduw am ddarparu ar eu cyfer, er enghraifft, ar ddiwedd pryd bwyd. Hefyd mae rhai Mwslimiaid yn canu'r Shahadah ar ôl gorffen gweddïo ym mosgiau'r sect Brewlvi sy'n dilyn Islam Sufi. Mae llawer o Fwslimiaid yn defnyddio ymadroddion Arabeg cyffredin o'r Qur'an a'r hadith i'w hadrodd fel ffurfiau ar dhikr, ac mae Mwslimiaid Sufi yn defnyddio'r rhain hefyd mewn gwasanaethau penodol.

I aelodau tariqa (llwybr) Sufi, y gwasanaeth Dhikr wythnosol yw canolbwynt eu bywyd ysbrydol. Fel arfer mae'r gwasanaeth yn dechrau ar ôl gweddi maghrib ar nosweithiau Iau, gan ddechrau drwy adrodd darn byr o'r Qur'an ac yna gyfres o siantiau o enwau Allah neu ymadroddion Arabeg byr tebyg. Wedyn efallai bydd y gynulleidfa'n oedi i glywed pregeth, sgwrs fer gan y Murshid, sydd ag ystyr ysbrydol. Ei bwriad yw annog y Mureeds i fod yn ostyngedig. Wedyn mae'r gynulleidfa'n bywiogi wrth i qasidas gael eu canu. Yna gall hyn ddatblygu i'r cam lle mae rhai Mwslimiaid Sufi yn neidio i gyflwr dawnsio ac egni ecstatig, lle maen nhw'n cyrraedd cyflwr hal. Wedyn mae'r gwasanaeth yn tawelu gydag adroddiad myfyriol byrrach ac adrodd darn byr o'r Qur'an, sy'n debyg i'r dechrau, ychydig fel symffoni gerddorol wedi'i llunio'n ofalus. Ar ddiwedd y noson, caiff bwyd ei rannu.

Mae llawer o draddodiadau diwylliannol gwahanol ac amrywiadau ar y gwasanaeth uchod. Mae gwasanaethau dhikr Affricanaidd yn aml yn cynnwys drymiau ac offerynnau tebyg i dambwrinau. Mae'r hadra yn ffurf arall ar gyfarfod dhikr sy'n cael ei arfer ar draws Gogledd Affrica.

Muraqaba (myfyrdod Sufi)

Mae Mwslimiaid Sufi wedi diffinio camau amrywiol myfyrdod **Muraqaba**, sy'n eu helpu i ddatblygu eu hymwybyddiaeth ysbrydol. Mae gan y rhain enwau amrywiol ac arferion cysylltiedig, yn ôl athrawon Sufi. Mae'n bosibl olrhain y cyfiawnhad dros muraqaba, yn ôl Mwslimiaid Sufi, i'r Qur'an ac i'r hadith.

Dyfyniad allweddol

Mae fy ngwas yn dal i ymnesáu ataf I drwy wneud mwy na'r gofyn fel y byddaf yn ei garu. Pan fyddaf yn ei garu, fi yw ei glyw y mae'n ei ddefnyddio i glywed, ei olwg y mae'n ei ddefnyddio i weld, ei law y mae'n ei defnyddio i daro a'i droed y mae'n ei defnyddio i gerddded. **(Hadith qudsi y Proffwyd Muhammad)**

Mae camau penodol o fyfyrdod yn dod â Mwslim Sufi i ymwybyddiaeth uwch o Dduw, gan esgyn ac yna disgyn o'u bywiogrwydd meddyliol. Dangosir diagram o'r camau hyn ar dudalen 174. Byddai disgwyl i'r athrawon mwyaf profiadol yn unig gyrraedd y lefelau myfyrdod uchaf. Mae Mwslimiaid Sufi yn cael rhybudd y gall yr arferion hyn fod yn bwerus iawn a'i bod hi'n hanfodol dewis arweinydd ysbrydol er mwyn mynd ati'n ofalus i baratoi ac i gynghori'r dilynwr sy'n arfer y lefelau myfyrdod uchaf.

Mae cerddi Rumi yn cynnwys cerddi dwfn, cyfriniol sy'n cynrychioli ffurfiau ar fyfyrdod lle mae'n cyfeirio at Dduw fel ei anwylyd. Mae gweithiau Rumi wedi ysbrydoli miliynau o bobl, Mwslimiaid a rhai nad ydyn nhw'n Fwslimiaid, i fynd yn ddyfnach i fyd myfyrdod ysbrydol. Mae rhai Mwslimiaid Sufi wedi mynd ymhellach ac wedi mynd y tu hwnt i'r hyn sy'n dderbyniol mewn Islam draddodiadol. Cyhoeddodd y bardd Mansur Hallaj 'Fi yw Duw' oherwydd ei fyfyrdod agos ag Ef. Roedd llawer o Fwslimiaid yn credu bod hyn yn croesi llinell a'i fod yn datgan shirk.

Termau allweddol

Dhikr: mae hefyd yn cael ei alw'n zikr, arferion a gwasanaethau penodol i gofio Allah

Muraqaba: myfyrdod Sufi, sydd â chamau gwahanol a ddiffiniwyd

Tasbih: gleiniau gweddïo sy'n cael eu defnyddio mewn dhikr a myfyrdod

Dyfyniadau allweddol

Meddai Muhammad wrth ei gymdeithion, 'A soniaf i wrthoch chi am y gweithredoedd gorau, y mwyaf pur yng Ngolwg eich Arglwydd, am yr un sydd o'r radd flaenaf ac sy'n llawer gwell i chi na gwario aur ac arian, hyd yn oed yn well i chi na chwrdd â'ch gelynion ar faes y gad lle rydych chi'n taro eu gyddfau a nhwthau eich gyddfau chi?' Atebodd y cymdeithion, 'Gwnei, O Negesydd Allah!' Meddai, 'Cofio Allah.' **(Hadith y Proffwyd Muhammad)**

Y Qur'an 50:16

Ni a greodd dyn, ac rydyn Ni'n gwybod pa awgrymiadau tywyll y mae ei enaid yn eu gwneud iddo: oherwydd rydyn Ni'n nes ato na gwythïen (ei) wddf. **(Yusuf Ali)**

Mwslimiaid Sufi yn perfformio dhikr/zikr

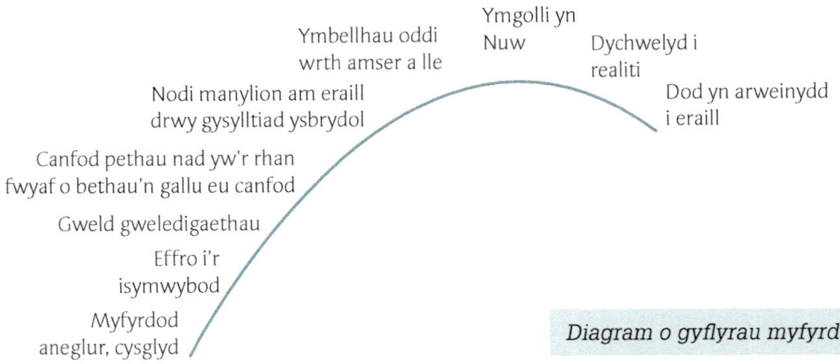

Diagram o gyflyrau myfyrdod Sufi

Sama (gwrando ysbrydol, chwyrlïo'n benodol)

Mae Derfisiaid Chwyrlïol urdd Mevlevi, dilynwyr y bardd Rumi o Dwrci, yn perfformio dawns chwyrlïol symbolaidd yn rhan o'u defosiynau. Mae chwyrlïo mewn cylchoedd yn cynrychioli planedau cysawd yr haul. **Sama** yw'r enw ar ddefod y Derfisiaid Chwyrlïol. Dechreuodd yr arfer pan oedd Rumi yn cerdded yn y basar ac yn clywed tap tap tapio'r gwneuthurwyr gemwaith, yn llunio'r aur yn emwaith. Roedd hyn yn ei atgoffa o siantiau Sufi. Estynnodd Rumi ei freichiau a dechrau chwyrlïo'n llawen.

Mae'r ffliwt yn cyd-fynd â'r ddawns sy'n dilyn adrodd darn byr o'r Qur'an. Mae'r Derfisiaid yn gwisgo mentyll hir gwyn a het uchel, sy'n cynrychioli carreg fedd ego'r hunan. Maen nhw'n dod i mewn yn gwisgo clogyn du. Mae hwn yn cael ei dynnu cyn iddyn nhw ddawnsio, sy'n symbol o ailenedigaeth ysbrydol. Maen nhw'n dechrau gyda'u breichiau wedi'u croesi, mae hyn yn cynrychioli undod Duw. Wrth chwyrlïo, mae'r llaw dde yn pwyntio i fyny tuag at fendithion Duw a'r llaw chwith i lawr i'r ddaear.

Dywedir bod y ddefod yn datblygu purdeb a chariad ym meddwl y crediniwr. Roedd Rumi yn meddwl am gylchu'r Ka'aba wrth berfformio'r ddawns, gan wneud y cysylltiad ysbrydol â'r ddinas sanctaidd.

Derfisiaid Chwyrlïol

Term allweddol

Sama: defod Derfisiaid Chwyrlïol Sufi

cwestiwn cyflym

4.13 Symbolau o beth yw'r het a'r clogyn yn nefod Sama?

Datblygu sgiliau AA1

Nawr mae'n bwysig ystyried y wybodaeth sydd wedi'i chyflwyno yn yr adran hon; fodd bynnag, mae'r wybodaeth fel y mae yn llawer rhy helaeth ac felly mae'n rhaid ei phrosesu er mwyn bodloni gofynion yr arholiad. Gallwch wneud hyn drwy ymarfer y sgiliau uwch sy'n gysylltiedig ag AA1. Ar gyfer Amcan Asesu 1 (AA1), sy'n cynnwys dangos sgiliau 'gwybodaeth' a 'dealltwriaeth', rydyn ni am ganolbwyntio ar ffyrdd gwahanol o ddangos y sgiliau yn effeithiol, gan gyfeirio hefyd at sut bydd eich perfformiad ym mhob un o'r sgiliau hyn yn cael ei fesur (gweler disgrifyddion band cyffredinol AA1 ar gyfer U2).

▶ **Dyma eich tasg newydd**: bydd rhaid i chi ysgrifennu ymateb o dan amodau wedi'u hamseru i gwestiwn sy'n gofyn i chi archwilio neu esbonio **credoau Sufi am brofiad crefyddol**. Gallwch gwblhau'r ymarferiad hwn mewn grŵp neu ar eich pen eich hun.

1. Dechreuwch drwy lunio rhestr o gynnwys dangosol, fel y gwnaethoch o bosibl yn y gwerslyfr blaenorol yn y gyfres. Gellir trafod hyn mewn grŵp neu ar eich pen eich hun. Does dim rhaid i'r rhestr fod mewn trefn benodol yn y lle cyntaf, ond wrth i chi ymarfer hyn byddwch yn gweld bod eich rhestrau yn fwy trefnus gan adlewyrchu eich dealltwriaeth.

2. Datblygwch y rhestr gan ddefnyddio un neu ddau ddyfyniad perthnasol. Nawr, ychwanegwch rywfaint o gyfeiriadau at ysgolheigion a/neu destunau crefyddol.

3. Yna ysgrifennwch eich cynllun, o fewn amser penodol, gan gofio'r egwyddorion o esbonio gan roi tystiolaeth a/neu enghreifftiau. Yna gofynnwch i rywun arall ddarllen eich ateb ac edrychwch i weld a allan nhw eich helpu i'w wella mewn unrhyw ffordd.

4. Mae marcio ar y cyd yn helpu dysgwyr i werthfawrogi safbwyntiau eraill ac, o bosibl, y pethau na chafodd eu cynnwys. Mae hefyd yn helpu i dynnu sylw at gryfderau rhywun arall y gallwch ddysgu oddi wrthyn nhw. Gan gadw hyn mewn cof, mae cyfnewid a chymharu atebion yn beth da er mwyn gwella eich atebion eich hun.

Ar ôl i chi orffen y dasg, cyfeiriwch at y disgrifyddion band ar gyfer U2 ac edrychwch yn benodol ar y gofynion sydd wedi'u disgrifio yn y disgrifyddion band uwch y dylech chi fod yn anelu atyn nhw. Gofynnwch i chi'ch hun:

- A yw fy ngwaith yn dangos gwybodaeth a dealltwriaeth drylwyr, gywir a pherthnasol o grefydd a chred?
- A yw fy ngwaith yn dangos cydlyniad (cysondeb neu synnwyr rhesymegol), eglurder a threfn o safon ragorol?
- A fydd fy ngwaith, ar ôl ei ddatblygu, yn ateb helaeth a pherthnasol sy'n bodloni gofynion penodol y dasg?
- A yw fy ngwaith yn dangos dyfnder a/neu ehangder sylweddol ac yn gwneud defnydd rhagorol o dystiolaeth ac enghreifftiau?
- Os yw'n briodol i'r dasg, a yw fy ateb yn cynnwys cyfeiriadau trylwyr a chywir at destunau cysegredig a ffynonellau doethineb?
- A ellir gwneud unrhyw gysylltiadau treiddgar ag elfennau eraill o fy nghwrs?
- A fydd fy ateb, ar ôl ei ddatblygu a'i ehangu i gyfateb i'r hyn sy'n ddisgwyliedig mewn ateb arholiad, yn cynnwys ystod eang o safbwyntiau ysgolheigion/ysgolion o feddwl?
- A yw'r defnydd o iaith a geirfa arbenigol yn drylwyr a chywir, pan geir enghreifftiau o hynny?

Sgiliau allweddol

Mae gwybodaeth yn ymwneud â:

Dewis ystod o wybodaeth (drylwyr) gywir a pherthnasol sydd â chysylltiad uniongyrchol â gofynion penodol y cwestiwn.

Mae hyn yn golygu:

- Dewis deunydd perthnasol i'r cwestiwn a osodwyd
- Canolbwyntio ar esbonio ac archwilio'r deunydd a ddewiswyd.

Mae dealltwriaeth yn ymwneud ag:

Esboniad helaeth, gan ddangos dyfnder a/neu ehangder gyda defnydd rhagorol o dystiolaeth ac enghreifftiau gan gynnwys (lle y bo'n briodol) defnydd trylwyr a chywir o destunau cysegredig, ffynonellau doethineb a geirfa arbenigol.

Mae hyn yn golygu:

- Defnydd effeithiol o enghreifftiau a thystiolaeth gefnogol i sefydlu ansawdd eich dealltwriaeth
- Perchenogaeth o'ch esboniad sy'n mynegi gwybodaeth a dealltwriaeth bersonol, NID eich bod yn ailadrodd darn o destun o lyfr rydych wedi ei baratoi a'i gofio.

Mae'r adran hon yn cwmpasu cynnwys a sgiliau AA2

Cynnwys y fanyleb

Y posibilrwydd o undeb cyfriniol personol â Duw mewn Islam.

Darllen gweddïau personol

Termau allweddol

Amal: defnyddio gwybodaeth grefyddol

Ilm: gwybodaeth mewn Islam am y grefydd a sancteiddrwydd

Gweithgaredd AA2

Wrth i chi ddarllen drwy'r adran hon ceisiwch wneud y pethau canlynol:

1. Dewiswch y gwahanol ddadleuon sy'n cael eu cyflwyno yn y testun a nodwch unrhyw dystiolaeth gefnogol a roddir.
2. Ar gyfer pob dadl a gyflwynir, ceisiwch werthuso a yw'r ddadl yn un gryf neu wan yn eich barn chi.
3. Meddyliwch am unrhyw gwestiynau yr hoffech chi eu gofyn wrth ymateb i'r dadleuon.

Bydd y gweithgaredd hwn yn eich helpu i ddechrau meddwl yn feirniadol am yr hyn rydych chi'n ei ddarllen ac yn eich helpu i werthuso effeithiolrwydd dadleuon gwahanol, gan ddatblygu eich sylwadau, a'ch barn a'ch safbwyntiau eich hun. Bydd hyn yn eich helpu wrth ddod i gasgliadau y byddwch yn eu gwneud yn eich atebion i'r cwestiynau AA2 sy'n codi.

Materion i'w dadansoddi a'u gwerthuso

Y posibilrwydd o undeb cyfriniol personol â Duw mewn Islam

Mae Rumi yn un o'r beirdd mwyaf adnabyddus erioed i Fwslimiaid a rhai nad ydyn nhw'n Fwslimiaid fel ei gilydd. Mae ei gerddi'n canolbwyntio ar ochr gyfriniol profiad. Yn 'Dwed mai fi wyt Ti', mae Duw a'r byd yn annatod: mae Rumi fel petai'n gweld Duw ym mhopeth, ffurf ar bantheistiaeth sy'n gyffredin i grefyddau'r Dwyrain. Drwy dechnegau Sufi fel myfyrdod, mae'n bosibl gweld Duw yn y niwlen, yn yr heulwen ac yn yr hunan mewnol.

Mae'r syniad o undeb cyfriniol â Duw yn ysbrydoli llawer i dreiddio'n ddyfnach i grefydd. Mae eraill yn ei weld yn groes i draddodiadau uniongred Islam. Mae Ibn Arabi yn disgrifio crefydd fel cariad a amlygir yn holl draddodiadau gwahanol y byd. Os yw hyn yn wir, pa werth oedd i ffurf allanol o gwbl? Ydy hyn yn golygu ei bod hi'n bosibl cael gwared ar draddodiadau allanol Islam?

Dyfyniadau allweddol

Dwed mai fi wyt Ti
Fi yw'r gronynnau llwch yn yr heulwen.
Fi yw'r haul crwn.
Fi yw niwlen y bore, ac anadlu'r hwyr.
Fi yw'r gwynt ym mrig gelli, ac ewyn y don ar y clogwyn.
Fi yw holl drefn bod, yr alaeth sy'n cylchu,
y deallusrwydd esblygol, y codi a'r syrthio.
Yr hyn sydd a'r hyn nad yw.
Ti sy'n adnabod Jelaluddin,
Ti yw'r un sydd ym mhopeth, dwed pwy ydw i.
Dwed mai fi wyt Ti.
(Jelaluddin Rumi)

Mae fy nghalon wedi dod i allu bod ar bob ffurf: mae'n borfa i gaseliaid ac yn gwfaint i Gristnogion, ac yn deml i eilunod ac yn Ka'aba y pererinion ac yn fyrddau'r Torah ac yn llyfr y Qur'an. Rwy'n dilyn crefydd Cariad: pa bynnag ffordd y mae camelod Cariad yn ei chymryd, dyna fy nghrefydd a'm ffydd. **(Ibn Arabi)**

Mae Nuh Keller, Shaykh Sufi, yn rhoi ateb sy'n cyfiawnhau bod y ffordd y mae Mwslimiaid Sufi yn ceisio gwybodaeth o fewn ffiniau'r traddodiad Islamaidd. Mae'n cyfeirio at hadith Bukhari, lle mae'r Proffwyd yn adrodd i Allah ddweud, pan fydd ei was yn ymnesáu ato Ef, ei fod yn dod yn glyw ac yn olwg Iddo: mewn geiriau eraill, mae'r person sy'n cael profiad cyfriniol yn gweld popeth o'r safbwynt y gallai Duw ei weld, ac yn cynnal gwerthoedd Duw o ran yr hyn sy'n gywir ac yn anghywir.

Dyfyniad allweddol

Er mwyn puro'r galon (fel pob disgyblaeth Islamaidd draddodiadol arall, bron), mae angen i'r wybodaeth gael ei chymryd oddi wrth y rhai sydd â hi. Dyma pam yn hanesyddol y gwelwn ni fod grwpiau o fyfyrwyr yn arfer ymgasglu o gwmpas Shaykhs penodol i ddysgu disgyblaeth Sufiaeth.

Mae hyn yn ffordd o fynegi bod person o'r fath wedi cyrraedd ymwybyddiaeth gyflawn tawhid neu undod Allah yr oedd y shar'ia yn ei mynnu. Mae hyn yn cynnwys didwylledd llwyr i Allah ym mhob gweithred. Oherwydd yr hadith hwn, ac eraill, mae Ulema traddodiadol wedi cydnabod ers tro nad yw **ilm** neu Wybodaeth Sanctaidd yn ddigonol ynddo'i hun, ond ei fod yn hefyd yn cynnwys **amal** neu gymhwyso'r hyn y mae rhywun yn ei wybod yn ogystal â'r hal sy'n dod o ganlyniad, neu'r cyflwr ysbrydol clodwiw y mae sôn amdano yn yr hadith. **(Keller)**

Mae Rabia o Basra, y santes Sufi, yn disgrifio pwysigrwydd undeb cyfriniol yn gryno yn ei cherdd. Mae hi'n gofyn i Allah wrthod ei cheisiadau os yw hi'n eu gwneud nhw er mwyn gwireddu dymuniad hunanol i gyrraedd y nefoedd neu i osgoi tân uffern. Undeb ag Allah yn unig sy'n dderbyniol. Profiad y Mwslim Sufi yw cyflawni hyn.

Dyfyniad allweddol

O Dduw, os ydw i'n dy addoli Di oherwydd fy mod yn ofni Dy dân uffern, tafla fi iddo. Ac os ydw i'n dy addoli Di oherwydd fy mod eisiau cyrraedd Dy baradwys, gwahardda fi rhag mynd iddi. Ac os ydw i'n dy addoli Di er mwyn Dy wyneb anrhydeddus, paid â'm gwahardd rhag Dy weld. **(Rabia o Basra)**

Awgrym astudio

Ar gyfer AA2, mae'n hanfodol eich bod yn mynd ati i drafod dadleuon, nid dim ond esbonio beth allai rhywun fod wedi'i ddweud. Ceisiwch holi eich hunan, 'oedd hwn yn bwynt teg i'w wneud?', 'ydy'r dystiolaeth yn ddigon cryf?', oes unrhyw beth i herio'r ddadl hon?', 'ydy hon yn ddadl gref neu'n ddadl wan?' Bydd dadansoddi beirniadol fel hyn yn eich helpu i ddatblygu eich sgiliau gwerthuso.

I rai, mae undeb cyfriniol ag Allah yn pwysleisio agwedd fenywaidd ar Islam y mae traddodiadau eraill yn ei hesgeuluso. Mae Laurence Galian yn disgrifio mai drwy gyfriniaeth mae'r ffordd orau o gael profiad o'r 'Benywaidd Dwyfol', yr ochr drugarog sy'n greiddiol i Islam. Mae rhai tariqas Sufi yn disgrifio eu hymchwil cyfriniol fel menyw sy'n gallu cyffwrdd â thannau dyfnaf y galon.

Dyfyniadau allweddol

Mae'r Benywaidd Dwyfol wedi bod mewn Islam erioed. Gall hyn synnu llawer o bobl sy'n gweld Islam fel crefydd batriarchaidd. Efallai mai'r rheswm am y camddeall hwn yw union natur y benywaidd mewn Islam. Mae'r Benywaidd Dwyfol mewn Islam yn ei amlygu ei hun yn fetaffisegol ac ym mynegiant mewnol y grefydd. Dydy'r Benywaidd Dwyfol ddim yn gymaint o gyfrinach mewn Islam gan mai Hi yw Calon drugarog Islam sy'n ein galluogi i adnabod Duwdod. Mae ei natur greiddiol yn dangos ei rôl mewn Islam, rôl sy'n angenrheidiol ac sy'n rhoi bywyd. **(Galian)**

Mewn rhai urddau Sufi mae'r ymchwil cyfriniol yn 'cael ei bersonoli fel menyw, fel arfer un o'r enw Laila sy'n golygu "nos"... dyma ysbrydolrwydd mwyaf sanctaidd a mwyaf cyfrinachol Allah... yn y symbolaeth hon mae Laila a haqiqa (Realiti Dwyfol) yn un'. **(Van Doodewaard)**

Mae'n well gan rai Mwslimiaid feddwl bod Duw ar wahân i brofiadau fel hyn oherwydd bod perygl y gallai Mwslimiaid Sufi ystyried eu bod yn rhy agos at Dduw a meddiannu'r rôl a oedd gan y Proffwydi. Mae'n amhosibl gwybod ai breuddwyd wedi'i chreu yn unig yw'r profiad cyfriniol neu a yw'n dod oddi wrth Dduw mewn gwirionedd. Mae Mwslimiaid yn derbyn awdurdod y Qur'an a'r hadith, ond dim ond y bobl sy'n cael profiad o brofiadau mewnol sy'n eu profi. Yn hytrach nag un ffydd unedig, gallai profiadau unigol greu Islam sydd ar gymaint o ffurfiau gwahanol ag sydd o Fwslimiaid. Mae pobl yn gweld bod hyn yn beth rhyfeddol; mae eraill yn gweld ei fod yn groes i wreiddiau'r ffydd.

Cwestiynau allweddol

Ar ba ffurfiau y gallai undeb cyfriniol fod?

Ydy profiad cyfriniol yn gallu cael ei gyfiawnhau drwy Islam draddodiadol?

Pam mae rhai'n beirniadu cyfriniaeth Islamaidd, yn eich barn chi?

Sut mae fersiwn benywaidd o'r Dwyfol yn gallu cael ei brofi drwy gyfriniaeth?

Gweithgaredd AA2

Rhestrwch rai casgliadau y byddai'n bosibl dod iddynt ar sail y rhesymeg AA2 yn y testun uchod; ceisiwch gyflwyno o leiaf dri chasgliad gwahanol posibl. Ystyriwch bob un o'r casgliadau a chasglwch dystiolaeth gryno i gefnogi pob casgliad o'r deunydd AA1 ac AA2 ar gyfer y testun hwn. Dewiswch y casgliad sy'n argyhoeddi fwyaf yn eich barn chi ac esboniwch pam mae hyn yn wir. Ceisiwch gyferbynnu hyn â'r casgliad gwannaf ar y rhestr, gan gyfiawnhau eich dadl gyda rhesymu clir a thystiolaeth.

Cynnwys y fanyleb

Dilysrwydd crefyddol arferion defosiynol Sufi.

Term allweddol

Wird Latif: gweddi ddefosiynol Mureed Sufi

Gweithgaredd AA2

Wrth i chi ddarllen drwy'r adran hon ceisiwch wneud y pethau canlynol:

1. Dewiswch y gwahanol ddadleuon sy'n cael eu cyflwyno yn y testun a nodwch unrhyw dystiolaeth gefnogol a roddir.
2. Ar gyfer pob dadl a gyflwynir, ceisiwch werthuso a yw'r ddadl yn un gryf neu wan yn eich barn chi.
3. Meddyliwch am unrhyw gwestiynau yr hoffech chi eu gofyn wrth ymateb i'r dadleuon.

Bydd y gweithgaredd hwn yn eich helpu i ddechrau meddwl yn feirniadol am yr hyn rydych chi'n ei ddarllen ac yn eich helpu i werthuso effeithiolrwydd dadleuon gwahanol, gan ddatblygu eich sylwadau, a'ch barn a'ch safbwyntiau eich hun. Bydd hyn yn eich helpu wrth ddod i gasgliadau y byddwch yn eu gwneud yn eich atebion i'r cwestiynau AA2 sy'n codi.

Dilysrwydd crefyddol arferion defosiynol Sufi

Gallai Mwslimiaid Sunni ddarllen y pum gweddi ddyddiol, osgoi meddwl gormod, sy'n arwain at amheuaeth, a chanolbwyntio ar gryfhau eu ffydd yn Allah. Adeg gweddïau Jummah bydden nhw'n gwrando ar arweiniad gan yr Imam, ac yn ymddwyn yn ofalus er mwyn sicrhau eu bod yn dilyn y llwybr union moesol gan obeithio cyrraedd y nefoedd mewn bywyd ar ôl marwolaeth. Fyddai Mwslimiaid Sufi ddim yn anghytuno ag unrhyw ran o hyn, ond gallai patrwm eu bywyd fod yn wahanol. Gallai Mwslimiaid Sufi Mureed ddarllen eu gweddi ddefosiynol eu hunain, o'r enw'r **Wird Latif**, bob bore a phob gyda'r nos, a mynychu cyfarfod dhikr ar nos Iau. Bydden nhw'n canolbwyntio ar siantio enwau Allah ac ar ganu caneuon qasida er mwyn cyrraedd cyflwr o fyfyrdod uwch ac ymwybyddiaeth uwch o Allah. Wrth wneud hyn bydden nhw'n dilyn arweiniad athro ysbrydol.

Mae arferion crefyddol Sufi yn bwnc llosg. Mae rhai'n gweld eu bod yn dangos y defosiwn mwyaf, ac eraill yn eu gweld yn ddatblygiadau newydd sy'n newid natur Islam. Mae ysgolheigion Salafi, yn benodol, yn beirniadu Sufiaeth, nad yw'n gyffredin yn Saudi Arabia ac nad oedd yn gyffredinol yn nodwedd ar draddodiad llwythol Arabaidd yn yr ardal. Ysgrifennodd y Mwslim Salafi A.A. Tabari i wrthbrofi Sufiaeth fel canllaw. Dyfynnodd draddodiad Abdullah bin Masood a waharddodd dhikr Sufi, neu draddodiad tebyg, pan welodd ei fod yn cael ei arfer mewn mosg yn Iraq. Gan fod y traddodiad hwn yn dod o ddyddiau cynnar Islam, mae'n credu ei fod yn arweiniad dilys ac yn well i Fwslimiaid heddiw na thraddodiadau eraill, diweddarach a allai fod wedi dod o dan ddylanwad barn ddynol, neu draddodiadau cynharach o grefyddau cyn-Islamaidd.

Dyfyniad allweddol

Digwyddodd Abdullah bin Masood, rheolwr al-Koofeh, Iraq, fynd i mewn i'r mosg un diwrnod a gweld rhai pobl yn eistedd mewn cylchoedd. Yng nghanol pob cylch roedd pentwr o gerigos, ac ym mhob cylch roedd dyn yn rhoi cyfarwyddiadau i'r bobl: 'Dywedwch, SubhanAllah (mae Allah ymhell o unrhyw amherffeithrwydd) ganwaith. Dywedwch, Alhamdulillah (clod i Allah) ganwaith. Dywedwch, Allahu-Akbar (Allah yw'r Gorau) ganwaith.'

Ar hynny, dywedodd Abdullah bin Masood wrthyn nhw, 'O bobl, rydych chi naill ai'n dilyn crefydd sy'n well nag un Negesydd Allah, neu rydych chi'n mynd i mewn drwy ddrws gwyriad heb ystyried.' Atebon nhw, 'Yn enw Allah, rydyn ni'n bwriadu gwneud peth da.' Ebychodd, 'Mor aml y mae rhywun yn bwriadu gwneud daioni ond heb gyflawni hyn byth.' Mae'r dyfyniad uchod yn dangos yn eglur nad yw didwylledd a bwriadau da yn unig yn ddigon i wneud i weithredoedd addoli fod yn dderbyniol i Allah. Yn gyntaf rhaid i'r gweithredoedd gydymffurfio â Llyfr Allah a Sunnah ei Negesydd. **(Yr ysgolhaig Salafi A.A. Tabari)**

Mae dywediadau rhai Mwslimiaid Sufi fel Rumi yn awgrymu bod Mwslimiaid Sufi yn gyfforddus gyda thraddodiadau crefyddol eraill. Mae Hesham Bazaraa yn rhoi sylw i'r traddodiad bod ar Sufïaid angen athro, Murshid neu Shaykh i'w harwain nhw. Mewn bywyd mae arnom i gyd angen arbenigwyr i'n helpu, a dydy hyn ddim yn golygu ein bod ni yn eu haddoli nhw. Mae Hesham yn cyfeirio hefyd at y traddodiad y gall Mwslimiaid apelio at y Proffwyd Muhammad am help ar Ddydd y Farn. Mae gofyn am fendith Muhammad, ei weld mewn gweledigaethau a dathlu ei ben-blwydd i gyd yn draddodiadau Sufi cyffredin.

Dyfyniadau allweddol

Cristion, Iddew, Mwslim, shaman, Zoroastriad, carreg, tir, mynydd, afon, mae gan bob un ffordd gyfrinachol o fod gyda'r dirgelwch, ffordd unigryw na ddylai gael ei barnu. **(Rumi)**

Mae Sufiaeth yn gyfuniad o amryw o syniadau ac athroniaethau. Drwy gymysgu ychydig o olion dysgeidiaeth Islamaidd â hi ... mae athroniaeth Groeg, ac yn arbennig dysgeidiaeth dilynwyr newydd Platon, wedi gadael marc annileadwy ar lawer o agweddau ar Sufiaeth. Digwyddodd hyn oherwydd i weithiau athronyddol Groeg gael eu cyfieithu i'r Arabeg yn ystod y drydedd ganrif Islamaidd. Aeth pantheistiaeth Roegaidd yn rhan greiddiol o ddysgeidiaeth Sufi. **(Watt)**

Roedd William Montgomery Watt yn ysgrifennu o safbwynt gwrthrychol arsylwr allanol, nid beirniad, a sylwodd fod llawer o arferion Sufi yn ymddangos yn debyg i arferion cynharach crefyddau eraill. I lawer o Fwslimiaid, os mai un Duw ac un Gwirionedd sydd, mae'n rhesymegol y bydd llawer o draddodiadau gwahanol yn dod ar draws y Gwirionedd mewn ffyrdd gwahanol, felly does dim o'i le mewn efelychu eraill.

Urdd tariqa Sufi yw'r Naqshbandi ac athro neu Murshid yn y traddodiad hwnnw yw Haqqani. Maen nhw'n gweld holi'r Proffwyd fel dull o gyrraedd nod, ac nad oes dim byd yn bod ar hyn yn ymarferol. Mae Al-Azhar yn cael ei weld fel yr awdurdod uchaf yn y byd Mwslimaidd Sunni, un o'r prifysgolion hynaf. Gofynnwyd i Abd al-Halim o Al-Azhar am farn Mwslim Sunni ynghylch a oedd arferion Sufiaeth yn dderbyniol. Dywedodd eu bod nhw: mai nodau Mwslimiaid Sufi oedd canfod Allah ac mai'r cyfan oedd hyn oedd ffordd wahanol o gyrraedd yr un nod ag y mae Mwslimiaid prif ffrwd yn ei geisio.

Beddrod Rumi, Konya

Dyfyniadau allweddol

Y cyfan yw gofyn am help gyda'r Proffwyd a phroffwydi a phobl dduwiol eraill, yw dull o ymbil ar Dduw er lles eu hurddas a'u hanrhydedd. ... Y cyfan yw'r Proffwyd yw'r cyfrwng rhwng yr un sy'n gofyn am help a'r Un y gofynnir Iddo mewn gwirionedd. **(Haqqani)**

Un sy'n troi ei gefn ar nwyddau'r byd a'i bethau dymunol yw'r asgetig. Un sy'n gofalu dilyn gweithredoedd addoli yw'r addolwr. Mae'r Mwslim Sufi yn asgetig ac yn addolwr. Felly mae'r Mwslim Sufi yn ymbellhau oddi wrth y byd, gan ei fod y tu hwnt i'r pwynt lle gall unrhyw un dynnu ei sylw oddi wrth Dduw. Hefyd, mae'r Mwslim Sufi yn addolwr oherwydd ei fod yn ffyddlon i Dduw ac oherwydd ei gysylltiad â Duw (boed Iddo gael ei ddyrchafu). Mae'n addoli Duw oherwydd bod Duw yn addas i'w addoli, nid o achos dymuniad neu ofn. **(Imam Abd al-Halim, Al-Azhar)**

Mae rhai Mwslimiaid ifanc yn ymweld â chyfarfodydd Sufi ac yn ystyried ymuno ag urddau Sufi. Mae eraill yn peidio â gwneud ar y sail eu bod yn teimlo bod hyn yn mynd y tu hwnt i arfer uniongred. Mae'n bwnc sy'n rhannu Mwslimiaid: arferion sy'n arwain at uchafbwynt profiad ac ysbrydoliaeth i rai; neu i eraill, arferion sy'n tynnu oddi ar arfer ffydd yn syml fel y datguddiwyd yn ddwyfol.

Awgrym astudio

Ar gyfer AA2 mae'n bwysig eich bod chi'n cynnwys safbwyntiau ysgolheigion a/neu ysgolion o feddwl wrth lunio eich ymateb i ddadl neilltuol, yn ogystal â safbwyntiau ysgolheigion mwy cyfredol. Fodd bynnag, gwnewch yn siŵr fod y safbwyntiau rydych chi'n eu defnyddio yn berthnasol i'r pwynt rydych chi'n ei wneud. Byddai gallu defnyddio safbwyntiau fel hyn yn briodol mewn ateb arholiad yn gwahaniaethu rhwng ateb lefel uchel ac un sydd ddim ond yn ateb cyffredinol.

Dyfyniad allweddol

All neb honni bod gofyn am help gan eraill heblaw am Allah yn Shirk diamod, oherwydd mae Allah wedi rhoi rhai o'n hanghenion gyda'I weision Ef, e.e. meddygon, mecanics, plismyn. Mae Mwslimiaid Salafi yn aml yn anwybyddu'r pwynt hwn. Maen nhw'n barod iawn i gyhuddo, 'Shirk!' O ran a oes hawl gofyn i'r Proffwyd am gymorth, yna cofiwch y bydd pobl yn gofyn iddo am ei eiriolaeth ar Ddydd y Farn ac Insha'Allah bydd yn ei rhoi hi. Oes hawl gofyn iddo felly pan fyddwn ni'n cael ein barnu gan ein Creawdwr ond nid nawr? **(Bazaraa)**

Cwestiynau allweddol

Beth yw prif arferion Mwslimiaid Sufi a sut maen nhw'n wahanol i draddodiadau Mwslimiaid Sunni a Shi'a prif ffrwd?

Beth yw cysyniad Bid'ah ac ydych chi'n meddwl bod hyn yn berthnasol yn yr achos hwn?

Ym mha ffyrdd mae'n bosibl dweud bod arferion Mwslimiaid Sufi yn ddull gwahanol i gyrraedd yr un nodau?

Gweithgaredd AA2

Rhestrwch rai casgliadau y byddai'n bosibl dod iddynt ar sail y rhesymeg AA2 yn y testun uchod; ceisiwch gyflwyno o leiaf dri chasgliad gwahanol posibl. Ystyriwch bob un o'r casgliadau a chasglwch dystiolaeth gryno i gefnogi pob casgliad o'r deunydd AA1 ac AA2 ar gyfer y testun hwn. Dewiswch y casgliad sy'n argyhoeddi fwyaf yn eich barn chi ac esboniwch pam mae hyn yn wir. Ceisiwch gyferbynnu hyn â'r casgliad gwannaf ar y rhestr, gan gyfiawnhau eich dadl gyda rhesymu clir a thystiolaeth.

Sgiliau allweddol

Mae dadansoddi'n ymwneud â:

Nodi materion sy'n cael eu codi gan y deunyddiau yn adran AA1, ynghyd â'r rhai a nodwyd yn adran AA2, ac mae'n cyflwyno safbwyntiau cyson a chlir, naill ai gan ysgolheigion neu safbwyntiau personol, yn barod i'w gwerthuso.

Mae hyn yn golygu:

- Bod eich atebion yn gallu nodi meysydd trafod allweddol mewn perthynas â mater penodol
- Eich bod yn gallu nodi'r gwahanol ddadleuon a gyflwynir gan eraill, a rhoi sylwadau arnyn nhw
- Bod eich ateb yn rhoi sylwadau ar effeithiolrwydd cyffredinol pob un o'r meysydd neu ddadleuon hyn.

Mae gwerthuso'n ymwneud ag:

Ystyried goblygiadau amrywiol y materion sy'n cael eu codi, yn seiliedig ar y dystiolaeth a gafwyd wrth ddadansoddi ac mae'n rhoi dadl fanwl eang gyda chasgliad clir.

Mae hyn yn golygu:

- Bod eich ateb yn pwyso a mesur canlyniadau derbyn neu wrthod y dadleuon amrywiol a gwahanol a gafodd eu dadansoddi
- Bod eich ateb yn dod i gasgliad drwy broses rhesymu clir.

Datblygu sgiliau AA2

Nawr mae'n bwysig ystyried y wybodaeth sydd wedi'i chyflwyno yn yr adran hon; fodd bynnag, mae'r wybodaeth fel y mae yn llawer rhy helaeth ac felly mae'n rhaid ei phrosesu er mwyn bodloni gofynion yr arholiad. Gallwch wneud hyn drwy ymarfer y sgiliau uwch sy'n gysylltiedig ag AA2. Ar gyfer Amcan Asesu 2 (AA2), sy'n cynnwys dangos sgiliau 'dadansoddi beirniadol' a 'gwerthuso', rydyn ni am ganolbwyntio ar ffyrdd gwahanol o ddangos y sgiliau yn effeithiol, gan gyfeirio hefyd at sut bydd eich perfformiad ym mhob un o'r sgiliau hyn yn cael ei fesur (gweler disgrifyddion band cyffredinol AA2 ar gyfer U2).

▶ **Dyma eich tasg newydd**: bydd rhaid i chi ysgrifennu ymateb o dan amodau wedi'u hamseru i gwestiwn sy'n gofyn i chi werthuso **a yw defodau Sufi yn Islamaidd**. Gallwch gwblhau'r ymarferiad hwn mewn grŵp neu ar eich pen eich hun.

1. Dechreuwch drwy lunio rhestr o ddadleuon neu resymu dangosol, fel y gwnaethoch o bosibl yn y gwerslyfr blaenorol yn y gyfres. Does dim rhaid i'r rhestr fod mewn trefn benodol yn y lle cyntaf, ond wrth i chi ymarfer hyn byddwch yn gweld bod eich rhestrau yn fwy trefnus, yn arbennig ran y cysylltiadau rhwng dadleuon.

2. Datblygwch y rhestr gan ddefnyddio un neu ddau ddyfyniad perthnasol. Nawr, ychwanegwch rywfaint o gyfeiriadau at ysgolheigion a/neu destunau crefyddol.

3. Yna ysgrifennwch eich cynllun, o fewn amser penodol, gan gofio'r egwyddorion o esbonio gan roi tystiolaeth a/neu enghreifftiau. Yna gofynnwch i rywun arall ddarllen eich ateb ac edrychwch i weld a allan nhw eich helpu i'w wella mewn unrhyw ffordd.

4. Mae marcio ar y cyd yn helpu dysgwyr i werthfawrogi safbwyntiau eraill ac, o bosibl, y pethau na chafodd eu cynnwys. Mae hefyd yn helpu i dynnu sylw at gryfderau rhywun arall y gallwch ddysgu oddi wrthyn nhw. Gan gadw hyn mewn cof, mae cyfnewid a chymharu atebion yn beth da er mwyn gwella eich atebion eich hun.

Ar ôl i chi orffen y dasg, cyfeiriwch at y disgrifyddion band ar gyfer U2 ac edrychwch yn benodol ar y gofynion sydd wedi'u disgrifio yn y disgrifyddion band uwch y dylech chi fod yn anelu atyn nhw. Gofynnwch i chi'ch hun:

- A yw fy ateb yn ddadansoddiad beirniadol hyderus a gwerthusiad craff o'r mater?
- A yw fy ateb yn nodi'r materion a godwyd gan y cwestiwn yn llwyddiannus ac yn mynd i'r afael â nhw'n drylwyr?
- A yw fy ngwaith yn dangos cydlyniad, eglurder a threfn o safon ragorol?
- A fydd fy ngwaith, ar ôl ei ddatblygu, yn cynnwys safbwyntiau trylwyr, cyson a chlir wedi'u cefnogi gan resymeg a/neu dystiolaeth helaeth, fanwl?
- A yw safbwyntiau ysgolheigion/ysgolion o feddwl yn cael eu defnyddio'n helaeth a phriodol, ac yn eu cyd-destun?
- A yw fy ateb yn cyfleu dadansoddiad hyderus a chraff o natur unrhyw gysylltiadau posibl ag elfennau eraill o'm cwrs?
- A yw'r defnydd o iaith a geirfa arbenigol yn drylwyr a chywir, pan geir enghreifftiau o hynny?

C: Dadl foesegol am drosedd a chosb (gan gynnwys dadleuon a gyflwynir gan ysgolheigion o fewn ac oddi allan i'r traddodiad Islamaidd)

Mae'r adran hon yn cwmpasu cynnwys a sgiliau AA1

Cynnwys y fanyleb

Safbwyntiau Mwslimaidd traddodiadol ynghylch cosb am drosedd.

Safbwyntiau Mwslimaidd traddodiadol ynghylch cosb am drosedd

Mae trosedd a chosb yn un o feysydd mwyaf dadleuol Islam. Weithiau mae'r cyfryngau'n cyflwyno Mwslimiaid fel rhai sy'n rhoi cosbau barbaraidd fel y gosb eithaf, torri dwylo am ladrata ac yn y blaen. Mewn gwirionedd, mae'r sefyllfa'n llawer mwy cymhleth ac mae grwpiau gwahanol o Fwslimiaid yn dehongli dysgeidiaethau mewn ffyrdd gwahanol iawn. Mae llawer o bethau y gallech chi eu gweld yn y cyfryngau yn droseddau nad oes gan Islam ddim i'w wneud â nhw. Mae cymdeithasau llwythol yn dal i fodoli mewn llawer o rannau o'r byd. Maen nhw'n rhoi eu cosbau eu hunain am droseddu yn erbyn anrhydedd teuluol, gan gynnwys lladd ar sail anrhydedd a chosbau dial. Vigilantes llwythol sydd wrthi, nad oes ganddyn nhw unrhyw awdurdod mewn Islam i wneud hynny ac sy'n gwbl groes i broses cyfraith shari'a.

Heddlu seciwlar Pakistan

Mae cyfraith shari'a draddodiadol yn rhannu troseddau'n dri phrif gategori. Mae **hudud** yn torri gorchmynion Duw, fel maen nhw wedi'u diffinio yn y Qur'an a sunna. Mae cosbau sefydlog am y rhain. Mae troseddau **qisas** yn rhai yn erbyn unigolion eraill sy'n gallu galw am ddial neu am iawndal. Dydy troseddau **tazir** ddim wedi'u diffinio'n union mewn testunau crefyddol a gall y barnwr Qazi benderfynu arnyn nhw. Mae'r barnwr yn dilyn dehongliadau ysgolion y Gyfraith Islamaidd yr addysgwyd ef ynddi, fel Sunni Hanafi neu Shi'a Jafari. Fel y trafodwyd yn y bennod ar shari'a, mae llawer o wledydd, yn hanesyddol a heddiw, wedi gweithredu systemau cyfreithiol deuol, gydag awdurdodau'r wladwriaeth yn ymdrin â'r rhan fwyaf o gyfraith trosedd, a llysoedd shari'a â rôl fwy cyfyngedig ar gyfer materion teuluol. Ar adegau pan mae llysoedd Islamaidd wedi cael mwy o rôl mewn barnu materion troseddol, mae'r defnydd ohonyn nhw wedi amrywio'n fawr, yn ôl rheolwyr y wladwriaeth ar y pryd.

Termau allweddol

Hudud: troseddau yn erbyn gorchmynion Duw, sy'n cael eu cosbi yn ôl diffiniad cyfraith shari'a

Qisas: troseddau yn erbyn unigolion; mae'r dioddefwyr neu eu teulu'n cael penderfynu ar y gosb

Tazir: troseddau llai, heb eu nodi, sy'n gallu cael eu dedfrydu fel mae Qazi yn gweld yn dda

Er bod y bennod hon yn canolbwyntio ar gosb, mae'n bwnc nad yw Mwslimiaid yn ei drafod ryw lawer o ddydd i ddydd. Mae'r Qur'an yn dysgu bod Allah yn Faddeugar Iawn ac yn Drugarog Iawn, ac un traddodiad Islamaidd yw bod trugaredd Allah 99 gwaith yn fwy na'i ddicter Ef. Pan fydd sôn am gosb, cyfeirir ato'n aml mewn bywyd ar ôl marwolaeth yn uffern, yn ôl cydbwysedd y gweithredoedd a ystyrir ar Ddydd y Farn. Mae cosbau daearol yn llai pwysig i Fwslimiaid, ac maen nhw'n aml yn anwybyddu neu'n cuddio camymddygiad person oherwydd eu bod yn teimlo'n ostyngedig am eu methiannau eu hunain yn hytrach na bod yn feirniadol a gofyn am gosb.

Y categorïau o gosb: qisas

Cynnwys y fanyleb

Y categorïau o gosb: qisas

Un diwrnod, daeth rhieni merch at y Proffwyd gan ddweud bod ei merch wedi bod yn ymladd, a bod merch arall wedi ei tharo a thorri ei dant. Roedden nhw eisiau dial. Felly cytunodd y Proffwyd fod ganddi hawl i weithredu yn yr un ffordd ar ei gwrthwynebydd.

Math o ddial, neu dalu'r pwyth yn ôl yw qisas. Os yw person yn cael ei lofruddio, gall y teulu fynd â'r llofrudd i'r llys a gofyn am gosb qisas: y gosb eithaf. Mae ganddyn nhw hawl i ofyn am gosb sy'n cyfateb i'r drosedd. Fodd bynnag, mae'r Qur'an yn annog Mwslimiaid i dderbyn edifeirwch ac iawndal yn lle marwolaeth.

Dyfyniad allweddol

Y Qur'an 2:178

O chi sy'n credu! Mae cyfraith cydraddoldeb wedi'i gosod i chi mewn achosion o lofruddiaeth: y rhydd i'r rhydd, y caethwas i'r caethwas, y fenyw i'r fenyw. Ond os yw brawd yr un a laddwyd yn gwneud unrhyw gwtogiad, yna caniatewch unrhyw alwad resymol, a thalwch iawn iddo gyda diolchgarwch mawr, mae hyn yn gonsesiwn ac yn Drugaredd oddi wrth eich Arglwydd. Ar ôl hyn bydd pwy bynnag sy'n mynd y tu hwnt i'r terfynau'n cael cosb lem. **(Yusuf Ali)**

Cosb gorfforol

Mae hadith Muhammad yn cyfyngu'r gosb eithaf i lofruddiaeth, godineb ac i'r rhai sy'n gwrthod y ffydd Islamaidd ac ar yr un pryd yn troi yn erbyn y gymuned Islamaidd. Mae rhai Mwslimiaid wedi dehongli'r hadith hwn mewn ffordd wahanol ac wedi dweud mai i Fwslimiaid yn unig mae'n berthnasol. Felly mae rhai nad ydyn nhw'n Fwslimiaid yn gallu cael y gosb eithaf am droseddau eraill. Mae rhai wedi dehongli hyn i feddwl y gall unrhyw un sy'n gadael y ffydd ddioddef y gosb eithaf, hyd yn oed os mai penderfyniad personol yw hyn ac nad ydyn nhw'n bradychu'r gymuned Fwslimiaid mewn cyfnod o angen. Oherwydd hyn, mae rhai wedi beirniadu Islam am beidio â gwarantu rhyddid cred, sy'n hawl ddynol gyffredinol.

Dyfyniad allweddol

Dydy hi ddim yn bosibl tywallt gwaed Mwslim sy'n cyffesu mai Allah yn unig sydd â'r hawl i gael ei addoli ac mai fi yw ei Apostol, ac eithrio mewn tri achos: Mewn qisas am lofruddiaeth, person priod sy'n cael cyfathrach rywiol anghyfreithiol a'r un sy'n troi oddi wrth Islam (gwrthgiliwr) ac sy'n gadael y Mwslimiaid. **(Hadith y Proffwyd Muhammad)**

Taliad ariannol yn iawndal yn lle'r gosb eithaf yw **diyya**. Gall teulu fynnu iawndal neu fod troseddwr yn rhoi elusen i wneud iawn am y trosedd a gyflawnwyd. Mae'r Qur'an yn dweud bod y rhai sy'n rhoi gorau i ddial yn cael y wobr o gael maddeuant gan Dduw am rai o'u troseddau. Hefyd mae'n rhybuddio Mwslimiaid i fod yn deg wrth farnu, gan nad yw'r rhai sy'n barnu'n deg yn well na'r troseddwyr.

Term allweddol

Diyya: taliad ariannol yn iawndal yn lle'r gosb eithaf

Dyfyniad allweddol

Y Qur'an 5:45

Ordeinion ni yn hynny iddyn nhw: 'Bywyd am fywyd, llygad am lygad, trwyn am drwyn, clust am glust, dant am ddant, a chlwyfau cyfartal i un cyfartal.' Ond os yw unrhyw un yn peidio â dial drwy elusen, mae hynny'n weithred o iawn iddo. Ac os yw unrhyw un yn methu barnu (yng ngoleuni) yr hyn y mae Allah wedi'i ddatgelu, maen nhw'n droseddwyr (dydyn nhw ddim yn well na nhw). **(Yusuf Ali)**

cwestiwn cyflym

4.14 Beth gall teulu dioddefwr ei fynnu mewn achos o lofruddiaeth?

Cynnwys y fanyleb

Y categorïau o gosb: hudud.

Y categorïau o gosb: hudud

Troseddau hudud yw'r rhai yn erbyn deddfau Duw a ddatguddiwyd yn y shari'a, sy'n deillio o'r Qur'an a sunna. Y rhain yw'r cosbau Islamaidd mwyaf adnabyddus a rhai o'r rhai mwyaf dadleuol. Yn draddodiadol, mae'r troseddau y mae ysgolheigion Mwslimaidd wedi datgan eu bod yn dod o dan hudud yn cynnwys y canlynol:

- Godineb â gwraig briod
- Meddwi
- Lladrad arfog (heblaw am Shafi Fiqh)
- Enllib
- Apostasi cred ac yn erbyn y gymuned
- Gwrthryfela (heblaw am Hanafi Fiqh)

Yn y rhestr fer hon yn barod, gallwch chi weld nad yw pob ysgolhaig o ysgolion cyfraith gwahanol yn cytuno, ac mae'r gwahaniaethau'n mynd yn fwy ar

Qazi Mwslimaidd o'r Oesoedd Canol

Dyfyniad allweddol

Y trugarog yn unig sy'n cael trugaredd gan yr Holldrugarog. Byddwch drugarog wrth y rhai sydd ar y ddaear a bydd Arglwydd y Nefoedd yn drugarog wrthoch chi. **(Hadith y Proffwyd Muhammad)**

ôl ystyried amgylchiadau. Roedd y cosbau traddodiadol yn cynnwys y gosb eithaf, cosb gorfforol ar ffurf fflangellu, torri dwylo, breichiau neu goesau ac, am gyfnod hir o hanes, trugaredd a maddeuant. Yn wir, yr egwyddor ganolog wrth roi cosbau hudud yw dangos cymaint o drugaredd ag sy'n bosibl.

Mae peth anghytuno am ddilysrwydd ac ystyr yr hadith hwn. Does dim dwywaith bod rhai gwledydd wedi rhoi cosbau llym, a heddiw mae cannoedd o ddedfrydau'r gosb eithaf a thorri dwylo, breichiau a choesau'n cael eu rhoi bob blwyddyn yn Saudi Arabia ac Iran. Mae mudiadau hawliau dynol, gyda chefnogaeth Mwslimiaid blaengar a diwygiadol, wedi condemnio'r cosbau hyn fel rhai annerbyniol ac wedi dweud na ddylen nhw gael eu defnyddio yn y byd modern. Mae diwygwyr yn dweud y dylai'r dehongliad llythrennol o gosbau'r Qur'an gael ei ddiweddaru fel ei fod yn fwy perthnasol i'r byd modern.

Ym mha amgylchiadau mae'n bosibl rhoi'r gosb o dorri llaw am ladrata? Rhoddodd Kafi al-Subki, yr ysgolhaig o'r oesoedd canol, restr wirio 83 pwynt o esgusodion i'w chwblhau. Petai unrhyw un o'r amodau hyn yn methu cael ei gyflawni, yna fyddai'r gosb ddim yn gallu cael ei rhoi. Roedd hyn yn golygu bod y gosb bron yn amhosibl ei rhoi'n gyfreithlon. Roedd y rhestr wirio'n dweud bod rhaid i'r drosedd fod wedi digwydd yn Makkah, bod rhaid i'r lleidr gyfaddef y drosedd, heb dynnu ei gyfaddefiad yn ôl wedyn; doedd y lladrad ddim yn gallu cynnwys nifer o fathau o eitemau ac nid oddi wrth berthynas; roedd rhaid i'r eitem fod wedi'i lladrata o fewn mis a heb gael ei dychwelyd; ac roedd rhaid i'r lleidr gytuno ac ymddangos yn y llys, a hefyd dau dyst gwrywaidd a oedd yn cytuno ar bob pwynt.

Roedd cymdeithion Muhammad yn aml yn ystyried amgylchiadau pobl ac os oedd unrhyw amwysedd, roedden nhw'n gadael i rywun gael ei eithrio rhag cael y gosb o dorri llaw am ladrata. Roedden nhw'n aml yn dweud bod rhaid iddyn nhw gyffesu ar ddau neu dri achlysur. Ysgrifennodd ysgolhaig Arabeg o Brydain a ymwelodd â'r Aifft yn y bedwaredd ganrif ar bymtheg nad oedd neb yn cofio'r gosb hon yn cael ei rhoi yn ystod eu hoes nhw. Mae cofnodion o bum can mlynedd o hanes Otomanaidd yn dangos mai yn anaml roedd y gosb eithaf yn cael ei rhoi.

Mae stori o gyfnod y Mamluks yn yr Aifft yn y ddeuddegfed ganrif yn dangos mai mewn ychydig iawn o amgylchiadau'n unig y gallai cosbau hudud shari'a gael eu rhoi. Yn ôl chwedl werin boblogaidd, ar ôl i Swltan orchymyn i'r gosb eithaf gael ei rhoi, heb iddo gadw at y profion angenrheidiol o'r shar'ia, cosbodd Duw ef a mynd â'i ymerodraeth oddi wrtho.

Yn ystod teyrnasiad Swltan Mamluk, cafodd dau ynad yn Cairo ffrae dros garwriaeth. Sylwodd ynad Shafi fod gan ei ffrind, ynad Hanafi, wraig hyfryd. Un diwrnod, sylwodd fod yr ynad Hanafi wedi mynd allan, felly llwyddodd yr ynad Shafi i fynd i mewn i'r tŷ a mynd i'r gwely gyda gwraig yr ynad Hanafi. Gwelodd cymydog nhw ac anfon neges at yr ynad Hanafi. Rhedodd hwnnw adref. Daeth o hyd i'r ddau yn y gwely gyda'i gilydd a'u cloi nhw yn yr ystafell wely tra galwodd ar yr awdurdodau i ddod i'w dal nhw yn y gwely. Gofynnodd yr ynad Shafi eu og am drugaredd a chynnig arian i beidio â chael cosb. Ond gwrthododd yr ynad Hanafi a gwnaeth iddo lofnodi cyfaddefiad ei fod yn euog yn y fan a'r lle.

Galwodd y Swltan Mamluk ffyrnig yr holl farnwyr at ei gilydd a gofyn am eu barn. Cyhoeddodd un barnwr y dylai'r pâr gael eu llabyddio i farwolaeth, a chytunodd y Swltan ar hyn. Fodd bynnag, tynnon nhw eu cyfaddefiad yn ôl. Cytunodd y barnwyr fod hyn yn golygu nad oedd ffordd gyfreithiol o gosbi'r pâr yn ôl cyfraith shari'a. Byddai unrhyw un a fyddai'n eu lladd yn euog o lofruddiaeth eu hunain. Gwylltiodd y Swltan Mamluk ac anfon y barnwyr i gyd ymaith, a gorchymyn i'r pâr gael eu lladd. Gydag amser, newidiodd lwc y Mamluk a syrthiodd o rym yn Cairo. Ysgrifennodd yr ysgolheigion fod Duw wedi cosbi'r Swltan, oherwydd ei fod yn llofrudd a oedd wedi torri rheolau shari'a.

Serch hynny, mae rhai Mwslimiaid wedi cynyddu nifer y cosbau hudud y maen nhw'n eu rhoi yn y cyfnod diweddar. Un achos yn unig o labyddio a ddigwyddodd mewn pum

cwestiwn cyflym

4.15 Rhowch ddwy drosedd y gallai cosb hudud gael ei rhoi amdanyn nhw.

Dyfyniadau allweddol

Cadwch yr hudud draw oddi wrth y Mwslimiaid gymaint ag y gallwch chi, ac os gallwch chi ddod o hyd i ddihangfa i'r person, yna gadewch iddo fynd yn rhydd. Oherwydd mae'n well i'r awdurdod wneud gwall o ran rhoi trugaredd na gwneud gwall o ran cosbi. **(Hadith y Proffwyd Muhammad)**

Y Qur'an 5:33–34

Cosb y rhai sy'n rhyfela yn erbyn Allah a'i Negesydd, ac sy'n ymdrechu nerth deg ewin i gael drygioni drwy'r tir yw: dienyddio, neu groeshoelio, neu dorri dwylo a thraed o'r ochr gyferbyn i'w gilydd, neu gael eu halltudio o'r wlad: dyna yw eu cywilydd yn y byd hwn, a bydd cosb drom arnyn nhw yn y Byd a Ddaw; Heblaw am y rhai sy'n edifarhau cyn iddyn nhw gwympo i'th rym: os hynny, gwybyddwch fod Allah yn Aml Ei faddeuant, yn Drugarog Iawn. **(Yusuf Ali)**

Y Qur'an 5:38–39

O ran y lleidr, gwrywaidd neu fenywaidd, torrwch ei ddwylo e neu ei dwylo hi: cosb drwy enghraifft, oddi wrth Allah, am eu trosedd: ac mae Allah wedi'i Ddyrchafu mewn grym. Ond os yw'r lleidr yn edifarhau ar ôl ei drosedd, ac yn newid ei ymddygiad, mae Allah yn troi ato mewn maddeuant; oherwydd mae Allah yn Aml Ei faddeuant, yn Drugarog Iawn. **(Yusuf Ali)**

can mlynedd yn yr Ymerodraeth Otomanaidd, ond mae llawer yn Saudi Arabia heddiw. Mae rhai Mwslimiaid yn gweld bod cosbau hudud yn llwyddiannus oherwydd eu bod nhw'n atal pobl rhag troseddu. Mae eraill yn gweld bod cosbau hudud yn dilyn cyfraith Duw yn llythrennol. Maen nhw'n cyfeirio at y Qur'an a'r hadith sy'n cofnodi adegau pan ddywedwyd wrth y Proffwyd am ddilyn hudud. Os ydyn nhw'n dilyn y gyfraith yn llythrennol, mae eraill yn gofyn pam mae dulliau barbaraidd newydd fel saethu yn cael eu defnyddio pan nad oedd hyn wedi cael ei ddyfeisio yng nghyfnod y Proffwyd. Mae rhai'n dweud bod y cosbau hyn wedi'u disgrifio yn y Qur'an, ond nad yw hynny'n golygu bod rhaid i Fwslimiaid eu copïo nhw. Arfer y cyfnod oedden nhw, dyna i gyd. Efallai fod ffwndamentalwyr yn dymuno cael rhyw ffurf ar gymdeithas bur, Islamaidd, ond wrth ddymuno gweld y gymdeithas yn ymddangos ar y ddaear ar frys, efallai eu bod nhw wedi dilyn fersiwn o gosb shar'ia sy'n annerbyniol i lawer o bobl.

Cynnwys y fanyleb

Y categorïau o gosb: tazir.

Y categorïau o gosb: tazir

Tazir yw'r trydydd prif gategori o gosb o dan shari'a traddodiadol. Mae'r gosb hon yn cael ei rhoi am droseddau llai. Mae'r barnwr, y Qazi, yn cael dewis pa gosb i'w rhoi ac yn aml dydy ysgolion y gyfraith gwahanol ddim yn cytuno ar yr un cosbau. Efallai fod safon y prawf sydd ei hangen yn is ond mae'r troseddau'n cael eu hystyried yn rhai pwysig oherwydd y difrod y maen nhw'n ei wneud i'r gymuned.

Dydy'r gair tazir ddim yn cael ei ddefnyddio yn y Qur'an; fodd bynnag, mae achosion lle mae'r Qur'an yn awgrymu y dylai fod hyblygrwydd, er enghraifft yn achos anlladrwydd. Mae enghreifftiau lle gallai cosb tazir gael ei defnyddio yn cynnwys twyllo wrth werthu nwyddau, er enghraifft drwy fesur rhy ychydig; dweud celwydd fel tyst; ysbïo ar eraill, er enghraifft ar ran gwladwriaeth elyniaethus; ac, yn ôl rhai Mwslimiaid fel ysgolheigion Hanafi, gweithredoedd cyfunrywiol.

Mae amryw o gosbau y mae'n bosibl eu rhoi gan gynnwys dirwyon, fflangellu, cael eich cadw ar wahân i'r gymuned, a chipio nwyddau, eiddo neu bethau tebyg sydd wedi'u dwyn. Mae Pakistan, Brunei ac Iran yn wledydd sy'n defnyddio tazir yn y cyfnod modern. Mae Brunei yn gweithredu dehongliad llym o tazir ac yn cosbi Mwslimiaid am beidio mynychu gweddïau Jummah ar ddydd Gwener heb reswm da. Mae Iran yn cosbi menywod nad ydyn nhw'n gwisgo hijab neu sy'n cael eu dal yn cusanu eu cariadon yn gyhoeddus.

cwestiwn cyflym

4.16 Beth yw cosb tazir?

Dyfyniad allweddol

Y Qur'an 4:16

Os oes dau ddyn yn eich plith yn euog o anlladrwydd, cosbwch y ddau ohonyn nhw. Os ydyn nhw'n edifarhau ac yn cael diwygiad, gadewch lonydd iddyn nhw; ac mae Allah yn Aml Ei faddeuant, yn Drugarog Iawn. (Yusuf Ali)

Troseddwr cyffuriau

Gweithgaredd AA1

Gwnewch dabl i grynhoi'r tri phrif fath o gosb Islamaidd, gyda thair colofn, un math o gosb ym mhob un. Cofiwch gynnwys diffiniad, cyfiawnhad dros y gosb ac enghreifftiau o droseddau lle mae'r gosb yn ddilys ym mhob colofn.

Cynnwys y fanyleb

Cymharu safbwyntiau gwahanol ar y gosb eithaf.

Cymharu safbwyntiau gwahanol ar y gosb eithaf

Ystyr y gosb eithaf yw dedfrydu person i farwolaeth am rai troseddau. Mae'r gosb hon wedi'i dileu yn y DU ac yng ngwledydd gorllewin Ewrop ers tro byd. Mae'r gosb yn dal i ddigwydd mewn rhai taleithiau yn UDA, ac yn cael ei gwahardd mewn rhai eraill. Mae'r rhan fwyaf o wledydd Islamaidd yn defnyddio'r gosb eithaf. Dwy o'r gwledydd Islamaidd mwyaf crefyddol sy'n gyfrifol am rai o'r niferoedd uchaf o ddienyddiadau yn y byd: Saudi Arabia ac Iran. Mae gwledydd Mwslimaidd eraill, fel Albania a Bosnia yn Nwyrain Ewrop, nad ydyn nhw'n defnyddio'r gosb eithaf.

Mae'r Qur'an yn cael ei ddefnyddio fel cyfiawnhad dros y gosb eithaf a chosb gorfforol. Mae Surah 5 yn awgrymu bod llawer o gosbau barbaraidd yn gallu cael eu rhoi, oni bai bod y troseddwr yn edifarhau. Mae'r hadithau fel petaen nhw'n ychwanegu'r gosb o labyddio am ryw y tu allan i briodas. Serch hynny, mae'n ddadleuol i ba raddau roedd y rhain yn disgrifio'r hyn oedd yn digwydd ar y pryd, ac i ba raddau roedd y rhain yn gyfarwyddiadau i Fwslimiaid eu dilyn wedyn, ac ym mha amgylchiadau, oherwydd doedd y Proffwyd ddim yn rhoi'r cosbau'n gyfartal bob amser ac ym mhob amgylchiad tebyg.

Dros amser datblygodd prif ysgolion Islamaidd Fiqh a gyda nhw, datblygodd dehongliadau gwahanol am y gosb eithaf. Awgrymir y gosb eithaf i rywun sy'n cael tröedigaeth i grefydd arall ac sy'n gwrthod rolau a chyfrifoldebau'r gymuned Fwslimaidd y maen nhw'n byw ynddi.

Mae rhai ysgolion o feddwl yn awgrymu y dylai'r gosb eithaf gael ei rhoi i Fwslimiaid sy'n cyflawni gweithred gyfunrywiol mewn lle cyhoeddus o flaen pedwar neu ragor o bobl. Mae'r Mahdab Hanafi yn awgrymu mai mater i farnwr yw penderfynu beth ddylai'r gosb honno fod. Gallai hi amrywio o gerydd geiriol i'r uchafswm, sef cant o fflangelliadau. Os yw'r trosedd yn cael ei gyflawni ond bod llai na phedwar o bobl yn dyst iddo neu os yw'n digwydd yn breifat, does dim cosb shari'a: rhwng cydwybod unigol y person a Duw mae hynny.

Mewn rhai gwledydd Mwslimaidd mae pwysau poblogaidd wedi mynd yn drech na'r broses shari'a, neu mae pobl hyd yn oed yn gweithredu eu hunain ac yn rhoi cosbau fel vigilantes. Mae hyn yn erbyn shari'a hefyd, gan fod yr ysgolion o feddwl traddodiadol wedi cytuno mai Duw hefyd a roddodd y broses gywir o roi dedfryd drwy'r traddodiadau Islamaidd. Dydy rhai gwledydd ddim yn dilyn rheoliadau traddodiadol neu'n gwneud cosbau newydd yn ôl syniadau eu rheolwyr, fel y maen nhw'n gweld yn dda.

Mae Cyfraith Islamaidd yn caniatáu i ddioddefwyr trosedd neu eu teuluoedd dderbyn iawndal, yn debyg i ddirwy uchel. Rhaid talu hon yn lle cael cosb gorfforol neu'r gosb eithaf. Mae'r dirwyon hyn yn gallu bod yn uchel iawn. Yn achos llofruddiaeth, mae teulu dioddefwr yn gallu mynnu'r gosb eithaf neu fynnu cael iawndal. Fel hyn, roedd shari'a yn ffordd o leihau lladd ar sail anrhydedd yn nyddiau cynnar Islam mewn cymdeithas lwythol lle roedd anrhydedd yn bwysig iawn, hyn yn hytrach na chynyddu cosbau corfforol.

Mae Mwslimiaid diwygiedig yn gwrthod y gosb eithaf ym mhob amgylchiad. Maen nhw'n ystyried ei bod hi'n berthnasol i'r cyfnod ond nad yw hi'n berthnasol heddiw. Mae diwygwyr yn pwysleisio hawliau dynol pawb ac yn gweld bod y gosb eithaf yn ffurf ar gam-drin sy'n ffurf arall ar drais, ac nad yw'n ychwanegu dim at les y gymdeithas. Mae Imadad Dean Ahmad, llywydd mudiad Minarét Rhyddid, yn dadlau yn erbyn y gosb eithaf ym mhob trosedd ac eithrio'r rhai mwyaf difrifol.

Dyfyniad allweddol

Credaf y dylai'r gosb eithaf gael ei defnyddio fel cosb yn unig am lofruddiaeth fwriadol neu am y gweithgarwch troseddol helaeth mwyaf difrifol, fel terfysgaeth. Fodd bynnag, oherwydd nad yw'r system droseddol yn yr Unol Daleithiau wedi gallu rhoi'r gosb eithaf mewn ffordd deg, yn enwedig o ran cefndiroedd hiliol ac ethnig y troseddwyr, ac oherwydd pa mor aml mae pobl wedi cael eu dedfrydu o droseddau'r gosb eithaf ac wedyn dangoswyd eu bod nhw wedi bod yn ddieuog, credaf y dylai fod moratoriwm ar y gosb eithaf tan y bydd hi'n bosibl cywiro'r diffygion hyn yn y system. **(Imadad Dean Ahmad)**

cwestiwn cyflym

4.17 Pam mae Mwslimiaid diwygiadol yn gwrthod y gosb eithaf?

Safbwynt ysgolheigaidd modernaidd (Tariq Ramadan)

Cynnwys y fanyleb

Safbwynt ysgolheigaidd modernaidd (Tariq Ramadan).

Tariq Ramadan

Ysgrifennodd Tariq Ramadan erthygl yn galw am ohirio'r gosb eithaf ar draws y byd Islamaidd tra bydd adolygiad yn cael ei wneud. Roedd eisiau dod ag ysgolheigion Mwslimaidd i broses lle gallai'r gosb gael ei thrafod a'i hadolygu. Aeth e ddim mor bell â galw am ddileu'r gosb eithaf yn llwyr oherwydd ei fod yn credu na fyddai hynny'n effeithiol, ac y byddai'r rhai a oedd yn credu mewn dehongliad llythrennol o'r Qur'an yn anwybyddu ei alwad. Beirniadodd rhai ef am ymddiheuro dros y rhai a oedd yn hyrwyddo cosbau barbaraidd, ond roedd yn honni mai ceisio bod yn ymarferol yn unig roedd e.

Dyfyniad allweddol

Heddiw rydyn ni'n lansio galwad am foratoriwm rhyngwladol yn syth ar gosb gorfforol, llabyddio a'r gosb eithaf ym mhob gwlad lle mae Mwslimiaid yn fwyafrif. O ystyried nad yw safbwyntiau'r rhan fwyaf o ysgolheigion, o ran deall y testunau a defnyddio hudud, yn benodol na chwaith yn unfrydol (yn wir does dim mwyafrif clir hyd yn oed), ac o gofio nad yw systemau gwleidyddol a gwladwriaeth y cymdeithasau lle mae Mwslimiaid yn fwyafrif, yn gwarantu bod unigolion yn cael eu trin yn gyfiawn ac yn deg gerbron y gyfraith, ein rhwymedigaeth foesol a'n cyfrifoldeb crefyddol yw mynnu bod y defnydd o'r hudud yn cael ei ohirio'n syth, rhywbeth sy'n cael ei dderbyn yn anghywir fel defnydd o shari'a Islamaidd. (Ramadan)

Cynnwys y fanyleb
Ysgolhaig Islamaidd traddodiadol (Sheikh Ahmad Ash-Sharabasi).

Mwslim traddodiadol

Ysgolhaig Islamaidd traddodiadol (Sheikh Ahmad Ash-Sharabasi)

Dyfyniad allweddol

Nid deddfwriaeth ddiweddar yw'r gosb eithaf, felly ddylai hi ddim bod yn destun safbwyntiau gwahanol ynghylch ei gweithredu, ei chodi neu ei diddymu. Cafodd ei hordeinio amser maith yn ôl. ... Mae'r holl ddeddfwyr yn cyfreithloni hunanamddiffyn, ac maen nhw'n dweud bod hawl gan berson i ladd rhywun sy'n ymosod arno, os nad oes ffordd arall. Felly wrth wrthsefyll yr ymosodiad, caiff dyn ei gymharu â'r gymdeithas wrth iddi droi ymosodedd heibio. Hynny yw, mae llofrudd yn haeddu'r gosb eithaf oherwydd iddo droseddu yn erbyn y gymdeithas i gyd drwy ladd un o'i haelodau. Felly, pan fydd y gymdeithas yn galw am y gosb eithaf i droseddwr fel hyn, hunanamddiffyn mae hi mewn gwirionedd. (Ash-Sharabasi)

Mae Sheikh Ahmad Ash-Sharabasi, yr ysgolhaig Sunni traddodiadol o'r Aifft, yn dadlau o blaid y gosb eithaf. Mae e'n dadlau mai math o hunanamddiffyn yw hi, ac yn union fel y caiff unigolyn ymladd yn ôl yn erbyn ymosodwr, y dylai'r gymdeithas ymladd yn ôl yn erbyn troseddwyr sy'n ymosod ar werthoedd trefn y gyfraith. Yn achos llofruddiaeth, ystyr hyn yw rhoi'r gosb eithaf.

cwestiwn cyflym

4.18 Sut gall y gosb eithaf amddiffyn y gymdeithas, yn ôl Shaykh (Sheikh) Sharabasi?

Mae rhai Mwslimiaid Gorllewinol sydd ag agweddau traddodiadol yn cytuno. Mae Dr Shahid Akhtar yn dadlau bod y gosb eithaf yn berthnasol mewn rhai achosion o lofruddiaeth, godineb ac apostasi yn erbyn y gred a'r gymuned Fwslimaidd. Fodd bynnag, dylai Mwslimiaid geisio diwygio'r troseddwr, nid canolbwyntio ar y gosb: mae'r gosb go iawn yn digwydd mewn bywyd ar ôl marwolaeth.

Mae qisas, sy'n golygu gwneud yr un fath, yn caniatáu i ddioddefwyr neu i'w dilynwyr fynnu bod y troseddwr yn cael yr un gosb â'r hyn a wnaeth e neu hi. Fodd bynnag, mae'n ymddangos bod y Qur'an yn caniatáu'r gosb eithaf yn achos llofruddiaeth ac mewn troseddau yn erbyn y gymuned yn unig. Yn yr ail gategori, dydy Mwslimiaid traddodiadol ddim yn cytuno ar restr gynhwysfawr.

Unigolion allweddol

Immanuel Kant: athronydd o'r Almaen a ysgrifennodd am y berthynas rhwng rhesymu a'r profiad dynol.

Jeremy Bentham: athronydd o Loegr a sylfaenodd y mudiad Iwtilitaraidd modern.

Gweithgaredd AA1

Gweithiwch mewn parau a dychmygwch eich bod yn ddau gyfreithiwr mewn llys barn. Bydd un person yn dadlau o blaid defnyddio'r gosb eithaf am lofruddiaeth ac un yn erbyn defnyddio'r gosb hon. Rhestrwch eich pum dadl gryfaf ar bob ochr.

Cynnwys y fanyleb
Ymateb James Rachels (ysgolhaig nad yw'n Islamaidd).

Ymateb James Rachels (ysgolhaig nad yw'n Islamaidd)

Academydd o UDA oedd y diweddar James Rachels a wnaeth ymchwil manwl i drosedd a chosb ac a adolygodd bwrpasau, dulliau ac effeithiau'r gosb eithaf.

Mae Rachels yn nodi rhesymau gwahanol dros gosbi. Un yw dial am y drosedd: talu'r pwyth yn ôl. Mae hyn yn adfer cydbwysedd cyfiawnder ym meddyliau'r dioddefwyr a'u teuluoedd. Roedd **Kant**, y meddyliwr o gyfnod yr Oleuedigaeth, o'r farn fod y rhai a oedd yn troseddu'n haeddu cosfa dda i dalu'r pwyth yn ôl. Fodd bynnag, roedd **Bentham** yr athronydd yn credu mai dim ond creu mwy o ddioddefaint yn y byd roedd hyn yn ei wneud. Damcaniaeth arall yw rhoi cosbau llym yn eu lle fel y gosb eithaf a fydd yn ataliad mor ddifrifol fel na fydd unrhyw un arall yn mentro cyflawni'r trosedd.

Yn ystod yr ychydig ddegawdau diwethaf, mae pobl wedi ceisio deall achosion trosedd ac wedi ceisio addysgu ac adfer troseddwyr drwy eu cosb. Y nod yw eu gwneud nhw'n aelodau mwy cynhyrchiol o'r gymdeithas fel na fyddan nhw'n aildroseddu. Mae Rachels yn dadlau bod yr holl ddamcaniaethau cosb yn **iwtilitaraidd** yn yr ystyr bod defnydd ymarferol iddyn nhw er mwyn gwneud i'r gymdeithas fod yn fwy diogel. Mae cosb yn golygu bod rhaid i'r troseddwr deimlo'n euog, cael ei drin yn gyfartal i droseddwyr eraill, wynebu cosb sy'n gymesur â'r drosedd a rhaid deall amgylchiadau penodol y troseddwyr sydd â'r rhain.

Mae Rachels yn adolygu nifer o ddadleuon yn erbyn y gosb eithaf. Mae ymagwedd llygad am lygad yn golygu nad yw'r rhai sy'n cosbi'n well na'r troseddwr gan eu bod yn cytuno â'r weithred a wnaeth. Os yw'r llofrudd ei hun yn cael ei ladd neu ei lladd er mwyn dial, mewn gwirionedd mae'r troseddwr a'r cosbwr yn gwneud yr un peth mewn gwirionedd.

Term allweddol

Iwtilitariaeth: gwneud penderfyniadau ymarferol er budd y nifer mwyaf o bobl, gan gyfiawnhau penderfyniadau yn ôl yr hyn sy'n gweithio orau

Dyfyniad allweddol

Pan fydd bod rhesymegol yn penderfynu trin pobl mewn ffordd arbennig, mae'n [penderfynu] mai dyma sut mae pobl i fod i gael eu trin. Felly, os ydyn ni'n ei drin ef yn yr un ffordd yn gyfnewid, yr unig beth rydyn ni'n ei wneud yw ei drin fel mae e wedi penderfynu cael ei drin. Os ydy e'n trin eraill yn wael, ac rydyn ni'n ei drin e'n wael, rydyn ni'n cydymffurfio â'i benderfyniad ef ei hun. **(Rachels)**

Mae nifer o achosion lle mae pobl wedi dioddef y gosb eithaf ond gwelwyd wedyn eu bod nhw'n ddieuog. Mae rhai achosion wedi digwydd yn UDA yng nghyd-destun troseddau dadleuol a oedd ag elfen hiliol. Awgrymwyd efallai nad yw'r gosb eithaf mor effeithiol mewn cymdeithasau lle mae'n digwydd. Mewn rhai gwledydd, gan gynnwys gwledydd Mwslimaidd, mae menywod, plant a lleiafrifoedd wedi cael y gosb eithaf.

Yn y bôn mae Rachels yn ystyried mai materion ymarferol, iwtilitaraidd yw conglfaen ei ddadl. Yr hyn sy'n gweithio er mwyn i'r gymdeithas yn gyffredinol elwa sy'n cyfrif. Mae hyn yn gwrthgyferbynnu â Mwslimiaid sydd, yn y pen draw, yn dewis mai'r gwirionedd a ddatguddiwyd o'r Qur'an yw'r ystyriaeth bwysicaf. Mae Mwslimiaid yn dehongli hyn mewn ffyrdd gwahanol, ond mae pawb yn ei weld fel y cyfiawnhad mwyaf pwysig dros gosbi, does dim gwahaniaeth a yw'n gweithio neu beidio.

cwestiwn cyflym

4.19 Beth yw diben cosb, yn ôl Iwtilitariaid?

Sgiliau allweddol

Mae gwybodaeth yn ymwneud â:

Dewis ystod o wybodaeth (drylwyr) gywir a pherthnasol sydd â chysylltiad uniongyrchol â gofynion penodol y cwestiwn.

Mae hyn yn golygu:

- Dewis deunydd perthnasol i'r cwestiwn a osodwyd
- Canolbwyntio ar esbonio ac archwilio'r deunydd a ddewiswyd.

Mae dealltwriaeth yn ymwneud ag:

Esboniad helaeth, gan ddangos dyfnder a/neu ehangder gyda defnydd rhagorol o dystiolaeth ac enghreifftiau gan gynnwys (lle y bo'n briodol) defnydd trylwyr a chywir o destunau cysegredig, ffynonellau doethineb a geirfa arbenigol.

Mae hyn yn golygu:

- Defnydd effeithiol o enghreifftiau a thystiolaeth gefnogol i sefydlu ansawdd eich dealltwriaeth
- Perchenogaeth o'ch esboniad sy'n mynegi gwybodaeth a dealltwriaeth bersonol, NID eich bod yn ailadrodd darn o destun o lyfr rydych wedi ei baratoi a'i gofio.

Datblygu sgiliau AA1

Nawr mae'n bwysig ystyried y wybodaeth sydd wedi'i chyflwyno yn yr adran hon; fodd bynnag, mae'r wybodaeth fel y mae yn llawer rhy helaeth ac felly mae'n rhaid ei phrosesu er mwyn bodloni gofynion yr arholiad. Gallwch wneud hyn drwy ymarfer y sgiliau uwch sy'n gysylltiedig ag AA1. Ar gyfer Amcan Asesu 1 (AA1), sy'n cynnwys dangos sgiliau 'gwybodaeth' a 'dealltwriaeth', rydyn ni am ganolbwyntio ar ffyrdd gwahanol o ddangos y sgiliau yn effeithiol, gan gyfeirio hefyd at sut bydd eich perfformiad ym mhob un o'r sgiliau hyn yn cael ei fesur (gweler disgrifyddion band cyffredinol AA1 ar gyfer U2).

▶ **Dyma eich tasg newydd**: Mae'n amhosibl ymdrin â'r holl draethodau yn yr amser sy'n cael ei ganiatáu gan y cwrs; fodd bynnag, mae datblygu cynlluniau manwl y gallwch eu defnyddio o dan amodau wedi'u hamseru yn ymarfer da. Fel ymarferiad olaf:

1. Lluniwch rai cynlluniau delfrydol gan ddefnyddio'r hyn rydyn ni eisoes wedi ei wneud yn adrannau Datblygu sgiliau Thema 4.
2. Y tro hwn, ar ôl i chi lunio eich cynllun ewch ati i gyfnewid cynlluniau gyda phartner astudio.
3. Gwiriwch gynlluniau eich gilydd yn ofalus. Trafodwch unrhyw bethau na chafodd eu cynnwys neu ychwanegiadau y gellid eu cynnwys, heb anghofio herio unrhyw ddeunyddiau amherthnasol.
4. Cofiwch, mae dysgu ar y cyd yn bwysig iawn wrth adolygu. Nid yn unig mae'n helpu i atgyfnerthu dealltwriaeth o'r gwaith a gwerthfawrogiad o'r sgiliau sy'n gysylltiedig, mae hefyd yn rhoi cymhelliant ac yn ffordd o feithrin hyder yn eich dysgu. Er bod ymgeiswyr yn sefyll yr arholiad ar eu pennau eu hunain, mae adolygu mewn pâr neu grŵp bach yn werthfawr iawn.

Ar ôl i chi orffen pob cynllun, ewch ati fel pâr neu grŵp bach i gyfeirio at y disgrifyddion band ar gyfer U2 ac edrychwch yn benodol ar y gofynion sydd wedi'u disgrifio yn y disgrifyddion band uwch y dylech chi fod yn anelu atyn nhw. Gofynnwch i chi'ch hun:

- A yw fy ngwaith yn dangos gwybodaeth a dealltwriaeth drylwyr, gywir a pherthnasol o grefydd a chred?
- A yw fy ngwaith yn dangos cydlyniad (cysondeb neu synnwyr rhesymegol), eglurder a threfn o safon ragorol?
- A fydd fy ngwaith, ar ôl ei ddatblygu, yn ateb helaeth a pherthnasol sy'n bodloni gofynion penodol y dasg?
- A yw fy ngwaith yn dangos dyfnder a/neu ehangder sylweddol ac yn gwneud defnydd rhagorol o dystiolaeth ac enghreifftiau?
- Os yw'n briodol i'r dasg, a yw fy ateb yn cynnwys cyfeiriadau trylwyr a chywir at destunau cysegredig a ffynonellau doethineb?
- A ellir gwneud unrhyw gysylltiadau treiddgar ag elfennau eraill o fy nghwrs?
- A fydd fy ateb, ar ôl ei ddatblygu a'i ehangu i gyfateb i'r hyn sy'n ddisgwyliedig mewn ateb arholiad, yn cynnwys ystod eang o safbwyntiau ysgolheigion/ysgolion o feddwl?
- A yw'r defnydd o iaith a geirfa arbenigol yn drylwyr a chywir, pan geir enghreifftiau o hynny?

Materion i'w dadansoddi a'u gwerthuso

Effeithiolrwydd dysgeidiaeth foesegol Islamaidd fel canllawiau ar gyfer bywyd i Fwslimiaid heddiw

Mae moeseg Islamaidd yn seiliedig ar y gwirionedd datguddiedig a roddwyd yn y Qur'an ac enghraifft Muhammad yn ei sunna. Ar yr olwg gyntaf, mae'n ymddangos nad oes llawer o hyblygrwydd yn hyn. Os yw Allah yn cyhoeddi y dylai'r gymdeithas gael ei rheoli gan gosb er mwyn gorfodi Mwslimiaid i gadw at ei ewyllys, yna dyna ddylai ddigwydd. Mae'r realiti yn llawer mwy cymhleth na hynny. Mae'r Qur'an yn sôn am stori Cain ac Abel, lle mae cosb yn cael ei chynnig fel tri dewis, ond maddeuant yw'r dewis gorau yng ngolwg Allah. Byddai hyn yn awgrymu, mewn egwyddor, y dylai fod lle mewn cymdeithasau Islamaidd i adsefydlu pobl sy'n euog o drosedd fel y gallan nhw newid eu ffyrdd a chyfrannu er lles pawb.

Dyfyniad allweddol

Yn y disgwrs Qur'anaidd, y tu hwnt i stori Cain ac Abel, gwelwn fod llawer o bethau'n cael eu mynegi a'u datgan am lofruddiaeth a chosb. Ond dydyn nhw ddim o angenrheidrwydd yn mynnu mai dienyddio neu'r gosb eithaf yw'r ffordd o wneud iawn am hyn ... Wrth sôn am y gosb eithaf, mae'n sôn am lofruddiaeth fwriadol, ac mae'n dweud bod tri dewis mewn achos o lofruddiaeth fwriadol. Un dewis yw y byddai teulu'r dioddefwr yn mynnu iawndal ... swm o arian yn iawndal ... Yr ail bosibilrwydd yw bod teulu'r llofrudd yn mynnu ei hawl, h.y. yna byddai'r troseddwr yn cael ei ladd. A'r trydydd yw maddau... Ac mae'n eithaf diddorol yma, mae'r Qur'an yn mynd rhagddo i ddweud, yn yr un adnod lle mae'n cadarnhau'r strwythur tair rhan, mae'n dweud bod y rhai sy'n maddau yn uwch yng ngolwg Duw. **(El Fadl)**

Weithiau mae'n haws deall moeseg Islamaidd yn nhermau cyhoeddus a phreifat. Mae'n anfoesegol dangos ymddygiad rhywiol mewn cymdeithasau Islamaidd oherwydd bod hyn yn tramgwyddo ac mae'n cael ei ystyried yn anghwrtais ac yn groes i gyfarwyddiadau Allah. Fodd bynnag, yn breifat, mater o gydwybod bersonol yw popeth. Mewn llawer o gymdeithasau Islamaidd, mae'n ymddangos bod codau moesau ac ymddygiad Islamaidd yn rheoli ymddygiad allanol yn llym. Yn breifat, mae'r holl anfoesoldeb sy'n gysylltiedig â'r Gorllewin yn digwydd yn gyffredin. Os yw Mwslim yn gweld ffrind yn gwneud rhywbeth anghywir, mae celu pechod y ffrind yn cael ei ystyried yn rhinwedd. Petai merch mewn coleg yn gweld ei ffrind yn mynd allan gyda chariad, yn groes i'r traddodiad Islamaidd, gallen nhw edrych draw yn hytrach na dweud wrth ei rhieni hi. Fel hyn mae cymdeithas draddodiadol yn cael ei chynnal. Mae rhai'n gweld bod hyn yn seiliedig ar ragrith: mae pobl yn dangos un peth yn gyhoeddus a rhywbeth arall yn breifat. Mae eraill yn gweld bod hyn yn parchu deddfau Allah er lles y gymdeithas, hyd yn oed pan na fydd unigolion yn cyrraedd y safonau uchaf, o leiaf dydyn nhw ddim yn dangos eu diffygion i bawb.

Yn y rhan fwyaf o wladwriaethau seciwlar, mae moeseg yn cael ei llunio gan lywodraethau democrataidd sy'n gwneud deddfau er lles y bobl, ac yn gweithredu'r hyn sy'n gweithio orau. Fel hyn mae'n bosibl dweud eu bod nhw'n iwtilitaraidd neu'n ymarferol. Dydy Islam, ar y llaw arall, ddim yn gadael i foeseg fod yn drech na'r datguddiad. Gorchmynion y Qur'an sy'n dod gyntaf. Eto mae lle i Shura, ffurf ar ymgynghoriad neu ddemocratiaeth, yn y traddodiad Islamaidd. Dydy'r Qur'an ddim mor eglur ar lawer o faterion moesegol modern sydd ag angen arweiniad ysgolheigion, defnyddio cydweddiad a hyd yn oed ailddehongli er mwyn eu deall yn iawn.

Mae cosbau Islamaidd traddodiadol yn creu heriau moesegol o ran hawliau dynol. Ydy rhoi cosbau sy'n ffurfiau ar ddial yn foesegol? Byddai'n bosibl ystyried hyn fel

Mae'r adran hon yn cwmpasu cynnwys a sgiliau AA2

Cynnwys y fanyleb

Effeithiolrwydd dysgeidiaeth foesegol Islamaidd fel canllawiau ar gyfer bywyd i Fwslimiaid heddiw.

Gweithgaredd AA2

Wrth i chi ddarllen drwy'r adran hon ceisiwch wneud y pethau canlynol:

1. Dewiswch y gwahanol ddadleuon sy'n cael eu cyflwyno yn y testun a nodwch unrhyw dystiolaeth gefnogol a roddir.
2. Ar gyfer pob dadl a gyflwynir, ceisiwch werthuso a yw'r ddadl yn un gryf neu wan yn eich barn chi.
3. Meddyliwch am unrhyw gwestiynau yr hoffech chi eu gofyn wrth ymateb i'r dadleuon.

Bydd y gweithgaredd hwn yn eich helpu i ddechrau meddwl yn feirniadol am yr hyn rydych chi'n ei ddarllen ac yn eich helpu i werthuso effeithiolrwydd dadleuon gwahanol, gan ddatblygu eich sylwadau, a'ch barn a'ch safbwyntiau eich hun. Bydd hyn yn eich helpu wrth ddod i gasgliadau y byddwch yn eu gwneud yn eich atebion i'r cwestiynau AA2 sy'n codi.

Dyfyniad allweddol

Os yw ffrind o blith eich ffrindiau'n mynd ar gyfeiliorn, gwnewch saith deg o esgusodion drostyn nhw. Os nad yw eich calonnau'n gallu gwneud hyn, yna boed i chi wybod mai ynoch chi eich hunain mae'r diffyg. **(al-Qassar)**

Imam yn ei swyddfa

parhau codau llwythol y gorffennol: llygad am lygad. Byddai rhai'n dadlau bod rhaid i ddioddefwyr deimlo bod y bobl sydd wedi gwneud cam â nhw ac â'u teulu wedi cael eu cosbi, felly mae gwerth mewn dial. Mae eraill yn teimlo ei bod hi'n well rhoi'r gosb eithaf i ychydig o bobl fel ataliad yn hytrach na chaniatáu i lawer mwy o bobl ddioddef dan ddwylo troseddwyr sy'n teimlo ei bod hi'n werth mentro cosbau mwy meddal.

Ar y llaw arall, mae ataliadau'n creu cymdeithasau sy'n seiliedig ar ofn, ac sy'n gyrru problemau o'r golwg. Mae'n bosibl y byddai adsefydlu'n ddehongliad gwell o'r traddodiad trugaredd a maddeuant Islamaidd. Fel mae James Rachels yn ei ddadlau, mae adsefydlu'n gallu esgor ar mwy o ddaioni yn y tymor hir i bawb, gan gynnwys y dioddefwyr, pan fydd y troseddwyr yn newid ac yn diwygio.

Mae cosbau Islamaidd traddodiadol yn cynnwys y gosb eithaf. Heddiw, mae llawer yn gweld ei bod hi'n anfoesol. Sut gall pobl gymryd bywyd rhywun arall? Hyd yn oed o'r safbwynt crefyddol, i rai dydy hi ddim yn gwneud synnwyr y dylai dilyn trugaredd Allah gynnwys cymryd bywyd. Ef yn unig, fel creawdwr, ddylai fod â'r hawl i gymryd bywyd. Mae'r rhai sy'n cytuno â'r gosb eithaf yn dweud ei bod hi'n dangos trugaredd oherwydd ei bod hi'n fwy caredig i'r gymdeithas i gyd. Felly does dim rhaid iddi ddioddef rhagor o droseddau fel hyn. Mae gwrthwynebwyr yn anghytuno ac yn dweud bod y gosb yn cael ei rhoi ar gam weithiau ac nad yw hi'n effeithiol. Mae rhai'n dadlau bod cosbau corfforol, fel torri llaw am ladrata, fel sy'n digwydd mewn rhai gwladwriaethau yn y Dwyrain Canol heddiw, yn ataliadau effeithiol i warchod y gymdeithas rhag drygioni. Ond mae eraill yn dweud nad ydyn nhw'n gweithio ac mai'r cyfan maen nhw'n ei wneud yw gwthio problemau o'r golwg.

Mae problemau cymdeithasol difrifol mewn llawer o gymunedau ar draws y byd Mwslimaidd. Mae rhai o'r rhain yn codi oherwydd twf mawr yn y boblogaeth, sy'n rhoi straen ar adnoddau. Mae eraill yn digwydd wrth i bobl geisio cydbwyso bywyd modern â fframweithiau moesol traddodiadol. Yn y DU, mae problemau o ran y gyfradd trosedd uchel ymysg rhai Mwslimiaid. A yw hyn oherwydd nad oes cysylltiad rhwng ffydd a gofynion y gyfraith, neu oherwydd ffactorau cymdeithasol eraill fel bywyd, i lawer, mewn cymunedau difreintiedig? Mae rhai'n dadlau bod diffyg cysylltiad sy'n gwneud i benderfyniadau moesol fod yn anodd, a hynny oherwydd y rhaniad rhwng y ffordd y mae'r rhan fwyaf o bobl yn y gymdeithas yn deall moeseg a'r Mwslimiaid hynny sy'n deall moeseg yn y lle cyntaf o ran y gyfraith a ddatguddiodd Duw. Mae eraill yn dweud bod llawer o Fwslimiaid modern yn gallu cysoni'r ddau beth a gwneud penderfyniadau gwybodus, rhesymegol drostyn nhw eu hunain.

Mewn rhai ffyrdd mae Iran yn adnabyddus am gosbau shari'a llym, ond mae ei rhaglen adsefydlu i rai sy'n gaeth i gyffuriau wedi dod yn adnabyddus fel enghraifft dda i wledydd eraill lle mae adsefydlu wedi goresgyn problem. Mae problem fawr o ran pobl yn gaeth i gyffuriau yn y wlad a dydy cosbau shari'a traddodiadol ddim wedi gweithio. Aeth pobl drugarog ati gyda chefnogaeth elusennau a chyrff anllywodraethol i ddechrau polisïau blaengar mewn cymunedau lleol. Y nod oedd cael y rhai sy'n gaeth i gyffuriau i adsefydlu a rhoi'r gorau i'w niweidio eu hunain. Mae'r rhai sydd ar y stryd ac yng ngharchar wedi cael nodwyddau glân am ddim, ac mae gweithwyr rhyw wedi cael condomau, er mwyn lleihau'r cyfraddau heintio. Mae methadon wedi cael ei gynnig ar bresgripsiwn er mwyn helpu i dynnu'r rhai sy'n gaeth oddi ar heroin, sy'n fwy peryglus.

Dyfyniad allweddol

Mae'r cyhoedd – fel mudiad llawr gwlad – a hefyd sefydliadau cyhoeddus (rhai ohonyn nhw, o leiaf) wedi hyrwyddo ymagwedd [flaengar] fel diwygiadau amserol. Heddiw, ym mhob dinas yn Iran a hyd yn oed mewn llawer o drefi a phentrefi, mae clinigau methadon, canolfannau adsefydlu a 'gwersylloedd dadwenwyno', lle mae pobl sy'n chwilio am gymorth neu driniaeth feddygol yn gallu troi. Mae sefydliadau anllywodraethol (NGOs) hefyd yn weithgar ar gyrion y dinasoedd yn darparu chwistrellau glân a rhywfaint o ofal meddygol bob dydd i'r rhai ar y stryd sy'n gaeth i gyffuriau. Mae Iran yn fodel i lawer o wledydd yn y rhanbarth. Mae gwledydd eraill sydd eisiau diwygio'r polisi lle mae cymryd cyffuriau'n drosedd, yn edrych ar hyn. **(Ghiabi)**

Cwestiynau allweddol

Beth ddylai fod yn llywio moeseg a gwneud penderfyniadau moesol?

Ydy hi'n bwysig defnyddio'r un gwerthoedd moesegol yn breifat ac yn gyhoeddus?

Ydy cosbau Islamaidd traddodiadol fel y gosb eithaf yn anfoesegol?

Sut gall Mwslimiaid ddefnyddio ysbryd tosturi wrth ymdrin â materion moesol a moesegol?

Gweithgaredd AA2

Rhestrwch rai casgliadau y byddai'n bosibl dod iddynt ar sail y rhesymeg AA2 yn y testun uchod; ceisiwch gyflwyno o leiaf dri chasgliad gwahanol posibl. Ystyriwch bob un o'r casgliadau a chasglwch dystiolaeth gryno i gefnogi pob casgliad o'r deunydd AA1 ac AA2 ar gyfer y testun hwn. Dewiswch y casgliad sy'n argyhoeddi fwyaf yn eich barn chi ac esboniwch pam mae hyn yn wir. Ceisiwch gyferbynnu hyn â'r casgliad gwannaf ar y rhestr, gan gyfiawnhau eich dadl gyda rhesymu clir a thystiolaeth.

I ba raddau y gellir cymhwyso dysgeidiaeth Islamaidd am gosb heddiw

Mae dwy duedd fodern sydd i'r gwrthwyneb i'w gilydd. Mae un yn canolbwyntio ar agweddau Islamaidd ar drugaredd, ac yn moderneiddio'r cosbau yn ôl y byd lle rydyn ni'n byw. Diweddarodd yr Ymerodraeth Otoman yn y bedwaredd ganrif ar bymtheg ei chodau cyfreithiol yn ôl y pwerau Ewropeaidd modern heb i ysgolheigion Islamaidd feirniadu hyn. Mae diwygwyr yn dadlau bod y gosb eithaf a chosbau corfforol eraill yn perthyn i oes arall. Maen nhw'n gwrthod hawliau dynol a beth bynnag, dydyn nhw ddim yn debygol o weithio er lles cyffredinol y gymdeithas. Mae'n well astudio cosbau iwtalitaraidd sy'n gweithio a chanolbwyntio ar adsefydlu troseddwyr fel eu bod yn newid eu ffyrdd ac yn cyfrannu er lles eraill.

Ail duedd yw cynyddu'r cosbau llym. Mae gan Pakistan, Brunei, Iran a Saudi Arabia ddeddfiadau hudud am rai troseddau. Mae rhai Mwslimiaid yn edrych yn ôl ar oes fytholegol, gan ddychmygu cymdeithas bur lle roedd pobl yn dilyn y gyfraith shari'a a ddatguddiwyd. Yn rhannol, maen nhw'n gwneud hynny er mwyn ymateb yn erbyn y byd modern a'r hyn y maen nhw'n ei ystyried yn annhegwch rheolaeth drefedigaethol neu reolwyr anghyfiawn y gorffennol. Mae grwpiau eithafol wedi honni eu bod yn rhoi cosbau llym yn eu lle i greu safbwynt fel hyn ar y gymdeithas.

Mae'r realiti'n wahanol iawn. Mewn llawer o achosion doedd cymdeithasau Islamaidd cynnar ddim yn defnyddio un fersiwn penodol o gosb shari'a: roedd yn dibynnu ar farn y rheolwr. Doedd y gymdeithas ddim yn bur ac roedd pobl yn aml yn fwy maddeugar na'r argraff y mae rhai Mwslimiaid yn ei chreu heddiw. Cofnodwyd cosbau corfforol a chosbau eithaf yn y Qur'an ac yn ystod dyddiau Muhammad. Os ydyn ni'n dehongli'r rhain yn llythrennol, maen nhw'n ddeunydd darllen anodd i Fwslimiaid diwygiadol. Fodd bynnag, maen nhw'n dadlau mai disgrifiadau o arfer diwylliannol oedden nhw, sy'n amhriodol heddiw wrth i ni foderneiddio a gwella hawliau dynol.

Mae gwladwriaeth Islamaidd Shi'a Iran yn cynnwys cosb qisas yn ei chod cyfreithiol. Mae teulu'r dioddefwr yn gallu mynd â llofruddion i'r llys ac yn gallu mynnu bod y llofrudd yn cael ei ladd er mwyn dial. Hefyd mae'n bosibl i ddioddefwyr ymosodiad treisgar ofyn i'r rhai a ymosododd arnyn nhw ddioddef yr un gosb gorfforol ag y maen nhw wedi'i dioddef. Cafodd Ameneh Bahrami, menyw o Iran, ei dallu mewn ymosodiad asid. Mynnodd hi fod Majiv Movahedi, a ymosododd arni, yn cael ei ddallu i dalu'r pwyth yn ôl. Ond ar fore'r gosb newidiodd hi ei meddwl a maddeuodd hi iddo yn lle hyn.

Mae'n bosibl i arferion diwylliannol gael eu cyfuno ag Islam, mewn rhai rhanbarthau, i greu cosbau qasis. Mae achosion lle mae merched yn cael eu priodi dan orfod ag eraill yn Pakistan ac yn Afghanistan, i dalu'r pwyth yn ôl am droseddau a wnaeth aelodau teuluol yn y llwyth. Mae hyn yn bodloni cyfraith y llwyth, ond yn mynd yn groes i'r ddysgeidiaeth Islamaidd na ddylai priodas fod dan orfod.

Yn Saudi Arabia, mae torri pennau a chosbau corfforol cyhoeddus yn gyffredin. Maen nhw'n dadlau, oherwydd y cynnydd mewn caethiwed i gyffuriau, er enghraifft, fod cosbau llym yn angenrheidiol er mwyn bod yn ataliad i bobl. Mae gwrthwynebwyr yn dadlau bod y cosbau nid yn unig yn anghywir, ond eu bod nhw'n creu cymdeithas lle mae popeth yn dal i ddigwydd yn y dirgel. Mae hyn yn waeth oherwydd ei bod hi'n fwy anodd i ddioddefwyr gael cyfiawnder, yn enwedig os ydyn nhw'n aelodau gwannach o'r gymdeithas fel menywod, yn rhai o genedligrwydd neu grefyddau eraill neu'n aelodau o'r sect Shi'a.

Dyfyniad allweddol

Rhaid i wrthwynebiad Islamaidd i'r gosb eithaf ddechrau drwy gydnabod ei bod hi'n bosibl darllen bod y Qur'an yn rhoi eithriad arbennig (o'r gwaharddiad cyffredinol ar ladd) i gymryd bywyd llofrudd. ... Cyfiawnder yw cyfrifoldeb Mwslim. A fydd lladd llofrudd yn cynhyrchu cyfiawnder? Does dim cyfiawnder

Cynnwys y fanyleb

I ba raddau y gellir cymhwyso dysgeidiaeth Islamaidd am gosb heddiw.

Dyfyniad allweddol

Mae bron yn amhosibl i leidr neu i odinebwr gael ei ddedfrydu, oni bai ei fod yn dymuno gwneud hynny a'i fod yn cyffesu. **(Rudolph Peters)**

Gweithgaredd AA2

Wrth i chi ddarllen drwy'r adran hon ceisiwch wneud y pethau canlynol:

1. Dewiswch y gwahanol ddadleuon sy'n cael eu cyflwyno yn y testun a nodwch unrhyw dystiolaeth gefnogol a roddir.
2. Ar gyfer pob dadl a gyflwynir, ceisiwch werthuso a yw'r ddadl yn un gryf neu wan yn eich barn chi.
3. Meddyliwch am unrhyw gwestiynau yr hoffech chi eu gofyn wrth ymateb i'r dadleuon.

Bydd y gweithgaredd hwn yn eich helpu i ddechrau meddwl yn feirniadol am yr hyn rydych chi'n ei ddarllen ac yn eich helpu i werthuso effeithiolrwydd dadleuon gwahanol, gan ddatblygu eich sylwadau, a'ch barn a'ch safbwyntiau eich hun. Bydd hyn yn eich helpu wrth ddod i gasgliadau y byddwch yn eu gwneud yn eich atebion i'r cwestiynau AA2 sy'n codi.

yma. Does dim anghenion yn cael eu bodloni, does dim ofn yn cael ei liniaru. Dydy'r syniad hwn ddim yn gweithio. Nodwedd arbennig y gwirionedd yw ei fod yn gweithio. Mae moeseg Islamaidd yn gwneud camsyniad llawer mwy wrth fynnu marwolaeth ddynol mewn amgylchiadau lle mae amheuon am euogrwydd neu ddiffyg euogrwydd, lle nad oes neb yn holi'r rhai mewn profedigaeth ynghylch eu dymuniadau nhw, a phan fydd y gosb yn cael ei rhoi'n ddethol, yn seiliedig ar y ffantasi peryglus bod mwy o werth i rai bywydau na bywydau eraill. **(Rabia Terri Harris)**

Menywod yn protestio yn Iran yn erbyn carcharu lle mae cam-drin yn digwydd.

Mae Rabia Terri Harris yn dadlau nad yw defnyddio'r gosb eithaf heddiw yn gywir. Mae hi'n dadlau nad yw marwolaeth yn dod â chyfiawnder, ac nad yw'n gweithio'n ymarferol. Mae llawer o achosion, yn enwedig yn UDA, lle mae rheithgor o bobl wyn yn unig wedi euogfarnu troseddwyr du, a'u dedfrydu i farwolaeth.

Mewn rhai achosion roedd ysgolheigion Mwslimaidd yn yr oesoedd canol yn gallu dod o hyd i lawer o resymau pam na ddylai cosbau gael eu defnyddio: cymaint fel ei bod hi'n bron yn amhosibl cosbi. Hyd yn oed heb yr esgusodion hyn, mae'n annhebygol canfod cosbau am odineb lle mae angen i bedwar tyst gwrywaidd, dibynadwy sy'n oedolion weld y weithred. Felly, mae hi bron yn amhosibl i gyfraith shari'a gael ei defnyddio mewn gwirionedd.

Roedd diwygwyr Islamaidd fel Maududi, yr ysgolhaig o Dde Asia, yn annog defnyddio cosb shari'a, a hynny'n rhan o god moesol yr oedd pobl a oedd yn troi'n gynyddol at Islam fel eu hunaniaeth yn dyheu amdano. Mae cosbau shari'a llym yn atal pobl rhag torri gorchmynion Islam. Mae eraill, gan gynnwys aelodau'r grŵp Jamiat Islami, yn dadlau ei bod hi'n hanfodol creu cymdeithas gyfiawn sy'n seiliedig ar ymwybyddiaeth o Dduw cyn y bydd hi'n bosibl defnyddio unrhyw gosb. Yn gyntaf, rhaid i'r bobl gredu yn Nuw a chymryd y cyfarwyddiadau moesol i'w calonnau cyn y gallan nhw eu defnyddio yn eu bywydau. Os nad yw hyn yn bodoli, mae rhoi cosbau Islamaidd ychydig fel rhoi'r cart o flaen y ceffyl.

Mae grwpiau hawliau dynol wedi dweud bod yr hawliau hyn yn cael eu cam-drin oherwydd y ffordd y mae rhai'n dehongli cosbau Islamaidd. Mae sôn am grwpiau o ddynion yn Pakistan yn honni bod menyw wedi godinebu ac yn rhoi tystiolaeth ar lw er mwyn iddi ei chael yn euog yn ôl shari'a. Petai'r dynion hyn yn cymryd gwir neges Islam i'w calonnau, yna efallai y bydden nhw'n meddwl ddwywaith cyn dweud celwydd.

Mae'r wladwriaeth seciwlar a rôl newidiol crefydd yn y byd modern yn golygu bod llawer o Fwslimiaid yn credu mai'r awdurdodau seciwlar sy'n gofalu am drosedd a chosb, ac mai Duw sy'n gofalu am gosb Islamaidd mewn bywyd ar ôl marwolaeth. I Fwslimiaid seciwlar, mae hyn yn golygu ei bod hi'n bosibl hyrwyddo hawliau dynol, herio camdriniaeth, a rhoi cosbau ymarferol er lles pawb yn y gymdeithas. Efallai ei bod hi'n well rhoi gofal a chwnsela yn hytrach na chosb am odineb a charwriaethau, a fyddai cyfunrywioldeb ddim yn cael ei ddiffinio fel rhywbeth anghywir o gwbl. Serch hynny, mae rhai'n credu bod Mwslimiaid yn y gorffennol yn fwy trugarog nag rydyn ni'n meddwl weithiau, ac mai'n anaml roedden nhw'n cosbi am y materion hyn.

Cwestiynau allweddol

Beth yw'r prif gosbau Islamaidd ac ym mha achosion roedden nhw'n cael eu defnyddio'n wreiddiol?

Pa eithriadau allai gael eu rhoi efallai lle mae prawf ar goll neu efallai lle mae amgylchiadau'n golygu na fyddai cosb yn cael ei rhoi?

Sut mae hawliau dynol modern a gwladwriaethau seciwlar yn effeithio ar gysyniad cosbi mewn Islam?

Gweithgaredd AA2

Rhestrwch rai casgliadau y byddai'n bosibl dod iddynt ar sail y rhesymeg AA2 yn y testun uchod; ceisiwch gyflwyno o leiaf dri chasgliad gwahanol posibl. Ystyriwch bob un o'r casgliadau a chasglwch dystiolaeth gryno i gefnogi pob casgliad o'r deunydd AA1 ac AA2 ar gyfer y testun hwn. Dewiswch y casgliad sy'n argyhoeddi fwyaf yn eich barn chi ac esboniwch pam mae hyn yn wir. Ceisiwch gyferbynnu hyn â'r casgliad gwannaf ar y rhestr, gan gyfiawnhau eich dadl gyda rhesymu clir a thystiolaeth.

Awgrym astudio

Ar gyfer AA2 mae'n bwysig eich bod chi'n cynnwys safbwyntiau ysgolheigion a/neu ysgolion o feddwl wrth lunio eich ymateb i ddadl neilltuol, yn ogystal â safbwyntiau ysgolheigion mwy cyfredol. Fodd bynnag, gwnewch yn siŵr fod y safbwyntiau rydych chi'n eu defnyddio yn berthnasol i'r pwynt rydych chi'n ei wneud. Byddai gallu defnyddio safbwyntiau fel hyn yn briodol mewn ateb arholiad yn gwahaniaethu rhwng ateb lefel uchel ac un sydd ddim ond yn ateb cyffredinol.

Datblygu sgiliau AA2

Nawr mae'n bwysig ystyried y wybodaeth sydd wedi'i chyflwyno yn yr adran hon; fodd bynnag, mae'r wybodaeth fel y mae yn llawer rhy helaeth ac felly mae'n rhaid ei phrosesu er mwyn bodloni gofynion yr arholiad. Gallwch wneud hyn drwy ymarfer y sgiliau uwch sy'n gysylltiedig ag AA2. Ar gyfer Amcan Asesu 2 (AA2), sy'n cynnwys dangos sgiliau 'dadansoddi beirniadol' a 'gwerthuso', rydyn ni am ganolbwyntio ar ffyrdd gwahanol o ddangos y sgiliau yn effeithiol, gan gyfeirio hefyd at sut bydd eich perfformiad ym mhob un o'r sgiliau hyn yn cael ei fesur (gweler disgrifyddion band cyffredinol AA2 ar gyfer U2).

▶ **Dyma eich tasg newydd**: Mae'n amhosibl ymdrin â'r holl draethodau yn yr amser sy'n cael ei ganiatáu gan y cwrs; fodd bynnag, mae datblygu cynlluniau manwl y gallwch eu defnyddio o dan amodau wedi'u hamseru yn ymarfer da. Fel ymarferiad olaf:

1. Lluniwch rai cynlluniau delfrydol gan ddefnyddio'r hyn rydyn ni eisoes wedi ei wneud yn adrannau Datblygu sgiliau Thema 4.

2. Y tro hwn, ar ôl i chi lunio eich cynllun ewch ati i gyfnewid cynlluniau gyda phartner astudio.

3. Gwiriwch gynlluniau eich gilydd yn ofalus. Trafodwch unrhyw bethau na chafodd eu cynnwys neu ychwanegiadau y gellid eu cynnwys, heb anghofio herio unrhyw ddeunyddiau amherthnasol.

4. Cofiwch, mae dysgu ar y cyd yn bwysig iawn wrth adolygu. Nid yn unig mae'n helpu i atgyfnerthu dealltwriaeth o'r gwaith a gwerthfawrogiad o'r sgiliau sy'n gysylltiedig, mae hefyd yn rhoi cymhelliant ac yn ffordd o feithrin hyder yn eich dysgu. Er bod ymgeiswyr yn sefyll yr arholiad ar eu pennau eu hunain, mae adolygu mewn pâr neu grŵp bach yn werthfawr iawn.

Ar ôl i chi orffen y dasg, cyfeiriwch at y disgrifyddion band ar gyfer U2 ac edrychwch yn benodol ar y gofynion sydd wedi'u disgrifio yn y disgrifyddion band uwch y dylech chi fod yn anelu atyn nhw. Gofynnwch i chi'ch hun:

- A yw fy ateb yn ddadansoddiad beirniadol hyderus a gwerthusiad craff o'r mater?
- A yw fy ateb yn nodi'r materion a godwyd gan y cwestiwn yn llwyddiannus ac yn mynd i'r afael â nhw'n drylwyr?
- A yw fy ngwaith yn dangos cydlyniad, eglurder a threfn o safon ragorol?
- A fydd fy ngwaith, ar ôl ei ddatblygu, yn cynnwys safbwyntiau trylwyr, cyson a chlir wedi'u cefnogi gan resymeg a/neu dystiolaeth helaeth, fanwl?
- A yw safbwyntiau ysgolheigion/ysgolion o feddwl yn cael eu defnyddio'n helaeth a phriodol, ac yn eu cyd-destun?
- A yw fy ateb yn cyfleu dadansoddiad hyderus a chraff o natur unrhyw gysylltiadau posibl ag elfennau eraill o'm cwrs?
- A yw'r defnydd o iaith a geirfa arbenigol yn drylwyr a chywir, pan geir enghreifftiau o hynny?

Sgiliau allweddol

Mae dadansoddi'n ymwneud â:

Nodi materion sy'n cael eu codi gan y deunyddiau yn adran AA1, ynghyd â'r rhai a nodwyd yn adran AA2, ac mae'n cyflwyno safbwyntiau cyson a chlir, naill ai gan ysgolheigion neu safbwyntiau personol, yn barod i'w gwerthuso.

Mae hyn yn golygu:

- Bod eich atebion yn gallu nodi meysydd trafod allweddol mewn perthynas â mater penodol
- Eich bod yn gallu nodi'r gwahanol ddadleuon a gyflwynir gan eraill, a rhoi sylwadau arnyn nhw
- Bod eich ateb yn rhoi sylwadau ar effeithiolrwydd cyffredinol pob un o'r meysydd neu ddadleuon hyn.

Mae gwerthuso'n ymwneud ag:

Ystyried goblygiadau amrywiol y materion sy'n cael eu codi, yn seiliedig ar y dystiolaeth a gafwyd wrth ddadansoddi ac mae'n rhoi dadl fanwl eang gyda chasgliad clir.

Mae hyn yn golygu

- Bod eich ateb yn pwyso a mesur canlyniadau derbyn neu wrthod y dadleuon amrywiol a gwahanol a gafodd eu dadansoddi
- Bod eich ateb yn dod i gasgliad drwy broses rhesymu clir.

Cwestiynau ac atebion

Thema 1 ABC

Ateb AA1: *Ateb sy'n edrych ar bwysigrwydd yr hadith.*

Ateb gwannach

Gweithredoedd y Proffwyd Muhammad yw'r hadith. Roedd e'n byw o 570 i 632 yn Arabia yn ninas Makkah ac yna yn Madinah. Dylen ni ddeall ei weithredoedd yng nghyd-destun y gymdeithas lwythol ar y pryd. Mae ei weithredoedd yn llunio'r hadith. **1**

Teithiodd Bukhari o gwmpas y Dwyrain Canol i lawer o wledydd, gan ofyn i bobl beth roedden nhw'n ei wybod am ddywediadau'r Proffwyd. Roedd ganddo gof gwych a dysgodd y cyfan ar ei gof. Ar un achlysur gofynnodd pobl gwestiynau iddo a cheisio ei faglu. Ond roedd yn cofio'n union pwy ddywedodd beth wrth bwy am ddywediadau Muhammad. Bukhari oedd y casglwr hadith mwyaf pwysig. **2**

Mae Mwslimiaid yn defnyddio'r hadith wrth weddïo bob dydd. Mae'r geiriau Arabeg yn eu helpu i deimlo eu bod mewn cysylltiad â'r Proffwyd, a sylfaenodd eu crefydd, Islam. Maen nhw eisiau dilyn pob un o'i enghreifftiau oherwydd ei fod yn fodel perffaith o berson. **3**

Mae Mwslimiaid Shi'a yn meddwl bod yr hadith yn fwy pwysig oherwydd mai Ali a'u traddododd nhw. Maen nhw'n meddwl mai fe ddylai fod wedi bod yn Galiff cyntaf. **4**

Ar ôl dweud bod yr hadith yn bwysig, safbwynt arall yw nad ydyn nhw'n bwysig oherwydd mai'r Qur'an yn unig yw gair Duw. Rwy'n meddwl bod yr hadith yn bwysig ond yn llai pwysig na'r Qur'an. **5**

Sylwadau

1. Mae'r cyflwyniad wedi cymysgu rhwng yr hadith a sunna. Sunna oedd gweithredoedd Muhammad, sydd wedi'u cofnodi gan fwyaf yn ei ddywediadau, yr hadith. Mae angen esbonio'r gwahaniaeth.
2. Dydy'r paragraff hwn ddim yn benodol, a dydy e ddim yn ateb uniongyrchol i'r cwestiwn, sydd am bwysigrwydd yr hadith. Byddai'n bosibl gwneud iddo fod yn berthnasol drwy esbonio bod Bukhari mor gywir fel bod Mwslimiaid yn ystyried bod ei hadith yn ffynhonnell bwysig a dibynadwy.
3. Mae'r paragraff hwn yn neidio'n sydyn i enghraifft Muhammad. Er bod hyn yn bwysig, dydy e ddim yn dilyn yn rhesymegol o'r paragraff blaenorol. Mae'n bosibl meddwl am y geiriau o'r hadith mewn bywyd bob dydd, ond y Qur'an sy'n cael ei ddefnyddio wrth weddïo.
4. Mae'r paragraff hwn yn anghywir. Mae Mwslimiaid Shi'a yn dweud bod yr hadith yr un mor bwysig. Mae ganddyn nhw eu casgliadau eu hunain, sy'n debyg, ond wedi'u traddodi gan aelodau o deulu'r Proffwyd yn unig.
5. Mae'r paragraff hwn yn cynnwys peth gwybodaeth bwysig ond mae angen ymhelaethu arno a'i esbonio. Mae Quraniaid yn gwrthod yr hadith; mae Mwslimiaid traddodiadol yn gweld mai'r hadith yw'r ail ffynhonnell gwybodaeth ar ôl y Qur'an, ond mae'n dal i fod yn bwysig.

Crynodeb

Mae hwn yn ateb gwan sydd â lefel sylfaenol o ran dealltwriaeth a heb esboniadau nac enghreifftiau sylweddol. Mae rhai pwyntiau pwysig sydd heb eu hesbonio'n iawn, felly mae eu gwerth yn cael ei golli. Hefyd mae rhai gwallau. Mae angen gwella'r ateb drwy fod yn llawer mwy eglur am y pwyntiau sy'n cael eu gwneud a thrwy esbonio eu harwyddocâd o ran canolbwynt y cwestiwn, sef pwysigrwydd yr hadith.

Ateb AA2: *Ateb sy'n gwerthuso lle Ijtihad yn y byd modern.*

Ateb cryf

Mae'r byd modern yn cyflwyno cyfres o broblemau moesegol newydd i Fwslimiaid nad yw'r Qur'an na'r hadith yn eu hateb yn uniongyrchol, a phroblemau eraill lle nad yw'r atebion fel petaen nhw'n cyd-fynd â ffyrdd o fyw modern. Mae diwygwyr yn dadlau bod lle i Ijtihad, ailddehongli, er mwyn dod o hyd i atebion newydd. Mae llawer o Fwslimiaid traddodiadol yn dadlau i'r gatiau gau yn yr Oesoedd Canol. Mae Islamyddion yn derbyn Ijtihad ond o safbwynt gwahanol. **1**

Mae Mwslimiaid diwygiadol yn cydnabod bod rhai dysgeidiaethau Islamaidd draddodiadol fel petaen nhw'n trin menywod yn anghyfartal â dynion ac yn condemnio ffyrdd o fyw amgen, fel cyfunrywioldeb. Maen nhw'n dadlau bod egwyddor fwy hawliau dynol, egwyddor a hyrwyddodd y Proffwyd Muhammad pan oedd yn fyw, yn cyfiawnhau defnyddio Ijtihad i ailddehongli dysgeidiaeth Islam ar gyfer heddiw. Mae diwygwyr yn gweld bod lle pwysig i foderneiddio dysgeidiaeth Islamaidd i roi sylw i gamddefnydd sydd wedi digwydd ac i greu dehongliad o Islam sy'n cyd-fynd â byw mewn byd seciwlar, lluosog. **2**

Mae llawer o Fwslimiaid Sunni traddodiadol yn dadlau i gatiau Ijtihad gau yn yr Oesoedd Canol. Atebodd ysgolheigion Fiqh, ysgolion y gyfraith, bob un o'r prif gwestiynau. Wrth i amser fynd rhagddo, allai Mwslimiaid ddim bod mor ymwybodol ag roedden nhw o'r atebion y byddai'r Proffwyd yn debygol o fod wedi'u rhoi. Felly, ddylai unrhyw ddehongliadau ddim bod yn newydd ond dylen nhw efelychu'r rhai a roddodd yr ysgolheigion cynnar. [3]

Mae ymagwedd wahanol gan Fwslimiaid Shi'a. Maen nhw'n credu bod gan eu Himamiaid y pŵer i ddehongli'r ysgrythur. Dalion nhw ati i wneud Ijtihad drwy'r oesoedd, gan ddefnyddio mwy o resymu, ond gan ddilyn y traddodiad o hyd. [4]

Mae Mwslimiaid sy'n dilyn mudiadau modern sydd eisiau codi safle Islam yn y gymdeithas, yn gweld bod Ijtihad yn bwysig ond mewn ffordd wahanol i'r diwygwyr. Mae Mwslimiaid Salafi yn gwrthod y syniad mai ysgolheigion drwy'r oesau sy'n cael dehongli. Maen nhw'n dweud y dylai Mwslimiaid eu hunain edrych ar ddysgeidiaeth y Proffwyd a'r Sahaba, ei gymdeithion, er mwyn gwneud dehongliadau newydd ar gyfer heddiw. Ar yr un pryd, maen nhw'n gwrthod arloesi ym maes crefydd ac maen nhw eisiau cadw'n gaeth at arddull wreiddiol yr addoli, ac yn gwrthod derbyn safbwyntiau modern sy'n rhyddfrydol yn gymdeithasol. [5]

Mae trafodaeth yn y byd Mwslimaidd am amrywiaeth o faterion yn dangos bod ar Fwslimiaid angen arweiniad nad yw dysgeidiaeth draddodiadol yn ei rhoi, yn eu barn nhw. Rwy'n credu, oherwydd bod y byd wedi newid cymaint, y dylai Mwslimiaid wneud dehongliadau newydd, ond mai eu bwriad yw gwneud y peth cywir er mwyn Allah. [6]

Sylwadau

1. Cyflwyniad eglur sy'n diffinio'r ffordd y bydd y traethawd yn mynd rhagddo yn y paragraffau dilynol ac sy'n nodi cwmpas yr ateb.
2. Mae'n nodi achos y diwygwyr gan roi rhesymau pam maen nhw'n cefnogi Ijtihad, o safbwynt rhyddfrydol modern.
3. Mae'n gwrthod Ijtihad modern o safbwynt traddodiadol, gan gyfiawnhau hyn o'r safbwynt mai'r ysgolheigion cynnar a oedd yn gwybod orau.
4. Mae'n disgrifio'r safbwynt Shi'a, gan gyfiawnhau'r defnydd o Ijtihad drwy'r gred ym mhŵer eu Himamiaid.
5. Mae'n disgrifio safbwynt amgen yn eglur ac yn esbonio pam mae hwn yn wahanol i Ijtihad gan ddiwygwyr.
6. Mae'r casgliad yn mynd â'r traethawd yn ôl i'r cyflwyniad drwy gyfeirio at faterion modern sy'n gofyn am ymateb, yna mae'n ychwanegu safbwynt personol sy'n codi pwysigrwydd bwriad personol.

Crynodeb

Ateb cryf â strwythur clir, mae'r traethawd hwn yn cyfeirio at safbwyntiau gwahanol ac yn cloi ag ymateb personol. Byddai'n bosibl ei wella drwy gynnwys dyfyniadau neu enghreifftiau, fel cyfeiriad at Al-Ghazali a chau clwydi Ijtihad, neu ddyfyniadau gan ysgolheigion diwygiedig neu Salafi i gyfiawnhau pam gallen nhw ddefnyddio Ijtihad yn eu ffyrdd gwahanol.

Thema 2 AB a 3 A

Ateb AA1: *Ateb sy'n edrych ar gredoau Islamaidd am greu'r bydysawd.*

Ateb gwannach

Gwnaeth Allah y byd a phopeth ynddo mewn saith diwrnod. Gwnaeth y bydoedd, y moroedd, y creaduriaid ac yna Adda ac Efa, y bobl gyntaf. [1]

Gwnaeth Duw y bydysawd allan o ddim byd. Mae'r Qur'an yn dweud iddo ymledu a dod at ei gilydd. Mae hyn yn profi bod y Qur'an yn wyrth oherwydd ei fod yn cadarnhau manylion damcaniaeth y Glec Fawr 1400 blynedd yn ôl. Mae Duw yn gwybod popeth ac mae'r Qur'an oddi wrth Dduw, felly dyna pam roedd E'n gwybod y ddamcaniaeth hon yn barod. [2]

Duw yw'r gwahaniaeth rhwng crefydd a Gwyddoniaeth. Dydy gwyddonwyr ddim yn credu yn Nuw. Maen nhw'n credu mai drwy hap yn unig y digwyddodd y byd. Mae Mwslimiaid yn credu yn Allah. Does dim byd yn digwydd heb iddo Ef ddweud hynny. Ef oedd yr un a gynlluniodd bopeth a rheoli creu'r bydysawd. [3]

Pan orffennodd Allah wneud y bydysawd aeth ati i greu'r anifeiliaid, y planhigion a'r bobl. Mae'r harddwch yn y byd yn profi mai Allah a greodd y byd oherwydd fyddai neb arall wedi gallu gwneud pethau mor rhyfeddol. [4]

Gan mai Allah a wnaeth y byd, mae Ef hefyd yn gallu ei gymryd i ffwrdd. Mae Allah y tu allan i'r bydysawd ac yn bodoli cyn ac ar ôl y bydysawd. Bydd yn mynd ag e ymaith ryw ddiwrnod pan fydd y bydysawd yn diflannu i dwll enfawr du. Dyna fydd ein tynged ar ddiwedd amser. [5]

I gloi, rwy'n cytuno mai Duw wnaeth y byd a phopeth ynddo, oherwydd allwch chi ddim creu bydysawd o ddim byd, mae angen Duw arnoch chi i ddechrau'r cyfan. [6]

Sylwadau

1. Creu'r bydysawd yw pwnc y cwestiwn hwn, nid manylion creu'r bobl yn y byd, felly mae'r cyflwyniad byr yma'n rhannol berthnasol yn unig.
2. Mae rhai Mwslimiaid, fel Harun Yahya, yn cytuno â'r safbwynt hwn, ond dydy pawb ddim yn cytuno o bell ffordd. Gallai rhai anghytuno a dweud nad yw'r Qur'an yn cyfeirio at hyn, neu efallai byddai'n bosibl ei ddefnyddio i gefnogi damcaniaeth arall, damcaniaeth y Bydysawd sy'n Ehangu/Osgiliadu. Mae angen gwneud hyn yn fwy eglur.
3. Mae hyn wedi'i ddweud yn syml, gyda pheth gwybodaeth dda er nad yw pob gwyddonydd yn atheist. Byddai'n bosibl gwella'r paragraff hwn gyda mwy o fanylion ynghylch pam mae'n rhaid bod achos cyntaf, y mae Mwslimiaid yn ei weld fel Duw, a pham gallai rhai anghytuno.

4 Mae rhai Mwslimiaid yn dweud bod Allah yn parhau i greu'r bydysawd. Byddai'n bosibl dyfynnu rhai, fel Al-Biruni, yma i gefnogi'r paragraff hwn.

5 Mae rhai pwyntiau da yma y byddai hi'n well petaen nhw wedi cael eu cynnwys yn y paragraffau cynharach. Fodd bynnag, mae syniad y twll du yn dod o wyddoniaeth, nid Islam.

6 Casgliad syml yw hwn sy'n cefnogi damcaniaeth yr achos cyntaf. Byddai'n well petai wedi cael ei gyflwyno'n gynharach a'i gefnogi â thystiolaeth, er enghraifft drwy gyfeirio at Avicenna.

Crynodeb

Er ei fod yn cyfeirio at lawer o bwyntiau perthnasol, fel yr achos cyntaf, rôl Allah ac ati, mae'r traethawd hwn yn ddryslyd mewn mannau, does dim manylion a chyfeiriadau i'w gefnogi, a dydy e ddim yn llunio dadl yn eglur. Mae angen didoli ac aildrefnu'r pwyntiau. Dylai'r ymgeisydd gynnig esboniad mwy manwl a chywir o ddamcaniaethau Islamaidd a gwyddonol, sy'n mynd ati'n eglur i ddidoli'r Glec Fawr, tyllau du a safbwyntiau gwyddonwyr ac atheistiaid.

Ateb AA2: *Ateb sy'n gwerthuso a yw Islam yn gydnaws â phlwraliaeth.*

Ateb cryf

Ystyr plwraliaeth yw derbyn bod ffyrdd gwahanol sydd yr un mor ddilys â'i gilydd. Rydyn ni'n byw mewn cymdeithasau plwralistig lle mae pobl o grefyddau gwahanol a phobl heb grefydd yn gweithio ac yn cymdeithasu gyda'i gilydd. Mae unigolion yn dewis ffyrdd o fyw a phartneriaid gwahanol. Mewn crefydd, mae plwralyddion yn credu bod pobl yn gallu dewis eu credoau a bod llawer o ffyrdd gwahanol sy'n arwain at Dduw ac i'r nefoedd. 1

Roedd Cyfansoddiad Madinah yn sicrhau hawliau i leiafrifoedd ac yn rhoi rhyddid crefydd i eraill fel Cristnogion ac Iddewon. Roedden nhw hefyd yn cael eu cydnabod fel credinwyr dilys. Weithiau ymladdodd Muhammad â rhai o grefyddau gwahanol, ond gallai hyn fod wedi bod oherwydd gwleidyddiaeth lwythol yn hytrach na ffydd. Ar y llaw arall, roedd Islam bob amser yn cael ei gweld fel y grefydd ddelfrydol, y datguddiad olaf, a doedd pobl ddim yn rhydd yn y ffordd maen nhw heddiw i ddewis eu crefydd. 2

Roedd arweinwyr Mwslimaidd cynnar fel Califf Umar yn talu budd-daliadau i Gristnogion tlawd ac yn mynnu bod eu mannau addoli'n cael eu cadw'n ddiogel pan orchfygodd Mwslimiaid Jerwsalem. Roedd adegau mewn hanes pan ymledodd byddinoedd Mwslimaidd ar draws y Dwyrain Canol a chafodd eraill eu trin yn llai ffafriol a'u gorfodi i gael tröedigaeth, hyd yn oed. Ar adegau eraill, er enghraifft yn Sbaen Islamaidd, roedd Mwslimiaid yn cyd-fyw â Christnogion ac Iddewon, ac roedd eu diwylliant fel arfer yn cael ei barchu ac roedd yn ffynnu. 3

Mae rhai Mwslimiaid yn trin eraill o'u cwmpas yn barchus, yn ôl yr ymddygiad y mae'r Qur'an a'r hadith yn ei argymell, yn eu barn nhw. Maen nhw'n hapus i fyw gyda'i gilydd ac i rannu digwyddiadau cymunedol. Ond dydyn nhw ddim yn derbyn bod gan eraill le yn y nefoedd. Maen nhw'n dehongli mai ystyr dysgeidiaethau Islamaidd yw bod rhaid i bobl gael tröedigaeth i Islam i gyrraedd y nefoedd yn y dyfodol, gan eu bod nhw'n credu y byddan nhw'n ateb cwestiynau ynghylch pwy maen nhw'n credu ynddo ar Ddydd y Farn. Mae'r Mwslimiaid hyn yn ystyried mai eu dyletswydd yw pregethu dawah i eraill, i'w hannog nhw i ddilyn Islam. 4

Mae Mwslimiaid diwygiadol modern yn aml yn dathlu plwraliaeth a manteision byw mewn cymdeithasau seciwlar, fel bod Mwslimiaid yn gallu dysgu gan y bobl wahanol o'u cwmpas nhw. Pan oedd Islam yn ei hanterth, roedd hi'n agored i wybodaeth a oedd wedi'i chyfieithu o ddiwylliannau eraill, felly dylai Mwslimiaid groesawu'r cyfleoedd sy'n dod gyda hyn. 5

Rwy'n credu bod Islam yn gydnaws â phlwraliaeth, ac y gall Mwslimiaid barchu eraill a dysgu oddi wrthyn nhw. Ond mewn llawer o ardaloedd o'r byd heddiw, mae'r ffordd y mae hawliau dynol lleiafrifoedd yn cael eu cam-drin yn dangos bod rhai Mwslimiaid yn anghytuno. Rwy'n credu bod hyn er gwaethaf dysgeidiaethau Islamaidd am ddangos parch y naill tuag at y llall, nid oherwydd y rhain. 6

Sylwadau

1 Cyflwyniad cryf sy'n diffinio plwraliaeth yn eglur o ran y gymdeithas ac o ran derbyn credoau pobl eraill.

2 Paragraff cytbwys sy'n cynnwys pwyntiau sy'n ddefnyddiol i gefnogi plwraliaeth a rhai yn erbyn o gyfnod Muhammad, sef y prif ganolbwynt yma.

3 Paragraff cytbwys arall; ei brif destun yw hanes cyffredinol Islam.

4 Mae'r paragraff hwn yn ymhelaethu ar y diffiniadau gwahanol o blwraliaeth sydd yn y cyflwyniad. Byddai dyfyniadau o'r Qur'an a'r hadith yn helpu yma. Ffordd arall o strwythuro'r traethawd fyddai rhannu'r paragraff hwn yn ddau er mwyn rhoi sylw mwy manwl i'r ystyron gwahanol .

5 Ongl wahanol; byddai'n bosibl ymhelaethu ar hyn drwy gyfeirio at ffyrdd o fyw. Efallai byddai diwygwyr yn derbyn bod perthnasoedd cyfunrywiol yr un mor ddilys, er enghraifft.

6 Rhoddir safbwynt personol clir i gefnogi'r cwestiwn ar y diwedd.

Crynodeb

Ateb cryf, sy'n rhoi safbwynt eang, yn bennaf o hanes a thraddodiadau Islam. Mae gwahanol ffyrdd posibl o drefnu'r traethawd hwn: byddai'n bosibl cymryd safbwyntiau gwahanol fel canolbwynt pob paragraff, ac adeiladu dadl fel hynny. Serch hynny, mae hon yn ffordd dda hefyd ac mae'n gweithio ar y cyfan. Gallai'r traethawd edrych yn fanylach ar wahaniaethau safbwyntiau ar blwraliaeth o ran a yw'r rhai nad ydyn nhw'n Fwslimiaid yn gallu cyrraedd y nefoedd, drwy gyfeirio at gredoau gwahanol. Un safbwynt yw nad yw'r rhai sydd heb glywed y neges neu heb ei gwrthod yn gallu gwneud hynny. Safbwynt arall yw mai'r rhai sy'n ei derbyn yn benodol yn unig sy'n cael mynd i mewn i baradwys mewn bywyd ar ôl marwolaeth.

Thema 3 BC a 2 C

Ateb AA1: *Ateb sy'n esbonio cysyniad Islamoffobia.*

Ateb gwannach

Mae llawer o ragfarn yn erbyn Islam y dyddiau hyn. Mae hi'n gallu bod yn fwy anodd i Fwslimiaid gael swydd na phobl eraill. Math o Islamoffobia yw hyn. Mae'r ateb hwn yn gofyn beth yw Islamoffobia ac rwy'n mynd i esbonio hyn yn yr ychydig baragraffau nesaf. [1]

Gwefan a llinell ffôn yw Tell Mama a sefydlwyd i Fwslimiaid roi gwybod am ddigwyddiadau lle bu ymosod a rhagfarn. Mae cynnydd mewn hiliaeth wedi bod yn ddiweddar, sydd wedi arwain at fwy o ymosodiadau. Dyma un math o Islamoffobia. [2]

Mae rhai pobl yn y papurau newydd yn beirniadu Islam. Dydyn nhw ddim yn hoffi'r hyn mae Islam yn ei ddysgu ac maen nhw'n anghytuno â'r Proffwyd. Gwnaeth cylchgrawn yn Ffrainc ddelweddau cartŵn a ypsetiodd lawer o Fwslimiaid, ac a oedd yn annheg. [3]

Ysgrifennodd Ymddiriedolaeth Runnymede adroddiad am Islamoffobia. Dywedon nhw mai pobl sy'n meddwl bod Mwslimiaid i gyd yr un fath sy'n gwneud hyn. Dydyn nhw ddim yn gweld pobl fel unigolion. Dywedon nhw y dylai Mwslimiaid gael eu trin yn gyfartal, yn union fel unrhyw grŵp arall. [4]

Mae terfysgwyr yn rhoi delwedd wael i Fwslimiaid ac rwy'n gallu deall pam mae eraill yn ofni Mwslimiaid o ganlyniad. Fodd bynnag, does dim angen talu'r pwyth yn ôl i Fwslimiaid. [5]

Mae'r llywodraeth a Chyngor Mwslimaidd Prydain yn gweithio i fynd i'r afael ag Islamoffobia. Felly, gobeithio, yn y dyfodol, bydd yn diflannu a bydd Mwslimiaid yn cael gwisgo hijab a gweddïo'n agored heb ofni ymosodiad. [6]

Sylwadau

1. Dyma ddiffiniad syml o Islamoffobia. Does dim angen brawddeg olaf y cyflwyniad a dydy hi ddim yn ychwanegu dim at yr ateb.
2. Mae hiliaeth ac Islamoffobia yn wahanol: nid hil yw Mwslimiaid. Mae angen cywiro'r paragraff hwn.
3. Mae beirniadu Islam yn iawn, y pwynt yw bod llawer o bobl yn y cyfryngau'n anghytbwys wrth feirniadu. Mae'r pwynt am y cartwnau o'r Proffwyd yn gymhleth. Byddai rhai'n dadlau bod hyn yn fater o ryddid barn a dychan. Byddai eraill yn dadlau bod y cartwnau wedi brifo teimladau Mwslimiaid ac felly nad Islamoffobia oedd hyn o angenrheidrwydd, oherwydd bod y cylchgrawn yn beirniadu eraill lawn cymaint o leiaf.
4. Mae hwn yn baragraff da ond gallai'r ymgeisydd ei fynegi'n well, ychwanegu ato a'i gynnwys ar ddechrau'r traethawd gan ei fod yn cwmpasu'r pwnc yn well.
5. Gallai'r ymgeisydd ymhelaethu ar y paragraff byr hwn gan ei fod ar y trywydd cywir.
6. Yma, byddai'n bosibl ymhelaethu ar agweddau sy'n ymwneud â gwisg a gweddïo a'r *MCB*.

Crynodeb

Mae llawer o bwyntiau yn y traethawd hwn sy'n anghywir oherwydd dydy'r ymgeisydd ddim wedi bod yn eglur ac yn fanwl. Mae'n bwysig bod yn eglur am dermau ac esbonio'n fanwl beth yw'r ystyr. Mae'r ymgeisydd yn cyfeirio at lawer o bwyntiau heb eu hesbonio'n gywir, a gallai trefn y traethawd fod yn fwy synhwyrol.

Ateb AA2: *Ateb sy'n gwerthuso cyfraniad ffeministiaeth i Islam.*

Ateb cryf

Mae ffeministiaeth yn ymwneud â hyrwyddo hawliau menywod fel rhai sy'n gyfartal â hawliau dynion. Ar yr olwg gyntaf, efallai fod Islam yn ymddangos fel crefydd lle mae dynion yn flaenllaw, o dan arweiniad Imamiaid gwrywaidd ac wedi'i sylfaenu gan Broffwyd gwrywaidd. Mae menywod yn gwisgo gorchudd ac yn ymddangos yn anghyfartal â dynion. Sut gall ffeministiaeth fod wedi gwneud unrhyw gyfraniad? [1]

Yn nyddiau'r Proffwyd, roedd menywod yn cael eu trin yn wael ac weithiau roedd babanod a oedd yn ferched yn cael eu lladd. Safodd y Proffwyd yn erbyn anghyfiawnderau fel hyn a dweud wrth Fwslimiaid am drin menywod yn dda. Rhoddodd hawliau etifeddiad i fenywod a dweud y dylen nhw gael addysg. Priododd ag un fenyw, Khadijah, a oedd hefyd yn bennaeth arno yn ei fusnes ac yn hŷn nag ef. Mae hyn yn awgrymu bod Muhammad yn hyrwyddo ffeministiaeth. [2]

Sefydlodd menywod ysgolion a phrifysgolion yn yr Oesoedd Canol mor aml â dynion. Mae traddodiad hyd yn oed i Muhammad benodi Umm Waraq fel Imam benywaidd. Rabia o Basra oedd un o'r Mwslimiaid Sufi mwyaf adnabyddus. [3]

Yn y cyfnod modern, mae menywod wedi bod yn bennaeth y wladwriaeth mewn gwledydd Mwslimaidd gan gynnwys Pakistan, Bangladesh ac Indonesia. Mae mwy o fenywod na dynion yn cael graddau ôl-raddedig yn Iran. Mae ffeministiaid Mwslimaidd fel Haleh Afshar yn dadlau bod Islam yn hyrwyddo hawliau menywod. [4]

Fodd bynnag, roedd Muhammad yn gwerthfawrogi menywod, ond nid fel rhai cyfartal â dynion. Roedd eu rolau'n wahanol, ac er y gallai menywod ddilyn gyrfaoedd, roedd ganddyn nhw ddyletswyddau yn y cartref hefyd. Yn ystod yr Oesoedd Canol, doedd menywod ddim yn cael eu hyrwyddo'n aml mewn cymdeithas Islamaidd lle roedd dynion yn flaenllaw. 5

Mae llawer o ffeministiaid Mwslimaidd heddiw yn dweud bod angen diwygio Islam. Mae ffeministiaeth yn rym herfeiddiol sy'n cyfrannu cwestiynau a thrafodaeth i Islam fel y gall Mwslimiaid ystyried yr hyn yw prif egwyddorion eu ffydd. 6

Weithiau mae Haleh Afshar, a ffeministiaid Mwslimaidd blaenllaw eraill, yn wahanol i eraill yn yr ystyr eu bod yn dal i bwysleisio ac i werthfawrogi eu rolau fel mamau ac arweinwyr yn y cartref, yn hytrach nag fel partneriaid hollol gyfartal â dynion. 7

Yn y byd heddiw, mae Mwslimiaid ffeministaidd yn galw ar Islam i newid ac i ddiwygio. Mae Aminah Wadud, Imam benywaidd o UDA, yn herio Mwslimiaid i ystyried ffeministiaeth. Rwy'n meddwl bod y rolau traddodiadol i ddynion a menywod yn Islam yn wahanol, ond dydy hyn ddim yn golygu bod gan fenywod statws is. 8

Sylwadau

1 Cyflwyniad herfeiddiol sy'n mynd i'r afael â'r stereoteip bod Islam yn rhoi lle blaenllaw i ddynion. Mae'n denu sylw'r darllenydd.

2 3 4 Adeiladu'r achos dros gyfraniad Islam i hawliau menywod o gyfnod y Proffwyd, drwy hanes Mwslimaidd i'r presennol, yn y drefn honno. Mae'n ffordd resymegol o adeiladu pwyntiau ar un ochr o'r ddadl.

5 6 7 Gwneud yr un peth o safbwynt cyfyngiadau cyfraniad Islam.

Mae trefnu'r traethawd fel hyn yn gwneud synnwyr. Ffordd wahanol o drefnu'r paragraffau fyddai eu gosod yn ôl trefn cryfder y ddadl.

8 Mae'r casgliad yn arwain at ymateb personol ar y diwedd y byddai'n bosibl ei ddatblygu.

Crynodeb

Traethawd cryf sy'n cwmpasu safbwyntiau gwahanol ar gwestiwn herfeiddiol. Mae sylw i amrywiaeth eang o bwyntiau gwahanol. Gallai'r ymgeisydd fod wedi ychwanegu dyfyniadau a chyfeiriadau, yn enwedig o'r Qur'an a'r hadith, rhai o blaid hawliau menywod a rhai nad ydyn nhw fel petaen nhw'n eu hyrwyddo nhw. Mae anghydraddoldeb mewn shari'a yn faes arall a allai gael sylw. Serch hynny, dydy hi ddim yn bosibl cyfeirio at bopeth o dan amodau wedi'u hamseru ac mae'r traethawd hwn yn ymdrech dda.

Thema 4 ABC

Ateb AA1: *Ateb sy'n edrych ar brif nodweddion a phwrpas defodau Sufi.*

Ateb cryf

Mae Mwslimiaid Sufi yn Fwslimiaid sy'n dilyn llwybr mewnol, ysbrydol at Dduw. Mae eu defodau'n cynnwys cymryd bayah, llw o deyrngarwch i athro Mushid; cymryd rhan mewn gwasanaethau dhikr sy'n ffyrdd o gofio Allah; myfyrdod i gael ymwybyddiaeth ysbrydol uwch; ac ymweld â beddrodau seintiau a chymdeithion y Proffwyd. 1

Mewn defod bayah mae Mureed, neu chwiliwr, yn adrodd gweddi ac yn dweud y bydd yn ufudd i Shaykh neu i arweinydd sy'n arwain urdd Sufi. Fel arfer mae'r arweinydd yn rhoi ei ddwylo ar ben neu ar law'r dilynwr, neu maen nhw'n cael eu cysylltu â lliain. Y pwrpas yw cyhoeddi ymrwymiad yn gyhoeddus. Mae hyn yn angenrheidiol oherwydd bod Mwslimiaid Sufi yn credu bod angen arweiniad arnyn nhw i ddeall dirgelion dyfnach eu ffydd. 2

Gwasanaethau dikhr ar nos Iau yw canolbwynt yr wythnos. Mae siantio Arabaidd, caneuon qasida a mynd i ddawnsio fel petaen nhw mewn breuddwyd yn ddefodau posibl. Eu pwrpas yw cryfhau'r profiad o Allah, sy'n digwydd pan fydd y Mwslim Sufi yn mynd i mewn i hal, ymwybyddiaeth ddyfnach lle mae'n dod yn ymwybodol o'r byd o'i gwmpas ac yn canolbwyntio'n llwyr ar Dduw er mwyn paratoi at y byd mwy pwysig mewn bywyd ar ôl marwolaeth. 3

Mae Mwslimiaid Sufi yn cael eu harwain gan eu Murshid yn eu breuddwydion a'u myfyrdodau fel y gallan nhw gael ymdeimlad o uniad â Duw. Mae'r defodau hyn yn amrywio yn ôl datblygiad y person. Bydd yr arweinydd yn dweud yr hyn sydd angen ei wneud, oherwydd mae pawb ar gamau gwahanol. Heb hyn gallai Mwslim Sufi fynd ar y trywydd anghywir. Mae rhai'n gwrthod y byd ac yn mynd i asgetigiaeth, o'r enw zuhud, lle maen nhw'n dilyn defodau caeth gweddïo, ymprydio a defosiynau unigol. 4

Mae Mwslimiaid Sufi yn perfformio Ziyarah, yn enwedig yn Ne Asia ac yn Iran, lle maen nhw'n ymweld â beddrodau seintiau. Maen nhw'n eu puro eu hunain yn gyntaf, yn adrodd gweddïau Arabaidd ac yn gwneud ceisiadau personol yn eu meddyliau ym mhresenoldeb daioni beddrod y Shaykh. Gan fod Allah yn byw yng nghalon y gwir grediniwr, mae rhai Mwslimiaid Sufi yn ystyried bod yr ymweliad yn cyfateb i ystyr ysbrydol mwy yr Hajj, sef pererindod i dŷ Duw yn Makkah. I'r rhai sy'n methu gwneud y daith, mae'r ymweliad â beddrod y sant yn bodloni'r piler hwn. 5

Pwrpas defodau Sufi yn y pen draw yw datblygu ymwybyddiaeth o Dduw a thrwy hynny, ffydd ddyfnach. Dydy Mwslimiaid Sufi ddim yn gweld bod y defodau'n ennill gwobrau ychwanegol er mwyn mynd i'r nefoedd, oherwydd nid dyna eu pwrpas, ond yn hytrach cael perthynas gariadus ddyfnach â Duw. Iddyn nhw, mae hyn yn fwy pwysig na dim. 6

Sylwadau

1. Cyflwyniad uniongyrchol sy'n diffinio termau'n gryno ac sy'n nodi strwythur yr ateb.
2. Mae seremoni ymrwymo bayah, lle rhesymegol i ddechrau, wedi ei hesbonio'n eglur.
3. Mae disgrifiad o'r brif ddefod Sufi ac mae esboniad o bwrpas hyn, yn hal. Does dim gormod o fanylion yn cymylu'r ateb: mae cydbwysedd rhwng faint o ddisgrifio a faint o esbonio sydd.
4. Mae'r paragraff yn dilyn yr un fformat, gan gyfeirio at fyfyrdod.
5. Mae sylw i safbwynt penodol Mwslimiaid Sufi De Asia yma, y gallai Mwslimiaid Shi'a Iran gytuno ag ef hefyd. Gallai fod yn werth nodi bod rhai Mwslimiaid yn anghytuno â'r arfer hwn ac nad yw pawb yn ei ddilyn. Maen nhw'n credu ei fod yn codi statws y person sydd wedi'i gladdu yma uwchlaw bod dynol cyffredin, ac wrth ymweld â'r beddrod, gallai Mwslim fod yn gwneud gweithred shirk.
6. Casgliad sy'n ychwanegu at y traethawd drwy roi trosolwg o'r dibenion ac sy'n cloi'n dwt.

Crynodeb

At ei gilydd, dyma ateb cryf iawn, yn amlwg. Mae pob un o'r prif baragraffau canol yn cynnwys manylion ffeithiol y defodau, ac yna esboniad pam maen nhw'n cael eu dilyn, h.y. y pwrpas. Mae'r strwythur sy'n dilyn y cyflwyniad yn eglur ac yn mynd ymhellach yn y casgliad drwy esbonio'r prif bwynt cyffredinol. Mae'n debyg y byddai dyfyniad neu gyfeiriad at enw Mwslim Sufi yn helpu i wella'r ateb da hwn eto fyth.

Ateb AA2: *Ateb sy'n gwerthuso a oes angen athro ar Fwslimiaid i ddeall eu ffydd.*

Ateb gwannach

Sefydlwyd Islam 1400 mlynedd yn ôl. Mae'n anodd deall yr Arabeg o'r cyfnod hwnnw a'r hyn roedd Mwslimiaid yn ei olygu. Felly mae ar Fwslimiaid angen rhywun i'w helpu i ddeall heddiw. [1]

Rwy'n cytuno â'r cwestiwn hwn. Dydy Mwslimiaid heddiw ddim yn deall Arabeg hynafol, felly mae angen athro arnyn nhw i ddweud wrthyn nhw beth yw ystyr y geiriau. Fel arall gallen nhw ddrysu neu hyd yn oed feddwl bod y testun yn golygu rhywbeth nad yw'n ei olygu. Yr Imam yw'r person gorau i'w holi oherwydd mae'n gymwys i ddeall yr ystyr. Hefyd mae Mwslimiaid Sufi yn gallu holi eu Shaykhs oherwydd eu bod yn eu harwain i ddeall ystyr y Qur'an gyda'u gwasanaethau a'u myfyrdodau arbennig. [2]

Rwy'n anghytuno â'r cwestiwn hwn oherwydd dylai Mwslimiaid weithio'r ystyr allan drostyn nhw eu hunain hefyd. Pam dylwn i ddilyn athrawon Islamaidd a oedd yn byw ganrifoedd yn ôl? Allan nhw ddim bod yn fwy cywir na'r cymdeithion a oedd yn byw ac yn bod gyda'r Proffwyd. Mae siopau llyfrau Islamaidd yn cynnig arweinlyfrau a thaflenni am ddywediadau'r cymdeithion y gall Mwslimiaid eu prynu ac yna gallan nhw benderfynu drostyn nhw eu hunain. Hefyd, mae llawer o Imamiaid gwahanol a dydyn nhw byth yn cytuno â'i gilydd. Os ewch chi atyn nhw i gael arweiniad, gallech chi hyd yn oed ddrysu mwy yn y pen draw, heb wybod pwy sy'n iawn o ba grŵp: Mwslimiaid Sunni, Shi'a, Salafi neu Sufi. [3]

I gloi, rwy'n credu bod y pwyntiau anghytuno'n gryfach. Dydw i ddim eisiau neb i ddweud wrtha i beth i'w gredu, a byddai'n well gen i chwilio am bethau ar y Rhyngrwyd na mynd at Imam. [4]

Sylwadau

1. Cyflwyniad rhy syml sy'n rhoi sylw i un agwedd ar y cwestiwn hwn yn unig, sef iaith. Mae angen diffiniad ehangach o gwmpas y cwestiwn.
2. Paragraff hir o bwyntiau cytuno; byddai'n well torri hwn yn baragraffau byrrach lle mae pob pwynt yn cael ei esbonio'n well. Mae'r pwynt am Imamiaid yn cyfeirio at gred Mwslimiaid Shi'a mai'r Imamiaid yn unig, o deulu'r Proffwyd, sy'n gallu dehongli ystyr adnodau aneglur y Qur'an ac na ddylai bobl lunio eu dehongliadau eu hunain. Mae Mureeds Sufi sy'n rhoi teyrngarwch i arweinydd Murshid yn derbyn yr hyn mae'n ei ddweud yn llwyr, gan eu bod yn credu ei bod hi'n hanfodol dilyn arweinydd er mwyn cyrraedd cyflwr uwch o ymwybyddiaeth o Dduw.
3. Paragraff hir arall a allai gael ei dorri'n baragraffau llai eto. Dydy hyn ddim yn dilyn yn dda o'r paragraff blaenorol gan ei fod yn awgrymu bod yr ymgeisydd yn methu penderfynu a yw'n cytuno neu'n anghytuno. Ffordd well i'r ymgeisydd fynegi hyn fyddai dweud ei fod yn deall pam mae rhai pobl yn anghytuno (h.y. hyd yn oed os yw ei safbwynt personol yn wahanol). Mae'r paragraff hwn yn disgrifio safle Mwslimiaid Salafi yn effeithiol a dylai gael ei gydnabod felly. Mae eraill nad ydyn nhw'n Fwslimiaid Salafi sydd hefyd yn credu, o safbwynt diwygiadol modern, nad oedd gan neb fonopoli ar y gwirionedd ac y dylai pobl fod yn rhydd i weithio pethau allan drostyn nhw eu hunain.
4. Safbwynt personol sydd wedi'i fynegi'n wael ac sydd wedi'i gefnogi gan deimlad yr ymgeisydd yn hytrach na'i gyfiawnhau'n rhesymegol.

Crynodeb

Gallai athro fod yn Imam Shi'a, yn Murshid Sufi, yn ysgolhaig neu'n rhyw fath arall o help. Dydy hyn ddim wedi'i nodi'n eglur yn yr ymateb hwn, sy'n colli'r pwynt. Dydy'r rhesymu ddim yn cael ei adeiladu yn y paragraffau canol hir. Mae arddull yr iaith yn syml ac mae fel sgwrs yn hytrach nag yn academaidd. Casgliad gwell fyddai rhoi ychydig o resymau pam mae'r pwyntiau anghytuno'n gryfach, ym marn yr ymgeisydd.

Atebion i'r cwestiynau cyflym

Thema 1 ABC

1.1 Yn llythrennol, y llwybr union. Mae wedi dod i olygu Cyfraith Islamaidd.

1.2 Aeth o Uzbekistan i Makkah, Madinah, Baghdad, Jerwsalem, Damascus a'r Aifft.

1.3 Os oedd yn groes i'r Qur'an neu o blaid unrhyw un llwyth; os oedd yn cyfeirio at ddigwyddiadau diweddarach neu os oedd yn eithafol mewn unrhyw fater.

1.4 Roedd adroddwyr derbyniol yn onest, roedd ganddyn nhw gof da neu roedden nhw'n dduwiol. Roedd adroddwyr annerbyniol yn adnabyddus am beidio â dweud y gwir ar ryw fater, neu am ledaenu straeon, neu doedden nhw ddim yn siŵr pwy ddywedodd yr hadith wrthyn nhw.

1.5 Cafodd y cymdeithion gyfarfod a chytuno y dylai Abu Bakr gymryd rôl Califf.

1.6 Shafi'i, Hanafi, Malaki a Hanbali.

1.7 Roedd Al-Shafi yn ddeallus iawn: roedd yn saethwr da, roedd yn strategydd wrth chwarae gwyddbwyll ac roedd ganddo gof ffotograffig.

1.8 Bod y Qur'an wedi'i greu gan bobl, nid wedi'i ddatguddio gan Dduw.

1.9 Cymhariaeth yw qiyas i ddod o hyd i ddysgeidiaeth o enghraifft debyg; mae aql yn mynd ymhellach ac yn caniatáu i ddysgeidiaeth gael ei llunio drwy resymu rhesymegol.

1.10 Ceisiodd Califf Al-Mamun orfodi pobl i feddwl mai pobl a luniodd y Qur'an, nid gair Duw.

1.11 Achosion o odineb, achosion rhywiol a materion teuluol yn benodol. (Mewn rhyw fannau ac ar rai adegau mewn hanes mae achosion troseddol eraill wedi cael eu clywed mewn llysoedd shari'a drwy gytuno â'r awdurdod oedd yn rheoli.)

1.12 Gallai'r person ei gael yn ddieuog neu'n euog gan y barnwr; gallai gael ei ryddhau; gallai gael maddeuant gan deulu'r dioddefwr; gallai fod gofyn iddo dalu iawndal; neu gallai gael cosb gan y barnwr. Gallai'r gosb fod yn gosb orfodol neu'n un y mae'r barnwr yn gallu ei phenderfynu.

1.13 Cyfleoedd cyfartal, fel cael triniaeth gyfartal â rhai o grefyddau eraill neu rai heb grefydd wrth ymgeisio am swydd.

1.14 Senedd yn Iran neu, yn gyffredinol, Mwslimiaid wedi ymgasglu.

1.15 Roedd gwybodaeth a gwyddoniaeth yn cael eu gwerthfawrogi ac roedd Mwslimiaid yn chwilio am lyfrau o'r byd clasurol i'w cyfieithu.

1.16 Zayd bin Thabit yn casglu'r Qur'an at ei gilydd o dan Galiff Uthman.

1.17 Mae hawl i gael morgais er mwyn cael tŷ ac mae cynnal awtopsi ar gorff ar ôl marwolaeth wedi'i ganiatáu.

1.18 Jihad y galon, y gair, y llaw a'r cleddyf.

1.19 Mujahid yw rhywun sy'n gwneud jihad.

1.20 Roedd nodweddion llwythol yn cynnwys: rheibio carafanau masnachu camelod, delio, twyllo, rhyfel rhwng llwythau.

1.21 Ddylai menywod, plant a'r henoed ddim gael eu niweidio; ddylai coed, cnydau a da byw ddim cael eu dinistrio; ddylai Mwslimiaid ddim twyllo eraill a dylen nhw fod yn gadarn yn y ffydd. Ddylai pobl grefyddol, fel mynachod, ddim cael eu niweidio. Dylai rhyfel fod yn amddiffynnol. Ddylai rhyfel ddim cael ei ddefnyddio i droi eraill at Islam neu i ennill eiddo neu gyfoeth i'r hunan.

1.22 Hasan al-Banna, Abdullah Azzam.

1.23 Maen nhw wedi'u gwahardd a dydyn nhw ddim yn arwain i'r nefoedd ond i dân uffern.

Thema 2 ABC

2.1 Muezzin a oedd yn rhoi'r alwad i weddïo yn y mosg yn Madinah.

2.2 Y mudwyr a oedd wedi symud o Makkah oedd y muhajirun a phobl Madinah a ddaeth yn Fwslimiaid oedd yr ansar.

2.3 Dywedodd y Proffwyd ei bod yn noddfa. Gwaharddodd arfau, gwrthdaro ac ati mewn ardal arbennig yn y ddinas.

2.4 Traddodiadau ac arferion pobl Madinah.

2.5 Ystyr gwreiddiol ummah oedd cymuned Madinah gan gynnwys credinwyr o grefyddau gwahanol.

2.6 Yr Otomaniaid yn Nhwrci yn y bedwaredd ganrif ar bymtheg a wnaeth ddiwygiadau Tanzimat. Gwnaethon nhw gyfunrywioldeb yn gyfreithiol ac atal y gosb eithaf am apostasi.

2.7 Ysgrifennodd Ali Abd'al Raziq o blaid seciwlariaeth. Roedd yn meddwl nad oedd Muhammad wedi pennu un system o lywodraeth, fel y gallai Mwslimiaid ddewis seciwlariaeth ac y byddai hynny'n well oherwydd y byddai'n atal rhai rheolwyr rhag gormesu Mwslimiaid.

2.8 Datblygodd Ibn al-Haytham ddull gwyddonol o arsylwi gofalus, holi a diddwytho, yn ôl y gwyddonydd modern Jim al-Khalili.

2.9 Qur'an al-Tadwini: y Qur'an a ddatguddiwyd, y llyfr. Qur'an al-Takwini: y Qur'an fel mae i'w weld yn y byd naturiol.

2.10 Cafodd Hayy ibn Yaqzan ei adael ar ynys heb bobl. Dysgodd gan yr anifeiliaid a byd natur o'i gwmpas, ynghyd â meddwl a rhesymu gofalus, am y greadigaeth.

2.11 Achos cyntaf yw'r syniad bod rhaid bod rhywbeth, fel Duw, i ddechrau popeth. Mae cyfeiriad arbennig at hyn yng nghreu'r bydysawd ac mae'n cael ei ddefnyddio i wrthod damcaniaeth y Glec Fawr lle cafodd mater ei greu'n ddigymell mewn ffrwydrad, heb achos cyntaf y tu ôl iddo o gwbl.

2.12 Arsylwodd Al-Biruni fyd natur a gweld ei fod yn ffres ac yn newydd. Roedd y newydd-deb yn golygu ei fod wedi'i greu mewn amser – doedd e ddim yn bodoli erioed. Roedd yr undod yn y greadigaeth yn awgrymu iddo mai un ffynhonnell a'i creodd, ac roedd e'n meddwl mai Duw oedd hon.

2.13 Ibn Khaldun, Nidhal Guessoum, Dr Usama Hasan.

2.14 Mae Medhi Hasan wedi graddio o Rydychen ac mae'n adnabyddus am drafod ym Mhrifysgol Rhydychen ac ar deledu Al-Jazeera.

2.15 Mae llawer o ddiffiniadau o Islamoffobia gan gynnwys rhagfarn neu syniadau negyddol am Islam; math o hiliaeth; ofn; neu gysyniad annilys yn ôl rhai.

2.16 Gallai Mwslim gael profiad o Islamoffobia drwy neges ar-lein; drwy ystumiau bygythiol; drwy gam-drin geiriol; mewn bygythiadau ysgrifenedig fel post casineb; drwy ymosodiad ar fosg neu ar eiddo; mewn gwahaniaethu, er enghraifft ym myd gwaith; mewn llenyddiaeth gwrth-Fwslimaidd; wrth i wrthrychau gael eu taflu; neu drwy ymosodiad corfforol.

2.17 Cafodd Juhel Miah, athro o Dde Cymru, ei dynnu oddi ar awyren a oedd yn mynd i UDA pan oedd ar drip ysgol.

2.18 Efallai bydd Mwslimiaid sy'n ymgysylltu'n cael eu trin yn amheus ac yn cael eu hystyried yn bobl amheus, fel petai rhaid bod agenda gudd ganddyn nhw.

2.19 Gwelodd Pervez Sadia fod teledu UDA fel arfer yn dangos storïau negyddol am Islam, ac yn anaml yn dangos storïau cadarnhaol.

2.20 Mae Arabiaid a Mwslimiaid yn cael eu portreadu'n aml fel pobl gyntefig, sy'n byw yn y diffeithdir, ac yn dreisgar yn aml.

2.21 Gall newyddion 24 awr wneud i bobl ymateb heb feddwl a gall arwain at adweithiau cadwynol sy'n lledaenu stori, fel y Gwanwyn Arabaidd, neu wybodaeth negyddol am Islam.

Thema 3 ABC

3.1 Gwelodd mynach o'r enw Bahira y Muhammad ifanc a rhagfynegi y byddai'n ddyn sanctaidd yn y dyfodol.

3.2 Dysgodd Al-Ghazali y bydd y rhan fwyaf o'r rhai nad ydyn nhw'n Fwslimiaid yn mynd i'r nefoedd. Y bobl hynny a oedd wedi clywed sawl gwaith, wedi deall ac wedi teimlo gwirionedd y daioni, ond yna wedi gwrthod y daioni hwnnw, oedd yr unig rai na fydden nhw'n mynd i mewn i'r nefoedd.

3.3 Al-Biruni oedd un o'r cyntaf i astudio crefydd gymharol. Roedd yn credu bod cysylltiad rhwng pob diwylliant gan mai pobl a wnaeth bob diwylliant. Doedd e ddim yn barnu eraill yn gywir neu'n anghywir. Roedd eisiau dysgu rhagor amdanyn nhw.

3.4 Un diwrnod ddaeth hi ddim. Aeth Muhammad i weld ble roedd hi a gofyn a oedd hi'n iawn.

3.5 Ceisiodd y Califf Abbasid, Al-Mamun orfodi'r gred mai pobl a ysgrifennodd y Qur'an ac nad oedd wedi'i ddatguddio oddi wrth Allah. Sefydlodd y Mihna, yr ymchwiliad Islamaidd, lle cafodd llawer eu harestio a'u rhoi ar brawf oherwydd eu credoau.

3.6 Mae teuluoedd cnewyllol yn fach, rhieni a phlant; mae teuluoedd estynedig yn fawr ac yn cynnwys Tad-cu a Mam-gu/Taid a Nain, modrybedd, ewythredd, cefndryd a chyfnitherod.

3.7 Mae dadl am oedran aeddfedrwydd. Mae rhai'n dweud tua 18 oed, pan fydd person yn ddigon aeddfed o ran corff a meddwl i briodi. Mae eraill yn dweud 15 oed, oherwydd pan oedd Umar yn 14 oed ac eisiau mynd gyda'r Proffwyd i Uhud, dywedwyd wrtho nad oedd wedi cyrraedd oedran aeddfedrwydd eto. Mae eraill yn dweud y glasoed, ar ba bynnag oedran mae'n digwydd i'r unigolyn.

3.8 (a) Y cytundeb priodas yw'r Nikkah.
(b) Y taliad gan y priodfab i'r briodferch i selio'r contract priodas yw'r Mahr.

3.9 Dysgodd Mufti Gomaa fod anffurfio organau cenhedlu benywod wedi'i wahardd ac nad oes iddo sail mewn Cyfraith Islamaidd.

3.10 Unrhyw ddau o nodau canlynol *Sisterhood*: hyrwyddo treftadaeth menywod Mwslimaidd; meithrin cydgefnogaeth; dod â lleisiau menywod Mwslimaidd ynghyd; dangos ymdrech eu hanes i fenywod ifanc y ffeministiaid.

3.11 Mae Haleh Afshar yn dweud bod y cyfeiriad yn y Qur'an at wŷr yn curo eu gwragedd yn ddisgrifiad o arfer Arabaidd ar y pryd. Nid cyfarwyddyd i Fwslimiaid heddiw ydyw.

3.12 Bradford; Dwyrain Birmingham; Tower Hamlets ymysg eraill.

3.13 Y syniadau y cylei diwylliannau gwahanol gyd-fyw yn yr un gymdeithas.

3.14 Dylai dynion wisgo dillad llac nad ydyn nhw'n dangos siâp y corff ac nad ydyn nhw'n cynnwys aur neu sidan.

3.15 Arweiniodd Amina Wadud weddïau Jummah a phregethu yng Nghanolfan Fwslimaidd Rhydychen i grŵp cymysg o Fwslimiaid gwrywaidd a benywaidd.

3.16 Cydlynu materion Mwslimaidd; cynrychioli Mwslimiaid ym Mhrydain; gweithio er lles pawb; cydlynu cymdeithasau Mwslimaidd.

Thema 4 ABC

4.1 Y Deuddegwyr ac Ismaeliaid.

4.2 Muhammad, Ali, Fatimah, Hasan a Hussein (h.y. teulu'r Proffwyd).

4.3 Y rhai a ymgasglodd yn Ghadir Khumm.

4.4 Cafodd Imam Hussein a'i gefnogwyr eu llofruddio pan wrthodon nhw dderbyn rheolaeth y Califf Yazid.

4.5 Dysgodd Tahir ul-Qadri fod hunanladdiad yn haram (wedi'i wahardd) ym mhob achos, gan gynnwys hunanladdiad mewn jihad ym mhob amgylchiad, gan mai Allah sy'n rhoi bywyd ac Allah yn unig ddylai benderfynu pryd i gymryd bywyd. Mae'n bosibl y byddai'r rhai sy'n cyflawni hunanladdiad yn methu mynd i mewn i baradwys.

4.6 Ysgolheigion y Shi'a yw Ahl-al-Bayt, yn llinach deuluol y Proffwyd. Maen nhw'n nodedig am eu bod yn deall ystyr y Qur'an ac yn gallu gwneud dysgeidiaethau Islamaidd awdurdodol.

4.7 Mae'r Imam Shi'a Jafar al-Sadiq yn rhestru'r pum lle mwyaf sanctaidd fel: Makkah; Madinah; Mosg Imam Ali yn Najaf, Iraq; beddrod Imam Hussein yn Karbala; a beddrod Fatimah, yn Qom, Iran.

4.8 Arweinydd ysbrydol yw Qutb, er enghraifft pennaeth urdd Sufi, a dilynwr yw Mureed sy'n rhoi teyrngarwch iddo.

4.9 Mae'r gynhadledd flynyddol yn Fes yn trafod cerddoriaeth a symbolaeth grefyddol y byd, gyda cherdd Cynhadledd yr Adar yn cael lle canolog.

4.10 Arweinydd ysbrydol yw Murshid sy'n cynorthwyo Mureed i ddatblygu'n ysbrydol.

4.11 Cyflwr dros dro tebyg i freuddwyd yw hal. Mae Mwslimiaid Sufi yn ei gyrraedd mewn defosiwn dwfn, fel arfer yn ystod cyfarfodydd dhikr ar ôl gweithio tuag ato â siantio a chaneuon qasida.

4.12 Gallai Mwslimiaid Sufi sydd â diddordeb mewn traddodiadau lleol amgen ymweld â mynydd Cadair Idris fel canolfan egni ysbrydol a mytholeg Geltaidd, cadair y cawr Idris sydd hefyd yn cael ei ystyried yn Broffwyd pwysig mewn Islam. Gallen nhw fyfyrio ar y bydysawd a harddwch byd natur ac ystyried Duw y Creawdwr.

4.13 Yn nefod Sama y Derfisiaid Chwyrlïol, mae'r het yn cynrychioli carreg fedd yr ego ac mae'r clogyn yn cynrychioli'r hen fywyd sy'n cael ei dynnu fel symbol o ailenedigaeth yn rhan o'r ddefod.

4.14 Efallai bydd teulu'r dioddefwr yn mynnu cosb qisas, sy'n debyg i'r drosedd, neu'n gofyn am daliad diyya fel iawndal.

4.15 Godineb â gwraig briod; meddwi; lladrad arfog (heblaw am Shafi Fiqh); enllib; apostasi cred ac yn erbyn y gymuned; gwrthryfela (heblaw am Hanafi Fiqh).

4.16 Mân droseddau eraill yw troseddau tazir ac mae barnwr Qazi yn cael penderfynu ar y gosb.

4.17 Mae diwygwyr yn gweld bod y gosb eithaf yn groes i hawliau dynol sylfaenol ac yn amhriodol i'r byd heddiw. Maen nhw'n credu y dylai gorchmynion y Qur'an gael eu dehongli ac na ddylen nhw gael eu cymryd yn llythrennol.

4.18 Mae Shaykh Sharabasi yn dadlau bod y gosb eithaf yn fath o hunanamddiffyn i'r gymdeithas yn erbyn troseddwyr sy'n gwneud i bobl fod yn llai diogel.

4.19 Mae Iwtilitariaid yn ystyried mai'r hyn sydd fwyaf ymarferol ac effeithiol yw'r peth cywir. Felly, y math gorau o gosb yw beth bynnag sy'n dod â'r budd mwyaf i'r rhan fwyaf o bobl yn y gymdeithas drwy greu heddwch a chyfreithlondeb. Dydy'r testunau crefyddol a ddatguddiwyd ddim yn cael eu hystyried.

Geirfa

Abbasid: teulu a oedd yn rheoli'r Ymerodraeth Islamaidd yn ystod yr wythfed a'r nawfed ganrif pan gafodd yr ysgolion o feddwl eu sefydlu

Adhan: yr alwad i weddïo, sy'n cael ei adrodd yn uchel mewn Arabeg cyn pob un o'r pum gweddi ddyddiol

Adl: cyfiawnder dwyfol – y cysyniad bod Allah yn gyfiawn ac y bydd yn gweithredu cyfiawnder yn gytbwys dros y bywyd hwn a'r nesaf

Ahl al-Bayt: disgynyddion y Proffwydi sy'n ffurfio Imamiaid y Shi'a

Ahl dariha: cartref, neu dŷ, neu gymuned

Akhirah: bywyd ar ôl marwolaeth

Alaq: gair Arabeg yn y Qur'an sy'n golygu tolchen o waed; mae'n bosibl ei gyfieithu fel embryo hefyd

Al-Azhar: Prifysgol Islamaidd y mae Mwslimiaid Sunni yn meddwl mai hi yw'r ffynhonnell awdurdod uchaf

Alhamdulilah: yn llythrennol, diolch i Allah am unrhyw beth mae Mwslim yn cyfeirio ato

Al-Imdaad: elusen Islamaidd yn Blackburn

Allawi: sect Islam Shi'a yn Syria ac yn Nhwrci yn bennaf

Amal: defnyddio gwybodaeth grefyddol

Amlddiwylliannaeth: y syniad y dylai diwylliannau gwahanol gyd-fyw yn yr un gymdeithas

Ansar: pobl a ddaeth yn Fwslimiaid yn Madinah

Apostasi: gadael ffydd, mae rhai'n meddwl bod hyn yn drosedd

Aqidah: credoau Islamaidd. Mae amryw o fersiynau gwahanol o Aqidah yn ôl sect Islamaidd

Aqiqah: seremoni enwi Mwslimaidd i fabanod ac i'r rhai sy'n cael tröedigaeth i Islam

Aql: rhesymu sy'n cael ei ddefnyddio'n arbennig gan ysgolheigion Shi'a wrth weithio dysgeidiaeth Islamaidd allan lle mae r Qur'an a'r hadith yn aneglur

Arba'een: pererindod i feddrod Imam Hussein yn Karbala, 40 niwrnod ar ôl Diwrnod Ashura

Arwahanu: gosod grŵp ar wahân i rai eraill

Asbab al-nuzul: yr amgylchiadau lle datguddiwyd rhan o'r Qur'an

Asr: gweddi sy'n cael ei darllen yn y prynhawn ar ôl i'r cysgodion fynd yn hirach

Ayat: adnod yn y Qur'an

Banu Aus: llwyth o Madinah

Banu Khazraj: llwyth gwrthwynebus o Madinah

Banu Nadir: llwyth Iddewig a alltudiodd Muhammad ar ôl torri amodau amnest

Banu Qaynuqa: llwyth Iddewig a alltudiodd Muhammad ar ôl torri amodau amnest

Banu Qurayza: trydydd llwyth Iddewig, a gafodd ei alltudio hefyd yn y pen draw

Bar Mitzvah: defod newid byd Iddewig sy'n dangos ymrwymiad

Bayah: seremoni ymrwymiad Sufi

Beirniadol hanesyddol: dulliau modern o ddeall ffynonellau drwy ddadansoddi cyd-destun, tuedd a chroesgyfeirio

Bid'ah: rhywbeth arloesol neu newydd a gyflwynwyd i'r grefydd ar ôl cyfnod y Proffwyd. Mae rhai Mwslimiaid yn gwrthod arferion diweddarach, er enghraifft Sufiaeth, fel bidah

Bismillah: dechrau unrhyw weithred yn enw Allah

Brenin neu Frenhines: pennaeth y wladwriaeth

Brewlvi: Sect Islamaidd wedi'i sefydlu yn Ne Asia sy'n cytuno ag arfer ymweld â beddrodau seintiau a chofio enwau Allah wrth addoli

Brwydr Badr: cyrch ar garafán fasnachu gan Muhammad a'r Mwslimiaid yn 624

Bukhari: casgliad o hadith wedi'i enwi ar ôl y casglwr mwyaf adnabyddus, Bukari o Uzbekistan, a oedd yn byw o 810 i 870

Burkini: gwisg nofio menyw sy'n gorchuddio'r rhan fwyaf o'r corff a'r gwallt

Cael tröedigaeth: newid crefydd

Califf: rheolwr yr Ymerodraeth Islamaidd, sy'n cael ei weld yn arweinydd ysbrydol a gwleidyddol

Califfiaeth: yr Ymerodraeth Islamaidd o dan reolaeth Califf

Charlie Hebdo: papur newydd dychanol Ffrangeg a gyhoeddodd gartwnau o Muhammad

Conffiwsiaeth: hen ddysgeidiaeth athronyddol a moesegol Tsieineaidd

Cymathu: caffael nodweddion prif ffrwd y gymdeithas

Daif: hadith gwan, mae'n cael ei ystyried yn annibynadwy oherwydd bod cwestiynau am gadwyn y trosglwyddo

Dajjal: yr Anghrist, anghenfil unllygeidiog a fydd yn achosi dioddefaint ofnadwy ar y ddaear cyn cael ei drechu gan y Mahdi ac Isa

Dao: y ffordd, fel cafodd ei diffinio gan athroniaeth Tsieineaidd gynnar fel Conffiwsiaeth

Dawah: cenhadaeth Islamaidd i wahodd eraill i Islam neu i roi enghraifft dda i greu argraff dda o Islam

Deobandi: sect Islamaidd yn Ne Asia sy'n hyrwyddo ymlyniad caeth at Islam uniongred

Deuddegwyr: y brif gangen o Islam Shi'a sy'n seiliedig ar gredu mewn dilyniant o ddeuddeg Imam ar ôl y Proffwyd

Dhikr: mae hefyd yn cael ei alw'n zikr, arferion a gwasanaethau penodol i gofio Allah

Dhimmi: crediniwr nad yw'n Fwslim sy'n byw mewn gwledydd Mwslimaidd

Diyya: taliad ariannol yn iawndal yn lle'r gosb eithaf

Dua: gweddïo personol

Dychweledigion: mae'n aml yn cael ei ddefnyddio wrth gyfeirio at rai sydd wedi cael tröedigaeth i Islam fel pobl sydd wedi dychwelyd i'w cyflwr naturiol, h.y. Mwslim

Fa: y gyfraith foesegol wir mewn Conffiwsiaeth

Fana: colli eich ego er mwyn canolbwyntio ar Allah yn lle hynny

Fatwa: barn ysgolhaig Islamaidd ar fater, sydd ddim ond yn eu rhwymo nhw eu hunain a'r rhai sy'n tyngu teyrngarwch

Fiqh: dehongliad neu ddealltwriaeth ddyfnach o Gyfraith Islamaidd

Furu al-din: yr arferion y mae Mwslimiaid Shi'a yn eu dilyn i gyflawni'r Usul al-din

Ffeministiaeth: hyrwyddo hawliau menywod yn seiliedig ar gydraddoldeb dynion a menywod

Ghusul: puro'r corff i gyd yn ddefodol, fel arfer mae hyn yn cael ei wneud yn wythnosol cyn gweddïau dydd Gwener a phan fydd angen

Gweddïau Jummah: gweddïo cynulleidfaol yn gynnar ar brynhawn dydd Gwener

Gwrth-Semitiaeth: rhagfarn yn erbyn pobl y ffydd Iddewig

Hadith: dywediad gan y Proffwyd Muhammad

Hadith qudsi: dywediadau Muhammad y credir i Allah eu hysbrydoli'n uniongyrchol

Hajj: pererindod i Makkah, un o bum piler Islam

Hal: cyflwr dwfn o ymwybyddiaeth ysbrydol lle mae Mwslim Sufi yn colli rheolaeth ar bopeth o'i gwmpas ac yn colli ymwybyddiaeth ohono, ac mae'n mynd i gyflwr myfyrdod tebyg i freuddwyd

Halal: gweithred wedi'i chymeradwyo yn Islam, hefyd Halal, cig wedi'i gymeradwyo i Fwslimiaid oherwydd ei fod wedi'i fendithio ag enw Allah

Han Kitab: testunau a ysgrifennodd Liu Zhi am Islam a Chonffiwsiaeth

Hanbali: ysgol o feddwl Islam Sunni sy'n tarddu o'r ysgolhaig Ahmad ibn Hanbal, 780–855

Hanifi: ysgol o feddwl Islam Sunni sy'n tarddu o'r ysgolhaig Abu Hanifa, 702–772

Haqiqa: profiad o realiti gwirionedd

Haram: gweithred wedi'i gwahardd

Hasan: hadith sydd wedi cael eu casglu ac sy'n cael eu hystyried yn rhai da, ac eithrio un neu ddau o fân gwestiynau ynghylch eu dilysrwydd

Hawza: ysgolion arbennig y mae mujtahids Shi'a yn eu mynychu

Hayy Ibn Yaqzan: stori am fachgen o'r enw Hayy a dyfodd ynghanol yr anifeiliaid a byd natur ar ynys heb fod unrhyw bobl eraill o gwmpas. Drwy edrych ar fyd natur, daeth Hayy i'r casgliad bod creawdwr

Heddychiaeth: y syniad na ddylai trais byth gael ei ddefnyddio, hyd yn oed er mwyn hunanamddiffyn. Mae'n bosibl defnyddio protestio a dulliau di-drais eraill

Heretic: person sy'n cael ei ddiffinio fel rhywun sydd â safbwyntiau'r tu hwnt i'r hyn sy'n dderbyniol mewn crefydd

Hijab: gostyngeiddrwydd, neu orchudd pen neu wyneb i fenywod

Hijrah: y daith o Makkah i Madinah gan Muhammad a'r Mwslimiaid yn y flwyddyn 622. Mae'r calendr Mwslimaidd yn cael ei alw'n galendr hijri oherwydd ei fod yn dechrau o'r dyddiad hwn

Hizb ut-Tahrir: grŵp gwleidyddol Islamaidd sy'n hyrwyddo'r syniad o ffurfio Califfiaeth fyd-eang i ddod yn lle gwledydd Mwslimaidd modern

Hudaybiyyah: cytundeb a lofnododd Muhammad a'r Quraysh gan sicrhau cyfnod o heddwch

Hudud: troseddau yn erbyn gorchmynion Duw, sy'n cael eu cosbi yn ôl diffiniad cyfraith shari'a

Ibadat Khana: tŷ i drafod crefydd yn Fatehpur Sikri, prifddinas Akbar

Ibadi: ysgol o feddwl Islamaidd nad yw'n Shi'a na chwaith yn Sunni ond sydd ag elfennau'r ddau fath o Islam

Iblis: nid person ond cyfeirir ato weithiau fel angel syrthiedig neu jin. Gwrthododd Iblis ddilyn gorchymyn Allah i ymgrymu i Adda oherwydd ei falchder. Mae'n temtio pobl yn y byd i wrthod gorchymyn Allah ac i ddilyn eu dyheadau eu hunain. Mae cyfeiriad hefyd at hyn fel shaytan neu Satan

Iftaar: pryd i ddechrau'r ympryd ar ddiwedd y dydd yn Ramadan

Ihsan: sylweddoliad ffydd yn y galon

Ijma: consensws ysgolheigion neu'r gymuned gyfan hyd yn oed yn cytuno ar ddysgeidiaeth

Ijtihad: dod i farn bersonol

Ilm: gwybodaeth mewn Islam am y grefydd a sancteiddrwydd

Imaan: yr ystyr llythrennol mewn Islam yw ffydd; grŵp sy'n cefnogi Mwslimiaid hoyw, lesbiaidd, deurywiol a thrawsrywiol

Imamah: cred yn olyniaeth teulu'r Proffwyd fel arweinwyr Shi'a

***iMuslims*:** astudiaeth o ddefnydd o'r Rhyngrwyd a TGCh gan Fwslimiaid sydd wedi effeithio ar y ffordd maen nhw'n dod i wybod am eu ffydd ac yn ei datblygu

Isa: y gair Arabeg am Iesu, sy'n cael ei ystyried yn Broffwyd mewn Islam

Isha: gweddi yn y nos

Islamoffobia: ofn Islam a Mwslimiaid, weithiau mae hyn yn cael ei ddangos drwy sylwadau negyddol neu hyd yn oed ymosodiad geiriol neu gorfforol

Ismaelaidd: ysgol o feddwl Islam Shi'a sy'n tarddu o'r ysgolhaig Al-Qadi al-Nu'man m.974

Isnad: cadwyn o drosglwyddwyr, pwy drosglwyddodd yr hadith i bwy, yr holl ffordd i lawr o'r un cyntaf i glywed Muhammad tan i'r hadith gael ei ysgrifennu

Iwtilitariaeth: gwneud penderfyniadau ymarferol er budd y nifer mwyaf o bobl, gan gyfiawnhau penderfyniadau yn ôl yr hyn sy'n gweithio orau

Jafari: ysgol o feddwl Islam Shi'a sy'n tarddu o'r Imam Jafar al-Sadiq, tua 700–765

Jahiliyyah: cyflwr o anwybodaeth yn ôl Mwslimiaid a ddaeth cyn dyfodiad y Proffwyd Muhammad

Jain: crefydd Indiaidd hynafol, sy'n debyg i Fwdhaeth

Jamiat Islami: tariqa Sufi

Janazzah: gweddïau angladdol mewn Islam

Jiao: dysgeidiaethau mewn athroniaeth Tsieineaidd

Jihad: ymdrech dros ffordd Allah yn ôl Mwslimiaid, mae llawer o fathau gwahanol amrywiol

Jihad lleiaf, Y: ymdrech allanol dros fywyd Islamaidd y mae'n bosibl ei gwneud heb drais neu drwy ryfel

Jihad mwyaf, Y: ymdrech bersonol fewnol Mwslim i fyw'r bywyd Islamaidd

Jizya: treth ar rai nad ydyn nhw'n Fwslimiaid sy'n byw yn y Galiffiaeth Islamaidd

Ka'aba: y ciwb du yn Makkah, canolbwynt yr Hajj a gweddïo

Khalifah: y mudiad Islamaidd sy'n cael ei ddilyn gan leiafrif o Fwslimiaid sydd eisiau ail-greu'r Ymerodraeth Islamaidd o dan Galiff yn y byd modern

Khums: treth 20% sy'n cael ei thalu i'r Imamiaid i'w dosbarthu i'r anghenus

Kuffar: weithiau mae'n cael ei ddehongli fel anghredinwyr neu bobl a oedd wedi gwrthod cred

La Convivencia: cyfnod o gydfodoli rhwng Mwslimiaid, Cristnogion ac Iddewon pan oedd diwylliant yn ffynnu a phan gyfieithwyd llawer o weithiau academaidd, yn arwain at y Dadeni Ewropeaidd

Ma'rifa: profiad cyfriniol o Dduw

Madhab: yr enw ar ysgol Cyfraith Islamaidd

Maghrib: gweddi sy'n cael ei darllen ar ôl i'r haul fachlud

Mahdi: ffigwr tebyg i geidwad a fydd yn ymddangos ar y ddaear adeg ailddyfodiad Isa i drechu drygioni ac i ailuno pobl mewn teyrnasiad o gyfiawnder a heddwch

Mahr: taliad gan y priodfab i'r briodferch i selio'r cytundeb priodas

Majlis: senedd yn Iran neu Fwslimiaid wedi ymgasglu

Makruh: gweithred nad yw'n cael ei chymeradwyo ond sydd, serch hynny, yn cael ei chaniatáu

Maliki: ysgol o feddwl Islam Sunni sy'n tarddu o'r ysgolhaig Malik ibn Anas, 711–795

Maqam: sylweddoliad dyfnach y mae Mwslimiaid Sufi yn ei ddatblygu drwy ddilyn defodau

Matn: corff testun mewn hadith

Mawakibs: stondinau i bererinion sy'n cynnig bwyd a gwasanaethau am ddim ar hyd y ffordd i Karbala

Metaffisegol: meddwl yn haniaethol am egwyddorion bod

Mi'ad: credu yn Nydd y Farn a'r Atgyfodiad mewn bywyd ar ôl marwolaeth

Mihna: yr ymchwiliad Islamaidd pan benderfynodd y Califf neu'r llywodraethwr ddweud wrth y Mwslimiaid yr hyn y dylen nhw ei gredu a phan sefydlodd achosion llys a chosbau i'r rhai a oedd yn gwrthod cytuno ag ef

Milaud an Nabi: dathlu pen-blwydd y Proffwyd. Mae Mwslimiaid Brewlvi yn ystyried bod hyn yn weithred hanfodol ond mae Mwslimiaid Salafi yn ei wahardd

Mubah: gweithred bob dydd nad yw'n cael ei chynnwys yn y gyfraith shari'a, felly dydy hi ddim yn cael ei chymeradwyo na'i hanghymeradwyo (hefyd cyfeirir at hyn fel halal)

Muezzin: Mwslim sy'n rhoi'r alwad i weddïo

Mufti: athro Islamaidd sy'n gallu gwneud dehongliadau o shari'a

Mughal: llinach a oedd yn rheoli'r rhan fwyaf o Dde Asia yn y cyfnod modern cynnar

Muhajirun: gair Arabeg am ymfudwyr

Mujahedeen: lluosog Mujahid. Mwslimiaid sy'n cymryd rhan mewn jihad

Mujahid: Mwslim sy'n cymryd rhan mewn jihad

Mujtahid: ysgolhaig Islamaidd a oedd yn cael ei ystyried yn gymwys i wneud dysgeidiaethau awdurdodol

Muraqaba: myfyrdod Sufi, sydd â chamau gwahanol a ddiffiniwyd

Mureed: person sy'n rhoi bayah, llw teyrngarwch, i ymuno ag urdd Sufi

Murshid: Shaykh Sufi sy'n arwain Mureed

Mustahab: gweithred wedi'i hargymell

Muta: priodas dros dro

Mutazilah: cred Islamaidd fod Duw yn hollol ar wahân i'r greadigaeth, felly na wnaeth y Qur'an

Nafs: yr enaid neu'r hunan mewnol; mae'r enaid yn ein meddyliau dyfnaf ac yn byw y tu hwnt i farwolaeth

Nikkah: cytundeb priodas Islamaidd

Niqab: gorchudd llawn i fenywod, hefyd mae'n gorchuddio eu hwyneb heblaw am hollt i'w llygaid

Nubuwwah: cred mewn Proffwydi

Oedran aeddfedrwydd: yr oedran pan mae gofynion traddodiadol Islam yn berthnasol

Otomaniaid: llywodraethwyr Twrci, Saudi Arabia a'r rhan fwyaf o'r Dwyrain Canol o'r unfed ganrif ar bymtheg i'r bedwaredd ganrif ar bymtheg

Plwraliaeth: syniadau a chymunedau gwahanol yn byw ochr yn ochr â'i gilydd

Priodas dan orfod: lle mae person yn gorfod priodi heb roi caniatâd, mae'n anghyfreithlon yn y DU ac mewn Cyfraith Islamaidd

Proffwydiaeth: y syniad bod rhai pobl yn cael rôl arbennig fel negeswyr Duw

Qadr: tynged. Y syniad mewn Islam mai Allah sy'n rheoli pob gweithred ac sy'n penderfynu taith person drwy fywyd. Weithiau mae Mwslimiaid yn cyfeirio at beth bynnag sydd wedi'i ysgrifennu ar eu cyfer nhw, ystyr hyn yw beth bynnag mae Duw wedi'i benderfynu ar gyfer eu bywyd

Qasidas: caneuon Sufi

Qat: barn yr oedd yr Imamiaid yn sicr amdani

Qazi: barnwr Islamaidd (weithiau mae'n cael ei sillafu Qadi)

Qisas: troseddau yn erbyn unigolion; mae'r dioddefwyr neu eu teulu'n cael penderfynu ar y gosb

Qiyas: cymharu â sefyllfa debyg er mwyn dod at ddysgeidiaeth

Quilliam: Mwslim a gafodd dröedigaeth yn y bedwaredd ganrif ar bymtheg; hefyd enw ar sefydliad gwrth-eithafiaeth

Qur'an al-Tadwini: y Qur'an a ddatguddiwyd, y llyfr

Qur'an al-Takwini: y Qur'an fel mae i'w weld yn y byd naturiol

Qur'aniaeth: dilyn dysgeidiaethau'r Qur'an ond gwrthod yr hadith fel ffynhonnell awdurdod

Quraysh: arweinwyr llwythol yn Makkah; am flynyddoedd roedden nhw'n gwrthwynebu Muhammad

Qutb: arweinydd Sufi ysbrydol, anffaeledig

Rakat: uned sefyll, ymgrymu ac ymostwng yn ystod gweddïo Islamaidd

Riba: llog ariannol sy'n cael ei dalu'n ychwanegol at ad-dalu benthyciad

Risalah: credu mewn Proffwydi neu negeswyr oddi wrth Allah, y mae rhai ohonyn nhw'n dod â llyfr sanctaidd

Rhyddfrydol: safbwyntiau meddwl agored

Sabianiaid: grŵp crefyddol arall sy'n gysylltiedig ag addoli'r sêr

Sahaba: y rhai a oedd yn byw ac yn bod gyda Muhammad ac a oedd yn dystion i'w weithredoedd

Sahih: yr hadith gorau a mwyaf dibynadwy, sydd wedi cael eu casglu â chadwyn drosglwyddo ddibynadwy

Sajdah: safle wrth weddïo pan fydd Mwslim yn rhoi ei dalcen ar y llawr

Salafiaeth: cred y dylai Mwslimiaid fynd yn ôl i arferion llythrennol cymdeithion Muhammad yn annibynnol ar ysgolion o feddwl a dehongliadau eu hysgolheigion

Salah: pum gweddi'r dydd, y mae Mwslimiaid Shi'a yn eu darllen ar dair adeg

Salmau, Y: llyfr sanctaidd a ddatguddiwyd i'r Proffwyd Dawud/ Dafydd

Sama: defod Derfisiaid Chwyrlïol Sufi

Sansgrit: iaith Indiaidd hynafol y mae llawer o destunau Hindŵaidd wedi'u hysgrifennu ynddi

Sawm: ymprydio mewn Ramadan

Seciwlar: heb fod yn grefyddol, heb gyfeiriad at grefydd neu at Dduw

Seciwlariaeth: y dylai'r gymdeithas gael ei threfnu a'i rhedeg gan y llywodraeth heb gyfeiriad at grefydd

Sect: is-grŵp crefyddol mewn crefydd

Sectyddol: yn ymwneud â rhaniad rhwng sectau neu grwpiau crefyddol

Senoffobia: rhagfarn eithafol yn erbyn rhywun arall sy'n cael ei ystyried yn wahanol

Shafi'i: ysgol o feddwl Islam Sunni sy'n tarddu o'r ysgolhaig Al-Shafi, 767–820

Shahadah: datganiad ffydd i Fwslimiaid

Shahid: merthyr mewn Islam. Cyfeirir yn aml at Fwslimiaid sydd wedi cael eu lladd mewn brwydr fel Shahid neu ferthyr

Shakk: dysgeidiaeth yr oedd gan yr Imamiaid amheuon amdani

Shalwar kameez: gwisg draddodiadol i Fwslimiaid De Asia; mae'n cynnwys dau ddilledyn cotwm llac

Shari'a: yn llythrennol, y llwybr union; mae'n cael ei adnabod fel system o gyfreithiau Islamaidd

Shaykh: Pennaeth urdd Sufi neu berson sy'n cael ei barchu

Sheng: pobl ddoeth neu sanctaidd sy'n helpu dilynwyr Confucius i brofi cyfriniaeth ddyfnach

Shirk: addoli rhywun neu rywbeth arall heblaw am Allah

Shura: ymgynghoriad â'r bobl

Sifil: yn ymwneud â bywyd teuluol neu'r gymdeithas; materion personol yn hytrach na rhai troseddol

Sira: hanes bywyd Proffwyd

Sufi: rhywun sy'n dilyn fersiwn mewnol, ysbrydol o Islam

Sunna: gweithredoedd y Proffwyd Muhammad, enghraifft i Fwslimiaid

Tablighi Jamaat: grŵp cenhadu Islamaidd sy'n hyrwyddo fersiwn caeth o Islam uniongred

Tafsir: dehongliad o'r Qur'an ac arweiniad iddo

Takfir: Mwslim y mae pobl yn dweud nad yw'n credu oherwydd traddodiadau neu athrawiaethau gwyrdroëdig

Tanzimat: diwygiadau'r Ymerodraeth Otoman yn y bedwaredd ganrif ar bymtheg

Taqiyya: cuddio cred

Taqlid: efelychiad, dilyn safbwyntiau athro Mwslimaidd arall

Taqwa: ymwybyddiaeth o Dduw; credir ei bod hi'n hanfodol bod Duw ym meddyliau pobl er mwyn gallu cymhwyso shari'a

Tariqa: ffordd urddau Sufi

Tasbih: gleiniau gweddïo sy'n cael eu defnyddio mewn dhikr a myfyrdod

Tauheedul: grŵp llwyddiannus o ysgolion academi sy'n cael eu noddi gan sefydliad Mwslimaidd

Tawhid: cred yn Undod Allah

Tazir: troseddau llai, heb eu nodi, sy'n gallu cael eu dedfrydu fel mae Qazi yn gweld yn dda

Teulu cnewyllol: rhieni a phlant fel uned deuluol fach

Teulu estynedig: Tad-cu a Mam-gu/Taid a Nain, rhieni, plant, ewythredd, modrybedd, cefnderoedd a pherthnasau ehangach

Thobe: gwisg laes wen y mae dynion yn Arabia yn ei gwisgo

Tian: nefoedd, neu'r un Duw uchel, natur, parchedig ofn, neu drefn pethau; ffurf ar bantheistiaeth

Tuedd: y syniad y gallai person fod yn annheg neu'n unochrog, ac yn adlewyrchu hyn yn yr hyn maen nhw'n ei ddweud

Ulema: ysgolheigion Islamaidd

Ummah: yn wreiddiol, cymuned y Mwslimiaid ac eraill yn Madinah; mae'r term hwn wedi esblygu i olygu brawdoliaeth y Mwslimiaid ledled y byd

Usul al-din: yr enw weithiau yw Pileri Islam Shi'a neu'r credoau y mae'r prif arferion Shi'a yn seiliedig arnyn nhw

Vihara: teml Fwdhaidd

Vizier: Prif Weinidog i'r Califf

Wahm: rhesymu oedd â gwallau ynddo

Wahy: datguddiad, hefyd ysbrydoliaeth i Broffwydi

Wajib: gweithred orfodol mewn shari'a

Walayah: y ffordd y mae'r Ismaeliaid yn mynegi cariad ac ymroddiad i Dduw, i'r cenhadon, i'r Imamiaid ac i'r Proffwydi

Wali: sant mewn Islam

Wird Latif: gweddi ddefosiynol Mureed Sufi

Y Frawdoliaeth Fwslimaidd: grŵp a ffurfiwyd yn yr Aifft yn y bedwaredd ganrif ar bymtheg i wrthwynebu rheolaeth drefedigaethol Brydeinig

Zaidiyyah: ysgol o feddwl Islam Shi'a sy'n deillio o Zayd ibn Ali, 695–740

Zakat: un o bum Piler Islam; treth o 2.5% ar elw a symiau amrywiol eraill o gyfoeth wedi'u cyfrifo i'w rhoi i'r rhai sydd mewn angen

Zann: safbwyntiau sy'n cael eu hystyried yn wir drwy resymu

Zikr: addoli drwy gofio enwau Allah mewn Sufiaeth

Ziyarah: pererindod i feddrod person sanctaidd

Zuhd: asgetigiaeth mewn Islam – byw ar wahân i'r byd er mwyn myfyrio ar Dduw

Zuhr: gweddi sy'n cael ei darllen yn union ar ôl canol dydd

Mynegai